국가직무능력표준 NCS 반영 실무 적합 자격시험 수험서

ERP 정보관리사 생산 · 물류 2급 문제

최신판

저자직강 무료동영상

www.edulol.co.kr

최근 기출문제 3회분 수록!!

대한민국 대표브랜드

국가자격 시험문제 전문출판

에듀크라운 국가자격시험문제 전문출판 www.educrown.co.kr

최고의 적중률!! 최고의 합격률!!

크라운출판사 국가자격시험문제 전문출판 http://www.crownbook.com

저자 소개

유 준 수

- 강원대학교 경영학 박사 수료
- ShareValueCompany 대표
- 위더스원격평생교육원 강사
- KT innoedu 강평전문위원

[저서]

〈프라임 경영학〉 (2014, 북랩)

〈은행FP 자산관리사 한번에 끝내기〉 (2016, 에듀크라운) 등

이 경 희

- 송파여성인력개발센터 강사

[저서]

〈ERP 정보관리사 인사 2급〉 (2017, 에듀크라운)

이 책을 펴내면서

ERP 정보관리사 생산 · 물류 2급 자격시험은 기업실무에 적합한 직무지식과 기능을 수행할 수 있는 관계지식을 평가합니다.

이 교재는 ERP 정보관리사 생산 · 물류 2급 시험을 준비하는 수험생들을 위해 쓰였으며, 수험생들이 기본적인 생산 · 물류관리의 성격과 범위를 이해할 수 있도록 생산 · 물류관리에 필요한 이론과 ERP 정보관리 및 실무지식을 중심으로 서술하였습니다.

또한 수험생들이 짧은 시간 내에 시험 내용을 숙지할 수 있도록 출제기준에 맞추어 핵심개념 위주로 본문을 서술하였습니다.

이 책의 실무는 iCUBE 핵심ERP 2018 버전에 맞추어 작성되었으며, 기출문제 중 실무부분은 iCUBE 핵심ERP 2016 버전과 iCUBE 핵심ERP 2017 버전에 맞추어 작성되었습니다.

이 책을 통해서 ERP 정보관리사 생산 · 물류 2급 시험 합격과 더불어 ERP실무 능력을 함양하시길 바랍니다.

모든 분들께 이 시험의 합격의 영광과 행운과 행복이 언제나 함께하길 기원합니다.

유준수 · 이경희 공저자 올림

ERP 정보관리사 자격시험 안내

[ERP 정보관리사]

ERP(Enterprise Resource Planning)는 기업의 이익을 최대화하기 위해 생산 · 판매 · 물류 · 회계 · 인사 등 기업의 기간업무를 조직횡단적으로 파악하고 전사적으로 경영자원의 활용을 최적화하는 계획과 관리를 위한 경영개념이다. 한국생산성본부가 주관하여 시행하고 있는 ERP 정보관리사는 이러한 ERP 개념을 기업의 경영에 구체적으로 실현하기 위한 정보시스템의 관리전문가이다. ERP 정보관리사 시험은 회계 · 인사 · 생산 · 물류로 나뉘어 1, 2급으로 구분되어 있다. 1급은 ERP 시스템관리자로 ERP 시스템 개발지원 및 관리, 유지 보수 등의 업무를 수행하며, 2급은 ERP 시스템 운영요원으로서 ERP 시스템 프로세서에 따라 관련 작업을 수행한다.

[시험안내]

주　　관 : 산업통상자원부 산하 특별법인 한국생산성본부

접 수 처 : 한국생산성본부 ERP 시험 인터넷 홈페이지(http://www.kpcerp.or.kr)

(1) 시험 과목 및 시간

자격 종목	교시	구분	시험 시간	과목	응시 자격
ERP 정보관리사	1교시	이론	40분	회계 1급, 회계 2급, 생산 1급, 생산 2급 (위 과목 중 택 1)	응시제한 없음
		실무	40분		
	2교시	이론	40분	인사 1급, 인사 2급, 물류 1급, 물류 2급 (위 과목 중 택 1)	
		실무	40분		

(2) 합격 기준

구분	합격 점수	문항 수
1급	70점 이상(이론형, 실무형 각 60점 이상 시 합격)	이론문제 32문항(인사모듈은 33문항)
2급	60점 이상(이론형, 실무형 각 40점 이상 시 합격)	이론문제 20문항, 실무문제 20문항

– 시험 기준 : 1급 = 이론 문제는 해당 과목의 개론 수준 출제, 2급 = 이론 문제는 해당 과목의 원론 수준 출제

(3) ERP 정보관리사 자격시험 출제기준 개편 개요

– 개편사항 반영시점 : 2018년 5월 정기시험
– 변경자격종목 : 회계, 인사, 생산, 물류 자격 1, 2급 전체
– 변경사항 : 검정과목, 과목별 배점 및 문항수 문항유형 등
– 주요변경사항 : 실무시험 시뮬레이션 유형으로만 평가

급수	변경 전		문항 수
	실무 이론	시뮬레이션	시뮬레이션
1급	20문항	10문항	25문항
2급	12문항	8문항	20문항

※ 시뮬레이션으로만 출제되므로 별도 과목 구분하지 않음

[출제 내용 – ERP 정보관리사 생산물류 2급]

(1) ERP 정보관리사 생산 2급 이론 출제내용

경영혁신과 ERP	1. ERP의 개요(개념 및 특징) 2. ERP 시스템 구축 3. ERP 환경설정(시스템 환경 설정)	공정관리	1. 생산을 위한 기초정보 2. 수요예측 3. 생산시스템 4. 총괄생산계획 개념, 역할, 전략 5. 기준생산계획(MPS) 6. 일정계획 7. 작업의 우선순위 구성방법 8. 프로젝트 일정계획
생산계획/통제	1. 공정관리 2. 공정분석 3. 공수계획 4. 간트차트 5. 애로공정 6. JIT 생산방식(Kanban 방식)	자재소요/생산능력 계획	1. 재고관리 2. 자재소요계획(MRP) 의미, 기본구조 3. RCC(Rough Cut Capacity Planning) 4. CRP(Capacity Requirement Planning) 5. SCM(Supply Chain Management)

(2) ERP 정보관리사 물류 2급 이론 출제내용

경영혁신과 ERP	1. ERP의 개요(개념 및 특징) 2. ERP 시스템 구축 3. ERP 환경설정(시스템 환경 설정)	영업관리	1. 예측 2. 판매계획 3. 수주관리 4. 대금 회수
SCM (공급망관리)	1. 공급망관리 개요 2. 재고관리 3. 운송계획 및 실행 4. 창고관리	구매관리	1. 구매관리 의의, 개념 2. 구매전략 3. 구매실무

차 례

Part 1 생산 · 물류 이론

Part 1

생산·물류 이론

Chapter 01 경영 혁신과 ERP

01 ERP 시스템의 의의 및 발전 과정

전사적 자원 관리(ERP ; Enterprise Resource Planning) 시스템은 회계, 인사, 판매, 수·배송, 제조, 물류 등 기업 운영에 필요한 핵심 정보를 처리해 줄 수 있는 응용 소프트웨어들이 유연하게 통합된 결집체이다. ERP 시스템의 개념을 처음 소개한 정보 컨설팅 업체인 가트너 그룹에서는 'ERP 시스템이란 기업 내의 업무 기능들이 조화롭게 제대로 발휘할 수 있도록 지원하는 애플리케이션들의 집합인 차세대 업무 시스템'이라고 정의하고 있다.

즉, 인사 · 재무 · 생산 등 기업의 전 부문에 걸쳐 독립적으로 운영되던 각종 관리 시스템의 경영 자원을 하나의 통합 시스템으로 재구축함으로써 생산성을 극대화하려는 경영 혁신 기법을 의미한다. 과거 경영 지원을 위한 각 서브 시스템은 해당 분야의 업무를 처리하고 정보를 가공하여 의사 결정을 지원하였지만 별개 시스템으로 운영되다 보니 정보가 다른 부문과 동시에 연결되지 않아 불편과 낭비를 초래하였다. 전사적 자원 관리는 이러한 문제점을 해결하기 위한 것으로 어느 한 부문에서 데이터를 입력하면 회사의 전 부문에서 동시에 정보를 활용할 수 있다. ERP는 완전히 새로운 것이 아니라 1980년대 초 등장한 종합 생산관리 시스템(MRP ; Material Requirement Program)과 1980년대 후반에 개발된 MRP Ⅱ보다 개념과 기능이 크게 향상된 것이라 할 수 있다. 즉 기업의 생산관리 부문에서 자재관리와 구매 활동을 원활히 하기 위해 제안된 MRP에서 시작하여, MRP Ⅱ라는 과도기를 거쳐 기업의 모든 조직 간 상호 정보 통합을 위한 전사적 개념으로 전개되고 있다.

ERP를 실현하기 위해서 공급되는 소프트웨어를 ERP 패키지라고 하는데, 이 패키지는 데이터를 어느 한 시스템에서 입력하면 전체로 자동 연결되어 별도의 인터페이스를 처리할 필요 없이 통합 운영이 가능한 시스템이다. 또 ERP 패키지는 주기적으로 새 버전이 공급되어 신기술을 도입하기가 쉬우며 선진 업무 프로세스 도입에 따른 생산성 향상, 많은 기업에서 적용함으로써 신뢰성과 안전성 확보, 전 모듈 적용 시 데이터의 일관성 및 통합성으로 업무의 단순화와 표준화 실현, 실시간 처리로 의사 결정 정보의 신속한 제공 등 장점을 갖고 있다. 따라서 ERP 시스템을 도입함으로써 업무 처리 능률을 극대화하기 위한 선진 프로세스와 최첨단의 정보 기술을 동시에 얻는 효과를 거둘 수 있다. 이는 급변하는 경영 환경의 변화와 정보 기술의 발전에 대응하려는 기업의 고민을 동시에 해결해 주는 솔루션이라 할 수 있다.

[ERP 시스템의 발전 과정]

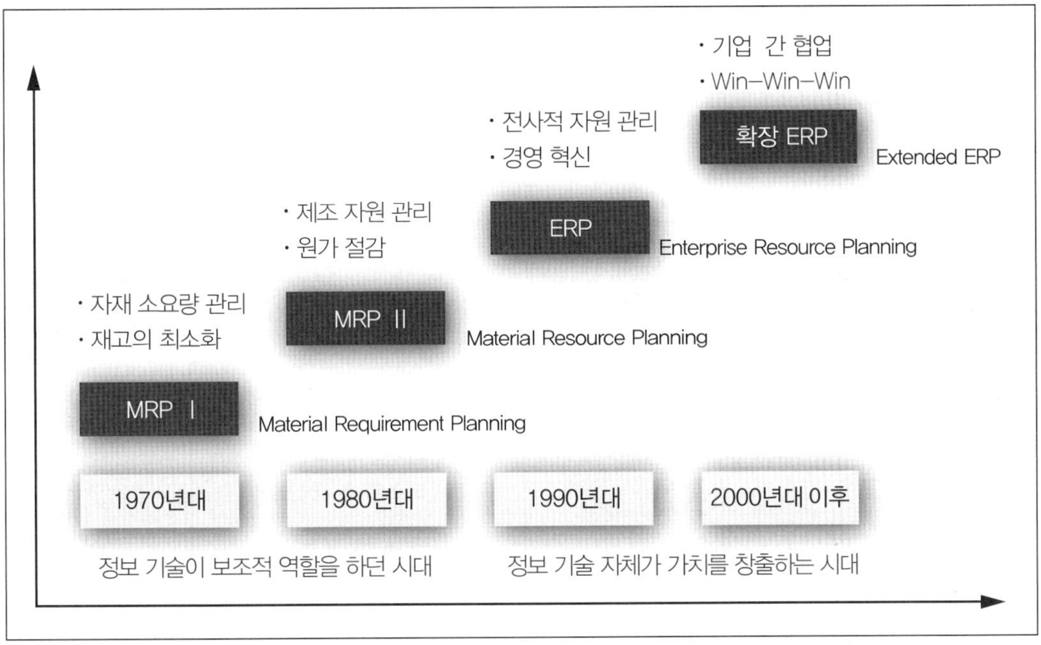

종류	목표	특징
MRP	기능의 최적화	• 1960년대 시초, 1970년대 활발히 전개 • 기존 생산계획과 부품표, 재고 정보의 기반하에 구체적인 제조 일정, 자재 생산, 조달 계획을 계산하는 기업 • 제품 제조를 위한 자재 투입의 최적화 → 자재 소요량 계획
MRP II	프로세스의 최적화	• 1980년대 생산계획 및 환경 변화에 대응하기 위해 전개 → Feedback 기능 강화 • MRP가 생산계획의 주변 업무를 다루는 방향으로 발전 • 생산 능력 계획과 기준 생산계획의 피드백, 조달 예산 계획, 설비 구입 계획, 재고 예산 계획 등 제조 재무 계획 전반과 판매 계획과의 연동 등 • MRP와 MRP II는 현재까지 많은 기업에서 사용 중
ERP	전사의 최적화	• 1990년대 기업 전체의 업무로 확대 → 경영 자원 투입의 최적화 • MRP II를 기업 활동 전반의 모든 업무 경영 자원을 대상으로 확대시킴으로써 붙여진 이름 • 조달에서 판매까지 공급 체인 전반에 걸친 업무 활동이 시스템의 대상이 됨 • 기존의 정보 시스템 문제점을 해결하고 기업을 변혁하는 새로운 정보 시스템으로 변모
확장형 ERP	기업 간 최적화	• 2000년대 협업 상거래 필요성에 따라 도입 • 외부 프로세스까지도 웹 환경을 이용해 지원 • 상거래 지향적인 프로세스로 통합 • 더욱 향상된 의사 결정 지원 • 기업의 운영 범위를 확산하여 e-Business에 대비할 수 있는 기능 보강 • 산업 유형 지원 확대와 전문화 확대 적용

02 ERP 시스템의 구축 절차

ERP 시스템 구축 시 ERP 패키지에 구현되어 있는 선진 업무 프로세스에 맞게 기업이 현재 보유하고 있는 업무 및 조직을 최소한 시스템 도입 전 혹은 도입과 동시에 진행하여 변경해야 한다. ERP 시스템은 다음과 같이 분석(Analysis), 설계(Design), 구축(Construction), 구현(Implementation)의 4단계 과정을 거쳐 구축하는 것이 일반적이다.

분석 (Analysis)	설계 (Design)	구축 (Construction)	구현 (Implementation)
• AS-IS 파악 (현재의 업무) • TFT 결성 (KICK OFF) • 현재 시스템 문제파악 • 주요성공요인 도출 • 목표와 범위설정 • 경영전략 및 비전도출 • 현업요구분석 • 교육 • 세부추진일정 계획수립 • 시스템 설치 (S/W, H/W)	• TO-Be Process 도출(미래의 업무) • 패키지 기능과 TO-BE Process 와의 차이분석 • 패키지 설치 • 패키지 파라미터 설정 • 추가개발 및 수정 보완문제 논의 • 인터페이스 문제 논의 • 사용자요구 대상 선정 • Customizing • 교육	• 모듈조합화 (Configuration : TO-BE Process 에 맞게 모듈을 조합한다) • 테스트(각 모듈별 테스트 후 통합테스트) 추가개발 또는 수정기능확정 • 인터페이스 프로그램연계 • 출력물 제시 • 교육	• 시스템 운영 (실제데이터 입력 후 테스트) • 시험가동 (Prototyping) • 데이터 전환 (Data Conversion) • 시스템 평가 • 교육 • 유지보수 • 향후 일정수립

1) 분석(Analysis) 단계

분석 단계는 기준 프로세스 설정을 위해 현행 업무 및 프로세스를 조사하고 ERP 표준 프로세스와 비교하여 차이를 찾아 대응 방안을 수립하는 단계를 말한다. 이 단계에서의 핵심은 현황(AS-IS) 파악에 있으며 이런 과정을 통한 결과물이 바로 다음 단계인 설계에 반영된다.

2) 설계(Design) 단계

설계 단계는 ERP 프로젝트의 핵심인 실행(TO-BE) 프로세스를 만드는 데 있다. 이는 현재의 회사 업무 프로세스와 회사 또는 경영자 및 현장 담당자가 요청한 사항이 ERP 패키지에 잘 구현될 수 있도록 설정하고 추가적인 문제점 발견 및 해결 방안을 도출하는 단계이다.

3) 구축(Construction) 단계

구축 단계는 분석 및 설계 과정에서 이루어진 현황 파악 및 설정된 목표를 시스템으로 구축하여 검증하는 단계이다. 이는 회사의 모든 업무에 대한 재설계 결과를 ERP 패키지의 각 모듈과 비교하여 꼭 필요한 모듈만을 조합하여 시스템으로 구축한 후 통합 테스트하는 과정을 거친다.

4) 구현(Implementation) 단계

구현 단계는 구축 단계를 거친 시스템을 시험적으로 운영하는 단계이다. 구축된 시스템에 실제 데이터를 입력하여 시스템을 시험적으로 운영해 보고 문제점이 발견되면 다시 개선점을 찾아 구축하는 과정을 거친 후 평가하게 된다.

03 ERP 시스템의 도입 효과

국내 및 전 세계적으로 많은 기업들이 ERP 시스템을 도입하는 이유는 다음과 같다.

첫째, ERP 시스템을 도입하게 되면 기업 내의 영업 · 생산 · 구매 · 자재 · 회계 등 모든 조직과 업무가 IT로 통합되어 실시간으로 모든 정보를 통합 처리할 수 있게 된다. 기존의 MIS(Management Information System)는 각 단위 업무별로 개발되어 업무를 수행하다 보니 단위 업무별로는 최적화할 수 있었지만 전체적인 최적화를 구현하지는 못했다. 이에 반해 ERP 시스템은 첨단 IT 기술을 활용하여 회사 내 전체 업무를 마치 하나의 업무처럼 통합시킬 뿐만 아니라 실시간으로 모든 업무를 거의 동시에 처리할 수 있도록 설계되었다.

둘째, ERP 시스템을 도입하게 되면 ERP 패키지 내에 포함되어 있는 베스트 프랙티스(Best Practice)라는 선진 프로세스를 회사 내에 적용시킬 수 있어 비즈니스 재설계(BPR ; Business Process Reengineering)를 자동적으로 수행한 결과를 가져온다. ERP 도입 초기에는 기업체들의 경영 혁신을 위한 수단으로 컨설팅회사에 의뢰하여 BPR을 수행하고, BPR 결과가 도출되면 이를 이용해 전산 시스템을 전문적으로 개발하는 대기업 계열의 SI(System Integration, 시스템 통합)업체에 외주 용역(Outsourcing)을 주거나, 자체 개발 또는 BPR 결과에 적합한 ERP 패키지를 선택하는 식으로 ERP 시스템을 도입했었다. 그러나 최근 들어 많은 구축 경험과 검증을 통해 ERP 시스템들이 베스트 프랙티스라는 선진 프로세스를 자체적으로 갖추게 되면서 별도의 BPR을 수행하지 않고 자사의 실정에 맞는 ERP 패키지를 도입하는 추세이다. 하지만 아직까지는 ERP 내에 구현된 선진 프로세스들이 국내 기업의 업무 처리 방식이나 상거래 관행 등에 맞지 않는 부분이 많아 적용하는 데 많은 혼란을 빚고 있다.

셋째, ERP 시스템을 도입하게 되면 다양해져 가는 시대에 충분한 확장성을 보장받을 수 있어 중장기적인 관점에서 비용을 절약하는 효과가 있다. 90년대 들어 급변하는 정보 기술과 첨단 기술에 기업체들이 유연하게 대응해야 하는 상황에서 유지 비용이 많이 드는 MIS보다는 유연성과 확장성이 높은 ERP 시스템에 대한 선호가 높아지고 있다. 이런 결과는 저비용 고효율 구조의 값싼 컴퓨팅 자원(하드웨어 비용은 싸지고 소프트웨어 기능은 고도화함) 덕분에 가능해졌다.

04 ERP 시스템의 특징

1) ERP 시스템의 기능적 특징

(1) 중복 업무의 배제 및 실시간 정보 처리 체계 구축

여러 부서에서 사용하게 되는 거래처, 품목 등과 같은 데이터는 원장형 통합 데이터베이스에 마스터데이터로 한 번만 입력하면 되며, 모든 부서에서 공통적으로 사용할 수 있도록 관리된다. 또한 ERP 시스템에 입력되는 모든 거래 데이터는 실시간으로 모든 부서에서 활용할 수 있도록 관리된다.

(2) 파라미터 설정에 의한 개발 효과

파라미터 설정 등을 통해 ERP 패키지에 미리 장착된 업무 기능을 자사에 맞게 선택하여 설정할 수 있도록 설계되어 있어서 단기간에 시스템 도입을 가능하게 한다. 뿐만 아니라 ERP 시스템 구축 후, 조직의 변경이나 업무 프로세스의 변경 시에도 그 변경 사항을 파라미터 설정 등을 통해 수월하게 반영할 수 있다. 그러므로 유지 보수 비용을 절감할 수 있다.

(3) 다국적, 다통화, 다언어 지원

글로벌 회사 내에 설치된 ERP 시스템은 사용하는 국가별로 해당 언어 및 화폐 체제를 지원할 뿐만 아니라 각국의 법률, 상거래 습관, 생산 및 거래 방식 등도 지원한다.

(4) 표준을 지향하는 선진화된 최고의 실용성 수용

ERP 시스템의 도입은 ERP 패키지에 이미 구현된 프로세스 자체가 세계적인 표준 업무 프로세스이므로 회사 조직 및 프로세스가 선진화될 뿐만 아니라, 조직 구성원의 업무 수준이 상향 평준화되는 효과를 가져온다.

(5) 선진 비즈니스 프로세스 모델에 의한 BPR의 지원

ERP를 도입하는 기업은 ERP 패키지에서 제공하는 선진 업무 프로세스(Best Practice)를 이용해서 자사의 업무 프로세스를 선진화 및 최적화할 수 있다. 이때 자사의 기존 업무 프로세스를 선진 업무 프로세스로 전환하는 것은 비즈니스 재설계(BPR) 방식에 의해 실현 가능하다.

(6) 경영정보 제공 및 경영 조기경보체계 구축 가능

ERP 시스템은 모든 업무가 실시간으로 처리됨을 근간으로 하고 있으므로 경영자는 실시간으로 경영 현황을 수시로 파악할 수 있으며, 기업의 위험을 사전에 감지할 수 있도록 시스템화하여 활용 가능하다.

(7) 오픈, 멀티벤더 시스템

어떠한 운영 체제나 데이터베이스에서도 잘 운영될 수 있도록 설계되어 있으므로 시스템의 확장이나 다른 시스템과의 연계가 쉽다. 그러므로 특정 하드웨어 및 소프트웨어 업체에 의존하지 않고, 다양한 하드웨어 업체의 컴퓨터와 소프트웨어를 조합하여 사용할 수 있도록 지원하고 있다.

(8) 투명 경영의 수단

ERP 도입은 정확한 데이터 입력 및 관리 · 실시간 업무 처리가 그 근간이므로 경영자는 실시간으로 회사의 운영 상태를 확인하여 내부 통제를 강화할 수 있을 뿐만 아니라, 정확한 회계 데이터 관리로 인하여 시스템적으로 부정을 사전에 방지하는 수단으로 활용 가능하다.

2) ERP 시스템의 기술적 특징

(1) 관계형 데이터베이스 관리 시스템 채택

ERP 시스템은 일반적으로 관계형 데이터베이스 관리 시스템(RDBMS ; Relational Data Base Management System)이라는 소프트웨어를 사용하여 ERP 시스템에서 생성 · 저장 · 변경되는 모든 데이터를 관리한다. 이러한 RDBMS의 종류로는 Oracle, MS SQL, Sybase, Informix, DB2 등이 있으며, 기존의 ERP를 타사 ERP로 바꾸거나 자체 개발하는 경우 기존 데이터를 쉽게 전환하여 사용할 수 있다는 장점이 있다.

(2) CASE Tool 사용

고기능성 산업용 소프트웨어를 개발하기 위한 방법론인 CASE(Computer Aided Software Engineering) Tool이라는 소프트웨어 공학적 개념에 바탕을 둔 소프트웨어 개발용 도구를 이용한다. CASE는 소프트웨어 개발 과정의 일부 또는 전체를 자동화하여 소프트웨어의 품질을 향상하고, 개발 기간을 단축하며, 유지 보수에 필요한 노력과 비용을 절감하는 효과가 있다.

(3) 4세대 언어로 개발

Visual Basic, C++, Power Builder, Delphi, Java 등과 같은 4세대 프로그래밍 언어(4GL ; 4th Generation Programming Language)가 사용되어 개발되었다.

(4) 객체 지향 기술 사용

객체 지향 기술(OOT ; Object Oriented Technology)은 공통된 속성과 형태를 가진 데이터와 프로그램을 결합하여 모듈화한 뒤 이를 다시 결합해 소프트웨어를 개발하는 기술을 말한다. 그러므로 시스템이 업그레이드되거나 기능이 추가 또는 삭제되는 경우에 객체 지향적으로 설계된 ERP 시스템은 전체 시스템을 변경할 필요 없이 해당 모듈에 대한 변경 혹은 교체만으로 시스템의 변경이 가능하다.

(5) 인터넷 환경의 e-비즈니스를 수용할 수 있는 Multi-tier 환경 구성

업무의 분산 처리가 가능하도록 C/S(Client/Server) 환경을 지원할 뿐만 아니라 인터넷을 통하여 기업 내 · 외부 간에 정보 교환이 가능하도록 웹(Web) 환경을 지원할 수 있어야 한다. Web 전용 서버와 DB 전용 서버 등을 구분하는 Multi-tier 환경으로 하드웨어를 구성하면 보다 안전하게 시스템을 운영할 수 있다.

05 ERP 시스템의 구성

ERP 시스템은 기본 시스템을 기반으로 생산관리 · 영업관리 · 품질관리 · 자재관리 · 원가관리, 인사/급여관리 · 자금관리 · 재무관리 등과 같은 단위별 업무가 수행됨과 동시에 경영자에게 의사 결정에 필요한 경영 정보를 제공하는 기본적인 업무 기능을 가지고 있다. 뿐만 아니라, 확장 기능으로 POP · CRM · SCM, 그룹웨어 등과 같은 추가적 기능을 포함할 수 있도록 구성되어 있다.

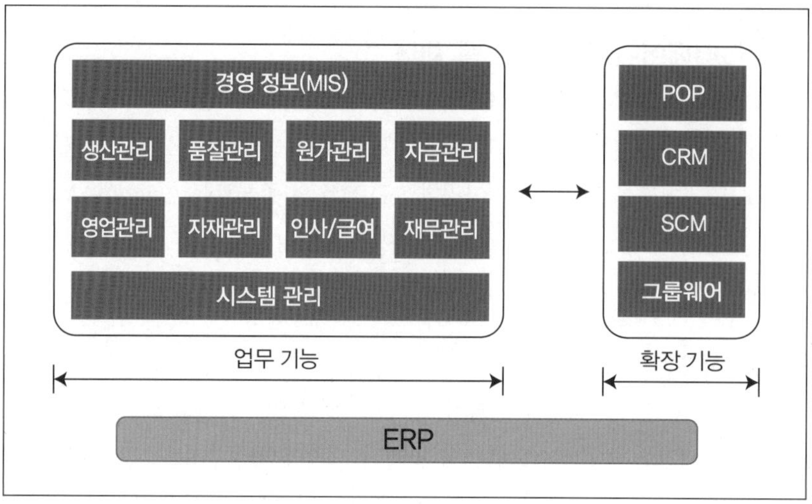

1) POP(Post Office Protocol)

사용자가 자신의 계정이 있는 호스트에 직접 접속하지 않고도, 자신의 PC에서 바로 메일을 받아 볼 수 있는 것을 정의한 통신 규약을 말한다. 사용자가 쉘 계정이 있는 호스트에 직접 접속하여 메일을 읽지 않고 자신의 PC에서 바로 로컬 메일 리더(유도라나 넷스케이프 메일)를 이용하여 자신의 메일을 다운로드 받아서 보여 주는 것을 정의한 프로토콜이다. POP2, POP와 함께 널리 사용된다. POP2는 RFC 937에 정의되어 있으며 POP3는 RFC 1725에 정의되어 있다. POP2는 포트번호 109를 사용하며 POP3는 포트번호 110을 사용한다.

이들은 다른 명령어를 사용하지만 기본적으로 같은 기능을 수행한다. POP 프로토콜은 사용자의 로그인 이름과 패스워드를 식별하고, 서버로부터 사용자의 로컬 메일 리더(Local Mail Reader)로 사용자의 메일을 이동시킨다. POP2는 SMTP와 같이 단순한 요구 · 응답 프로토콜이다. HELO 명령은 검색 중인 메일 박스의 계정을 위해서 사용자의 이름과 패스워드를 제공한다. HELO 명령에 대한 응답으로 서버는 메일 박스에 메시지의 수를 보낸다. READ 명령에 의해 메일을 읽기 시작한다. RETR 명령은 현재 메시지의 전체 텍스트를 검색한다. ACKD는 메시지의 수신 확인 명령으로 서버로부터 해당 메시지를 삭제한다. 각각의 메일에 대한 수신 확인 후에 서버는 새로운 메시지에 바이트의 수를 보낸다. 만약 바이트가 0이라면 더 이상 검색할 메시지가 없는 것을 가리키며 클라이언트는 QUIT 명령에 의해 세션을 종료한다.

POP3에 대한 명령은 POP2와 완전히 다르지만 유사한 기능을 수행한다. POP3의 USER 명령은 사용자의 계정 이름을 제공하고 PASS 명령은 사용자의 패스워드를 제공한다. STAT 명령은 읽지 않은 메시지의 수와 바이트 크기를 출력한다. RETR 명령은 해당 번호의 메시지를 검색한다. DELE 명령은 해당 번호의 메시지를 삭제한다. LAST 명령은 가장 최근에 접근된 메시지의 번호를 출력한다. LIST 명령은 모든 메시지나 해당 메시지의 크기를 출력한다. QUIT 명령은 세션을 종료한다.

2) CRM(Customer Relationship Management)

기업이 고객 관계를 관리해 나가기 위해 필요한 방법론이나 소프트웨어 등을 가리키는 용어로 '고객 관계 관리'를 뜻한다. 현재의 고객과 잠재 고객에 대한 정보 자료를 정리 · 분석해 마케팅 정보로 변환함으로써 고객의 구매 관련 행동을 지수화하고, 이를 바탕으로 마케팅 프로그램을 개발 · 실현 · 수정하는 고객 중심의 경영 기법을 의미한다. CRM을 구현하기 위해서는 고객 통합 데이터베이스(DB)가 구축돼야 하고, 구축된 DB로 고객 특성(구매 패턴 · 취향 등)을 분석하고 고객 개개인의 행동을 예측해 다양한 마케팅 채널과 연계해야 한다. 다시 말해 기업들이 고객들의 성향과 욕구를 미리 파악해 이를 충족시켜 주고 기업들이 목표로 하는 수익이나 광고 효과 등 원하는 바를 얻어 내는 기법을 말한다.

CRM은 단순히 제품을 팔기보다는 '고객과 어떤 관계를 형성해 나갈 것인가', '고객들이 어떤 것을 원하는가' 등에 주안점을 둔다. 이런 고객 성향이나 취향을 먼저 파악한 뒤 이를 토대로 고객이 원하는 제품을 만들고 마케팅 전략을 개발한다. 신규 고객 창출보다는 기존 고객의 관리에 초점을 맞추고 있다는 것도 CRM의 특징이다. 기존 고객을 잘 관리해 고객들의 욕구를 수용하고 이들로부터 기업이 원하는 수익 등을 얻는 것이다.

오프라인상의 CRM을 넘어 온라인상에서의 고객 행동과 고객 성향 등을 분석해 고객 만족을 극대화하는 eCRM(electronic CRM)이 새로이 각광받기 시작했다. 통상 CRM은 고객들의 행동 패턴, 소비 패턴 등을 통해 고객들이 원하는 것을 알아내야 하는 경우가 많아 고도의 정보 분석 기술을 필요로 한다.

3) SCM(Supply Chain Management)

기업에서 원재료의 생산 · 유통 등 모든 공급망 단계를 최적화해 수요자가 원하는 제품을 원하는 시간과 장소에 제공하는 '공급망 관리'를 뜻한다. SCM은 부품 공급업체와 생산업체 그리고 고객에 이르기까지 거래 관계에 있는 기업들 간 IT를 이용한 실시간 정보 공유를 통해 시장이나 수요자들의 요구에 기민하게 대응토록 지원하는 것이다. 세계적으로 선도적 위치에 있는 제조업체, 물류업체, 유통업체들은 SCM을 통해 거래선들과 긴밀하게 협력함으로써 그 이익을 훨씬 더 극대화하고 있다.

SCM의 고도화는 공급자 관계 관리(SRM), 제품 주기 관리(PLM), 성과 측정 지표(BSC), 능률 원가 측정(ABC) 등의 애플리케이션을 기업 애플리케이션 통합(EAI) 및 기업 포털(EP) 작업에 연계함으로써 협력사들과의 총체적인 협업 체계를 구현하는 데 목적이 있다. 그 저변에는 전사 데이터 웨어하우스(EDW), 초대형 서버, 전사 자원 관리(ERP), 고객 관계 관리(CRM) 등이 자리 잡는다.

4) 그룹웨어(Groupware)

기업 등의 구성원들이 컴퓨터로 연결된 작업장에서, 서로 협력하여 업무를 수행하는 그룹 작업을 지원하기 위한 소프트웨어나 소프트웨어를 포함하는 구조를 말하는 것으로 개인용 소프트웨어와 반대되는 개념이다. 즉, 기업이나 기관, 단체의 구성원들이 컴퓨터로 연결된 작업장에서 서로 협력하여 업무 효율을 높이기 위해 사용하는 소프트웨어를 말한다.

1986년 미국을 중심으로 제기된 컴퓨터 지원에 의한 공동 작업(CSCW ; Computer Supported Cooperative Work)이라는 개념이 기초가 되었다. 이 소프트웨어는 소규모 집단의 사람들이 같은 작업을 하거나 스케줄에 맞춰 공동 작업을 하는 데 적합하도록 설계되어 있다. 네트워크가 발달함에 따라 기존의 응용 프로그램을 네트워크하에서 효율적으로 운용하기 위하여 랜(LAN) 규격으로 변화시켜 처음부터 그룹 전체적으로 사용할 수 있도록 개발한 것이다. 이 그룹웨어를 실현하기 위해서는 PC나 유닉스 컴퓨터를 연결한 네트워크 정비가 필요하며, 한 사람당 한 대의 PC를 갖춰야 하는 환경 역시 요구된다.

구체적으로 그룹웨어에는 전자 메일과 전자 게시판, 스케줄링 시스템을 사용한 정보의 전달과 공유, 떨어진 지점 간에 회의를 하기 위한 TV 회의 시스템, 어떤 사람이 작성한 문서를 다른 사람이 첨삭하는 공동 집필 시스템 등이 있다. 업무의 흐름을 자동화하거나 관리하는, 즉 워크플로 관리를 하는 것을 그룹웨어로 보는 견해가 있는 반면에 전자 커뮤니케이션이나 정보의 공유에 타깃을 맞춘 제품을 그룹웨어라 부르고, 워크플로 관리는 별개의 것으로 인식하는 견해도 있다.

기업 내의 컴퓨터 사용자들이 랜 등의 통신망으로 연결된 개인 컴퓨터를 통해 서류 작성, 결재는 물론, 문서 보관 등의 업무까지 전산 처리할 수 있게 해 준다. 워드프로세서를 이용한 공동 집필 시스템, 수치 계산, 데이터베이스 등의 업무용 소프트웨어들을 한데 묶어 여기에 전자 우편, 전자 게시판, 전자 결재, 데이터 공유, 전자 회의 지원 등의 통신 기능을 추가한 것이다. 이것은 지금까지 모래알처럼 흩어져 있던 컴퓨터를 네트워킹 방식으로 연합군을 편성, 시너지 효과를 극대화하자는 데서 출발한 것으로 업무의 질을 높일 수 있다. 또한 부서나 업무별로 분산되어 있던 정보를 종합 · 처리하고 업무 과정도 표준화할 수 있다. 이러한 이유 때문에 최근 그룹웨어는 기업 생산성 향상의 핵심 요소로 떠오르고 있다.

대표적인 프로그램으로는 로터스사의 노츠(Notes), 액션테크놀로지사의 코디네이터, 켐벨 서비스의 온타임, 아이비엠(IBM)의 회의 지원용 팀포커스, 무스탕 소프트웨어의 브레인스톰 등이 있다. 그러나 최근에는 그룹웨어가 인트라넷으로 빠르게 대치되어 가고 있다. 인트라넷의 출현으로 그룹웨어가 쓸모없어지는 것이 아닌가 하는 우려도 있지만 아직은 상호 보완적으로 사용하고 있다.

06 확장형 ERP 시스템

확장형 ERP 시스템(Extended ERP)이란 기존의 ERP 시스템에 기능적, 기술적 사항이 추가되어 발전된 개념이다. 또한 확장형 ERP는 기본형 ERP 시스템에 e-비즈니스 지원 시스템과 SEM 시스템(Strategic Enterprise Management, 전략적 기업 경영)을 포함한다.

e-비즈니스 지원 시스템에는 지식 경영 시스템(KMS ; Knowledge Management System), 의사 결정 지원 시스템(DSS ; Decision Support System), 경영자 정보 시스템(EIS ; Executive Information System), 고객 관계 관리(CRM ; Customer Relationship Management), 공급망 관리(SCM ; Supply Chain Management), 전자상거래(EC ; Electronic Commerce) 등이 포함되고, SEM 시스템에는 성과 측정 관리(BSC ; Balanced Score Card), 부가가치 경영(VBM ; Value Based Management), 전략 계획 및 시뮬레이션(SFS ; Strategy Formulation & Simulation), 활동 기준 경영(ABM ; Activity Based Management) 등이 포함된다.

확장형 ERP 시스템은 더욱 향상된 의사 결정을 지원하는 역할을 하고 상거래 지향적인 프로세스로 통합하는 역할도 한다. 또한 외부 프로세스까지도 웹 환경을 이용해 지원하고 기업의 운영 범위를 확산하여 e-비즈니스에 대비할 수 있는 기능도 지원한다.

1) 지식 경영(Knowledge Management)

지식 경영은 지식을 획득하고 획득된 지식을 활용하여 새로운 부가가치를 창출하는 모든 경영 활동을 말한다. 쉽게 표현하자면, 보유 지식의 활용이나 새로운 지식의 창출을 통해 수익을 올리거나 미래에 수익을 올릴 수 있는 역량을 구축하는 모든 활동을 말한다. 즉, 지식 경영의 목적은 기업이 지식을 습득하고 공유하며 창출 · 활용하는 과정을 효과적으로 운영하여 수익과 경쟁 우위를 확보하는 데 있다. 개념적으로 본다면 지식 경영 능력이란 단순히 지식의 창조에만 관련된 것이 아니라 기존의 지식을 빠르게 획득할 수 있는 능력, 지식을 관련 조직 간에 잘 이전할 수 있는 능력 그리고 여기에 조직이 투입하는 노력이 모두 관련된다.

지식 경영 프로세스 관점에서 본 지식 경영 능력의 정의는 기업이 가지고 있는 지식 경영 능력에 대한 지표로서 통찰력을 줄 것이고 지식 획득 능력, 지식 축적 및 이전 능력, 지식 창출 능력, 지식 활용 능력, 지식 측정 능력의 곱으로 계산될 수 있다.

2) 전자상거래(Electronic Commerce)

전자상거래는 인터넷이 발달하기 이전에도 홈쇼핑, 홈뱅킹 등의 다양한 형태로 존재하였으나, 인터넷이 대중화되면서 일반적으로 인터넷상에서의 상거래를 의미하게 되었다. 좁은 의미의 전자상거래는 인터넷상에 홈페이지로 개설된 상점을 통해 실시간으로 재화, 서비스 등의 상품을 거래하는 것을 의미한다. 넓은 의미의 전자상거래는 판매자와 소비자와의 거래뿐만 아니라 공급자, 금융 기관, 정부 기관, 운송 기관 등과 같이 거래에 관련되는 모든 기관과의 관련 행위를 포함한다.

전자상거래는 수주, 발주, 결제 등을 중심으로 크게 다음의 3가지 형태로 나누어 볼 수 있다. 특정기업 간의 거래, 가상점포를 이용한 기업과 소비자 간의 거래, 인터넷을 이용하는 불특정 기업 간의 거래 등이다. 이중 가장 많이 이용되는 것이 가상점포를 이용한 기업과 소비자 간의 거래이다.

전자상거래에는 전자문서교환(EDI)과 전자화폐의 사용이 전제된다. 전자문서로 거래 및 계약을 체결하고 전자화폐로 결제를 하여 모든 거래의 시작에서 끝까지 통신망상에서 해결하는 것이 전자상거래의 목적이다. 전자상거래를 하면 시간과 비용을 단축할 수 있어 경제적 효과가 매우 크다.

전자상거래는 전통 상거래에 비해 시·공간적 제약이 거의 없으며, 기업 입장에서는 제품에 관한 정보를 구축할 수 있다. 또한 무점포 상점의 등장으로 매장 임대료나 판매 사원에게 지불될 임금을 절약할 수 있는 장점이 있다. 대신 상품을 보관하는 물류 센터를 운영해야 하는 부담은 증가하였다. 전자상거래 시장은 생산자, 중개인, 소비자가 디지털 통신망을 이용하여 상호 거래하는 시장으로, 실물 시장과 대비되는 가상 시장을 의미한다. 전자상거래로 이루어지는 경제 활동을 디지털 경제라 하며, 미래에는 실물 경제와 디지털 경제가 경제 활동의 양대 축을 이룰 것으로 전망된다.

전자상거래의 발달은 통화 및 지급 제도에 대한 새로운 제도와 거래 인증, 거래 보안, 대금 결제, 소비자 보호, 지적 재산권 보호 등에 관하여 새로운 정책을 필요로 한다. 전자상거래는 정보 · 통신 기술과 정보 시스템 개발 기술의 발전으로 나타나는 새로운 사회 제도이며 새로운 문화라 할 수 있다. 이는 인간의 경제생활은 물론 의식 구조와 사회 구조에 획기적인 변화를 가져오는 계기가 될 것이다.

3) 성과측정관리(BSC ; Balanced Score Card)

기업의 사명과 전략을 측정하고 관리할 수 있는 포괄적인 측정지표의 하나로서 1992년 컨설팅 회사인 '르네상스 솔루션'과 '하버드 비즈니스 스쿨'이 공동 개발했다.

대부분의 기업이 회사의 성과를 평가하기 위해 매출액이나 수익 등의 재무지표를 활용하고 있다. 그러나 매출이나 수익 등의 재무적 지표만으로 기업의 장기적 성과까지 측정하기 어렵다. 재무적 지표는 경영전략과 연관되어 있지 않고 과거의 정보이며 사후적 결과만을 강조하기 때문에 미래 경쟁력에 대한 지표로 활용되기 힘들었다. 반면 BSC는 재무적인 측면과 더불어 고객, 내부 프로세스, 학습과 성장 등 기업의 성과를 종합적으로 평가하는 균형 잡힌 성과측정기록표이다.

BSC는 현재의 기업 상황을 평가하는 것뿐만 아니라 미래에 대한 경고 등 역할을 하며 사업전략을 세울 때 중요한 정보로서 역할을 수행한다. 성과평가는 보상과 반드시 연계된다. 성과평가를 통해 사업단위에 맞는 새로운 목표와 계획을 수립할 수 있고 업적평가에 따른 보상의 차별화 외에도 직원의 업무에 대한 목표와 역할을 분명히 할 수 있게 된다. BSC가 제대로 도입되기 위해서는 보상전략을 구체화하고 보상전략의 전사적 배치를 통해 시너지 효과를 끌어내야 한다. 특히 고객을 위한 세분화된 시장을 규명하고 그에 따른 전략과 전략달성에 필요한 핵심요소를 반영해야 한다.

성공적인 BSC를 위해서는 직원들의 참여와 CEO의 강력한 리더십이 매우 중요하다. CEO가 구성원들의 변화를 받아들이고 직원들이 경영자의 전략을 개방된 마음 자세로 수용하는 상호 소통이 가능하다면 BSC 정착이 수월해질 것이다. BSC는 통제의 목적이 아닌 의사소통 및 정보를 알려주는 학습으로 활용될 때 효과를 거둘 수 있게 된다.

4) 활동기준경영(ABM ; Activity Based Management)

활동기준원가계산(ABC : Activity Based Costing)이란 제품의 라이프사이클이 짧아지고 제조기술이 급변함에 따라 급증하고 있는 간접비를 합리적인 기준으로 직접비로 전환하는 기법이다. 활동기준 원가계산은 투입자원이 제품이나 서비스로 변환되는 과정을 명확히 밝혀 제품이나 서비스의 원가를 계산하는 방식이다.

전통적인 원가계산 방식은 간접지원비용을 인위적인 기준에 의해 배분함으로써 제품이나 서비스 원가를 왜곡했는데 이러한 문제점을 해결하고자 하는 것이 바로 ABC이다. ABC 정보를 활용하면 원가절감 효과를 얻을 수 있을 뿐 아니라 더 나아가 전반적인 경영의사결정의 효율성도 극대화된다. 특히 ABC정보는 예산편성, 성과평가, 리엔지니어링, 리스트럭처링, 전략적 의사결정 등에 다양하게 활용될 수 있다.

ABM(Activity Based Management)은 ABC를 토대로 한 활동기준경영관리다. ABM은 그 적용 범위도 제품원가의 범위를 훨씬 넘어서 프로세스별 원가, 고객별 원가 등 기업의 전략을 효율적으로 지원할 수 있는 시스템으로 발전했다. 또한 ABM은 기업 가치의 극대화를 위한 고객만족, 고객 차별화, 비부가가치 활동 제거 등 프로세스 혁신을 실현한다. 이것은 자연스럽게 지속적인 수익성 확보를 위한 전사적인 노력과 각 성과 측정 지표의 효율적인 연계 통합을 지원할 수 있는 SEM 시스템의 중요한 구성 요소로 자리매김했다.

(www.kpcerp.or.kr에서 인용)

☞ 홈페이지에 게재된 ERP 소개

▶ ERP의 정의

가트너 그룹	미국생산재고관리협회(APICS)
제조, 회계, 물류 및 기타 업무 기능들이 조화롭게 제대로 발휘될 수 있도록 지원하는 응용 시스템 소프트웨어들의 집합(A set of applications software that brings manufacturing, financial, distribution and other business functions into balance)	고객의 주문을 제작 · 운송 · 회계 처리함에 있어 필요한 전사적인 자원을 인식하고 계획하기 위한 회계 중심의 정보 시스템(An accounting-oriented information system for identifying and planning the enterprise-wide resources needed to make, ship, and account for customer orders)

ERP는 기업의 이익을 최대화하기 위해 생산 · 판매 · 물류 · 회계 · 인사 등 기업의 기간 업무를 조직 횡단적으로 파악하고 전사적으로 경영 자원의 활용을 최적화하는 계획과 관리를 위한 경영 개념이다. ERP 시스템은 ERP 개념을 기업의 경영에 구체적으로 실현하기 위한 정보시스템이라고 정의할 수 있다(윤재봉 외, 1999).

▶ ERP의 등장 배경

① MRP(Material Requirements Planning, 자재 소요량 계획)

1970년도에 개발된 MRP는 종속적인 수요를 가지는 품목의 재고 관리 시스템이다. 구성 품목의 수요를 산출하고 필요한 시기를 추적하며, 품목의 생산 혹은 구매에 사용되는 리드타임을 고려하여 작업 주문 혹은 구매 주문을 내기 위한 컴퓨터 재고 통제 시스템으로 개발된 것이다. 제품을 구성하는 요소인 원자재, 반제품, 완제품 등에 대한 자재 수급 계획을 관리하였는데, MRP는 제품 구성 정보(BOM ; Bill Of Material), 표준 공정도(Routing Sheet), 기준 생산계획(MPS ; Master Production Schedule), 기준 생산계획과 부품표, 재고 정보의 세 가지를 기반으로 구체적인 제조 일정, 자재 생산, 조달 계획을 계획한다.

② MRP II

1980년도에 자재뿐만 아니라 생산에 필요한 모든 자원을 효율적으로 관리하기 위하여 MRP가 확대된 개념이라고 할 수 있다. MRP 시스템이 보다 확장되고 생산 능력이나 마케팅, 재무 등의 영역과 다양한 모듈과 특징들이 추가되면서 자재에 국한된 소요 계획을 작성한다는 의미의 MRP는 부적절하게 되었다. 새로운 의미의 MRP인 MRP II가 다양한 제조 자원의 사용 계획을 수립한다는 의미로 등장하게 되었다.

③ ERP(Enterprise Resource Planning, 전사적 자원 관리)

ERP는 MRP II의 대상을 기업 활동 전반의 모든 업무의 경영 자원으로 확대하였다. 생산 부서의 의사결정은 타 부서의 의사결정과 밀접하게 영향을 주고받으므로 전체를 유기적으로 통합하여야 하고, 생산 부서의 상부와 하부의 연결 체계를 이어주는 공급 체인의 흐름을 고려해야 한다.

이를 위해 첨단의 IT를 기반으로 하여 선진 비즈니스 프로세스(Best Practice)가 구현된 ERP 패키지 소프트웨어가 있다.

▶ ERP의 장점

① ERP를 도입하는 것은 시스템을 자체 개발하는 것보다 단기간에 이룩할 수 있다.

기업 환경의 변화는 가속화하고 있으며, 이러한 환경 변화에 적응하기 위한 기업의 업무 프로세스도 급속도로 전환해야 한다. 이를 지원하기 위하여 기존의 시스템을 재구축하는 데는 장기간이 소요되지만 이미 구축된 ERP는 짧은 시간 내에 파라미터 변경을 통해 전환이 쉽고 빠르게 이루어진다.

② ERP는 통합 정보 시스템이므로 기업 정보를 통합적으로 관리하는 데 기여할 수 있다.

과거의 시스템은 부문이나 사업부의 업무만을 지향하는 단위 시스템이 많기 때문에 시스템 전체의 유연성이 크게 떨어졌으나, ERP는 데이터 통합이 가능하기 때문에 기업의 경영활동을 통합할 수 있다는 장점을 갖고 있다.

③ 공간 · 시간적 한계를 초월할 수 있다.

과거에는 지역적으로 흩어진 기업의 자원을 중앙 집중적으로 관리하기 어려웠다. ERP는 흩어져 있는 자원을 마치 중앙에서 통괄 관리하는 것처럼 운영하여 중앙 집권의 장점인 규모의 경제를 이룩할 수 있다. 즉, ERP는 본사와 영업소, 지점, 현장과의 관계를 밀접하게 만드는 인프라로 활용될 수 있다.

④ ERP는 비즈니스 프로세스 모델을 혁신하는 비즈니스 리엔지니어링을 구현할 수 있다.

ERP를 도입하는 기업은 '베스트 프랙티스'에 의해 제공된 '비즈니스 프로세스 모델'을 이용해서 자사의 업무와 비교하여 더 탁월한 방식을 채택할 수 있다. 이에 따라 ERP의 도입과 비즈니스 리엔지니어링을 동시에 실현할 수 있다.

⑤ ERP는 다양한 원천에서 실시간으로 정보를 모아 통합적으로 제공하고 있기 때문에 업무 원활화를 꾀할 수 있다.

이에 따라 업무 시간을 대폭적으로 축소할 수 있다.

⑥ ERP는 공급 사슬 관리(SCM ; Supply Chain Management)를 강화할 수 있다.

▶ ERP 도입 효과와 필요성

① 효율성의 극대화

- 운영의 효율성 : 기업의 모든 프로세스가 통합적으로 이루어져 업무 중복, 업무 대기 시간 등의 비부가가치 활동을 제거한다. 이는 업무가 동시적으로 이루어질 수 있고 BPR을 지원하기 때문이기도 한다. 이러한 운영의 효율성을 이룸으로써 업무 시간을 단축할 수 있고 필요 인력과 필요 자원을 절약할 수 있다.

- 배분의 효율성 : 구매 · 자재관리 모듈은 실시간으로 자재 현황과 위치 등을 파악하고 수요를 정확히 예측하여 필요 재고 수준을 결정함으로써 불필요한 재고를 없애고 물류비용을 절감할 수 있다.
- 정보의 효율성 : 정보의 신속성과 정보의 일치성, 개방성은 정보의 공유화를 이루어 기업 구성원들이 정확한 정보를 신속하게 활용할 수 있도록 하며 업무 효율을 높일 수 있다.

② 경제적 부가가치 창출

정성적인 측면	정량적인 측면
• 업무 프로세스 단축 • 조직 구성원의 만족도 증대 • 고부가가치의 업무에 시간과 노력을 집중 • 업무의 정확도 증대 • 기업 의사 결정의 신속성과 정확성 증대	• 인적, 물적 비용의 절감 • 업무의 효율화 • 인원 감축 가능 • 인건비 감소, 수익성 향상

③ ERP의 필요성

ERP는 일반 업무를 단순히 컴퓨터로 처리하는 기존 정보 시스템과는 개념부터 다르며 업무 프로세스 자체를 조직적 체계로 바꾼 후 ERP 프로그램을 통해 이를 처리하게 된다. 이 과정을 통해 구축된 ERP 시스템은 각 부서가 정한 경영 환경 변화에 신속하게 대응할 수 있게 해 준다. 업무 프로세스를 표준화하고 재무 회계, 원가 회계 등 회사 업무 전체를 한 시스템에서 처리할 수 있다. ERP는 국제 통화 기금(IMF)이 요구하는 기업 경영의 투명성을 갖추는 데도 탁월한 효과를 발휘한다. 기업 신용 평가에 까다로운 스탠더드푸어스(S&P)나 무디스도 ERP를 통해 산출한 기업 자료는 인정하고 있다. 이는 미국 및 유럽의 선진국들이 ERP 도입을 서두르는 이유이기도 하다(S/W 산업 부문별 동향 조사 보고서, 2001.11). 따라서 ERP의 도입은 기업의 정성 · 정량적 측면에서의 부가가치 증대를 통해 기업 경쟁력을 강화하기 위해 필요하다고 볼 수 있다.

Chapter 02 생산계획 및 통제

01 생산을 위한 기초정보 및 생산시스템 일반

1) 생산에 관련된 기본적인 용어

(1) 생산

생산이란 생산요소(투입물)를 유형 및 무형의 경제재(산출물)로 변환시킴으로써 효용성을 산출하는 과정이다. 반면 생산성이란 노동력 혹은 기계사용시간 생산요소(투입물)를 유형 및 무형의 경제재(산출물)로 변환시킴으로써 효용을 산출하는 과정을 의미한다.

(2) 생산성 측정

생산성 측정은 단일의 투입요소로 측정되는 부분생산성, 하나 이상의 투입요소로 측정되는 다요소생산성, 모든 투입요소로 측정되는 총요소생산성 등으로 측정될 수 있다. 또한 생산성 척도로 사용되고 있는 산출단위는 수행되는 직무의 유형에 따라 다르게 나타난다.

2) BOM

BOM(Bill Of Material)이란 특정 제품이 어떤 부품들로 구성되어 있는가를 나타내는 데이터를 말한다. BOM에서 가장 기본이 되는 정보는 제품 구조 정보(Product Structure)라고 할 수 있다.

(1) Engineering BOM

Engineering BOM은 말 그대로 설계부서에서 사용하는 BOM이다. 제품 설계는 기능 중심으로 행해지게 되는데 예를 들어 제품 A는 이런저런 기능을 하는 조립품으로 이루어지고, 각 조립품은 다시 이런저런 기능을 하는 조립품 또는 부품으로 구성된다는 식이다.

(2) Manufacturing BOM 또는 Production BOM

생산관리 부서 및 생산 현장에서 사용되는 BOM으로 Manufacturing BOM 또는 Production BOM이라고 한다. MRP 시스템에서 사용되는 BOM이 바로 Manufacturing BOM이다. 제조 공정 및 조립 공정의 순서를 반영하여 Engineering BOM을 변형하여 만들어지고 아이템이 재고로 저장될 것인지의 여부와도 밀접한 관련을 갖는다.

(3) Planning BOM

Planning BOM은 생산계획 및 기준일정계획에서 사용된다. 주요 사용 부서로는 생산관리 부서 및 판매, 마케팅 부서 등에서 사용되며 상당히 포괄적인 개념으로 여러 가지 종류가 있다.

(4) Modular BOM

Modular BOM은 Option과 밀접한 관계를 가지고 있는데, 생산전략 중 Assemble-To-Order 형태의 전략을 취하는 기업체에서 만드는 제품들은 대개 많은 옵션을 가지고 있다. 이와 같이 Modular BOM을 구성하게 되면 방대한 양의 BOM 데이터를 관리하는 데 필요한 노력을 줄일 수 있게 되고 Master Production Scheduling을 할 때에도 옵션을 대상으로 생산계획을 수립하게 되므로 관리 및 계획 노력을 줄일 수 있다.

(5) Percentage BOM

Percentage BOM은 Planning BOM의 일종으로 제품군을 구성하는 제품 또는 제품을 구성하는 부품의 양을 정수로 표현하는 것이 아니라 백분율로 표현한 BOM이다.

(6) Inverted BOM

일반적인 BOM은 여러 종류의 부품들을 조립하여 상위 부품 및 제품을 만드는 형태로 묘사된다. 그러나 화학이나 제철과 같은 산업에서는 적은 종류 또는 단일한 부품 및 원료를 가공하여 여러 종류의 최종 제품을 만든다. 이처럼 나무가 뒤집힌 형태 즉, 역삼각형 형태의 BOM을 Inverted BOM이라고 부른다.

(7) 기타 BOM

① Common Parts BOM

Common Parts BOM 또는 Common BOM 이라는 것은 제품 또는 제품군에 공통적으로 사용되는 부품들을 모아놓은 BOM을 뜻하며, 이러한 BOM의 최상위 아이템은 가상의 아이템 넘버를 갖는다.

② Multi-level BOM

BOM 정보를 디스플레이하는 방법에 따른 이름으로 대개의 BOM 정보는 Parent와 Child의 관계만을 보여주는데, Child의 Child까지 BOM 정보를 표현해 놓은 것을 Multi-level BOM이라고 한다.

③ Phantom BOM

Phantom BOM이라는 것은 Phantom 아이템과 관련이 있는 BOM이다. Phantom 아이템은 저장되지 않는 아이템이라고 이해될 수 있다. 사실 Phantom은 매우 중요한 개념으로 JIT시스템과 MRP시스템의 연동, Engineering BOM으로부터 Manufacturing BOM으로의 변환 등에도 사용된다.

④ Bill of Activity

Bill of Activity 또는 Bill of Process라고 불리는 것은 BOM과 유사한 측면이 있는데, 부품정보뿐만 아니라 Routing 정보도 포함하고, 설계/NC 프로그래밍/구매 등의 활동까지를 포함한 표현 방법도 있다. 이러한 표현 방법은 금형 공장에서 많이 사용하고 있다.

⑤ Indented BOM

BOM을 보고서 형태로 출력할 때에 Multi-level BOM을 표현하는 방법으로 Parent와 Child 관계가 있을 때 한 칸씩 우측으로 밀어서 출력하기도 하는데, 이렇게 표현된 BOM을 Indented BOM이라고 한다.

02 수요예측

1) 수요예측

(1) 수요예측의 개념

수요란 재화나 서비스를 구매하려는 욕구를 말한다. 잠재수요란 일반적으로 상품 · 서비스 등의 필요성이나 욕구는 있으나 아직 조건이 갖춰지지 않아 소비 등에 결부되지 않은 경우의 수요를 말한다. 유효수요는 상품 · 서비스의 구매 동기만 있으면 바로 구매 가능성이 있거나 구체적으로 구매계획이 있는 경우의 수요를 말한다. 수요예측이란 장래에 발생할 가능성이 있는 모든 수요(잠재수요+유효수요)에 대하여 예측하는 것이다. 수요예측은 각종 생산의사결정에 기초자료를 제공한다. 특히 공정설계, 생산능력계획, 재고에 관한 의사결정의 기초가 된다.

(2) 수요예측의 원칙

예측오차의 발생확률은 예측하는 기간의 길이에 비례하여 높아진다. 예측기간이 짧을수록 장기예측에 비하여 예견되지 않은 사건에 의한 영향이 줄어들어 예측의 적중률이 높아진다. 수요가 안정적인 기간이나 기존 상품 서비스에 대한 예측은 불가능한 상황이 자주 발생할 때보다 적중률이 높아진다. 일반적으로 영속성이 있는 상품이나 서비스 등은 끊임없이 경기변동이나 경제적 요인에 영향을 받아 수요 패턴이 변화하기 때문에 영속성이 없는 상품이나 서비스의 경우보다 지속적으로 정확한 예측을 하기가 어렵다.

2) 수요예측기법

(1) 질적예측기법(정성적 예측법)

① 델파이법

- 델파이법은 전문가 그룹을 대상으로 여러 차례 질문지를 돌려 그들의 답변을 정리하고 이 결과를 전문가에게 알려주는 과정을 반복하여 의견을 수렴하는 방법이다.
- 일반적으로 시간과 비용이 많이 드는 단점이 있다.
- 예측에 불확실성이 많거나 자료가 불충분할 때 사용하는 방법이다.

② 판매원의견종합법

판매원의견종합법은 특정 시장에 정통한 판매원이나 거래점의 의견을 종합하여 수요를 예측하는 방법이다.

③ 경영자판단

경영자판단은 예측과 관련있는 상위 경영자의 의견을 모아 예측하는 방법으로 장기계획 및 제품개발에 이용된다.

④ 패널동의법

패널동의법은 어느 한 개인의 의견보다는 집단의 의견이 더 나은 예측을 한다는 가정하에 경영자, 판매원, 소비자 등으로 패널을 구성하여 예측치를 구하는 방법이다.

⑤ 소비자조사법

소비자조사법은 제품이나 서비스를 새로 출시하기에 앞서 소비자의 의견조사 내지 시장조사를 통하여 시장 및 수요예측을 하는 방법이다. 정성적 기법 중 시간과 비용이 가장 많이 들지만 예측은 비교적 정확하다.

⑥ 라이프사이클유추법

라이프사이클유추법은 제품의 라이프사이클 단계나 기간을 토대로 하여 미래의 수요를 예측하는 방법이다.

[제품의 라이프사이클에 따른 수요예측기법]

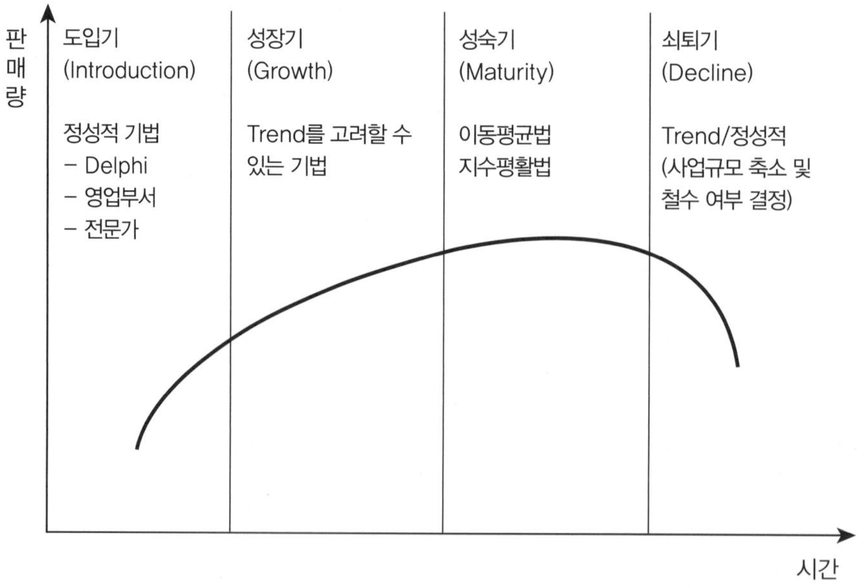

⑦ 자료유추법

자료유추법은 신제품의 개발 시 이와 유사한 기존제품의 과거자료를 기초로 하여 예측하는 방법이다.

(2) 양적예측기법(정량적 예측법)

① 시계열분석

시계열이란 일정한 시간 간격으로 일련의 과거자료를 나타내는 방법으로 패턴은 추세, 계절적 변동, 순환요인, 불규칙 변동의 4요소로 구성된다.

- 추세 : 수요가 일정한 비율로 증가 또는 감소하는 경향을 말한다.
- 계절적 변동 : 추세선 상하로의 변동을 나타내며 1년 단위로 반복된다.
- 순환요인 : 1년 이상의 장기간에 걸친 순환변동을 나타낸다.
- 불규칙변동 : 위의 3요소로 규명할 때 설명할 수 없는 나머지 변동으로 예측 및 통제가 불가능하다.

② 이동평균법

이동평균이란 계산 기간을 순차적으로 1기간씩 이동시켜 나가면서 평균을 계산하는 것으로, 과거 수요량의 시계열자료를 토대로 일정 기간의 수요를 평균함으로써 수요를 예측하는 방법이다.

③ 지수평활법

- 현시점과 가까운 실적치에는 큰 비중을 주고 과거로 거슬러 올라갈수록 비중을 지수적으로 적게 주어 예측하는 방법이다.
- 지수평활법은 회귀분석법이나 이동평균법에 비해 최근의 단기 자료만으로도 수요예측이 가능하다.
- 수요예측치 = 과거의 예측치 + (과거의 실측치 − 과거의 예측치) × 평활상수
- 이동평균법과 마찬가지로 시계열에 계절적 변동, 추세 및 순환요인이 크게 작용하지 않을 때 유용한 기법이다.

④ 추세분석법

- 시계열을 관통하는 추세선을 구한 다음 그 추세선을 이용하여 수요를 예측하는 방법이다.
- 보통 최소자승법을 이용하는데, 독립변수를 시간으로 놓는다는 점이 회귀분석법과 다르다.

⑤ 회귀분석법

- 회귀분석법이란 수요에 중대한 영향을 미치는 변수를 찾아 최소자승법을 이용하여 이 변수와 수요량의 관계를 나타내는 회귀식의 계수 및 상수를 추정한 후, 추정된 회귀식을 이용하여 수요량을 예측하는 방법이다.

- 양 변수 간의 직선적인 관계의 정도는 상관계수로 측정한다.
- 상관계수의 제곱을 결정계수라고 하는데, 결정계수는 종속변수의 총변동 중 독립변수에 의해 설명된 변동의 비율을 나타낸다.

3) 예측의 7단계

① 예측의 목적과 용도

② 예측 대상 품목과 단위 결정

③ 예측 기간의 선정

④ 적합한 예측 기법의 선정

⑤ 필요한 자료의 수집

⑥ 예측의 시행

⑦ 예측치에 대한 타당성 및 정확성 검증

4) 채찍효과

(1) 채찍효과의 의의

예측 가능한 장기적 변동을 제외하고 나면 대개의 제품에 대한 최종 소비자의 수요는 그 변동폭이 크지 않다. 그러나 공급망을 거슬러 올라갈수록 이 변동폭이 커지는 현상이 발생되면서 채찍효과(Bullwhip Effect)라는 용어가 사용되었다. 채찍효과는 손잡이 부분에서는 작은 힘이 가해져도 끝 부분에서는 큰 파동이 생기는 데서 착안하여 붙여진 이름이다. 즉 공급망에 있어서 소비자 수요의 작은 변동이 제조업체에 전달될 때는 확대되므로, 제조업체 입장에서는 수요의 변동이 매우 불확실하게 보이는 것이다. 이러한 정보의 왜곡현상으로 공급망 전체로는 재고가 많게 되고 고객에 대한 서비스 수준도 떨어지며 생산능력 계획의 오류, 수송상의 비효율, 생산계획상의 난맥 등과 같은 악영향이 발생하게 된다.

(2) 채찍효과의 원인

채찍효과는 공급망상의 왜곡된 정보의 전달현상이 막대한 비효율성 · 과다한 재고 · 빈약한 고객 서비스 · 수익의 감소 · 비효과적인 배송 · 그리고 잘못된 생산 일정 등을 야기시키게 된다. 이러한 채찍효과의 원인은 크게 4가지로 나누어 볼 수 있다.

① 빈약한 수요예측

최종고객과 생산 사이에 있는 각 단계에서 수요증가나 감소가 이중, 삼중으로 계속 일어나 최종 소비자의 실제 수요가 왜곡되는 것이다. 따라서 이 경우에는 이중, 삼중, 예측을 하지 않고 단일 수요예측을 할 수 있도록 해야 하는데 이를 위해서 정보공유가 필요하다.

② 일괄주문 방식

물건이 하나가 팔리면 그 때 주문되는 것이 아니라 100개가 팔릴 때까지 기다렸다 한꺼번에 주문을 하는 것이다. 여러 도매상이나 소매상으로부터 동일한 시점에서 한꺼번에 주문을 받으면 일정 시점에서 수요가 급격히 증가하는 현상이 벌어진다. 이를 해결하기 위해 도소매업체들의 주문 시점을 골고루 분배하고 가급적 일괄주문 간격을 줄이도록 노력해야 한다.

③ 생산업체의 유동적인 가격정책

생산업체는 도소매업체에게 일정기간 가격할인을 해주는데 이때 도소매업체들은 한꺼번에 많은 물량을 구입해서 재고로 쌓아놓고 몇 달 동안 주문을 하지 않곤 한다. 재고로 쌓아두는 대신 싸게 산 상품을 바로 팔아 차익을 챙길 수 있지만 수요가 불규칙하고 왜곡될 수밖에 없다. 따라서 이를 해결하기 위해서는 Every Day Low Price(EDLP) 정책을 적절히 사용하거나 제품은 할인해 주되 일정간격으로 나누어 배달하는 방법을 쓸 수 있다.

④ 공급망에서의 분배문제

특정제품에 대한 수요가 폭증하면, 제조업체는 일정하게 도-소매업체별로 제품을 할당할 수밖에 없다. 이때 도소매업체에 충분한 제품이 공급되지 않기 때문에 다음에 비슷한 상황을 대비해서 실수요보다 더 많은 양을 주문하게 되는 것이다. 이러한 것을 방지하기 위해서는 반품제약을 엄격히 하거나 제품할당 시 수요를 과거 주문 실적에 의해 하는 방법이 있다.

(3) 채찍효과에 대한 관리방식

① 공급망상의 목표와 인센티브 조정

② 정보의 정확성 향상

③ 운영 효율성의 증대

④ 가격전략 수립

⑤ 리드타임 단축

03 생산시스템

1) 생산시스템의 기본구조

생산시스템은 생산목표를 달성하기 위해 각종 자원을 효율적으로 결합하여 제품이나 서비스를 만들어내는 것을 의미한다. 생산시스템은 기본적으로 투입물(Input)을 변환과정(Process)을 거쳐 산출물(Output)로 만드는 구조를 가지고 있다.

생산시스템은 기업의 핵심 부문임은 분명하지만 타 부문과의 유기적인 연결은 필수적이다. 생산시스템의 피드백(Feedback)을 통해 타 부문과의 정보 공유, 문제의 조기 발견, 지속적인 개선 등을 추구하여 보다 효율적이고 경쟁적으로 시장의 변화에 대응할 수 있어야 한다.

2) 다양한 생산시스템

(1) 고객의 주문유형에 따른 분류

① 주문생산

고객의 주문에 따라 생산하는 방식으로 수요변화에 대한 유연성이 높으나 생산효율이 떨어지고 주문이 비반복적이다.

② 시장(재고)생산

수요예측에 따라 생산하는 방식으로 동일제품을 대량 생산하여 원가절감이 달성될 수 있으나 수요의 변화에 대처하기가 어렵다.

③ 조립생산

주문생산과 시장생산의 결합형태로서 수요예측을 토대로 중간조립품과 구성품을 생산하고 고객 주문에 따라서 최종 제품을 생산하는 공정형태를 말한다. 이때 중간조립품은 재고로 보유하고 있으나 완성품은 주문 시에 생산된다. 또한 조립생산에서는 최소의 중간조립품을 가지고 최대의 최종제품을 생산하는 것이 목표가 된다.

(2) 생산의 반복성에 따른 분류

① 개별생산

개개의 주문별로 생산하는 방식으로 맞춤구두, 맞춤의류, 선박, 특수공작기계 등의 생산에 주로 이용된다.

② 롯트(배취)생산

일정량씩 반복생산하는 방식으로 금속 · 기계공업, 주물, 의류, 가구, 도자기 등의 생산에 주로 이용된다.

③ 연속생산

대량의 동일제품을 반복생산하는 방식으로 자동차, 전자제품, 석유화학제품 등의 생산에 주로 이용된다.

(3) 생산의 흐름에 따른 분류

① 단속생산

단속생산은 생산의 흐름이 단속적이며 개별생산방식이다.

② 연속생산

연속생산은 생산의 흐름이 연속적이다.

[표] 단속생산과 연속생산의 비교

구분	단속생산	연속생산
생산시기	주문생산	시장생산
품종과 생산량	다품종소량생산	소품종다량생산
기계설비	일반목적용 기계설비(범용설비)	특수목적용 기계설비(전용설비)
운반설비	자유경로형 운반설비	고정경로형 운반설비
생산속도	느림	빠름
단위당 생산원가	높음	낮음
설비투자액	적음	많음
노동력	고도로 숙련된 노동자	반숙련공 · 미숙련공도 가능
유연성	높음	낮음
설비배치	공정별 배치	제품별 배치

3) 제조전략에 적합한 생산시스템의 형태

(1) 재고형 생산(Make-To-Stock)

Make-To-Stock은 완제품을 재고로 가지고 있다가 고객의 주문에 맞추어 공급하는 전략이다. 대부분의 공산품은 이러한 전략으로 생산된다. Make-To-Stock으로 생산되는 제품들은 대개 저가이며 다양한 옵션을 가지고 있지 않다. 소품종대량생산에 적합하다.

(2) 주문조립 생산(Assemble-To-Order)

Assemble-To-Order는 반제품을 재고로 보관하고 있다가 고객의 주문에 맞추어 조립한 후에 제품을 공급하는 전략이다. 자동차와 같이 옵션의 종류가 많고 고가인 제품들은 Assemble-To-Order의 생산전략으로 생산된다.

(3) 주문 생산(Make-To-Order)

Make-To-Order는 고객의 주문이 들어오면 원자재의 가공, 반제품의 생산 및 완제품의 조립이 이루어지는 형태이다. 공작기계 생산업체들이 Make-To-Order의 생산전략을 많이 사용한다.

(4) 주문설계 생산(Engineer-To-Order)

Engineer-To-Order는 고객의 주문이 들어오면 설계로부터 시작해서 자재의 구입 및 생산, 조립을 하는 생산전략이다. 항공기, 선박 그리고 금형 등의 생산이 Engineer-To-Order를 따른다고 할 수 있다. 이러한 생산전략은 해당 업체가 생산 제품별로 다르게 선택할 수 있으며, 복수 개의 전략을 선택할 수도 있고, 제품의 수명주기 상에서 어떤 위치에 있는가를 기준으로 시점에 따라 생산전략을 다르게 선택할 수도 있다.

04 총괄계획의 개념

1) 총괄생산계획의 본질

총괄생산계획(Aggregate Production Plan)의 본질은 기업이 수요나 주문의 시간적 또는 수량적 요건을 만족시키기 위하여 생산시스템의 능력을 전체의 입장에서 파악하여 조정해 나가는 계획이라 할 수 있다. 즉, 총괄생산계획은 생산시스템과 재고시스템의 결합에 의하여 기업전체의 생산 최적화를 도모하는 데 있다. 그러므로 전체 최적화를 위해서는 두 부문을 동시에 고려한 생산 및 재고 시스템을 수립하여야 한다.

(1) 의의

총괄생산계획이란 6개월에서 18개월의 기간을 대상으로 수요의 예측에 따른 생산목표를 효율적으로 달성할 수 있도록 고용수준, 재고수준, 생산능력 및 하청 등의 전반적인 수준을 결정하는 과정이다. 이를 통해 장래의 일정기간 동안 생산하여야 할 제품의 수량과 생산의 시간적 배분에 대한 계획을 수립할 수 있다.

(2) 구성요소

① 목표 : 예측된 수요를 충족시켜야 하며 중기에는 고정되어 있는 생산설비의 능력 범위 내에서 이루어져야 하고 관련 비용이 최소화되도록 수립되어야 한다.

② 고려요소 : 생산율, 하청, 고용수준, 재고수준 등

③ 결과 : 생산수량계획, 품종계획, 일정계획

(3) 전략대안

- 종업원의 채용이나 해고를 통한 노동력의 규모를 조정하여 수요율에 생산율을 일치시키는 전략으로 이를 추종전략 또는 수요추구전략이라고 한다.

- 노동력의 규모는 일정하게 유지하되 이용률을 조정하여 수요변동에 대비하는 전략으로 잔업과 유휴시간을 이용한다.
- 고용수준과 생산율을 일정하게 유지하고 재고나 추후납품을 이용하여 수요의 변동을 흡수하는 전략으로 이를 평준화전략이라고 한다.
- 고용수준과 생산율은 일정하게 유지하고 하청을 이용하는 전략이다.

2) 총괄생산계획의 전략

생산 및 재고 시스템을 위한 총괄계획의 수립에 있어서 고려하여야 할 변수들은 변화하는 수요에 어떻게 대처할 것인가에 따라 다음과 같이 4가지로 구분하여 고찰하여야 한다.

수요가 변동할 때 생산율을 일정하게 유지하면 수요가 적을 때는 재고와 고용이 많아지게 되고, 수요가 많을 때는 재고와 고용이 모자라게 되므로 손실이 발생한다. 이러한 경우 재고수준 및 생산율은 수요 변동에 대처할 수 있는 전략으로서 관리 가능한 변수들이다.

(1) 생산율

생산율의 변동은 수요변동에 대처할 수 있는 가장 중요한 변수로서 생산설비 및 조업시간 등과 밀접하다. 이것은 고용수준과 생산설비를 고정시키고 수요의 변동에 따라 조업시간을 변동하는 것이다. 또한 생산능력 부족 시 하청을 주거나 설비를 확장한다. 이러한 비용에는 잔업수당, 유휴비용, 설비투자비용, 하청비용 등이 포함된다.

(2) 고용수준

다른 한 가지의 순수전략은 수요의 변동에 따라 고용수준의 규모를 조절하는 것이다. 즉, 수요의 변동에 직접 연관시켜 고용이나 해고를 하는 방법이다. 이러한 대체안 또한 비용과 관계를 가진다. 고용비에는 모집비, 면접비, 선발비, 신체검사비, 훈련비 등이 포함된다. 뿐만 아니라 일단 채용된 종업원이라 하더라도 이들이 다른 종업원과 같은 수준의 생산성을 갖추기 위해서는 어느 정도의 기간을 소요하게 된다. 해고비용은 실직수당, 보험, 퇴직수당 및 회사 이미지 등과 관련된 무형적 비용 등을 포함한다.

(3) 재고수준

순수전략의 또 다른 한가지의 형태는 고용수준이나 생산율을 고정시키고 재고수준을 조절함으로써 수요의 변동을 흡수하는 방법이다.

(4) 하청

다른 한가지의 순수전략은 하청을 주는 것이다. 하청을 줌으로써 기업은 일정한 생산속도를 유지할 수 있고 필요한 경우 하청업자들의 생산능력을 이용할 수 있게 된다. 이 방법에서는 하청비용이 한계비용을 초과하는 것이 일반적이다.

05 기준생산계획

1) 기준생산계획의 의의

기준생산계획은 총괄생산계획보다 구체적으로 생산시기와 생산수량을 수립하는 것을 말한다. 기준생산계획은 End Item 또는 중요 부품에 대한 생산계획 또는 구매계획을 수립하는 활동으로 대개 End Item은 판매의 대상이 되는 것을 의미한다. 이러한 End Item에 대해 생산계획을 수립할 수 있다면 제품을 만드는 데 필요한 부품의 양이 결정될 수 있다. 또한 언제 이러한 부품이 필요한 지에 대해 생산 부품은 라우팅(Routing), 구매되는 부품은 Item Master 등을 통해 알 수 있다. 이러한 부품의 필요량과 필요시점은 MRP Explosion 과정을 통해 계산된다. 이러한 이유로 이러한 부품의 수요는 최종 제품에 종속적이며, 최종 제품은 시장 수요에 따라 생산하게 되며 독립적이다.

기준생산계획을 수립할 때에는 대개 생산용량의 변경에 대해서는 고려하지 않으며, 중요하게 고려하는 요소로는 생산 또는 구매의 발주량을 어떻게 정하는지(Lot Sizing)이다.

2) 기준생산계획을 하기 위해 필요한 요소

① 기간별 수요량(예측치)

② 현재고량

③ 주문정책

3) 주문정책

(1) LFL(Lot For Lot)

각 기간 동안 필요한 소요량과 같은 양을 주문하는 방식으로 주문량과 순소요량이 일치한다.

(2) FOQ(Fixed Order Quantity)

매번 동일한 양을 주문하는 방법으로 공급자로부터 항상 일정한 양만큼 공급받는 경우에 사용된다. 케이스 단위로 포장되어 있거나 구매할인을 받기 위해 또는 공정수율을 높이기 위해 선택한다.

(3) EOQ(Economic Order Quantity)

주문비용과 재고유지비용 간의 관계를 이용하여 가장 합리적인 주문량을 결정하는 방법으로, 총재고비용을 최소화시키는 1회 주문량을 말한다.

(4) ROP(ReOrder Point system)

재고가 일정수준에 이르면 주문하는 방법으로, 정량발주모형(Q system)에서는 재고가 일정수준에 이르면 주문하는 모형이고 정기발주모형(P system)에서는 일정시점이 되면 정기적으로 적당한 양을 주문하는 방식을 말한다.

(5) POQ(Periodic Order Quantity)

재고량에 대한 조사를 주기적으로 하고 필요한 양만큼 주문하는 방법으로 일정한 기간 동안에 필요한 소요량을 모아서 한꺼번에 주문하는 방식으로 수요가 일정하지 않을 경우 재고의 문제점이 야기되는 FOQ 기법을 보완하기 위해서 사용할 수 있다.

06 일정계획

1) 일정계획의 의의

생산계획에 의해 실제로 작업을 실시하기 위해서는 먼저 생산에 필요한 작업(공정)을 언제 시작해서 언제 완료할 것인가에 대한 일정계획을 수립해야 한다. 즉, 부품가공 내지는 제품조립 과정에서 자재가 적기에 조달되고 이들 생산이 지정된 시기까지 완성될 수 있도록 기계 또는 작업량을 시간적으로 배정하고 일시를 결정하여 생산일정을 계획하는 것이다.

2) 일정계획의 방침

합리적인 일정계획을 수립하기 위해서는 다음과 같은 방침을 따라야 할 필요가 있다.

(1) 작업흐름의 신속화

① 가공로트수를 작게 할 것

② 이동로트수를 작게 할 것

③ 공정계열의 병렬화

(2) 생산시간의 단축

재공품으로 기인된 정체기간을 최소한도로 단축시켜야 한다.

(3) 작업의 안정화와 가동률의 향상

각 공정에 적절한 여유를 부여하여 작업의 안정화를 기해야 한다.

(4) 애로공정의 능력증강

병목현상이 발생하는 공정의 능력증강으로 전체 생산속도를 향상시켜야 한다.

(5) 생산활동의 동기화

전 공정에 걸쳐서 전 작업 또는 전 공정의 작업기간을 동기화시켜야 한다.

07 프로젝트의 일정계획

1) PERT-CPM 네트워크 계획기법

(1) 의의

네트워크 계획기법이란 일의 순서를 계획적으로 정리하기 위한 수렴기법으로 간트차트의 결점을 보완하기 위하여 개발되었다. PERT(Program Evaluation and Review Technique)와 CPM(Critical Path Method)이 대표적이다.

PERT와 CPM은 연결망을 이용하여 프로젝트를 효과적으로 수행할 수 있도록 시간 및 비용을 합리적으로 계획 · 통제하는 기법을 말한다. 또한 PERT와 CPM은 대규모 건설공사나 연구개발 사업 등의 일정계획 수립 및 통제 기법으로 널리 이용되고 있다.

(2) 차이점

PERT와 CPM은 활동시간의 추정 방법에 차이가 있는데, PERT에서는 활동시간을 확률적 모형으로 추정하는 반면, CPM에서는 확정적 모형으로 추정한다.

일반적으로 PERT는 시간의 계획과 통제를 위한 기법이고, CPM은 시간과 비용을 통제하기 위한 기법이다.

(3) PERT 네트워크의 구성요소

① ○ (Event) : 작업의 완료와 새로운 작업의 시작을 나타내며 Node로 표시

② ──► (Activity) : 공정상의 각 작업, 가지(Arc)로 표시

③ ---► (Dummy Activity) : 작업 간의 선후관계를 나타내기 위한 가상의 작업, 점선으로 표시

④ 작업(활동)시간 : 하나의 활동을 마치는 데 소요되는 시간, 가지 위에 숫자로 표시

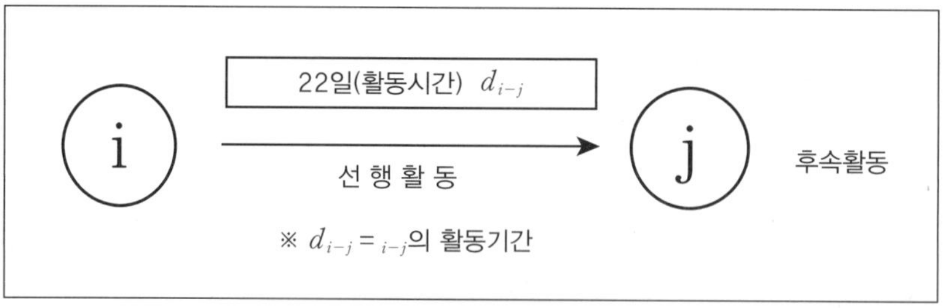

㉠ TE(Earliest Expected Time) : 각 단계에서 가장 빨리 시작할 수 있는 시간

㉡ TL(Latest Allowable Time) : 각 단계의 허용기일 중 가장 늦은 시간

2) 활동 소요시간의 추정

PERT/Time으로 3점 견적법 즉, 3개의 시간추정치의 가중평균치를 견적하여 추정한다.

① 낙관시간치(t_o : Optimistic time) : 예정대로 진행될 때의 시간으로 최소시간치를 말함

② 정상시간치(t_m : Most likely time) : 정상일 때 최선의 시간치를 말함

③ 비관시간치(t_p : Pessimistic time) : 뜻대로 되지 않을 때의 최대시간치를 말함

④ 기대시간치(t_e : Expected time) : 예정대로 진행될 때의 시간치를 말함

$t_e = \dfrac{t_o+4t_m+t_p}{6}$ (단, t_o, t_m, t_p는 베타(B)분포를 따른다는 가정에서 도출

⑤ t_e의 분산 $a^2=(\dfrac{t_o-t_p}{6})^2$

[그림] 네트워크 주공정 발견을 위한 단계의 TE 및 TL의 계산

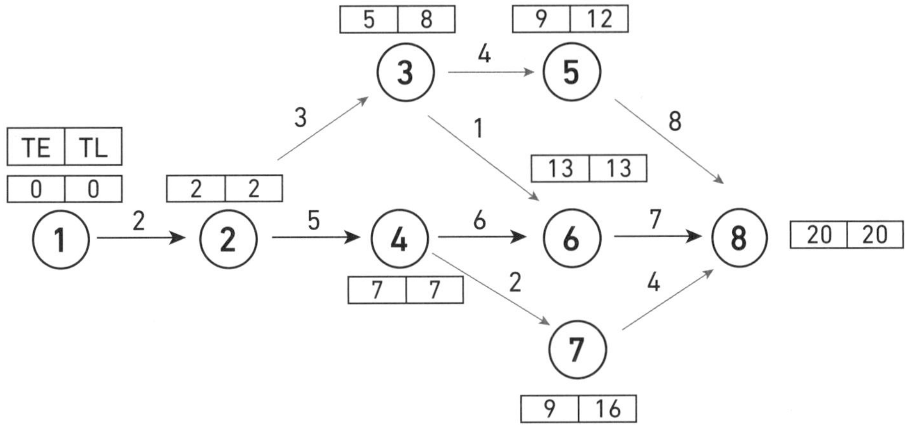

3) 주경로(Critical Path)의 발견

(1) 후속단계 TE의 계산(전진계산법)

후속단계의 TE는 전 단계의 TE에 활동시간 d_{i-j}를 더하는 전진계산법이다.

전진계산법은 한 작업의 선후관계를 만족하는 조건하에서 빨리 시작하여 빨리 끝내는 계산방식이다.

즉, $TE_j = TE_i + d_{i-j}$

단계5의 $TE_5 = TE_3 + d_{3-5} = 5 + 4 = 9$

이때 결합단계 TE는 각 패스 중에서 최대치를 선택한다.

위 네트워크에서 단계8의 TE는 아래의 계산 중에서 최대치인 20을 선택한다.

$TE_8 = TE_5 + d_{5-8} = 9 + 8 = 17$

$TE_8 = TE_6 + d_{6-8} = 13 + 7 = 20$ ← 최대치 선택

$TE_8 = TE_7 + d_{7-8} = 9 + 4 = 13$

(2) 전단계 TL의 계산(후진계산법)

전단계의 TL은 후속단계 Lj에서 활동 d:-j를 빼는 후진계산법이다.

후진계산법은 전체작업의 완성기간을 어지기 않으면서 각 작업을 가능한 한 늦게 시작하는 계산방법이다.

즉, $TL_i = TE_j - d_{i-j}$

단계5의 $TL_5 = TL_8 - d_{5-8} = 20 - 8 = 12$

이때 분기단계 TL은 각 패스 중에서 최소치를 선택한다.

위 네트워크에서 단계3의 TL은 아래의 계산중에서 최소치인 8을 선택한다.

$TL_3 = TL_5 - d_{3-5} = 12 - 4 = 8$ ← 최소치 선택

$TL_3 = TL_6 - d_{3-6} = 13 - 1 = 12$

(3) 단계여유(Slack)

최종단계에 있어서 완료기일을 변경하지 않는 범위 내에서 각 단계에 허용할 수 있는 시간적 여유로 각 단계의 단계여유 S는 TL에서 TE를 뺀다.

즉, S = TL - TE

① 정여유 : S = TL - TE 〉 0 으로 자원의 과잉을 의미한다.

② 부여유 : S = TL - TE 〈 0 으로 자원의 부족을 의미한다.

③ 0여유 : S = TL - TE = 0 으로 자원이 최적배분되고 있는 상태를 의미한다.

단계5의 여유 : $S = TL_5 - TE_5 = 12 - 9 = 3$

(4) 주경로(Critical Path)의 발견

주경로는 가장 작업시간이 긴 공정(애로공정)으로 단계여유를 0으로 만드는 패스를 이으면 된다. 위의 네트워크에서는 굵은 검정색 화살표로 나타내었다.

주경로(CP) : 1-2-4-6-8

Chapter 03 공정관리

01 공정관리의 정의

공정관리란 협의의 의미로는 생산관리인 생산통제(Production Control)를 뜻하며, 미국 기계기사협회(American Society of Mechanical Engineers)에서는 '공장에 있어서 원재료로부터 최종제품에 이르기까지의 자재, 부품의 조립 및 종합조립의 흐름을 순서 정연하게 능률적인 방법으로 계획하고, 공정을 결정하고(Routing), 일정을 세워(Scheduling), 작업을 할당하고(Dispatching), 신속하게 처리하는(Expediting) 절차'라고 정의하고 있다.

02 공정관리의 목표

1) 대내적인 목표

생산과정에 있어서 작업자의 대기나 설비의 유휴에 의한 손실시간을 감소시켜서 가동율을 향상시키고 또한 자재의 투입에서부터 제품이 출하되기까지의 시간을 단축함으로써 재공품의 감소와 생산속도의 향상을 목적으로 하는 것이다.

2) 대외적인 목표

주문생산의 경우는 물론이고 시장예측생산의 경우에도 수요자의 필요에 따라 생산을 해야 하므로 주문자 또는 수요자의 요건을 충족시켜 주어야 한다. 그러므로 납기 또는 일정기간 중에 필요로 하는 생산량의 요구조건을 준수하기 위해 생산과정을 합리화하는 것이다.

03 공정관리의 기능

1) 계획기능

생산계획을 통칭하는 것으로서 공정계획을 행하여 작업의 순서와 방법을 결정하고 일정계획을 통해 공정별 부하를 고려한 개개 작업의 착수시기와 완성일자를 결정하며 납기를 유지한다.

2) 통제기능

계획기능에 따른 실제과정의 지도, 조정 및 결과, 계획을 비교하고 측정, 통제하는 것을 뜻한다.

3) 감사기능

계획과 실행의 결과를 비교 · 검토하여 차이를 찾아내고 그 원인을 분석하여 적절한 조치를 취하며 개선해 나감으로써 생산성을 향상시키는 기능이다.

04 공정(절차)계획

1) 절차계획(Routing)

특정제품을 만드는 데 필요한 공정순서를 정의한 것으로 작업의 순서, 표준시간, 각 작업이 행해질 장소를 결정하고 할당한다. 리드타임 및 자원량을 계산하고 원가계산 시 기초자료로 활용된다.

2) 공수계획

주어진 생산예정표에 의해 결정된 생산량에 대해서 작업량을 구체적으로 결정하고 이것을 현 인원과 기계설비능력을 고려하여 양자를 조정하는 기능이다.

(1) 부하계획

부하(Loading)는 일반적으로 할당된 작업이라 할 수 있으며, 부하계획이란 최대작업량과 평균작업량의 비율인 부하율을 최적으로 유지할 수 있는 작업량의 할당 계획이다.

(2) 능력계획

능력(Capacity)이란 작업수행상의 능력을 말하며, 이에 대한 계획은 부하계획과 더불어 기준조업도와 실제조업도와의 비율을 최적으로 유지하기 위해서 현유능력을 계획하는 것을 말한다.

3) 일정계획(Scheduling)

일정계획이란 절차계획 및 공수계획을 기초로 두고 생산에 필요한 원재료의 조달 및 반입부터 제품을 완성하기까지의 모든 작업을 구체적으로 할당하고 각 작업이 수행되어야 할 시기를 결정하는 것을 말한다. 다시 말하면 생산계획에서 설정된 기일을 목표로 하여 소요 재료의 입수, 작업원, 설비의 확보를 고려해 순서표 등에 기초를 두어 결정하는 작업 일정을 말하는 것이다. 일정계획은 제조 · 구매 · 영업 등 필요 부문에 배포된다.

일정계획의 종류는 기간별로 대일정계획, 중일정계획, 소일정계획으로 구분할 수 있으며 목적별로는 제품별 일정계획, 공정별 일정계획, 기계별 일정계획, 직장별 일정계획으로 구분할 수 있다.

(1) 대일정계획(Master Scheduling) 또는 주일정계획

종합적인 장기계획으로 주일정계획 또는 대일정계획이라고도 한다. 이는 납기에 따른 월별생산량이 예정되면 기준일정표에 의거한 각 직장별 또는 제품별, 부품별로 작업개시일과 작업시간 및 완성기일을 지시하는 것을 말한다.

(2) 중일정계획(Operation Scheduling) 또는 운영일정계획

대일정계획에 준해 제작에 필요한 세부작업 즉, 공정별 또는 부품별 일정계획이다. 그러므로 중일정계획은 일정계획의 기본이 되는 것으로 작업공정별 일정계획 또는 제조계획이라고도 한다.

(3) 소일정계획(Detailed Scheduling) 또는 세부일정계획

중일정계획의 지시일정에 따라 특정기계 내지 작업자에게 할당될 작업을 결정하고 그 작업의 개시일과 종료일을 나타낸 것이다. 이 소일정계획을 통해서 진도관리가 이루어지며, 작업분배도 이루어진다.

05 공정분석

공정분석이란 원재료가 출고되면서부터 제품으로 출하될 때까지 다양한 경로에 따른 경과시간과 이동거리를 공정도시기호를 이용하여 계통적으로 나타내는 것을 말한다. 이는 공정계열의 합리화를 위한 개선방안을 모색할 때 매우 유용한 방법이다.

1) 공정의 분류

공정분석법은 소재가 가공되어 부품이 되고 조립되어서 제품으로 되기까지의 생산 과정을 아래와 같이 가공공정, 운반공정, 검사공정 및 정체공정으로 분석하는 것을 말한다.

(1) 가공공정(Operation)

제조의 목적을 직접적으로 달성하는 공정이다. 그 내용은 변질, 변형, 변색, 조립, 분해로 되어 있고 대상물을 목적에 접근시키는 유일한 상태이다.

(2) 운반공정(Transportation)

제품이나 부품이 하나의 작업장소에서 타작업장소로 이동하기 위해 발생하는 작업, 이동, 하역을 하고 있는 상태이다. 가공을 위해 가까운 작업대에서 재료를 가져온다든지, 제품을 쌓아 둔다든지 하는 경우는 가공의 일부를 하고 있는 것으로 생각하며 독립된 운반으로는 볼 수 없다.

(3) 검사공정(Inspection)

양적 검사는 수량 및 중량의 측정 등이다. 질적 검사는 설정된 품질 표준을 기준으로 부품의 가공 정도를 확인하고 부품을 품질 및 등급별로 분류하는 공정이다.

(4) 정체공정(Delay)

대기는 제품이나 부품이 다음의 가공 및 조립을 하기 위해 일시적으로 기다리는 상태이다. 저장은 계획적인 보관이며 다음 차례인 가공 및 조립으로 허가 없이 이동하는 것이 금지되어 있다.

2) 공정분석기호

ASME에 따른 공정의 기본 분석기호 및 보조기호는 다음과 같다.

[기본 공정분석기호]

요소공정	기호의 명칭	기호	의미
가공	가공	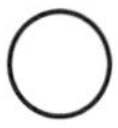	원재료, 부품 또는 제품의 형상 및 품질에 변화를 주는 과정
운반	운반		원재료, 부품 또는 제품의 위치에 변화를 주는 과정
검사	수량검사		원재료, 부품 또는 제품의 양 또는 개수를 측정하여 결과를 기준과 비교하는 과정
	품질검사		원재료, 부품 또는 제품의 품질특성을 시험하고 결과를 기준과 비교하는 과정
정체	저장	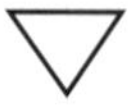	원재료, 부품 또는 제품을 계획에 따라 저장하는 과정
	지체		원재료, 부품 또는 제품이 계획과는 달리 정체되어 있는 상태
보조기호	관리구분		관리구분 또는 책임구분
	담당구분		담당자 또는 작업자의 책임구분
	생략		공정계열의 일부 생략
	폐기		원재료, 부품 또는 제품의 일부를 폐기하는 경우

복합기호를 나타낸 것은 다음과 같다.

[복합기호의 예]

복합기호	의미	복합기호	의미
	품질검사를 주로 하면서 수량검사를 함		작업 중의 정체
	수량검사를 주로 하면서 품질검사를 함		공정 간에서 정체
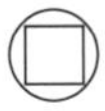	가공을 주로 하면서 수량검사를 함		정보기록
	가공을 주로 하면서 운반을 함		기록완성

3) 공정선택 결정요인

공정선택 시 고려해야 할 결정요인으로 시장여건, 소요자본, 노동력, 관리기술, 원자재, 기술 등이 있다. 기업은 시장의 변화와 기업의 생산능력을 지속적으로 파악하여 그에 맞는 적절한 공정을 선택해야 한다. 특히 빠르게 변화하는 고객욕구에 민첩하게 대응하기 위해서는 유연성 및 자동화에 대해서도 고려해야 한다.

[공정선택 결정요인]

결정요인	특성
시장여건	라인공정에서는 저가품의 대량생산을 요구함 단속공정에서는 중가품의 소량생산을 요구함 프로젝트공정에서는 고가품 시장을 요구함
소요자본	라인공정은 단속공정이나 프로젝트공정에 비해서 훨씬 더 많은 자본을 요구함
노동력	프로젝트공정과 단속공정은 값비싸고 숙련된 노동력을 요구함 라인공정은 비교적 값싼 미숙련 노동력을 요구함
관리기술	각 공정에 요구되는 관리기술을 습득하고 유지할 수 있는지를 고려함
원자재	원자재가 충분히 공급될 수 있는지 또는 원자재의 변화가 공정에 어떤 영향을 미칠 것인지 등을 고려함
기술	기술적 위험의 크기는 라인공정, 단속공정, 프로젝트공정의 순으로 커짐

06 공수계획

1) 공수계획

공수계획이란 생산예정표에 의해 정해진 생산량에 대하여 작업량을 구체적으로 결정하고 그것을 현재 보유하고 있는 사람이나 기계의 능력을 고려하여 양자를 조정하는 것을 말한다.

2) 공수의 단위

공수란 작업량을 시간으로 표현한 것으로 아래와 같이 3가지의 단위가 있다.

① 인일(Man Day) : 인원수 × 노동일수

② 인시(Man Hour) : 인원수 × 노동시간

③ 인분(Man Minute) : 인원수 × 노동시간 × 60분

3) 능력(공수) 계산

(1) 인적능력

인적능력 = 환산인원 × 실제 가동시간 × 가동률

① 환산인원

환산인원이란 실제 인원에 환산계수를 곱하여 표준능력의 인원으로 환산하는 것이다.

② 실제가동시간

정규휴식을 제외한 취업시간을 말하는 것으로 '1개월 취업일수 × 1일 실제 가동시간'으로 계산한다.

③ 가동률

가동률이란 전체 작업자가 실제 가동시간 중에서 정미작업(순수작업)을 하는 시간의 비율이며 '출근율 × (1 − 간접작업률)'로 계산한다.

(2) 기계능력

기계능력 = 기계대수 × 1일 실제 가동시간 × 1개월 가동일수 × 기계의 가동률

4) 학습곡선(공수체감곡선)

작업의 반복 또는 생산량 누적에 따라 기대되는 공수체감현상 및 능률개선률을 그래프나 수식으로 나타낸 것을 가리켜 학습곡선(Learning curve) 또는 공수체감곡선이라고 한다. 이 경우 능률개선을 가리켜 학습률이라 하고, 능률 또는 생산성 향상의 성과를 가리켜 학습효과라고 한다. 이

는 작업이 진행됨에 따라 작업자의 학습능력이 향상되어 생산의 효율이 높아지는, 즉 생산되는 제품의 수에 따라 제품평균비용이 저하되어 가는 현상을 설명할 때 사용되는 용어이다. 통상 경험의 척도로서 누적 생산량이 쓰이고, 효율의 척도로서 단위당 제품 비용이 쓰인다.

유사한 개념으로 경험 곡선(Experience Curve)이 있다. 학습곡선에서는 세로축에 그 제품 제조에 직접 관계되는 노무비가 사용되는데 비하여, 경험 곡선에서는 일반관리비 중 그 제품에 배부되는 비용을 포함한다.

5) 공수계획의 기본적 방침

(1) 부하와 능력의 균형화

특정된 공정에 부하가 과도하게 집중하지 않도록 조정한다.

(2) 가동률의 향상

사람이나 기계가 유휴상태가 되지 않도록 알맞은 작업량을 할당한다.

(3) 일정별의 부하능력 방지

일정계획과 대비하여 시간에 따라 부하가 극단적으로 집중되지 않도록 조정한다.

(4) 적성배치와 전문화 촉진

작업의 성질이 작업자의 기능적인 성격과 기계의 성능에 맞도록 할당한다.

(5) 여유성

부하 및 능력 양면에 적당한 여유를 둔다.

07 간트차트

1) 간트차트(Gantt Chart)의 의미

미국의 헨리 간트(H. L. Gantt)가 1919년 창안한 관리도표로 작업계획과 작업실적을 비교해 작업진도를 관리·통제하는 진척관리에 이용된다. 간트차트는 간트도표라고도 불리며 계획된 작업량과 실제로 달성한 작업량을 시일과 관련된 동일 도표상에 횡선으로 표시하여 계획과 통제 기능을 아울러 수행할 수 있도록 한 막대 도표이다. 한 축에 시간의 흐름을 표시하고 다른 한 축에 생산 사이클에서 요구되는 과업들을 표시해 전체 생산공정의 일정계획을 수립할 수 있고 핵심과업이나 지체작업을 손쉽게 파악할 수 있다.

간트는 과업의 성과뿐 아니라 생산일정계획의 작업순위를 결정할 수 있는 기준이 확립되어야 한다고 주장했는데, 생산과업의 작업순위가 효과적으로 계획 · 조정 · 수행되려면 최적 타이밍 결정이

우선되어야 한다고 보았다. 일정계획이 수립되어 있지 못하면 병목현상이 발생하고 비효율이 내재돼 전체 시스템의 기능을 저하시킨다는 것이다.

2) 간트차트의 사용목적에 따른 분류

(1) 작업자 및 기계 기록도표(Man and Machine Record Chart)

각 기계나 작업자별로 계획 작업량과 실제 작업량의 관계를 표시하는 도표로서 작업자나 기계의 유휴상태와 그 원인을 알 수 있다.

(2) 작업할당도표(Layout Chart)

각 작업의 현재 상태를 보여주는 도표로서 작업의 실제 상황이 기록되고 동시에 신규 작업계획을 작업자와 기계설비에 할당할 수 있게 한다.

(3) 작업부하도표(Load Chart)

작업자, 특히 기계별로 현재 능력에 대해 어느 정도의 작업량이 부하되어 있는가를 보여주는 도표이다.

(4) 작업진도도표(Progress Chart)

작업공정이나 상품별로 계획된 작업이 실제로 어떻게 진행되고 있는가를 보여주는 도표로서 계획과 실적을 비교하여 작업의 진도상태를 나타냄으로써 시간적 일정관리를 가능하게 하는 도표이다.

3) 간트차트의 작성에 사용되는 기호

- 작업개시의 일자/시간 : 
- 작업개시의 완료예정일/기간 : 
- 예정된 작업시간 : 
- 일정기간에 대하여 계획된 작업량 : 

- 일정기간까지 완료할 작업량 : 

- 체크된 일자 : 
- 작업지연의 회복에 예정된 시간 : 
- 완료된 작업(굵은선) : 

4) 간트차트를 완성하기 위해 필요한 정보

① 작업 오더에 대한 리스트와 현재 진행된 작업의 위치 정보

② MRP 시스템으로부터 발행된 계획 오더에 대한 리스트

③ 이용 가능한 생산능력에 대한 리스트

④ 공정계획 데이터로부터의 표준시간

⑤ 각 작업의 시간을 알 수 있는 작업 리스트

⑥ 작업장별 기계대수와 가동시간 정보

5) 간트차트의 장점 및 단점

(1) 장점

작업을 시간적·수량적으로 일목요연하게 표시하므로 작업계획과 실적의 계속적 파악이 용이하다. 작업의 지체요인을 규명하여 다음에 연결된 작업과의 일정 조정이 편리하다. 또한 작업자별 · 부문별 업무성과의 객관적 상호비교가 가능하다.

(2) 단점

계획 변경에 대한 적응이 어렵고, 복잡한 일정계획의 수립이 불가능하며 일정을 중점적으로 관리하기가 곤란하다. 또한 작업 상호 간의 유기적 관련성 파악이 어려우며, 사전예측 및 사후통제가 곤란하다.

08 작업의 우선순위 결정

1) 작업배정규칙

작업배정규칙은 기계나 작업장에 작업을 할당하는 규칙으로 무작위, 선착순, 최소작업시간 우선, 최대작업시간 우선 외에 다음과 같은 것들이 있다.

- 최소납기 우선 : 납기가 가장 빠른 것부터 처리
- 최소여유시간 우선 : '남은 납기일수 − 남은 작업일수'인 여유시간이 가장 작은 것부터 처리
- 잔여작업당 최소여유시간 우선 : '여유시간 / 잔여작업의 수'인 잔여작업당 여유시간이 가장 작은 것부터 처리

• **긴급률(Critical Ratio) 규칙** : 작업상황이 바뀔 때마다 우선순위를 조정하는 동태적인 우선순위 규칙으로 긴급률(잔여납기일수/잔여작업일수)이 가장 작은 작업부터 우선순위를 부여한다.
  - 긴급률 〈 1 : 작업의 진행이 예정보다 뒤처진 것
  - 긴급률 〉 1 : 작업의 진행이 여유가 있는 것

2) 작업순서의 결정기법

• **존슨법** : 흐름공정형의 문제로 주문이 n개이고 공정이 2개인 문제의 작업순서를 결정하는 데 이용된다.

사례

두 개의 작업장에서 처리되는 작업들의 작업시간이 다음과 같을 때 존슨법을 이용하여 작업순서를 결정하고 총작업진행시간과 선작업장과 후작업장의 활용도를 구하라.

구분	A작업	B작업	C작업	D작업	E작업	F작업
선작업장	30	30	60	20	35	45
후작업장	45	15	40	25	32	70

- 존슨법에 의한 작업순서 :

D	A	F	C	E	B

- 총작업진행시간의 계산

선작업장	D	A		F	C	E		B			
	20	30		45	60	35		30			
	20	45	50	95	155	165	190	205	220	237	252
후작업장		D		A	F		C		E		B
		25		45	70		40		32		15
	20	45	50	95	155	165	190	205	220	237	252

- 선작업장 활용도 : (252-32)/252 = 87.3%
- 후작업장 활용도 : (252-25)/252 = 90.08%

• **잭슨법** : 개별공정형의 문제로 주문이 n개이고 공정이 2개인 문제의 작업순서를 결정하는 데 이용된다.

09 애로공정의 제거와 라인밸런싱

1) 애로공정(Bottleneck Operation)

애로공정(병목현상)이란 작업장에 능력 이상의 부하가 적용되어 전체 공정의 흐름을 막고 있는 것을 말하는데 전체 라인의 생산속도를 좌우하는 작업장을 일컫는다. 애로공정을 해결해야 생산성이 극대화되며, 해결 방법으로는 작업 방법의 개선과 각 공정의 작업 시간을 균형되게 하는 라인밸런싱 기법을 활용하고 있다.

2) 라인밸런싱(Line Balancing)

(1) 라인밸런싱의 의미

라인밸런싱이란 생산가공 또는 조립라인에서 공정 간에 균형을 이루지 못하여 상대적으로 시간이 많이 소요되는 애로공정으로 인하여, 공정의 유휴율이 높아지고 능률이 떨어지는 경우에 각 공정의 소요시간이 균형이 되도록 작업장이나 작업순서를 배열하는 것을 말한다.

(2) 피치 다이어그램(Pitch Diagram)에 의한 라인밸런싱

각 공정의 정미시간과 공정유휴율을 결정한 후에 이에 의한 공정시간을 계산한다. 그 다음 공정시간을 기초로 피치 다이어그램을 작성하여 올라간 공정의 작업을 여러 회에 걸쳐 분할 또는 결합하여 라인밸런싱을 한다. 이 기법에서는 흐름작업의 생산성을 표시하는 지수로 라인밸런싱 효율을 이용한다. 라인밸런싱 효율은 흐름작업의 종류에 따라 다르지만 대개 75%를 한도로 적어도 80% 이상은 되어야 경제적이다.

① 라인밸런스 효율(E_b)

$$\frac{\text{라인의(순)작업시간의 합계}(\sum_{i}^{n} t_i)}{\text{작업자 수 또는 작업장 수}(n) \times \text{애로공정의 사이클타임}(C\ or\ t_{max})} \times 100$$

* C : cycle time(주기시간), t_{max} : 애로공정의 생산주기로서 cycle time, 효율 = 능률

② 불균형율(d) 또는 라인손실율(E_{ub}) = 1 − E_b = $\frac{nC - \sum_{i}^{n} t_i}{nC} \times 100$

* 피치타임(Pitch Time) : 최초 공정으로부터 완성품이 되어 나오는 시간(1일 생산목표량을 달성하기 위해 제품단위당 소요시간)

* 피치다이어그램(Pitch Diagram) : 각 공정의 시간을 공정순서별로 연속형 그래프로 나타낸 것. 공정시간이 제일 긴 시간을 애로공정시간으로 지정

사례

각 작업장의 작업시간이 아래와 같을 때 라인밸런싱의 효율과 불균형률(d)을 구하여라. (단, 각 작업장의 작업자는 모두 1명씩이다)

작업장	1	2	3	4
작업시간	34분	30분	28분	40분

$$\text{라인밸런싱 효율 } (E_b) = \frac{\sum_{i}^{n} t_i}{n \times Cort_{max}} \times 100 = \frac{132}{4 \times 40} \times 100 = 82.5\%$$

$$\text{불균형율(d)} = 1 - E_b = 1 - 0.825 = 0.175(17.5\%)$$

10 적시생산시스템

1) JIT(Just In Time) 생산방식의 의미

JIT 시스템은 재고가 생산의 비능률을 유발하는 원인이 되기 때문에 이를 없애야 한다는 사고방식에 의해 생겨난 기법으로 적시·적량의 필요한 부품을 생산에 공급하도록 하는 생산 또는 재고관리시스템을 말한다. 또한 JIT 시스템은 무재고시스템, 도요타 생산방식으로도 불린다. JIT 시스템의 궁극적인 목적은 비용절감, 재고감소 및 품질향상을 통한 투자수익률의 증대에 있다. 이러한 목적은 낭비를 제거하고 작업자를 생산공정에 더 많이 참여시킴으로써 달성된다.

2) JIT를 실현하기 위한 11가지 개선사항

JIT를 실현하기 위한 11가지 개선사항에는 흐름생산·다공정담당·칸반(kanban)·소인화·눈으로 보는 관리, 평준화, 준비교체작업, 품질보증·표준작업·자동화·보건·안전이 있다.

3) JIT 생산방식의 특징

(1) 칸반시스템

JIT에서는 생산허가와 자재이동을 위한 방법으로 칸반시스템을 사용하는데 한 작업장에서 생산되는 부품들이 조그만 컨테이너에 담겨지며 단지 일정한 수의 컨테이너만을 사용한다. 모든 컨테이너가 채워지면 기계의 가동을 중지하고 작업장이 가져간 부품을 다 사용하고 빈 컨테이너를 돌려보내 줄 때까지는 더 이상 부품을 생산하지 않는다.

따라서 재공품 재고는 사용되는 총 컨테이너의 수에 의해 제약되며, 부품은 단지 필요할 때에만 공급된다. 이와 같은 방식으로 부품은 최종조립계획에 의한 생산요구에 따라 한 작업장에서 다음 작업장으로 적시에 흘러가게 된다.

(2) 풀 시스템

풀(pull) 시스템이란 뒷공정의 생산진행과 관계없이 생산품을 진행시키는 것이 아니라 뒷공정에서 필요할 때에 필요한 양의 부품을 앞공정에서 끌어오는 시스템을 말한다.

(3) 생산의 평준화

JIT 시스템에서 제품의 수요변동이나 최종공정의 생산변동이 발생하면 전 공정으로 거슬러 올라가면서 연쇄반응을 일으키기 때문에 이러한 악순환을 방지하기 위하여 최종조립을 지원하는 모든 작업장에 균일한 부하를 부과하기 위해 생산을 평준화한다. 이는 주일정계획을 수립함으로써 모든 하위 작업장과 납품업자에 대한 수요가 거의 일정하게 유지될 수 있다.

(4) 소롯트생산

재고의 낭비를 제거하고 생산을 평준화하기 위해서 생산롯트를 단축시키고자 하며 이상적으로는 롯트크기 1로 생산하고자 한다. 또한 소롯트생산에서는 수요의 변동에 적응이 쉬운 반면, 생산준비횟수가 증대되므로 생산준비비용 최소화와 생산준비시간의 단축이 매우 중요한 과제가 된다.

(5) 다기능공의 활용과 소수인화

수요변동에 따라 어떤 기계의 작업은 필요없게 되기도 하고 다른 기계의 작업이 필요하게 된다. 수요가 적을 때는 동시에 여러 기계를 다룰 수 있어야 하기 때문에 다기능공이 필요하다. 또한 수요변동에 적응하기 위하여 생산현장의 작업자 수에 유연성을 갖게 한다.

(6) 설비배치

소수인화를 위한 설비배치 유형은 U자형이 일반적이다.

4) JIT 생산방식의 효과

① 재촉이나 지연을 제거한다.

② 적시에 부품이 조달된다.

③ 기계준비시간이 감소된다.

④ 롯트 규모의 축소로 유휴재고와 창고공간이 축소된다.

⑤ 재고회전율이 커진다.

5) 칸반(Kanban)의 역할과 종류

(1) 칸반의 의미

칸반시스템이란 JIT를 실현시키기 위한 일종의 정보시스템이자 눈으로 보는 관리의 도구이다. 칸반은 결품방지와 과잉생산의 낭비방지를 목적으로 1매의 종이에 현품표의 기능, 운반지시의 기능, 생산지시의 기능을 포함시킨 것이라 할 수 있다.

(2) 칸반의 종류

① 협의의 칸반 : 공정 내에서 작업을 하기 위해 쓰이는 칸반으로 일반적으로 칸반이라고 하면 이 협의의 칸반을 가리키는 일이 많다.

② 외주품납품 칸반 : 외주메이커가 인수부품에 사용하는 칸반이다.

③ 공정인수 칸반 : 공정 간 부품의 인수를 위해 사용되는 칸반으로 통상 인수 칸반이라 부른다.

④ 신호 칸반 : 프레스 등과 같이 설비금액이 많이 들어 준비교체시간이 다소 걸리는 경우 큰 로트를 만드는 생산지시가 필요할 때 사용하는 칸반이다.

(3) 칸반시스템의 운영규칙

① 불량품은 절대로 후공정에 보내지 않는다.

② 자공정이 가지러 가는 것이 아니라 후공정이 칸반을 가지러 온다.

③ 후공정이 인수해 간 양만큼만 생산한다.

④ 생산을 평준화한다.

⑤ 칸반은 미세조종의 수단이다.

⑥ 공정을 안정화하여 합리화한다.

6) 5S의 개념

JIT 생산방식을 달성하기 위한 현장개선의 기초로서 정리(SEIRI), 정돈(SEITON), 청소(SEISO), 청결(SEIKETSU) 및 마음가짐(SHITSUKE)의 첫 발음 'S'를 따서 5S라 불린다.

(1) 정리(Seiri)

필요한 물품과 불필요한 물품을 구분하여 불필요한 물품은 처분한다. 현장에 존재하는 불필요한 물품은 직장을 그만큼 협소하게 하여 비능률과 재해의 원인이 된다. 또한 사용하지 않는 예비품이나 치공구의 오사용에 의해 품질불량이나 기계고장을 일으키기도 한다.

(2) 정돈(Seiton)

필요한 물품은 즉시 끄집어낼 수 있도록 만든다. 필요한 물품을 사용빈도와 목적에 맞게 놓는 장소를 정해 표시하고 표준화한다.

(3) 청소(Seiso)

먼지나 더러움을 없애 직장 및 설비를 깨끗한 상태로 만든다. 기분 좋게 일할 수 있는 직장 환경을 조성하여 능률을 향상시킨다. 설비의 열화, 이물혼입에 의한 불량, 측정오차의 유인, 위험을 방지한다.

(4) 청결(Seiketsu)

정리, 정돈, 청소를 유지하는 것으로 직장을 위생적으로 하여 작업능률을 향상시킨다.

(5) 마음가짐(Shitsuke)

사내에서 결정된 사항, 표준을 준수해 나가는 태도를 몸에 익힌다.

7) JIT 실천자의 관점에서 본 7가지 낭비

JIT 실천자의 엄격한 낭비 제거 관점에서 7가지 낭비는 '과잉 생산의 낭비 : 낭비의 뿌리, 재고의 낭비, 운반의 낭비, 불량의 낭비, 가공 그 자체의 낭비, 동작의 낭비, 대기의 낭비'이다.

Chapter 04 자재소요 및 생산능력계획

01 재고관리

1) A. J. Arrow의 재고보유 동기

(1) 거래동기

수요량을 미리 알고 있고 시장에서의 가치체계가 시간적으로 변화하지 않는 경우의 재고보유 동기이다.

(2) 예방동기

위험에 대비하기 위한 것으로서 오늘날 대부분의 기업의 주된 재고보유 동기이다.

(3) 투기동기

가격변동을 예측하고 재고를 보유할 때의 재고보유 동기이다.

2) 재고의 분류 및 종류

(1) 재고의 분류

① 형태(Type)별 재고 분류

- 원자재(RAW : Raw Material)
  - 제품 생산에 직접 사용하기 위해 외부에서 구입하는 모든 자재 · 부품
  - 제조 공정에 투입되기 이전의 자재로 제조 공정에 투입된 이후에는 재공품
- 재공품(WIP : Work In Process)
  - 최종 제품으로 사용되기 이전에 제조 공정 내의 모든 품목 제품을 최상위 계층으로 하고 최하위 계층에 원자재가 위치하는 소요 자재 명세서의 중간 계층의 모든 품목
- 완성품(FG : Finished Goods)
  - 완성품은 최종 품목(End Item), 최종 제품이라고도 하며 고객에게 판매되는 제품
  - 완성품은 제조 공장의 완성품 창고나 납품 소요 기간을 단축하기 위해 지역별 유통센터에 재고로 보유
- 소모성 자재(MRO : Maintenance, Repair, and Operating Supplies) 생산 설비의 유지 · 보수 · 가동을 위한 자재와 사무용품 등 제품에 직접 사용되지 않는 자재

② 가용성에 따른 재고 분류

- 과잉재고(Excess)
  - 당장 필요한 양보다 많이 구매, 생산해 사용하고 남은 수요 초과 재고
  - 과잉 재고 값을 계산하기 위해서는 '당장' 에 해당되는 기간을 명확히 할 필요가 있음
  - 통상 고가 품목에 대해서는 그 기간을 짧게 하고 저가 품목에 대해서는 길게 로트 단위로 구매, 생산할 때나 예측생산하는 경우 예측 오차로 인해 수요 초과 재고가 발생
  - 수요 초과 재고는 손상, 진부화, 저장 공간의 문제 야기 가능
- 잉여재고(Surplus)
  - 필요한 시점보다 이른 시점에 구매 · 생산된 재고
- 불용재고(Inactive)
  - 재무제표상으로는 재고 자산이나 향후 사용될 가능성이 희박한 재고 · 설계 변경, 제품 생산 중단, 법에 의한 사용 규제 등으로 인해 발생
  - 제조, 자재관리, 재고관리와 고객 등 제조업체 내 · 외부에 아무런 도움이 안되면서도 재고 유지비용만 발생시키는 악성 재고
  - 불용 재고를 판단하는 기준 : 일정하지 않으나 대개 '과거 1년 이상 사용된 적이 없는 품목'과 같은 기간 기준 사용
- 진부화재고(Obsolete)
  - 제품 생산이 중단됨으로 인해 향후 수요가 전혀 발생하지 않거나 제 값에 팔 수 없는 재고
- 수탁재고(Consignment)
  - 원자재의 공급자가 사용을 허락한 재고로 사용 전까지의 소유권은 공급업체에 있다.
  - 공급업자는 주기적으로 사용 양을 파악하여 대금 청구, 재고 보충
- 위탁관리품(Vendor Managed)
  - 제품의 수요 예측, 생산 예정량 등 향후 생산계획정보를 원자재 공급업체와 공유해 제품의 생산에 필요한 원자재에 대한 계획과 납품을 공급 업체에게 전적으로 일임한 품목

(2) 재고의 종류

① 순환재고(주기재고)

비용절감을 위하여 경제적 주문량(생산량) 또는 로트 사이즈로 구매(생산)하게 되어 당장 필요한 수량을 초과하는 잔량에 의해 발생하는 재고로서 다음 구매 시점까지 계속 보유하게 된다. 즉 일시에 필요한 양보다 더 많이 주문하는 경우에 생기는 재고를 말하는 것으로, 이와 같은 유형의 재고는 주문비용이나 생산준비비용을 줄이거나 할인혜택을 얻을 목적으로 한꺼번에 많은 양을 주문할 때 발생한다.

② 안전재고(완충재고)

조달기간의 불확실성, 생산의 불확실 또는 그 기간 동안의 수요량이 불확실한 경우 등 예상외의 소비나 재고부족 상황에 대비하여 보유하는 재고로서 품절 및 미납주문을 예방하고 납기준수와 고객서비스 향상을 위해 필요하다. 즉 기업을 운영함에 있어서 발생할 수 있는 여러 가지 불확실한 상황에 대처하기 위해 미리 확보하고 있는 재고이나 재고유지비의 부담이 크므로 재고를 적정 수준으로 유지할 필요가 있다.

③ 예상재고(비축재고)

계절에 따른 수요 급등, 가격의 변화, 파업으로 인한 생산중단 등이 예상될 때 향후 발생할 수요를 대비하기 위해 미리 생산하여 보관하는 재고이다.

④ 수송재고(파이프라인재고)

대금을 지급하여 물품에 대한 소유권을 가지고 있으며, 유통과정 중에 있는 제품이나 생산 중에 있는 재공품을 말한다.

3) 재고관리의 의미 및 재고비용의 분류

(1) 개요

재고는 계획의 오차, 수요와 공급의 예상치 못한 불규칙적 변동 등에 대처하고 생산활동과 판매활동을 원활하게 하는 역할을 한다. 재고 관리란 재고로 보유하고 있어야 할 물건을 언제, 어느 만큼 주문해야 하는가를 결정하는 것이다. 즉 물건에 대한 수요가 발생할 때 부족해서 수요를 충족시키지 못하거나 남아서 관리비용을 발생하는 것을 방지하는 노력을 말하는 것으로, 이 경우 재고관리의 목표는 총재고비용을 최소화하는 데 있고 재고관리의 기본문제는 1회 주문량, 주문시점, 재고수준을 결정하는 것이다.

(2) 재고비용의 분류

① 재고유지비용

재고유지비는 재고를 보관 · 유지함에 따라 발생하는 비용을 말하는 것으로 재고량이 늘어날수록 재고유지비도 비례해서 증가하는 변동비적 성격을 가진다. 여기에는 품목 구입(생산) 금액에 대한 자본의 기회비용, 창고시설 이용(유지) 비용, 보험료, 취급 · 보관 비용, 도난 · 감소 · 파손에 따른 손실비용 등이 있다.

② 주문비용(생산준비비용)

주문비는 재고의 보충에 소요되는 비용 또는 재고를 확보하기까지의 활동과 관련되어 발생하는 비용을 말하는 것으로 주문량에 관계없이 1회 주문당 주문비는 일정한 고정비적 성격을 가진다. 즉 품목을 발주할 때 발생되는 비용으로 주문서류 작성과 승인, 운송, 검사, 입고활동 등에 소요되는 인력, 설비, 시간 등에서 발생하는 비용이다. 직접 생산할 경우에는 생산을 위해 필요한 생산라인 변경, 기계공구 교체, 기타 준비작업 등에 의해 공정이 지연됨으로써 발생하는 인력과 시간 손실비용이다. 이 비용은 수량에 관계없이 발주 또는 생산준비마다 일정하게 발생하는 고정비이므로 1회 주문량(생산량), 즉 로트사이즈를 크게 할수록 재고 1단위당 비용이 줄어드는 특성을 갖고 있다.

(3) 재고부족비용

품절 등 재고가 부족하여 고객의 수요를 만족시키지 못할 때 발생하는 비용이다. 이것은 판매기회의 손실도 크지만 고객에 대한 신용의 상실이 더 큰 손실이다. 무엇보다 재고부족비는 재고를 보유하지 못함으로써 발생하는 비용을 말하는 것으로 재고량이 늘어나면 재고부족비는 줄어들게 되고, 연간 총수요가 일정할 때 재고부족비용의 증감은 1회의 발주량과 관계없다.

4) 재고관리 기본 모형

(1) 경제적 주문량(Economic Order Quantity)

- 주문비용과 재고유지비가 최소가 되게 하는 1회 주문량을 말하며, EOQ라고 한다.
- 재고관리를 위한 하나의 접근방법으로 1915년에 소개된 모형이다.
- 처음에는 고정주문량 시스템의 개발에 적용되었지만 이후에 고정주문주기 시스템이나 다른 재고모형을 포함하기 위한 개념으로 확장되었고, 완충재고개념과 함께 보다 확실하게 정립되었다.

① 경제적 주문량(EOQ) 모형

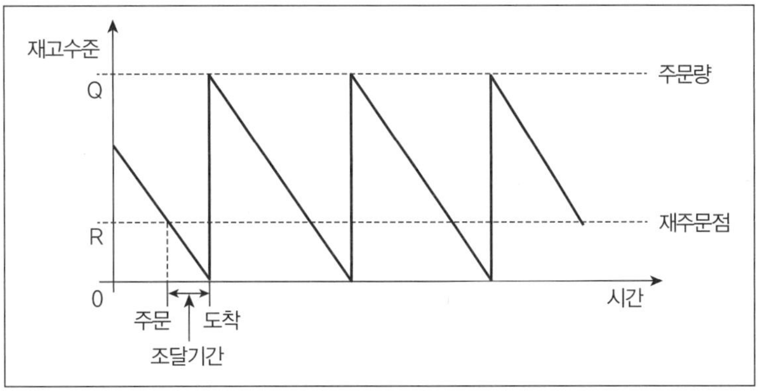

② 기본 가정

- 제품의 수요가 일정하고 균일하다.
- 조달기간이 일정하며, 조달이 일시에 이루어진다.
- 품절이나 과잉재고가 허용되지 않는다.
- 주문비와 재고유지비가 일정하며, 재고유지비는 평균재고에 기초를 둔다.

③ 1회 주문량과 비용요소들의 관계

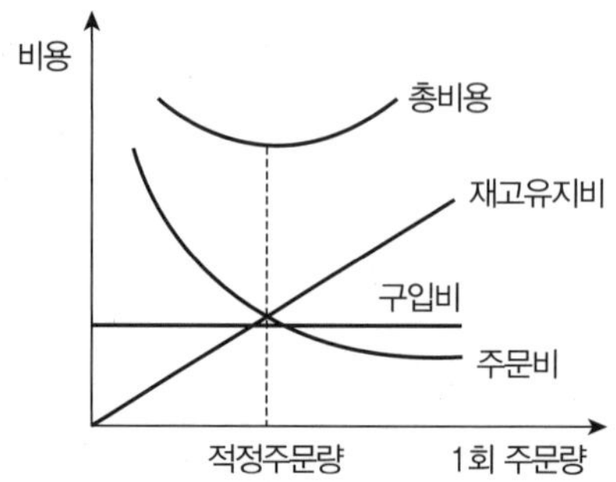

참고

※ 경제적 주문량의 기호

TC = 연간 총비용
C = 단위당 구입비
S = 1회 주문비(생산 시는 생산준비비)
R = 재주문점
D = 연간수요 (단위기간당 수요 : d)
Q = 1회 주문량
H = 재고유지비 (단위당 연간유지비)
L = 조달기간

- 연간 총비용

$$TC = DC + \frac{D}{Q} \cdot S + \frac{Q}{2} \cdot H$$

- 경제적 주문량(EOQ : Economic Order Quantity)

$$Q^{+} = \sqrt{\frac{2DS}{H}}$$

연간 주문횟수는 D/Q^{+}가 되며, 주문주기는 Q^{+}/D

- 재주문점

$R = d \cdot L$

예제

어떤 회사의 재고관리 관련 자료를 참고하여 경제적주문량, 재주문점, 연간총비용을 구하시오.

- 연간수요(D) = 3,000단위
- 일일평균수요량(d) = 3,000/365
- 주문비(S) = 주문당 10,000원
- 유지비(H) = 단위당 연간 1,500원
- 조달기간(L) = 7일
- 구입단가(C) = 15,000원

• 경제적 주문량

$$Q = \sqrt{\frac{2DS}{H}}$$

$$= \sqrt{\frac{2(3,000)10,000}{1,500}}$$

$$= 200$$

• 재주문점

$$R = d \cdot L$$

$$= \frac{3,000}{365} \times 7$$

$$\fallingdotseq 57.5$$

즉, 이회사의 재주문 정책은 현 수준의 재고가 약 58개로 떨어지면 즉시 200개를 주문하는 것이다.

• 연간 총비용

$$TC = DC + \frac{3,000}{365}$$

$$= 3,000(15,000) + \frac{3,000}{200}(10,000) + \frac{200}{2}(1,500)$$

$$= 45,000,000 + 150,000 + 150,000$$

$$= 45,300,000$$

참고

※ 경제적 생산량 모형

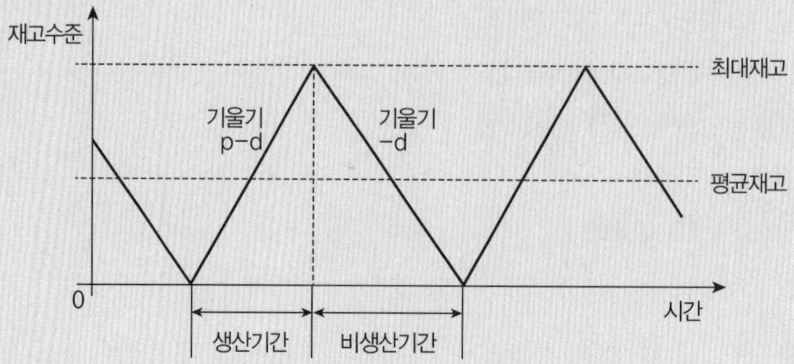

- 연간 총비용(1회 생산량 : Q, 단위시간당 수요량 : d, 단위시간당 생산량 : q)

$$TC = DC + \frac{D}{Q} \cdot S + \frac{(p-d)QH}{2p}$$

- 경제적 생산량(EPQ : Economic Production Quantity)

$$Q^{+} = \sqrt{\frac{2DS}{H} \cdot \frac{p}{p-d}}$$

(2) 안전재고량

- 조달기간 중 불확실한 수요에 대비하기 위해 예측된 수요 이상으로 확보하는 재고량으로 완충재고(buffer stock)라고도 함
- 일반적으로 조달기간 중에 예상되는 최대수요에서 평균수요를 뺀 만큼을 안전재고량으로 결정

[그림] 안전재고의 개념

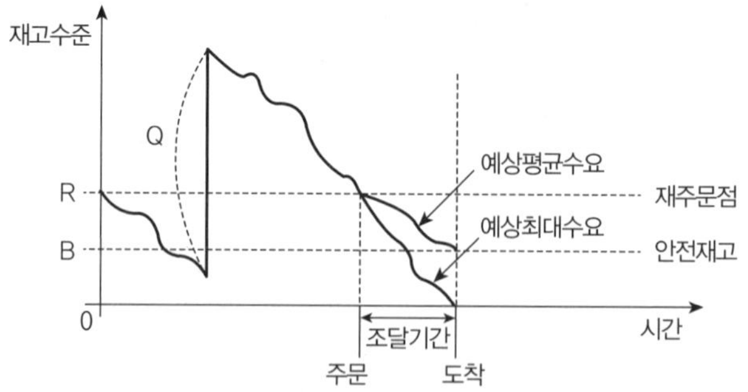

- 서비스수준(service level) : 품절발생확률과 반대의 개념, 즉 조달기간 중에 발생하는 수요를 모두 만족시킬 수 있는 확률로서 이 값을 어느 정도로 할 것인가에 따라 안전재고량의 크기 결정

- 단위기간당 평균수요 : $\bar{d}$ 표준편차 : σ_d라 하면, 조달기간(L) 중의 예상수요 X는 평균이 $\bar{d} \cdot L$이고, 분산이 $\sigma_{d^2} \cdot L$인 정규분포를 따른다고 가정
- 조달기간의 예상최대수요를 X_{mex}라 하면, 안전재고량 $B = X_{mex} - \bar{d} \cdot L$이며, 재주문점 R = $\bar{d} \cdot L + B$
- 서비스수준을 p(품절발생확률을 $1 - p$)라 하면, 안전재고량은 아래의 그림과 같이 결정

[그림] 안전재고량의 결정

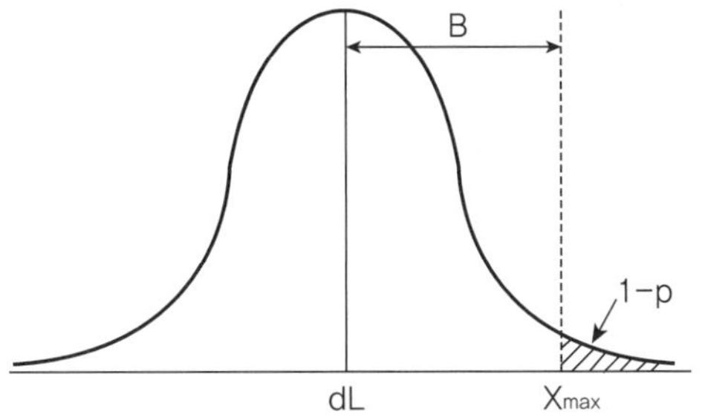

- 즉, X를 표준정규분포의 확률변수 Z로 표준화시키면,

$$Pr(Z \leq \frac{(\bar{d} \cdot L + B) - \bar{d} \cdot L}{\sigma_d \cdot \sqrt{L}}) = p$$

- 서비스수준 p에 해당되는 표준정규분포의 계수를 라 하면, 안전재고량 B는

$$\frac{B}{\sigma_d \cdot \sqrt{L}} = \alpha \text{이므로, } B = \alpha \cdot \sigma_d \cdot \sqrt{L}$$

(3) 정량주문시스템

- 주문주기는 불규칙하나 주문량이 일정한 시스템(Q시스템)

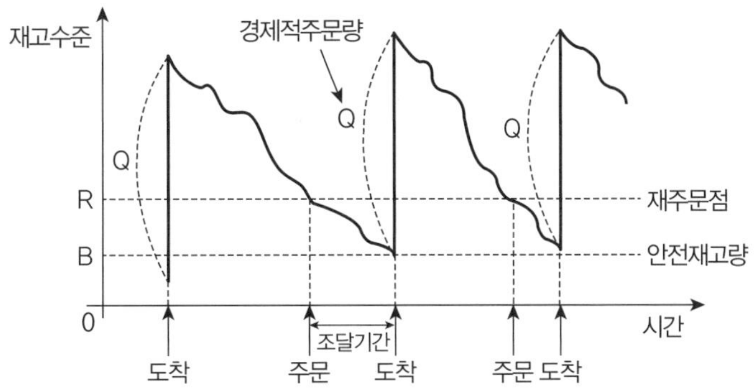

(4) 정기주문시스템

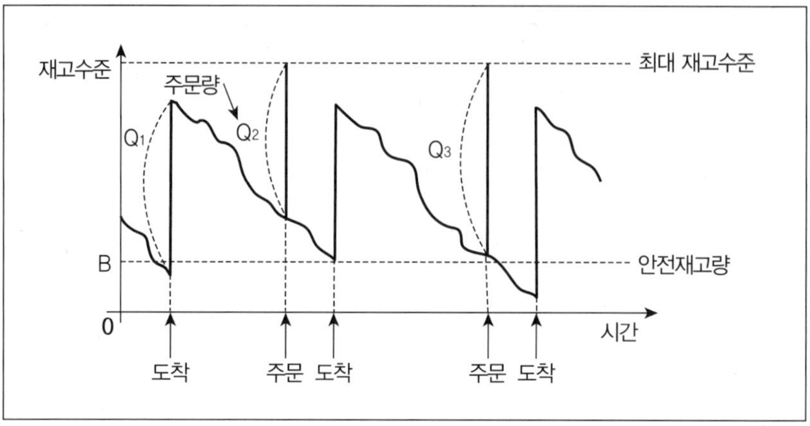

5) 재고조사

재고조사는 현재의 재고 품목과 수량을 파악하고 재고상태를 확인하여 재고관리 활동의 유효성을 확인하는 데 그 의의가 있다.

(1) 재고조사의 목적

① 재고대장에 기록된 품목의 수량과 금액이 실제 창고의 재고와 일치하는지 확인한다.

② 창고의 물품 보관상태를 확인하여 품질저하, 도난 등의 문제점 여부를 파악하고 개선한다.

③ 품목별 현재고수량과 재고보유기간을 파악하여 재고수준의 적정여부를 분석한다.

(2) 재고조사의 방법

① 재고조사 시기에 따른 분류

재고조사는 정기적으로 1년에 1~2회 실시하는 것과 부정기적으로 1년에 1~6회 정도로 하는 것, 그리고 수시로 1개월에 1~3회 혹은 매일매일 하는 방법이 있다.

② 재고조사 구역에 따른 분류

- 일제 재고조사 : 모든 보관구역에 대해 일제히 동시적으로 재고조사를 시행하며, 정기적으로 조사한다.
- 구역 재고조사 : 보관구역을 구분하여 구역별로 부분적으로 재고조사를 시행한다. 부정기적으로 조사하며, 규모가 적은 기업에서 흔히 채택하고 있다.
- 순환 재고조사 : 보관구역을 구획별로 적당히 구분하여 월간 또는 주간마다 날짜를 정하고 순환적으로 재고조사를 하는 방법이다.
- 상시순환 재고조사 : 순환 재고조사를 상시적으로 시행하며, 순환주기를 분기별, 월별, 주별,

일별로 순차적으로 계획하여 재고조사하는 방법이다.

(3) 재고조사 준비

① 계획수립

품목수 및 수량, 위치수, 소요시간, 소요인원 및 장비, 조사요원의 작업불능 일정 등을 고려하여 조사계획을 수립한다. 무엇보다 정상적인 수불행위가 일정기간 중지되기 때문에 일반적으로 휴일 또는 수불행위가 비교적으로 한산한 시기를 선정하여 실시하도록 한다.

② 인원편성

조사 대상 업무와 무관한 타부서 또는 외부 인원을 이용하여 중복되지 않도록 임무를 부여하며 계수자, 검수자, 반장, 감독자 등으로 편성한다. 편성이 완료되면 각자에게 임무를 부여하여야 한다.

③ 교육

조사요원들에게 사전에 재고조사 목적, 정확성을 기해야 하는 이유, 재고조사의 세부절차, 저장번호 · 품명 · 불출단위 인식법, 물품식별 및 상태분류법, 측정기구 사용법, 실사실습 등에 대한 내용을 교육시켜서 조사과정에서 곤란을 겪지 않도록 해야 한다.

④ 사전준비

재고조사를 신속하게 실시하기 위하여 모든 물품을 가능한 쉽게 셀 수 있도록 준비하여야 한다. 준비항목은 식별 표시기구, 분산품목 취합도구, 측정기구 등이 있다.

⑤ 유동문서

증빙서 번호는 부여하였으나 차대변이 기입되지 않거나 조정 중인 문서를 말하며, 유동문서가 많으면 재고조사의 정확성이 낮아지므로 재고조사 이전에 유동문서를 가능한 줄여야 한다.

6) 재고기록조정

(1) 재고기록조정의 개념

재고 현황은 생산계획 수립, 수주, 발주 등의 결정과 입출고 시점을 결정하는 데 매우 중요한 정보이다. 따라서 재고의 입출고 및 변동사항은 사유발생 시점마다 정확히 계속적으로 기록되어야 한다. 또한 재고조사를 통하여 재고기록과 실제 재고와의 일치여부를 지속적으로 확인할 필요가 있다. 만약 재고기록과 실제 재고가 상이하다면 재고기록을 실제 재고에 맞게 수정해야 하고 그 원인을 조사하여 동일한 문제가 재발하지 않도록 조치해야 한다. 이와 같이 재고기록 조정이란 재고조사에서 발견된 재고기록의 과부족수량을 일정한 절차에 따라 조정하는 과정을 의미한다. 재고수량의 과부족은 기록의 오류, 관리의 소홀, 물품 특성에 의한 파손 또는 분실 등이 원인이 된다. 재고기록의 조정은 재고통제 부서와 재고기록 담당자가 절차에 따라 시행하되 승인권자의 승인을 받아야 한다. 승인권자는 재고조정사항과 품목의 손망실보고서를 승인하는 권한을 가지며, 승인 한도액 범위 내에서 승인할 수 있다.

(2) 재고기록조정 주요사항

① **출납기록 착오** : 이는 기록서기가 출납카드상의 잔고의 변동을 가져오는 착오로서, 품목의 입출고 과정에서 담당자가 수량, 품목명, 계정과목 등을 실수하여 출납대장에 잘못 기록하여 발생한다. 이 경우에는 출납대장을 정정하여야 한다.

② **과거 기록 누락, 원인 미상의 오류** : 과거에 원인을 알 수 없는 이유로 기록이 누락되거나 발생된 오류에 대해서는 담당자의 귀책사유를 확인하고 승인권자의 조치를 받는다.

③ **조립품의 분해 또는 조립에 대한 조정** : 어떤 사유로 조립품을 분해하거나 부품을 조립한 경우 변동된 수량에 대한 재물조정보고서를 작성하여 재고기록을 조정한다.

7) 재고자산 평가

(1) 상기업의 재고자산

재고자산이란 기업의 정상적인 영업활동에서 판매를 목적으로 보유하는 실물자산으로서 상품, 제품, 반제품, 재공품, 원재료, 저장품 등이 있다. 재고자산의 취득원가는 매입가액 또는 제조원가에 부대비용을 가산하여 결정하며 기말에는 개별법, 선입선출법, 이동평균법, 총평균법 등을 적용하여 평가한다. 기업회계기준에서는 시가와 취득원가를 비교하여 시가가 취득원가보다 낮은 경우 시가로 평가하는 저가기준에 의한 재고자산 평가방법을 택하고 있다. 재고자산의 매입원가는 매입가격에 수입관세와 제세금(과세당국으로부터 추후 환급받을 수 있는 금액은 제외), 매입운임, 하역료 그리고 완제품, 원재료 및 용역의 취득과정에 직접 관련된 기타 원가를 가산한 금액이다. 매입할인, 리베이트 및 기타 유사한 항목은 매입원가를 결정할 때 차감한다.

(2) 제조업의 재고자산

매매업을 영위하는 기업의 재고자산은 주로 상품인 데 반해, 제조업을 영위하는 기업의 재고자산은 주로 원재료, 재공품 및 제품으로 구성된다. 매매업을 영위하는 기업의 상품은 판매될 때 매출원가로 대체되는 반면, 제조업을 영위하는 기업은 원재료가 생산과정에 투입되어 재공품으로 전환되고, 생산과정이 완료되면 재공품이 제품으로 대체되며, 제품이 판매될 때 매출원가로 대체된다. 이때, 원재료가 제품으로 전환되는 데 소요되는 원가를 전환원가라고 한다. 전환원가는 직접노무원가 등 생산량과 직접 관련된 원가와 고정 및 변동제조간접원가의 체계적인 배부액을 포함한다.

고정제조간접원가는 공장 건물이나 기계장치의 감가상각비와 수선유지비 및 공장 관리비처럼 생산량과 상관없이 비교적 일정한 수준을 유지하는 간접제조원가를 말한다. 변동제조간접원가는 간접재료원가나 간접노무원가처럼 생산량에 따라 직접적으로 또는 거의 직접적으로 변동하는 제조원가를 말한다.

(3) 매입장과 매출장

① 매입장

매입장이란 매입순서에 따라 상품매입을 기입하는 장부로 날짜, 매입처, 상품명, 수량, 단가, 금액, 대금지급방법 등이 기재된다. 매입장에는 매입대금 이외에도 매입제비용이 기입되고 매입에누리와환출도 기입된다. 매입에누리와환출은 붉은 글씨로 기입하여 차감항목임을 표시한다. 장부를 마감할 때에는 총매입액에서 이를 차감하여 순매입액을 표시한다. 보통 매입장은 거래처로부터 받은 송장 · 청구서 · 영수증 등을 자료로 하여 기입한다. 매입장으로부터 원장으로 전기할 때 총매입액(매입운임 포함)은 매입계정에 기재하고, 환출액은 매입에누리와 함께 매입에누리와환출계정에 기재한다. 매입장은 여러 개의 칸을 설정하여 복잡하게 작성할 수도 있는데 매입액, 매입운임, 매입에누리와환출, 상품명, 지급조건 등의 칸을 둘 수 있다.

② 매출장

매출장은 매출순서에 따라 상품매출을 기입하는 장부로 날짜, 매출처, 상품명, 수량, 단가, 금액, 대금결제방법 등이 기재된다. 매출장에는 매출대금 이외에도 매출에누리와환입이 기입된다. 매출에누리와환입은 붉은 글씨로 기입하여 차감항목임을 표시하는데, 장부를 마감할 때에 총매출액에서 이를 차감하여 순매출액을 산출한다. 매출장으로부터 원장으로 전기할 때 총매출액은 매출계정에 기입하고, 매출에누리는 매출환입과 함께 매출에누리와환입계정에 기입한다. 매출장은 매입장처럼 여러 개의 칸을 설정하여 매출액, 매출에누리와환입, 상품명, 판매조건 등의 칸을 둘 수 있다.

(4) 재고자산의 평가방법

① 재고자산의 수량결정

- 실지재고조사법

실지재고조사법은 기중 입고, 출고가 발생할 때마다 상품계정에 기록하지 않고, 기말에 실사를 통해 기말재고수량을 파악하고 판매가능수량 중 기말재고수량을 제외한 나머지는 판매되거나 사용된 것으로 간주하는 방법이다.

실지재고조사법은 재고자산의 구입 시에만 수량을 기재하고 판매하며, 사용 시에는 기록하지 않는다. 실지재고조사법은 재고자산을 구입하는 경우 매입계정에 회계처리하고, 결산일에 매출원가로 인식한다.

기초재고량 + 당기매입량 – 기말재고량(실제) = 당기판매수량

장점으로는 편리하고 저가품인 다량의 상품취급업체에 적합하다는 것이 있으나, 단점으로는 기말재고조사의 실시로 영업에 지장을 줄 수 있고 재고감모손실이 매출원가에 포함된다는 점이 있다.

• 계속기록법

계속기록법은 재고자산의 입 · 출고 시점마다 구입수량, 단가 및 금액에 대한 기록을 계속적으로 관리하는 방법이다. 계속기록법에서는 당기 판매가능수량 중에서 당기에 실제로 판매된 수량을 차감하여 기말재고수량을 계산하는 방법이다.

재고자산 입 · 출고 시마다 수량과 금액을 계속적으로 기록하는 방법이다. 재고자산의 구입 시 매입계정을 설정하지 않고 재고자산 계정으로 회계처리하였다가 판매 시에 매출원가로 인식한다.

기초재고량 + 당기매입량 – 기말재고량(실제) = 당기판매수량

장점으로는 재고감모손실이 매출원가에 포함되지 않고, 통제목적에 적합하다는 것이 있으며, 단점으로는 창고의 재고액을 알 수 없고 번잡하며 외부보고목적에 부적합하다는 점이 있다.

② 재고자산의 단가결정

재고자산의 판매량 및 기말재고수량에 필요한 단가를 결정하는 방법으로 원가흐름의 가정에 따라 다음과 같이 나눈다.

• 개별법

가장 이상적인 방법으로 구입할 때 상품마다 가격표를 붙여 두었다가, 출고될 때 가격에 표시된 매입가격을 개별수익에 대응하도록 하는 방법이다. 특수한 경우(보석류)를 제외하고는 적용하기 어렵다.

• 선입선출법

선입선출법(FIFO)은 먼저 매입된 것이 먼저 팔린다는 가정하에 이루어진다. 최근에 매입한 것이 기말재고자산으로 남고 먼저 매입한 것이 매출원가를 구성하므로 물가상승 시 당기순이익이 과대계상되고 기말재고자산도 과대계상된다. 선입선출법은 재고실사법이나 계속기록법 중에서 어떠한 방법을 선택하더라도 매출원가와 기말재고의 금액이 동일하다.

• 총평균법

총평균법은 1년 동안의 재고자산원가를 가중평균하여 단가를 결정하는 방법으로 총매입원가를 총매입수량으로 나눠 단위당원가를 계산하는 방법이다. 또한 장부를 계속 기록하지 않아도 평균단가를 산출하므로 실지재고조사법의 경우에 사용한다. 실지재고조사법은 매입과 매출의 순서에 관계없이 가중평균하여 평균단가를 한 번 결정하며, 총평균법의 적용은 재고실사법과 일치한다.

• 이동평균법

이동평균법은 재고자산의 매입 시마다 현재까지의 총매입원가를 총수량으로 나누어 재고자산의 단위당원가로 계산하는 방법이다. 이동평균법하에서 평균단가는 매입이 발생할 때마다 산출된다. 즉, 이동평균법은 장부를 계속기록하면서 단가를 구하므로 계속기록법에서만 사용할 수 있다. 계속기록법하에서 평균법을 적용하여 재고자산의 가액을 결정하면 매출이 있을 때마다 매출원가가 계산된다.

☞ 재고자산의 원가흐름의 가정 비교(물가상승 가정)

- 당기순이익의 크기 : 후입선출법 〈 총평균법 〈 이동평균법 〈 선입선출법
- 매출원가의 크기 : 선입선출법 〈 이동평균법 〈 총평균법 〈 후입선출법
- 기말재고액의 크기 : 후입선출법 〈 총평균법 〈 이동평균법 〈 선입선출법

예제

계속기록법을 적용하는 A기업의 1분기 자산변동 사항이 다음의 표와 같다고 가정할 때 각 재고자산 평가방법에 따라 1분기 말의 기말재고자산가액과 매출원가를 산출하시오.

일자	구분	수량(개)	단가(원)
1.1.	기초재고	300	1,000
2.1.	입고	200	1,100
2.15.	출고	300	
3.1.	입고	500	1,200
3.15.	출고	400	

풀이

평가방법	매출원가	기말재고자산가액
선입선출법	760,000원	360,000원
이동평균법	773,600원	346,200원
총평균법	784,000원	336,000원
후입선출법	800,000원	320,000원

1) 선입선출법
   - 매출원가 : 300 × 1,000 + 200 × 1,100 + 200 × 1,200 = 760,000
   - 기말재고자산 : 300 × 1,200 = 360,000
2) 이동평균법
   - 매출원가 : 300 × 1,040 + 400 × 1,154 = 773,600
   - 기말재고자산 : 300 × 1,154 = 346,200

3) 총평균법

- 매출원가 : 300 × 1,120 + 400 × 1,120 = 784,000
- 기말재고자산 : 300 × 1,120 = 336,000

4) 후입선출법

- 매출원가 : 200 × 1,100 + 100 × 1,000 + 400 × 1,200 = 800,000
- 기말재고자산 :200 × 1,000 + 100 × 1,200 = 320,000

5) 기말재고자산의 평가 : 저가법

☞ 저가법이란 취득원가와 공정가액을 비교하여 낮은 가액으로 평가하는 방법이다.

① 재고자산감모손실

재고를 조사한 결과 보관중의 파손, 분실, 도난 등의 원인으로 인하여 장부상의 재고액과 실지재고액이 일치하지 않는 경우 동 차액을 재고자산감모손실이라 한다. 이 경우에는 재고자산감모손실계정을 설정하여 그 차변에 기입하고 동시에 장부잔액을 그만큼 감소시킨다.

정상적으로 발생하는 감모손실은 매출원가에 가산한다. 비정상적으로 발생하는 감모손실은 기타비용(영업외비용)으로 분류한다. 여기서 정상감모손실은 재고자산의 매입이나 제조과정에서 회피불가능한 지출이다.

② 재고자산평가손실

실지재고액의 시가가 취득원가보다 하락한 경우에는 그 차액을 재고자산평가손실이라 하며, 재고자산평가손실계정을 설정하여 그 차변에 기입하고, 역시 장부잔액을 그만큼 감소시킨다.

기업회계기준에서는 저가기준을 적용할 때 재고자산의 취득원가와 비교되는 공정가치는 순실현가능가치(예상판매가격-예상처분비용)로 평가하도록 하고 있다.

재고자산평가손실이 발생하는 경우 재고자산평가손실충당금(누계액)은 재고자산의 차감적 평가계정으로 표시하고 재고자산평가손실은 매출원가에 가산한다.

8) 재고자산회전율

재고자산회전율은 총매출액을 평균재고금액으로 나눈 비율로서 재고자산의 회전속도, 즉 재고자산이 현금 등 당좌자산으로 변화하는 속도를 말하며, 재고자산회전율이 높을수록 재고자산의 관리가 효율적으로 이루어지고 있음을 의미한다.

02 자재소요계획

1) MRP의 의의

자재소요계획(Material Requirement Planning)은 경제적 주문량과 주문점 산정을 기초로 하는 전통적인 재고통제기법의 여러 약점을 보완하기 위하여 미국 IBM사의 올릭키(J. Orlicky)에 의해 개발된 자재관리 및 재고통제기법이다. 소요량으로 발주량을 계산하고 제품 및 반제품을 대상으로 재고레코드 파일 및 BOM의 기준 정보가 된다.

즉 제품을 구성하는 수많은 자재요소들을 효율적으로 관리하기 위한 기법으로 완제품은 독립적 수요를 가지나 자재는 완제품의 수요에 따르는 종속적 수요를 갖는다. 완제품은 예측을 통하여 제품 수요를 판단하지만, 종속수요를 갖는 자재는 완제품의 생산계획에 따라 수요를 정확히 파악할 수 있다. 완제품의 생산계획에 따라 소요자재의 수량과 조달시기를 고려하여 주문량과 주문시기를 결정할 수 있다. 따라서 자재소요계획은 재료, 부품, 반제품 등의 종속적 수요를 갖는 자재의 소요량 및 조달시기에 대한 관리를 통하여 주문과 생산계획을 효율적으로 처리하도록 만들어진 자재관리기법이며 주로 컴퓨터를 이용하여 업무를 처리한다.

2) MRP의 구조

(1) 입력요소

① 주생산일정계획(Master Production Schedule)

주일정계획 또는 대일정계획이라고도 하며 총괄생산계획을 수립한 후에 이를 기준으로 보다 구체적으로 각 제품의 생산시기와 수량을 나타내기 위해 수립하는 생산계획이다. 총괄생산계획은 수요예측과 생산능력을 고려하여 중장기적으로 제품군에 대한 종합적인 생산계획을 수립한 것이므로, 결정된 총괄적 단위는 실제 생산되어야 할 제품 단위로 변환되어야 한다. 주생산일정계획(MPS)은 총괄생산계획 일정을 실제 생산할 제품 단위로 분해한 결과이다. MPS는 적정재고수준 유지, 생산준비시간 단축, 생산원가 절감을 위해서 완제품의 납기와 부품의 조달기간을 세밀하게 분석하여 일정을 효과적으로 수립하여야 한다.

② 자재명세서(Bill Of Material)

• BOM 구성

자재명세서는 완제품 한 단위를 생산하기 위해 필요한 재료, 부품, 반제품 등의 품목, 규격, 소요량 등에 대한 명세서이다. BOM에서 가장 기본이 되는 정보는 제품구조정보라고 할 수 있다. 제품구조는 모품목과 자품목의 상호관계를 계층적으로 나타내며 최상위 완제품의 계층을 수준0으로 설정하고 계층적 구조를 최하계층코드(Low Level Code)로 표기한다.

• BOM 용도

BOM은 제품의 설계사양, 특정품목을 만드는 데 필요한 부품정보, 자재 불출 목록표 생성, 제품 원가 산정, 구매 및 생산 일정 수립에 사용된다.

• BOM의 정확도

품목 기준정보가 매우 중요한데 이는 제품 정보의 작은 에러는 하위 자재로 내려가면서 점점 더 큰 영향을 주며 곧바로 MRP 오류로 나타난다. 자주 접하게 되는 오류는 품번기록 오기로 자재 불출오류, 최종 설계변경을 적용하지 않는 자재 불출에 따른 손실, 측정 단위 표기 및 환산문제 등이 있다.

③ 재고기록철(Inventory Records File)

재고기록철은 자재관리 대상품목의 입출고에 관한 내역, 재고보유품목, 발주품목, 생산품목에 관한 사항을 기록하고 있다. 재고기록은 생산예정품목의 순소요량을 파악하는 데 사용되므로 품목의 재고에 대한 최신 정보를 유지해야 하며 입출고 및 반품 등에 관한 사항을 모두 기록해야 한다. 또한 재고기록에는 리드타임, 로트크기, 안전재고 및 기타 특별한 사항에 대한 정보도 포함되어야 한다.

(2) 출력요소

① 출력보고서

MRP 시스템을 처리한 결과는 두 가지 출력 보고서로 제시된다. 하나는 생산 및 재고관리의 주문계획에 관한 것으로 미래의 수요량과 수요시기를 나타내는 계획된 발주의 출고, 변화 등을 나타낸다. 또 다른 하나는 예외적인 것으로 계획 및 실천관리에 관한 보고서이다. 시스템 활동을 평가하는 업적 통제보고와 예측에 필요한 계획보고 및 예외보고를 포함하고 있다.

② 계획소요기간

계획소요기간은 생산 리드타임과 구매 리드타임으로 구분된다. 생산 리드타임은 작업지시에서 생산완료까지 소요되는 시간을 말한다. 즉, 생산완료 요구일에 감안되어야 할 시간으로 생산지시를 위한 서류작업시간 및 승인시간, 작업지시서 및 도면 준비시간, 작업대기 · 준비 · 교체 시간, 각종 공구 셋팅 시간 등이 확보된 전체 시간을 의미한다. 반면, 구매 리드타임은 공급업체에 구매발주서를 전달하여 입고까지 소요되는 시간으로, 외부요인으로는 공급업체의 내부작업 시간과 운송시간을 고려해야 하며, 내부요인으로는 서류준비시간, 승인시간, 입고대기, 모품목에 사용되기 위해 기다리는 시간이 고려되어야 한다.

3) MRP 전개절차

(1) MPS를 기준으로 한 제품 생산일정과 생산량 파악

(2) BOM을 이용한 제품구조 파악

(3) IRF를 이용한 품목별 재고현황과 조달기간 파악

(4) MRP 계획표 작성

① 총소요량(Gross Requirement) 결정

② 현재고량(On Hand) 결정

③ 입고예정재고(Scheduled Receipts) 확인

④ 순소요량 결정

☞ 순소요량 = 총소요량 – 현재고 – 입고예정재고 + 할당된 재고 + 안전재고

- 총소요량 : 주생산일정에서 계획된 제품의 생산일자와 생산량을 파악한다.
- 현재고 : 기말재고량 또는 차기 기초재고를 말한다.
- 입고예정재고 : 과거에 이미 발주되어 향후 입고예정인 품목의 수량을 파악한다.
- 할당된 재고 : 현재고로 포함되어 있으나 먼저 생산계획된 제품에 투입되기로 확정된 품목의 수량을 파악한다.
- 안전재고 : 불확실한 수요에 대비하여 품목별로 항상 보유하는 재고수량을 말한다.

⑤ 발주계획(Planned Order Releases) 결정 : 품목별로 발주일자와 발주량을 결정한다.

예제

다음 보기에서 설명하는 내용과 그림의 BOM 정보를 이용하여 Level 0의 제품 A를 10개 제조하려고 할 때 현재 필요한 원자재 D의 순소요량을 구하시오.

보기

원자재 D에 대한 재고현황을 금일 확인하여 보니 현재 창고에 원자재 D가 총 60개가 있는 것으로 확인되었으며, 3일 전에 주문한 수량 100개가 금일 중으로 입고될 예정이고 제품 Y 생산에 25개가 금일 투입될 예정이라고 한다. 그리고 어제 제품 Y 생산에 투입된 50개 중 5개가 불량이어서 5개를 교체투입하려고 한다. 또한 현재 당사는 재고유지 정책상 안전재고를 15개로 유지하고 있다. 아래 그림에서 알파벳 앞의 숫자는 수량(단위 : 개)을 의미한다.

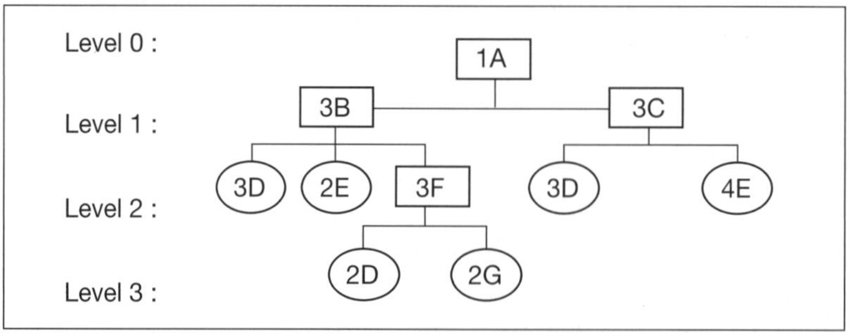

풀이

※ 현재 반제품 B 생산 시 갑자기 불량률이 10% 발생하고 있으며, 이러한 상황을 감안하도록 한다.
순소요량 = 총소요량 − 현재고 − 입고예정재고 + 할당된 재고(불량교체투입포함) + 안전재고
총소요량 = 10A × 3B(1+0.1) × 3D + 10A × 3B(1+0.1) × 3F × 2D + 10A × 3C × 3D
= 387개

※ 영문자는 제품과 원자재를 나타냄
387 − 60 − 100 + (25 + 불량 교체 투입 5) + 15 = 272
[답] 272개

4) MRP 계산원리

MRP시스템은 주일정계획으로부터 최종품목 소요량을 구하고 그 품목과 부품의 자재명세서와 재고상황파일의 정보를 얻는다. 이를 토대로 부품자재량이 계산되고 자재가 필요할 때 도착할 수 있도록 발주기일이 설정된다. 총소요량과 발주량은 모든 부품에 대해서 단계별로 결정된다.

예제

[표]는 완성품 P에 대한 주일정계획을 나타내고 있다. P 제품에 대한 하위 부품 A는 2개가 필요하고 B는 1개가 필요하다. 주일정계획에서 완성품 P가 1주에 40개, 4주에 60개, 6주에 60개 그리고 8주에 50개가 필요하다면 A부품과 B부품의 자재계획은 어떻게 세워야 하는가?

[표] 완성품 P에 대한 주일정계획

주	1	2	3	4	5	6	7	8
소요량	40			60		60		50

부품자재계획 : A부품

주문량 = 300 조달기간 = 2주	주	1	2	3	4	5	6	7	8
계획된 소요량		80			120		120		100
수령량			300						300
기말재고	100	20	320	320	200	200	80	80	280 ~~20~~
계획된 발주량							300		

부의 재고에 따라서
6주에 발주해야 한다.

부품자재계획 : B부품

주문량 = 200 조달기간 = 2주	주	1	2	3	4	5	6	7	8
계획된 소요량		40			60		60		50
수령량							200		
기말재고	130	90	90	90	30	30	170 ~~30~~	170	120
계획된 발주량					200				

[부품 A의 발주량 계산]

P제품 1개를 완성하는 데 A부품 2개가 필요하므로, 계획된 소요량은 주일정계획량의 2배가 된다.

- 6주의 기말재고 = 5주의 기말재고 - 6주의 계획된 소요량 = 200 - 120 = 80
- 8주의 기말재고 = 7주의 기말재고 - 8주의 계획된 소요량 = 80 - 100 = -20

따라서 부품 A의 조달기간이 2주이므로 2주 전인 6주에 발주하게 되어 6주의 계획된 발주량이 주문량인 300이 된다.

[부품 B의 발주량 계산]

P제품 1개를 완성하는 데 B부품 1개가 필요하므로, 계획된 소요량은 주일정계획량이 된다.

- 4주의 기말재고 = 3주의 기말재고 - 4주의 계획된 소요량 = 90 - 60 = 30
- 6주의 기말재고 = 5주의 기말재고 - 6주의 계획된 소요량 = 30 - 60 = -30

따라서 부품 B의 조달기간이 3주이므로 3주 전인 3주에 발주하게 되어 3주의 계획된 발주량이 주문량인 200이 된다.

03 개략능력요구계획

자재소요계획 또는 생산계획활동이 기준생산계획에서 주어진 제조자원의 용량을 넘어서는지 않는지를 계산하는 모듈이다. 즉, 기준생산계획과 제조자원 간의 크기를 비교하여 자원요구량을 계산해 내는 것이 개략능력요구계획(RCCP : Rough Cut Capacity Planning)이다.

MRP나 ERP 패키지에서는 주어진 생산계획대로 수행한다고 가정했을 때 생산자원을 얼마나 필요로 하는지를 계산하도록 하는 기능들을 제공한다. 보다 정교한 계산을 위해서는 많은 데이터와 계산시간을 필요로 하는 데 반해, 개략능력요구계획에서는 개략적인 계산을 위해 적은 데이터와 상대적으로 짧은 계산 시간을 필요로 하게 된다. 따라서 개략적인 결과는 실제 상황과 종종 많은 차이를 나타내곤 한다.

04 능력소요계획

1) 능력소요계획(CRP : Capacity Requirement Planning)의 의미

CRP는 자재소요계획 또는 생산계획활동 중에서 MRP 전개에 의해 생성된 계획이 얼마만큼의 제조자원을 요구하는지를 계산하는 모듈이다. CRP는 공장의 생산능력에 맞추어 자재소요계획을 수립하기 위해 작업장의 능력소요량을 시간대별로 예측하는 기법으로, 이미 발주된 예정입고와 발주예정의 계획발주량을 완성하는 데 필요한 작업부하 산정에 이용된다.

2) CRP 필요자료

① 작업공정표

② 작업장정보

③ 발주계획량

3) RCCP와 CRP의 차이점

① RCCP의 주요입력데이터는 MPS plan이지만, CRP의 주요입력데이터는 MRP record이다.

② MPS plan은 최종제품과 주요핵심부품에 한해 작성되기 때문에, 자원요구량을 계산하는 과정에서도 CRP가 RCCP보다 정확하다.

③ CRP를 계산할 때에는 생산오더가 내려진 작업이 현장의 자원을 필요로 한다는 것도 고려한다.

④ 작업 중인 재고는 MRP 전개 중에 scheduled receipt로 반영할 수 있기 때문에 RCCP보다는 현실적인 자원요구량계획을 생성할 수 있다.

05 공급사슬관리

1) 공급망관리(SCM : Supply Chain Management)의 개념

SCM은 물자, 정보 및 재정 등이 공급자로부터 생산자에게, 도매업자에게, 소매상인에게, 그리고 소비자에게 이동함에 따라 그 진행과정을 감독하는 것이다. SCM은 회사내부와 회사들 사이에서 벌어지는 이러한 흐름들의 조정과 통합 과정에 수반된다. 효율적인 SCM 시스템의 최종 목표는 고객의 요구를 만족시키고, 경쟁우위를 달성하며, 사업목표를 달성하는 것이다.

2) SCM의 세 가지 주요흐름

① 제품/서비스흐름(Product/Service Flow) : 공급자로부터 고객으로의 상품 이동은 물론, 어떤 고객의 물품 반환이나 애프터서비스 요구 등을 모두 포함한다.

② 정보흐름(Information Flow) : 주문의 전달과 배송상황의 갱신 등이 수반된다.

③ 재정흐름(Funds Flow) : 신용조건, 지불조건, 위탁판매 그리고 권리소유권 합의 등으로 이루어진다.

3) SCM의 기능

① 내재적 기능

- 공급자 네트워크에 의해 공급된 원자재 등을 변형시키는 데 사용하는 프로세스
- 고객의 주문을 실제 생산작업으로 투입하기 위한 Production Scheduling

② 외재적 기능

- 올바른 공급자의 선정
- 공급자의 긴밀한 Partnership 유지

4) SCM의 포함사항 및 추진효과

① SCM 포함사항

- 경영정보시스템(Management Information System)
- 공급 및 조달(Sourcing and Procurement)
- 생산계획(Production Scheduling)
- 주문처리(Order Processing)
- 현금흐름(Cash Flow)
- 재고관리(Inventory Management)
- 창고관리(Warehousing)
- 고객관리(Customer Service)

② SCM 추진효과

- 통합적 정보시스템 운영
- 물류비용 절감
- 고객만족
- 시장변화에 대응력 강화
- 구매비용 절감
- 생산효율화
- 총체적 경쟁우위

Chapter 05 영업관리

01 판매계획

1) 판매계획의 의미

판매계획은 기업의 판매목표 및 판매활동에 관한 계획으로서 수요예측과 판매예측의 결과를 이용하여 판매목표액을 구체적으로 수립하는 과정이다. 시장점유율은 매출액을 결정하는 데 가장 중요한 고려요소이다. 시장점유율은 과거 시장점유율, 경쟁기업에 대한 상대적 가격 · 품질 · 기능 그리고 판촉활동 및 판매경로의 강도 등에 의해 달라지며, 시장점유율을 확대하기 위해서는 많은 비용과 자원이 소요되므로 전략적인 의사결정이 필요하다.

2) 판매계획의 구분

- 단기 : 판매예측을 이용하여 연간 목표매출액을 설정하고 이 목표매출액을 달성하기 위하여 제품별 가격, 판매촉진 실행방안, 구체적인 판매할당 등을 결정한다.
- 중기 : 제품별 수요예측과 판매예측을 통하여 제품별로 매출액을 예측하고 제품별 경쟁력 강화를 위한 계획을 수립한다. 주요활동으로 제품별 디자인, 원가, 품질 등의 개선, 판매촉진을 위한 정책 수립, 판매 경로 및 판매 자원의 구체적인 계획 등을 들 수 있다.
- 장기 : 장기적인 시장분석을 통하여 기업 환경의 기회와 위협을 예측하고 신제품 개발, 신시장 개척, 판매경로 강화 등에 관한 계획을 수립한다.

3) 목표매출액 결정방법

(1) 성장성지표

① 판매경향변동

과거 판매실적의 경향을 분석하여 판매를 예측하고 그것을 바탕으로 다음연도 목표매출액을 결정한다.

② 매출액증가율

- 목표매출액 = 금년도 자사 매출액 실적 × (1 + 전년대비 매출액 증가율)
- 목표매출액 = 금년도 자사 매출액 실적 × (1 + 연평균 매출액 증가율)

③ 시장점유율

- 목표매출액 = 당해업계 총수요액 × 자사의 목표 시장점유율
  시장점유율 = (자사 매출액 / 당해업계 총매출액) × 100%
- 목표매출액 = 금년도 자사 매출액 × (1 + 시장확대율) × (1 + 시장신장율)
  시장확대율 = 전년대비 자사 시장점유율 증가율
  시장신장율 = 전년대비 당해업계 총매출액 증가율

(2) 수익성지표

① 각종 이익률

- 총이익률 이용 목표매출액 = 목표 총이익 / 목표 총이익률
  총이익률 = 총이익액 / 총매출액 × 100%
- 한계이익률 이용 목표매출액 = 목표 한계이익 / 목표 한계이익률
  한계이익 = 매출액 − 변동비 = 고정비 + 이익
  한계이익률 = 한계이익 / 매출액 × 100%

② 목표이익 및 필요경비

목표매출액 = (목표 영업이익 + 인건비 + 기타경비예산) / 매출총이익률

③ 손익분기점(BEP)

손익분기점 이용 목표매출액 = 고정비 / (1 − 변동비) = 고정비 / 한계이익률

(3) 생산성지표

① 판매생산성 활용 목표매출액

목표매출액 = 영업사원 수 × 1인당 평균 목표매출액

판매생산성 = 총매출액 / 영업사원 수 = 영업사원 1인당 평균매출액

② 노동생산성 활용 목표매출액

목표매출액 = 영업사원 수 × 1인당 평균 목표경상(총)이익 / 1인당 평균 목표경상(총)이익률

노동생산성 = 경상(총)이익액 / 영업사원 수 = 영업사원 1인당 평균 경상(총)이익액

③ 거래처 1사당 수주액 활용 목표매출액

목표매출액 = 거래처 수 × 거래처 1사당 평균 수주예상액

(4) 기타 방법

① 경영간부에 의한 할당액의 합계

② 영업사원의 자율적 판매목표액의 합계

4) 판매할당

(1) 영업거점별 판매할당

영업사원별, 상품 및 서비스별, 지역 및 시장별, 거래처 및 고객별 판매할당 등의 계획을 수립하기 이전에 영업활동을 수행하는 영역 순서대로 목표매출액을 할당하는 것이 바람직하다.

(2) 영업사원별 판매할당

영업거점의 목표매출액을 해당 영업사원별로 배분하는 방법이다.

(3) 상품 및 서비스별 판매할당

상품 및 서비스별 판매할당은 기업의 해당 제품 · 상품 · 서비스별로 목표판매액을 구체화하는 것을 의미한다. 이때 다음과 같은 방법으로 계획하여 목표매출액을 할당할 수 있다.

① 제품 · 상품 · 서비스별 목표시장점유율을 고려한 판매할당

② 과거의 판매실적의 경향을 고려한 판매할당

③ 이익공헌도를 고려한 판매할당

④ 교차비율을 고려한 판매할당

☞ 교차비율 = 상품회전율 × 매출총이익률(한계이익률) = (매출액 / 평균재고액) × (한계이익 / 매출액) = 한계이익 / 평균재고액

(4) 지역 및 시장별 판매할당

전략적 영업활동의 일환으로 지역 및 시장을 세분화하여 관리하는 마케팅 활동이 필요하다. 그러므로 지역 및 시장별 판매할당은 이 세분화된 지역 및 시장에 대하여 목표매출액을 공평하고 적절하게 배분하는 활동을 의미한다.

(5) 거래처 및 고객별 판매할당

거래처 및 고객별 판매할당의 입안에는 보통 다음과 같은 방법을 고려할 수 있다.

① 거래처 및 고객의 판매실적을 고려한 판매할당

② 거래처 및 고객의 판매(수주)실적 경향을 고려한 판매할당

③ 거래처 및 고객의 목표 수주점유율을 고려한 판매할당

(6) 월별 판매할당

월별 판매할당은 일반적으로 연간 목표매출액을 12등분하여 1개월당 평균목표매출액을 구함으로써 수립된다. 그러나 현실적으로 제품 · 상품 · 서비스별 월 매출액은 항상 일정하지 않게 되

며 시계열 분석에서의 순환 · 계절 · 불규칙 변동 등과 같은 여러 가지 이유로 인해 월별 판매할당이 영향을 받게 되므로, 이러한 변동의 영향을 고려하여 적절한 할당이 필요하다.

5) 가격전략

(1) 가격결정

가격이란 거래발생 시 그 국가의 공인된 교환매개체로서 측정되는 제품, 서비스 혹은 아이디어의 지각된 가치를 말한다. 따라서 가격은 구체적으로 구매자들이 특정제품, 서비스 및 아이디어를 구매함으로써 얻게 되는 효용에 부여된 가치라고 할 수 있는데 이는 소비자가 구매를 결정하는 가장 중요한 요인이며 기업의 매출액과 이익에 커다란 영향을 미친다.

가격결정 방법으로는 원가가산에 의한 결정방법과 시장가격에 의한 결정방법이 있다. 이 외에도 가격결정에 영향을 미치는 내부적 요인으로는 제품특성, 손익분기분석, 마케팅목표 등이 있으며, 외부적 요인으로는 고객수요, 유통채널, 경쟁환경, 법 규정 등이 있다.

① 원가가산에 의한 가격결정방법

원가가산방식은 원가에 이익을 부가하여 가격을 결정하는 방법이다. 생산자-도매업자-소매업자-소비자로 구성되는 유통단계별로 생산자가격, 도매가격, 소매가격으로 구분되어 그 가격이 형성된다.

㉠ 생산자가격의 가장 큰 구성요소는 제조원가이며, 이 제조원가는 주로 재료비, 노무비, 제조경비 등과 같은 요소로 구성된다. 또한 제조원가는 직접비와 간접비로 구분되기도 한다. 원가계산상에서 직접비는 제품별로 직접 부과되고 간접비나 공통비용 등은 일정한 배부기준으로 제품별로 할당되어 단위당 제조원가가 산정된다. 여기에 적정이익과 영업비 부담분인 생산자 총이익을 부가하면 생산자가격이 결정된다.

㉡ 도매가격의 가장 큰 구성요소는 도매매입원가이다. 이는 생산자가격에 각종 소비세가 부가되어 도매매입원가가 되며 여기에 도매업자의 영업비용과 이익을 부가하여 도매가격이 결정된다.

㉢ 소매가격의 가장 큰 구성요소는 소매매입원가이다. 이는 도매가격에 각종 소비세가 부가되어 소매매입원가가 되며 여기에 소매업자의 영업비용과 이익을 부가하여 소매가격이 결정된다.

② 시장가격에 의한 가격결정방법

시장가격을 기준으로 가격을 결정할 때에는 자사 상품이 시장에서 구매될 가능성이 있을 때 가격을 우선으로 한다. 일반적인 시장가격에 의한 순서는 다음과 같은 단계를 거친다.

㉠ 경쟁환경 분석

㉡ 선두기업 가격조사

㉢ 자사의 시장입지도 분석

㉣ 경쟁기업의 가격과 비교

㉤ 전략적 판매가격 설정

㉥ 도 · 소매 유통비용을 고려하여 생산자가격 결정

(2) 가격유지정책

① 비가격경쟁에 의한 가격유지대책

비가격경쟁의 일반적인 요소는 상품 및 서비스의 품질기능에 대한 거래처 및 고객으로부터 신뢰성을 높일 수 있는 것들이다. 이러한 요소로는 브랜드 이미지, 수요에 대응한 신제품 개발력, 강력한 광고 선전력, 유리한 지급조건, 면밀한 판매망, 수요에 따른 공급능력, 차별화 상품을 통한 틈새시장 공략 등이 있다.

② 리베이트전략에 의한 가격유지대책

리베이트는 일정기간의 생산업자와 판매업자 간 또는 도매업자와 소매업자 간 판매액을 기준으로 판매에 도움을 준 판매업자에게 이익의 일부를 되돌려주는 전략이다. 또한 리베이트는 판매대금을 수금한 후 별도로 환불된다는 점에서 판매금액의 일부를 깎아주는 할인과는 다르며, 일반적으로 리베이트 비율은 관습 또는 이익의 정도에 따라 정해진다.

그러므로 리베이트 전략은 가격유지정책만이 목적이 아니고 판매촉진에도 영향을 미친다. 리베이트는 판매촉진적기능, 보상적기능, 통제 및 관리적기능이 있다.

02 수주관리

1) 수주관리 개념

수주는 고객의 구매의사 또는 구매를 결정한 고객의 구체적인 주문내역을 확인하여, 고객이 원하는 조건과 납기에 맞추어 제품이 전달되도록 관련 과정을 관리하는 활동이다.

2) 수주관리 내용

(1) 견적

견적은 어떤 일을 하는 데 필요한 비용 따위를 미리 어림잡아 계산하는 과정을 말한다. 견적활동은 수주 이전단계로서 일반적으로 첫 거래이거나 거래 물품의 시장가격이 변동되었을 경우 진행된다.

(2) 수주

수주는 구매를 결정한 고객으로부터 구체적인 주문을 받는 과정이다. 수주 시 확인사항은 거래처, 물품 상세, 수량, 단가, 대금수금조건, 납기, 납품처 등이다. 견적이 발행된 경우에는 견적내용 중 거래처, 물품 상세, 단가, 대금수금조건 등의 확인에 중점을 두어야 하며 이후 반복되는 거래과정에서는 주문수량과 납기를 중점적으로 확인한다.

(3) 수주등록

수주 접수 후 구체적인 수량과 납기에 대한 회신을 해야 하는데 이때 참조되는 정보가 일자별 가용수량, 약속가능재고이다. 현재 창고재고로 출고가 가능하다면 수주를 등록하고 고객의 요청에 따라 출고가 가능함을 통보한다. 현재 창고재고에는 없으나 생산예정수량이 있다면 수주를 등록한 후 생산완료 예정일자를 근거로 고객에게 납기를 통보한다. 아직 생산예정이 없다면 수주를 등록하고 해당 생산에 대한 계획일정을 입수하여 납기를 통보해야 한다.

3) 고객(거래처) 중점화 전략

(1) 고객(거래처) 중점화 전략 개념

우량 거래처나 고객이 시장점유율이나 판매목표 달성에 미치는 영향은 매우 크다. 고객 중점화 전략은 이러한 우량 거래처나 고객을 선정하기 위한 방법으로서 거래처나 고객에 일정한 기준에 따라 등급을 부여하고 중점관리 대상으로 선정하는 전략을 말한다.

(2) 중점선정 방법

① ABC 분석(파레토 분석)

통계적 방법에 의해 관리대상을 A, B, C 그룹으로 나누고, 먼저 A그룹을 최중점 관리대상으로 선정하여 관리노력을 집중함으로써 관리효과를 높이려는 분석방법이다.

[표] ABC 분석 비율

분석	전고객 비율	업체수 비율	총매출액 비율	비고
A	40%	10%	70%	중점고객
B	30%	20%	20%	집중화
C	30%	70%	10%	유보 또는 거래중지

② 매트릭스 분석(이원표 분석)

ABC 분석의 단점인 과거 판매실적자료를 토대로 분류하는 것은 우량거래처나 고객으로서의 기업경쟁력, 판매능력, 성장가능성 등의 다양한 요인들을 반영하지 못하므로 이를 보완하기 위해 개발된 것이 매트릭스 분석이다.

매트릭스 분석은 우량거래처나 고객을 선정하기 위해 고려해야 할 서로 다른 2개의 요인을 행과 열로 배열하여 매트릭스를 구성한다. 그 후 대상 거래처나 고객을 각 축의 기준에 따라 평가하여 매트릭스 내의 위치를 확인하고 이를 범주화하므로 우량거래처나 고객군의 선택이 가능해진다. 이 방법의 장점은 중점관리할 대상 거래처나 고객을 보다 선명하게 파악할 수 있고 중점화한 목표에 대한 전략 수립이 쉽다.

③ 거래처 포트폴리오 분석

거래처 포트폴리오 분석이란 대상거래처나 고객의 가치를 종합적으로 검토하여 핵심거래처나 고객을 효과적으로 분류하기 위한 분석방법이다. ABC 분석이나 매트릭스 분석 등과 같이 1~2개의 요인만을 분석하지 않고 3개 이상의 요인을 가중치를 이용해 결합하고 다면적으로 분석하여, 일정한 기준에 따라 범주화함으로써 범주별로 최적의 전략을 적용하기 위한 방법이다.

03 대금회수

1) 대금회수의 의미

기업의 경영활동을 영위하기 위해서는 많은 자금이 필요하다. 즉 제품을 생산하려면 공장건설, 기계설비 등이 필요하고, 제품을 판매하려면 제품이나 재료도 보유하고 외상판매에 따른 매출채권도 발생되며 지급수단인 현금 및 예금도 필요하다. 이와 같이 기업 경영활동에 필요한 자금이 많아지게 되면 기업의 원활한 자금관리를 위하여 철저한 자금회수가 필수적이다.

매출대금 회수가 악화되면 지급어음, 차입금 등의 부채가 많아지고 자금조달이 점점 어렵게 된다. 또한 자금조달 금리가 높아지고 당기순이익에 영향을 미치게 된다. 따라서 적절한 매출채권의 관리를 위하여 거래처의 신용도 파악, 신용한도(여신한도) 설정, 외상매출대금 회수계획 및 회수관리 등의 활동이 매우 중요하다고 할 수 있다.

2) 신용거래와 신용한도

신용거래란 물품을 먼저 인도하고 물품대금은 일정기간 후에 결제하는 외상거래를 말한다. 기업은 매출채권의 원활한 회수관리를 위하여 거래처마다 외상매출을 허용할 수 있는 금액의 한도, 즉 신용한도를 부여하고 있다. 여신한도는 거래처에 외상매출을 할 수 있는 최고한도액으로서 신용한도와 지급보증 받은 적격어음의 합계액을 의미하며, 대개 신용한도와 동일하게 사용된다. 신용한도(여신한도)를 설정하는 것은 대금회수가 안전한 외상매출금액의 상한과 허용기간을 정하는 것이다. 신용한도는 상한 범위의 금액까지는 외상매출을 하더라도 안전하다는 소극적인 의미와 이 금액까지는 판매가능하다는 적극적인 의미가 있다.

3) 신용한도 설정법

(1) 회사의 자금운용상의 설정법

회사의 자금조달기간을 이용하여 외상매출금의 총 잔액을 결정, 회사전체의 여신한도액을 설정한다.

① 매출채권 회수기간 = (매출채권잔액/매출액) × 365일

② 매입채무 지급기간 = (매입채무잔액/매입액) × 365일

③ 재고회전기간 = (상품재고잔액/매출액) × 365일

④ 자금조달기간 = 재고회전기간 + 매출채권 회수기간 − 매입채무 지급기간

⑤ 매출채권한도액 = 매출액 × 자금고정기간(단, 자금고정기간 = 자금조달기간/365일)

매출채권 회수기간은 매출채권회전율을 변환한 형태로서 매출채권을 회수하는 데 평균 며칠이 걸리는가를 나타내는 것이다. 매출채권 회전율은 기말의 매출채권 잔액이 1년간의 영업활동을 통하여 현금매출액으로 회전되는 속도를 의미한다. 매출채권 회전율이 높다는 것은 매출채권이 순조롭게 회수되고 있음을 나타내며, 반대로 이 회전율이 낮게 되면 매출채권의 회수기간이 길어지므로 그에 따른 대손발생의 위험이 증가하고 수익감소의 원인이 된다.

유동자산의 총액에서 유동부채의 총액을 공제한 것을 순운전자본이라고 한다. 순운전자본은 단기간 동안 상환을 고려하지 않고 운용할 수 있는 자본이다. 이는 자금의 유동성(지불능력)을 나타내므로 기업의 자금관리 측면에서 순운전자본의 관리를 매우 중요시하고 있다. 따라서 회사에서는 여신한도액이 순운전자본보다 적게 되도록 설정해야 한다.

만약 여신한도액이 순운전자본보다 많아지는 경우에는 다음과 같은 방법으로 운전자본을 확보한다.

㉠ 현금회수가능거래처 증대

㉡ 외상매출금이나 어음의 회수기간 단축

㉢ 상품재고 감소

㉣ 외상매출금 감소 또는 외상매입금 증가

㉤ 장기회수기간 거래처 감소

㉥ 현금지급을 어음지급으로 변경

㉦ 지급어음기일 연장

(2) 거래처(고객)별 여신한도 설정법

거래처(고객)별 여신한도는 거래처(고객)의 신용도, 판매능력, 담보 등을 종합적으로 판단하여 설정해야 하며, 정해진 한도는 반드시 지켜져야 한다. 거래처(고객)별 여신한도는 다음과 같은 방

법으로 설정할 수 있다.

① 타사한도액의 준용법

㉠ 동업 타사가 설정한 한도액을 참고하여 그에 준하여 설정한다. 그러나 설정한도액은 파악이 어려우므로 타당성에 문제가 있다.

㉡ 자사의 거래처나 고객 중에서 표준을 선정하고, 그 기준으로 다른 거래처나 고객을 비교 및 평가, 자격을 부여하여 한도액을 정한다.

② 과거 총이익액의 실적 이용법

㉠ 과거 3~5년간의 총이익액의 누계실적을 구하여 그것을 한도로 하는 방법이다.

㉡ 여신한도액 = 과거 3년간의 회수누계액 × 평균총이익률

㉢ 여신한도액 = 과거 3년간의 (총매출액 − 외상매출채권잔액) × 평균총이익률

③ 매출액 예측에 의한 방법

㉠ 거래처나 고객의 매출액을 신용력으로 보는 방법이다.

㉡ 여신한도액 = 거래처나 고객의 총매입액 × 자사수주점유율 × 여신기간

㉢ 거래처나 고객의 총매입액 = 예상매출액 × 매입원가율

④ 매출목표와 회수기간에 의한 방법

기존 거래처나 고객에 대하여 영업사원이 목표매출액과 목표회수액을 설정하여 상사와 협의하여 결정하는 방법이다.

⑤ 경영지표(종합지표)에 의한 방법

거래처의 신용능력을 평가하기 위하여 수익성, 안전성, 유동성, 회수성, 성장성 등에 관련된 경영지표의 측정치를 고려하여 여신한도액을 설정한다.

4) 대금회수관리법

(1) 대금회수계획의 기본적인 내용

대금회수계획의 목표는 매출채권 회전율이나 체류일수로 계산할 금액으로 세우지만 각 거래처나 고객별로 거래에 따라서 회수조건이 다르므로 종합적으로나 직접적으로 관리하기가 어렵다. 따라서 각 거래처나 고객별로 대금회수계획을 세워 완전회수를 위한 행동을 하는 것이 중요하다.

회수계획을 수립하기 위해 통상 거래처나 고객별로 당월 지급 범위를 정하는 마감일, 당월 지급일, 동일 지급일의 거래처나 고객의 지역분포, 당월말 외상매출금 잔액, 당월 매출액, 당월 청구액 (회수목표), 수금 내용 (현금 · 약속어음), 상쇄액 (입금 · 지급과의 차액), 여신한도액, 받을어음 예정기간 등을 검토하고 확인할 필요가 있다.

(2) 대금회수 관리법

기업은 자금을 효율적으로 운용하기 위해서 판매목표를 달성하고, 철저하게 회수해야 한다. 특히 매출채권의 관리에서 거점장이나 영업사원에게 중점적으로 고려할 사항은 자금운용과 직결된 외상매출금 회수율의 향상과 받을어음의 정확한 관리이며, 이에 대하여 다음과 같은 포인트를 충분히 이해하고 인식할 필요가 있다.

① 회수율 파악

㉠ 일반적인 경우 : 회수율 = 당월회수액/(전월말 외상매출금 잔액 + 당월매출액)

㉡ 월말 마감의 차월 회수 : 회수율 = 당월회수액/(전전월말 외상매출금 잔액 + 당월매출액)

② 회수기간 계산방법

㉠ 받을어음 회수기간의 측정

받을어음은 거래처나 고객별로 그 기간이 다르며 기간을 합계하여 평균치를 구하더라도 정확한 기간을 얻을 수 없어 어음의 금액에 차이가 있다. 따라서 통일된 공식으로 받을어음 기간을 산출할 필요가 있다.

☞ 회수기간 = 각 받을어음 금액 × 각 어음기간의 합계/매출총액

㉡ 현금의 회수기간

대금회수는 어음 이외에도 현금으로 회수하는 경우가 있으므로 현금의 어음기간은 0으로 하고 회수기간을 산출한다.

㉢ 여신잔액에 맞추어 어음기간 조정

받을어음의 회수기간이 길수록 기업의 자금운용이 어려움을 겪게 되므로 회수기간의 단축을 위한 노력이 필요하다. 한편으로는 여신한도를 감안하여 현재의 받을어음의 기간을 조정할 수 있으며, 앞으로 받을어음의 기간을 여신잔액 범위 이내로 발행하도록 거래처와 협의할 수 있다.

☞ 어음기간 = [(여신한도액 × 여신기간) − (현재까지 회수어음금액 × 동 어음기간)]/외상매출금잔액

③ 회수관리방법

㉠ 회수율 관리

외상매출채권의 회수율이 낮게 되면 회수기간이 길어지므로, 그에 따른 대손발생의 위험이 증가하고 수익감소의 원인이 된다. 또한 불량채권 발생의 원인이 되어 여신한도의 증가를 초래한다. 따라서 회수율을 항상 확인하고 회수율이 낮을 경우에는 불량 외상매출채권의 발생을 조기에 발견 · 대처하기 위해 거래처별로 외상매출금 잔액, 입금일 불규칙성, 당월의 미입금처, 반품 수량, 입금액의 오류 등의 항목을 조사할 필요가 있다.

ⓛ 회수기간 단축

받을어음의 회수기간을 여신기준 내로 단축하기 위해서 현금회수 비율을 높이거나 어음기간의 단축이 필요하다.

ⓒ 기타과실

회수지연의 이유는 거래처나 고객측의 형편에 따라서 다르지만 거점장이나 영업사원의 과실에 의한 경우가 많다. 따라서 외상매출금 잔액을 외상매출금대장 등으로 그 내용을 확실하게 파악하고 무엇보다 에누리의 미처리, 단가수정의 미처리, 상품교환 또는 반품의 미처리, 거래처의 기장 오류의 미수정, 클레임 수량(금액)의 미처리, 강제판매에 의한 회수곤란, 위탁상품대금의 미회수와 같은 사항도 확인해 볼 필요가 있다.

(3) BCG matrix

① BCG 매트릭스는 1970년대 초반 보스턴컨설팅그룹에 의해 개발된 것으로 기업의 경영전략 수립에 있어 하나의 기본적인 분석도구로 활용되는 사업포트폴리오 분석기법이다.

② BCG매트릭스는 자금의 투입, 산출 측면에서 사업(전략사업 단위)이 현재 처해 있는 상황을 파악하여 그 상황에 적합한 처방을 내리기 위한 분석도구이다. 각 사업단위는 다음과 같은 의미를 가지고 있다.

㉠ Star(성장사업) : 고성장 · 고점유율 사업으로 현금의 유입이 많기는 하나 경쟁자들의 방어를 위해 많은 현금유출이 수반된다.

ⓛ Cash Cow(수익주종사업) : 저성장 · 고점유율 사업으로 현금유입이 큰 반면 낮은 성장률로 현금유출이 적어 순현금 유입이 크게 증가된다.

ⓒ Question Mark(개발사업) : 고성장 · 저점유율 사업으로 성장가능성이 있으며 사업초기에는 대부분 이 영역에 속한다. 고성장에 따르는 투자로 자금유출이 크며, 상황에 따라 성장 혹은 사양 산업으로 분류될 수 있는 영역이다.

ⓔ Dogs(사양산업) : 저성장 · 저점유율 사업으로 투자비용의 크고 적음에 관계없이 수익성이 낮고, 때에 따라 손실을 유발할 수 있다.

③ 각 전략사업 단위에 대응하는 전략은 다음과 같으며, 기업은 효과적인 전략을 구사함으로써 포트폴리오전략을 완성할 수 있게 되는 것이다.

㉠ 성장사업 : 시장점유율을 높이기 위해 구축(build)전략을 사용하는 것이 가장 적합하다.

ⓛ 개발사업 : 구축, 수확 혹은 철수 전략을 사용할 수 있다.

ⓒ 수익주종사업 : 유지 혹은 수확 전략을 사용해 안정적인 현금회수를 노린다.

ⓔ 사양사업 : 수확 혹은 철수 전략이 적합하다.

④ BCG 매트릭스는 사업의 성격을 단순화, 유형화하여 어떤 방향으로 의사결정을 해야 할지를 명쾌하게 얘기해 주지만, 사업의 평가요소가 상대적 시장점유율과 시장성장률뿐이어서 지나친 단순화의 오류에 빠지기 쉽다는 단점이 있다.

(4) SWOT analysis

① SWOT는 기업의 내부환경을 분석해 강점과 약점을 발견하고, 외부환경을 분석해 기회와 위협을 찾아내 이를 토대로 강점은 살리고 약점은 보완하며, 기회는 활용하고 위협은 억제하는 마케팅 전략을 수립하는 것을 의미한다. 이때 사용되는 4요소를 강점 · 약점 · 기회 · 위협(SWOT)이라고 한다. 이 중 강점과 약점은 경쟁기업과 비교할 때 소비자로부터 강점 및 약점으로 인식되는 것이 무엇인지를 말하고, 기회와 위협은 외부환경에서 유리한 기회요인과 불리한 위협요인은 무엇인지를 찾아내 기업 마케팅에 활용하는 것을 말한다. 특히 SWOT분석의 장점은 내부와 외부의 모습을 동시에 판단할 수 있어 장기적인 전략수립에 유리하다는 것이다.

② SWOT 분석의 목표는 기업 내부의 강점과 약점, 기업 외부의 기회와 위협을 대응시켜 기업의 목표를 달성하려는 것을 말한다.

SWOT 분석에 의한 마케팅은 4가지 전략으로 이뤄진다.

㉠ SO(강점-기회)전략으로 시장의 기회를 활용하기 위해 강점을 사용하는 전략을 선택한다.
㉡ ST(강점-위협)전략으로 시장의 위협을 회피하기 위해 강점을 사용하는 전략을 선택한다.
㉢ WO(약점-기회)전략으로 약점을 극복함으로써 시장의 기회를 활용하는 전략을 선택한다.
㉣ WT(약점-위협)전략으로 시장의 위협을 회피하고 약점을 최소화하는 전략을 선택한다.

일부에서는 기업 자체보다는 기업을 둘러싸고 있는 외부환경을 강조한다는 점에서 위협 · 기회 · 약점 · 강점(TOWS)으로 부르기도 한다.

Chapter 06 자재관리

01 자재관리 이론

1) 자재관리의 의미

자재(material)는 생산시스템에 투입되어 그것으로부터 결국 생산물인 제품으로 변형되어 나온다. 광의의 개념으로 자재란 원자재, 부분품, 소모품, 공구, 연료, 저장품, 공정품, 반제품, 상품, 제품 등 회계학상의 재고자산을 모두 포함한다. 그러나 제조기업의 자재라 할 때에는 협의의 개념으로 원료, 재료, 부분품 등 생산시스템의 투입요소로 한정하여 보는 것이 일반적이다.

자재관리는 생산에 필요한 자재의 확보, 보관, 이동, 활용의 전반적 과정을 합리적으로 관리하여 생산계획에 따른 생산활동이 원활하게 진행되도록 지원하는 활동이다. 자재관리의 목표는 적정량만큼의 좋은 품질의 자재를 필요한 때에 필요한 곳으로 공급하는 것이다. 따라서 자재관리의 기능은 자재계획, 구매관리, 조달, 검수, 창고관리, 재고관리, 폐품 및 불량품의 처리, 자재의 표준화 등을 포함한다.

(1) 자재관리의 기능

① 자재계획기능

제품 1단위당의 소요자재 기준에 따라 자재명세서를 작성하고 생산계획에 맞추어 제품별로 자재의 소요량과 소요시기를 산출한다. 이후 자재별로 집계하고, 현재 재고기록을 고려하여 청구한다.

② 구매관리기능

자재청구내역에 근거하여 필요한 자재를 구매한다. 견적교섭, 구매방법결정, 구매처 선정, 납기 · 가격 · 지불조건 · 구매수량 등의 결정은 중요한 구매기능이다. 광의로는 외주관리와 물류관리도 포함한다.

③ 창고관리기능

필요한 자재를 필요한 때에 즉시 출고할 수 있도록 하는 보관활동이다. 자재분류, 저장위치 구분, 보관품질보존, 재고품의 압출고통제 등의 기능을 포함한다.

④ 재고관리기능

생산과 판매 활동을 지원하기 위하여 적정재고량을 낮은 비용으로 확보하고 유지하는 기능이다. 재고량의 통제, 재고조사, 재고기록, 재고자산평가 등의 기능을 포함한다.

⑤ 기타

비용절감을 위한 자재의 표준화 및 단순화, 대용품 연구 등을 포함하며, 그 외 공정 후의 자재 및 불량 자재의 처리기능도 포함한다.

(2) 자재관리의 경제적효과 및 기능적효과

① 입출고 손실방지 : 입출고통제 및 입출고검사를 통한 수량과 품질검사

② 재고자산 투하자본 감소 : 과잉구매 방지

③ 불필요한 재고품목 감소

④ 공정지연 방지 : 생산소요자재 필요량 적시 공급

⑤ 사내요구 즉응 : 부단한 재고검사, 입출고 업무, 기록의 정비

⑥ 창고효율 증대 : 도난 · 파손 · 변질 예방, 적재공간의 효율화

2) 자재분류

(1) 재료

재료는 제품 제조에 필요한 구성 물질이다. 원료와 구별하기도 하나 대개는 원재료로 통칭하여 부른다. 대개 원료는 보통 가공에 의하여 형태나 질이 크게 변화하는 경우이며, 재료는 가공 후에도 제품 내에서 원래의 성질이 보존되는 경우로 구분한다.

(2) 부품

부품은 제품의 일부 기능을 담당하는 구성부분으로 재료의 가공을 통하여 제작된다.

(3) 소모성자재(MRO자재)

MRO(Maintenance, Repair and Operations)란 유지, 보수, 운전자재의 약자로 생산에 직접 소요되는 원재료나 부재료를 제외한 간접적인 소요자재이다. 즉, 생산에 직접 사용되지는 않으나 생산활동에 필요한 시설물의 유지와 보수 그리고 운전에 필요한 자재로서 소비자재와 설비용자재로 구분하기도 한다. 이것은 제품의 구성재료는 아니지만 그 취득 및 보관, 수주 등의 처리에 있어서는 보통의 재료와 동일하게 취급된다.

(4) 재공품

재공품(Work In Process)은 공정에서 가공 중인 자재이다. 일반적으로 제조공정에서는 제품이 연속적으로 제조되므로 제품완성 이전 단계의 상태를 말하며, 이는 그대로는 판매할 수 없다. 따라서 공정에 투입된 직후의 원재료부터 제조공정이 완료되었으나 공정에 남아있는 완제품까지 모두 재공품으로 분류된다.

(5) 반제품

제품을 완성하기 위해 사용되는 자재로 한 공정에서 다음 공정으로 넘어가는 중간생산품이다. 반제품은 모든 제조공정을 거치지 않았으나 그대로 저장 및 판매가 가능하다.

(6) 제품

제조활동을 통하여 판매가 가능한 상태로 만들어진 완성품을 제품이라 한다. 제품은 거래처의 주문 또는 시장판매를 위한 계획에 따라 생산된다. 한편 판매업자가 판매를 목적으로 제조업자로부터 제품을 매입하는 경우, 이것을 구분하여 상품이라고 부른다.

02 자재관리 실무

1) 창고관리

(1) 창고관리 개념

창고는 물품을 넣어 보관하는 곳이다. 자재를 관리함에 있어서 이상적인 모습은 반입된 자재가 창고를 거치지 않고 바로 생산현장으로 옮겨져서 완성품이 되고, 그것을 시장에 즉시 출하하는 것이다. 그러나 실제로 창고의 도움 없이 적질의 자재가 필요한 양만큼 적재적소에 조달되기란 어려운 일이다. 제품 또한 주문품이 아닌 이상 전량이 시장에서 일시에 매각될 수는 없는 일이다. 현실적으로 생산 및 판매에 지장이 없도록 하기 위해서는 창고관리가 필요한 것이다.

따라서 창고관리의 목적은 원재료, 부품, 반제품, 제품, 상품 등에 대한 입출고, 보관, 운반 등 일련의 업무를 효과적이고 합리적으로 관리 및 통제함으로써 신속한 생산, 구매, 판매, 물류활동을 지원하고 낭비요소를 제거하는 데 있다.

(2) 창고관리 시 유의점

① 자재는 선입선출을 기준으로 출고하고 입고순으로 출고가 가능하도록 자재를 적재한다. 또한 유효일이 있는 가변성자재는 유효일자가 가장 빠른 순서부터 우선적으로 출고한다.

② 자재의 안전하고 효율적인 보관을 위하여 자재의 변질 및 분실에 대한 예방책을 수립하고 용도별 또는 재질별로 분류 및 정리한다. 또한 자재별로 저장위치를 구분하고 위치카드 등으로 관리하며 장기보관자재는 정기적으로 정비하고, 위험물은 별도로 관리한다.

③ 창고공간의 효율성과 신속한 입출고를 위하여 출고가 잦은 자재는 출고장 또는 사용처에 가까운 장소에 보관하고 운반통로와 운반거리를 단축시켜 적재횟수 및 시간을 감소시킨다. 또한 자재의 적재방식, 운반수단과 방법을 개선하고 중량자재는 바닥에 보관하며 팔레트 사용을 우선하여 시간과 경비를 절약한다.

Chapter 07 구매관리

01 구매관리 의의

1) 구매관리 개념

구매는 생산과 판매 등 기업의 활동에 필요한 품목을 매입하는 활동을 말하는 것으로 어떤 주체가 상당한 반대급부, 즉 대가를 지불하고 필요한 물건을 취득하거나 타인의 역무나 서비스를 빌리는 것을 의미한다. 구매의 주요 대상은 원부재료, MRO자재, 부품, 외주가공품, 기계설비, 상품 등이며 생산 및 판매와 관련된 활동을 지원하기 위한 용역도 포함한다.

이와 같은 구매를 계획하고 조정하며 통제하고 평가하는 일련의 과정을 구매관리라고 한다. 다시 말하면 구매관리란 경영계획과 활동을 추진하기 위하여 구매조직관리, 구매계획, 구매실행, 구매분석 등의 구매기능에 대한 조정 및 통제활동을 말한다. 이러한 측면에서 구매관리의 목적(5R)은 다음과 같다.

① 좋은 품질의 물품 구매(Right quality)

② 적당량의 구매(Right quantity)

③ 적당한 시기의 구매(Right time)

④ 적절한 가격의 구매(Right price)

⑤ 적절한 구매처의 선정(Right vendor or supplier)

2) 구매관리기능의 변화

과거에는 가격 절충, 구매계약 등으로 제한된 단순한 생산활동의 서비스를 제공하는 수동적 구매였지만, 현대에는 이익을 낳는 원천으로서의 능동적 구매로 인식이 높아지고 있다. 이에 따라 구매의 기본 과제는 신제품 개발을 지원하는 구매외주혁신, 기술구매, 체계적 구매시장 조사를 강조하는 정보구매, 장기 구매계획을 추구하는 전략구매, 구입가격분석과 절충하는 기술을 추구하는 이익창조구매, 구매단가와 품질의 적정선 분석, 구매 방침관리, 목표전도구매, 인재육성 구매를 지향하고 있다.

(1) 전통적 시각

① 단기간의 성과 중시

② 획득비용(가격) 중심

③ 비용관리센터

④ 요청에 지원하는 업무

(2) 현대적 시각

① 장기간의 전략적 구매 중시

② 총원가에 집중

③ 이익관리센터

④ 사전계획적인 업무

3) 구매관리 영역과 기능

전략적 구매를 중시하는 현대적 시각에서 볼 때 구매관리는 과거의 구매실행업무를 포함하여 다음과 같은 영역으로 구분된다.

(1) 구매전략

① 구매방침 설정

② 구매계획 수립

③ 구매방법 결정

(2) 구매실무

① 시장조사 및 원가분석

② 구매가격결정

③ 공급자 선정 및 평가

④ 계약 및 납기 관리

⑤ 규격 및 검사 관리

(3) 구매분석

① 구매활동의 성과평가

② 구매활동의 감사

02 구매전략

1) 구매방침

구매관리활동은 광범위한 경영활동과 관련되어 있으므로 효율적인 구매목적을 달성하기 위하여 아래의 구매활동 기준에 대한 사전결정이 필요하다.

(1) 자체생산과 구매(외주) 결정

① 기술권리 측면

자사가 고유기술을 보호해야 하는 경우에는 특허권을 취득할 때까지는 자체생산을 필요로 한다. 반면 특허가 없는 품목에 대해서는 위탁가공하거나 또는 특허부품에 맞추어 설계를 수정하여 해당 부품을 구매해야 한다. 또 품질유지를 위해서도 생산을 계획하지 않을 수 없는 경우가 있다.

② 제조기술 측면

제품의 구성에서 전략적인 중요성을 가진 부품이라면 자체 생산이 필요하며, 주요 부품이나 중요 기술이 포함되지 않는다면 외주생산이 바람직하다. 자사와 타사의 제조기술 능력이 차이가 없는 경우에는 원가를 비교하여 결정한다.

③ 원가절감 측면

생산제품 모델변경이 잦은 경우, 다품종 소량생산인 경우, 기술진부화가 예측되는 경우 등에는 외주생산이 바람직하다. 그리고 제조시설에 대한 신규투자와 유지 등의 고정비를 고려하면 구매(외주)를 선택하는 것이 원가절감 측면에서 유리하다. 계절적 수요를 갖는 품목의 경우에도 외주가 유리한 경우가 많다. 지속적으로 대량생산을 해야 하는 경우에는 자체생산이 바람직하다. 반면 자체 생산시설이 있는 경우에는 시설의 감가액까지도 고려하여 한계비용을 평가한 후 결정해야 한다.

④ 생산능력 측면

자체 보유시설과 생산인력 등의 능력을 초과하는 수요에 대해서도 외주생산을 선택하게 된다. 또한 납기단축 요구, 긴급주문, 일시적 주문, 불규칙한 수요에 대해서도 외주생산을 고려한다.

(2) 집중구매와 분산구매 결정

① 본사 집중구매와 사업장별 분산구매

기업이 여러 사업장을 가지고 있는 경우에는 본사에서 기업전체의 구매를 통합하여 진행할 수 있으며, 각 사업장별로 스스로 구매하는 경우 또는 본사와 사업장이 협력하여 품목에 따라 분리하여 구매하는 경우가 있다.

본사 집중구매의 장점은 다음과 같다.

㉠ 대량구매로 가격이나 거래조건을 유리하게 정할 수 있다.
㉡ 공통자재를 일괄구매하므로 단순화, 표준화가 쉽고 재고량이 감소된다.
㉢ 전문적인 구매지식과 구매기능을 효과적으로 활용할 수 있다.
㉣ 구매절차를 통일하기 용이하다.
㉤ 구매비용이 줄어든다.
㉥ 구매가격 조사, 공급자 조사, 구매효과 측정 등이 수월해진다.

반면 사업장별 분산구매의 장점은 다음과 같다.

㉠ 각 사업장별로 구매 자립성을 가지므로 구매수속이 간단하고 구매기간이 줄어든다.
㉡ 긴급수요의 경우에는 유리하다.
㉢ 지역구매가 많으므로 수송비가 절감된다.
㉣ 해당 지역과 호의적인 관계를 유지할 수 있다.

본사 집중구매가 유리한 품목은 대량구매품목, 고가품목, 공통 또는 표준품목 등이며, 사업장별 분산구매가 유리한 품목은 지역성품목, 소량구매품목 등을 들 수 있다.

② 거래처 집중구매와 분산구매

소수의 거래처로부터 집중구매하는 장점은 가격과 구입조건을 유리하게 결정할 수 있다는 것이며, 구입 절차가 복잡한 구매의 경우 소수 거래처와 거래하는 것이 구매시간을 단축할 수 있다. 반면 분산구매는 구매기회를 안정적으로 유지할 수 있으며, 거래처 간 감시와 경쟁에 의하여 구매효율과 구매윤리를 유지할 수 있다.

2) 구매계획

(1) 구매계획

구매계획을 수립할 때는 가격추세, 대용자재, 생산계획, 재고수량, 구매량 및 구매시기, 조달 소요시간, 납기 등을 고려한다. 구매수량은 경제적 주문량 등을 이용하여 구매단가의 절감을 목표로 결정한다. 구매 물품의 특성, 즉 성분, 치수, 형상, 강도, 견고도, 점도, 색상 등에 대하여 설계자, 구매자, 생산자, 공급자 간의 견해가 다른 경우가 많으므로 품질 규격을 표준화하고 측정 가능하도록 객관화하여 품질규격을 사전에 결정할 필요가 있다.

(2) 구매절차

구매계획의 실행을 위하여 구매과정은 구매담당자의 다양한 전문지식을 필요로 한다. 일반적인 구매절차는 다음의 과정으로 구성된다.

① 구매청구

② 공급자 파악

③ 견적

④ 내부검토 및 승인

⑤ 계약

⑥ 발주서

발주서에는 발주과정에서 관리해야 할 사항을 포함해야 한다. 중점적인 내용은 공급업체, 가격(단가), 납기일자, 수량, 기타 공급계약사항 등이며, 공급계약사항으로는 품질, 대금지불조건, 기간, 추가지원사항 등을 들 수 있다.

⑦ 물품납입

⑧ 검수 및 입고

⑨ 구매결과 내부통보

⑩ 구매대금 결제

3) 구매방법

구매방법은 구매시기와 구매목적 등에 따라 다음과 같이 구분한다.

(1) 수시구매

구매청구가 있을 때마다 구매하여 공급하는 방식이며, 과잉구매를 방지하고 설계변경 등에 대응하기가 용이한 장점이 있다. 계절품목 등 일시적인 수요품목 등에 적합하다.

(2) 예측구매(시장구매)

미래 수요를 예측하여 시장상황이 유리할 때 일정한 양을 미리 구매하여 재고로 보유하였다가 생산계획이나 구매청구에 따라 재고에서 공급하는 방식이다. 이 계획구매로 조달비용을 절감하고 수량할인, 수송비의 감소 등 경제적인 구매가 가능하며, 생산시기가 일정한 품목 또는 항상 비축이 필요한 상비 저장품목 등에 적합하다.

(3) 투기구매

가격인상을 대비하여 이익을 도모할 목적으로 가격이 낮을 때 장기간의 수요량을 미리 구매하여 재고로 보유하는 구매방식이다. 계속적인 가격상승이 명백한 경우에 유리하지만 가격동향의 예측이 부정확하면 손실의 위험이 크다.

(4) 장기계약구매

특정 품목에 대해 수립된 장기 제조계획에 따라 필요한 자재소요량을 장기적으로 계약하여 구매하는 방법이다. 자재의 안정적인 확보가 중요할 때 적용 가능하며, 계약 방법에 따라 낮은 가격 또는 충분한 수량으로 확보가 가능하다.

(5) 일괄구매

소량 다품종의 품목을 구매해야 하는 경우 품목별로 구매처를 선정하는 데 많은 시간과 노력이 소모된다. 이 경우 필요한 다품종의 품목을 선정하여 공급 가능한 공급처에서 구매 품목을 일괄 구매함으로써 시간과 비용을 절감하고 구매절차를 간소화할 수 있다.

03 구매관리 실무

1) 시장조사

(1) 시장조사의 의의

시장조사는 구매시장의 정보를 수집하고 분석하는 과정이며, 공급자 선정 및 구매계약 과정에서 주도적인 협상과 적극적인 구매활동을 가능하게 하는 매우 중요한 기능이다. 또한 구매가격, 품질, 조달기간, 구매수량, 공급자, 지불조건 등을 결정하기 위한 정보를 수집하여 합리적 구매 계획을 수립하도록 하는 목적을 갖는다.

(2) 시장조사방법

시장조사방법에는 직접조사와 간접조사가 있는데 그 선택은 비용, 시간, 정확성 등을 고려하여 결정한다.

① 직접조사

직접조사는 해당 기업이나 판매시장에서 각종 자재의 시세와 변동에 대하여 직접 조사하는 것을 말한다.

② 간접조사

간접조사는 신문, 관련 잡지, 기타 협회 · 조합 · 정부기관 등에서 발간되는 간행물을 통하여 파악할 수 있다.

2) 원가분석

(1) 원가분석의 목적

구매품목에 대한 구매원가의 분석은 시장가격의 적정성을 판단하고 적정한 구매가격을 결정하기 위해서 필요하다. 또한 구매원가는 구매예산 편성, 매출원가 산정, 판매이익계산, 재무제표 작성 등에 중요하다.

(2) 원가계산의 목적

원가회계의 주된 목적은 제품의 원가계산을 위한 것으로 다음과 같이 요약된다.

① 재무제표의 작성에 필요한 원가의 집계(매출원가계산, 재고자산의 원가 결정 등)

② 경영자들의 원가관리 등에 필요한 원가정보의 제공

③ 경영자들의 의사결정과 계획수립 및 원가통제에 필요한 정보의 제공

(3) 원가의 구성

① 원가의 3요소

㉠ 재료비 : 제품 제조를 위하여 투입되는 재료의 원가로서 원부재료, 매입부품, 소모품비 등이 대표적이다.

㉡ 노무비 : 제품 제조에 투입된 노동력의 대가로서 임금, 급료, 잡급 등이다.

㉢ 경비 : 제품 제조를 위하여 재료비와 노무비 이외에 계속적으로 지출된 비용으로서 전력비, 운반비, 감가상각비, 보험료, 연구개발비, 세금과공과, 지급수수료 등이 대표적이다.

② 직접비와 간접비

㉠ 직접비 : 특정 원가대상에 추적가능한 원가를 말한다. 즉, 특정제품을 직접 구성하는 원가로 직접재료비, 직접노무비, 직접제조경비로 나타난다.

㉡ 간접비 : 특정 원가대상에 추적할 수 없는 원가를 말한다. 다시 말해서 여러 제품에 공통으로 투입된 원가이며 간접재료비, 간잡노무비, 간접제조경비로 나타난다.

③ 직접원가, 제조원가, 총원가의 계산

㉠ 직접원가 = 직접재료비 + 직접노무비 + 직접제조경비

㉡ 제조간접비 = 간접재료비 + 간접노무비 + 간접제조경비

☞ 기초원가(기본원가) = 직접재료비 + 직접노무비

☞ 가공원가 = 직접노무비 + 제조간접비

㉢ 제조원가 = 직접원가 + 제조간접비

㉣ 판매원가 = 제조원가 + 판매비와 일반관리비

㉤ 판매가격 = 판매원가 + 판매이익

④ 고정원가와 변동원가

㉠ 고정비 : 고정비는 관련 범위 내에서는 조업도 변동에 관계없이 총원가가 일정하게 발생하는 행태의 원가를 말한다. 그러므로 단위당 고정비는 조업도가 증가함에 따라 감소하게 되는데, 여기에는 임차료, 감가상각비, 세금과공과, 보험료 등이 포함되어 있다.

㉡ 변동비 : 변동비는 조업도가 증가하면 총원가도 증가하고 조업도가 감소하면 총원가도 감소하는 형태의 원가를 말한다. 또한 변동비는 조업도에 따라 총원가가 같이 변동하므로 단위당 변동비는 조업도에 관계없이 일정하게 계산된다. 보통 직접재료비, 직접노무비, 변동제조간접

비 등이 변동비에 속한다.

(4) 원가의 분류

① 실제원가의 의미

실제원가는 제품제조를 위해 실제로 발생된 원가로, 제품이 완성된 후 제품의 제조를 위하여 실제로 소비된 가격이 측정된 원가이다. 일반적으로 제품의 제조원가는 재화나 용역의 취득시점의 교환가격인 취득원가로 측정된다. 하지만 원가는 기말에 가서야 확정되기 때문에 원가계산이 지연되며, 원가발생 시점의 제조환경의 변화에 영향을 받아 결정되기 때문에 환경이 비정상적인 경우에는 실제원가에 비정상적인 원가가 포함되는 단점이 있다.

② 정상원가의 의미

제품의 제조원가 계산 시 직접재료비와 직접노무비는 실제 소비액을 적용하고 제조간접비는 예정배부율을 적용하여 원가를 확정하는 방법이다. 정상원가는 순수한 실제원가 개념보다 한 단계 진전된 개념이나 원가통제를 위한 목적에 사용하기에는 미흡한 점이 있다.

☞ 예정원가

제조작업 개시 전에 과거의 경험을 기초로 하고, 여기에 장래의 예상을 가감하여 산출한 원가이다. 즉 이것은 소위 사전계산에 의하여 산출된 원가로서 견적원가, 또는 추정원가라고도 한다. 입찰 또는 도급의 경우에 주문자에게 제출하는 가격은 예정원가에 의한 것이다. 대개 예정원가는 원가계산의 신속을 기하기 위하여 이루어지는 것으로, 나중에 실제원가와 비교되어 원가관리에 도움이 되기도 한다.

③ 표준원가의 의미

원가통제를 위해 도입된 원가로 직접재료비, 직접노무비, 제조간접비 등 모든 원가요소를 시간연구, 동작연구 등과 같은 과학적 방법을 적용하여 사전에 표준원가를 설정하여 원가를 계산하고 사후 실제원가 발생액과 비교하여 차이분석을 통한 원가통제와 성과분석을 위한 원가계산방법이다. 표준원가의 설정은 달성 가능한 원가로 정상조업도나 연간기대조업도를 적용하여 설정한다. 이러한 표준원가를 적용한다면 제품을 생산하기 전에도 원가계산을 할 수 있어 적시에 할 수 있다는 장점이 있다.

3) 구매가격

(1) 가격결정 영향요인

구매가격의 결정에 직접 영향을 주는 요인은 품질, 구매시점, 납기, 공급자, 구매방법, 유통경로, 지불조건 등이며 발주 긴급성, 발주 반복성, 발주 수량 등에 따라 구매단가가 변동된다.

무엇보다 구매가격은 항상 변동되므로 구매가격을 결정하기 위해서는 품목에 따라 기준가격을 설정하는 것이 필요하다. 시장에서 구매하는 시장품목의 기준가격은 시장 조사의 가격을 확인하고 가격변동 추세를 통계적으로 분석하여 설정할 수 있다. 외주품목의 기준가격은 재료비, 노무비, 경비, 관리비, 적정이익을 분석하고 적정가격을 추정하여 설정할 수 있다.

(2) 가격결정 방식

구매가격은 판매가격의 영향을 받음으로써 공급자의 판매가격 결정방법의 적정성을 평가하여 구매가격 협상에 반영해야 한다.

① 비용중심 가격결정

비용중심 가격결정이란 제품의 생산 또는 판매에 지출되는 총비용을 포함하고 목표이익을 달성할 수 있는 수준에서 가격을 결정하는 방식을 말한다.

㉠ 코스트플러스(비용가산) 방식 : 제품원가에 판매관리비와 목표이익을 가산함으로써 가격을 결정하는 방식을 말한다.

㉡ 가산이익률 방식 : 제품단위당 매출원가에 적정이익이 가능한 가산이익률을 곱하여 가격을 결정하는 방식을 말한다.

㉢ 목표투자이익률 방식 : 기업이 목표로 하는 투자이익률을 달성할 수 있도록 가격을 결정하는 방식을 말한다.

㉣ 손익분기점분석 방식 : 손익분기점의 매출액 또는 매출수량을 기준으로 가격을 결정하는 방식을 말한다.

② 구매자중심 가격결정

구매자중심 가격결정이란 생산비용보다는 소비자의 제품에 대한 평가나 소비자들의 수요를 바탕으로 가격을 결정하는 방법을 말한다.

㉠ 구매가격예측 방식 : 소비자의 구매의도, 구매능력 등을 고려하여 소비자가 기꺼이 지불할 수 있는 가격수준으로 결정하는 방식을 말한다.

㉡ 지각가치기준 방식 : 소비자가 느끼는 가치를 토대로 가격을 결정하는 방식으로 소비자들이 직접 제품의 가치를 물어보는 방법이다. 비용중심적 방식보다 높은 가격이라도 소비자는 그 가격을 쉽게 받아들이는 특성이 있다.

③ 경쟁자중심 가격결정

경쟁자중심적 가격결정이란 경쟁환경을 고려하여 시장점유율을 높이기 위해 경쟁기업의 가격을 기준으로 결정하는 방법을 말한다.

㉠ 경쟁기업가격기준 방식 : 자사의 시장점유율, 이미지, 제품경쟁력 등을 고려하여 판매이익보다는 경쟁기업의 가격을 기준으로 전략적으로 판매가격을 결정하는 방식을 말한다.

㉡ 입찰경쟁 방식 : 거래처의 공급자 선정을 목적으로 하는 입찰경쟁에서 경쟁자를 이기기 위하여 전략적으로 가격을 결정하는 방식을 말한다.

(3) 가격의 유형

① 시중가격(시장가격)

시중가격이란 판매자와 구매자의 판단에 좌우되지 않고 시장에서 수요와 공급의 균형에 따라 가격이 변동하는 것으로서 시기나 환경에 따라 수요 또는 공급의 변동이 심한 품목에 적합하다. 무엇보다 가격이 수시로 변동하므로 가격동향을 통해 구입시기를 결정하는 것이 중요하다.

② 개정가격

개정가격이란 가격 그 자체는 명확히 결정되어 있지는 않으나 업계의 특수성이나 지역성 등으로 자연히 정해지는 일정한 범위의 가격을 말한다. 판매자가 그 당시의 환경과 조건에 따라 가격을 정한다는 성격이 있다.

③ 정가가격

정가가격이란 판매자가 본인의 판단으로 결정하는 가격을 말하며 보통 전국적으로 시장성을 가진 상품에 적용된다.

④ 협정가격

협정가격이란 판매자 다수가 서로 협의하여 일정한 기준에 따라 가격을 결정하는 것으로서 일반적으로 공공요금 성격을 갖는 항목 및 공정거래를 위해 설정된 각종 업계의 협정가격을 들 수 있다.

⑤ 교섭가격

교섭가격이란 거래 당사자 간의 교섭을 통하여 결정되는 가격으로서 거래품목, 거래조건, 기타 거래환경에 따라 가격이 차이가 날 수 있으므로 교섭기술이 가격결정에 큰 영향을 미친다.

(4) 가격할인방식

가격할인이란 고객을 확보하고 판매를 증진시키기 위한 차별적 가격정책의 한 유형이다. 이는 일시에 대량구매를 하는 경우, 연불제도가 통상적일 때 거래 즉시 현금을 지급하는 경우, 기타 일반적인 거래에 비해 어떤 형태로든 판매비가 절감될 경우에 그 절약분을 고객에게 환불하는 방법 등을 말한다.

① 현금할인방식

매매계약 시 연불 또는 어음지불을 대금결제조건으로 하거나 또는 관례화되어 있는 경우에 적용되며, 지불기일 이전에 판매대금을 현금 지불하는 거래처에게 판매가의 일부를 차감해 주는 방식이다. 할인폭은 대개 이자, 수금비용, 대손손실예측비 등에 해당하는 금액이며, 현금지불 거래처를 우대하고 자본회전율을 높이는 장점이 있다.

㉠ 선일부현금할인(Advanced Dating)

거래일자를 늦추어 기입하고 대금지불 일자를 연기하여 현금할인의 기산일을 거래일보다 늦추어 잡는 방식이다. 예를 들어 거래일이 9월 1일인 경우 거래일자를 9월 15일로 기입하고 '3/10 advanced'을 결제조건으로 하면 할인기산일로부터 10일 이내, 즉 9월 25일까지만 지불이 되면 3%의 현금할인이 적용되도록 하는 방식이다.

㉡ 특인기간현금할인(Extra Dating)

할인판매 등의 특별기간 동안 현금할인기간을 추가로 적용하는 방식이다. 예를 들어 '3/10-60 days extra'로 결제조건이 표시되는 경우는 거래일로부터 10일 이내의 현금지불에 대하여 3%의 할인을 인정하며, 특별히 추가로 60일간 할인기간을 연장한다는 의미로서 거래일로부터 총 70일간 현금할인이 적용되는 방식이다.

㉢ 구매당월락현금할인(EOM : End Of month Dating)

구매당월은 할인기간에 산입하지 않고 익월부터 시작하는 방식이다. 예를 들어 5월 25일 거래일의 결제조건이 '3/10 EOM'인 경우 3%의 할인을 받으려면 6월 10일까지 대금을 지불하면 된다. 관습상 25일 이후의 구매는 익월에 행해진 것으로 간주되어 그 할인기간이 익월의 1일부터 기산되어지는 것이 보통이다.

㉣ 수취일기준현금할인(ROG : Receipt Of goods Dating)

할인기간의 시작일을 거래일로 하지 않고 송장의 하수일을 기준으로 할인하는 방식이다. 무역거래 등의 원거리 수송이 필요할 때 구매거래처의 대금지급일을 연기해 주는 효과가 있다. 예를 들어 '3/10 ROG'인 경우 선적화물 수취일로부터 10일 이내에 현금지급될 경우 3%의 현금할인이 적용되는 방식이다.

㉤ 선불기일현금할인(Anticipation)

현금할인 이외에도 현금할인만기일 이전에 선불되는 기일에 비례하여 이자율을 차감해 주는 방식이다. 예를 들어 30일 이내에 현금 지불 시 2%의 현금할인과 더불어 1%의 선불금할인을 적용하는 방식이다.

② 수량할인방식

㉠ 비누적수량 할인과 누적수량 할인

비누적수량 할인은 1회당 구매량이 일정 이상 달성했을 때의 수량 할인이며, 누적수량 할인은 일정기간의 구매총량이 일정 이상 달성했을 때의 수량 할인이다.

㉡ 품목별 할인과 총합적 할인

판매비절약금액에 영향을 주는 요소로는 일회당 수주량과 품목별 수주량이 있다. 품목별 할인은 전체 수주량보다는 품목별 수주량이 판매비 절약에 더 큰 영향을 미칠 때 사용되며, 총합적 할인은 품목별 수주량보다는 전체 수주량이 판매비 절약에 더 큰 영향을 미칠 때 사용된다.

㉢ 판매금액별 할인과 판매수량별 할인

판매금액별 할인이란 예를들어 100만 원까지는 할인이 없고, 100만 원 이상 200만 원까지는 5%, 200만 원 이상 400만 원까지는 10%라고 정하는 것을 말한다. 반면 판매수량에 대한 할인은 상품가격의 변동과 무관하게 정하므로 판매비나 할인료 등의 관계를 분석할 때 유용하게 쓰일 수 있다.

4) 공급자 선정

효율적인 구매를 위해서는 구매목적에 적합한 공급자를 선정하는 것이 매우 중요한 전제조건이 된다. 최적의 공급자는 구매자가 요구하는 가격, 품질, 납기, 거래조건 등을 기대수준 이상 충족하는 공급자라고 할 수 있다. 공급자를 선정하는 방법에는 평점방식과 경쟁방식이 있다.

(1) 평점방식

평점방식은 공급자에 대한 여러 가지 평가기준을 마련하고, 각 평가기준을 측정할 수 있는 평가표에 의하여 평가대상 기업들을 평가한 후 최고의 평가점수를 받은 기업을 공급자로 선정하는 방식이다. 이 방식은 다양한 평가요소를 이용하여 기업을 평가하므로 종합적이고 객관적인 평가가 가능하다는 장점을 가진다.

(2) 경쟁방식

① 일반경쟁방식

구매대상 물품의 규격, 시방서, 구매조건 등의 구매내용을 널리 공고하여 일정한 자격을 가진 불특정 다수인의 입찰 희망자를 모두 경쟁 입찰에 참여시켜 구매에 가장 유리한 조건을 제시한 공급자를 선정하는 방법이다. 한편 입찰이란 다수의 경쟁자가 낙찰희망 예정가격을 기입한 신청서를 각자 제출하고 그 중에서 최저 판매가를 제시한 입찰자를 선정하는 방법이다. 반드시 입찰서에 가격을 표시하므로 상대방의 제시가격을 알지 못한다는 점에서 일반경매와 차이가 있다.

② 지명경쟁방식

구매담당자가 과거의 신용과 실적 등을 기준으로 하여 공급자로서 적합한 자격을 갖추었다고 인정하는 다수의 특정한 경쟁참가자를 지명하여 경쟁입찰에 참가하도록 하는 방법이다. 이 방식은 신용, 실적, 경영상태가 우량한 공급자를 지명할 수 있으므로 구매 계약이행에 대한 신뢰성을 확보하고 구매계약에 소요되는 비용과 절차를 간소화할 수 있는 장점이 있으며, 특히 긴급구매에 적합하다. 한편 입찰참가자를 지명함에 있어 공정성을 염두에 두고 지명에 신중을 기하여야 한다.

③ 제한경쟁방식

이 방식은 입찰참가자의 자격을 제한하고, 자격을 갖춘 모든 대상자를 입찰참가자에 포함시키는 방법이다. 일반경쟁방식과 지명경쟁방식의 중간적 성격으로서 두 방식의 단점을 보완하고 경쟁의 장점을 유지시켜 구매목적을 효과적으로 달성하기 위한 방법이다.

④ 수의계약방식

수의계약은 경쟁입찰방법에 의하지 않고 특정 기업을 공급자로 선정하여 구매계약을 체결하는 방법이다. 이는 구매품목을 제조하는 공급자가 유일한 경우, 구매조건을 이행할 수 있는 능력을 갖춘 경쟁자가 없는 경우, 구매금액이 소액인 경우 또는 경쟁입찰을 할 수 없는 특별한 상황인 경우 등 특수한 사정이 있는 경우에 한하여 적용할 수 있다.

㉠ 수의계약의 장점

- 절차가 간편하며, 구매계약과정에서 발생하는 비용과 인원을 절감할 수 있다.
- 신용이 확실하고 안정적인 공급자를 선정할 수 있다.
- 공급금액에 대하여 협의가 가능하므로 공급단가가 시중물가 급등에 크게 영향을 받지 않는다.

㉡ 수의계약의 단점

- 공급자를 선정할 때 공정성을 잃기 쉽고 정실계약이 될 수 있다.
- 계약과정에 대한 의심을 받기 쉽다.
- 불합리한 가격으로 계약이 체결될 수 있다.
- 좋은 조건을 제시하는 다른 공급자를 선정할 기회가 없어진다.

5) 구매계약

(1) 구매계약의 개념

구매계약은 매매당사자 간에 매매의사를 합의함으로써 성립되는 법률적 행위이다. 물론 모든 구매에서 구매계약을 반드시 해야 하는 것은 아니지만 거래금액이 많을 경우, 장기간의 포괄적 거래내용을 정해야 할 필요가 있을 경우, 특별한 계약내용을 추가해야 하는 경우에는 계약의 근거를 확인하고 분쟁의 발생을 방지하기 위하여 매매계약서를 작성하는 것이 바람직하다. 구매계약 방법에는 일반경쟁, 지명경쟁, 제한경쟁, 수의계약 등이 있다.

(2) 구매계약의 성립

일반적으로 매매당사자가 매매계약서를 서로 교환하거나 계약서가 상대방에게 전달되면 계약이 성립된다. 또한 구매담당자의 구매통지나 주문서 전달만으로도 매매상대방이 매매를 승낙한다면 계약이 성립된 것으로 법률에 규정되어 있다. 따라서 구매계약의 승낙사실을 상대방에게 통보하고 상대방이 이를 접수하여 주문을 장부에 기입한 순간부터 구매계약은 성립된다. 또한 구매승낙 후의 계약서의 작성은 이미 성립한 계약내용을 문서화하는 형식적인 행위에 불과하지만 향후 거래과정에서 수량, 품질, 납기, 기타 거래조건에 대하여 문제가 발생할 가능성이 있을 경우에는 구매계약서를 작성해 두는 것이 바람직하다. 한편 구매계약에 대한 해제는 계약이 발생된 행위를 소급하여 무효로 함을 의미하며, 해지란 미래에 대해서만 법률적 효력을 무효로 함을 말한다.

(3) 계약조건

구매계약에서 구매조건은 다양한 내용을 포함할 수 있으며, 대표적인 거래조건에는 다음과 같은 사항을 들 수 있다.

① 대금지급방법

② 가격인하 또는 할인내용

③ 선급금 또는 전도금

④ 물품인도장소

⑤ 하역 및 수송방법 등

구매품목의 부피, 무게 또는 기타 특성 때문에 물품의 인도 장소, 하역 및 수송 방법이 구매원가를 크게 좌우하는 경우가 있으므로 구매계약 과정에서 세부적인 협의가 필요하다. 대금지급 방법은 모든 거래에 있어서 가장 중요한 거래조건이므로 현금할인 등의 거래조건에 대한 적극적인 검토가 포함되어야 한다. 한편 구매계약 시 총 계약금액을 결정할 때에는 총액방식, 개별가격방식, 의망수량가격방식 등을 이용하며, 계약수량을 기준으로 할 때에는 확정수량방식이나 개산수량방식에 의하여 계약금액을 결정하기도 한다.

MEMO

Part 2

생산·물류 실무

Chapter 01 iCUBE 핵심ERP 전체 프로세스 및 사용방법

iCUBE 핵심 ERP 2018 프로그램 설치 및 DB 백업, DB 복원 방법

1) 프로그램 설치 방법

(1) CoreCubeSetup.exe 파일을 더블클릭하여 실행시킨다.

(2) iCUBE-핵심ERP 설치 전 사양체크

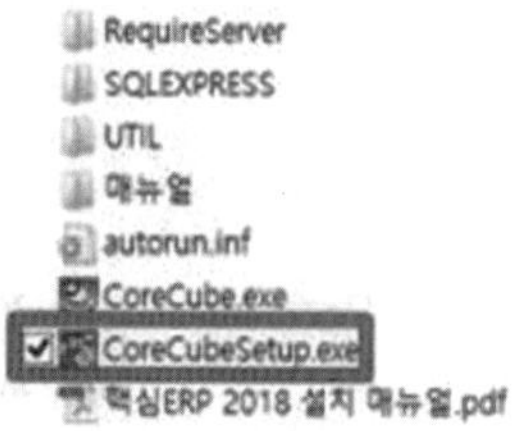

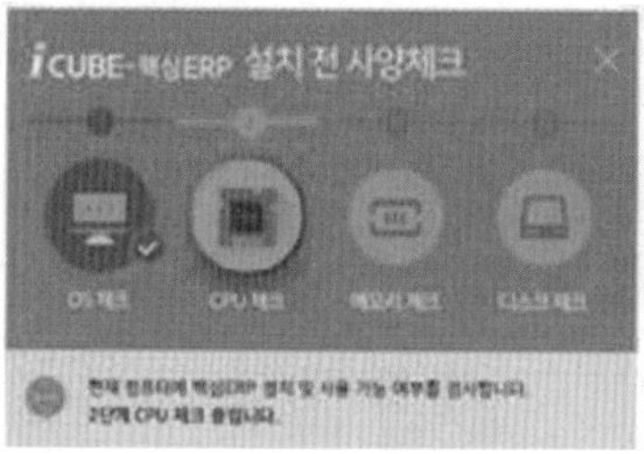

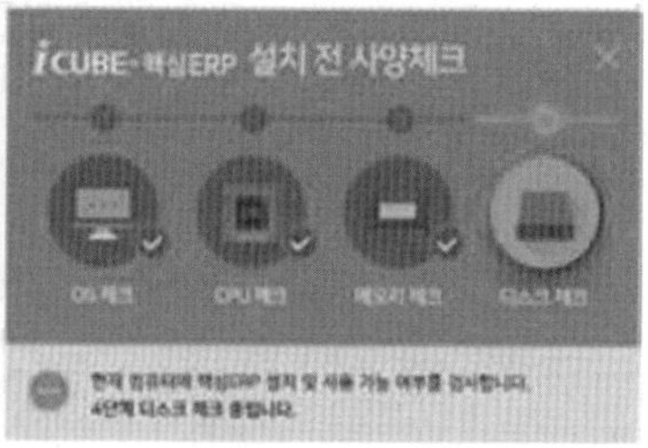

(3) 사양체크 끝난 후 ⇨ [iCUBE 핵심ERP 사용권]에서 [예] 버튼 클릭

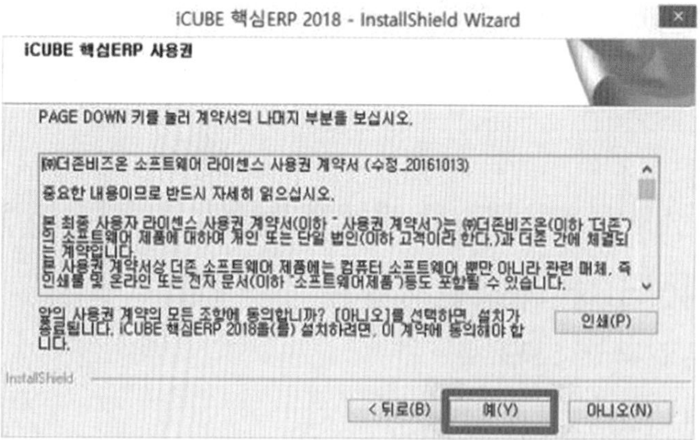

(4) 설치 상태가 끝나면 [완료] 버튼을 클릭

(5) 설치 후 로그인 화면 및 바탕 화면 [아이콘] 모습

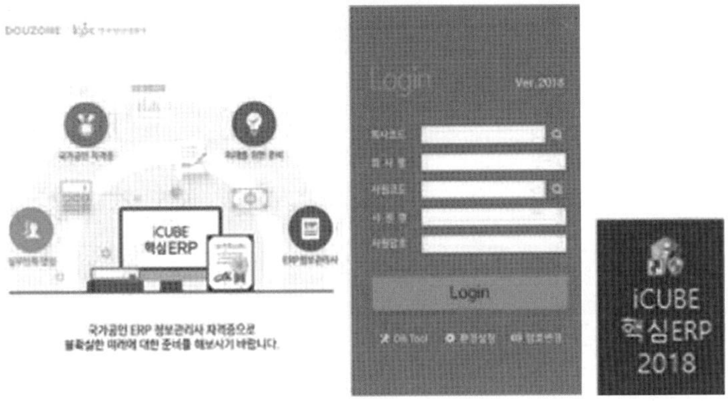

2) DB 백업 및 복구 방법

(1) DB 백업 방법

① 핵심ERP 로그인 창에서 [DB TOOL] 버튼을 클릭하면 [iCUBE-핵심ERP DB TOOL] 창이 실행된다.

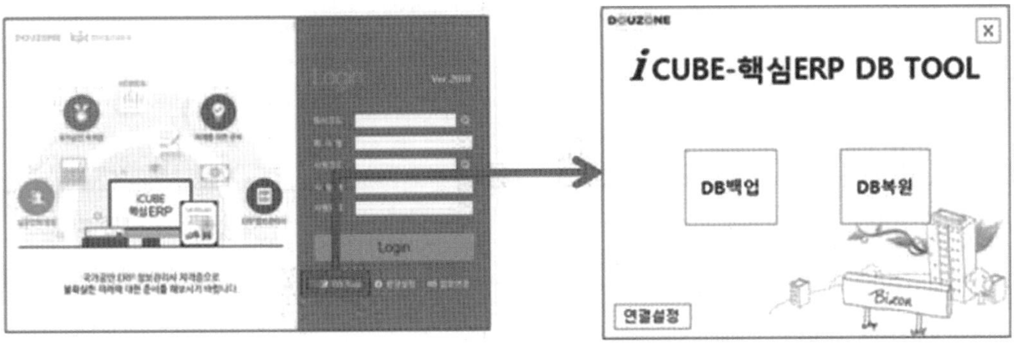

② [DB백업] 버튼을 클릭 → 핵심ERP DB를 백업할 폴더명을 입력한다(입력하지 않으면 기본 폴더명은 현재시간으로 생성된다). → 완료되면 [확인] 버튼을 클릭 → [C:₩iCUBECORE ₩iCUBECORE_DB₩BAK] 경로에 핵심ERP DB가 백업된다.

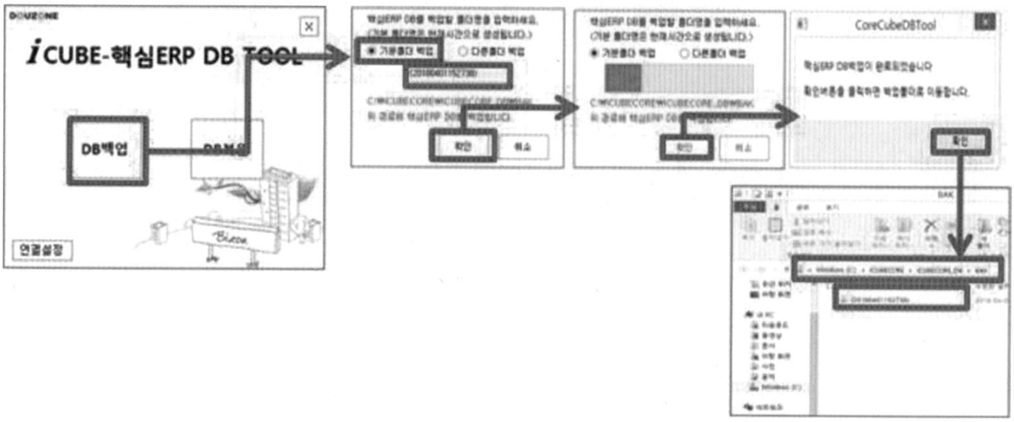

(2) DB 복구 방법

① 핵심ERP 로그인 창에서 [DB TOOL] 버튼을 클릭하면 [iCUBE-핵심ERP DB TOOL] 창이 실행되면 [DB복원] 버튼을 클릭 → [기본백업폴더 복원] 옵션을 체크 → 백업DB가 있는 폴더를 선택 → 확인한다.

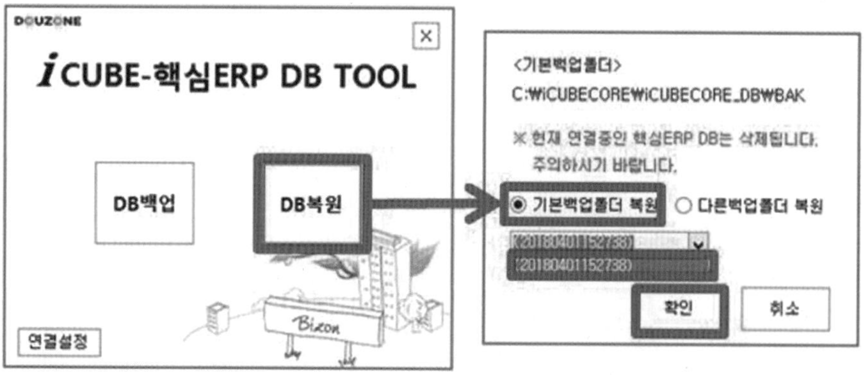

만약 다른 폴더에 DB가 저장되어 있거나 기출문제 DB인 경우 [다른 백업폴터 복원]을 클릭하여 해당 DB폴더를 선택한다.

② [현재 연결중인 핵심ERP DB는 삭제됩니다. DB 복원을 진행하시겠습니까?] 팝업창이 띄워지면 [예] 버튼을 클릭 → DB복원 진행 → [DB복원이 완료되었습니다] 팝업창이 띄워지면 [확인] 버튼을 클릭한다.

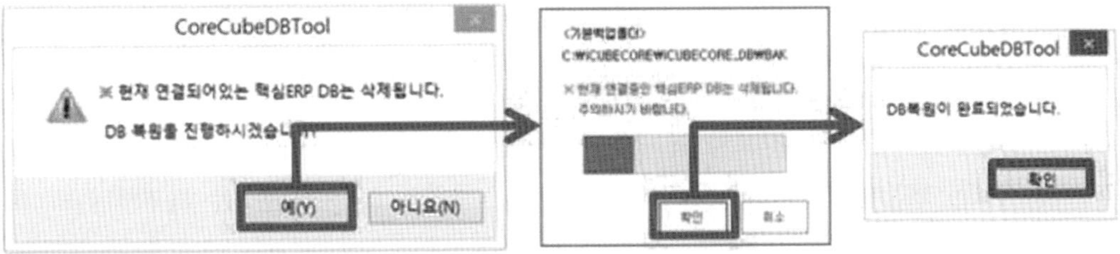

③ DB복원이 완료되면 [iCUBE-핵심ERP 2017] 프로그램을 실행시켜 '회사코드 및 사원코드'를 선택하여 로그인한다.

※ 기출문제 DB 다운로드 방법

1) 기출문제 풀이 시
- ERP 기출실무문항의 경우, DB복원을 통해 데이터를 불러온 후 기출문제 풀이가 가능합니다.
- DB복원을 하지 않으면 모든 데이터를 수기로 입력, 저장하여야 합니다.

2017년 3회차 포함 이후 DB 〉〉 2017년 버전 프로그램 설치 및 활용
2016년 2회차 포함 이전 DB 〉〉 2015년 버전 프로그램 설치 및 활용
2016년 3회차 포함 이후 DB 〉〉 2016년 버전 프로그램 설치 및 활용

2) 2015년 버전 프로그램 다운로드 안내
www.webhard.co.kr 접속 후, ID: erpguest / PW: erp1234 로그인〉 GUEST그룹〉 '프로그램'에서 다운로드
① 웹하드 주소 : www.webhard.co.kr
② 웹하드 ID 및 PASSWORD : ID: erpguest / PW: erp1234

자료 출처 : 한국생산성본부 홈페이지 [기출문항 DB다운로드 안내] http://210.181.94.9/erp002.htm

01 핵심ERP 전체 프로세스

ERP 시스템은 기본적으로 인사/급여, 영업, 구매/자재, 무역, 생산, 원가 등의 업무들이 서로 연계되어 있다. 따라서 ERP 시스템을 구축하고 있는 각각의 업무들은 핵심ERP 전체 프로세스를 통해 살펴보아야 한다.

① 인사/급여관리의 급여정보는 회계처리를 통해 회계관리의 미결전표로 생성된다.

② 영업관리의 판매계획정보와 수주정보는 구매/자재관리의 주계획 작성 시 참조된다. 또한 수주정보는 작업지시와 외주발주 시에도 참조된다. 매출정보와 수금정보는 회계처리를 통해 회계관리의 미결전표로 생성된다.

③ 구매/자재관리의 청구정보는 생산관리의 작업지시와 외주발주 시 참조되며, 매입정보는 회계처리를 통해 회계관리의 미결전표로 생성된다.

④ 생산관리의 생산계획정보는 구매/자재관리의 소요량 전개 시 참조되며, 외주가공비정보는 회계처리를 통해 회계관리의 미결전표로 생성된다.

⑤ 원가관리는 구매/자재관리의 매입마감정보와 재고이동정보 등을 참조한다. 또한 생산관리의 자재출고정보, 사용자재정보, 창고입고정보 등을 참조한다. 회계관리의 승인전표를 참조하여 원가를 계산한다.

⑥ 수출/수입관리는 수출에 대한 매출정보, 수금정보와 수입에 대한 매입정보, 물품대금, 수입제비용 지급정보는 회계관리의 미결전표로 생성된다.

02 핵심ERP 아이콘 및 사용방법

1) 핵심ERP 기본 아이콘

다음은 핵심ERP의 기본 아이콘으로 각 모듈에서 공통으로 사용한다.

아이콘	이름(단축키)	기능설명
	닫기(ESC)	현재 열려 있는 창을 닫고 상위메뉴로 이동한다.
	코드도움(F2)	자료를 입력할 수 있도록 도와준다. 입력할 부분에 코드가 설정되어 있다면, 코드도움 창을 연다.
	삭제(F5)	현재 커서가 위치한 라인의 자료를 삭제한다.
	조회(F12)	자료를 조회하거나 데이터를 수정할 때 사용한다. 회계/인사에서는 단지 조회기능으로만 사용한다. 물류/생산에서는 조회 또는 저장기능으로 사용한다.

	인쇄(F9)	자료를 인쇄한다.
	화면분할	작업창(화면)을 분할한다.
	정보	도움말을 볼 수 있다.

2) 핵심ERP 사용방법

① 조회 : 핵심ERP를 사용함에 있어서 가장 기본이 되는 기능이다. 기본적으로 모든 작업은 조회를 통해 자료를 불러오거나 새로운 자료를 입력할 수 있도록 처리한다.
조회 입력 필드에 조회 조건을 입력한 후 Enter 또는 F12키 또는 조회 아이콘( )을 클릭한다.

② 저장 : 기본적으로 마지막 입력 항목에서 Enter키를 치면, 다음 필드로 이동하는 순간에 저장이 된다.
- Enter키를 이용한 저장 : 입력 항목의 마지막 부분에서 Enter키를 누르면 저장이 된다.
- 저장 버튼을 이용한 저장 : 데이터를 변경한 후 저장 버튼을 클릭하면 저장이 되었다는 메시지가 나타난다.
- 조회( ) 아이콘을 이용한 저장 : 데이터를 입력하고 데이터가 저장되지 않은 상태에서 조회아이콘을 클릭하면 바로 저장되거나 저장 유/무를 체크하게 된다.

③ 삭제 : 핵심ERP에서 삭제아이콘( )을 클릭하면 삭제 유/무를 묻는 메시지 창이 활성화된다. 데이터 삭제를 원하면 [예]를 클릭하고, 그렇지 않으면 [아니오]를 클릭한다.
단, 품목과 같이 여러 개의 데이터를 선별적으로 삭제하려고 할 경우, 각 필드의 좌측에 있는 체크박스를 체크하여 삭제한다. 삭제하려는 데이터의 하위단계에 데이터가 있을 경우 삭제할 수 없다. 하위단계는 데이터가 없어야 삭제할 수 있다.

Chapter 02 핵심ERP 기초환경설정

01 핵심ERP 조직도

1) 시스템관리 흐름도

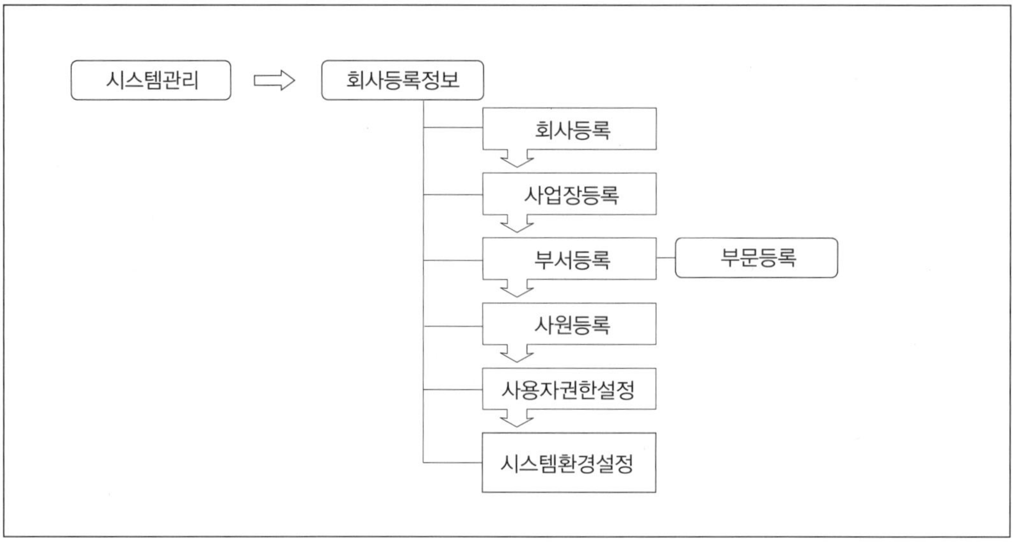

2) ㈜강남 조직도

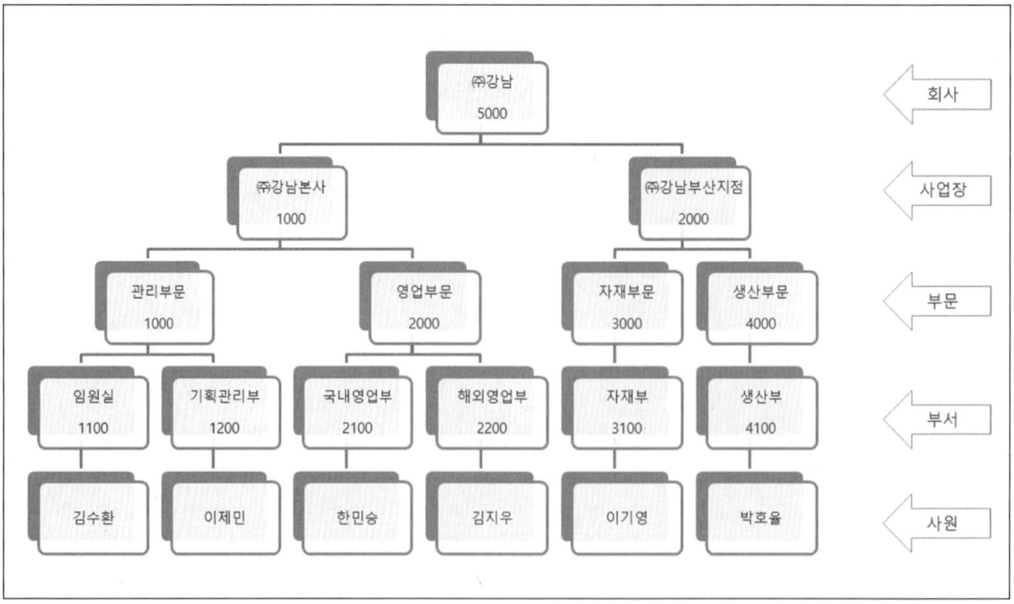

3) 시스템관리에 조직도등록

로그인 ⇨ 회사등록 ⇨ 재로그인 ⇨ 사업장등록 ⇨ 부서등록 [부문등록] ⇨ 사원등록
⇨ 사용자 권한 설정 ⇨ 시스템환경설정

조직도등록은 모든 모듈에서 사용되는 마스터 데이터(Master Data)가 된다. 조직도를 등록할 때는 반드시 상위개념부터 등록하며, 삭제가 필요한 경우 하위개념부터 삭제한다. 이는 하위 부분에 데이터가 남아 있으면 상위개념에서는 삭제할 수 없기 때문이다.

㈜강남의 조직도 등록에서는 회사코드 '5000 ㈜강남'부터 등록한 후 다시 로그인하여 하위 부분을 입력한다. 코드는 한 번 등록되면 수정할 수가 없다. 따라서 코드를 수정하려면 코드를 삭제한 후 다시 등록한다.

02 회사등록정보

1) 회사등록

(1) iCUBE 핵심ERP 2018 프로그램 실행

바탕화면의 'iCUBE 핵심ERP 2018' 아이콘( )을 더블클릭하면 다음과 같이 핵심ERP 2018이 실행된다.

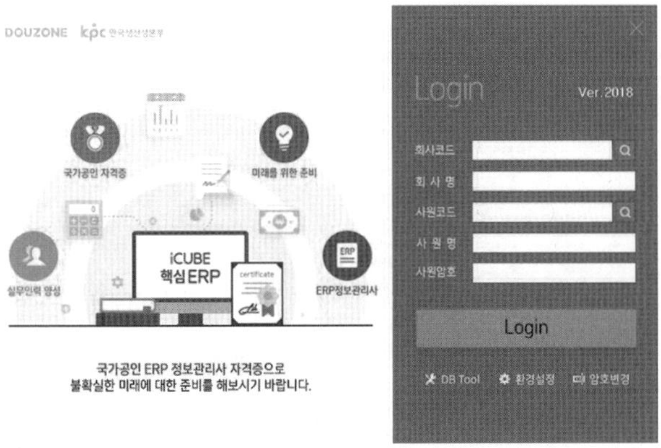

로그인을 하려면 [회사코드], [사원코드], [사원암호]를 입력한다. 프로그램을 처음 실행하였을 때에는 회사정보가 등록되어 있지 않아 다음과 같이 입력한 후 로그인한다.

회사코드 : 0000, 사원코드 : SYSTEM, 사원암호 : SYSTEM
사원코드와 사원암호는 반드시 대문자 SYSTEM으로 입력한다.

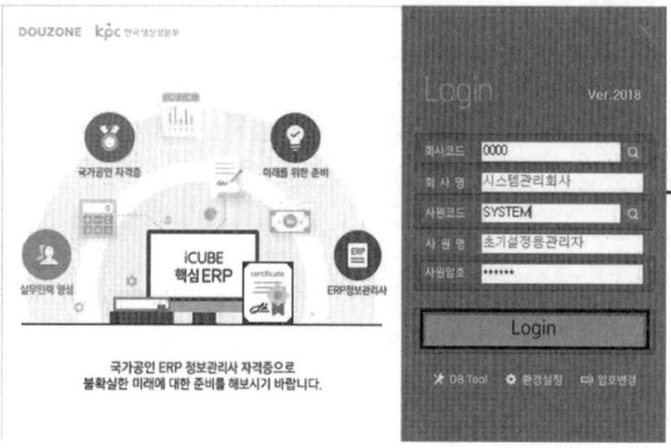

입력 순서
① 회사코드 : 0000
② 사원코드 : SYSTEM
③ 사원암호 : SYSTEM
④ [로그인] 클릭

(2) 회사등록

시스템관리 ⇨ 회사등록정보 ⇨ 회사등록 ⇨ 자료 입력 후 재로그인

한 회사의 기본정보를 입력하는 메뉴이며, 핵심ERP에서 가장 먼저 등록되어야 한다. [회사등록]은 각 모듈에서 사용되는 마스터 데이터(Master Data)가 된다.

[시스템관리] ⇨ [회사등록정보] 더블 클릭 ⇨ [회사등록]을 더블 클릭한다.

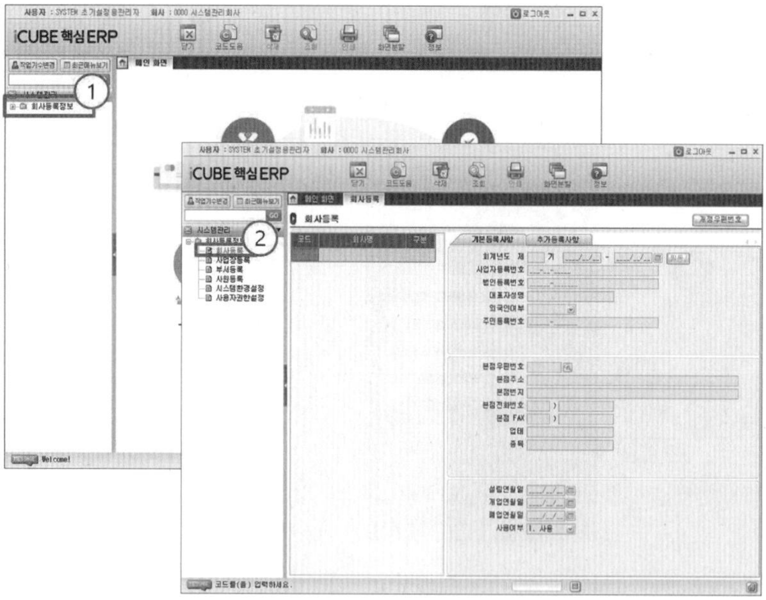

▶ 주요 항목(필드) 살펴보기

- 코드 : 회사코드를 입력하며, 0101 ~ 9998 번호 중 사용자가 원하는 숫자 네 자리를 입력한다.
- 회사명 : 회사이름을 입력한다.
- 구분 : 회사가 법인인 경우 〈0. 법인〉, 회사가 개인인 경우 〈1. 개인〉을 입력한다.
- 회계연도 : 필수입력항목으로 기수와 회계연도를 입력한다.

• 사업자등록번호 : 필수입력항목으로 회사의 사업자등록번호를 입력한다. 프로그램에는 사업자등록번호를 자동으로 체크하는 기능이 내장되어 있어, 오류 입력 시 빨간색으로 표시된다.
• 주민등록번호 : 필수입력항목으로 대표이사의 주민등록번호를 입력한다. 프로그램에는 주민등록번호를 자동으로 체크하는 기능이 있어 오류로 입력할 경우 빨간색으로 표시된다(이 책에서는 주민등록번호를 가상의 번호로 처리하므로 빨강색으로 표시된다. 그러나 실무에서는 정확한 주민등록번호를 입력하면 검정색으로 표시된다).

실습문제

다음 자료는 ㈜강남 본사의 사업자등록증이다. 다음 내용을 참고하여 [회사등록]을 하시오.
(회사코드 : 5000번, 회계연도 : 10기 2017/01/01 ~ 2017/12/31, 본점 전화번호 : 02-811-1234, 본점 팩스 : 02-812-3456)

사업자등록증
(법인사업자)
등록번호 : 107 - 86 - 12344

상 호 : ㈜강남
대 표 자 : 김 수 환 (690325-1234567)
개업연월일 : 2008년 2월 1일
법인등록번호 : 111111 - 1234567
사업장 소재지 : 서울특별시 영등포구 선유로13길 25
본점 소재지 : 서울특별시 영등포구 선유로13길 25
사업의 종류 : [업태] 제조, 도소매 [종목] : 전자제품
교부사유 : 신규
주류판매신고번호 :
사업자단위과세 적용사업자여부 : 여 ( ) 부 ( )

2008년 2월 1일
영등포 세무서장 (인)

문제풀이

▶ [시스템관리]-[회사등록]

① [코드] : 5000

[회사명] : ㈜강남

[구분] : 법인

② [기본등록사항] 탭

〈회계년도〉 : 제 10기 2017/01/01 ~ 2017/12/31

〈사업자등록번호〉 : 107-86-12344

〈법인등록번호〉 : 111111-1234567

〈대표자성명〉 : 김수환

〈외국인여부〉 : 0. 내국인

〈주민등록번호〉 : 690325-1234567 (가상의 번호라 빨강색으로 표시됨)

〈본점주소〉 : 서울시 영등포구 선유로 13길 25

〈본점전화번호〉 02) 811-1234

〈본점 FAX〉 02) 812-3456

〈업태〉 : 제조, 도소매

〈종목〉 : 전자제품

〈설립연월일〉 : 2008/02/01

〈개업연월일〉 : 2008/02/01

〈사용여부〉 : 사용(만약 '미사용'으로 선택하면 사용하지 않겠다는 뜻이 된다. 따라서 '미사용'을 선택하면 로그인할 때 코드가 보여 지지 않는다)

자료입력이 끝나면 [로그아웃]시킨 후 반드시 [재로그인]한다.

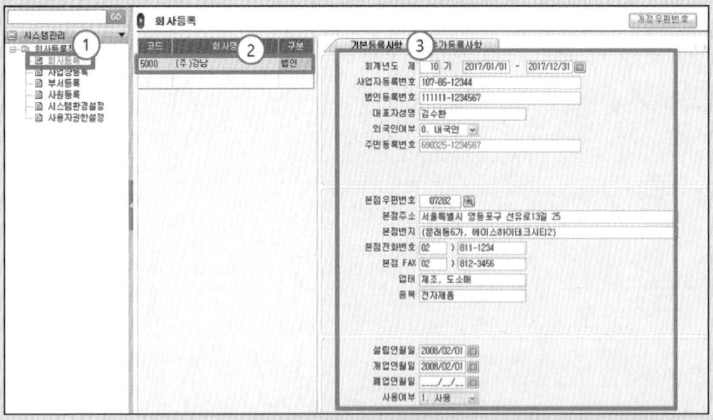

* 필드의 색이 노란색이면, 반드시 입력해야 하는 '필수'를 의미

* 사업자등록번호, 주민등록번호는 입력 오류 시 빨간색으로 나타난다(단, 이 책에서는 가상의 번호를 부여하므로 빨간색으로 나타난다).

2) 사업장 등록

(1) 로그인

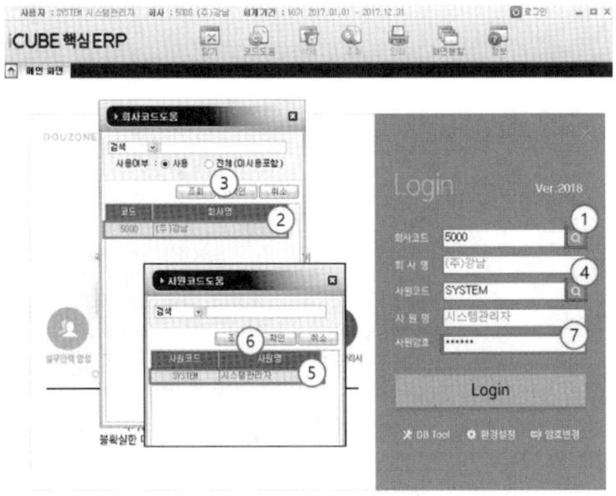

입력 순서
① 회사코드 : 5000
② 사원코드 : SYSTEM
③ 사원암호 : SYSTEM
④ [Login] 클릭

(2) 사업장등록

시스템관리 ⇨ 회사등록정보 ⇨ 사업장등록

부가가치세법상 사업장별 과세 제도를 채택하고 있다. 따라서 사업자는 사업장별로 각각 사업자 등록을 하며, 사업장별로 구분하여 세금계산서를 발급하고 수취한다. 만약, 사업장은 하나인데 부문을 나누기 위해서 사업자등록을 여러 개로 만들었다면, 사업장은 하나지만 부가가치세 신고를 위해서는 사업자등록증의 수만큼 사업장등록을 해야 한다.

실습문제

다음 ㈜강남부산지점의 사업자등록증이다. 다음 내용을 참고하여 사업장을 등록하시오.

㈜강남은 영등포 본사와 부산 지사가 있으며, ㈜강남부산지점의 사업장코드는 2000이다. 본사는 주사업장, 부산지점은 종사업장으로 한다. 부가가치세 총괄납부사업자 승인번호는 1234567이다.

사업자등록증
(법인사업자)
등록번호 : 602 - 81 - 56783

상 호 : ㈜강남부산지점
대 표 자 : 김 수 환
개업연월일 : 2010년 2월 1일
법인등록번호 : 111111 - 1234567
사업장 소재지 : 부산광역시 중구 중구로 121
본점 소재지 : 서울특별시 영등포구 선유로13길 25
사업의 종류 : [업태] 제조, 도소매 [종목] : 전자제품
교부사유 : 신규
주류판매신고번호 :
사업자단위과세 적용사업자여부 : 여 ( ) 부 ( )

2010년 2월 1일
중부산 세무서장 (인)

문제풀이

▶ [시스템관리]-[회사등록정보]-[사업장등록]

① ㈜강남본사 [기본등록사항] 탭 설정

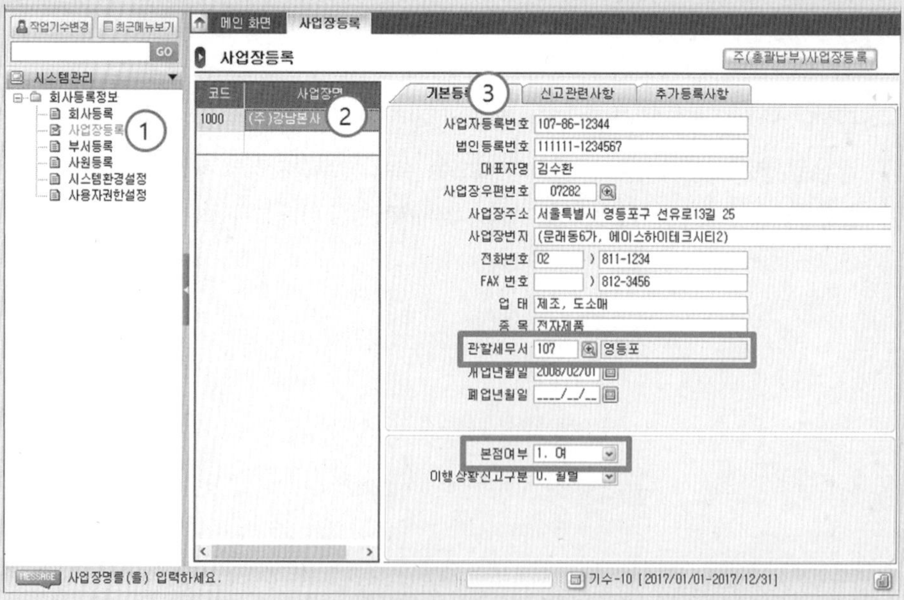

a. 회사를 등록하고 처음 [사업장등록]을 실행하면, 자동으로 [회사등록]의 정보가 반영된다.

〈코드〉 : 1000

〈사업장명〉 : ㈜강남본사

b. 1000번 사업장을 클릭하고, [기본등록사항] 탭에서 '관할세무서, 본점여부, 이행상황신고구분'을 설정한다.

〈관할세무서〉 : ㈜강남 본사의 관할세무서인 '영등포'

〈본점여부〉 : 1. 여 (총괄납부)

〈이행상황신고구분〉 : 0. 월별

② ㈜강남부산지점 [기본등록사항] 탭 설정

〈코드〉 : 2000

〈사업장명〉 : ㈜강남부산지점

③ [신고관련사항] 탭 설정

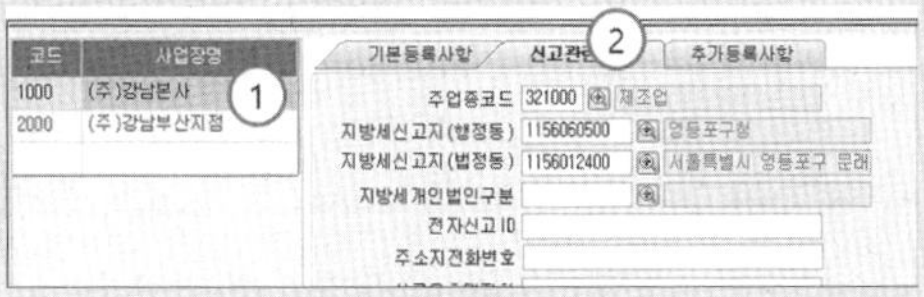

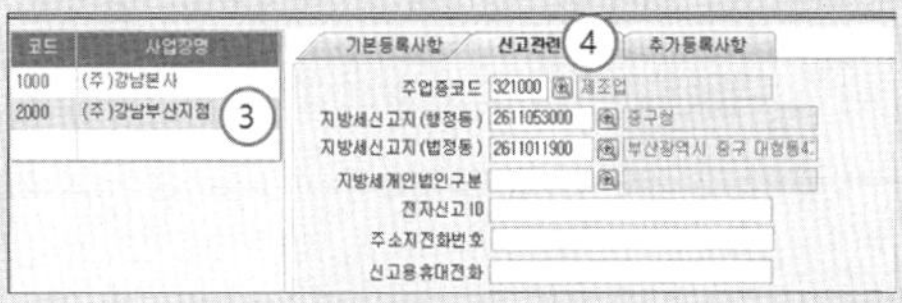

a. 〈주업종코드〉를 조회하여 입력한다. (주업종코드 : 321000, 제조업, 전자관 및 기타전자부품)

b. 사업장주소를 조회하면 〈지방세신고지(행정동)〉, 〈지방세신고지(법정동)〉이 자동으로 반영된다.

㈜강남본사 사업장 주소 : 서울특별시 영등포구 선유로13길 25(문래동6가)

㈜강남부산지점 사업장 주소 : 부산광역시 중구 중구로 121(대청동4가)

④ [주(총괄납부)사업장등록] 설정

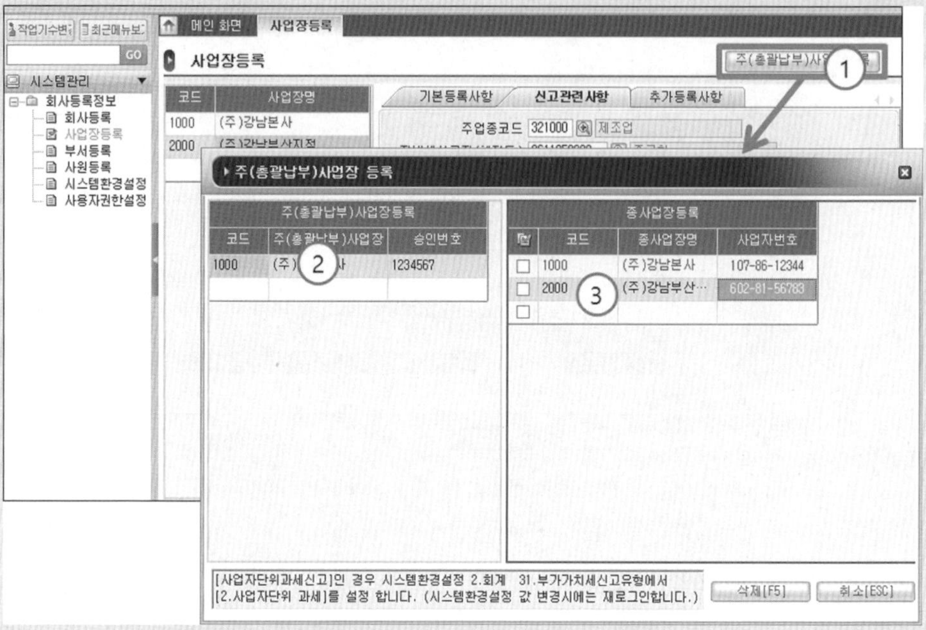

a. [주(총괄납부)사업장등록] 버튼을 클릭한다.
b. 주(총괄납부)사업장등록 〈코드〉에 본사 1000을 입력하고, 〈승인번호〉에 1234567를 입력한다.
c. 종사업장등록에 〈코드〉는 '1000'으로 자동 반영된다.
d. 종사업장등록 〈코드〉에 '2000'을 입력한다.
e. 닫기(☒) 버튼을 클릭해서 창을 닫는다.

3) 부문 및 부서 등록

부서란 회사의 조직을 구체적이고 상세한 작업 단위로 나눈 그룹을 말한다. 즉, 영업부, 총무부, 관리부, 생산부처럼 업무별로 회사의 조직을 그룹으로 나눈 것이다. 부문은 부서별 관리 중심으로 각 부서들의 총괄업무를 담당하는 그룹이다. 부서를 등록하기 위해서는 먼저 부문등록이 이루어져야 한다.

(1) 부문등록

시스템관리 ⇨ 회사등록정보 ⇨ 부서등록 ⇨ 부문등록

부문등록은 [부문등록] 버튼을 클릭하여 입력한다. 부문코드는 수정할 수 없다. 만약 부문코드를 수정하려면 부문코드를 삭제한 후 재입력해야 한다. 부문코드를 삭제하려면 부문코드의 하위단계인 부서를 먼저 삭제한 후 부문코드를 삭제한다.

실습문제

다음은 ㈜강남의 부문코드 및 부문명이다. 다음 내용을 참고하여 부문을 등록하시오.

부문코드	부문명	부문코드	부문명
1000	관리부문(본사)	3000	자재부분(부산지점)
2000	영업부문(본사)	4000	생산부문(부산지점)

문제풀이

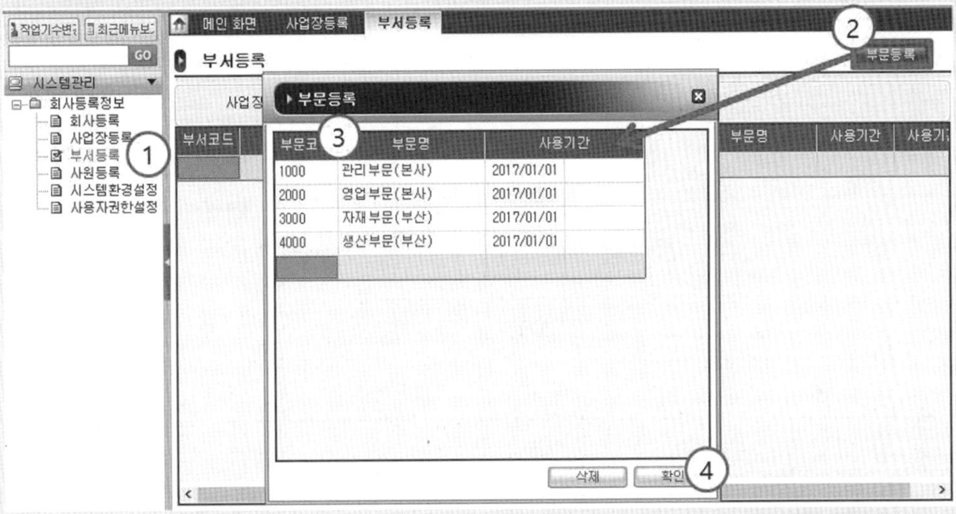

▶ [시스템관리] – [회사등록정보] – [부서등록]

① 화면 오른쪽 상단의 [부문등록] 버튼을 클릭한 후 아래와 같이 〈부문코드〉, 〈부문명〉, 〈사용기간〉을 입력한다.

부문코드	부문명	부문코드	부문명
1000	관리부문(본사)	3000	자재부분(부산지점)
2000	영업부문(본사)	4000	생산부문(부산지점)

② 〈사용기간〉은 SYSTEM을 사용하기 시작한 해당연도의 시작일이 자동으로 표시된다. 종료일은 Enter를 눌러 빈칸으로 남겨 놓는다. 이는 종료일은 기간 제한이 없기 때문이다.

(2) 부서등록

시스템관리 ⇨ 회사등록정보 ⇨ 부서등록

[부서등록]은 회사 조직 중 구체적이고 상세한 작업을 하는 그룹 단위를 등록하는 메뉴이다.

부서 삭제는 삭제하려는 부서라인을 클릭한 후 상단 메뉴에서 삭제( ) 버튼을 눌러 삭제할 수 있다.

실습문제

다음은 ㈜강남의 사업장별 부서내역이다. 다음 내용을 참고하여 부서를 등록하시오.

사업장코드	사업장명	부문코드	부문명	부서코드	부서명
1000	㈜강남본사	1000	관리부문(본사)	1100	임원실
				1200	기획관리부
		2000	영업부문(본사)	2100	국내영업부
				2200	해외영업부
2000	㈜강남부산지점	3000	자재부문(부산)	3100	자재부(부산)
		4000	생산부문(부산)	4100	생산부(부산)

문제풀이

▶ [시스템관리]-[회사등록정보]-[부서등록]

① 〈부문코드〉 및 〈사업장코드〉는 더블클릭 또는 F2키를 눌러 나타나는 [코드도움]을 활용한다.

② 자료는 끝까지 입력한 후 반드시 마지막 항목(필드)에서 Enter를 눌러 다음 라인으로 이동시켜야 저장된다.

4) 사원등록

시스템관리 ⇨ 회사등록정보 ⇨ 사원등록

[사원등록] 메뉴는 각 모듈에서 사용할 회사의 사원을 등록한다. 등록한 내용은 [인사정보등록]과 연동된다. [사원등록]에서는 사용자여부, 입력방식, 권한 등을 설정할 수 있다. 사원등록에 입력한 퇴사일은 [인사/급여관리]-[인사관리]-[인사정보등록] 등에서 중도퇴사자에 관한 기초데이터가 된다.

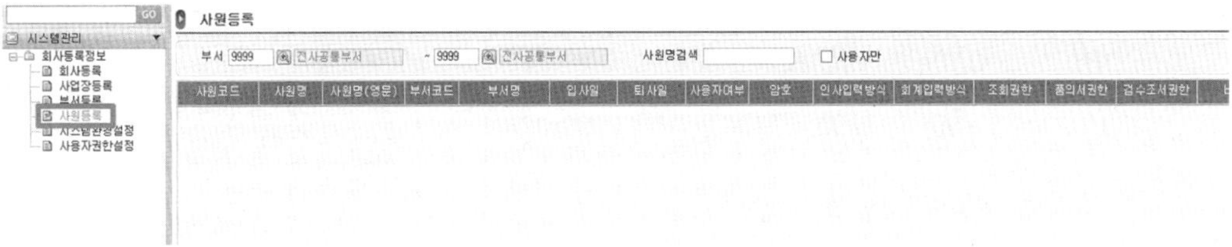

▶ 주요 항목(필드) 살펴보기

- 퇴사일 : 사원의 퇴사일을 입력한다. 단, 〈퇴사일〉은 SYSTEM 관리자만 입력할 수 있다. 한 번 등록된 사원은 다른 데이터와 연동되어 있기 때문에 임의로 삭제할 수 없다.
- 사용자여부 : 프로그램을 사용하는 사원이면 〈1. 여〉로 설정하고, 사용자가 아닌 사원은 〈0. 부〉로 입력한다. 단, 로그인과 [시스템관리]-[회사등록정보]-[사용자권한설정] 메뉴에서는 〈1. 여〉로 등록된 사원만 조회된다.
- 인사입력방식 : 급여 마감에 대한 통제 권한을 설정한다. 최종 급여의 승인과 해제는 '승인' 권한을 가진 사람만이 할 수 있다.
- 회계입력방식 : 전표입력방식에 대한 권한을 설정한다.
  - 미결 : 전표 입력 후 전표상태는 미결로 생성된다. 승인권자가 전표를 승인하면 승인전표상태로 원장 및 재무제표에 반영된다.
  - 승인 : 전표 입력 시 자동으로 승인된다. 전표를 수정 및 삭제 하려면 승인 해제가 필요하다.
  - 수정 : 전표 입력 시 자동으로 승인된다. 승인 해제를 하지 않아도 전표 내용을 수정, 삭제할 수 있다.
- 조회 권한 : 데이터 입력과 조회 권한을 설정한다.
  - 미사용 : 프로그램을 사용할 수 없으며, 로그인 화면에서는 사원선택을 할 수 없다.
  - 회사 : 회사의 모든 데이터를 입력, 조회할 수 있다.
  - 사업장 : 로그인한 사원이 속해 있는 사업장의 하위 정보에 대해서만 입력과 조회가 가능하다.

- 부서 : 사원이 속해 있는 부서의 하위 정보에 대해서만 입력과 조회가 가능하다.
- 사원 : 사원 자신의 정보에만 접근할 수 있다.

실습문제

다음은 ㈜강남의 사원구성 자료이다. 다음 내용을 참고하여 각 부서별 사원을 등록하시오.
(단, 〈품의서권한〉, 〈검수조서권한〉은 모두 '승인'으로 처리한다)

사원코드	사원명	부서코드	부서명	입사일	사용자 여부	인사 입력방식	회계 입력방식	조회 권한
20080201	김수환	1100	임원실	2008/02/01	여	승인	미결	회사
20080202	이제민	1200	기획관리부	2008/02/01	여	승인	수정	회사
20080203	한민승	2100	국내영업부	2008/02/03	여	미결	미결	사원
20081101	김지우	2200	해외영업부	2008/11/01	여	승인	승인	사원
20100201	이기영	3100	자재부(부산)	2010/02/01	여	승인	승인	사업장
20130102	박호율	4100	생산부(부산)	2013/01/02	여	미결	미결	부서

문제풀이

▶ [시스템관리]-[회사등록정보]-[사원등록] 메뉴를 선택한다.
① 화면상단의 [부서]항목은 '9999'를 모두 지우고 '공란'으로 시작한다.
② [부서코드]는 더블클릭 또는 F2키를 눌러 [코드도움]을 활용한다.
③ 한 번 등록된 사원은 관련 데이터가 발생하면 삭제할 수 없으므로 주의해서 등록한다.

5) 사용자권한설정

시스템관리 ⇨ 회사등록정보 ⇨ 사용자권한설정

[사용자권한설정] 메뉴는 사용자별로 프로그램 사용권한을 설정한다. 사용자별로 로그인하기 위해서는 권한이 설정되어 있어야 한다. 권한이 같으면 복사해서 사용할 수 있으며, 권한설정과 권한해제를 실행한 후에는 '재로그인' 한다.

(1) 권한설정

▶ 작업순서

권한을 설정할 [모듈구분] 선택 ⇨ 〈사원〉 선택 ⇨ 〈MENU〉 체크 ⇨ [권한설정] 버튼 클릭 ⇨ 권한 설정

※ [권한설정]에서 조회권한은 [시스템관리]-[회사등록정보]-[사원등록]에서 설정한 조회권한이 자동으로 반영되므로 확인만 한다.

(2) 권한해제

▶ 작업순서

권한을 해제할 [모듈구분] 선택 ⇨ 권한을 해제할 〈사원〉 선택 ⇨ 권한을 해제할 〈MENU〉 체크 ⇨ 〈사용가능〉메뉴에서 권한을 해제할 메뉴를 체크 ⇨ 오른쪽 상단의 [권한해제] 버튼 클릭

실습문제

다음은 ㈜강남의 사용자 담당업무에 대한 자료이다. 다음 내용을 참고하여 각 부서별 사용자의 담당업무에 따른 권한을 설정하시오.

부서명	사원코드	사원명	조회권한	권한
임원실	20080201	김수환	회사	전체모듈
기획관리부	20080202	이제민	회사	전체모듈
국내영업부	20080203	한민승	사원	회계관리, 영업관리, 구매/자재관리
해외영업부	20081101	김지우	사원	회계관리, 영업관리, 무역관리
자재부(부산)	20100201	이기영	사업장	회계관리, 영업관리, 구매/자재관리
생산부(부산)	20130102	박호율	부서	회계관리, 구매/자재관리, 생산관리공통

문제풀이

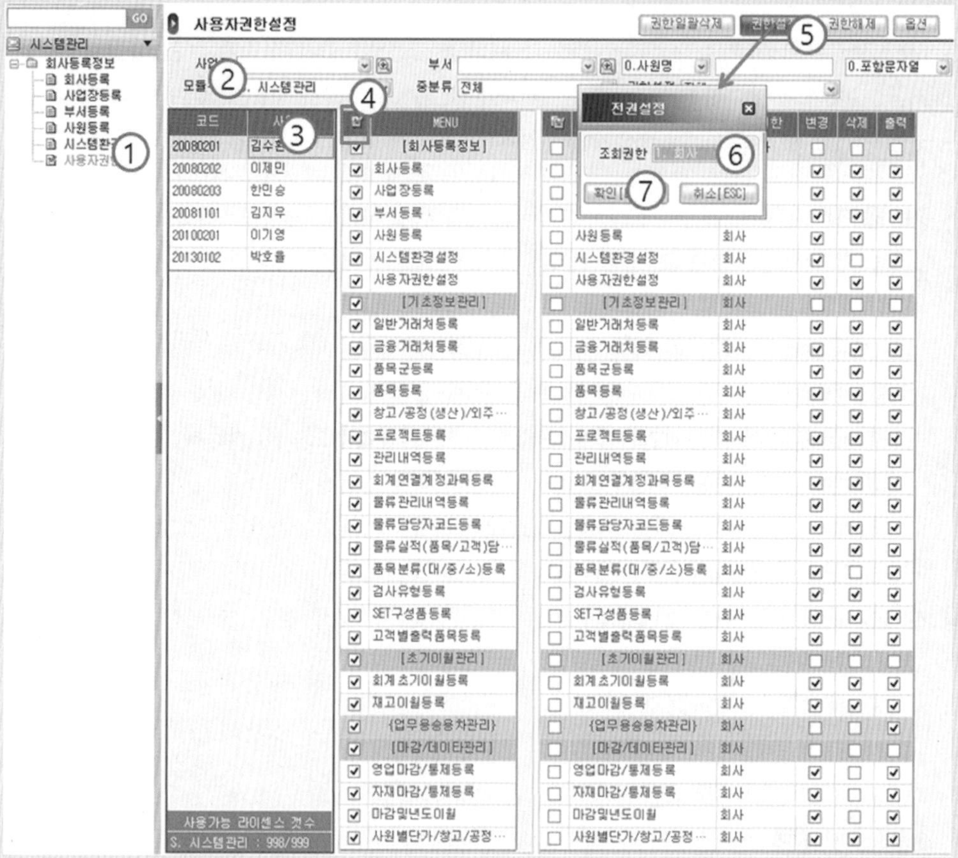

① [시스템관리] ⇨ [회사등록정보] ⇨ [사용자권한설정] 메뉴를 선택한다.

② 작업순서

[모듈구분] 선택 ⇨ 〈사원〉 선택 ⇨ 〈MENU〉 체크 ⇨ [권한설정] 버튼 클릭 ⇨ 권한설정

※ [권한설정]의 조회권한은 [시스템관리]-[회사등록정보]-[사원등록] 메뉴에서 설정한 조회권한이 자동으로 설정되어 나타나므로 확인만 한다.

a. 임원실 김수환의 권한설정 : 임원실 김수환은 회사 대표이므로 전체모듈 권한을 가지고 있다.

- [모듈구분] : S. 시스템관리 / 〈사원〉 : 김수환 ⇨ 〈MENU〉 : 전체 체크 ⇨ [권한설정] 버튼 클릭 ⇨ [조회권한] : 회사 ⇨ [확인] 버튼 클릭
- 나머지 모듈구분 B. 영업관리, P. 구매/자재관리, D. 무역관리, M. 생산관리공통, H. 인사/급여관리, A. 회계관리, C. 원가관리 모두 동일 방법으로 권한을 설정한다.

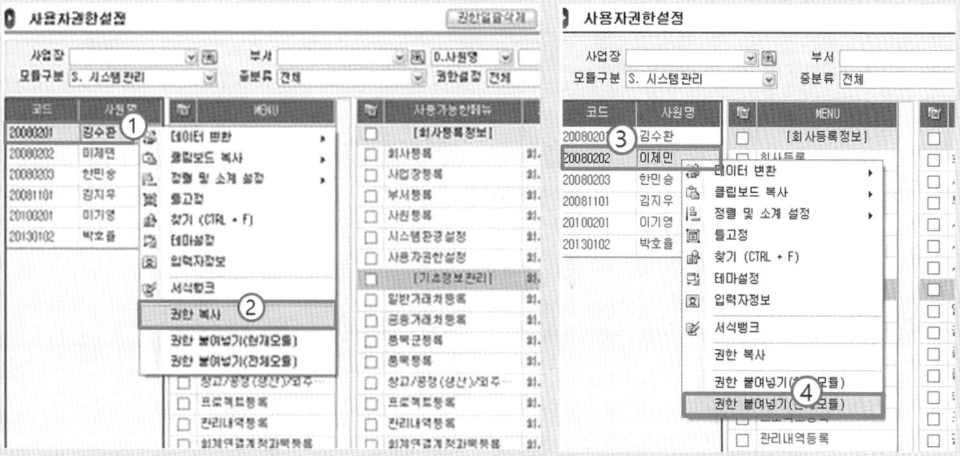

b. 기획관리부 이제민 권한설정 : 이제민은 임원실의 김수환과 동일한 권한을 가지고 있다. 권한이 같을 경우 해당 권한을 복사하여 사용할 수 있다.

- '김수환'을 선택 ⇨ 마우스 오른쪽 버튼 클릭 : '권한 복사' 선택
- '이제민'을 선택 ⇨ 마우스 오른쪽 버튼 클릭 : '권한 붙여넣기(전체모듈)' 선택

c. 다른 사원들도 해당 모듈을 차례로 선택하여 권한을 설정한다.

- 작업순서 : [모듈구분] 선택 ⇨ 〈사원〉 선택 ⇨ 〈MENU〉 체크 ⇨ [권한설정] 버튼 클릭 ⇨ 권한 설정

d. 모든 작업이 끝나면 반드시 '재로그인'을 한다.

6) 시스템환경설정

시스템관리 ⇨ 회사등록정보 ⇨ 시스템환경설정

[시스템환경설정] 메뉴는 ERP프로그램을 사용하기 전 시스템 환경을 설정한다. 회사 전체에서 사용할 공통 항목들에 대한 설정과 각각 모듈별 설정으로 구성되어 있다. 시스템 환경설정은 자주 사용하는 메뉴와 항목에 대한 설정으로 자동설정되어 있으나, 회사 환경에 맞춰 시스템 환경을 다시 설정한다. 그러나 한 번 설정된 내용은 데이터의 일관성을 위해 가급적 변경하지 않는 것이 좋다. 시스템 환경설정을 변경한 후에는 반드시 '재로그인'해야 변경 내용들이 시스템에 반영된다.

(1) 공통등록사항

▶ 주요 항목(필드) 살펴보기

- 조회구분 : 조회할 구분(0. 전체 1. 공통 2. 회계 3. 인사 4. 물류 5. 원가 6. EIS 7. 예산 8. 자산 9. IFRS 10. 후원자) 중 하나를 선택하여 시스템에 필요한 환경을 설정한다.
- 유형설정 : 유형구분에서 설정한 유형에 따라 자릿수, 사용여부 등을 선택한다.

① '1.공통'의 주요 구분코드 살펴보기

코드	환경요소명	기말재고자산가액
01	본지점회계여부	■ 사용 : 본점 · 지점 회계를 사용할 경우 '사용'을 선택한다. 전표를 입력할 때 회계단위는 해당 사업장을 선택한다. 또한 사업장별로 데이터를 집계하고, 본점 · 지점 통합 데이터도 집계할 수 있다. ■ 미사용 : 사업장등록에서 '본점'으로 선택한 사업장을 회계단위로 사용한다.
02 ~ 08	수량 소수점 자릿수 (원화단가, 외화단가, 비율, 금액, 환율)	전 모듈에서 공통으로 사용할 소수점 자릿수를 설정한다.
10	끝전 단수처리 유형	소수점에서 설정한 자릿수 이하의 값에 대한 반올림, 절사, 절상 등의 처리유형을 설정한다.

② '4. 물류'의 주요 구분코드 살펴보기

조회구분 4. 물류

구분	코드	환경요소명	유형구분	유형설정	선택범위	비고
물류	41	출고의뢰운영여부	여부	0	0.운영안함 1.운영함	
물류	42	입고의뢰운영여부	여부	0	0.운영안함 1.운영함	
물류	44	품의등록운영여부	여부	0	0.운영안함 1.운영함	
물류	45	출고전검사운영여부	여부	0	0.운영안함 1.운영함	
물류	46	입고전검사운영여부	여부	0	0.운영안함 1.운영함	
물류	51	실적검사 운영여부	여부	0	0.운영안함 1.운영함	
물류	52	외주검사 운영여부	여부	0	0.운영안함 1.운영함	
물류	53	실적별 자재사용보고 기준	유형	1	1.자재청구기준 2.실적기준 3.지시기준	
물류	55	사원별 창고및단가입력 통제 적용 여부	여부	0	0.부 1.여	
물류	59	청구요청등록(주문별) 전개방법	유형	1	1.품목개별 2.품목합산	
물류	60	미수금원장 집계기준	유형	1	1.품목개별 2.품목군별	
물류	61	회계전표처리시 부가세 소수점 허용 여부	여부	0	0. 부(권장사항) 1. 여	
물류	62	생산운영여부	여부	0	0.운영안함 1.운영함	
물류	63	외주운영여부	여부	0	0.운영안함 1.운영함	
물류	65	외화채권/채무관리기준	유형	0	0.환종별 1.B/L번호별	
물류	66	구매포장단위수량적용여부	여부	0	0.부 1.여	
물류	67	판매포장단위수량적용여부	여부	0	0.부 1.여	
물류	68	생산에서 자재출고 권한체크 여부	여부	0	0.부 1.여	
물류	71	공사관리회계연동	여부	1	0.부 1.여	
물류	72	건설자재관리 회계연동	여부	1	0.부 1.여	
물류	73	건설자재관리 구매/자재관리 연동	여부	0	0.부 1.여	
물류	81	생산수량 단수처리 유형	유형	0	0.반올림, 1.절사, 2 절상	
물류	85	수정세금계산서 수정재발행	여부	0	0.부 1.여	

코드	환경요소명	설명
41	출고의뢰운영여부	0. 운영안함 : 영업관리에서 출고처리를 하기 전에는 출고의뢰를 하지 않고, 수주등록 후에 바로 출고처리를 한다. 1. 운영함 : 영업관리에서 출고처리를 하기 전에 출고의뢰를 처리한다.
42	입고의뢰운영여부	0. 운영안함 : 구매관리에서 입고처리를 하기 전에는 입고의뢰를 하지 않고, 발주등록을 한 후 입고처리를 한다. 1. 운영함 : 구매관리에서 입고처리를 하기 전에 입고의뢰를 처리한다.
44	품의등록운영여부	0. 운영안함 : 구매/자재관리에서 '청구품의등록' 메뉴를 사용하지 않는다. 1. 운영함 : 구매/자재관리에서 청구요청등록에 입력한 내역을 실제로 청구할 것인지에 대한 승인을 요청하는 '청구품의등록' 메뉴를 사용한다.
45	출고전검사운영여부	0. 운영안함 : 영업관리에서 출고처리를 하기 전에는 출고검사를 하지 않고, 수주등록 후 바로 출고처리를 한다. 1. 운영함 : 영업관리에서 출고처리를 하기 전에 출고검사를 처리한다.
46	입고전검사운영여부	0. 운영안함 : 구매관리에서 입고처리를 하기 전에는 입고검사를 하지 않고, 발주등록 후 바로 입고처리를 한다. 1. 운영함 : 구매관리에서 입고처리를 하기 전에 입고검사를 처리한다.

51	실적검사 운영여부	0. 운영안함 : 생산관리에서 생산품을 창고에 입고하기 전에는 생산실적검사를 하지 않고, 바로 생산품창고입고처리를 한다. 1. 운영함 : 생산관리에서 생산품을 창고에 입고하기 전에 생산실적검사를 처리한다.
52	외주검사 운영여부	0. 운영안함 : 외주관리에서 생산품에 대한 외주마감 전에는 외주실적검사를 하지 않고, 바로 외주마감 처리를 한다. 1. 운영함 : 외주관리에서 생산품에 대한 외주마감을 하기 전에 외주실적검사를 한다.
55	사원별 창고 및 단가입력 통제적용여부	0. 부 : 사원별단가/창고/공정통제설정을 사용하지 않는다. 1. 여 : 사원별단가/창고/공정통제설정 메뉴를 사용할 수 있다.
62	생산운영여부	0. 운영안함 : 생산관리에서 재공을 운영하지 않는다. 1. 운영함 : 생산관리에서 재공을 운영한다.
63	외주운영여부	0. 운영안함 : 외주관리에서 재공을 운영하지 않는다. 1. 운영함 : 외주관리에서 재공을 운영한다.

실습문제

다음은 ㈜강남의 시스템 환경설정 내용이다. 다음을 참고하여 시스템환경설정을 하시오.

(1) '1. 공통' 시스템환경설정 사항

① 본사에서 모두 합산하여 처리한다.

② 금액은 소수점 이하 0자리로 처리한다.

(2) '4. 물류' 시스템환경설정 사항

① 영업관리에서 출고처리를 하기 전에 출고의뢰와 출고검사를 운영한다

② 구매관리에서 입고처리를 하기 전에 입고의뢰와 입고검사를 운영한다.

③ 생산관리에서 생산품을 창고에 입고하기 전에 생산실적검사를 운영한다.

④ 외주관리에서 생산품에 대한 외주마감 전에 외주실적검사를 운영한다.

⑤ 생산관리와 외주관리에서 재공을 운영한다.

⑥ 사원별로 창고 및 단가입력에 대한 통제를 적용한다.

⑦ 수주별로 청구처리를 할 때 품목을 개별 자재별로 전개한다.

⑧ 청구요청등록에 입력한 내역을 실제로 청구하기 위한 청구품의등록메뉴를 설정한다.

문제풀이

① [시스템관리] ⇨ [회사등록정보] ⇨ [시스템환경설정] 메뉴를 선택한다.

ㄱ. 공통 등록 사항

- [조회구분] : '1. 공통' 선택 ⇨ 〈코드〉 01 클릭 ⇨ 〈유형구분〉 : 여부 〈유형설정〉 : 0
  〈코드〉 06 클릭 ⇨ 〈유형구분〉 : 자리수 〈유형설정〉 : 0

ㄴ. 물류 등록 사항

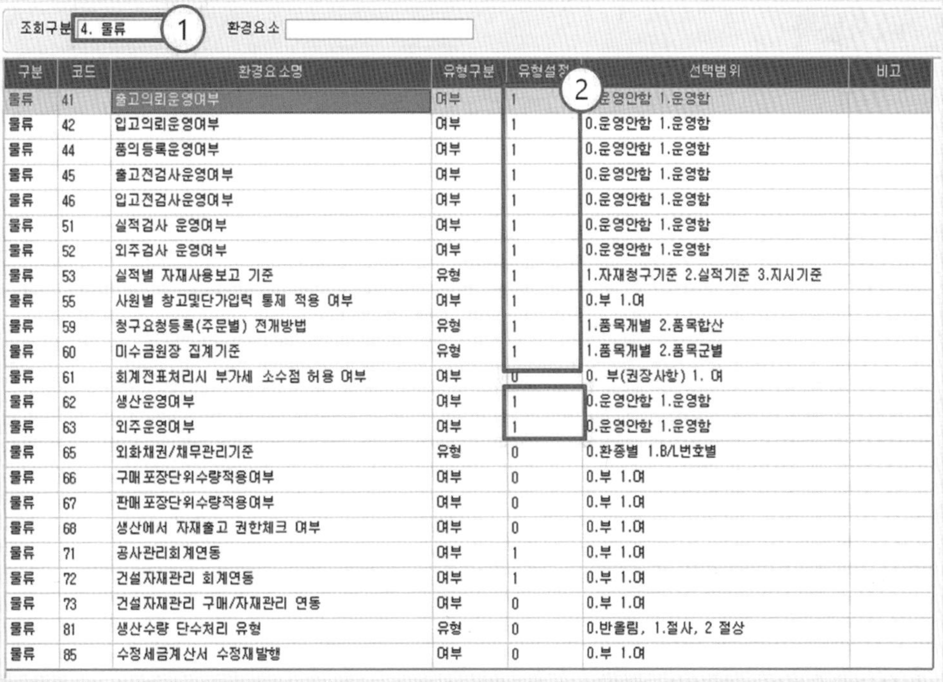

구분	코드	환경요소명	유형구분	유형설정	선택범위	비고
물류	41	출고의뢰운영여부	여부	1	0.운영안함 1.운영함	
물류	42	입고의뢰운영여부	여부	1	0.운영안함 1.운영함	
물류	44	품의등록운영여부	여부	1	0.운영안함 1.운영함	
물류	45	출고전검사운영여부	여부	1	0.운영안함 1.운영함	
물류	46	입고전검사운영여부	여부	1	0.운영안함 1.운영함	
물류	51	실적검사 운영여부	여부	1	0.운영안함 1.운영함	
물류	52	외주검사 운영여부	여부	1	0.운영안함 1.운영함	
물류	53	실적별 자재사용보고 기준	유형	1	1.자재청구기준 2.실적기준 3.지시기준	
물류	55	사원별 창고및단가입력 통제 적용 여부	여부	1	0.부 1.여	
물류	59	청구요청등록(주문별) 전개방법	유형	1	1.품목개별 2.품목합산	
물류	60	미수금원장 집계기준	유형	1	1.품목개별 2.품목군별	
물류	61	회계전표처리시 부가세 소수점 허용 여부	여부	0	0. 부(권장사항) 1. 여	
물류	62	생산운영여부	여부	1	0.운영안함 1.운영함	
물류	63	외주운영여부	여부	1	0.운영안함 1.운영함	
물류	65	외화채권/채무관리기준	유형	0	0.환종별 1.B/L번호별	
물류	66	구매포장단위수량적용여부	여부	0	0.부 1.여	
물류	67	판매포장단위수량적용여부	여부	0	0.부 1.여	
물류	68	생산에서 자재출고 권한체크 여부	여부	0	0.부 1.여	
물류	71	공사관리회계연동	여부	1	0.부 1.여	
물류	72	건설자재관리 회계연동	여부	1	0.부 1.여	
물류	73	건설자재관리 구매/자재관리 연동	여부	0	0.부 1.여	
물류	81	생산수량 단수처리 유형	유형	0	0.반올림, 1.절사, 2 절상	
물류	85	수정세금계산서 수정재발행	여부	0	0.부 1.여	

03 물류관리 · 생산관리 공통 기초정보관리

1) 기초정보관리

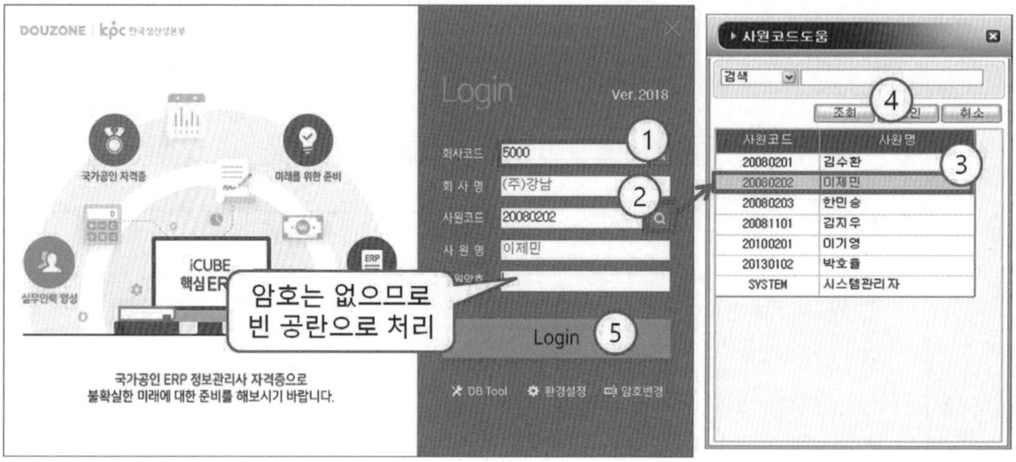

[시스템환경설정]이 모두 끝나면 '재로그인'이 필요하다. '이제민' 사원으로 로그인을 다시 한다.

(1) 거래처등록

시스템관리 ⇨ 기초정보관리 ⇨ 일반거래처등록
시스템관리 ⇨ 기초정보관리 ⇨ 금융거래처등록

거래처등록은 [일반거래처등록] 메뉴와 [금융거래처등록] 메뉴로 구분되며, 거래처별 장부를 만들기 위해 거래처등록을 한다. 즉, 상품, 제품, 원재료 등의 매입과 매출에 대한 외상 거래나 기타 채권, 채무와 관련된 거래가 발생하면 보조 장부로서 외상매출금 계정이나 외상매입금 계정 등에 대한 거래처별 장부를 만들게 된다. 이 거래처별 장부를 만들기 위해 각 거래처를 등록한다.

[일반거래처등록] 메뉴와 [금융거래처등록] 메뉴에서 등록된 사항은 [전표입력], [회계초기이월등록], [거래처원장], [관리항목원장], [관리내역현황], [영업관리], [구매/자재관리] 등에 활용된다.

① 일반거래처등록

일반거래처는 일반적인 영업상 거래인 세금계산서 거래나 무역거래 등이 일어나는 거래처를 말한다. [일반거래처등록] 메뉴는 1. 일반, 2. 무역, 3. 주민, 4. 기타로 구분되며, 한 번 이상 거래가 발생한 거래처는 삭제할 수 없다. 만약 거래를 계속하지 않게 되었다면, 사용여부를 '미사용'으로 처리하여 조회가 되지 않게 한다.

메뉴	코드	구분	등록내용
일반거래처	00001 ~	1. 일반	세금계산서 · 계산서 등에 대한 발급과 일반거래처 대부분 일반으로 선택하며, 사업자등록번호는 반드시 입력한다.
		2. 무역	무역과 관련된 거래처인 무역회사
		3. 주민	상대방이 개인일 경우 주민등록번호 기재분 부가가치세신고와 관련되고, 세금계산서의 주민등록번호 기재분에 해당한다. 상대거래처가 일반인인 경우 세금계산서 합계표상 주민등록 기재분으로 표시한다.
		4. 기타	일반, 무역, 주민 이외의 거래처

실습문제

다음은 ㈜강남의 일반거래처 현황이다. 다음을 참고하여 일반거래처등록을 하시오. 단, 모든 거래처의 거래시작은 2017년 1월 1일, 전자세금계산서 여부는 '1. 반영'으로 한다.

코드	거래처명	구분	사업자번호(주민번호)	대표자 성명
업태	종목	사업장주소		전화번호
101	㈜한양	일반	114-28-12345	이한양
제조외	전자부품제조	서울시 서초구 강남대로 263(서초동, 새움빌딩)		02-552-1234
102	㈜대진	일반	101-81-10234	한소리
제조,도매	전자부품제조	부산광역시 중구 중구로 13		
103	삼공종합상사	일반	214-12-35671	박우진
도매	전자제품	서울시 금천구 가산디지털1로 1		02-252-1234
104	서림문구	일반	108-29-45678	최서림
소매	문구류	서울시 송파구 가락로11길 36		
105	㈜영림화재	일반	117-04-12348	이진구
서비스	보험	서울시 양천구 가로공원로 121		
106	전국화물	일반	105-07-45679	박주영
서비스	화물운송	서울시 서초구 강남대로 213		

문제풀이

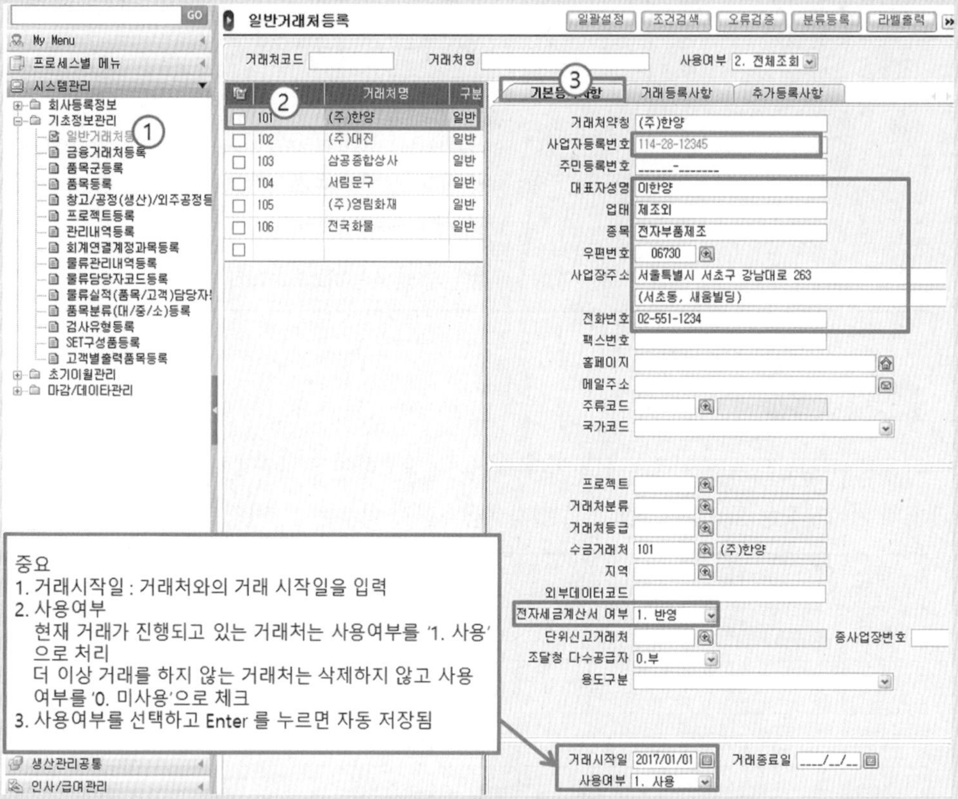

① [시스템관리] – [기초정보관리] – [일반거래처등록] 메뉴를 선택한다.

※ 사업자등록번호는 필드가 노랑색으로 필수 입력사항이며 잘못 입력되면 빨간색으로 표시된다. (본서에서는 임의의 사업자등록번호를 부여함으로 빨간색으로 표시되지만, 실무에서는 정확한 사업자등록번호를 입력하면 검은색으로 표시된다)

② 다른 거래처도 ㈜한양과 같은 방법으로 등록한다.

② 금융거래처등록

금융거래처는 금융기관과 카드관련거래, 예 · 적금거래가 일어나는 거래처를 말한다. [금융거래처등록] 메뉴는 5. 금융기관, 6. 정기예금, 7. 정기적금, 8. 카드사, 9. 신용카드로 구분되며, 거래처 중 자금과목을 연결하면 자금관리부분에서도 자료가 반영되어 관리할 수 있도록 구성되어 있다.

메뉴	코드	구분	등록내용
금융거래처	90000 ~	5. 금융기관	보통예금 등 금융기관
		6. 정기예금	정기예금통장
		7. 정기적금	정기적금통장
		8. 카드사	카드 매출을 위한 신용카드사의 가맹점으로 등록 시 신용카드 가맹점
		9. 신용카드	구매용도로 사용하는 법인신용카드

실습문제

다음은 ㈜강남의 금융거래처 현황이다. 다음을 참고하여 금융거래처를 등록하시오. 이미 등록되어있는 대한은행은 예금주, 튼튼카드는 카드회원명만 김수환으로 바꾼다.

코드	금융거래처명	구분	계좌번호	예금주
98032	국민은행(보통)	금융기관	0123-12-1234-56	김수환

문제풀이

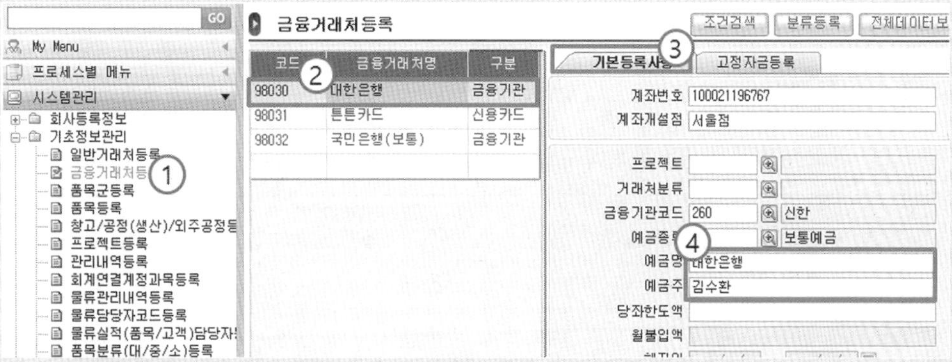

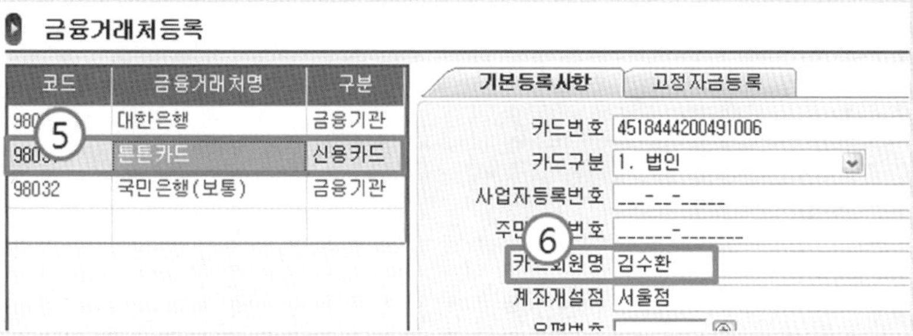

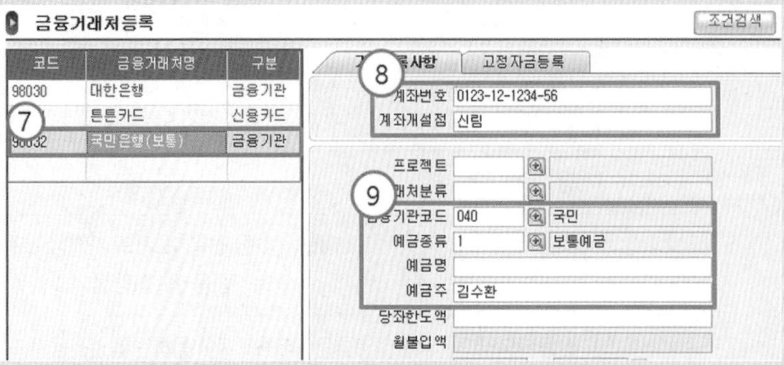

① [시스템관리] - [기초정보관리] - [금융거래처등록] 메뉴를 선택한다.
② 대한은행은 예금주, 튼튼카드는 카드회원명만 김수환으로 바꾼다.
③ 다른 사항은 위 그림처럼 등록한다.

(2) 품목군등록

시스템관리 ⇨ 기초정보관리 ⇨ 품목군등록

품목군은 품목을 그룹화하여 관리하기 위한 단위이다. 품목군별로 매입, 매출을 집계하거나 재고를 분석할 때 사용한다. 품목을 등록하기 전에 먼저 입력하며 반드시 입력해야 하는 필수 입력 사항은 아니다.

실습문제

다음을 참고하여 품목군을 등록하시오.

품목코드	품목군명	사용여부
PR-1000	컴퓨터	사용
PE-2000	반제품	사용

문제풀이

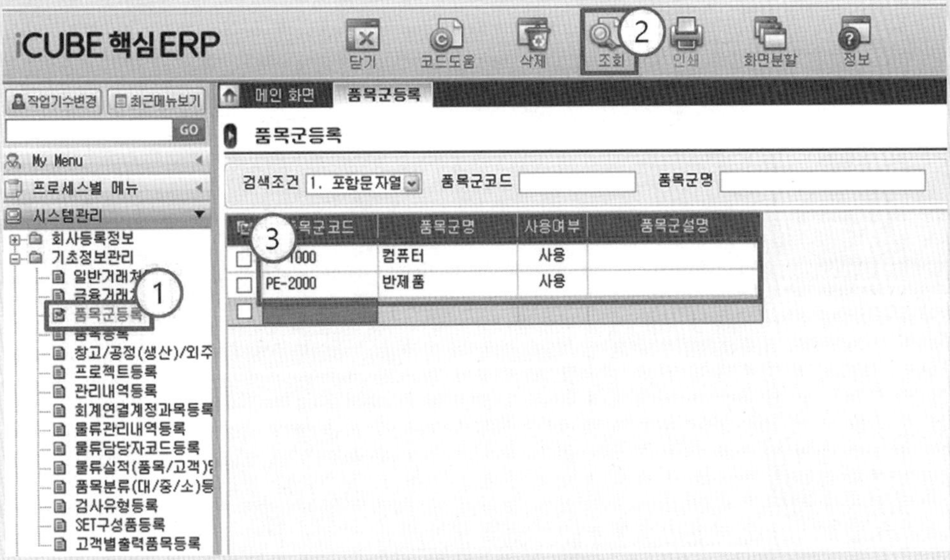

① [시스템관리] – [기초정보관리] –[품목군등록] 메뉴를 선택한다.
② [품목군등록] 메뉴는 화면 상단의 [조회]( ) 버튼을 클릭하여 입력화면을 활성화시킨 후 입력한다.
③ [품목군코드], [품목군명], [사용여부]를 입력하고 다음 행으로 이동하면 자동으로 저장된다.
④ 삭제하려면 삭제하려는 행을 선택하고 화면 상단의 [삭제]( ) 버튼을 클릭한다.

(3) 품목등록

시스템관리 ⇨ 기초정보관리 ⇨ 품목등록

[품목등록] 메뉴는 회사에서 관리하고 있는 품목 전체를 등록하는 메뉴이다. 물류관리와 생산관리 모듈을 운영하기 위해서는 반드시 입력해야 하는 중요한 정보이다. 품목등록은 회사단위로 관리하고 적용하는 Master Data이다.

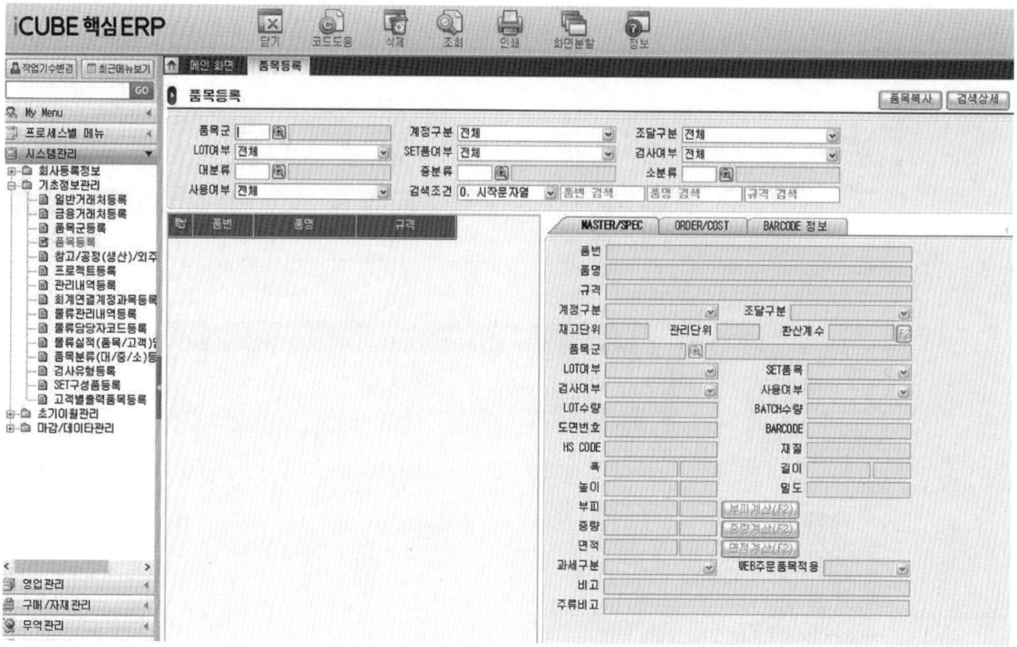

▶ 주요 항목(필드) 살펴보기

물류관리에서 품목등록에 있는 항목(필드)은 아주 중요한 부분으로, 반드시 숙지하고 있어야 합니다.

① 품목복사(품목복사) : 기초정보가 동일한 품목의 품번을 새로 등록할 때 해당되는 기초정보를 복사하는 기능이다.

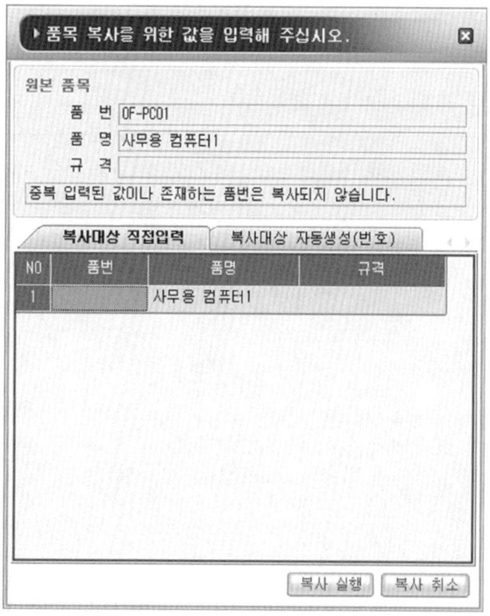

② [MASTER/SPEC] 탭

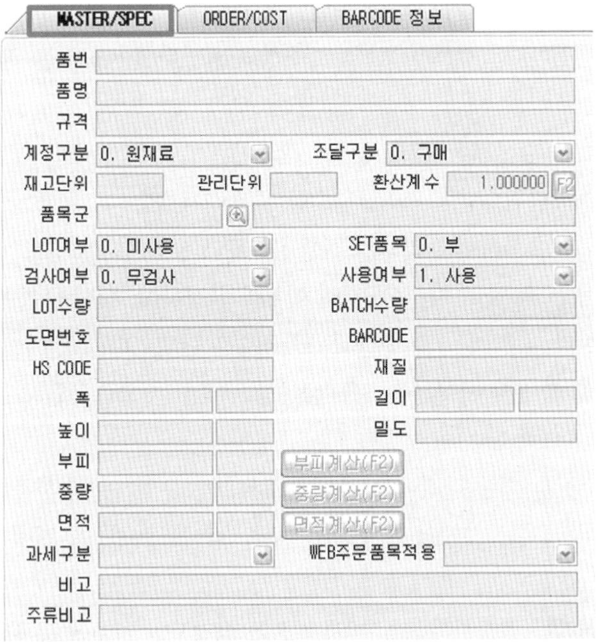

㉠ 품번 : 회사에서 품목을 구분하는 기초정보코드로 사용하며, 코드는 중복하여 사용할 수 없다. 즉 코드는 유일해야 하며 숫자, 영문, 한글 모두 입력할 수 있다.

㉡ 계정구분 : 품목의 계정인 원재료, 부재료, 제품, 반제품, 상품, 저장품, 비용, 수익 중 하나를 입력한다. 회계처리 시 해당 계정을 기준으로 분개된다.

- **재료** : 제품 제조에 필요한 구성물질로 원재료로 통칭하여 부른다. 원재료는 제품이나 반제품을 생산하는 데 투입되는 주요 자재이다.
- **부재료** : 제품이나 반제품을 생산하는 데 투입되는 부수적인 자재이다.
- **재공품** : 공정에서 가공 중인 자재이다. 제품완성 이전 단계의 상태로 판매할 수 없다.
- **반제품** : 재공품의 성격을 가지나 동시에 판매가 가능한 품목이다.
- **제품** : 제조활동을 통하여 생산이 완료되어 판매가 가능한 상태의 완성품으로, 기업이 판매를 목적으로 생산하는 품목이다.
- **상품** : 판매업자가 판매를 목적으로 제조업자로부터 구매하는 품목이다.

㉢ 조달구분 : 품목을 마련하는 조달 기준으로 구매, 생산, Phantom 으로 구성된다.

- **구매** : 발주를 계획하고 발주등록을 통해서 구입한다.
- **생산** : 직접 원재료(원료와 재료)를 이용하여 제품이나 반제품을 만든다.
- **Phantom** : 가출고, 가발주 처리에서 사용한다.

㉣ 재고단위 : 입 · 출고, 재고관리, 생산 · 외주 시 사용되는 품목의 재고 기준단위이다.

ⓜ 관리단위 : 영업 수주(주문)나 구매 발주 시 사용되는 기준단위이다.

ⓑ 환산계수 : 재고단위와 관리단위가 다른 경우, 동일한 정보로 활용할 수 있게 하는 기초 정보이다. 예를 들어 제품 1BOX가 제품 100EA로 구성되어 있다면, BOX는 관리단위이고, EA는 재고단위이다.

환산계수 = 재고단위 / 관리단위

재고단위수량 = 관리단위수량 × 환산계수

ⓢ 품목군 : 품목을 특성별로 그룹화하여 관리하기 위한 용도로 사용하는 기초정보이다.

ⓞ LOT여부 : 품목에 대한 입고와 출고 시 LOT관리 여부를 설정하며, 해당 품목이 LOT로 생산되는지 여부를 결정한다. LOT란 1회 생산되는 특정수의 단위이다.

ⓙ SET품목 : 2가지 이상을 묶어서 판매하는 SET품목을 구성하는 모품목인지 여부를 결정한다.

ⓒ 검사여부 : 영업, 구매, 생산, 외주 관리에서 검사 프로세스를 운영하는 검사품목인지 아닌지 대상여부를 설정한다. 품목등록에서 검사로 설정해도 검사프로세스를 진행하지 않아도 된다.

ⓚ 사용여부 : 품목의 사용여부를 설정한다. '0. 미사용'으로 설정하면 기존에 등록한 데이터에는 변화가 없으며, 다만 코드도움에서 조회되지 않는다.

③ [ORDER/COST] 탭

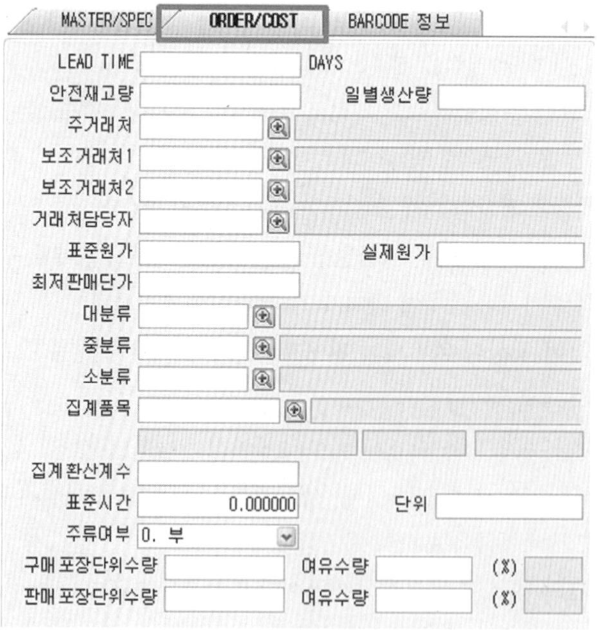

㉠ LEAD TIME : 품목 조달 시 소요되는 기간을 의미한다.
조달 구분이 '구매'인 경우 : 공급업체에 구매 발주서를 전달한 후, 해당 품목의 입고까지 소요되는 기간
조달 구분이 '생산'인 경우 : 생산 작업 지시부터 생산완료까지 소요되는 기간

㉡ 안전재고량 : 수요와 공급의 불확실한 상황을 대비하기 위해 회사가 보유하고 있는 재고량을 의미한다. 안전재고량은 적정 수준을 유지하는 것이 좋다.

㉢ 일별생산량 : 일별로 생산 가능한 수량을 의미한다. 가능수량은 재고단위기준 가능수량을 의미한다.

㉣ 표준원가 : 기업이 이상적인 제조 활동을 하는 경우에 소비될 원가이다. 품목단가, 거래처별 단가, 외주단가를 산정할 때 기준이 되는 원가로서 이상원가, 사전원가라고도 한다.

㉤ 실제원가 : 제조작업이 종료되고 제품이 완성된 후에 그 제품 제조를 위해 생겨난 가치에 대한 소비액을 산출하는 원가이다. 견적단가, 거래처별 단가, 외주단가를 산정할 때 기준이 되는 원가로서 사후원가, 확정원가라고도 한다.

※ 품목등록의 주요 필드(항목)는 출제 빈도가 높으므로 개념을 정확히 알아 놓아야 한다.

실습문제

다음은 ㈜강남의 품목등록 자료이다. 다음을 참고하여 품목을 등록하시오.

단, 품목에 대해서 LOT여부 : 0. 미사용, SET품목 : 0. 부, 검사여부 : 1. 검사(사용여부 : 1. 사용)으로 설정하시오.

품번	품명	계정 구분	조달 구분	재고 단위	관리 단위	환산 계수	품목군	LEAD TIME
OF-PC01	사무용 컴퓨터1	제품	생산	EA	EA	1	PR-1000	1
OF-PC02	사무용 컴퓨터2	제품	생산	EA	EA	1		1
M-BODY1	메인보드1	반제품	생산	EA	EA	1	PE-2000	2
M-BODY2	메인보드2	반제품	생산	EA	EA	1		2
CP-01	CPU1	원재료	구매	EA	EA	1		3
HD-01	하드디스1	원재료	구매	EA	EA	1		5
RA-01	RAM-2017	원재료	구매	EA	EA	1		2
RA-02	RAM-M1	원재료	구매	EA	EA	1		2

문제풀이

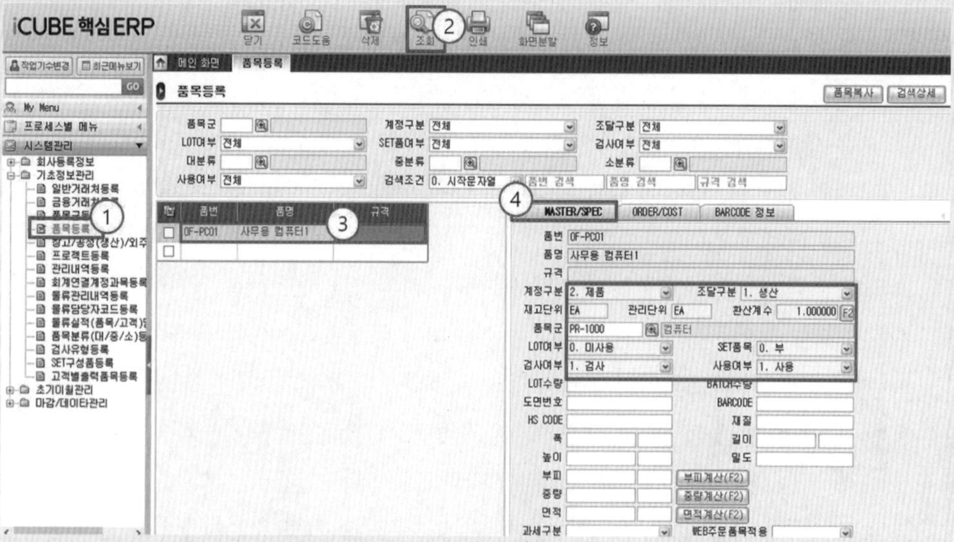

① [시스템관리] – [기초정보관리] –[품목등록] 메뉴를 선택한다.

② [품목등록] 메뉴는 화면 상단의 조회(조회) 버튼을 클릭하여 입력화면을 활성화시킨다

③ [품번] : OF-PC01, [품명] : 사무용 컴퓨터1을 입력한 후 Enter를 두 번 누르면 [MASTER/SPEC] 탭이 활성화된다.

④ 다음과 같이 입력한 후 다음 행으로 이동하면 자동으로 저장이 된다.

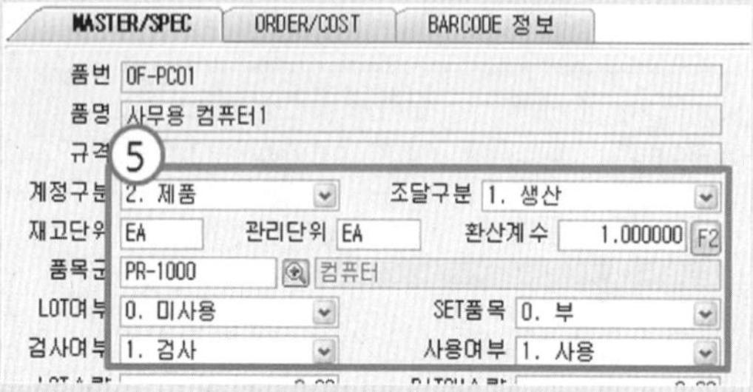

⑤ [ORDER/COST] 탭을 클릭하여 LEAD TIME을 입력하고 다음 행으로 이동하면 자동 저장된다.

⑥ 나머지 품목들도 위와 같은 방법으로 입력한다.

※ 품목복사(품목복사) 버튼을 활용한 복사 방법

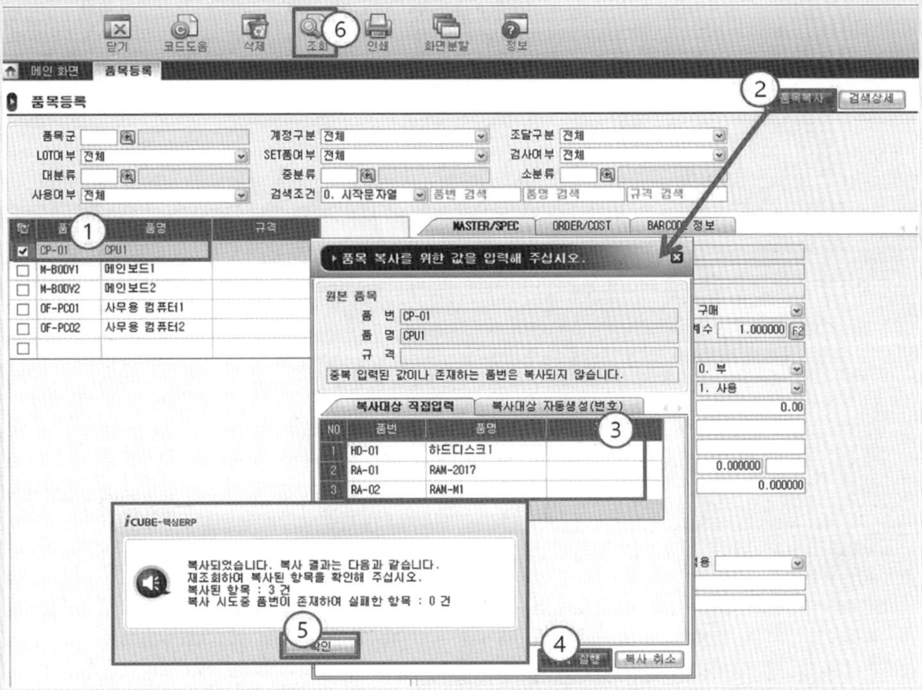

- 품목복사 후엔 [조회] 버튼을 클릭해야 복사된 내용을 볼 수 있다.
- 복사가 끝난 후엔 해당 품번을 선택한 후 [MASTER/SPEC] 탭과 [ORDER/COST] 탭을 확인하여 수정사항이 있으면 수정한다.
- 품번을 잘못 입력하면 삭제할 수 없다. 따라서 잘못 입력되었을 때에는 해당 품번을 삭제한 후 다시 입력한다.

(4) 창고/공정(생산)/외주공정등록

시스템관리 ⇨ 기초정보관리 ⇨ 창고/공정(생산)/외주공정등록

[창고/공정(생산)/외주공정등록] 메뉴는 사업장별로 관리하는 창고, 공정(생산), 외주공정에 관한 기준정보를 등록하고 관리하는 메뉴이다. [창고/공정(생산)/외주공정등록] 메뉴는 재고수불이 발생하는 창고, 생산공정, 외주공정을 사업장 단위로 관리하기 때문에 반드시 사업장을 선택한 후 입력한다. 물류관리와 생산관리프로세스를 운영하기 위해서 꼭 필요한 모듈이라 반드시 입력이 되어야 한다.

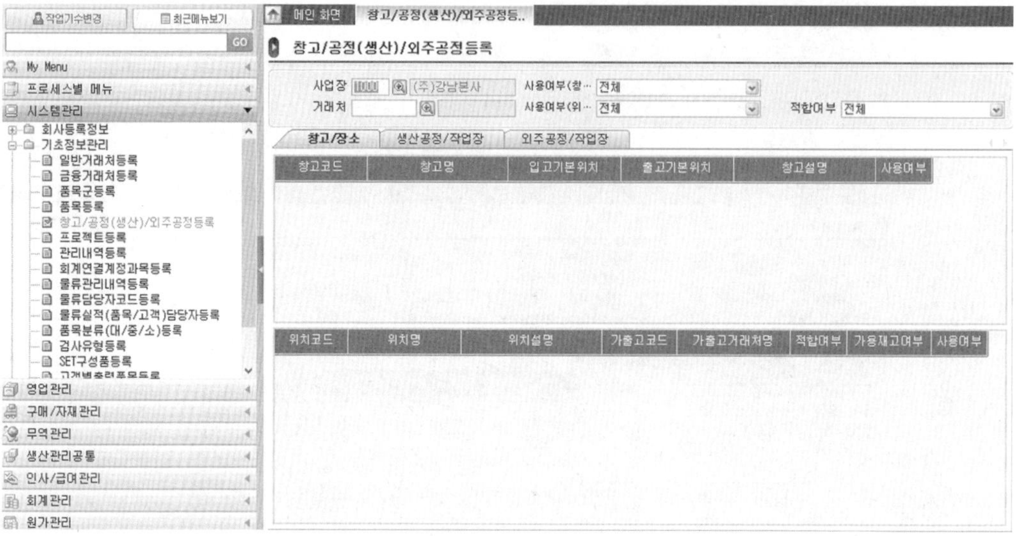

▶ 주요 항목(필드) 살펴보기

- 창고코드 : 문자, 숫자, 문자 + 숫자 혼용하여 최대 4자리까지 입력가능하다.
- 사용여부 : 해당 창고의 사용여부를 선택한다. '사용', '미사용' 중 선택할 수 있다.
- 가출고거래처명 : 가출고는 선출고나 샘플출고처럼 매출이 확정되지 않은 경우에, 일정재고를 자사의 자산관리 안에서 거래처, 대리점, 특수매장에 임시로 출고를 하고자 할 경우에 사용한다.
- 적합여부 : 품목의 상태가 좋은(양호) 품목이면 '적합', 불량품이면 '부적합'으로 구분한다.
- 가용재고여부 : 가용재고란 미래에 발생할 수 있는 거래에 대해서 예상되는 재고수량을 설정하는 것이다. 이 항목은 가용재고 여부를 설정하는 것으로, 가용재고를 산출할 때 해당 장소에 가용재고를 포함하려면 '여'로 설정, 가용재고를 포함하지 않으려면 '부'로 설정한다.
  가용재고(Available Stock) = 창고/공정의 현재고 + 입고예정량 − 출고예정량

실습문제

다음은 ㈜강남의 창고/공정(생산)/외주공정에 대한 자료이다. 다음을 참고하여 창고/공정(생산)/외주공정을 등록하시오.

① 창고/장소 등록

사업장	창고		사용여부	장소(위치)		적합여부	가용재고여부	사용여부
	창고코드	창고명		위치코드	위치명			
㈜강남본사	G100	본사제품창고	사용	G101	본사제품장소	적합	여	사용
	G200	본사부품창고	사용	G201	본사부품장소	적합	여	사용
㈜강남부산지점	B100	부산제품창고	사용	B101	부산제품장소	적합	여	사용
	B200	부산부품창고	사용	B201	부산부품장소	적합	여	사용

문제풀이

▶ [시스템관리] - [기초정보관리] - [창고/공정(생산)/외주공정등록] 메뉴를 선택한다.

㉠ ㈜강남본사 창고/장소 등록

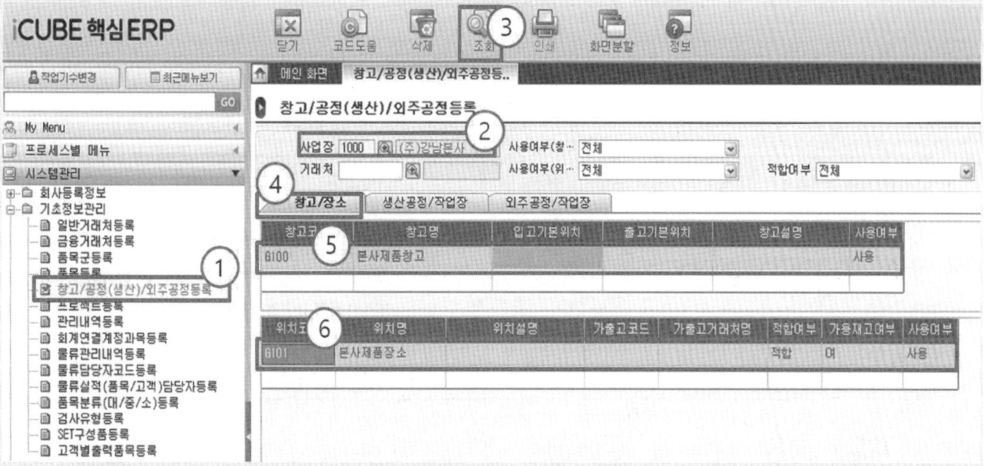

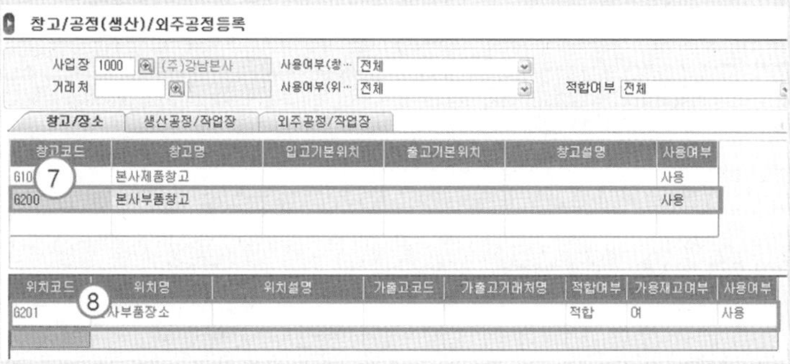

ⓒ ㈜강남부산지점 창고/장소 등록

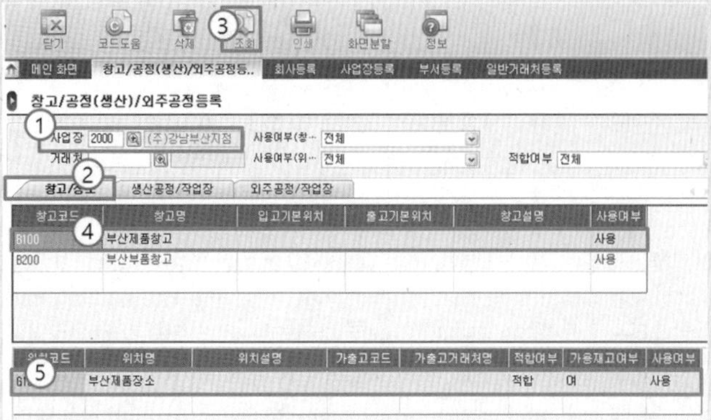

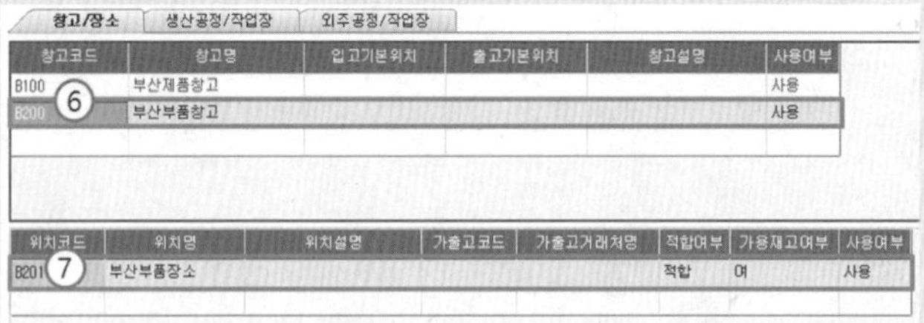

② 생산공정/작업장 등록

사업장	생산공정		사용 여부	작업장		적합 여부	사용 여부
	공정 코드	공정명		작업장 코드	작업장명		
㈜강남부산지점	P100	작업공정	사용	P101	부산제품작업장	적합	사용
				P102	부산반제품작업장	적합	사용

문제풀이

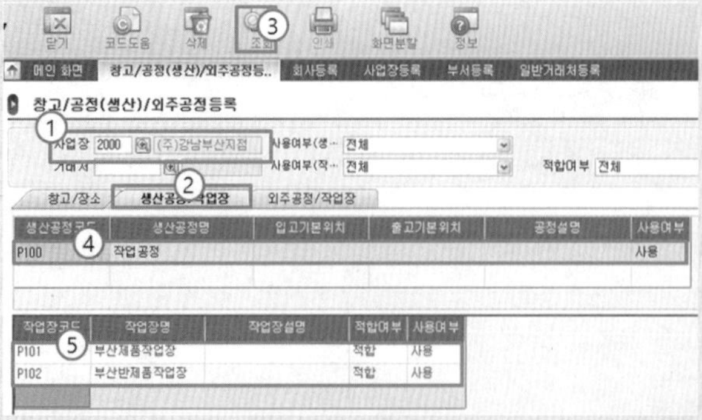

③ 외주공정/작업장 등록

사업장	외주공정		사용여부	작업장				적합여부	사용여부
	공정코드	공정명		외주거래처명	외주거래처	외주거래처명	작업장명		
㈜강남부산지점	S100	외주공정	사용	S101	101	㈜한양	㈜한양반제품작업장	적합	사용
				S102	102	㈜대진	㈜대진반제품작업장	적합	사용

문제풀이

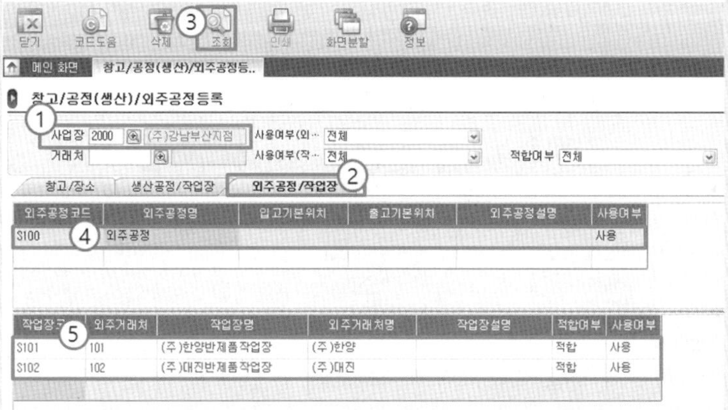

(5) 프로젝트등록

시스템관리 ⇨ 기초정보관리 ⇨ 프로젝트등록

[프로젝트등록] 메뉴는 프로젝트별 관리를 위해 등록한다. 전표입력, 회계초기이월등록, 관리항목원장, 관리내역현황과 연동되어 활용된다.

실습문제

다음은 ㈜강남의 프로젝트 개발에 대한 내용이다. 다음 내용을 참고하여 프로젝트를 등록하시오.

코드	프로젝트명	구분	프로젝트기간	시작일	원가구분	프로젝트유형
A100	울트라북개발	진행	2017/01/05 ~ 2019/12/31	2017/01/05	제조	직접
B100	외장SSD개발	진행	2017/06/01 ~ 2020/04/31	2017/06/01	제조	직접

문제풀이

▶ [시스템관리] – [기초정보관리] – [프로젝트등록] 메뉴를 선택한다.

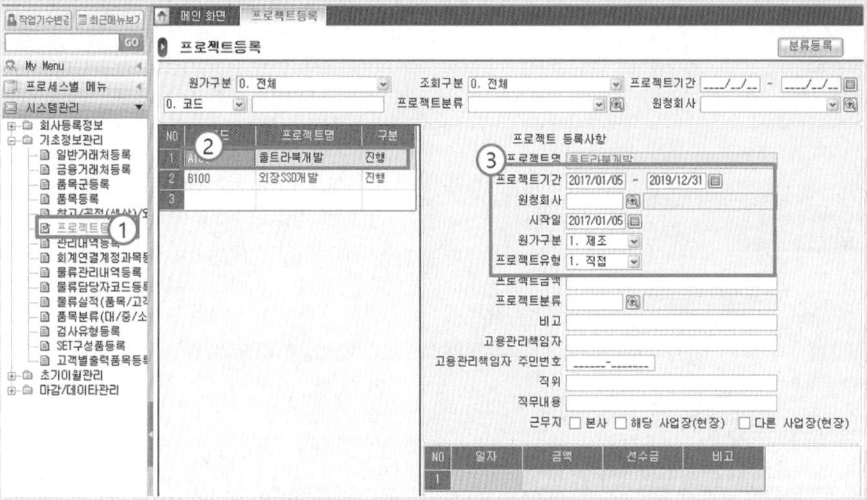

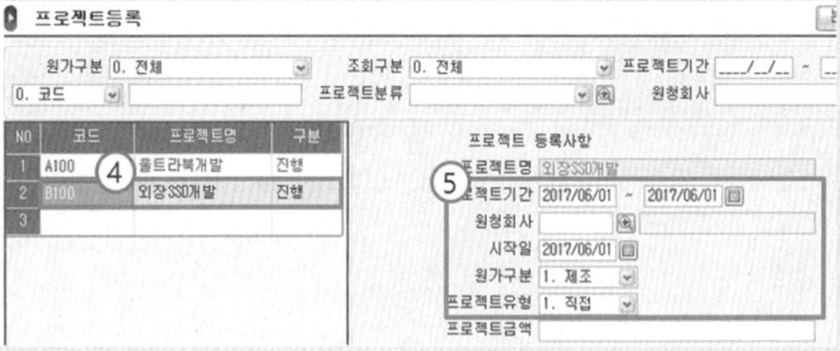

(6) 관리내역등록

시스템관리 ⇨ 기초정보관리 ⇨ 관리내역등록

[관리내역등록] 메뉴는 시스템 전반에서 사용하는 코드를 관리하기 위해, 각 계정과목별로 처리 대상이 되는 관리항목을 종류별로 구분하여 등록해 놓은 곳이다. [조회구분]은 '0. 공통, 1. 회계'로 구분되며, [관리항목]은 '변경 가능' 항목과 '변경불가능' 항목으로 구분되어 있다. [관리항목]의 추가는 회계모듈에서만 추가할 수 있다.

(7) 회계연결계정과목등록

시스템관리 ⇨ 기초정보관리 ⇨ 회계연결계정과목등록

매입이나 매출에 대한 마감을 물류, 인사, 생산모듈에서 처리한 후 전표를 발생시키기 위해 계정과목을 [회계연결계정과목등록] 메뉴에서 설정한다. 단, 인사, 물류, 생산 각 모듈에서 회계처리가 이루어진 것은 [회계관리] 모듈에 미결전표로 연결된다. 따라서 [회계관리]-[전표/장부관리]-[전표승인해제] 메뉴에서 승인받아야 한다.

실습문제

㈜강남의 전체 모듈과 전표코드 모두를 회계연결계정을 설정하시오.

문제풀이

▶ [시스템관리] – [기초정보관리] – [회계연결계정과목등록] 메뉴를 선택한다.

▶ 모듈 : 영업관리, 전표코드 : 수금을 선택한다.

▶ [초기설정] 버튼을 클릭하여 [초기화도움] 창이 띄어지면 모든 모듈을 선택한 후 [적용] 버튼을 클릭한다.

▶ "연결계정을 초기화 하시겠습니까?"라는 팝업창이 나타나면 [예] 버튼을 클릭한다.

(8) 물류관리내역등록

시스템관리 ⇨ 기초정보관리 ⇨ 물류관리내역등록

물류모듈인 '영업관리, 구매/자재관리', 무역관리와 생산모듈인 '생산관리, 외주관리' 등을 운영하기 위해 [물류관리내역등록] 메뉴에서 필요한 관리항목을 등록한다. 물류관리항목은 시스템에서 자동으로 제공하며 수정, 추가, 삭제는 할 수 없다. 항목별 관리내역은 입력, 수정, 삭제가 가능하다. 다만, 이미 등록된 관리내역명은 삭제나 변경을 하지 않는다.

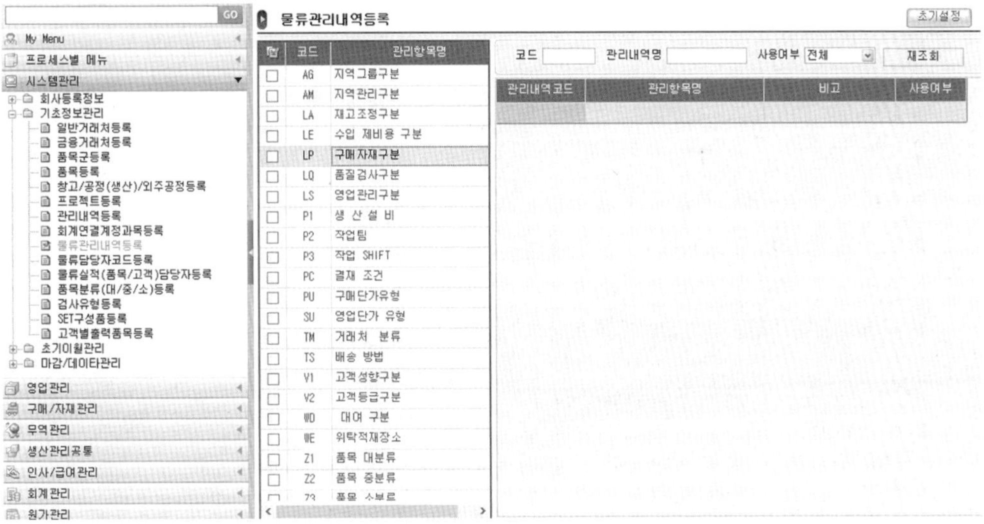

실습문제

다음은 ㈜강남의 물류관리 내역이다. 다음을 참고하여 물류관리내역을 등록하시오.

코드	관리항목명	코드	관리내역명	사용여부
LQ	품질검사구분	LQ100	성능검사	사용
		LQ200	기능검사	사용
LS	영업관리구분	LS100	총판점매출	사용
		LS200	정상판매	사용
		LS300	할인판매	사용
Z1	품목 대분류	Z100	사무용	사용
		Z200	교육용	사용
		Z300	개인용	사용

문제풀이

- ▶ [시스템관리] - [기초정보관리] - [물류관리내역등록] 메뉴를 선택한다.
- ▶ [LQ. 품질검사구분] 관리항목명을 선택한다.
- ▶ 오른쪽 창의 [관리내역코드]에 'LQ100', 'LQ200'을 각각 입력한다.
- ▶ [관리항목명]에 '성능검사', '기능검사'를 각각 입력한다.
- ▶ [사용여부] 모두 '사용'으로 선택한다.
- ▶ 나머지도 위와 같은 방법으로 입력한다.

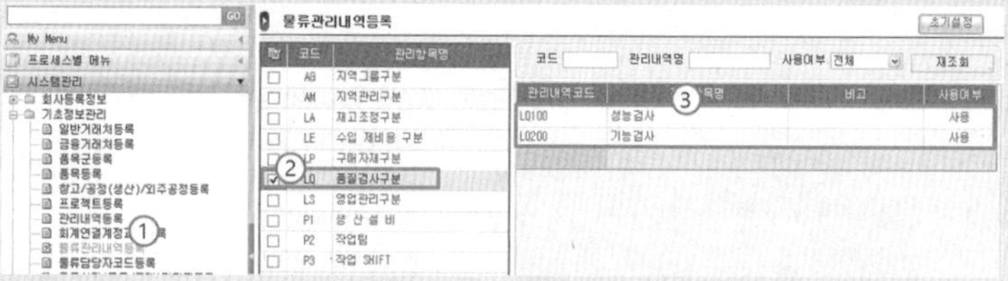

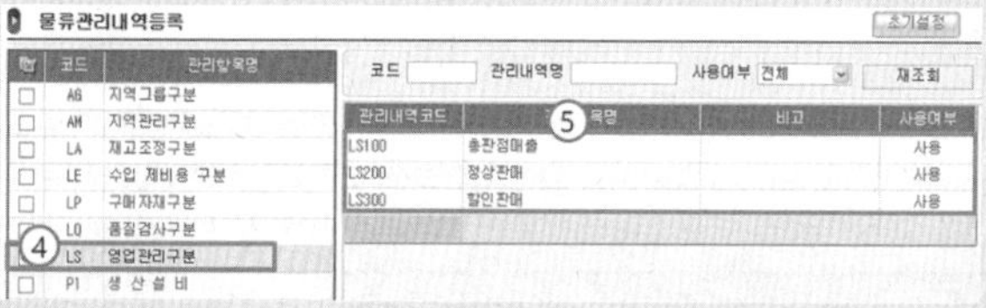

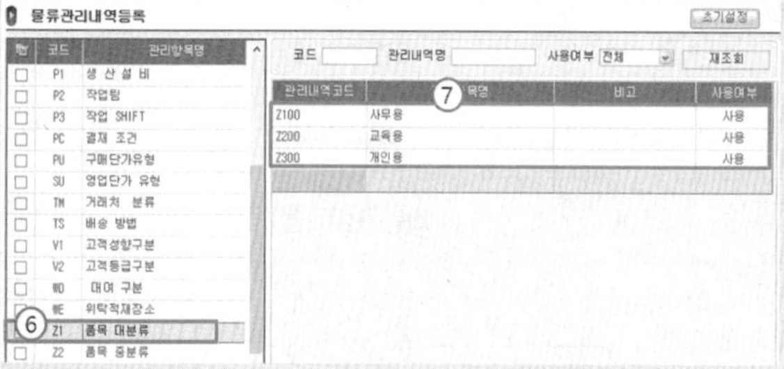

(9) 물류담당자코드등록

시스템관리 ⇨ 기초정보관리 ⇨ 물류담당자코드등록

영업, 자재, 생산 등의 업무를 효율적으로 관리하기 위해 [물류담당자코드등록] 메뉴에서 담당자를 등록한다. 사원의 업무는 부서이동이나 기타 업무변동으로 인해 변할 수 있기 때문에 효율적인 업무 관리를 위해 담당자로 등록해 관리한다(사원 한 명이 1가지 이상의 물류담당자가 될 수 있다).

실습문제

다음은 ㈜강남의 물류담당자 내역이다. 다음을 참고하여 물류담당자코드를 등록하시오.

담당자코드	담당자코드명	사원명	담당그룹		시작일	종료일	사용여부
			담당그룹코드	담당그룹명			
100	국내영업담당	한민승	10	영업그룹	2017/01/01	9999/12/31	사용
200	해외영업담당	김지우	10	영업그룹	2017/01/01	9999/12/31	사용
300	자재입출고담당	이기영	20	자재그룹	2017/01/01	9999/12/31	사용
400	생산담당	박효율	30	생산그룹	2017/01/01	9999/12/31	사용

문제풀이

▶ [시스템관리] – [기초정보관리] – [물류담당자코드등록] 메뉴를 선택한다.
▶ 화면 오른쪽 상단의 [담당그룹등록] 버튼을 클릭하여 '담당그룹'을 등록한다.
▶ 담당그룹등록이 끝나면 [확인] 버튼을 눌러 [담당그룹등록] 창을 닫는다.
▶ 물류담당자코드를 등록한다. [사원코드]와 [담당그룹]을 F2키를 눌러 [코드도움]을 이용하여 등록한다.

(10) 물류실적(품목/고객)담당자

시스템관리 ⇨ 기초정보관리 ⇨ 물류실적(품목/고객)담당자등록

[물류실적(품목/고객)담당자등록] 메뉴는 [물류담당자코드등록] 메뉴에서 등록한 코드를 조회하여 거래처별, 품목별로 담당자코드를 등록한다.

실습문제

다음은 ㈜강남의 거래처와 품목별 실적담당자 내역이다. 다음을 참고하여 거래처별 실적담당자와 품목별 실적담당자를 등록하시오.

① 거래처별 담당자

거래처	영업담당자	구매담당자	외주담당자
㈜한양		자재입출고담당	생산담당
㈜대진	국내영업담당		
삼공종합상사	국내영업담당		

문제풀이

▶ [시스템관리] – [기초정보관리] – [물류실적(품목/고객)담당자등록] 메뉴를 선택한다.

▶ [거래처] 탭을 선택한 후 [조회] 버튼을 클릭한다.

▶ 해당 거래처의 [영업담당자] 또는 [구매담당자] 필드를 더블클릭하거나 F2키를 눌러 나타나는 [코드도움]을 이용하여 해당 담당자를 입력한다.

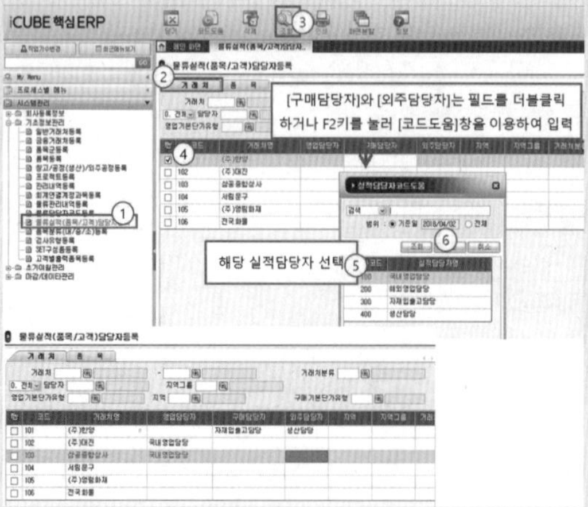

② 품목별 담당자

품번	영업담당자	자재담당자
OF-PC01	국내영업담당	자재입출고담당

문제풀이

▶ [품목] 탭을 선택한다.
▶ [조회] 버튼을 클릭한다.
▶ OF-PC01을 선택하고 [영업담당자] 필드에 '국내영업담당자', [자재담당자] 필드에 '자재입출고담당'을 입력한다.

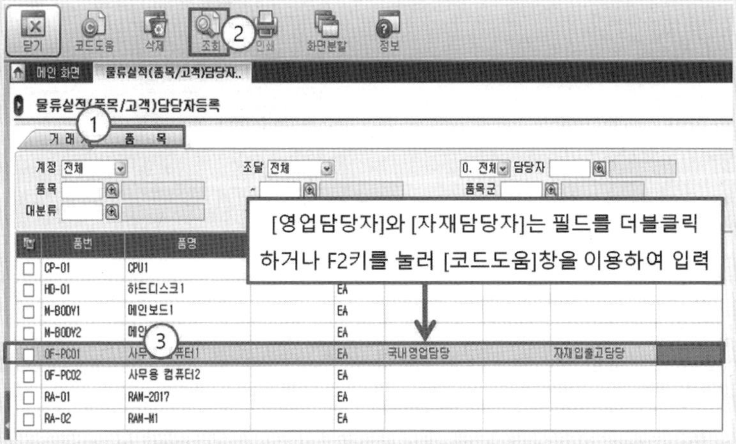

(11) 품목분류(대/중/소)등록

시스템관리 ⇨ 기초정보관리 ⇨ 품목분류(대/중/소)등록

[품목분류(대/중/소)등록] 메뉴는 품목의 특성에 따라 대분류, 중분류, 소분류로 그룹화하여 관리하고자 할 때 사용한다. [품목등록] 메뉴의 [ORDER/COST] 탭에서도 등록할 수 있으며, 품목군 등록보다 더 세분화된 관리를 위해 품목분류등록을 한다.

실습문제

품명	대분류
OF-PC01	사무용

문제풀이

▶ [시스템관리] – [기초정보관리] – [품목분류(대/중/소)등록] 메뉴를 선택한다.

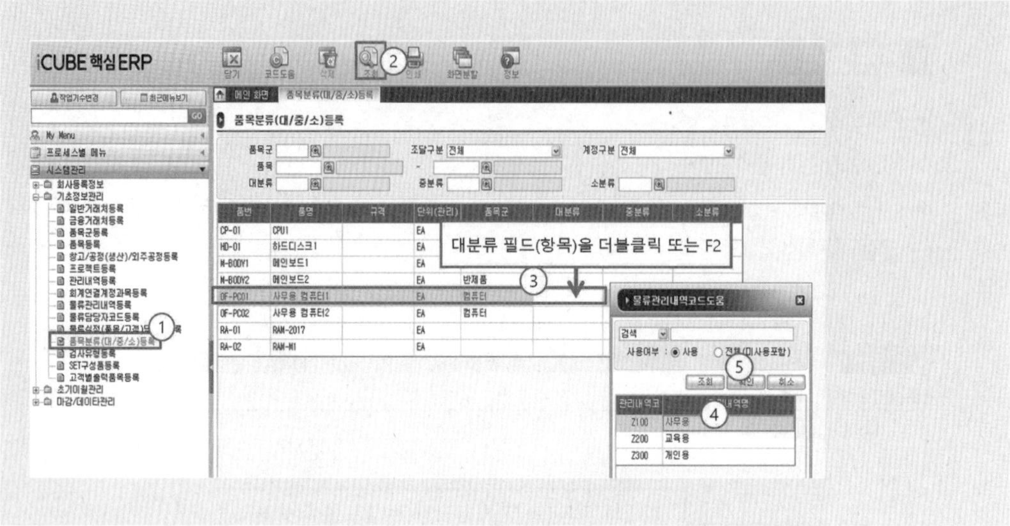

(12) 검사유형등록

시스템관리 ⇨ 기초정보관리 ⇨ 검사유형등록

'11. 구매검사, 21. 외주검사, 41. 공정검사, 51. 출하검사'에서 검사해야 할 항목은 [검사유형등록] 메뉴를 통해 등록한다. 입고검사/출고검사 등의 등록메뉴에서 각 품목별 검사내역을 관리하기 위해 사용하는 메뉴이다. [검사유형등록] 메뉴에 등록된 검사유형은 다음과 같이 적용된다.

구매검사 : [구매/자재관리] – [구매관리] – [입고검사등록] 메뉴에 적용된다.

외주검사 : [생산관리공통] – [외주관리] – [외주실적검사] 메뉴에 적용된다.

공정검사 : [생산관리공통] – [생산관리] – [생산실적검사] 메뉴에 적용된다.

출하검사 : [영업관리] – [영업관리] – [출고검사등록] 메뉴에 적용된다.

실습문제

다음은 ㈜강남의 검사유형 설정사항이다. 다음을 참고하여 검사유형을 등록하시오.

검사구분	코드	검사유형명	사용여부	No	검사유형질문	입력필수
구매검사	10	외관검사	사용	1	부품이 정확한 위치에 장착되었나?	필수
			사용	2	포장상태는 양호한가?	
외주검사	10	성능검사	사용	1	부품이 작업지시서대로 사용되었나?	필수
			사용	2	포장상태는 양호한가?	
공정검사	10	성능검사	사용	1	부품이 작업지시서대로 사용되었나?	필수
			사용	2	부품 성능은 양호한가?	

출하검사	10	외관검사	사용	1	포장 상태는 양호한가?	필수
			사용	2	파손된 부분은 없는가?	

실습문제

▶ [시스템관리] – [기초정보관리] – [검사유형등록] 메뉴를 선택한다.

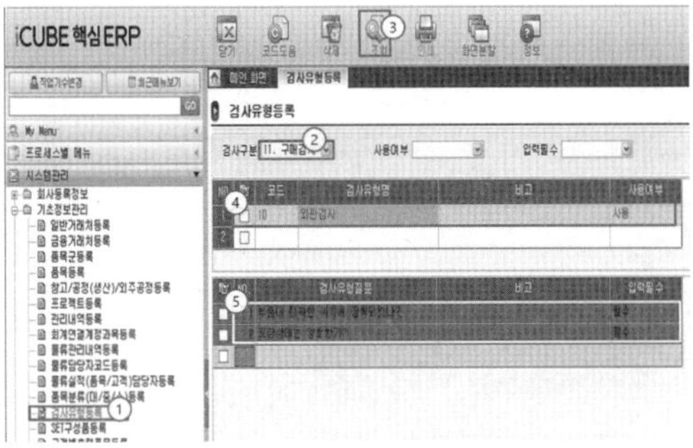

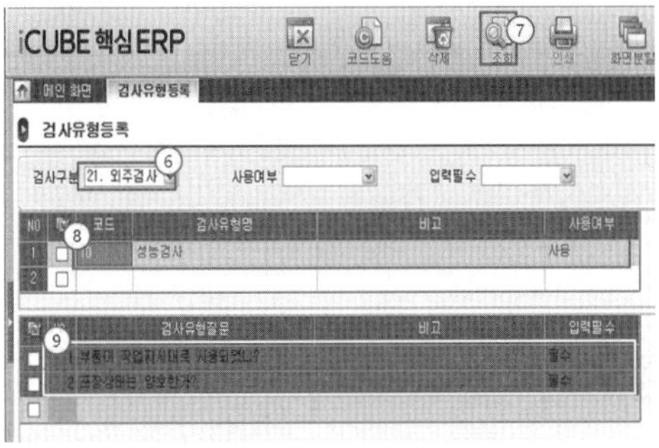

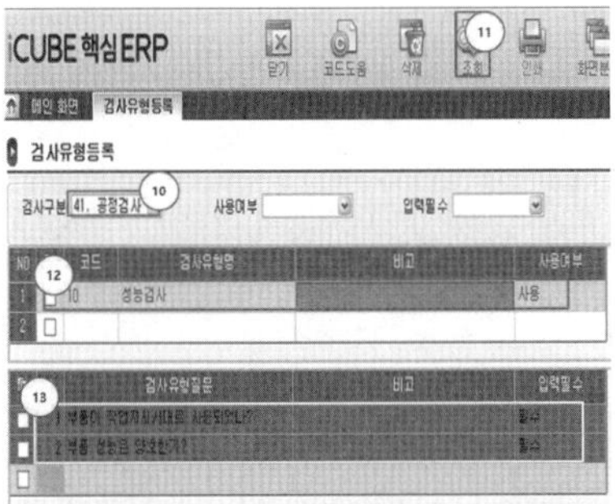

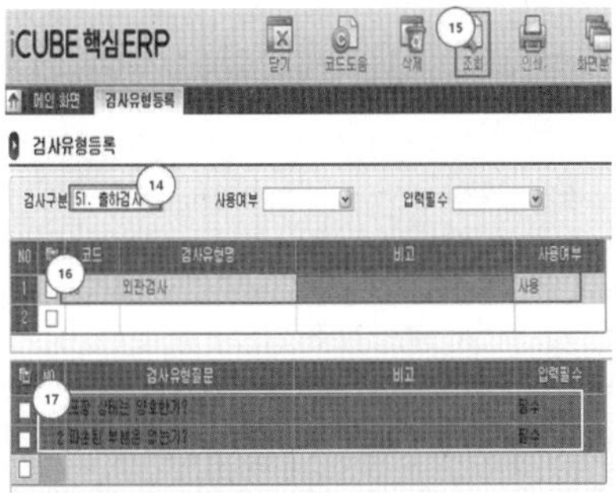

(13) SET구성품등록

시스템관리 ⇨ 기초정보관리 ⇨ SET구성품등록

[SET구성품등록] 메뉴는 SET 구성품 관리를 위해 SET 모품목에 대해 SET 자품목을 입력한다. SET 품목이란 구정이나 설날처럼 특별한 날을 위한 선물세트처럼 기획 상품을 만드는 것이다. 즉, 단품으로 판매되던 상품 또는 제품을 묶어 하나의 상품단위를 만들어 판매하는 것이다. 예를 들면 참치세트, 식용유세트, 커피세트처럼 단품들을 묶어 하나의 상품 또는 제품을 만드는 것이다.

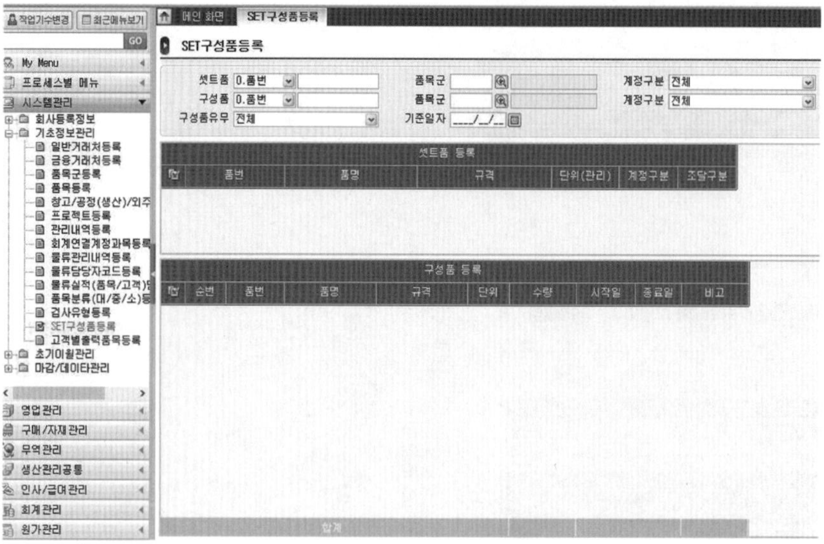

실습문제

㈜강남은 여름방학 특별 이벤트 상품을 기획하려한다. 기획 상품은 다음과 같다. 다음을 참고하여 SET구성품등록을 하시오.

(SUM-PC01의 계정구분-제품, 조달구분-생산, 재고단위/관리단위 - EA, SET품목 - 여)

SET 품번	SET 품명	구성품 품번	수량	시작일	종료일
SUM-PC01	SUMMER PC	HD-01	1	2017/06/30	2017/07/31
		M-BODY1	1	2017/06/30	2017/07/31
		RA-01	1	2017/06/30	2017/07/31
		CP-01	1	2017/06/30	2017/07/31

문제풀이

▶ [시스템관리] → [기초정보관리] → [SET구성품등록]을 클릭한다.

▶ [조회] 버튼을 눌러 SET구성품등록을 조회한다. 만약 아래와 같이 '조회된 데이터 없습니다'라고 메시지가 나오면 [품목등록]에서 SET구성품을 구성해야 한다.

▶ [시스템관리] → [기초정보관리] → [품목등록]을 클릭 → [조회] 버튼을 클릭한 후 아래와 같이 입력한다. 주의할 점은 SET구성품인 'SUM-PC01' 은 [SET품목]을 '1. 여'로 설정하고, 자품목인 구성품들은 모두 [SET품목]을 '0. 부'로 설정해야 한다.

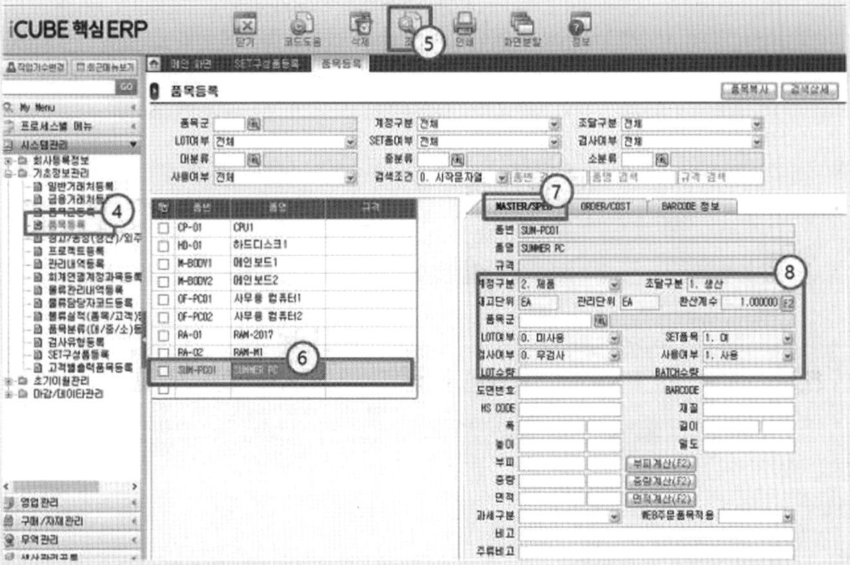

▶ [시스템관리] → [기초정보관리] → [SET구성품등록]을 클릭 → [조회] 버튼을 클릭한다. 해당 품명과 수량, 시작일, 종료일을 아래와 같이 입력 → [조회] 버튼을 클릭하여 저장한다.

(14) 고객별출력품목등록

시스템관리 ⇨ 기초정보관리 ⇨ 고객별출력품목등록

[고객별출력품목등록] 메뉴는 고객별로 품번, 품명, 규격 등을 입력할 수 있다. 한 품목에 대해서 고객별로 품번, 품명, 규격 등이 다를 수 있다. 이 때, 고객마다 요구하는 품번, 품명, 규격 등을 세금계산서나 거래명세서 등을 출력할 때 요구에 맞도록 선택하여 출력하기 위해 등록하는 메뉴이다.

2) 초기이월관리

(1) 회계초기이월등록

시스템관리 ⇨ 초기이월관리 ⇨ 회계초기이월등록

[회계초기이월등록] 메뉴에서 회계단위별 전기분 재무상태표, 손익계산서, 원가보고서를 입력하고 조회하며, 이 메뉴는 회계모듈에서 사용한다. 차기에는 [마감및년도이월] 메뉴에서 이월작업을 진행하기 때문에 등록작업을 별도로 하지 않아도 된다.

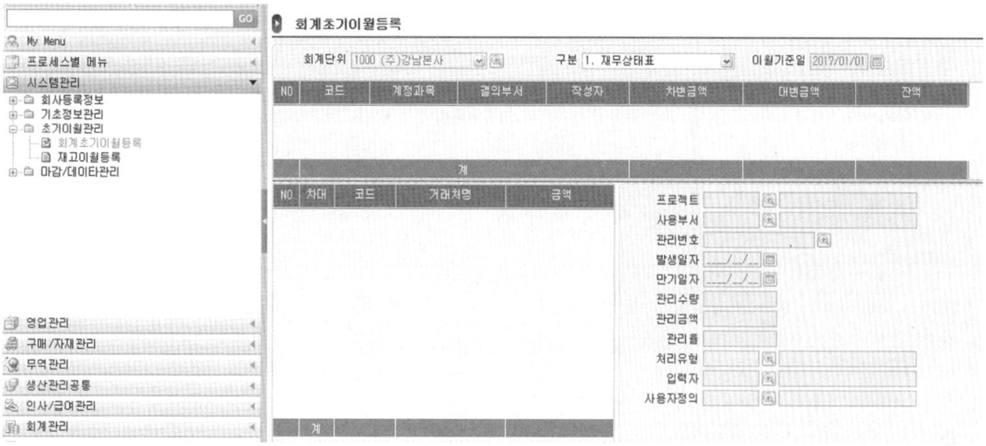

(2) 재고이월등록

시스템관리 ⇨ 초기이월관리 ⇨ 재고이월등록

[재고이월등록] 메뉴는 당해 기말재고(재공)정보를 차기 연도의 기초재고(재공)정보로 이월시킨다. 이월 작업을 진행한 후에는 대상연도재고를 수정할 수 없도록 [영업마감/통제등록]과 [자재마감/통제등록]을 한다.

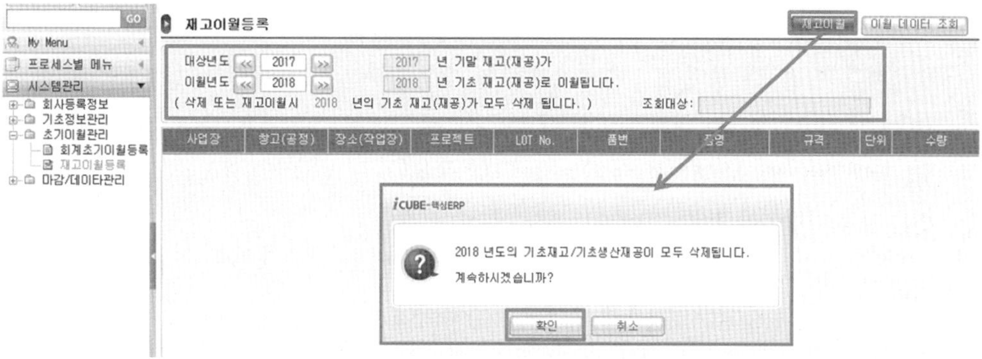

3) 마감/데이터관리

(1) 영업마감/통제등록

시스템관리 ⇨ 마감/데이타관리 ⇨ 영업마감/통제등록

[영업마감/통제등록] 메뉴에서 영업정보에 대한 '판매단가 유형, 품목코드도움창, 마감일자' 정보를 설정한다. 사업장 단위로 [영업마감/통제등록]을 하며, 반드시 [저장] 버튼을 눌러 저장해야 변경사항이 적용된다.

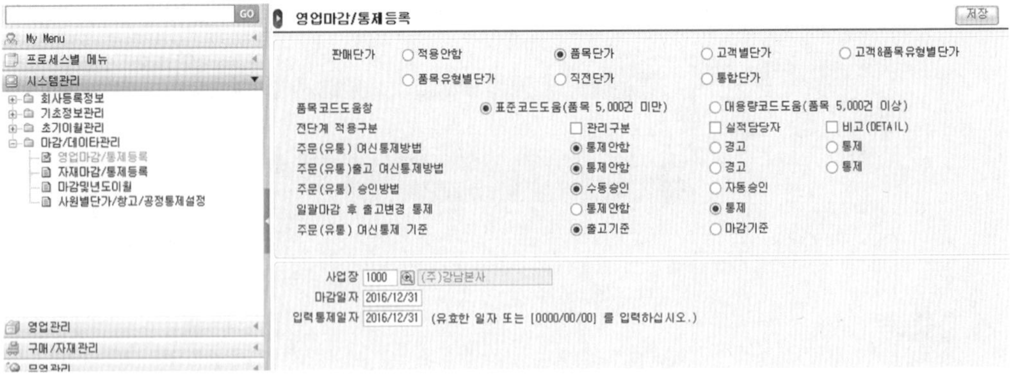

▶ 주요 항목(필드) 살펴보기

- 판매단가 : 견적이나 수주를 등록할 때 필요한 단가의 유형을 선택한다. [영업관리]-[기초정보관리] 메뉴에 선택하려는 항목에 대한 품목단가, 고객별단가가 등록되어 있어야 견적이나 수주 등록 시 해당 단가를 적용할 수 있다. 〈품목단가〉는 모든 거래처에 동일 단가를 적용하고, 〈고객별단가〉는 거래처별로 단가를 달리 설정할 때 사용한다.
- 품목코드도움창 : 〈대용량코드도움〉은 품목이 5,000건 이상이라 품목 조회에 시간이 많이 소요되는 경우에 사용한다.
- 전단계 적용구분 : 전단계에서 등록한 관리구분, 실적담당자, 비고(DETAIL)의 데이터들을 그대로 가져오도록 설정하거나 복사하여 적용할 때 선택한다.
- 일괄마감 후 출고변경 통제 : 출고처리를 할 때 마감구분은 '일괄'과 '건별'로 구분된다. 출고처리 시 일괄마감 처리된 내역은 이전 단계인 출고처리에서 출고수량, 출고금액을 매출마감의 수량, 금액과는 별도로 변경할 수 있는지에 대한 여부를 결정한다(일괄마감은 수동 마감이고, 건별은 자동 마감이라 할 수 있다).
  - 일괄마감(수동으로 매출마감) : 출고를 처리할 때 매출마감을 별도로 해야 한다. 매출마감은 여러 건의 출고를 1건으로 묶어서 마감하거나 1건의 출고를 여러 건으로 나누어 마감할 수 있다.

- 건별마감(자동으로 매출마감) : 건별마감은 출고를 처리할 때 '자동'으로 매출마감이 되며, 출고 처리한 내역을 변경 없이 매출마감할 때 사용한다. 매출마감에서는 '삭제'와 '변경작업'을 할 수 없으므로 출고처리에서 한다.

• 마감일자 : 매출이나 매출반품에 대한 수불(이동)을 마감일자 이전으로 통제한다. 재고평가를 했을 때에는 마감일자가 자동으로 설정되며, 사용자가 직접 마감일자를 입력할 수 있다.

• 입력통제일자 : 재고수불과 관련 없는 메뉴인 견적등록, 수주등록 등에 대한 입력통제일을 설정한다. 입력통제일자에 입력된 일자 또는 그 이전일자로는 데이터의 등록, 삭제, 변경을 할 수 없도록 제한한다.

실습문제

다음 ㈜강남의 영업마감/통제등록 정보이다. 다음을 참고하여 영업마감/통제등록에 등록하시오.

사업장코드	사업장명	판매단가	일괄마감 후 출고변경 통제	마감일자	입력통제일자
1000	㈜강남본사	품목단가	통제	2016/12/31	2016/12/31
2000	㈜강남부산지점	품목단가	통제	2016/12/31	2016/12/31

문제풀이

▶ [시스템관리] – [마감/데이타관리] – [영업마감/통제등록] 메뉴를 선택한다.

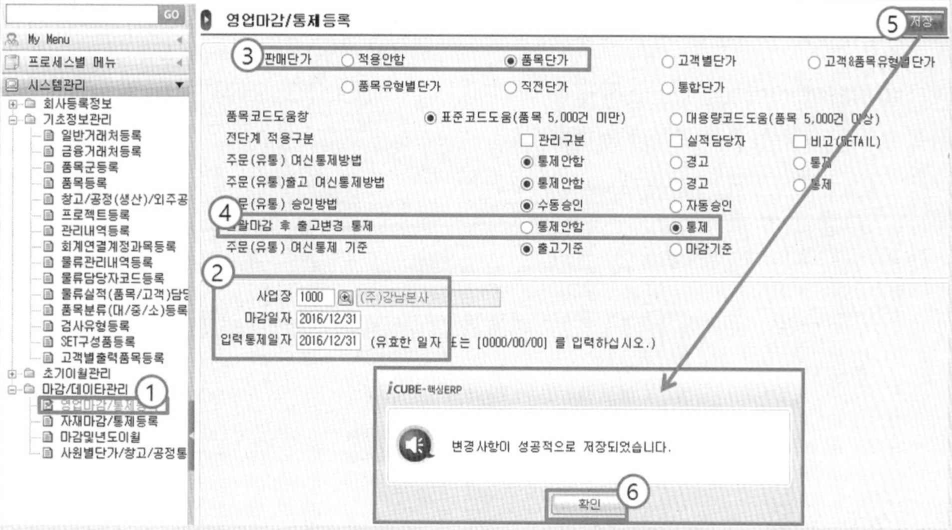

※ 사업장 단위로 등록하며, 반드시 [저장] 버튼을 클릭하여 저장한다. 저장을 하지 않으면 설정한 내용이 반영되지 않는다.

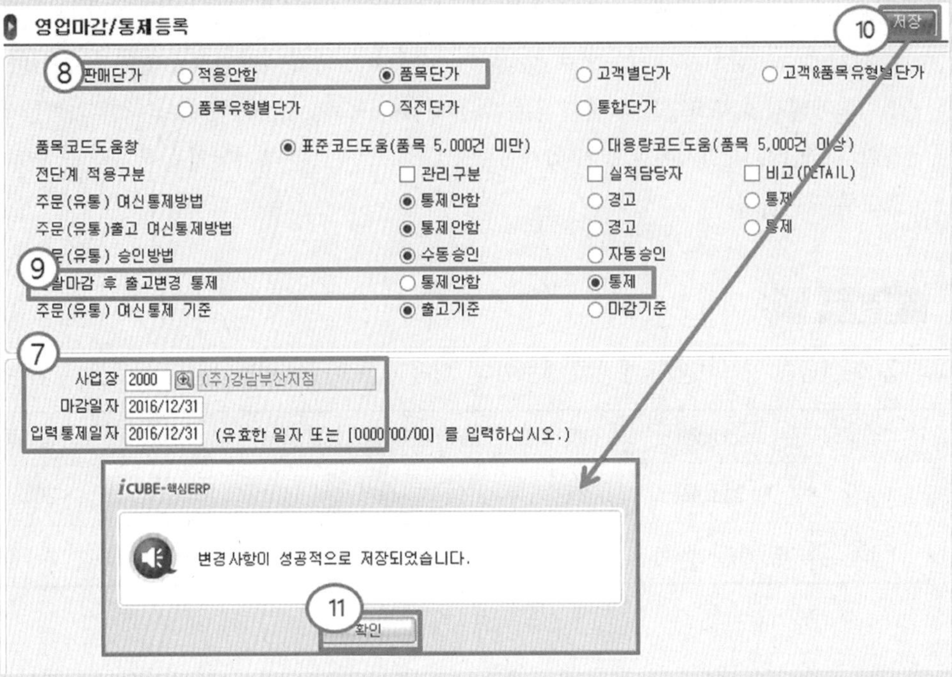

(2) 자재마감/통제등록

시스템관리 ⇨ 마감/데이타관리 ⇨ 자재마감/통제등록

[자재마감/통제등록] 메뉴는 자재정보에 대한 '구매단가 유형, 재고평가방법, 사업장이동평가, 품목코드 도움창' 등의 정보를 설정한다.

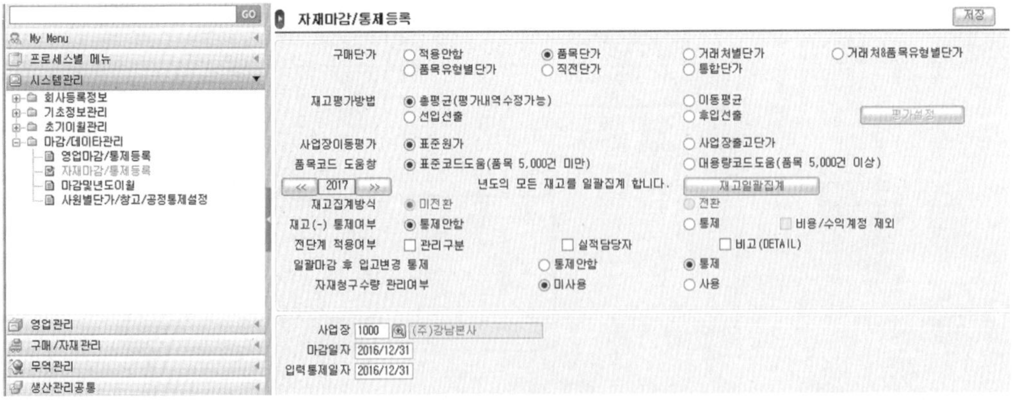

▶ 주요 항목(필드) 살펴보기

- 구매단가 : 발주할 때 적용할 단가의 유형을 선택한다. 품목단가는 [구매/자재관리]-[기초정보관리] 메뉴에서 해당 정보인 '품목단가'와 '거래처별단가'가 등록되어 있어야 적용할 수 있다. 구매단가 항목을 품목단가로 설정하더라도 품목단가에 품목별로 구매단가가 등록되어 있지 않으면 단가를 반영할 수 없다.
- 재고평가방법 : 총평균법, 이동평균법, 선입선출법, 후입선출법 중 하나를 선택한다. 재고평가 시 [구매/자재관리]-[재고평가] 메뉴에서 사용된다.
- 재고(-)통제여부 : 재고에 따른 출고처리 여부를 설정한다. 〈통제안함〉은 재고가 없어도 출고처리를 가능하게 하며, 〈통제〉는 재고가 없을 시 출고를 할 수 없도록 마이너스(-) 재고를 허용하지 않는다.
- 일괄마감 후 입고변경 통제 : 입고처리를 할 때 마감구분은 '일괄'과 '건별'로 구분된다. '일괄' 마감처리 된 내역은 전 단계인 '입고처리'에서 입고수량과 금액을 매입마감의 수량과 금액으로 변경할지에 대한 여부를 결정한다.
  - 일괄마감(수동으로 매입마감) : 입고를 처리할 때 매입마감을 별도로 해야 한다. 매입마감은 여러 건의 입고를 1건으로 묶어서 마감하거나 1건의 입고를 여러 건으로 마감할 수 있다.
  - 건별마감(자동으로 매입마감) : 건별마감은 입고를 처리할 때 '자동'으로 매입마감이 되고 입고를 처리한 내역 그대로 변경 없이 매입마감을 할 경우 사용한다. 매입마감에서는 '삭제'와 '변경작업'이 처리되지 않으므로 입고처리에서 처리한다.
- 마감일자 : 매입이나 매입반품에 대해서 마감일자 이전으로 수불(이동)하는 것을 통제한다. 재고평가를 하였을 때에는 마감일자가 자동으로 설정되며, 사용자가 직접 마감일자를 입력할 수 있다.
- 입력통제일자 : 재고수불과 관련 없는 메뉴인 청구등록이나 발주등록 등에 대한 입력통제일을 설정한다. 입력통제일자에 입력된 일자와 같거나 그 이전 일자로는 데이터의 등록, 삭제, 변경을 할 수 없도록 제한을 받는다.

실습문제

다음 ㈜강남의 자재마감/통제등록 정보이다. 다음을 참고하여 자재마감/통제등록에 등록하시오.

사업장코드	사업장명	구매단가	재고평가 방법	일괄마감 후 출고변경 통제	마감일자	입력통제일자
1000	㈜강남본사	품목단가	총평균	통제	2016/12/31	2016/12/31
2000	㈜강남부산지점	품목단가	총평균	통제	2016/12/31	2016/12/31

문제풀이

▶ [시스템관리] – [마감/데이타관리] – [재고마감/통제등록] 메뉴를 선택한다.

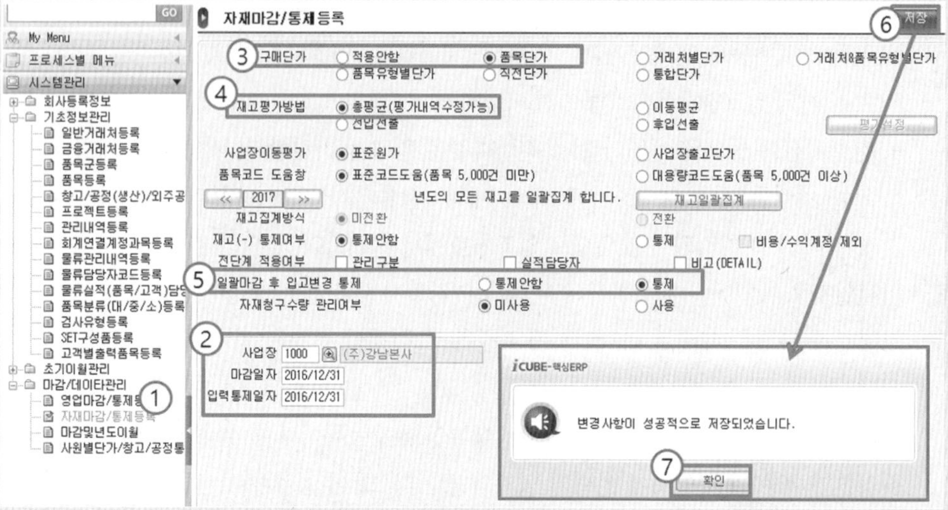

※ 사업장 단위로 등록하며, 반드시 [저장] 버튼을 클릭하여 저장한다. 저장을 하지 않으면 설정한 내용이 반영되지 않는다.

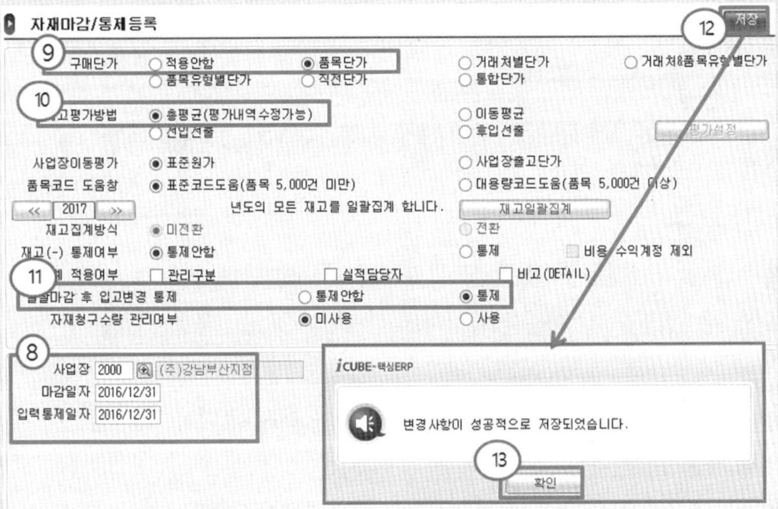

※ 사업장 단위로 등록하며, 반드시 [저장] 버튼을 클릭하여 저장한다. 저장을 하지 않으면 설정한 내용이 반영되지 않는다.

4) 영업/구매/자재 기초정보관리

(1) 품목단가등록

영업관리 ⇨ 기초정보관리 ⇨ 품목단가등록 구매/자재관리 ⇨ 기초정보관리 ⇨ 품목단가등록

[시스템관리]-[기초정보관리]-[품목등록] 메뉴에 등록된 품목에 대한 구매단가 및 판매단가는 [품단가등록] 메뉴에 등록한다.

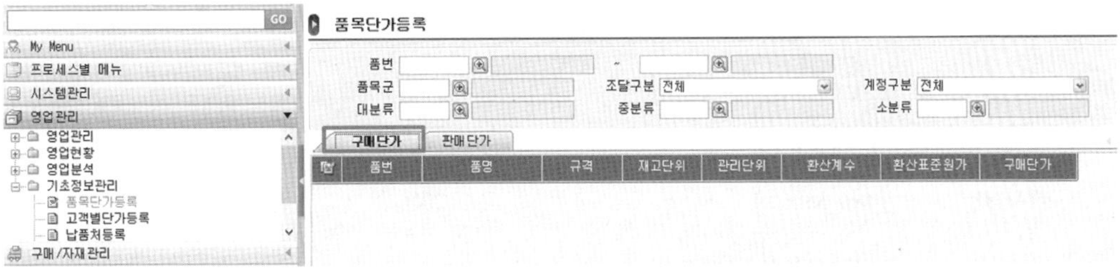

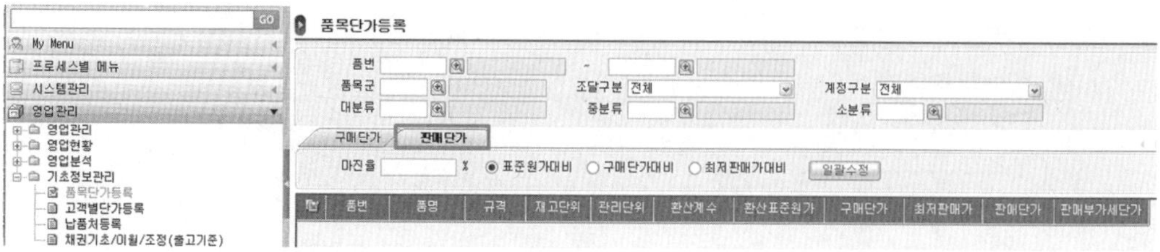

▶ 주요 항목(필드) 살펴보기

- 일괄수정(일괄수정) : 마진율을 입력, '표준원가대비, 구매단가대비, 최저판매가대비' 옵션 중 하나를 선택한 후 [일괄수정] 버튼을 클릭하면 판매단가에 마진율을 적용한 단가가 일괄 등록된다.
- 환산표준원가 : [시스템관리]-[기초정보관리]-[품목등록]에서 입력한 '표준원가 × 환산계수'의 계산식에 의해 자동반영된다.
- 구매단가 : 계정구분이 '원재료, 상품'인 경우 [구매단가] 탭에서 입력한 단가가 자동 반영된다.
- 최저판매가 : [시스템관리]-[기초정보관리]-[품목등록]에서 입력한 최저판매가가 자동반영된다.

① 구매단가등록

[시스템관리]-[기초정보관리]-[품목등록] 메뉴에서 등록한 품목 중 조달구분이 '구매'인 품목은 [품단가등록] 메뉴의 [구매단가] 탭에서 등록한다. 구매단가는 계정구분이 '원재료, 부재료, 상품, 저장품' 등 구매해야 하는 품목에 대해서만 적용한다. 또한 구매단가등록은 유일한 단가를 사용하는 품목에 사용되며 [시스템관리]-[마감/데이타관리]-[자재마감/통제등록] 메뉴에서 구매단가 항목이 '품목단가'로 선택되어 있어야 적용할 수 있다.

실습문제

다음은 ㈜강남의 원재료에 대한 구매단가 정보이다. 다음을 참고하여 구매단가를 등록하시오.

품번	품명	구매단가(원)
CP-01	CPU1	250,000
HD-01	하드디스크1	120,000
RA-01	RAM-2017	80,000
RA-02	RAM-M1	50,000

문제풀이

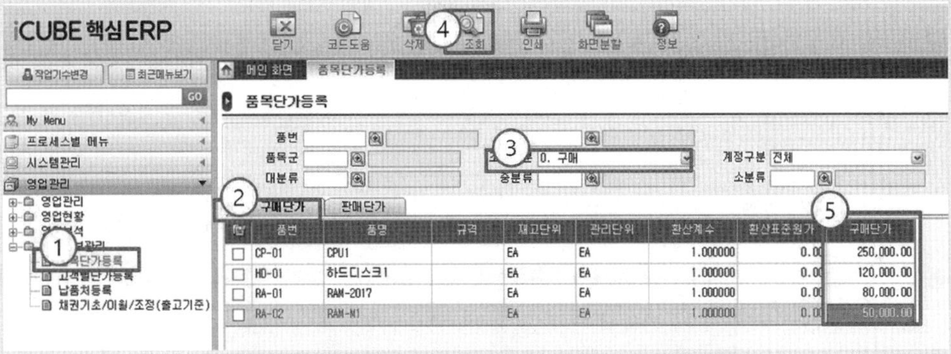

① [영업관리] – [기초정보관리] – [품목단가등록] 메뉴를 선택한다.

② [구매단가] 탭을 선택한다.

③ [조달구분]은 '0. 구매'를 선택한다.

④ 상단에 있는 [조회] 버튼을 클릭한다.

⑤ 〈구매단가〉를 입력한다.

② 판매단가등록

[품단가등록] 메뉴의 [구매단가] 탭은 [시스템관리]–[기초정보관리]–[품목등록] 메뉴에서 등록한 품목 중 조달구분이 '생산'인 품목에 대한 판매단가를 등록한다. 판매단가는 '제품, 반제품, 상품' 등 계정구분이 판매 목적의 품목에 대해서만 적용한다.

또한 판매단가등록은 유일한 단가를 사용하는 품목에 사용되며 [시스템관리]–[마감/데이타관리]–[영업마감/통제등록] 메뉴에서 판매단가 항목이 '품목단가'로 선택되어 있어야 적용할 수 있다.

실습문제

다음은 ㈜강남의 제품, 반제품에 대한 판매단가 정보이다. 다음을 참고하여 판매단가를 등록하시오.

품번	품명	판매단가(원)
M–BODY1	메인보드1	250,000
M–BODY2	메인보드2	300,000
OF–PC01	사무용 컴퓨터1	1,200,000
OF–PC02	사무용 컴퓨터2	950,000
SUM–PC01	SUMMER PC	900,000

문제풀이

▶ [영업관리] – [기초정보관리] – [품목단가등록]을 선택한다.

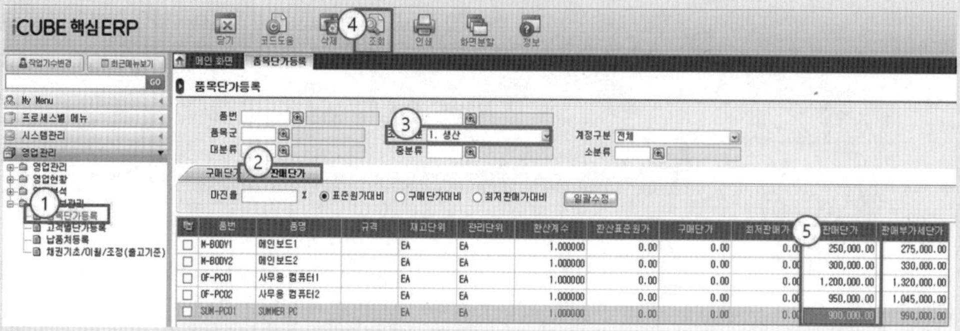

① [영업관리] – [기초정보관리] – [품목단가등록] 메뉴를 선택한다.
② [판매단가] 탭을 선택한다.
③ [조달구분]에서 '1. 생산'을 선택한다.
④ 상단에 있는 [조회] 버튼을 클릭한다.
⑤ 〈판매단가〉를 입력한다.

(2) 고객별단가등록

영업관리 ⇨ 기초정보관리 ⇨ 고객별단가등록
구매/자재관리 ⇨ 기초정보관리 ⇨ 거래처별단가등록

[고객별단가등록]과 [거래처별단가등록] 메뉴는 고객별, 거래처별로 같은 품목에 대하여 단가를 다르게 적용시키고자 할 때 사용하며, 이 두 메뉴는 동일한 작업이다.

[구매단가] 탭은 계정구분이 '원재료, 부재료, 상품, 저장품' 등 구매해야 하는 품목만 해당되며, [시스템관리]–[마감/데이타관리]–[자재마감/통제등록] 메뉴에서 '구매단가' 항목이 '거래처별단가'로 선택되어 있어야 적용된다.

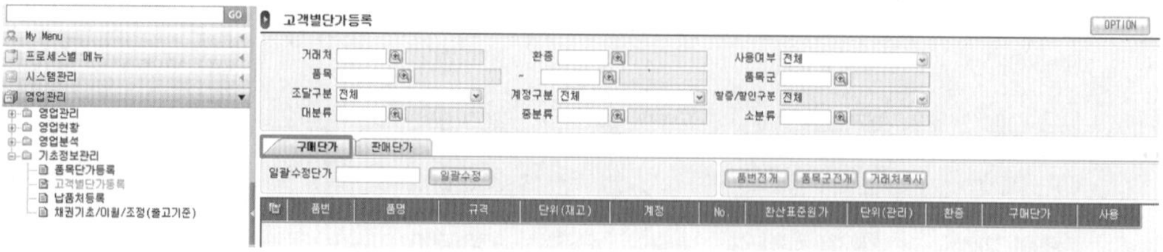

[판매단가] 탭은 계정구분이 '제품, 반제품, 상품' 등 판매를 목적으로 하는 품목만 해당되며, [시스템관리]-[마감/데이타관리]-[영업마감/통제등록] 메뉴에서 '판매단가' 항목이 '고객별단가'로 선택되어 있어야 적용된다.

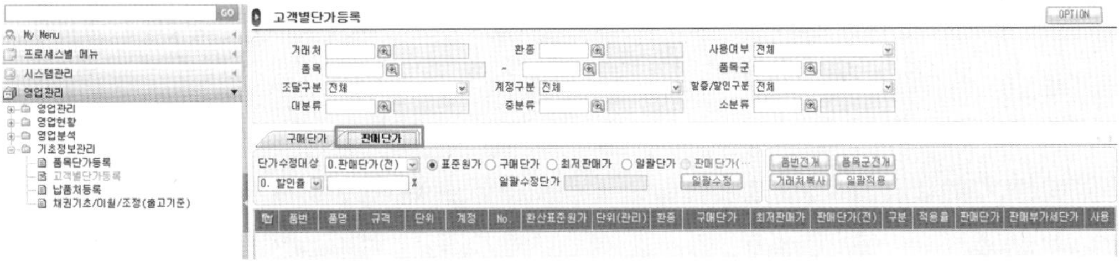

(3) 납품처등록

영업관리 ⇨ 기초정보관리 ⇨ 납품처등록

[납품처등록] 메뉴는 주문 거래처의 주소지와 실제로 물품을 납품 받을 주소지가 다른 경우에 실제로 납품받는 장소를 등록한다.

실습문제

㈜한양의 납품처를 등록하시오.

코드	납품처명	운반비	주소	담당자명	사용여부
101-1	영통물류창고	50,000	경기도 수원시 영통구 덕영대로 1535	최영대	사용
101-2	양재물류창고	35,000	서울시 서초구 강남대로 148	이양재	사용

문제풀이

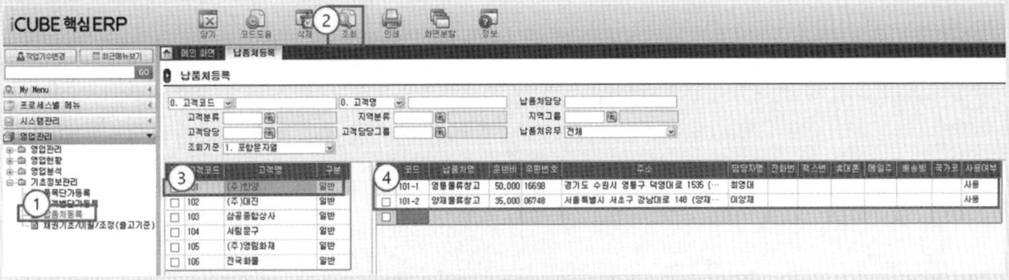

① [영업관리] - [기초정보관리] - [납품처등록] 메뉴를 선택한다.
② [조회] 버튼을 클릭한 후, 하단의 [고객명]에서 '㈜한양'을 선택한다.
③ 오른쪽 화면에 문제에 제시된 [납품처명] 등을 입력한다.

(4) 채권기초/이월/조정(출고기준)

영업관리 ⇨ 기초정보관리 ⇨ 채권기초/이월/조정(출고기준)

[채권기초/이월/조정(출고기준)] 메뉴는 사업장별로 미수채권에 대한 기초값, 조정값을 등록하고 차기로 채권금액을 이월한다.

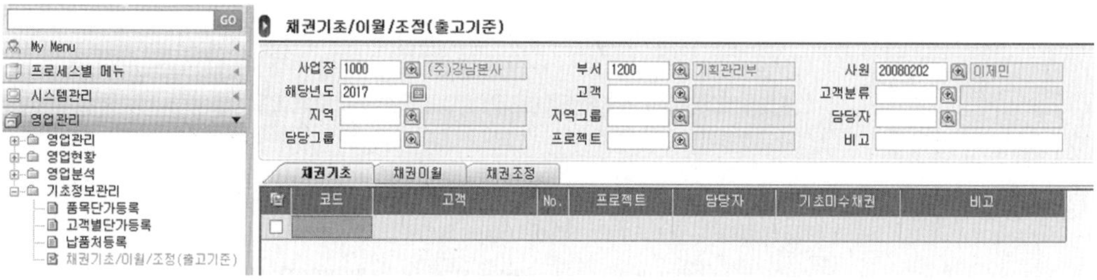

① [채권기초] 탭 : ERP 시스템을 도입할 때 초기 채권기초금액을 입력한다.

② [채권이월] 탭 : 해당연도 기말의 채권잔액을 차기연도로 이월할 때의 잔액을 보여준다.

③ [채권조정] 탭 : 해당 거래처의 실제 미수채권 금액과 장부상의 미수채권 금액에 차이가 발생하였을 때 이를 조정한다. 조정미수채권에 양수값을 입력하면 장부상 미수채권이 증가되고, 음수값을 입력하면 미수채권이 감소한다.

실습문제

다음은 ㈜강남의 거래처별 미수채권 현황이다. 다음을 참고하여 거래처별 기초미수채권을 등록하시오.

거래처	기초미수채권
㈜대진	10,000,000
삼공종합상사	3,000,000

문제풀이

▶ [영업관리] – [기초정보관리] – [채권기초/이월/조정(출고기준)] 메뉴를 선택한다.

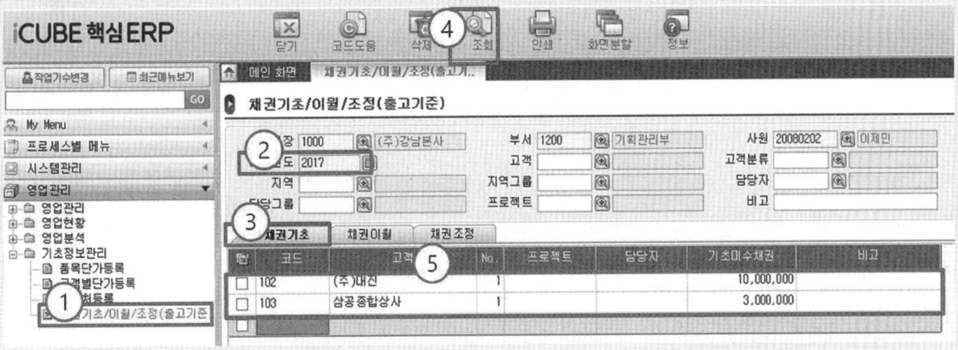

5) 생산 기초정보관리

(1) BOM등록

생산관리공통 ⇨ 기초정보관리 ⇨ BOM등록

BOM(Bill Of Material, 자재명세서)은 특정제품이 어떤 부품으로 구성되어 있는가에 대한 정보이다. 완제품 한 단위(모품목)를 생산하기 위해 필요한 자품목(재료, 부품, 반제품 등의 품목, 규격, 소요량) 간의 관계정보에 대한 명세서이다. MRP(Material Requirement Planning, 자재소요계획 또는 소요량전개)의 가장 중요한 항목 중 하나이기도 하다.

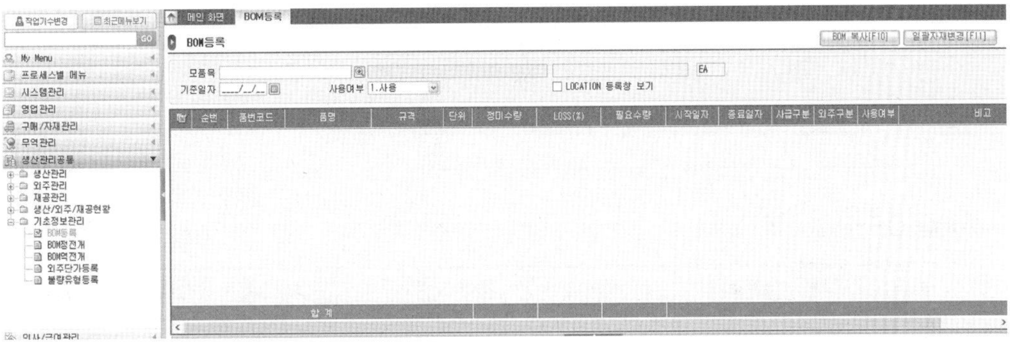

▶ 주요 항목(필드) 살펴보기

• 모품목 : 제품, 반제품 등 하위 Level 를 가지고 있는 품목으로 0 Level 품목

- 자품목 : 모품목 한 단위를 생산하기 위해 필요한 원자재, 부자재, 반제품
- 정미수량 : LOSS율을 감안하지 않은 수량
- LOSS(%) : 자품목 한 단위를 투입했을 때 모품목에 반영되지 않고 유실되는 비율(%)
- 필요수량 : LOSS를 감안한 실제 필요한 수량으로 자재소요 시 실제 적용되는 수량

  필요수량 = 정미수량 × (100 + LOSS율) / 100
- 사급구분 : 해당 품목이 사내재고인지 다른 회사에서 무상으로 제공받은 품목인지에 대한 구분이다. 일반적으로 '0. 자재'로 입력
- 외주구분 : 모품목을 외주처리할 때 무상사급인지 유상사급인지를 구분

  무상사급 – 외주처에 자재를 무상으로 공급

  유상사급 – 외주처에 자재를 돈을 받고 공급
- BOM 복사(BOM 복사[F10]) : 등록되어 있는 BOM을 복사할 때 사용
- 일괄자재변경(일괄자재변경[F11]) : 등록된 BOM의 자재를 일괄적으로 변경하고자 할 때 사용

실습문제

다음은 ㈜강남본사의 사무용 컴퓨터1(OF-PC01)에 대한 BOM이다. 다음을 참고하여 OF-PC01의 BOM을 등록하시오. 단, 기준일자는 2017/01/01이다.

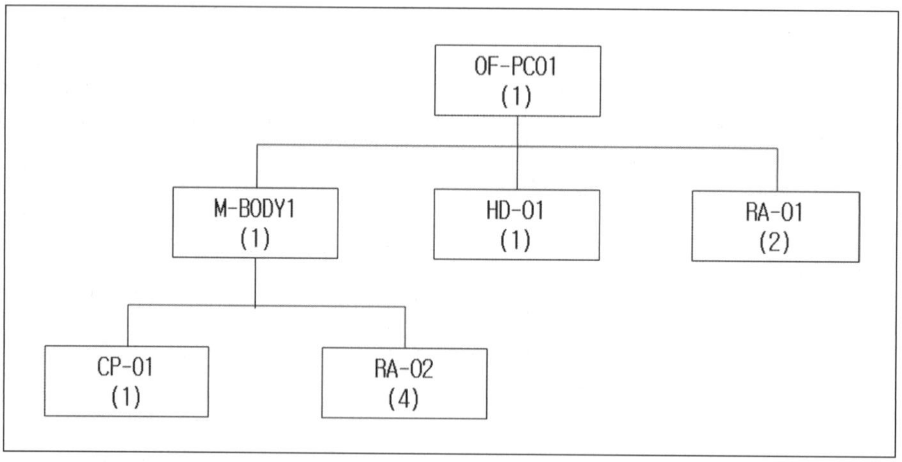

① 제품 OF-PC01의 BOM

품목	정미수량	LOSS(%)	필요수량	사급구분	외주구분	사용여부
M-BODY1	1	0	1	자재	무상	사용
HD-01	1	2	1.02	자재	무상	사용
RA-01	2	5	2.1	자재	무상	사용

② 반제품 M-BODY1의 BOM

품목	정미수량	LOSS(%)	필요수량	사급구분	외주구분	사용여부
CP-01	1	0	1	자재	무상	사용
RA-02	4	2	4.08	자재	무상	사용

문제풀이

▶ [생산관리공통] - [기초정보관리] - [BOM등록] 메뉴를 선택한다.

① 제품 OF-PC01의 BOM

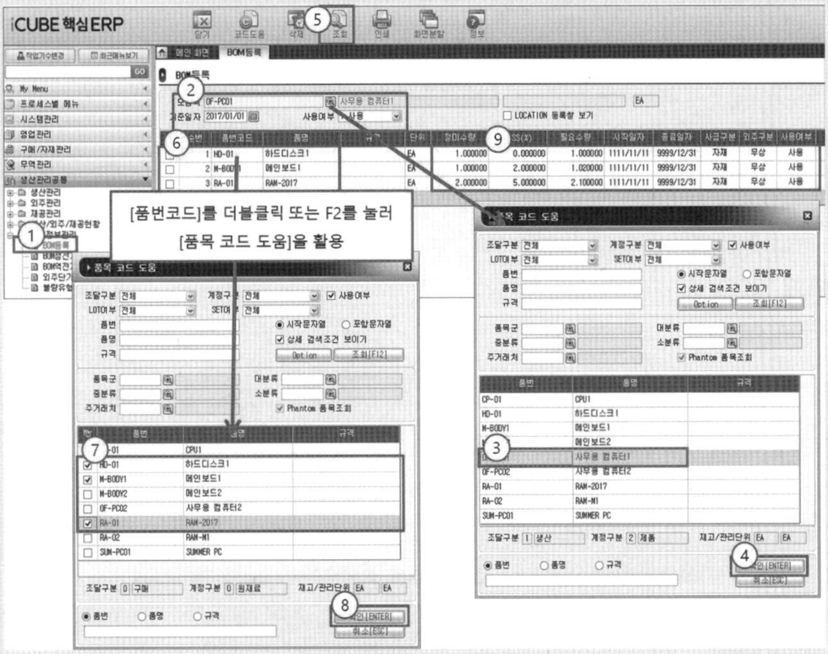

② 반제품 M-BODY1의 BOM

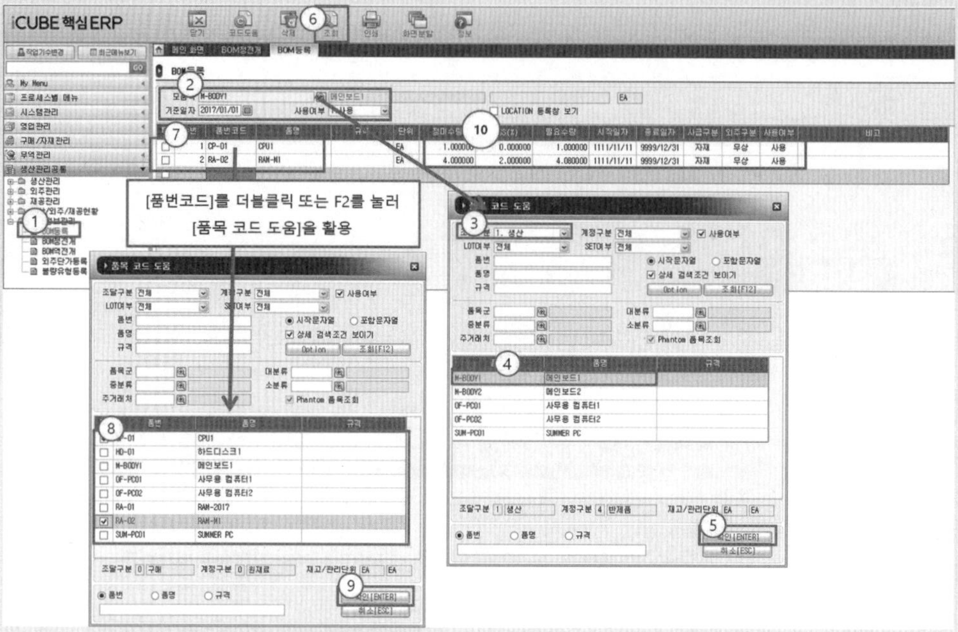

(2) BOM정전개

생산관리공통 ⇨ 기초정보관리 ⇨ BOM정전개

[BOM정전개] 메뉴는 입력된 모품목에 대한 자품목을 계층적으로 모두 전개시켜, 전체적인 BOM의 계층적구조를 한 눈에 조회할 수 있다.

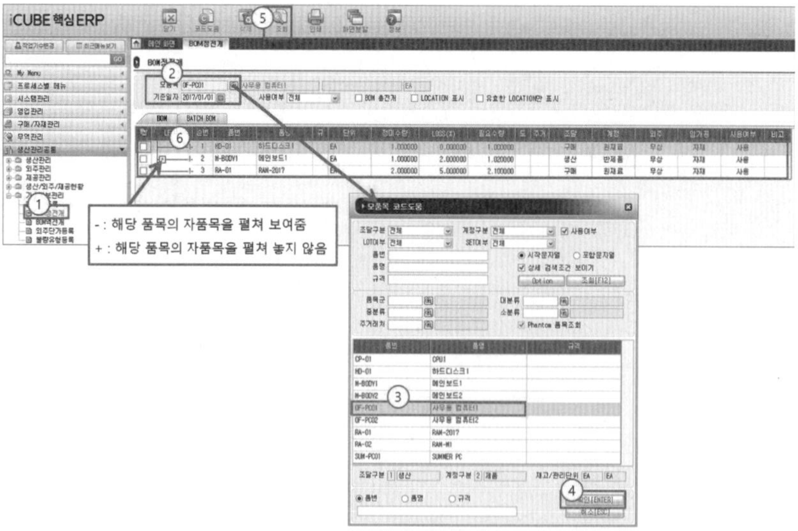

(3) BOM역전개

생산관리공통 ⇨ 기초정보관리 ⇨ BOM역전개

[BOM역전개] 메뉴는 해당 자품목을 사용하는 모품목에 대한 현황 계층적 구조로 파악하여, 자품목에 대한 조달과 생산에 문제가 발생하였을 때 영향을 받는 모품목을 파악하기 위해 사용된다.

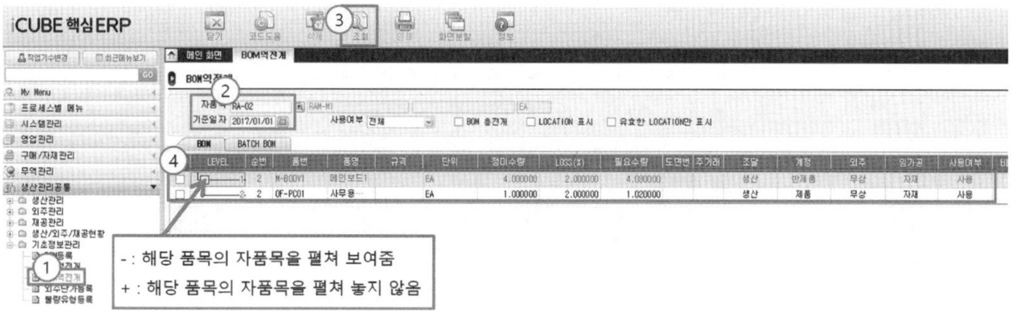

(4) 외주단가등록

생산관리공통 ⇨ 기초정보관리 ⇨ 외주단가등록

[외주단가등록] 메뉴는 외주공정별, 외주처별로 품목에 대한 외주단가를 등록한다. 외주단가가 등록되면 이후 외주발주를 등록할 때 품목의 외주 단가가 자동으로 반영된다.

실습문제

다음은 ㈜강남부산지점의 외주단가에 대한 정보이다. 다음을 참고하여 외주단가를 등록하시오.

사업장	외주공정	부서	사원	외주처	품번	품명	외주단가	시작일	종료일	사용여부
㈜강남부산지점	S100. 외주공정	국내영업부	한민승	S101. ㈜한양반제품작업장	M-BGDY2	메인보드2	280,000	2017/01/01	2018/12/31	사용

문제풀이

▶ [생산관리공통] – [기초정보관리] – [외주단가등록] 메뉴를 선택한다.

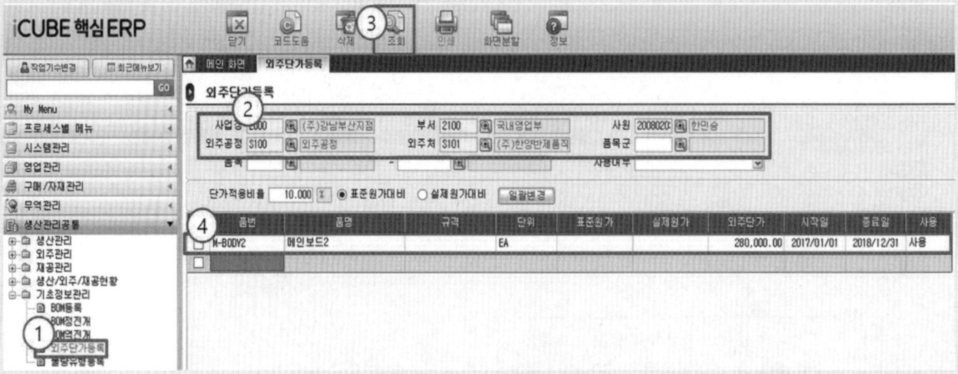

(5) 불량유형등록

생산관리공통 ⇨ 기초정보관리 ⇨ 불량유형등록

[불량유형등록] 메뉴는 품질관리 시 발생하는 다양한 형태의 불량유형을 등록한다. 등록된 불량유형은 생산실적검사와 외주실적검사를 할 때 품질검사의 기준정보로 사용된다.

실습문제

다음은 ㈜강남의 불량유형에 대한 정보이다. 다음을 참고하여 불량유형을 등록하시오.

불량코드	불량유형명	불량군코드	불량군	사용여부
10	포장불량	10-1	외관불량	사용
20	부품위치불량	20-1	작업불량	사용
30	파손	30-1	상태불량	사용
40	성능불량	40-1	성능불량	사용

문제풀이

▶ [생산관리공통] – [기초정보관리] – [불량유형등록] 메뉴를 선택한다.

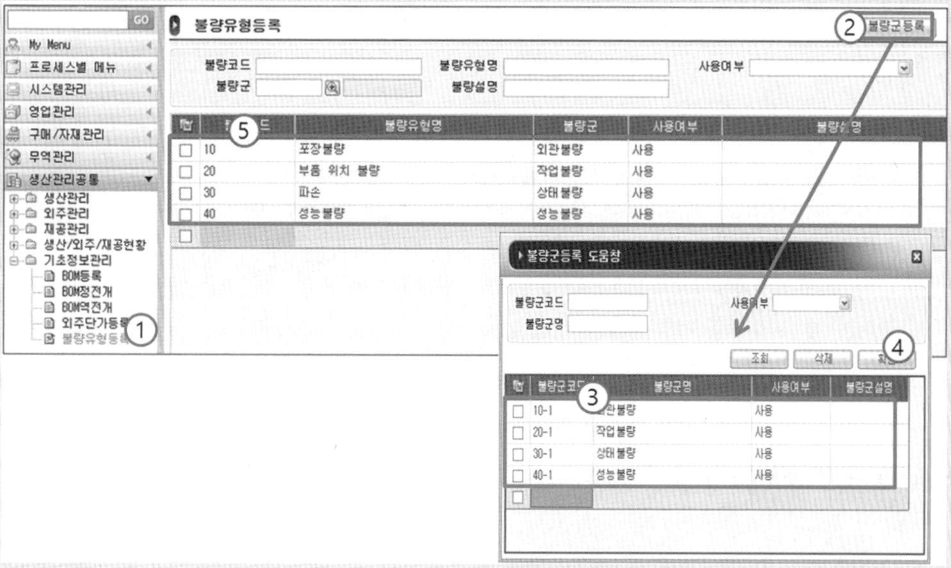

(6) 기초재고/재고조정등록

구매/자재관리 ⇨ 재고관리 ⇨ 기초재고/재고조정등록

ERP 시스템을 처음 도입했을 경우, 전 품목의 재고수량을 [기초재고/재고조정등록] 메뉴에 기초재고수량으로 입력한다. 또한 실재고와 전산상의 재고에 차이가 발생하였을 경우 재고수량을 맞추기 위해서 재고조정을 한다.

실습문제

다음은 ㈜강남본사와 ㈜강남부산지점의 재고현황이다. 다음을 참조하여 기초재고를 등록하시오.

조정일자	사업장	창고명	장소명	품번	조정수량(개)	단가(원)
2017/01/01	㈜강남본사	본사제품창고	본사제품장소	OF-PC01	1,000	1,200,000
				OF-PC02	1,000	950,000
				M-BODY1	500	250,000
				M-BODY2	300	90,000
	㈜강남부산지점	부산부품창고	부산부품장소	CP-01	1,000	250,000
				HD-01	1,000	120,000
				RA-01	1,000	80,000
				RA-02	1,000	50,000

문제풀이

① ㈜강남본사

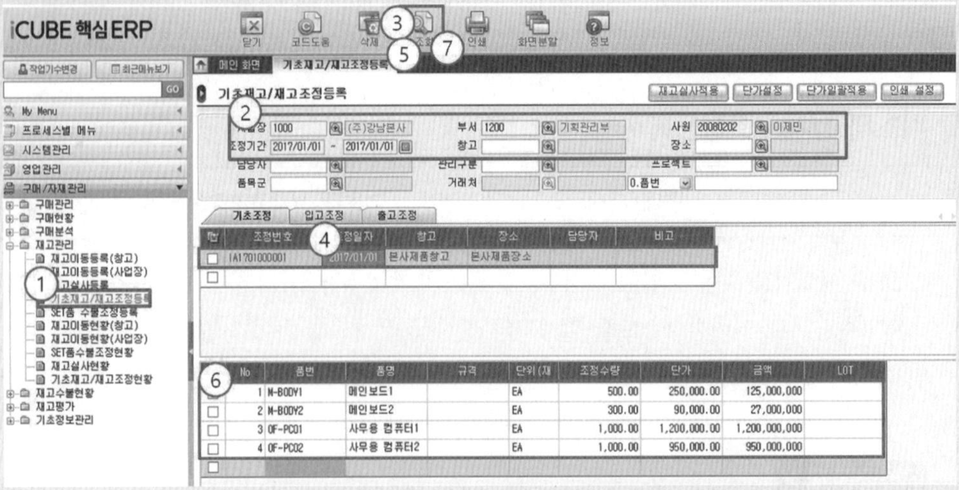

ㄱ. [구매/자재관리] ⇨ [재고관리] ⇨ [기초재고/재고조정등록] 메뉴를 선택한다.

ㄴ. [사업장] : 1000. ㈜강남본사, [조정기간] : 2017/01/01 입력한 후 [기초조정] 탭을 클릭한 후 화면 상단의 [조회] 버튼을 클릭한다.

ㄷ. [기초조정] 탭에 〈조정일자〉, 〈창고〉, 〈장소〉를 입력한 후 하단에 〈품번〉, 〈조정수량〉, 〈단가〉를 입력한다. 품번을 더블클릭 또는 F2키를 눌러 [품목코드도움]을 활용한다.

ㄹ. 입력이 모두 끝나면 반드시 화면 상단의 [조회] 버튼을 클릭한다. [조회] 버튼을 클릭하면 [조정번호]가 부여되고 저장이 된다.

※ 저장하지 않으면 'ㄹ'의 [조정번호]가 부여되지 않는다.

② ㈜강남부산지점

입력방법은 위 ㈜강남본사와 같은 방법으로 처리한다.

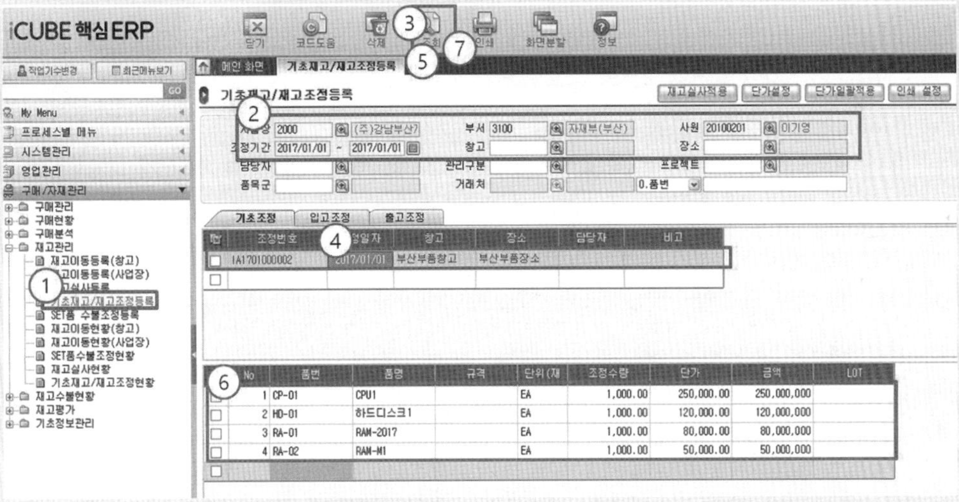

Chapter 03 물류관리 실무

01 영업관리

1) 영업관리 프로세스

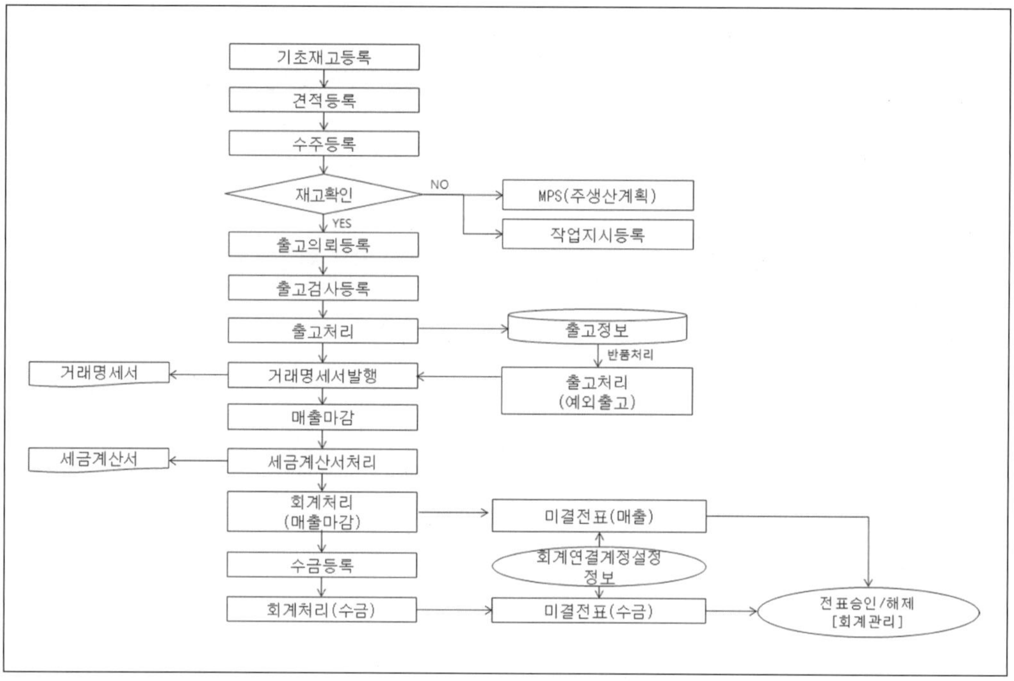

2) 판매계획등록

영업관리 ⇨ 영업관리 ⇨ 판매계획등록

[판매계획등록] 메뉴에서 품목에 대한 월별 판매계획을 등록한다. 최초의 판매계획에 대한 내역들은 [기초계획] 탭에 등록하고, 판매계획에 대한 수량이나 단가가 변경되었을 경우에는 [수정계획] 탭에 수정된 사항을 등록한다.

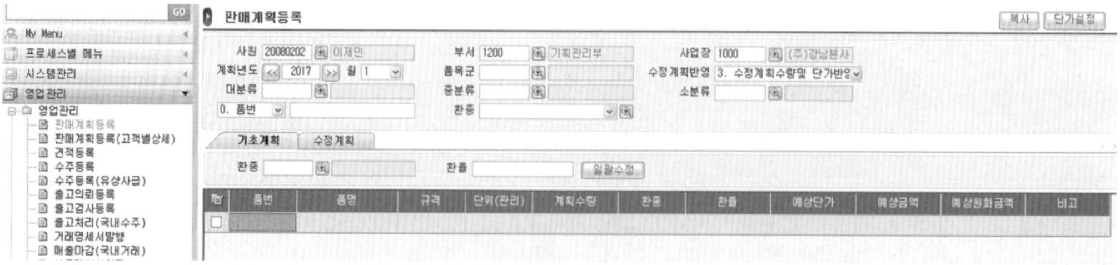

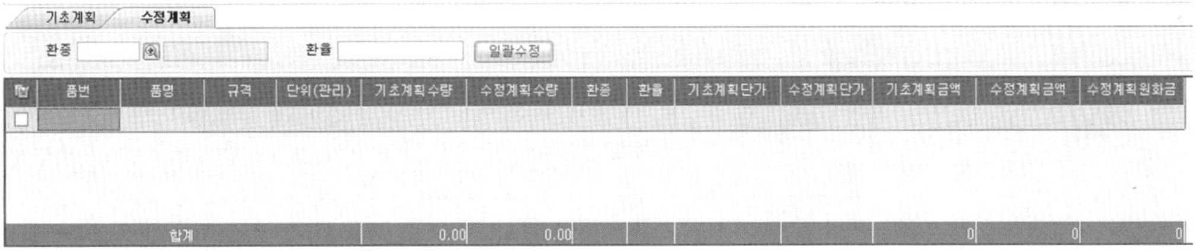

[수정계획] 탭에서 〈수정계획수량〉, 〈수정계획단가〉, 〈수정계획금액〉 품목은 [기초계획] 탭에서는 삭제할 수 없다. 삭제하려면 먼저 [수정계획] 탭에서 해당 품목에 대한 삭제가 이루어져야 [기초계획] 탭에서도 삭제할 수 있다. 현황메뉴에서는 [수정계획] 탭에 등록된 내역이 조회의 기준이 된다. 또한 주계획작성(MPS) 중 [판매계획] 탭에 적용되는 기준 수량은 수정계획수량이다.

실습문제

다음은 국내영업부 한민승 사원이 올린 ㈜강남의 2017년 1월 기초판매계획과 수정계획이다. 다음을 참고하여 기초판매계획과 수정계획을 등록하시오.

(1) 2017년 1월 기초판매계획

품번	계획수량	환종	예상단가(원)
OF-PC01	50EA	KRW	1,200,000
OF-PC02	50EA	KRW	950,000

문제풀이

▶ [영업관리] ⇨ [영업관리] ⇨ [판매계획등록] 메뉴를 선택한다.

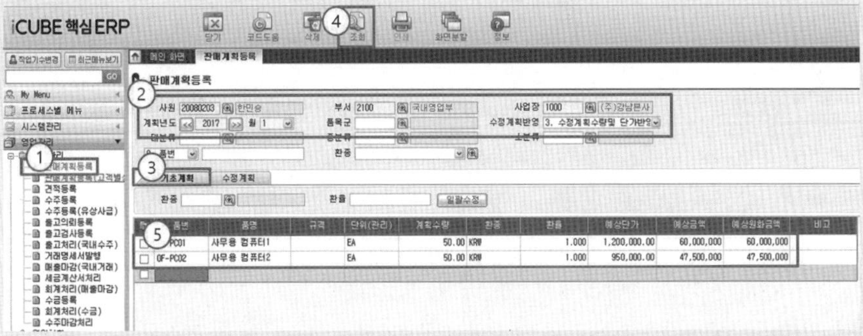

▶ 사원-한민승, 부서-국내영업부, 사업장-(주)강남본사, 계획년도-2017년 1월을 입력한 후 [기초계획] 탭을 선택한다.

▶ [조회] 버튼을 클릭한 후 문제에 제시된 자료를 입력한다.

(2) 2017년 1월 수정계획

품번	계획수량	수정계획수량	환종	예상단가(원)
OF-PC01	50EA	150EA	KRW	1,200,000
OF-PC02	50EA	150EA	KRW	950,000

문제풀이

▶ [영업관리] ⇨ [영업관리] ⇨ [판매계획등록] 메뉴를 선택한다.

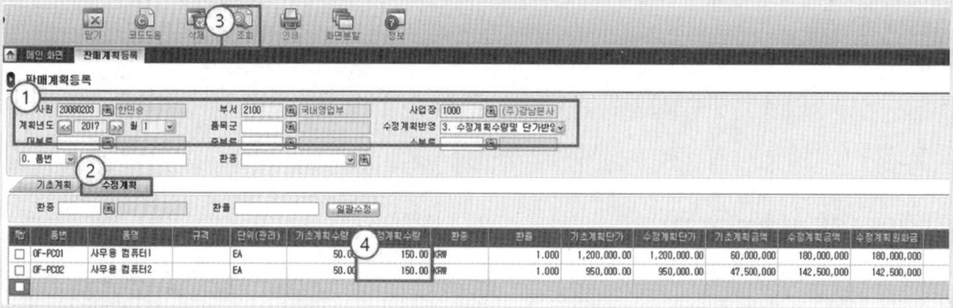

3) 판매계획등록(고객별상세)

영업관리 ⇨ 영업관리 ⇨ 판매계획등록(고객별상세)

[판매계획등록(고객별상세)] 메뉴는 고객별로 '계획 년, 월'에 판매할 품목들을 입력한다. [판매계획등록(고객별상세)]에 등록된 자료는 주계획작성(MPS)를 통해 소요량전개(MRP)를 진행할 때 사용되며, 반드시 거래처를 입력해야 한다.

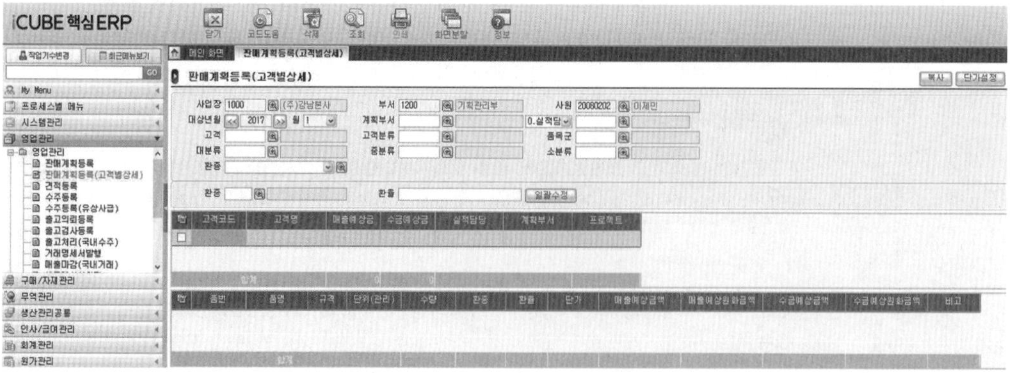

실습문제

다음은 국내영업부 한민승 사원이 올린 2017년 10월 상공종합상사에 대한 고객별 상세 판매계획이다. 다음을 참고하여 판매계획등록(고객별상세)을 하시오.

고객코드/고객명	품번	수량	단가
103 삼공종합상사	OF-PC01	10	1,200,000
	OF-PC02	10	950,000

문제풀이

▶ [영업관리] ⇨ [영업관리] ⇨ [판매계획등록(고객별상세)]을 선택한다.

▶ 사업장 : 1000. (주)강남본사

부서 : 2100 국내영업부

사원 : 20080203 한민승

대상년월 2017년 10월을 입력한 후 [조회] 버튼을 누른다.

▶ [고객명]에 삼공종합상사를 입력한 후 하단에 문제에 제시된 자료를 입력한 후 [조회] 버튼을 눌러 저장한다.

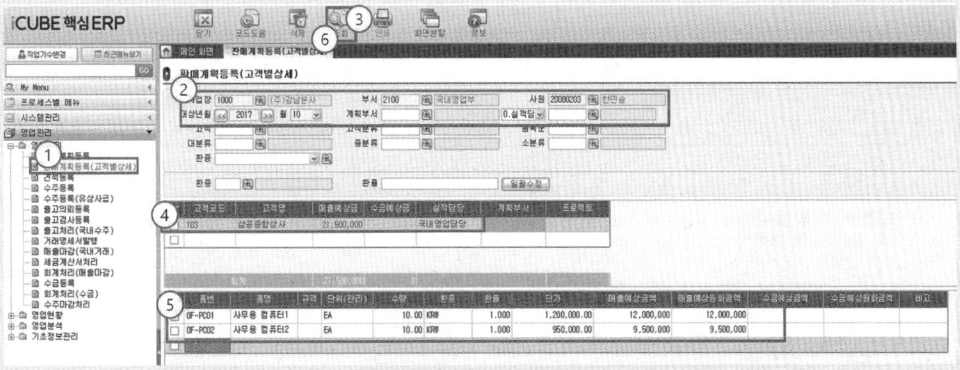

4) 견적등록

영업관리 ⇨ 영업관리 ⇨ 견적등록

고객으로부터 요청 받은 견적 내용은 [견적등록] 메뉴에 직접 입력하여 등록한다. 견적내용에 따라 수주등록을 한 경우에는 견적내용을 수정, 삭제할 수 없다.

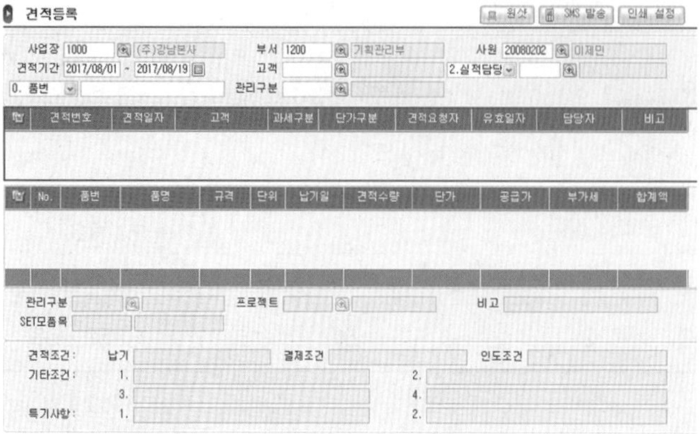

▶ 주요 용어 살펴보기(과세구분)

- 매출과세 : 부가가치세 10%의 매출과세로 세금계산서가 발행된 거래
- 수출영세 : 부가가치세 0%가 과세되는 수출 거래
- 매출면세 : 부가가치세가 면세된 계산서가 교부된 거래
- 매출기타 : 과세와 면세 이외의 거래

실습문제

㈜강남본사는 ㈜대진으로부터 '사무용 컴퓨터' 상품에 대한 견적 요청을 받았다. 다음 사항을 참고하여 견적내역을 등록하시오. 담당자는 국내영업부의 한민승 사원이다.

견적일자	고객	과세구분	단가구분	품번	납기일	견적수량	단가(원)
2017/01/05	㈜대진	매출과세	부가세미포함	OF-PC01	2017/01/20	10EA	1,200,000

문제풀이

▶ [영업관리] ⇨ [영업관리] ⇨ [견적등록] 메뉴를 선택한다.

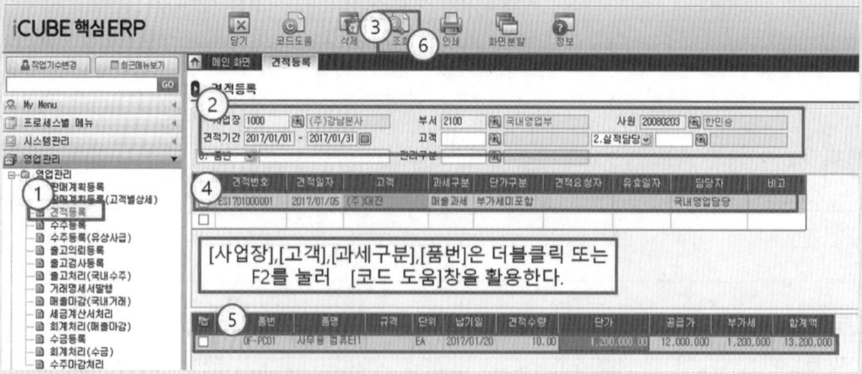

5) 수주등록

영업관리 ⇨ 영업관리 ⇨ 수주등록

[수주등록] 메뉴에서는 고객으로부터 주문을 받은 내역을 등록한다. 견적을 바탕으로 수주내역을 등록할 경우에는 [견적적용 조회] 버튼을 활용하여 견적내역을 적용받아 처리할 수 있으며, 견적 없이 수주하였다면 직접 등록한다. [재고확인] 버튼을 눌러 현재고, 가용재고, 입고예정량 등을 확인할 수 있다.

실습문제

다음은 ㈜강남본사의 국내영업부 한민승 사원이 수주 받은 내역이다. 2017년 1월 5일 견적내용을 적용받아 수주등록을 하시오.

주문일자	고객	과세구분	단가구분	품번	납기일	출하예정일	주문수량	단가(원)	검사
2017/01/06	㈜대진	매출과세	부가세미포함	OF-PC01	2017/01/20	2017/01/19	10EA	1,200,000	검사

문제풀이

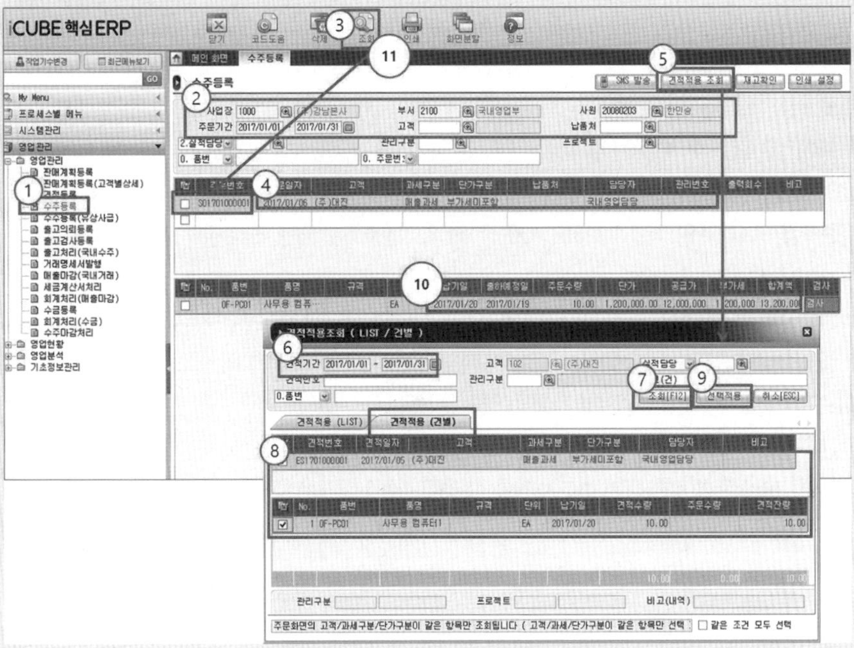

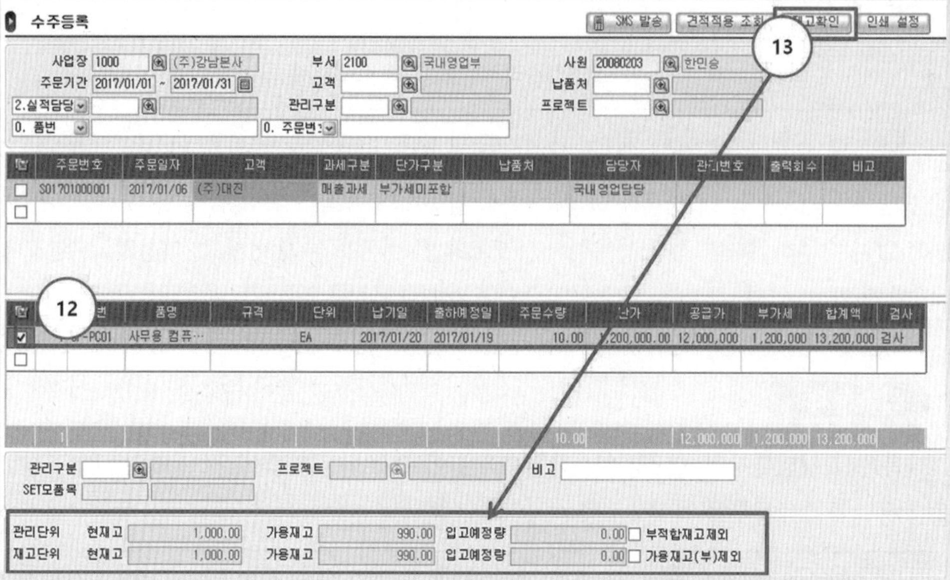

① [영업관리] ⇨ [영업관리] ⇨ [수주등록] 메뉴를 선택한다.

② 사업장 : 1000. ㈜강남본사

부서 : 2100. 국내영업부

사원 : 20080203 한민승

주문기간 : 20117/01/01 ~ 2017/01/31를 입력 후 화면 상단의 [조회] 버튼을 클릭한다.

③ 화면 상단의 [견적적용조회] 버튼을 클릭한다.

④ [견적기간] : 2017/01/01 ~ 2017/01/31 입력 후 [조회[F12]] 버튼을 클릭한다.

⑤ [견적적용(건별)] 탭을 선택하여 해당 항목을 체크한 후 [선택적용] 버튼을 클릭한다.

⑦ [주문일자] : 2017/01/05

하단의 [납기일] : 2017/01/20

[출하예정일] : 2017/01/19

[주문수량] : 10, [단가] : 1,200,000

[검사] : 검사

⑧ 화면 상단의 [조회] 버튼을 클릭하여 저장한다. 저장이 끝나면 주문번호가 자동으로 부여된다.

⑨ 하단의 해당 제품(OF-PC01)을 선택한 후 상단에 있는 [재고확인] 버튼을 클릭하면 가장 하단부분에 [현재고], [가용재고], [입고예정량] 등을 확인해 볼 수 있다.

가용재고 = 현재고 + 입고예정량 - 출고예정량

⑩ 수주등록 후 수주를 적용하여 출고처리를 한 경우, 수주내역은 수정과 삭제를 할 수 없다.

6) 출고의뢰등록

영업관리 ⇨ 영업관리 ⇨ 출고의뢰등록

수주 받은 품목에 대하여 물류창고 담당자에게 출고처리를 요청하려 할 때 [출고의뢰등록] 메뉴를 사용한다. 단, [시스템관리]-[회사등록정보]-[시스템환경설정]에서 [조회구분] '4. 물류'의 [코드] '41. 출고의뢰운영여부'가 '1. 운영함'으로 되어 있어야 한다. 출고의뢰는 [수주등록] 또는 [수주등록(유상사급)] 메뉴에 등록된 주문내역을 적용하여 등록한다. 출고의뢰등록을 한 뒤에는 출고검사, 출고처리를 한 경우에는 수정, 삭제를 할 수 없다.

실습문제

다음은 ㈜강남본사의 국내영업부 한민승 사원이 ㈜대진으로부터 주문받은 내역이다. 다음 참고하여 출고의뢰를 처리하시오.

의뢰일자	고객	의뢰창고	의뢰담당자	품번	납기일	출고예정일	의뢰수량	검사
2017/01/06	㈜대진	본사제품창고	국내영업담당	OF-PC01	2017/01/20	2017/01/19	10EA	검사

문제풀이

▶ [영업관리] ⇨ [영업관리] ⇨ [출고의뢰등록] 메뉴를 선택한다.

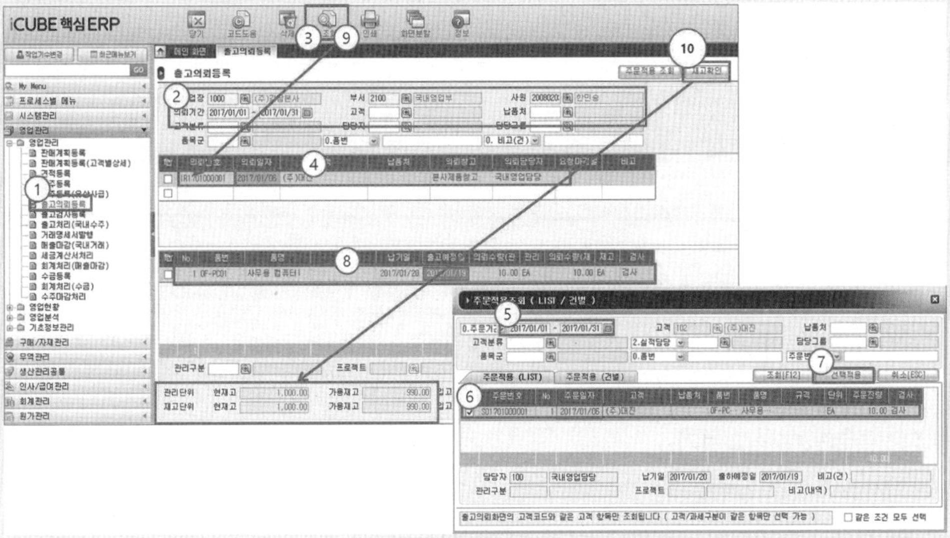

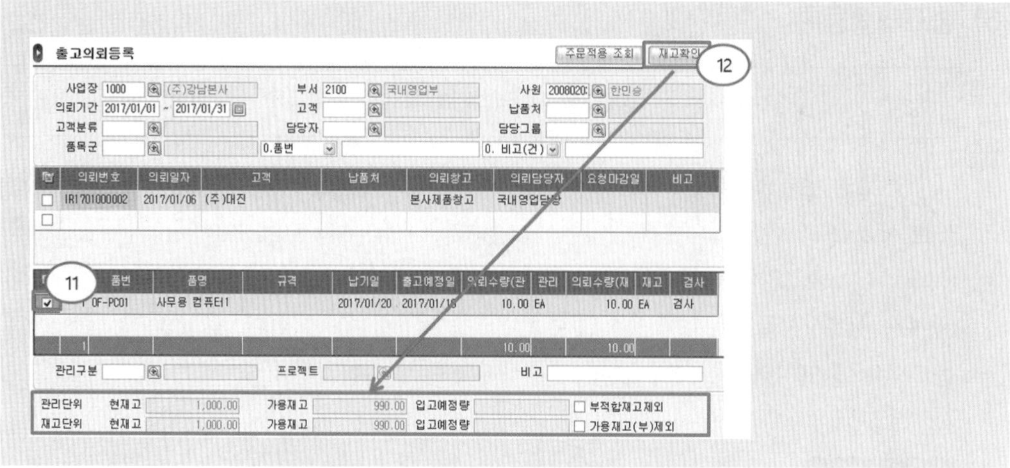

7) 출고검사등록

영업관리 ⇨ 영업관리 ⇨ 출고검사등록

제품을 출고하기 전에 출고품목에 대한 검사를 수행한 후 [출고검사등록] 메뉴에 검사결과를 등록하며, 출고검사등록을 반드시 수행해야 하는 것은 아니다. 출고검사는 [시스템관리]-[회사등록정보]-[시스템환경설정] 메뉴에서 [조회구분] '4. 물류 코드 41. 출고의뢰운영여부'가 '1. 운영함'으로 설정되어 있어야 가능하며, 수주등록 또는 출고의뢰등록 시 각 제품별로 검사유무를 '검사'로 선택한 경우에만 출고검사를 할 수 있다. 출고검사 후 검사내역을 적용하여 출고처리를 한 경우에는 수정, 삭제를 할 수 없다.

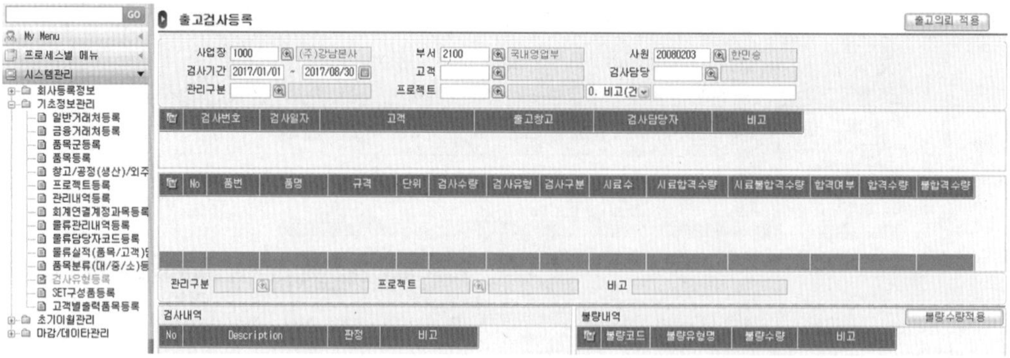

▶ 주요 항목(필드) 살펴보기

- 검사유형 : [시스템관리]-[기초정보관리]-[검사유형등록] 메뉴에서 등록한 내역이 나온다. 만약 검사 유형이 나타나지 않으면 [검사유형등록] 메뉴를 확인한다.

- 검사구분 : '0. 샘플검사, 1. 전수검사' 중 선택하여 적용한다.
- 시료수 : 실제로 검사를 한 수량을 나타낸다. 〈검사구분〉이 '샘플검사'인 경우 실제 검사를 한 시료수를 입력하며, 불합격수량을 입력하면 합격수량은 자동으로 계산된다. 그러나 〈검사구분〉이 '전수검사'인 경우에는 시료수가 입력되지 않으며, 시료수는 검사수량과 같고, 시료합격수량, 시료 불합격수량은 입력할 수 없다.
- 불량내역 : [생산관리공통]-[기초정보관리]-[불량유형등록] 메뉴에서 '불량유형'을 선택한다. 하단의 [불량수량적용] 버튼을 이용하여 불량수량을 불합격수량과 시료불합격수량에 반영할 수 있다.

실습문제

다음은 ㈜대진으로부터 ㈜강남본사의 국내영업부 한민승 사원이 출고의뢰한 내역이다. 다음을 참고하여 출고검사등록을 하시오.

검사일자	고객	출고창고	검사유형	검사구분	합격여부	합격수량
2017/01/07	㈜대진	본사제품창고	외관검사	전수검사	합격	10

문제풀이

▶ [영업관리] ⇨ [영업관리] ⇨ [출고검사등록] 메뉴를 선택한다.

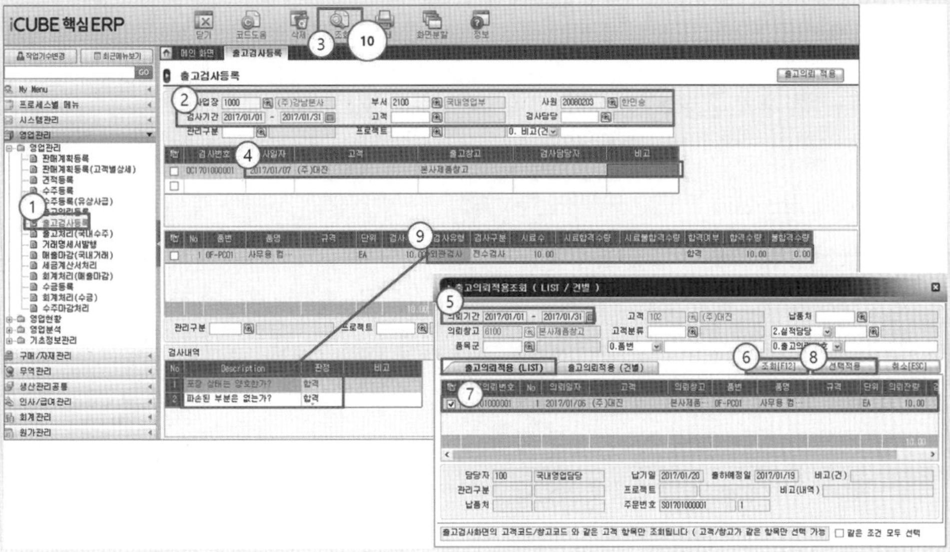

8) 출고처리(국내수주)

영업관리 ⇨ 영업관리 ⇨ 출고처리(국내수주)

[출고처리(국내수주)] 메뉴는 수주등록한 자료를 적용받아 출고처리할 때 사용한다. 창고에서 물품이 출고되거나 반품될 때, 그 시점의 재고에 실질적인 영향을 미친다. 반드시 수행해야 하는 메뉴이며 출고처리를 하지 않으면 매출마감을 처리할 수 없다.

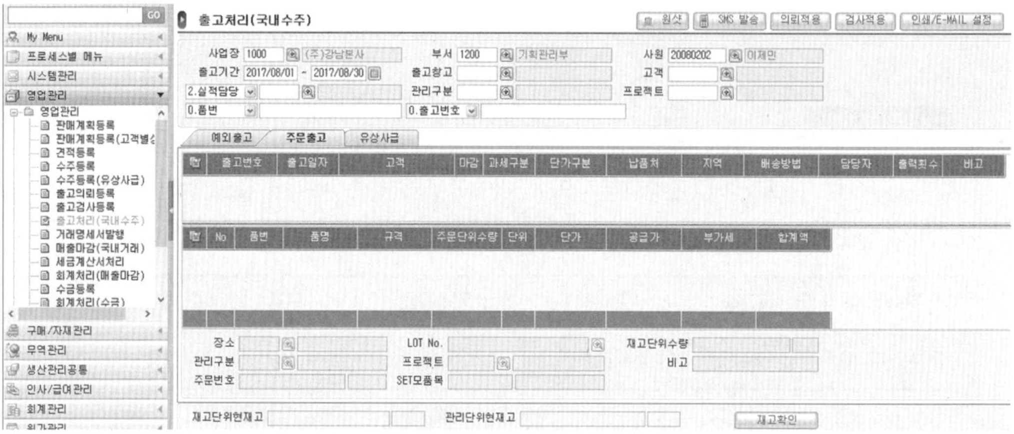

▶ 주요 항목(필드) 살펴보기

- [주문출고] 탭은 수주등록을 한 내역을 적용하여 출고처리를 할 때 사용하며, 이때 재고가 감소된다.
- [예외출고] 탭은 수주등록 없이 출고처리를 하거나 반품처리를 할 때 사용한다. 출고처리를 하는 경우에는 재고가 감소하고, 반품일 경우에는 재고가 증가한다. 예외출고는 샘플, 견본품, 물품에 하자가 생겨 반품할 경우에 사용할 수 있다.
- [유상사급] 탭은 유상사급자재(돈을 받고 판매하는 경우)를 수주등록한 내역을 가지고 출고처리 할 경우에 사용한다.
- 의뢰적용(의뢰적용) : [시스템환경설정] 메뉴에서 출고의뢰운영여부를 '운영함'으로 설정하고 출고의뢰등록할 때 품목에 대한 검사여부를 '무검사'로 설정한 경우에 사용한다.
- 검사적용(검사적용) : [시스템환경설정] 메뉴에서 출고전검사운영여부를 '운영함'으로 설정하고 수주등록이나 출고의뢰등록에서 품목들에 대한 검사여부를 '검사'로 설정한 경우에 사용한다.
- 재고확인(재고확인) : 현재고를 확인하고 싶은 품목의 품번을 선택한 후 [재고확인] 버튼을 클릭하면 해당 품목의 현재고를 확인할 수 있다.
- 마감 : '일괄' 또는 '건별' 중 선택한다.

  '일괄'은 출고처리를 한 후 매출마감에 대한 마감처리를 수동으로 하며, 거래가 빈번한 거래처에 대해 마감 기간을 정해 마감하는 경우 사용한다. 1건의 출고에 대하여 여러 건으로 매출마감, 여러 건의 출고에 대하여 1건으로 묶어서 매출마감, 출고처리 내역을 변경하여 매출마감을 하고자 할 경우에 사용한다.

〈건별〉은 출고처리를 한 후에 자동으로 매출마감이 되며, 출고처리된 건에 대하여 변경 없이 그대로 매출마감을 할 경우 사용한다. 매출마감에 대한 삭제나 수정은 매출마감에서는 처리할 수 없고, 출고내역을 삭제하고 다시 출고처리를 해야 한다.

실습문제

다음은 ㈜강남본사의 국내영업부 한민승 사원이 수주 받아 출고검사를 완료한 내용이다. 다음을 참고하여 출고처리를 하시오.

출고일자	출고창고	장소	고객	마감	과세구분	단가구분	품번	수량	단가(원)
2017/01/19	본사제품창고	제품양품장소	㈜대진	일괄	매출과세	부가세미포함	OF-PC01	10	1,200,000

문제풀이

▶ [영업관리] ⇨ [영업관리] ⇨ [출고처리(국내수주)] 메뉴를 선택한다.

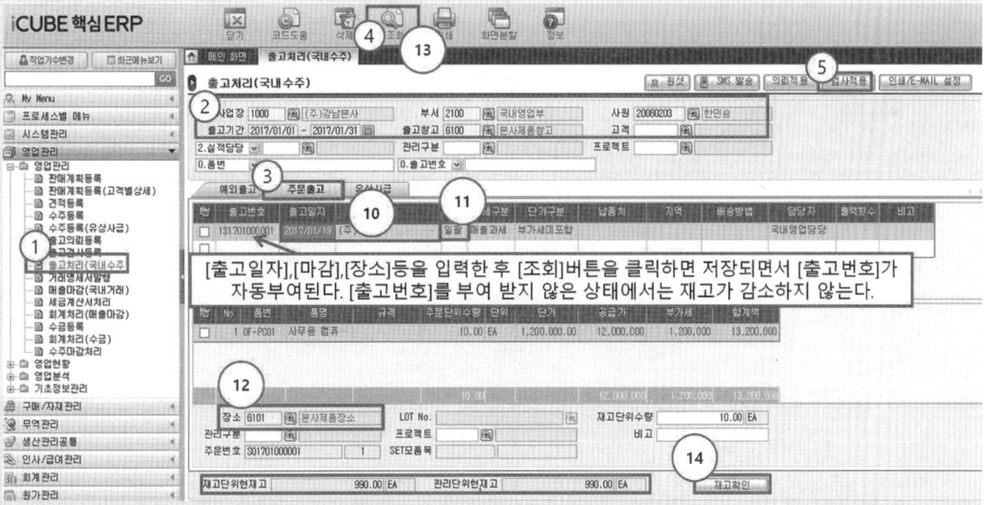

※ [출고번호]를 부여받지 않으면 재고가 감소하지 않는다.

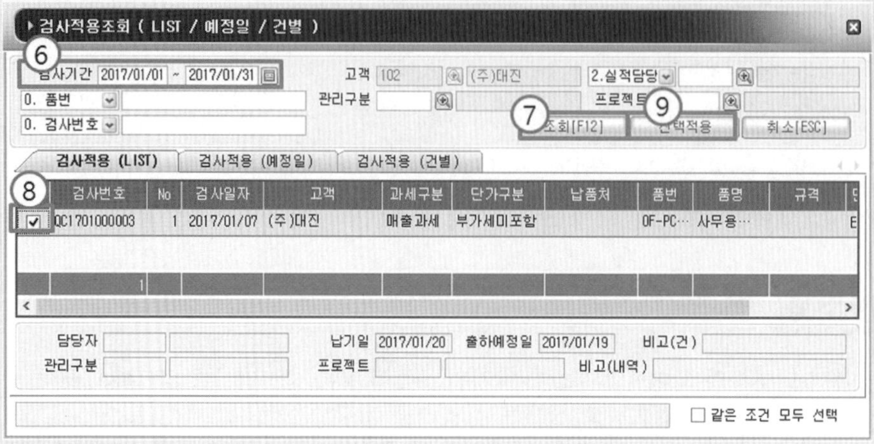

9) 거래명세서발행

영업관리 ⇨ 영업관리 ⇨ 거래명세서발행

[거래명세서발행] 메뉴는 출고처리된 내역에 대하여 거래명세서를 발행할 때 사용한다.

실습문제

2017년 1월 19일에 출고처리한 ㈜대진에 대한 거래명세서를 발행하시오.

문제풀이

▶ [영업관리] ⇨ [영업관리] ⇨ [거래명세서발행] 메뉴를 선택한다.

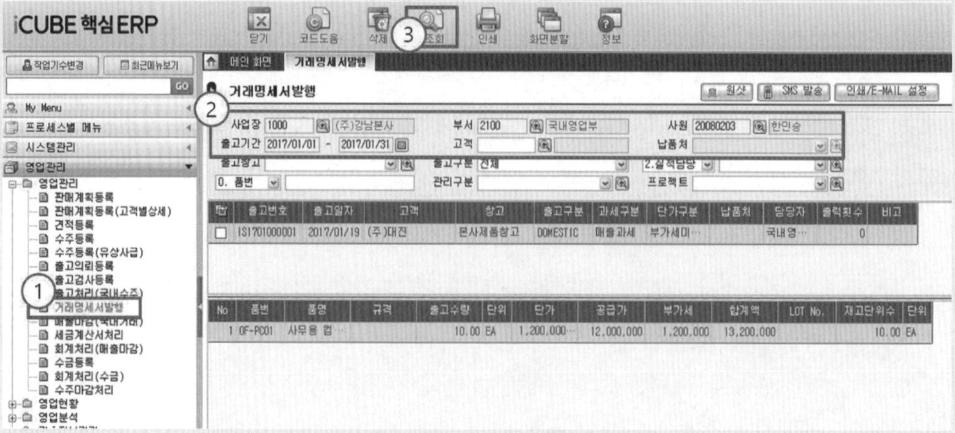

10) 매출마감(국내거래)

영업관리 ⇨ 영업관리 ⇨ 매출마감(국내거래)

[매출마감(국내거래)] 메뉴는 출고에 대한 금액과 수량을 확정하는 작업하며, 출고를 적용받아 처리한다. 출고처리되고 매출마감이 된 내역에 대해 세금계산서를 발행할 수 있으며, 재고평가의 대상이 된다.

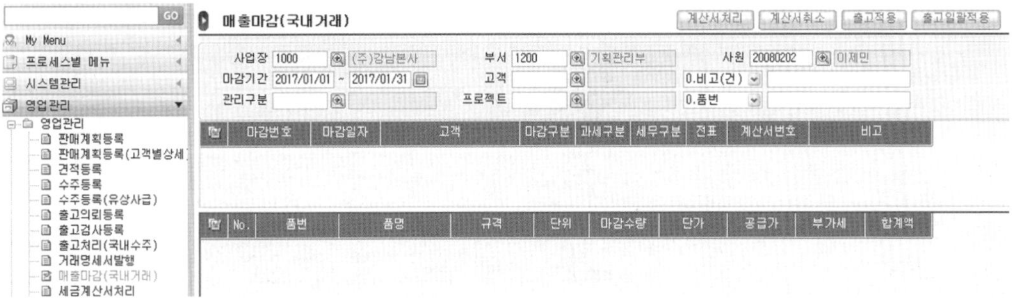

▶ 주요 항목(필드) 살펴보기

- 전표 : 매출마감 후 회계처리를 하였으면 '처리', 회계처리를 하지 않았으면 '미처리'가 된다.
- 계산서 처리(계산서처리) : 매출마감이 완료된 상태에서 바로 세금계산서를 발행하려 할 때 사용한다. 해당 마감번호를 선택한 후 [계산서처리] 버튼을 클릭하고, '발행일자'와 '영수' 또는 '청구'를 선택하면 세금계산서가 처리되고 계산서번호가 부여된다.
- 계산서 취소(계산서취소) : 세금계산서 처리를 취소한다. 취소하려는 마감번호를 선택한 후 [계산서취소] 버튼을 클릭한다.
- 출고적용(출고적용) : [마감구분]을 일괄로 처리할 때 사용한다.
- 출고일괄적용(출고일괄적용) : 여러 건의 출고처리를 일괄로 적용하여 처리할 때 사용한다.

실습문제

2017년 1월 19일에 출고처리된 ㈜대진에 대한 매출마감을 하시오.

마감일자	고객	과세구분	품번	마감수량	단가(원)
2017/01/19	㈜대진	매출과세	OF-PC01	10	1,200,000

문제풀이

▶ [영업관리] ⇨ [영업관리] ⇨ [매출마감(국내거래)] 메뉴를 선택한다.

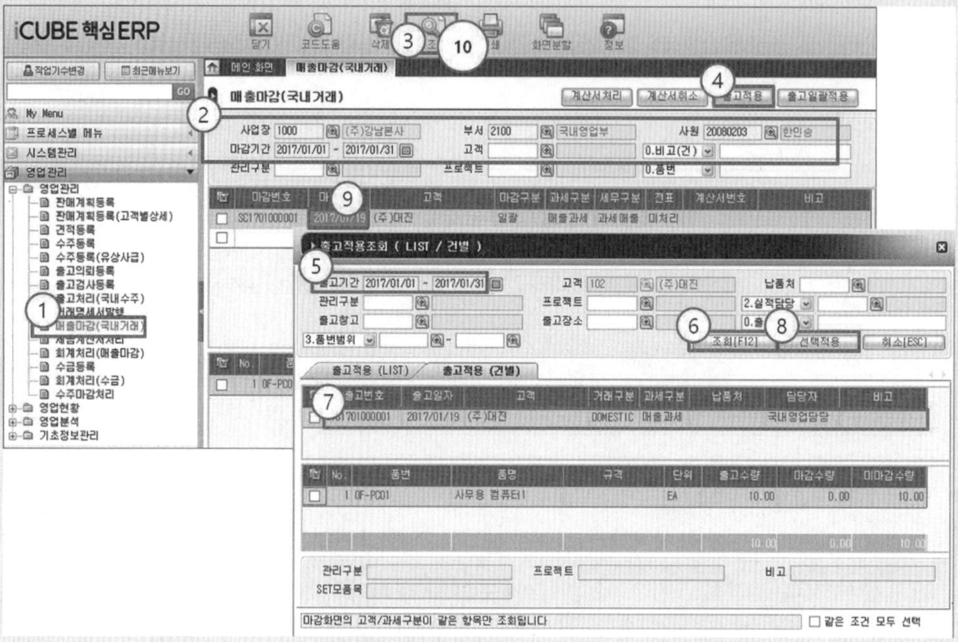

11) 세금계산서처리

영업관리 ⇨ 영업관리 ⇨ 세금계산서처리

[세금계산서처리] 메뉴는 매출마감된 자료를 토대로 세금계산서를 발행한다. [매출마감(국내거래)] 메뉴에서 직접 계산서 처리를 하였을 경우 [세금계산서처리] 메뉴에서는 발행만 하면 된다.

실습문제

다음은 ㈜강남본사의 국내영업부 한민승 사원이 매출마감한 ㈜대진의 내역이다. 다음을 참고하여 세금계산서를 발행하시오.

발행일자	고객	권	호	구분	품번	수량	단가(원)
2017/01/19	㈜대진	1	1	청구	OF-PC01	10	1,200,000

문제풀이

▶ [영업관리] ⇨ [영업관리] ⇨ [세금계산서처리] 메뉴를 선택한다.

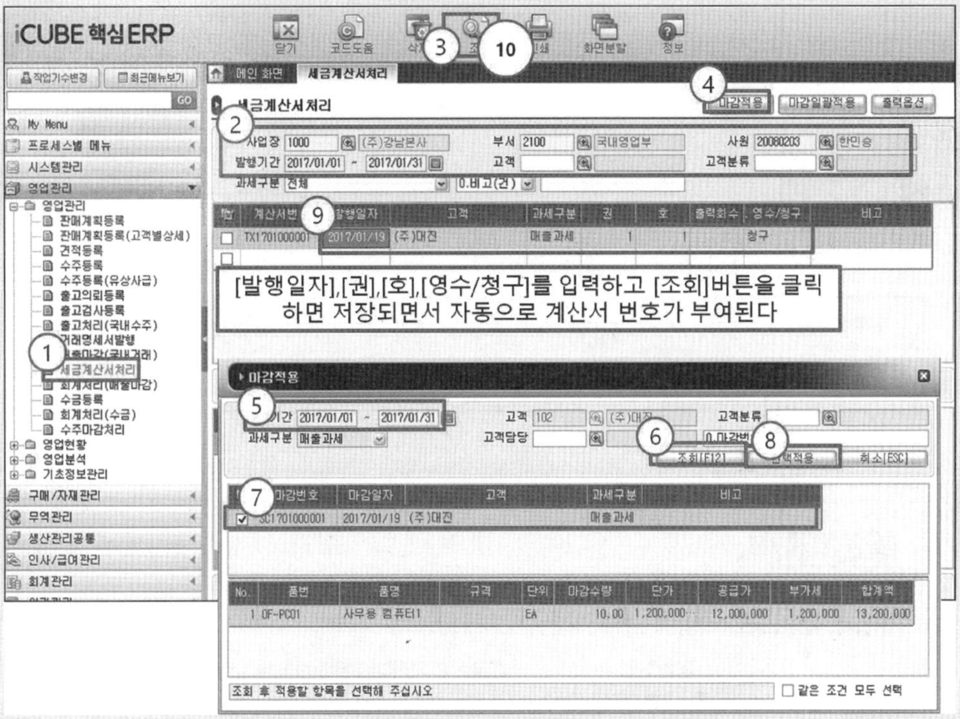

※ [영수/청구] : 세금계산서 발행시점에서 물품대금을 받았다면 '영수', 받지 않았다면 '청구'로 처리한다.

'영수'일 경우에는 [현금]/[수료]/[어음]에 금액을 입력하고, '청구'일 경우에는 [외상미수금]에 금액이 자동으로 입력된다. 또한 [현금]/[수료]/[어음] 금액을 입력하면 [외상미수금]에서 그 금액만큼 차감되며, 수금내역은 [수금등록]에서 따로 등록하기 때문에 회계처리는 외상매출금으로 처리된다.

12) 회계처리(매출마감)

영업관리 ⇨ 영업관리 ⇨ 회계처리(매출마감)

[회계처리(매출마감)] 메뉴는 매출마감 자료를 근거로 회계처리해서 전표를 생성한다. 회계로 이관하기 전 반드시 [시스템관리]-[기초정보관리]-[회계연결계정과목등록] 메뉴를 이용하여 회계연결계정을 설정해 놓아야 한다.

실습문제

다음 자료를 참고하여 회계처리를 수행하시오.

발행일자	고객	과세구분	품번	수량	단가(원)
2017/01/19	㈜대진	매출과세	OF-PC01	10	1,200,000

문제풀이

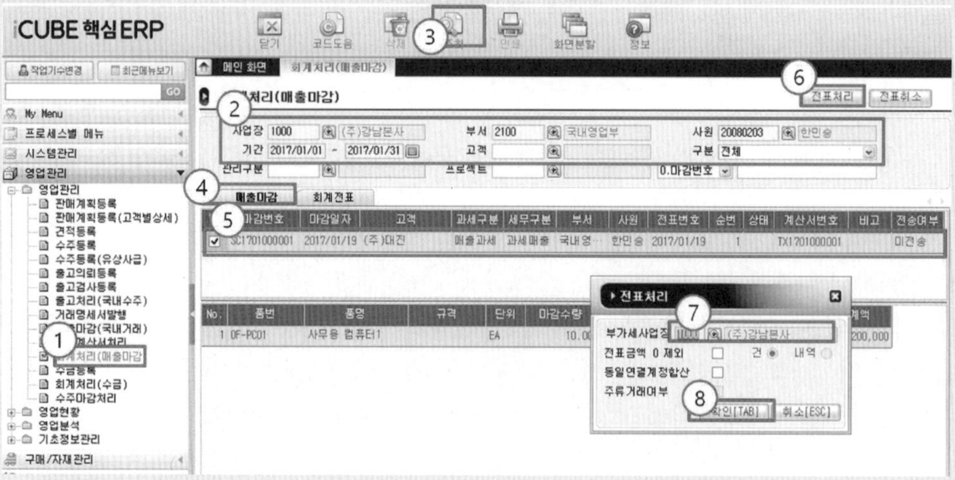

① [영업관리] ⇨ [영업관리] ⇨ [세금계산서처리] 메뉴를 선택한다.

② [전표처리] 버튼을 클릭, 나타나는 [전표처리] 창에서 [확인] 버튼을 클릭하면 회계전표가 생성된다.

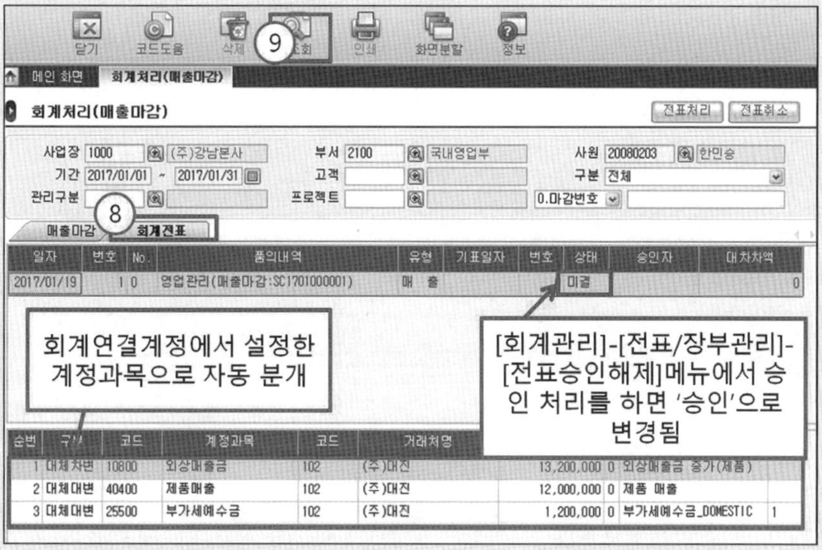

③ [회계전표] 탭을 선택한 후 화면 상단의 [조회] 버튼을 누르면 회계처리된 내역이 조회된다.

④ 전표상태는 '미결'이며, [회계관리] 모듈에서 승인처리를 할 수 있다.

⑤ [회계관리] 모듈에서 전표승인이 처리되면 [매출마감] 탭에서 [전표취소] 버튼을 이용하여 삭제할 수 없다.

13) 수금등록

영업관리 ⇨ 영업관리 ⇨ 수금등록

거래처로부터 수금된 매출대금은 [수금등록] 메뉴에서 등록한다. 수금은 매출 후 매출대금을 수금하는 정상수금과 매출 전 미리 계약금 형식으로 받는 선수금으로 분류한다. 선수금은 매출이 발생하면 매출대금으로 정리된다.

실습문제

다음은 ㈜강남본사의 국내영업부 한민승 사원이 ㈜대진으로부터 수금한 내역이다. 다음을 참고하여 수금내역을 등록하시오.

수금일자	고객	수금구분	정상수금(원)
2017/01/31	㈜대진	현금	13,200,000

문제풀이

▶ [영업관리] ⇨ [영업관리] ⇨ [수금등록] 메뉴를 선택한다.

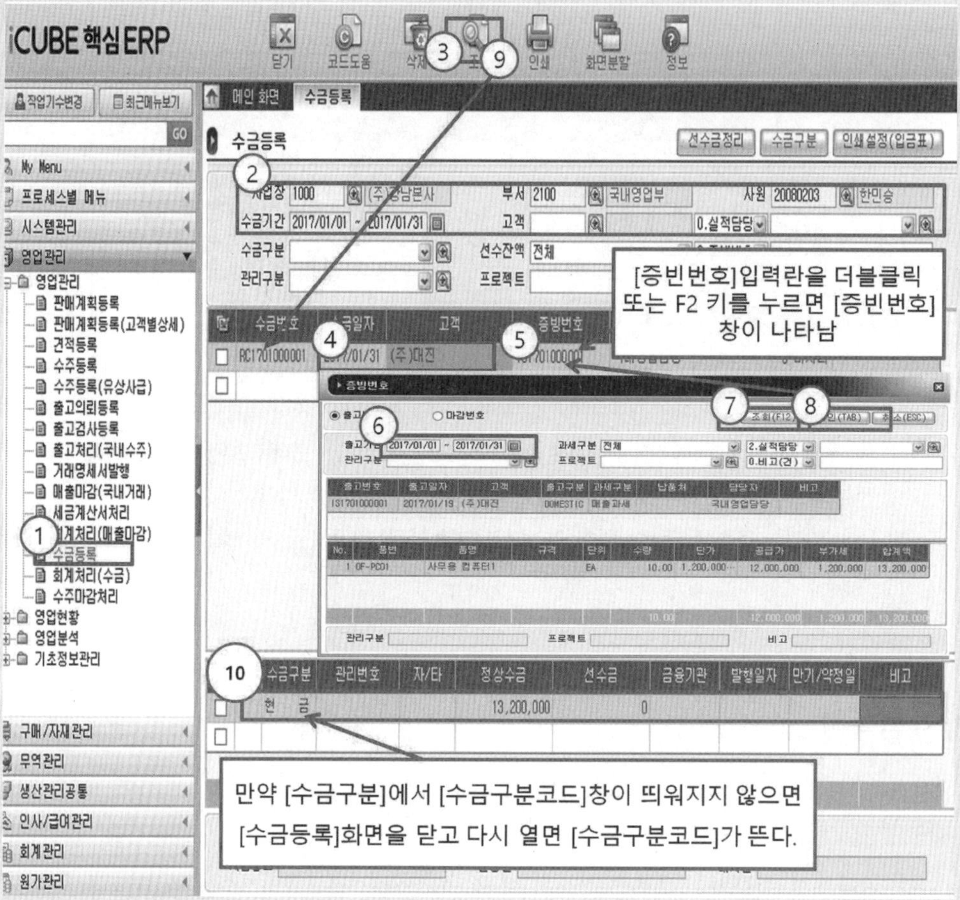

14) 회계처리(수금)

영업관리 ⇨ 영업관리 ⇨ 회계처리(수금)

[회계처리(수금)] 메뉴에서 수금등록된 내역을 토대로 회계처리를 수행하여 전표생성을 한다. 회계처리를 수행하면 [회계관리] 모듈로 자동 분개처리되고 수금자료가 이관된다.

실습문제

다음은 ㈜강남본사의 국내영업부 한민승 사원이 ㈜대진으로부터 수금한 내역이다. 다음을 참고하여 회계처리를 수행하시오.

수금일자	고객	수금구분	정상수금(원)
2017/01/31	㈜대진	현금	13,200,000

문제풀이

▶ [영업관리] ⇨ [영업관리] ⇨ [회계처리(수금)] 메뉴를 선택한다.

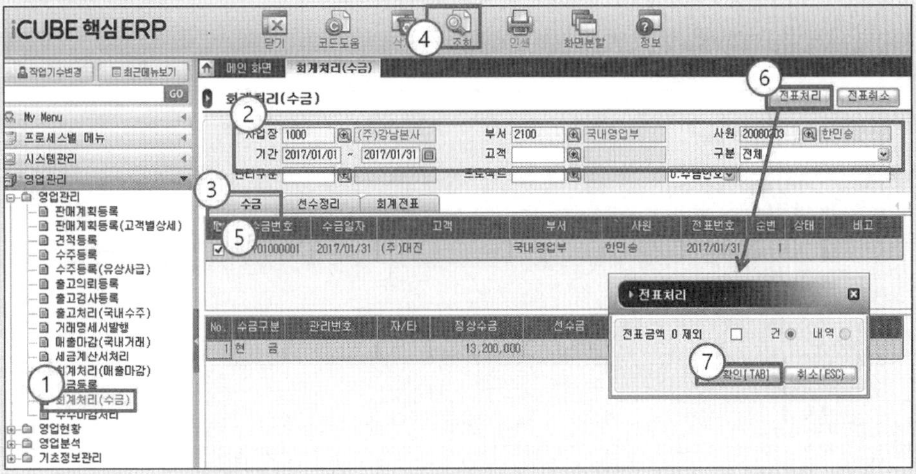

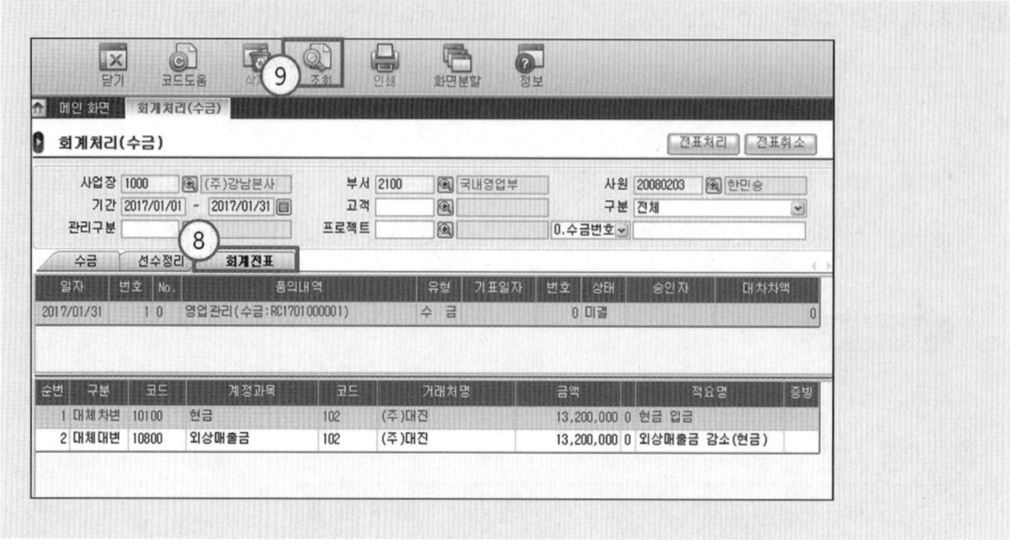

15) 수주마감처리

영업관리 ⇨ 영업관리 ⇨ 수주마감처리

[수주마감처리] 메뉴는 수주등록을 하고 난 후 수주잔량이 남아 있는 상태에서 출고처리를 하지 않고, 해당 수주 건을 마감처리한다. 따라서 반드시 처리해야 하는 작업은 아니다.

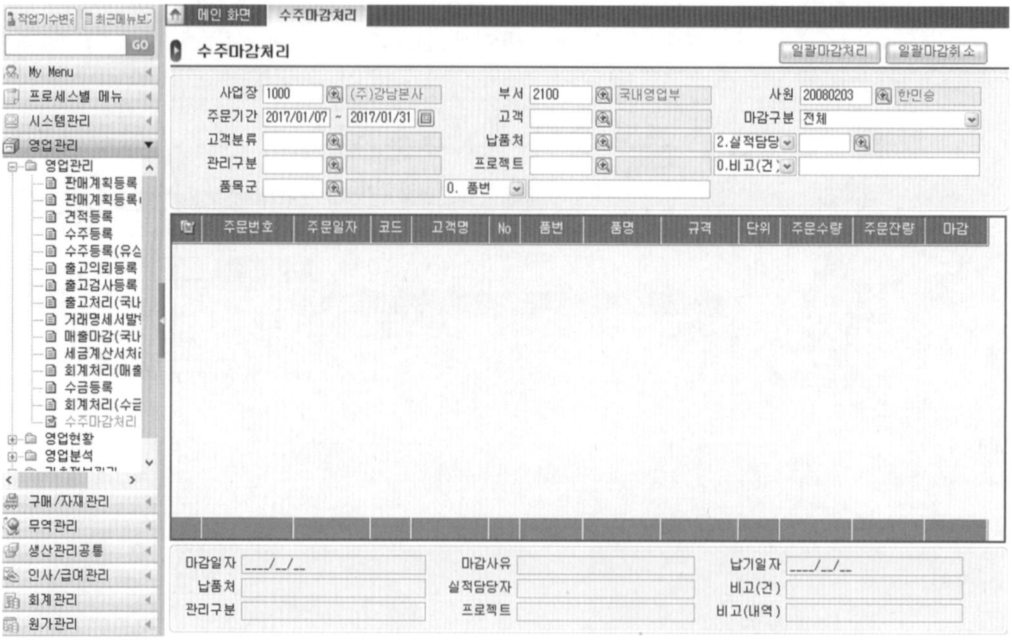

16) 선수금 등록하기

선수금이란 거래처로부터 상품의 대가를 계약금으로 미리 받은 금액이다. 선수금은 상품이나 제품 등이 공급되는 시기에 반드시 정리해야 하며, 정상수금과 동일하게 [수금등록] 메뉴에서 작업한다.

① 선수금등록

영업관리 ⇨ 영업관리 ⇨ 수금등록

[수금등록] 메뉴에서 선수금 내역을 등록한다. 또한 선수금을 수령한 후에 매출이 발생하면 선수금으로 대체 처리할 수 있다.

실습문제

다음은 ㈜강남본사의 국내영업부 한민승 사원이 삼공종합상사로부터 계약금(선수금)을 받은 내역이다. 다음을 참고하여 선수금을 등록하시오.

수금일자	고객	수금구분	선수금(원)
2017/02/10	삼공종합상사	현금	2,000,000

문제풀이

▶ [영업관리] ⇨ [영업관리] ⇨ [수금등록] 메뉴를 선택한다.

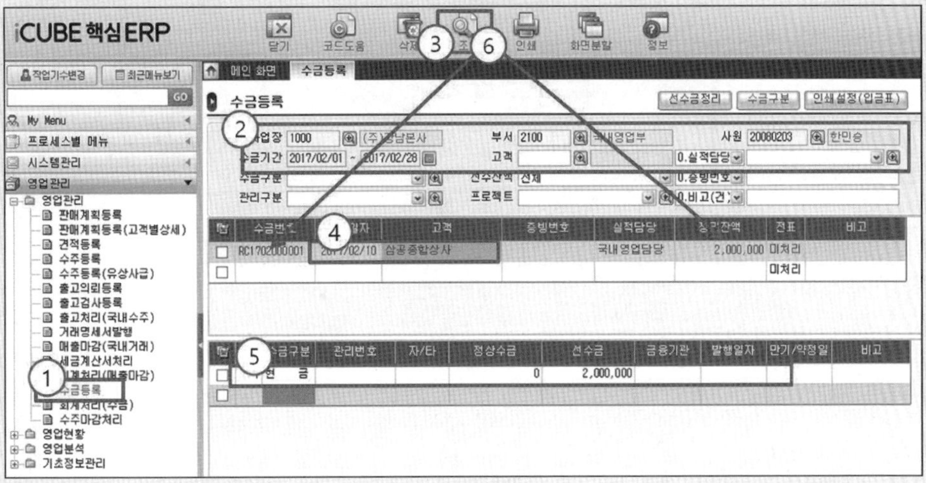

② 선수금 회계처리

영업관리 ⇨ 영업관리 ⇨ 회계처리(수금)

선수금 내역을 토대로 회계처리를 수행하여 전표를 생성한다.

실습문제

다음은 ㈜강남본사의 국내영업부 한민승 사원이 삼공종합상사로부터 계약금(선수금)을 받은 내역에 대하여 회계처리를 수행하시오.

수금일자	고객	수금구분	선수금(원)
2017/02/10	삼공종합상사	현금	2,000,000

문제풀이

▶ [영업관리] ⇨ [영업관리] ⇨ [회계처리(수금)] 메뉴를 선택한다.

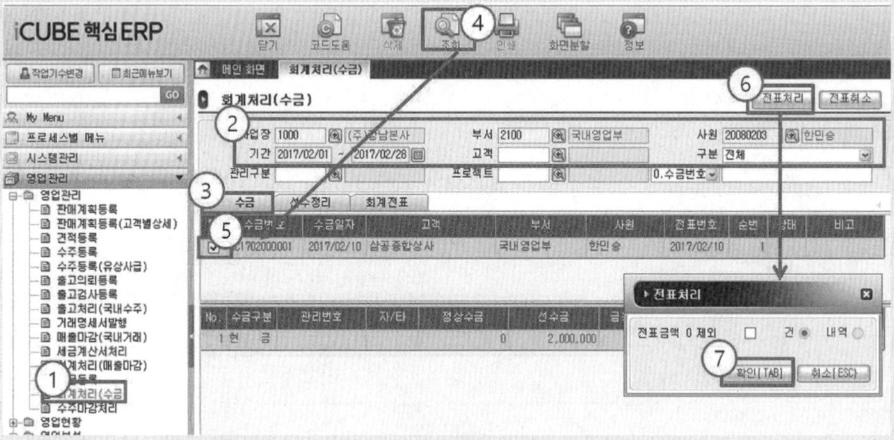

▶ 회계처리 내역을 조회한다.

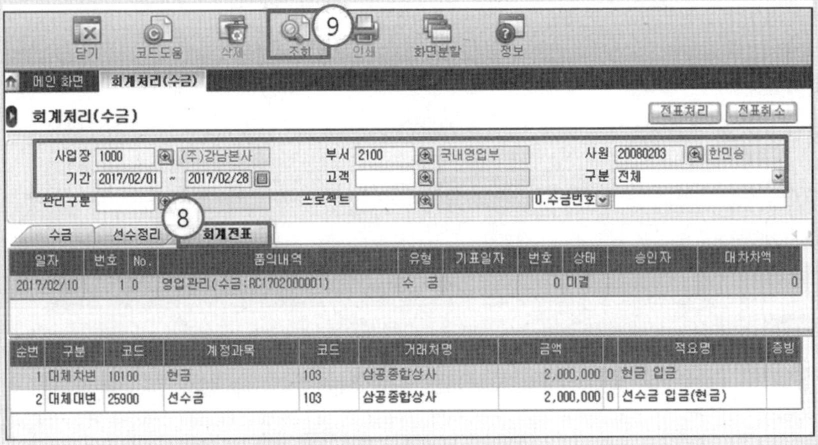

③ 선수금 정리

영업관리 ⇨ 영업관리 ⇨ 수금등록

[수금등록] 메뉴에서 매출이 발생하였을 때 거래처로부터 미리 받은 선수금이 있다면 이를 대체 처리한다.

실습문제

2017년 2월 20일에 삼공종합상사에서 2,000,000원의 매출이 발생하였다. 2월 10일에 수령한 선수금으로 수금을 대체하시오.

정리일자	고객	정리금액(원)
2017/02/20	삼공종합상사	2,000,000

문제풀이

▶ [영업관리] ⇨ [영업관리] ⇨ [수금등록] 메뉴를 선택한다.

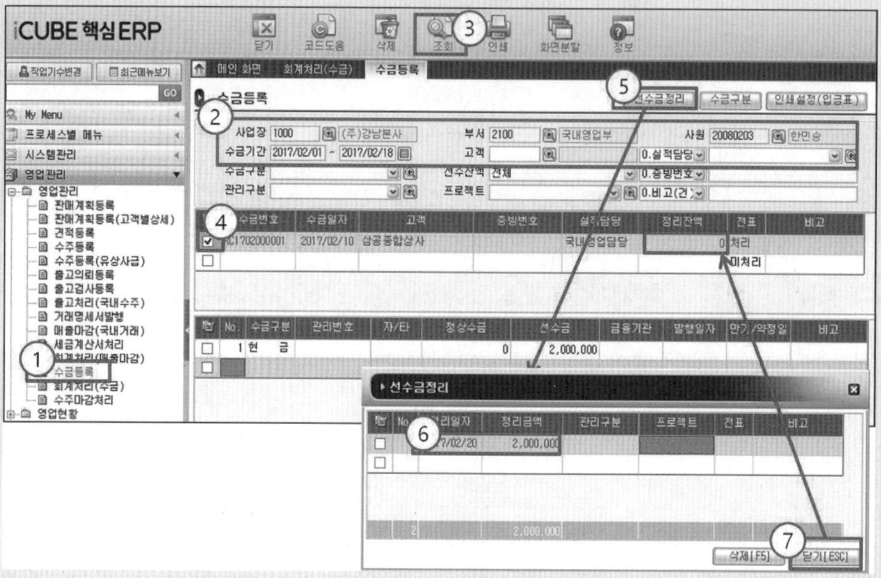

▶ [선수금정리] 버튼을 이용하여 전표가 생성되면 선수금정리 내역을 삭제할 수 없다.

④ 선수금 정리 회계처리

영업관리 ⇨ 영업관리 ⇨ 회계처리(수금)

[회계처리(수금)] 메뉴에서 선수금정리 내역을 토대로 회계처리를 수행함으로써 전표를 생성한다.

실습문제

다음 선수금정리 일자를 토대로 선수금등록 내역에 대한 회계처리를 수행하시오.

선수금정리일자	고객	정리금액(원)
2017/02/20	삼공종합상사	2,000,000

문제풀이

▶ [영업관리] ⇨ [영업관리] ⇨ [회계처리(수금)] 메뉴를 선택한다.

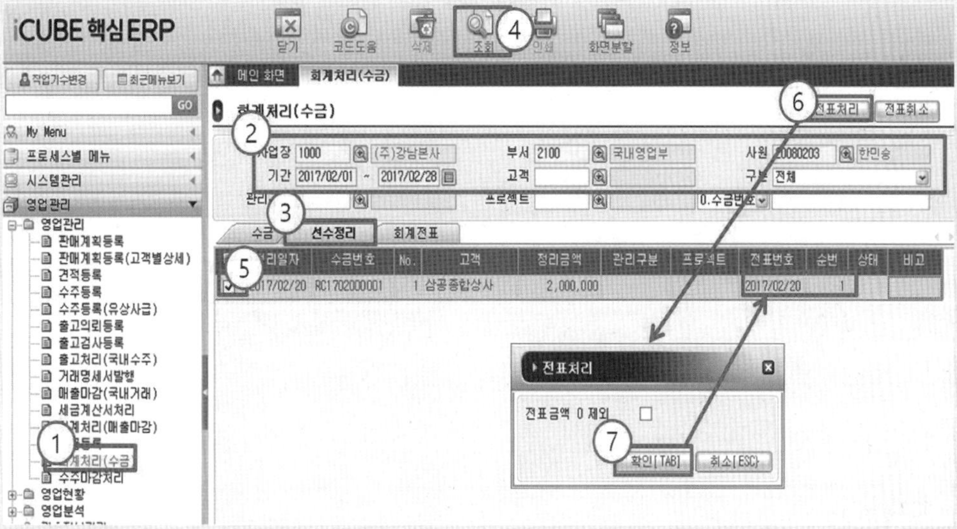

▶ 회계처리한 내역을 조회한다.

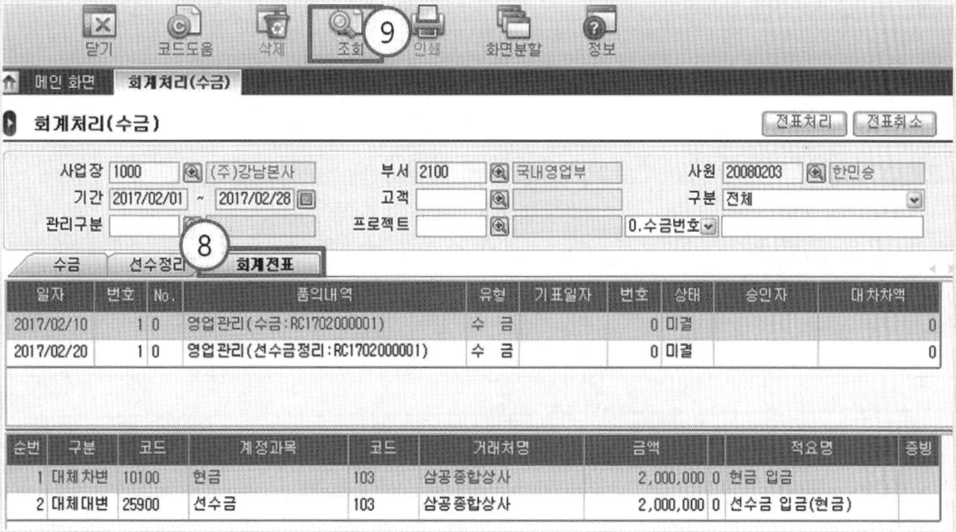

17) 매출반품 프로세스

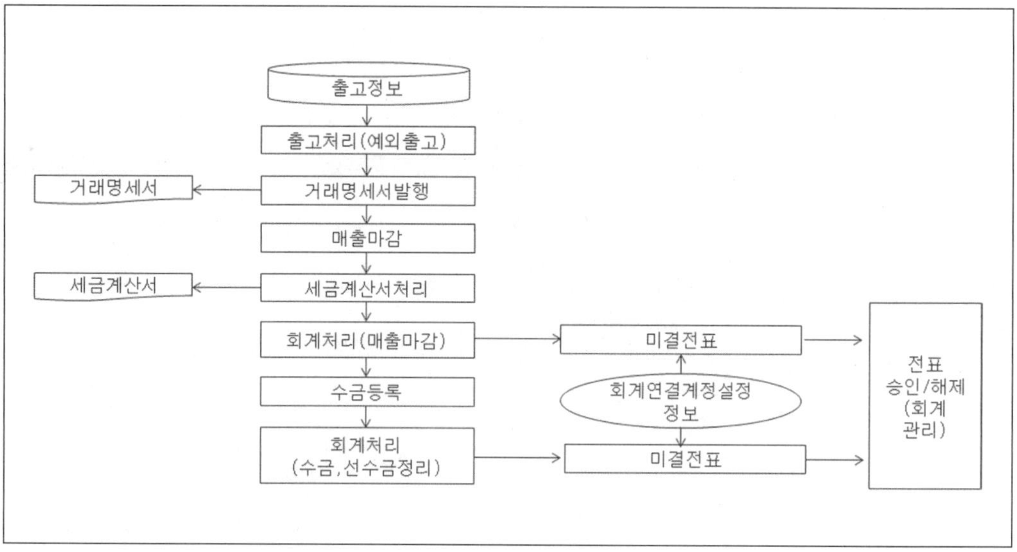

① 반품처리

영업관리 ⇨ 영업관리 ⇨ 출고처리(국내수주)

[출고처리(국내수주)] 메뉴는 물품을 고객에게 납품하고 난 후 반품된 물품에 대해 반품을 처리할 때 사용한다. 기존에 출고처리한 내역을 토대로 [예외출고] 탭에서 작업한다.

[예외출고] 탭은 수주등록 없이 출고처리를 하거나 반품처리를 할 때 사용한다. 예외출고는 샘플, 견본품, 물품에 하자가 생겨 반품할 경우에 사용할 수 있다.

실습문제

다음을 참고하여 반품처리를 수행하시오.

출고일자	출고창고	장소	고객	마감	품번	수량	단가(원)
2017/01/25	본사제품창고	본사제품장소	㈜대진	일괄	OF-PC01	-2	1,200,000

문제풀이

▶ [영업관리] ⇨ [영업관리] ⇨ [출고처리(국내수주)] 메뉴를 선택한다.

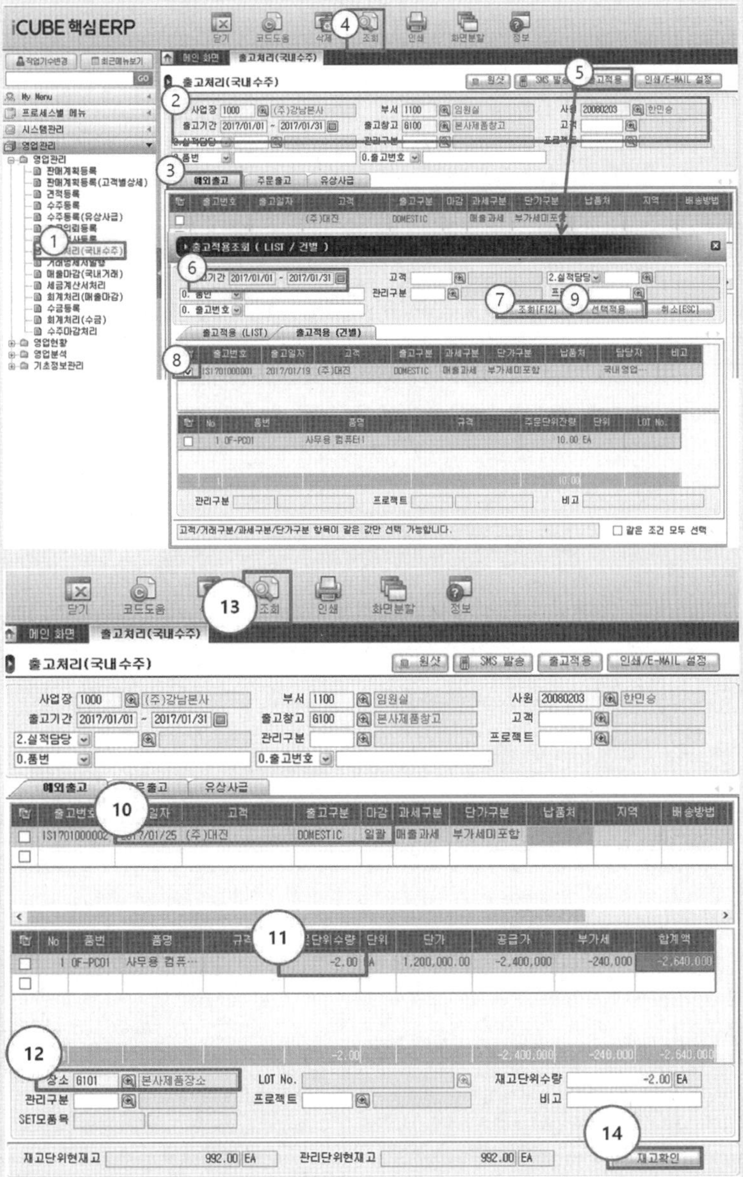

▶ 반품처리이므로 주문단위 수량은 −2 이다(반품은 '−'처리한다). 출고처리한 것은 반품되어 입고되는 것이므로 재고가 증가하며, 출고번호는 [조회] 버튼을 클릭하면 자동 부여된다.

▶ 출고처리 후 마감이 완료된 건에 대해서는 출고처리에서 수정, 삭제를 할 수 없다.

② 반품거래명세서발행

영업관리 ⇨ 영업관리 ⇨ 거래명세서발행

[거래명세서발행] 메뉴에서 반품처리된 사항에 대하여 거래명세서를 발행한다.

실습문제

다음을 참고하여 반품 거래명세서를 발행하시오.

출고일자	고객	출고구분	품번	출고수량	단가(원)
2017/01/25	㈜대진	DOMESTIC	OF-PC01	−2	1,200,000

문제풀이

▶ [영업관리] ⇨ [영업관리] ⇨ [거래명세서발행] 메뉴를 선택한다.

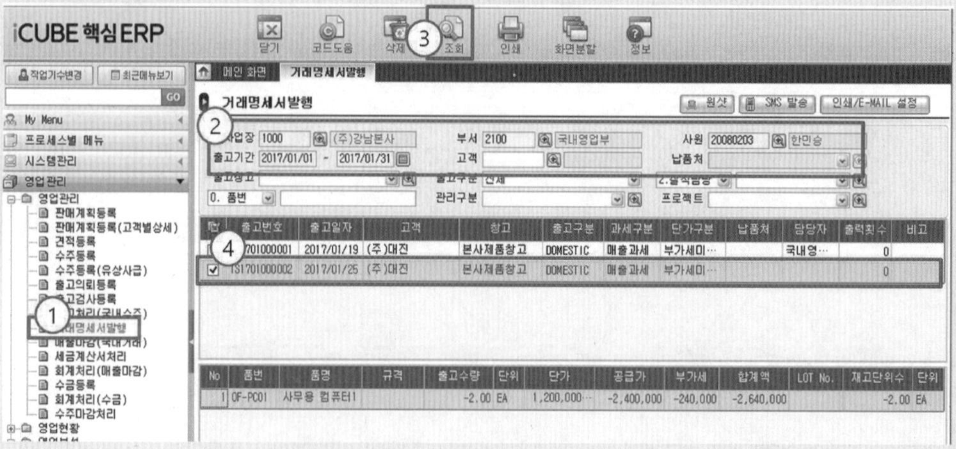

③ 반품 매출마감

영업관리 ⇨ 영업관리 ⇨ 매출마감(국내거래)

반품처리한 것들은 [매출마감(국내거래)] 메뉴에서 매출마감을 '−'로 출고 처리한다. 반품에 대한 매출을 마감한 후, 세금계산서를 처리하거나 회계처리를 수행한 후, 전표를 생성한 후에는 반품 매출마감한 내역을 수정, 삭제할 수 없다.

실습문제

다음을 참고하여 반품 매출마감을 처리하시오.

출고일자	고객	출고구분	품번	출고수량	단가(원)
2017/01/25	㈜대진	DOMESTIC	OF-PC01	−2	1,200,000

문제풀이

▶ [영업관리] ⇨ [영업관리] ⇨ [매출마감(국내거래)] 메뉴를 선택한다.

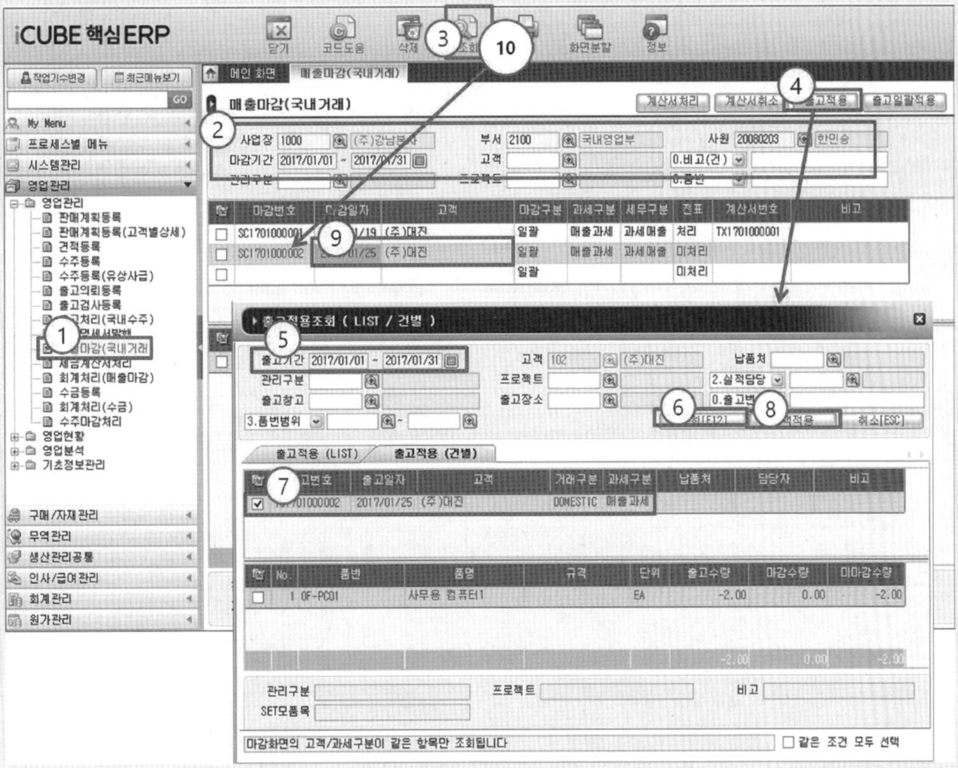

④ 반품 세금계산서처리

영업관리 ⇨ 영업관리 ⇨ 세금계산서처리

매출 마감된 사항을 토대로 [세금계산서처리] 메뉴에서 반품(−) 세금계산서를 발행한다.

실습문제

다음은 ㈜강남본사의 국내영업부 한민승 사원이 매출마감한 ㈜대진의 반품 내역이다. 다음을 참고하여 반품 세금계산서를 발행하시오.

발행일자	고객	과세구분	권	호	구분	품번	마감수량	단가(원)
2017/01/25	㈜대진	매출과세	1	2	청구	OF-PC01	-2	1,200,000

문제풀이

▶ [영업관리] ⇨ [영업관리] ⇨ [세금계산서처리] 메뉴를 선택한다.

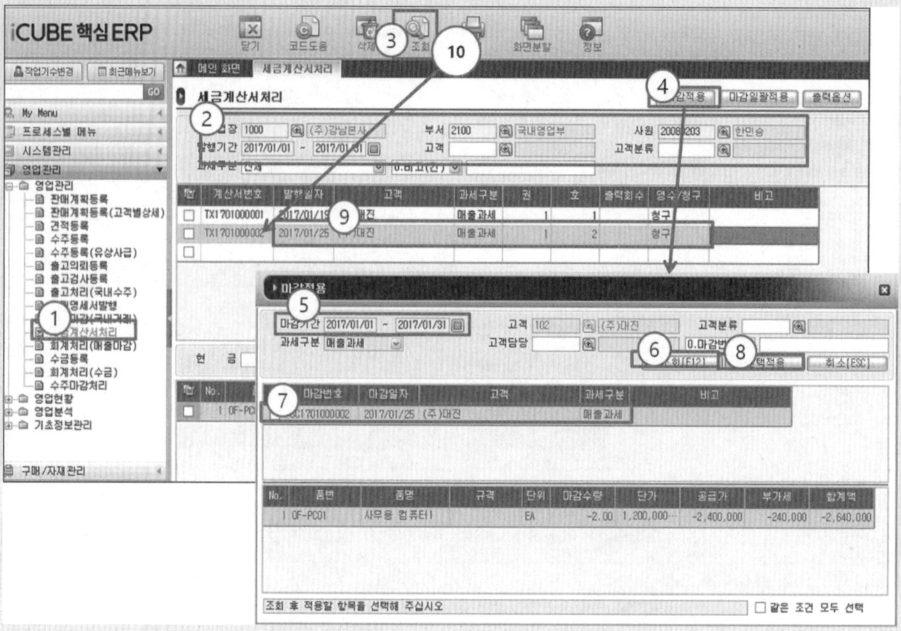

⑤ 반품 회계처리

영업관리 ⇨ 영업관리 ⇨ 회계처리(매출마감)

반품 매출마감한 내역에 대한 전표를 발행하기 위해 [회계처리(매출마감)] 메뉴에서 회계처리한다.

실습문제

다음은 ㈜강남본사의 국내영업부 한민승 사원이 ㈜대진에서 반품한 내역에 대한 매출 마감한 내역이다. 다음을 참고하여 회계처리를 수행하시오.

마감일자	고객	과세구분	품번	마감수량	단가(원)
2017/01/25	㈜대진	매출과세	OF-PC01	-2	1,200,000

문제풀이

▶ [영업관리] ⇨ [영업관리] ⇨ [회계처리(매출마감)] 메뉴를 선택한다.

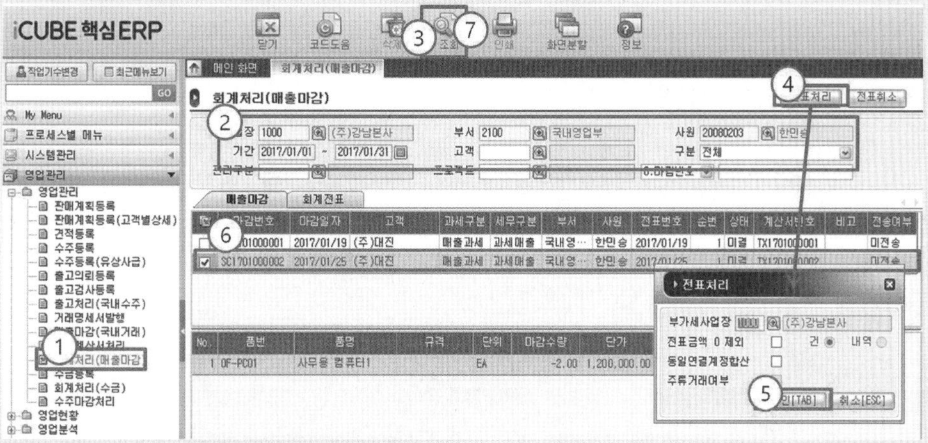

02 영업현황

1) 판매계획현황

영업관리 ⇨ 영업현황 ⇨ 판매계획현황

[판매계획현황] 메뉴에서 품목별, 품목군별, 월별로 판매계획등록 현황을 조회한다.

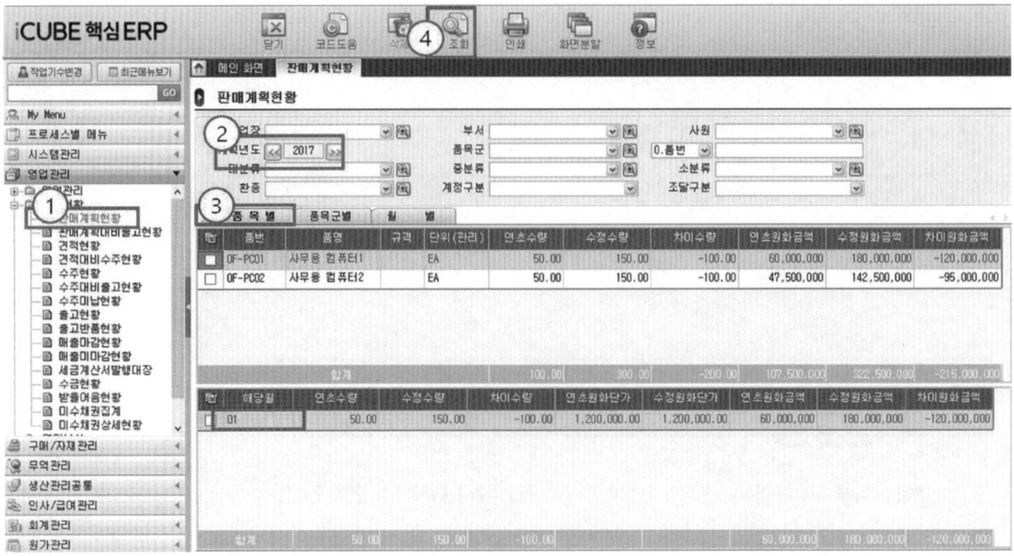

2) 판매계획대비출고현황

영업관리 ⇨ 영업현황 ⇨ 판매계획대비출고현황

[판매계획대비출고현황] 메뉴에서 품목별, 품목군별, 월별로 판매계획대비 출고내역 현황을 조회한다.

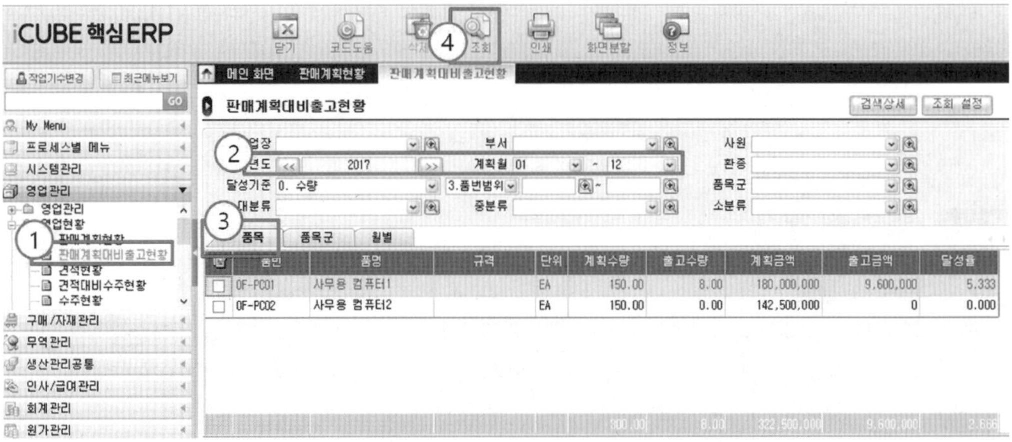

3) 견적현황

영업관리 ⇨ 영업현황 ⇨ 견적현황

[견적현황] 메뉴에서 견적등록한 내역을 조회한다.

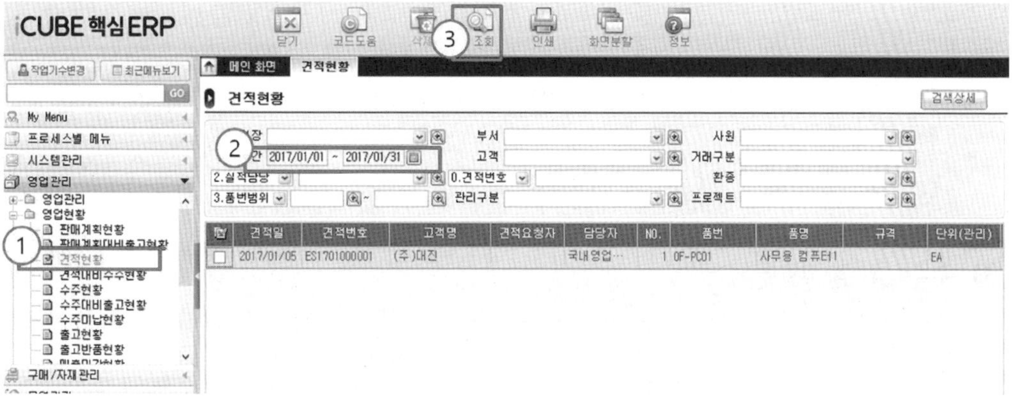

4) 견적대비수주현황

영업관리 ⇨ 영업현황 ⇨ 견적대비수주현황

[견적대비수주현황] 메뉴는 [수주등록] 메뉴에서 견적을 받아 수주등록한 내역을 조회할 때 사용하며, 이곳에서 견적받은 내역들이 얼마나 수주로 진행되었나 분석할 수 있다.

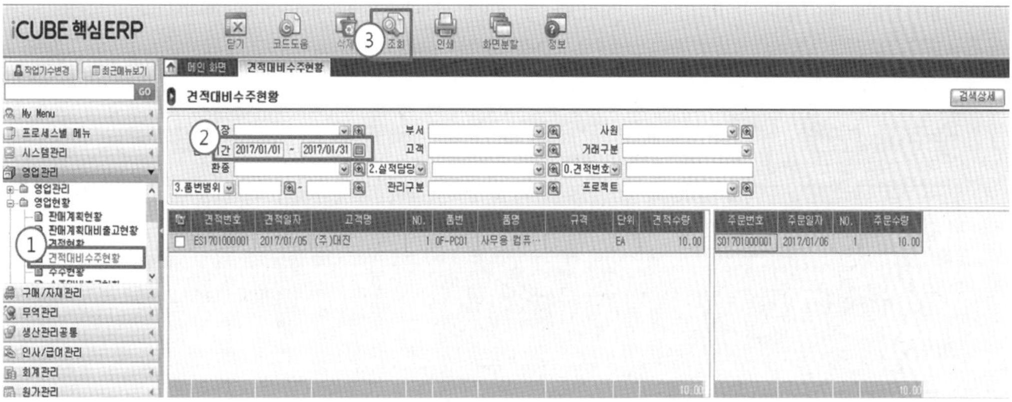

5) 수주현황

영업관리 ⇨ 영업현황 ⇨ 수주현황

[수주현황] 메뉴에서 수주등록 내역을 조회한다.

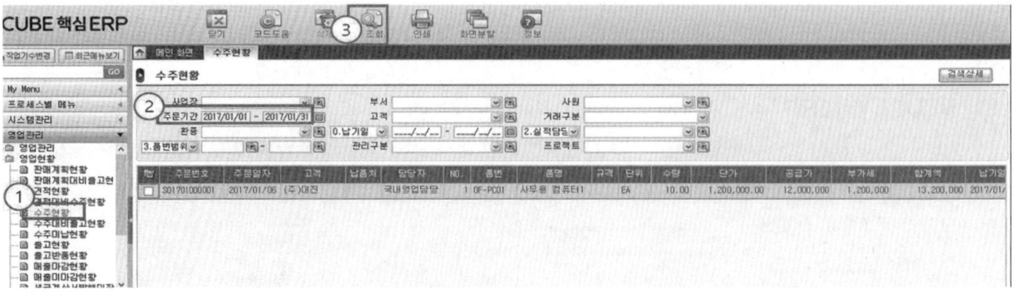

6) 수주대비출고현황

영업관리 ⇨ 영업현황 ⇨ 수주대비출고현황

[수주대비출고현황] 메뉴에서 수주를 등록한 후 수주에 대한 출고현황을 조회한다.

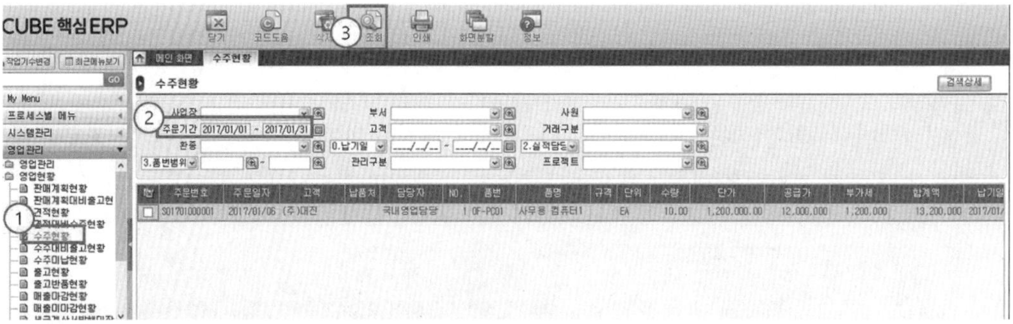

7) 수주미납현황

영업관리 ⇨ 영업현황 ⇨ 수주미납현황

[수주미납현황] 메뉴는 납기일별, 출하예정일별, 경과일수별, 고객별, 품목별로 수주미납현황을 조회한다.

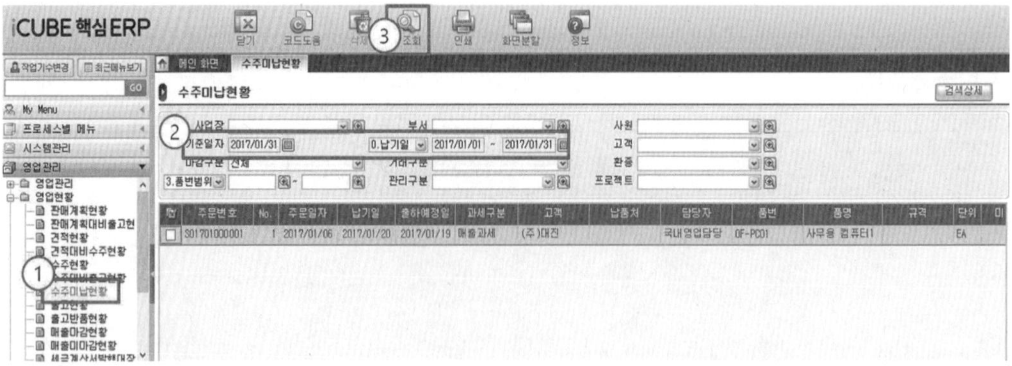

8) 출고현황

영업관리 ⇨ 영업현황 ⇨ 출고현황

[출고현황] 메뉴에서 일자별, 고객별, 품목별, 거래구분별, 관리구분별, 프로젝트별 출고현황을 조회한다.

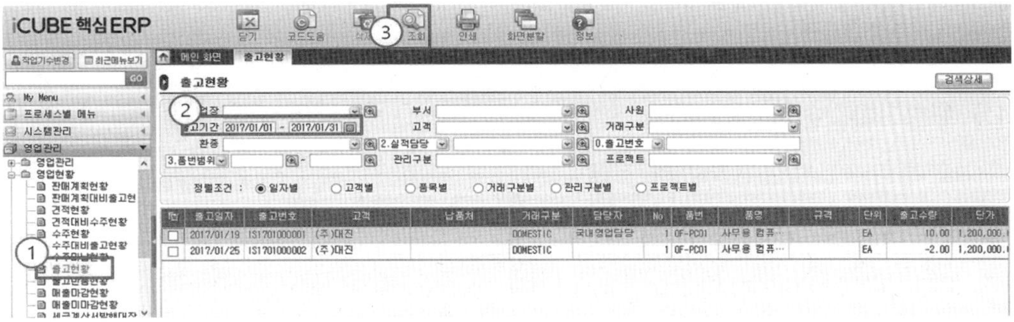

9) 출고반품현황

영업관리 ⇨ 영업현황 ⇨ 출고반품현황

[출고반품현황] 메뉴에서 일자별, 고객별, 품목별, 거래구분별, 관리구분별, 프로젝트별 출고 후 반품 처리된 출고반품현황을 조회한다.

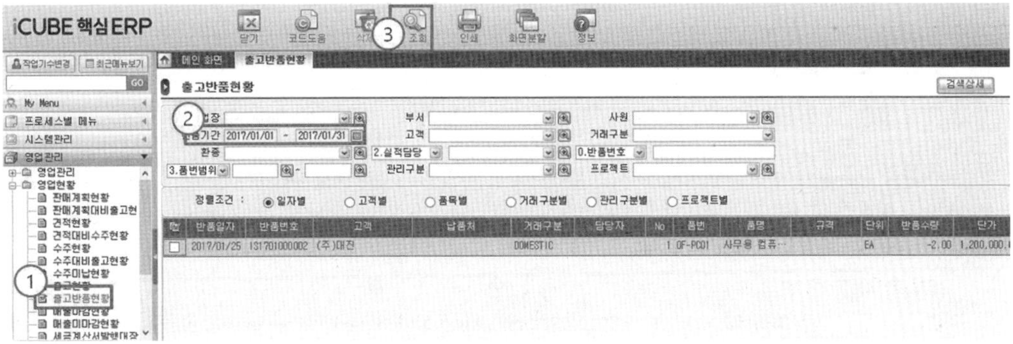

10) 매출마감현황

영업관리 ⇨ 영업현황 ⇨ 매출마감현황

[매출마감현황] 메뉴에서 일자별, 고객별, 품목별, 거래구분별, 관리구분별, 프로젝트별 매출마감 현황을 조회한다.

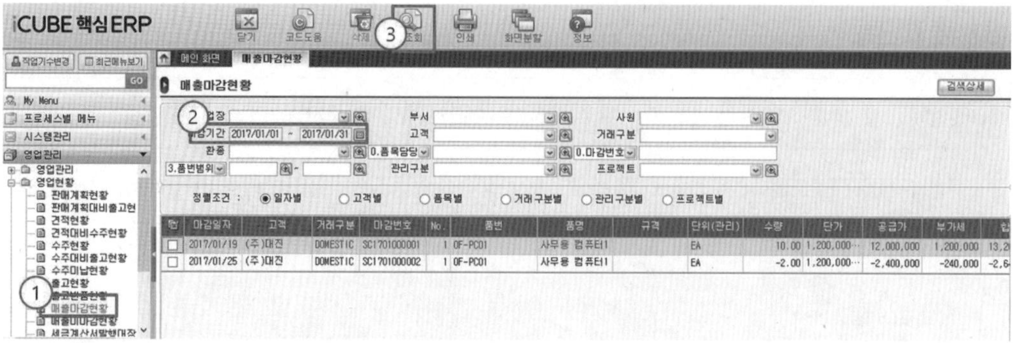

11) 매출미마감현황

영업관리 ⇨ 영업현황 ⇨ 매출미마감현황

[매출미마감현황] 메뉴에서 일자별, 고객별, 품목별, 거래구분별, 관리구분별, 프로젝트별 출고처리 또는 반품처리 후 매출마감이 되지 않은 출고내역을 조회한다.

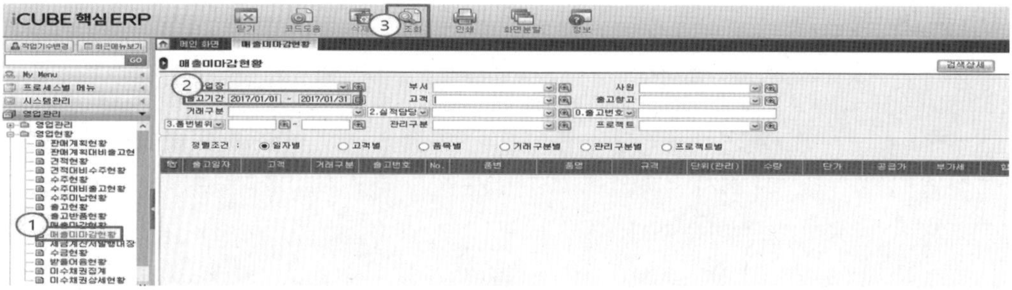

12) 세금계산서발행대장

영업관리 ⇨ 영업현황 ⇨ 세금계산서발행대장

[세금계산서발행대장] 메뉴에서 매출마감 또는 반품매출마감 후 세금계산서 발행현황을 조회한다.

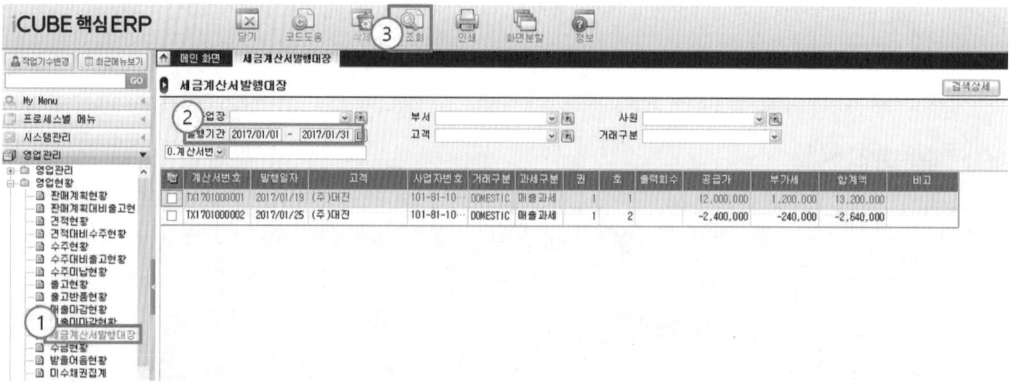

13) 수금현황

영업관리 ⇨ 영업현황 ⇨ 수금현황

[수금현황] 메뉴에서 일자별, 고객별, 품목별, 거래구분별, 관리구분별, 프로젝트별 수금된 내역을 등록한 수금현황을 조회한다.

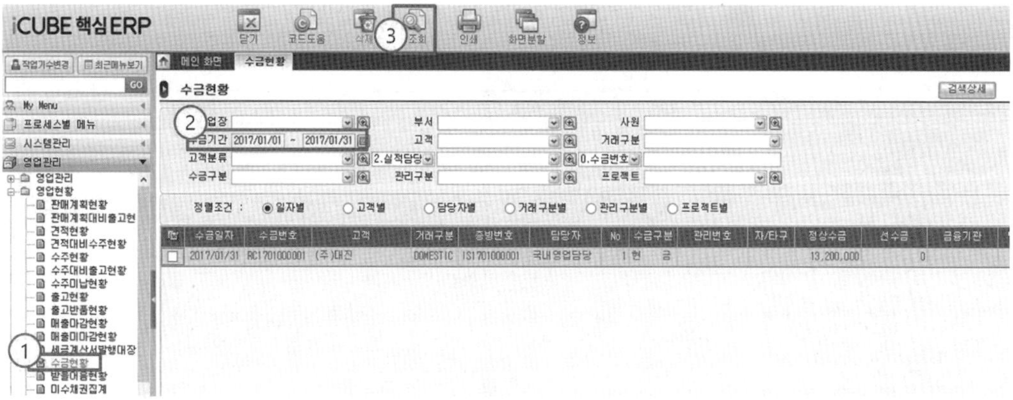

14) 받을어음현황

영업관리 ⇨ 영업현황 ⇨ 받을어음현황

[받을어음현황] 메뉴에서 수금등록된 내역 중에서 받을어음으로 수금된 현황을 조회한다.

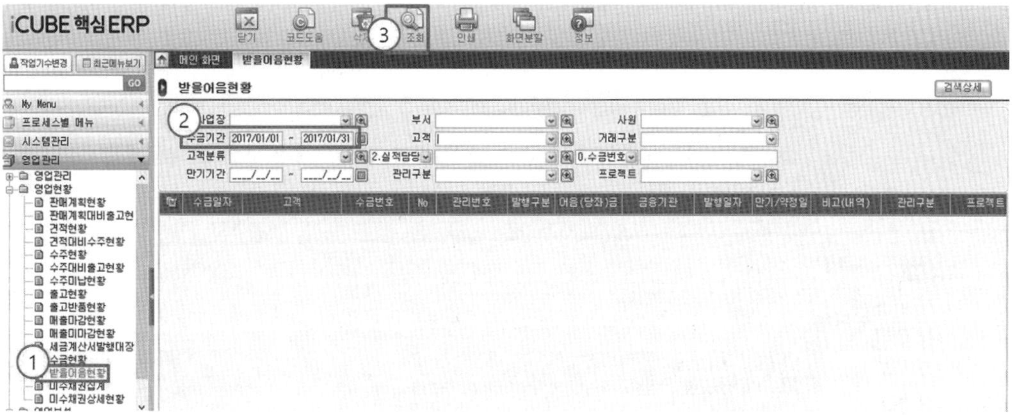

15) 미수채권집계

영업관리 ⇨ 영업현황 ⇨ 미수채권집계

[미수채권집계] 메뉴에서 고객별, 담당자별, 프로젝트별 미수채권을 내역을 조회한다.

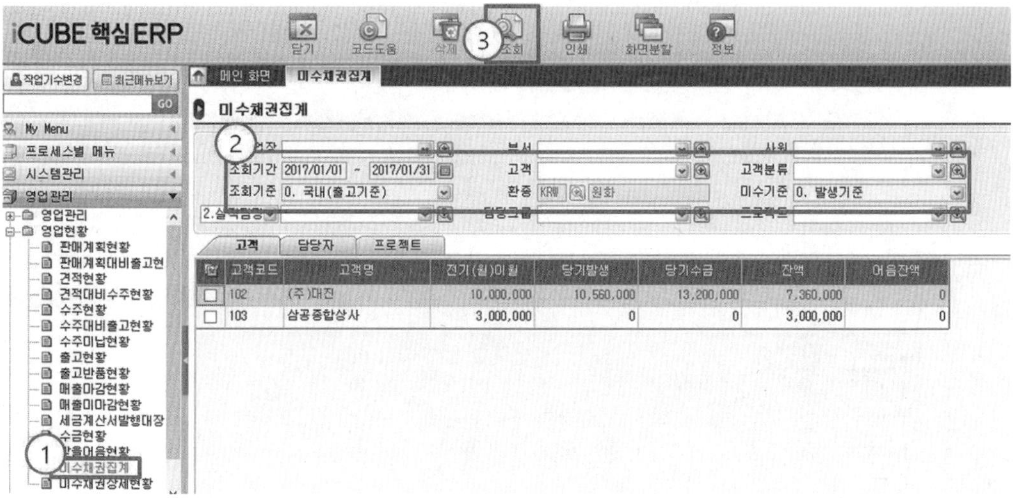

16) 미수채권상세현황

영업관리 ⇨ 영업현황 ⇨ 미수채권상세현황

[미수채권상세현황] 메뉴에서 고객별, 담당자별, 프로젝트별 미수채권현황을 상세히 조회하고 관리한다.

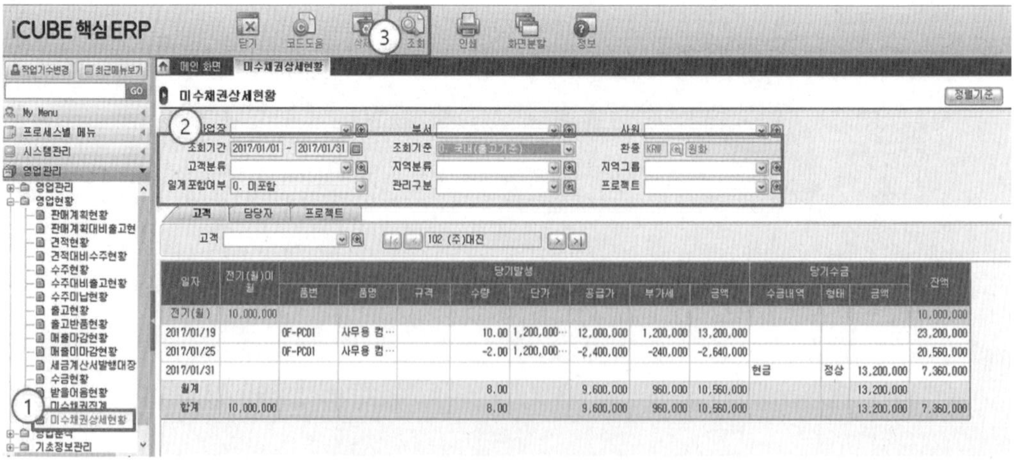

03 영업분석

1) 수주미납집계

영업관리 ⇨ 영업분석 ⇨ 수주미납집계

[수주미납집계] 메뉴에서 고객별, 품목별, 담당자별, 관리부분별, 프로젝트별 수주미납 현황을 집계한다.

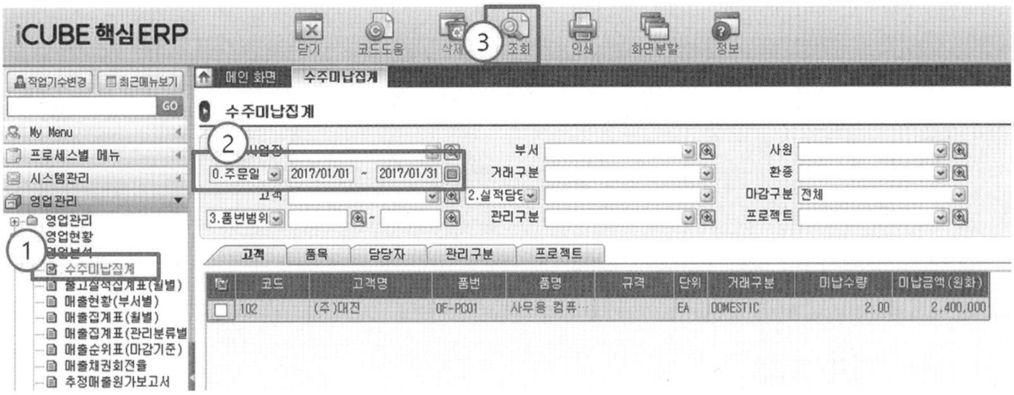

2) 출고실적집계표(월별)

영업관리 ⇨ 영업분석 ⇨ 출고실적집계표(월별)

[출고실적집계표(월별)] 메뉴에서 고객별, 품목별, 담당자별, 관리부분별, 프로젝트별, 부서별 출고된 수량을 누적시켜 집계한다.

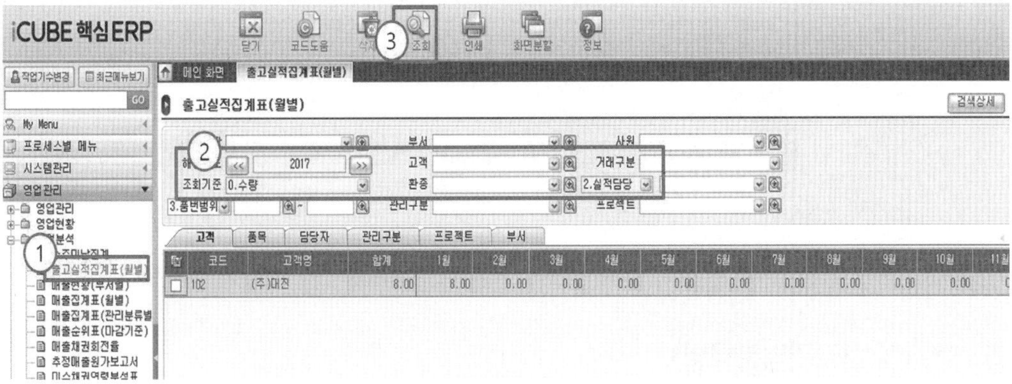

3) 매출현황(부서별)

영업관리 ⇨ 영업분석 ⇨ 매출현황(부서별)

[매출현황(부서별)] 메뉴에서 부서기준에 따라 입력부서별, 품목담당부서별, 고객담당부서별, 실적담당부서별로 매출 현황을 분석한다.

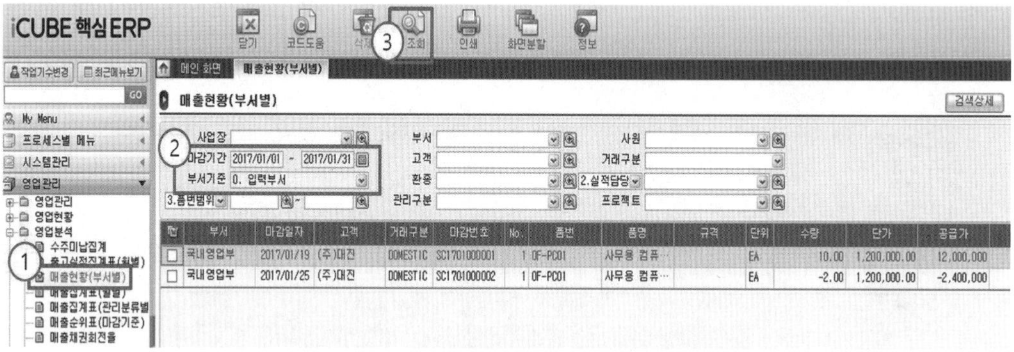

4) 매출집계표(월별)

영업관리 ⇨ 영업분석 ⇨ 매출집계표(월별)

[매출집계표(월별)] 메뉴에서 조회기준에 따라 고객별, 품목별, 담당자별, 관리구분별, 프로젝트별, 부서별로 매출마감된 내역에 대한 매출정보를 월별로 집계한다.

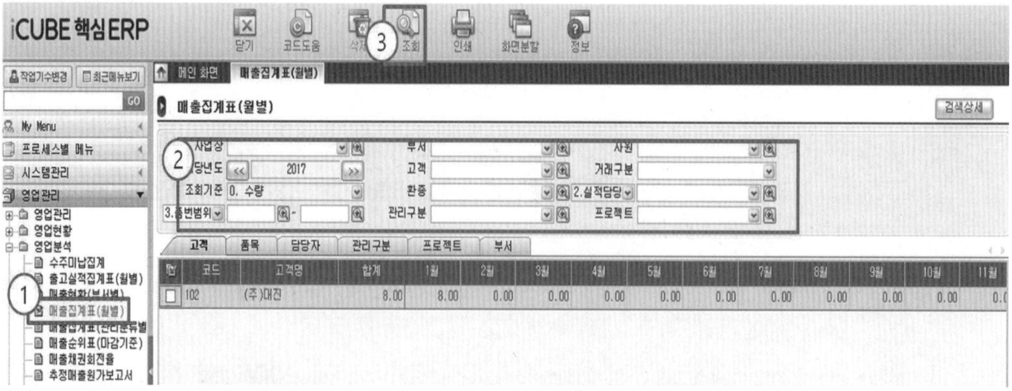

5) 매출집계표(관리분류별)

영업관리 ⇨ 영업분석 ⇨ 매출집계표(관리분류별)

[매출집계표(관리분류별)] 메뉴에서 조회기준에 따라 고객분류별, 지역분류별, 지역그룹별, 담당그룹별로 매출을 월별로 집계한다.

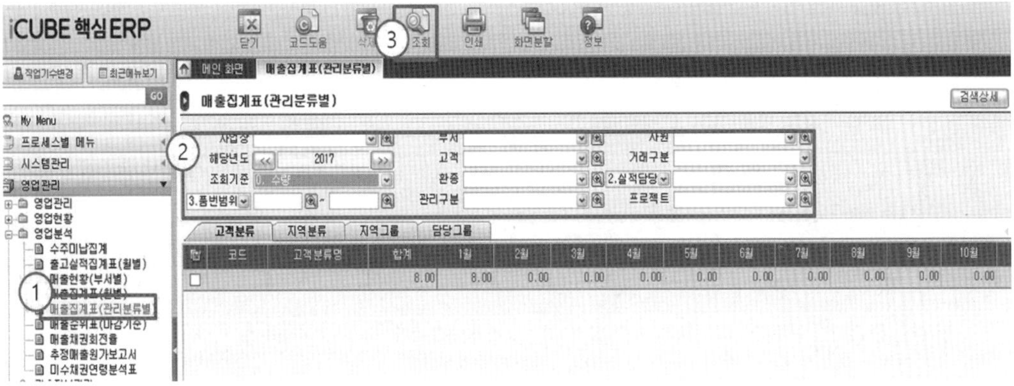

6) 매출순위표(마감기준)

영업관리 ⇨ 영업분석 ⇨ 매출순위표(마감기준)

[매출순위표(마감기준)] 메뉴에서 조회기준에 따라 고객별, 품목별, 담당자별, 관리구분별, 프로젝트별, 부서별로 매출마감된 내역을 토대로 매출순위를 상세하게 분석한다.

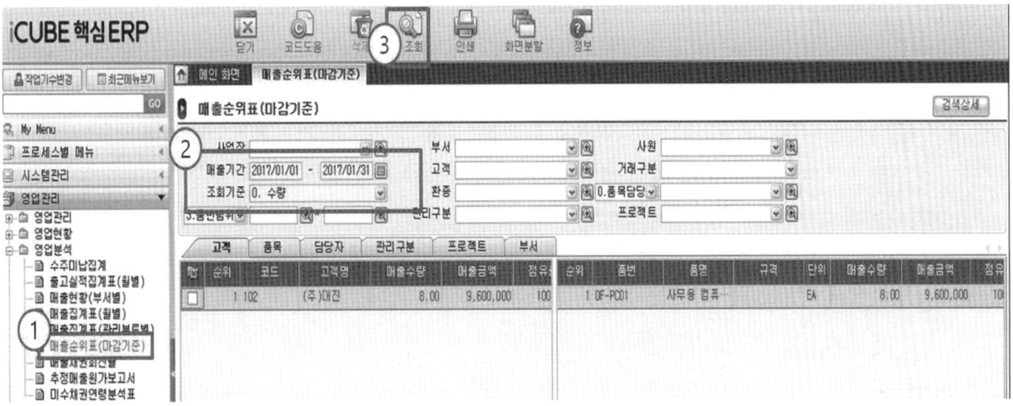

7) 매출채권회전율

영업관리 ⇨ 영업분석 ⇨ 매출채권회전율

[매출채권회전율] 메뉴에서 출고기준 또는 마감기준에 따라 매출채권회전율을 분석한다.

• 평균매출채권 = (기초매출채권 + 기말매출채권) / 2
• 순매출액 : 해당기간 동안 매출마감 또는 출고처리된 금액
• 대상일수 : 조회기간에 설정한 해당 기간의 일수
• 일평균매출액 = 순매출액 / 대상일수
• 회전율 = 순매출액 / 평균매출채권
• 회수기간 = (평균매출채권 / 순매출액) × 대상일수

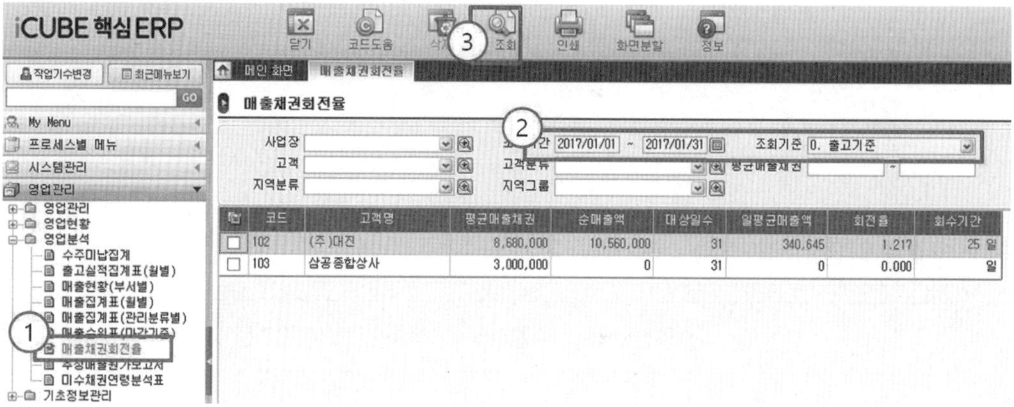

8) 추정매출원가보고서

영업관리 ⇨ 영업분석 ⇨ 추정매출원가보고서

[추정매출원가보고서] 메뉴에서 매출액 또는 이익에 따른 고객별, 품목별, 담당자별, 관리구분별, 프로젝트별, 부서별 매출액에 대한 추정원가를 계산하여 추정이익과 점유율을 상세하게 분석한다.

• 추정이익 = 매출액 × 추정원가
• 추정원가 = 표준원가 × 매출마감수량
• 이익률 = 추정이익 / 매출액
• 점유율 = (추정이익 / 전체 추정이익) × 100

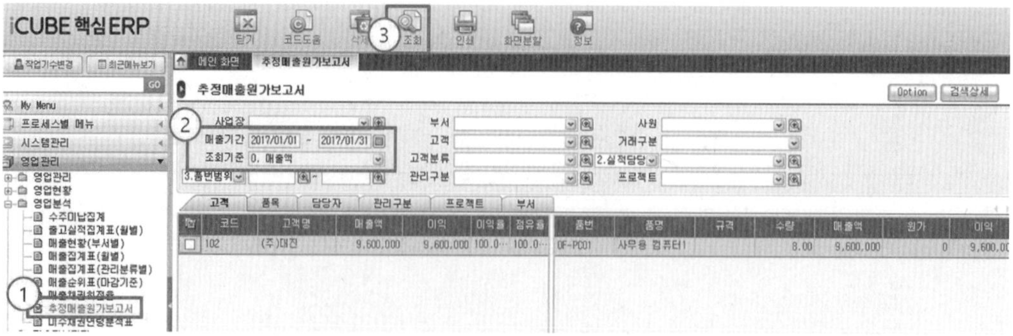

9) 미수채권연령분석표

영업관리 ⇨ 영업분석 ⇨ 미수채권연령분석표

[미수채권연령분석표] 메뉴에서 출고기준 또는 마감기준에 따라 고객별, 담당별, 프로젝트별로 미수채권의 전체 또는 잔액보유분에 대한 연령을 분석한다.

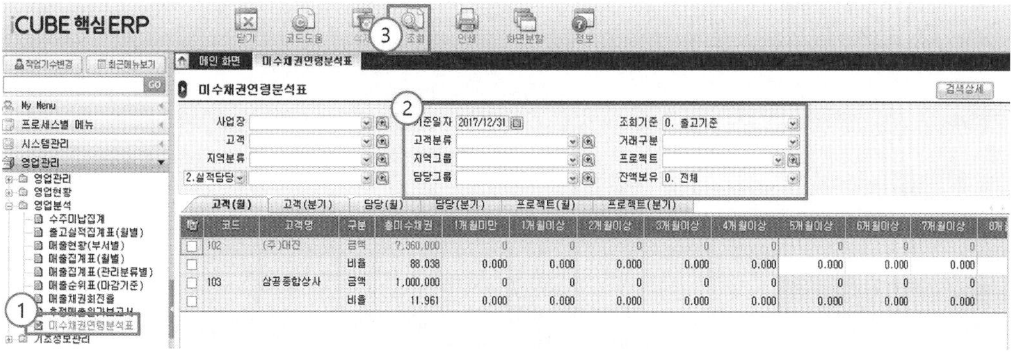

04 구매관리

1) 구매/자재관리 프로세스

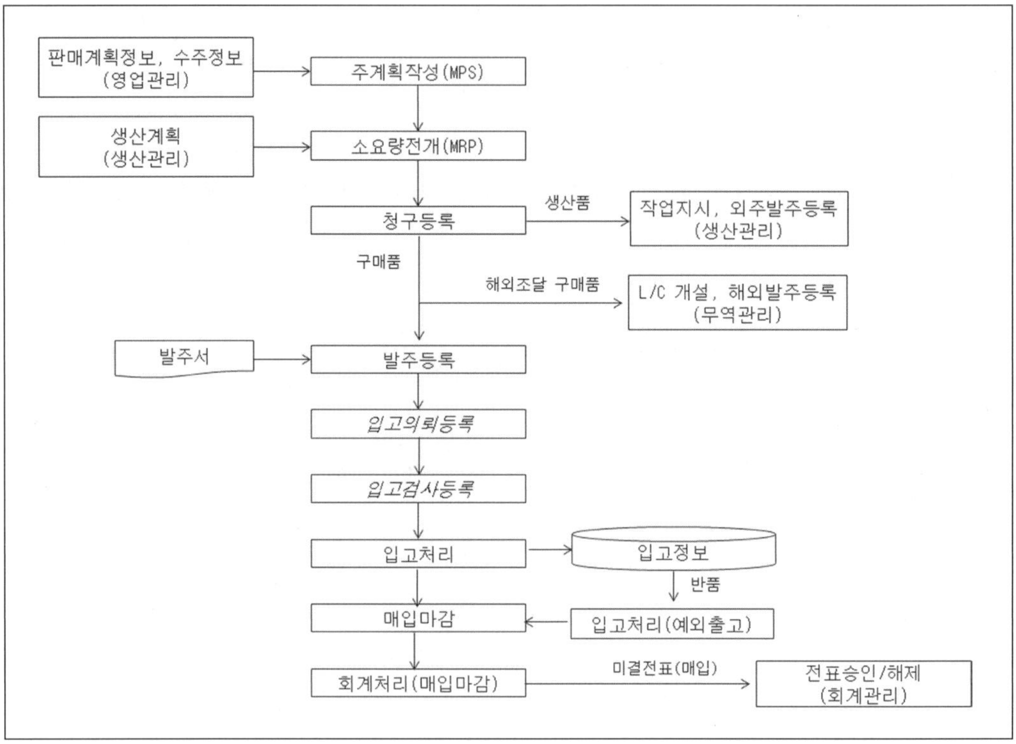

2) 수주등록

영업관리 ⇨ 영업관리 ⇨ 수주등록

실습문제

다음은 ㈜강남부산지점의 자재부 이기영이 ㈜한양으로부터 수주받은 내역이다. 다음을 참고하여 수주등록을 하시오.

주문일자	고객	과세구분	단가구분	품번	납기일	출하예정일	주문수량	단가(원)	검사
2017/03/10	㈜한양	매출과세	부가세미포함	OF-PC01	2017/03/25	2017/03/25	30	1,200,000	무검사

문제풀이

▶ [영업관리] ⇨ [영업관리] ⇨ [수주등록] 메뉴를 선택한다.

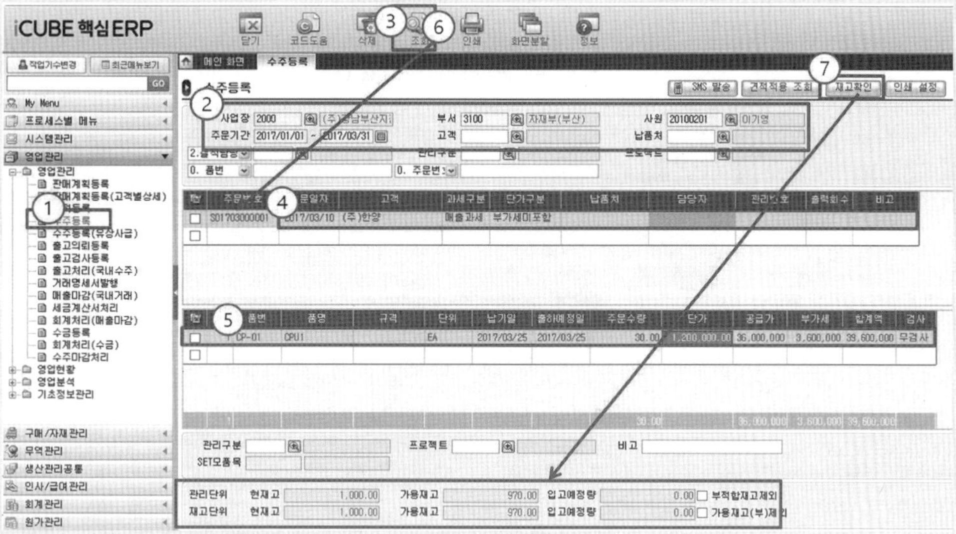

3) 주계획작성(MPS)

구매/자재관리 ⇨ 구매관리 ⇨ 주계획작성(MPS)

[주계획작성(MPS)] 메뉴는 판매계획, 수주정보, 모의계획 등을 토대로 해당품목의 소요량을 산출하고 계획을 수립한다. [주계획작성(MPS)] 메뉴에서 수립된 계획은 소요량전개의 입력을 위한 자료가 된다. MPS(Master Production Schedule)는 독립수요에 대한 생산시기와 수량을 결정한다.

실습문제

다음은 ㈜강남부산지점의 자재부 이기영 사원이 ㈜한양으로부터 수주받은 부족수량에 대한 주생산계획(MPS)이다. 다음을 참고하여 주생산계획(MPS)에 등록하시오.

계획일	품번	수량
2017/03/11	OF-PC01	30

문제풀이

▶ [구매/자재관리] ⇨ [구매관리] ⇨ [주계획작성(MPS)] 메뉴를 선택한다.

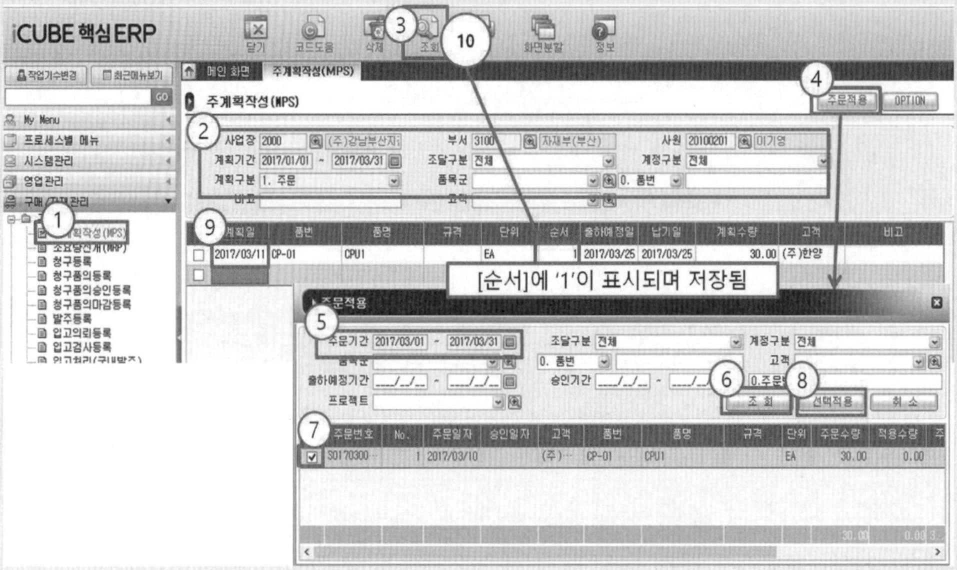

▶ 계획구분 : 〈주문〉을 선택한다.

- 0. 판매계획 : [영업관리]-[영업관리]-[판매계획]에 등록된 월별 판매계획을 토대로 주생산계획을 수립한다.
- 1. 주문 : [영업관리]-[영업관리]-[수주등록]에 등록된 수주 정보를 토대로 주생산계획을 수립한다.
- 2. SIMULATION : 판매계획이나 수주 정보를 활용하는 것이 아니라 모의로 주생산계획을 수립한다.

4) 소요량전개(MRP)

구매/자재관리 ⇨ 구매관리 ⇨ 소요량전개(MRP)

[소요량전개(MRP)] 메뉴에서는 주계획작성이나 생산계획등록에 등록된 생산완료일을 기준으로 각 품목의 발주 예정시기와 발주예정수량을 산출한다. 또한 [소요량전개(MRP)] 메뉴에 작성된 소요수량을 토대로 생산품, 구매품 등의 청구등록을 할 수 있다. 소요량전개는 BOM(자재명세서, Bill Of Material)의 자품목 구성정보와 필요 수량을 토대로 산출된다.

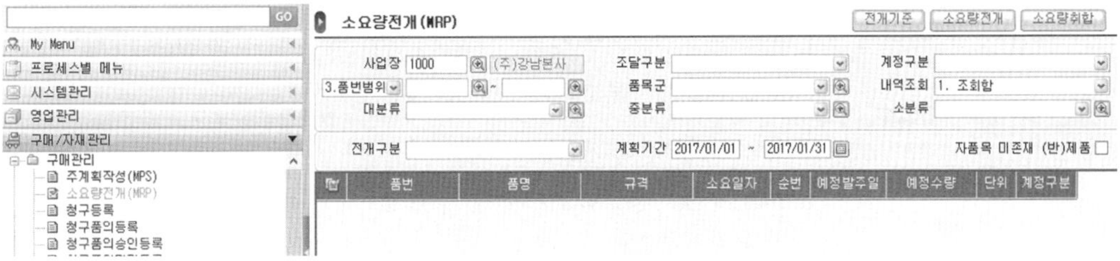

▶ 주요 항목(필드) 살펴보기

- 전개구분 : 판매계획, 수주전개, 모의전개, 생산계획 중 하나를 선택한다.
  - 판매계획 : [영업관리]-[영업관리]-[판매계획등록] 정보를 토대로 소요량을 전개한다.
  - 주문전개 : [영업관리]-[영업관리]-[수주등록] 정보를 토대로 소요량을 전개한다.
  - 모의 전개 : MPS에서 계획구분을 "SIMULATION"으로 입력한 정보를 토대로 소요량을 전개한다.
  - 생산계획 : [생산관리공통]-[생산관리]-[생산계획등록] 정보를 토대로 소요량을 전개한다.
- 소요일자 : 품목의 조달구분이 "생산"이면 작업 완료일, "구매"면 납기일을 의미한다.
- 예정발주일 : 품목의 조달구분이 "생산"이면 작업 시작일, "구매"면 발주일을 의미한다. 시스템의 날짜가 소요일자 이전이면 예정발주일이 자동 계산되고, 소요일자 이후이면 시스템 날짜로 표시된다.
- 전개기준(전개기준) : 전개기준을 순소요량(총소요량 - 현재재고 + 할당재고 - 입고예정재고 + 안전재고)방식으로 설정하여 소요량을 산출한다.

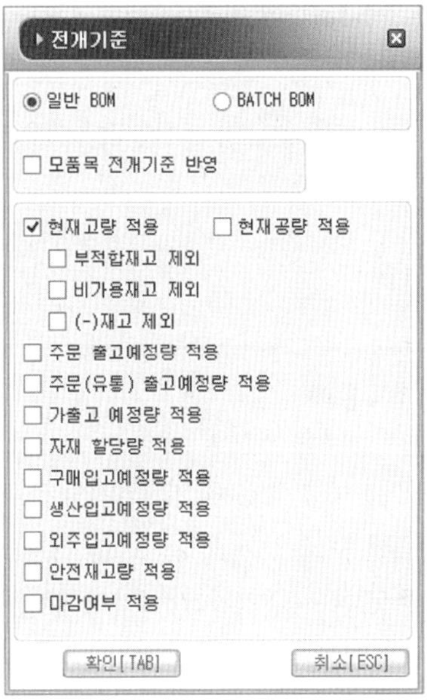

구분	설명	예정수량 산출식
일반 BOM	BOM등록에서 모품목을 기준으로 자품목이 자동 반영	
BATCH BOM	BATCH BOM등록에서 모품목을 기준으로 자품목이 자동 반영	
모품목 전개기준 반영	생산계획된 모품목 수량을 전개기준에 의해 재계산	예정수량 = 생산계획수량 – 전개기준수량
현재고량 적용	창고에 있는 재고수량	예정수량 = 총필요수량 – 현재고량
주문출고예정량 적용	주문이 결정되어 출고예정인 주문수량	예정수량 = 총필요수량 + 출고예정량
구매입고예정량 적용	구매가 결정되어 입고예정인 발주수량	예정수량 = 총필요수량 – 입고예정량
생산입고예정량 적용	작업지시수량 중 작업지시 잔량인 생산입고 예정 수량	예정수량 = 총필요수량 –입고예정량
외주입고예정량 적용	발주수량 중 외주발주가 입고 예정된 수량	예정수량 = 총필요수량 – 외주입고예정량
안전재고량 적용	불확실한 수요에 대비하여 보유하고 있는 안전재고수량	예정수량 = 총필요수량 + 안전재고량

- 소요량전개(소요량전개) : MRP의 투입요소(MPS, BOM, 품목등록의 LEAD TIME)에 의해 계획된 생산품을 생산하기 위한 소요품목, 소요일자, 예정발주일, 예정수량을 산출한다(소요량전개는 BOM을 기초로 전개하는 총소요량전개와 BOM, 현재고, 입고예정, 출고예정, 안전재고 등을 기초로 전개하는 순소요량전개가 있다).
- 소요량취합(소요량취합) : 소요량전개 후 품목이 같으면 소요량을 합하여 계산한다. 소요일자와 예정발주일은 빠른 날짜로 처리된다.

5) 청구등록

구매/자재관리 ⇨ 구매관리 ⇨ 청구등록

[청구등록] 메뉴에서 생산에 필요한 품목들인 반제품, 원자재, 부품 등을 자재담당자에게 청구한다. MRP를 통해 생성된 정보를 적용받을 수도 있고 직접 입력할 수도 있다.

청구구분이 "구매"이면 [구매/자재관리]-[구매관리]-[발주등록], [무역관리]-[기타(수입)]-[해외발주등록]과 연결되고, "생산"이면 [생산관리공통]-[생산관리]-[작업지시등록], [생산관리공통]-[외주관리]-[외주발주등록]과 연결된다. 또한 청구등록을 한 후 발주등록을 수행하면 청구내역을 수정, 삭제할 수 없다.

실습문제

다음은 ㈜강남부산지점의 자재부(부산) 이기영 사원이 구매하려는 물품 목록이다. 다음을 참고하여 청구등록을 하시오.

사업장	청구일자	품번	요청일	청구구분	청구수량	조달구분	주거래처
㈜강남부산지점	2017/03/12	CP-01	2017/03/15	구매	50	구매	㈜한양
		HD-01			50		

문제풀이

▶ [구매/자재관리] ⇨ [구매관리] ⇨ [청구등록] 메뉴를 선택한다.

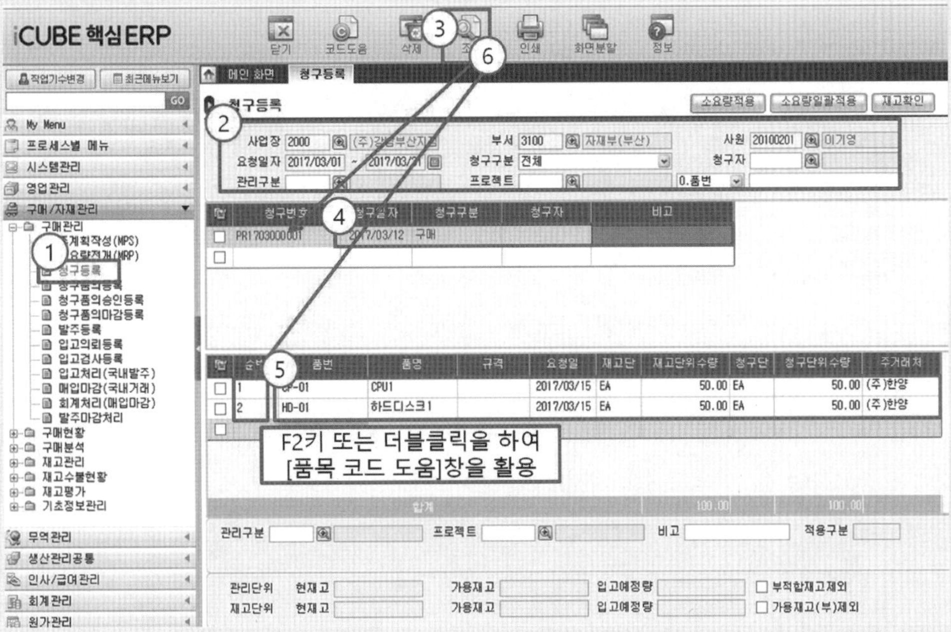

6) 청구품의등록

구매/자재관리 ⇨ 구매관리 ⇨ 청구품의등록

[청구품의등록] 메뉴는 청구등록에 입력한 내역을 실제로 청구할 것인지에 대한 승인을 요청한다. [청구품의등록] 메뉴를 사용하기 위해서는 [시스템환경설정]에서 [조회구분]을 '4. 물류'로 설정하고, [환경요소]에서 '44. 품의등록운영여부'을 '1. 운영함'으로 설정하여야 한다.

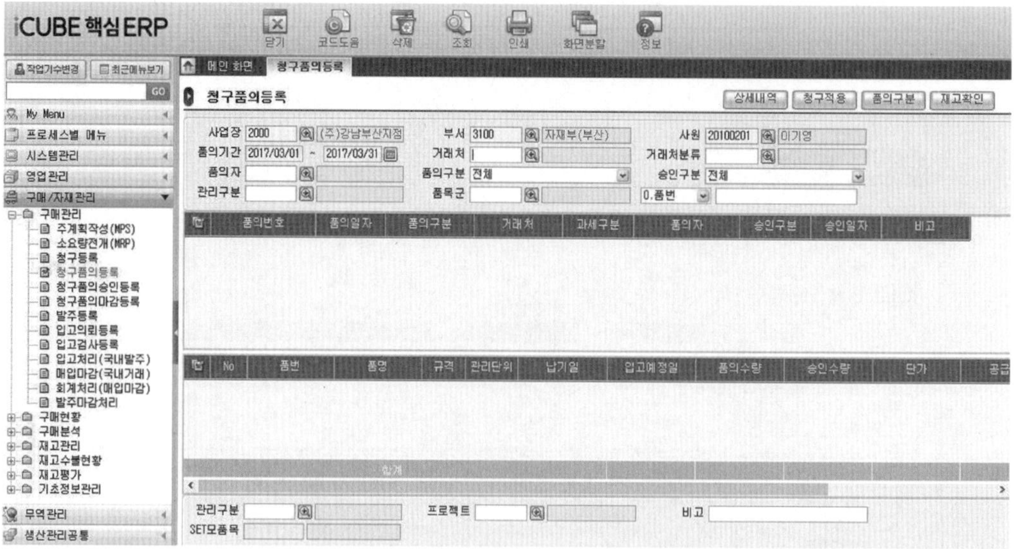

실습문제

다음은 (주)강남부산지점의 자재부(부산) 이기영 사원이 구매하려는 청구등록한 물품 목록이다. 다음을 참고하여 청구품의등록을 하시오.

문제풀이

▶ [구매/자재관리] ⇨ [구매관리] ⇨ [청구품의등록] 메뉴를 선택한다.

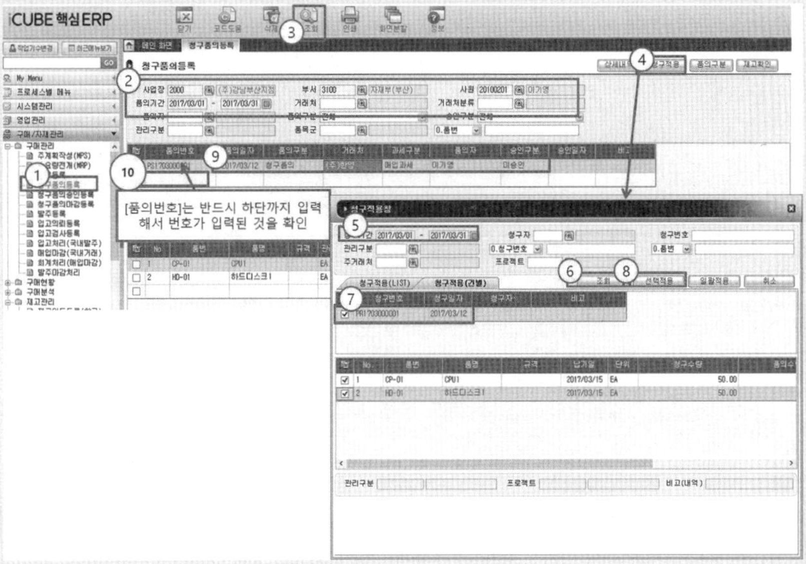

※ [품의번호]는 [품의일자] 등 해당 데이터 입력 후 반드시 다음 필드까지 가야만 나타난다. 데이터 입력 후 [조회] 버튼을 누르기 전에 다음 필드의 [품의일자]를 클릭해서 [품의번호]가 나온 것을 확인 한 후 [조회] 버튼을 클릭한다.

7) 입고의뢰등록

구매/자재관리 ⇨ 구매관리 ⇨ 청구품의승인등록

[청구품의승인등록] 메뉴는 청구품의내역에 대해 '승인'처리를 하거나 '미승인'처리를 한다.

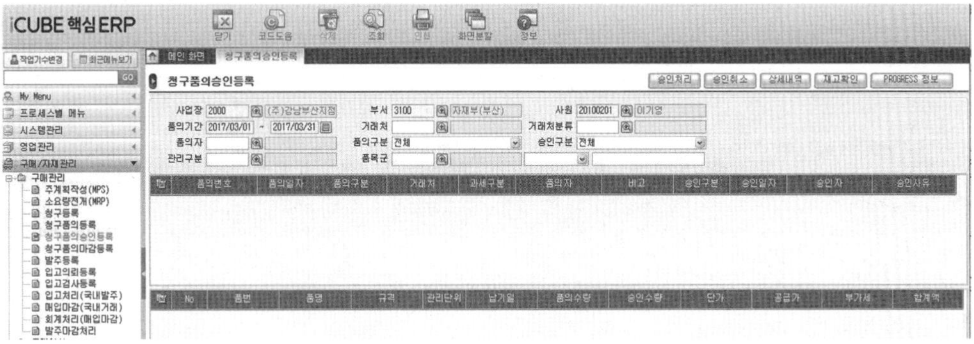

실습문제

㈜강남부산지점의 2017년 3월 12일자 청구품의에 대해 2017년 3월 13일자로 청구품의승인등록 처리하시오.

문제풀이

▶ [구매/자재관리] ⇨ [구매관리] ⇨ [청구품의승인등록] 메뉴를 선택한다.

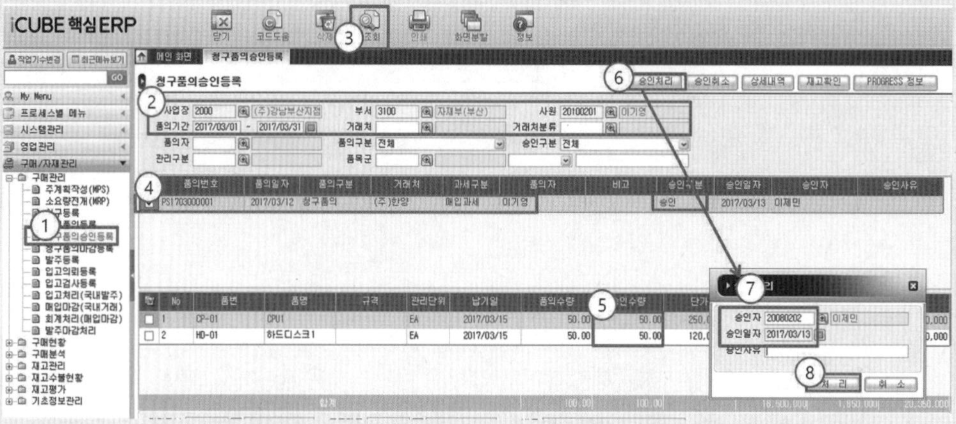

8) 청구품의마감등록

구매/자재관리 ⇨ 구매관리 ⇨ 청구품의마감등록

[청구품의마감등록] 메뉴는 '청구품의내역이 승인잔량을 마감 혹은 미마감 처리할 수 있다.

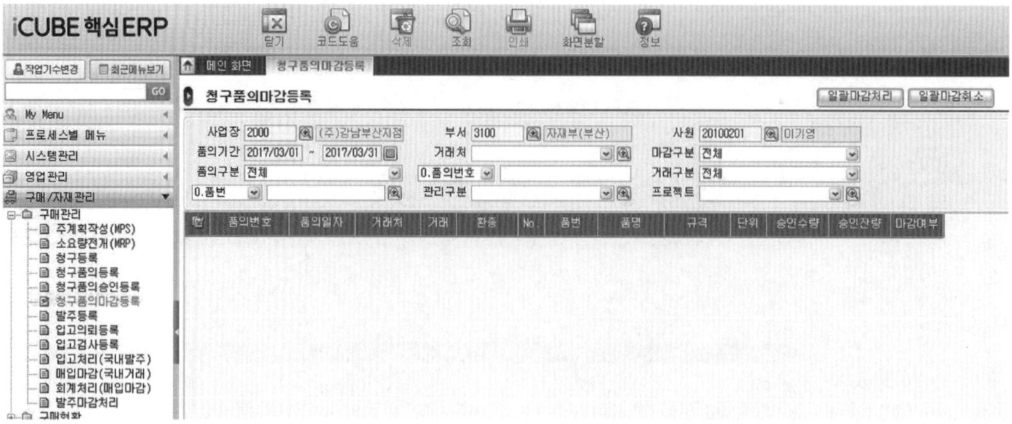

실습문제

㈜강남부산지점의 2017년 3월 13일자 청구품의승인된 자료에 대해 2017년 3월 13일자로 청구품의마감등록 하시오.

문제풀이

▶ [구매/자재관리] ⇨ [구매관리] ⇨ [청구품의마감등록] 메뉴를 선택한다.

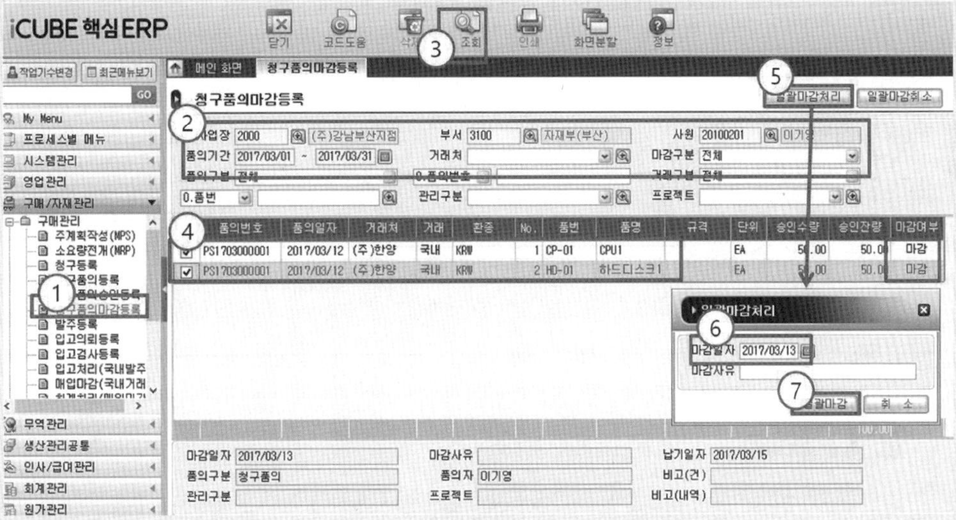

9) 발주등록

구매/자재관리 ⇨ 구매관리 ⇨ 발주등록

[발주등록] 메뉴는 거래처에 상품, 원재료, 부재료 등을 주문한다. [발주등록] 메뉴는 [청구등록] 메뉴에서 등록한 청구내역을 이용하여 발주등록을 하거나 직접 등록할 수 있다. 청구내역을 이용하여 발주등록을 하면 청구건에 대한 잔량관리를 할 수 있다.

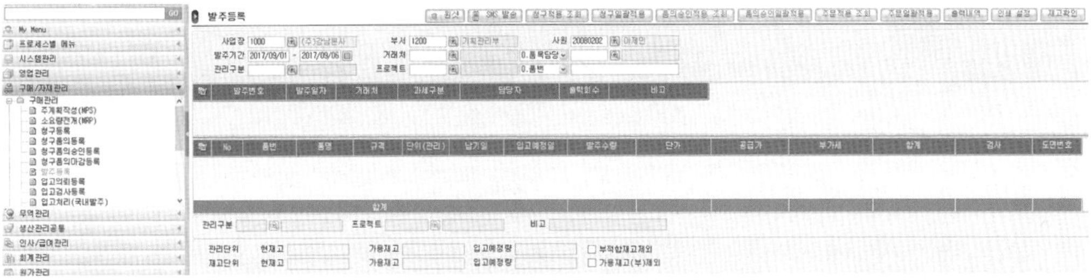

▶ 주요 항목(필드) 살펴보기

- 청구적용 조회(청구적용 조회) : [청구등록] 메뉴에 등록된 내용이 조회된다.
- 품의승인적용조회(품의승인적용 조회) : [시스템관리]-[회사등록정보]-[시스템환경설정]에서 〈44.품의등록운영여부〉이 "운영안함"으로 설정되어 있어서 비활성화되어 표시된다. "운영함"으로 설정하면 [청구적용 조회] 버튼이 비활성화된다.
- 주문적용조회(주문적용 조회) : [영업관리]-[영업관리]-[수주등록]에서 등록한 내역이 조회되며 청구등록 시 사용된다.
- 주문일괄적용(주문일괄적용) : [영업관리]-[영업관리]-[수주등록]에서 등록한 내역이 조회되며, 거래처별로 일괄적용을 받아서 청구등록할 수 있다.

실습문제

다음 내역을 참고하여 발주를 등록하시오.

사업장	발주일자	거래처	과세구분	품번	납기일/입고예정일	발주수량	검사
㈜강남부산지점	2017/03/13	㈜한양	매입과세	CP-01	2017/03/15	50	검사
				HD-01		50	검사

문제풀이

▶ [구매/자재관리] ⇨ [구매관리] ⇨ [발주등록] 메뉴를 선택한다.

* [청구승인품의등록] 메뉴에서 승인이 되어야만 [품의승인적용조회]에서 조회가 된다. 또한 [품의승인적용조회] 버튼은 [시스템관리] – [회사등록정보] – [시스템환경설정]에서 〈440 품의등록여부〉가 '01운영함'으로 설정되어야 활성화가 된다.

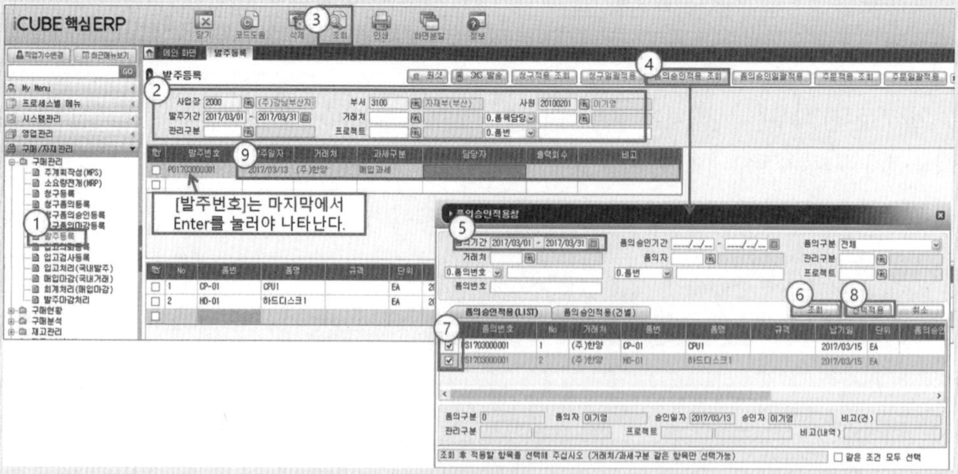

10) 입고의뢰등록

구매/자재관리 ⇨ 구매관리 ⇨ 입고의뢰등록

[입고의뢰등록] 메뉴는 거래처에 발주한 품목을 납품받아 창고에 입고시키기 위해 물류창고 담당자에게 입고처리를 요청한다. [시스템관리]-[회사등록정보]-[시스템환경설정]에서 〈412. 입고의뢰운영여부〉를 "1.운영함", 〈46. 입고전검사운영여부〉를 "1. 운영함"으로 설정해야 한다.

실습문제

다음 ㈜강남부산지점 자재부 이기영이 사원이 받은 발주내역이다. 다음 자료를 참고하여 입고의뢰등록을 하시오.

의뢰일자	사업장	거래처	의뢰 창고	의뢰 담당자	요청 마감일	품번	의뢰수량	검사
2017/03/15	㈜강남부산지점	㈜한양	부산부품창고	자재입출고담당	2017/03/15	CP-01	50	검사
						HD-01	50	검사

문제풀이

▶ [구매/자재관리] ⇨ [구매관리] ⇨ [입고의뢰등록] 메뉴를 선택한다.

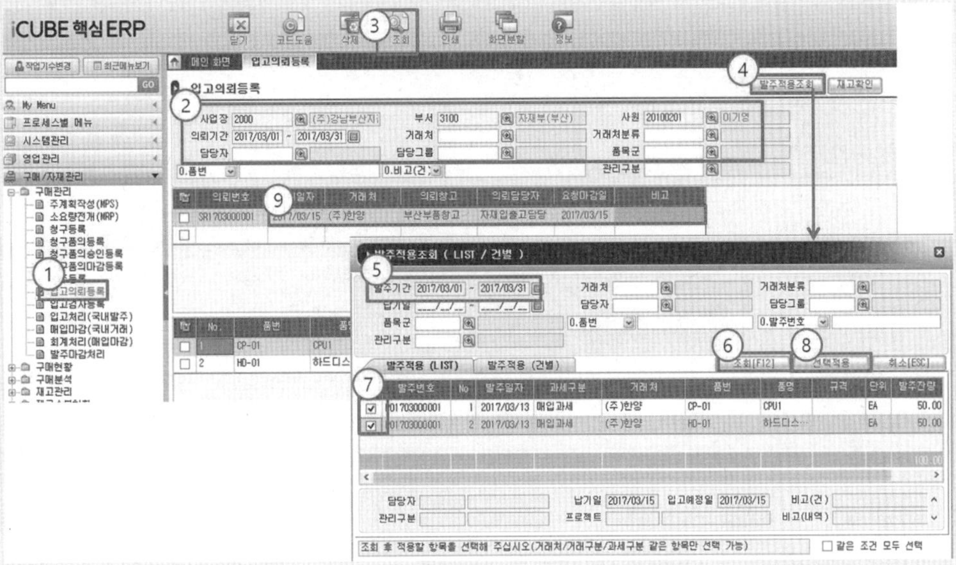

11) 입고검사등록

구매/자재관리 ⇨ 구매관리 ⇨ 입고검사등록

[입고검사등록] 메뉴는 거래처에서 납품받은 물품을 물류창고에 입고하기 전에 입고품목에 대한 검사를 수행하고 검사결과를 등록한다.

실습문제

다음은 ㈜강남부산지점의 자재부 이기영 사원이 받은 자료를 참고하여 입고검사등록을 하시오.

검사일자	거래처	입고창고	검사담당자	품번	검사유형	검사구분	합격수량
2017/03/15	㈜한양	부산부품창고	자재입출고담당	CP-01	외관검사	전수검사	50
				HD-01			50

문제풀이

▶ [구매/자재관리] ⇨ [구매관리] ⇨ [입고검사등록] 메뉴를 선택한다.

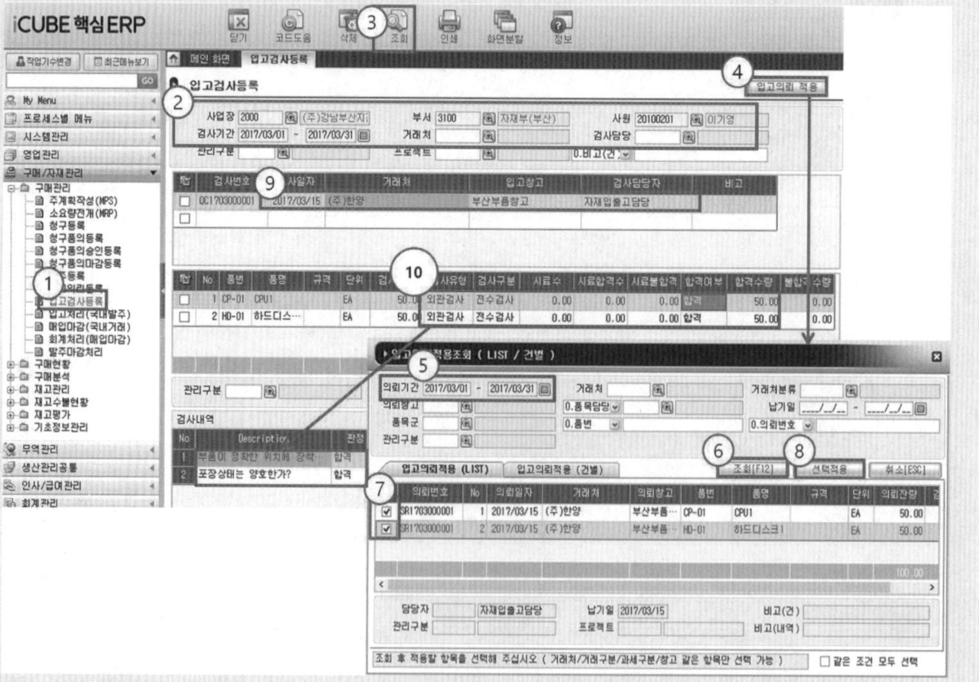

12) 입고처리(국내발주)

구매/자재관리 ⇨ 구매관리 ⇨ 입고처리(국내발주)

[입고처리(국내발주)] 메뉴는 거래처로부터 물품을 입고하거나 반품처리할 때 사용한다. 물품이 창고에 입고되는 시점, 입고 처리한 물품을 거래처에 반품하는 시점에 사용하며 재고수불에 영향을 미친다.

입고처리(국내발주)는 [예외입고] 탭과 [발주입고] 탭으로 구성되어 있다. [예외입고] 탭은 구매품목에 대한 반품처리나 발주 없이(견본품, 사은품 등등) 입고처리를 할 경우 사용한다. 발주 없이 입고처리한 경우 재고가 증가하며 반품처리는 수량이 "-"로 표기되며 재고가 감소한다. [발주입고] 탭은 발주내역에 따라 입고 처리할 때 사용하며 재고가 증가된다.

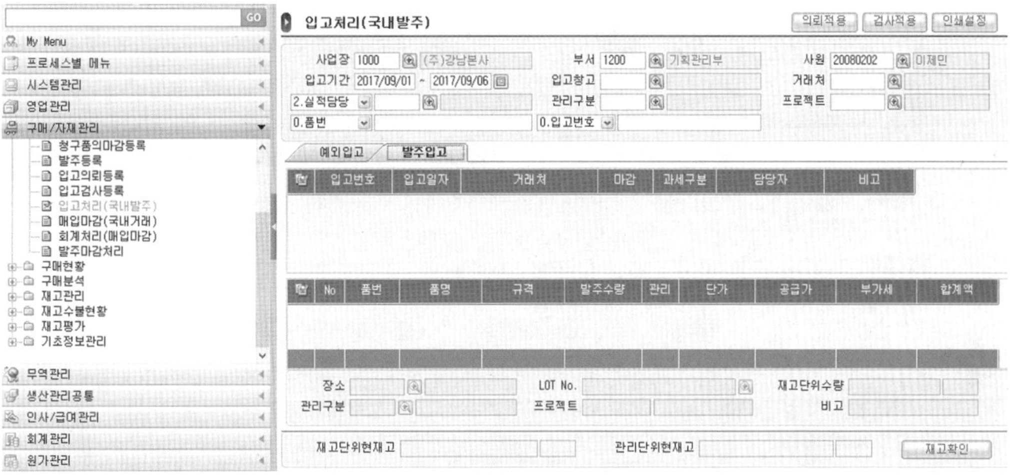

▶ 주요 항목(필드) 살펴보기

- 의뢰적용(의뢰적용) : 시스템환경 설정 시 입고의뢰운영여부를 "운영함"으로 설정하고, 품목에 대한 검사여부를 "무검사"로 설정하여 입고처리할 때 사용한다.
- 검사적용(검사적용) : 시스템환경 설정 시 입고의뢰영여부를 "운영함"으로 설정하고, 발주등록이나 입고의뢰 등록을 할 때 품목에 대한 검사여부를 '검사'로 설정한 경우 사용한다.
- 재고확인(재고확인) : 해당 품목을 선택한 후 [재고확인] 버튼을 클릭하면 재고단위현재고, 관리단위현재고를 확인할 수 있다.

실습문제

다음 내역을 참고하여 입고처리하시오.
((주)강남부산지점, 자재부 이기영)

입고일자	거래처	마감	과세구분	담당자	입고창고	장소	품번	발주수량(EA)	단가(원)
2017/03/15	㈜한양	일괄	매입과세	자재입출고담당	부산부품창고	부산부품장소	CP-01	50	250,000
							HD-01	50	120,000

문제풀이

▶ [구매/자재관리] ⇨ [구매관리] ⇨ [입고처리(국내발주)] 메뉴를 선택한다.

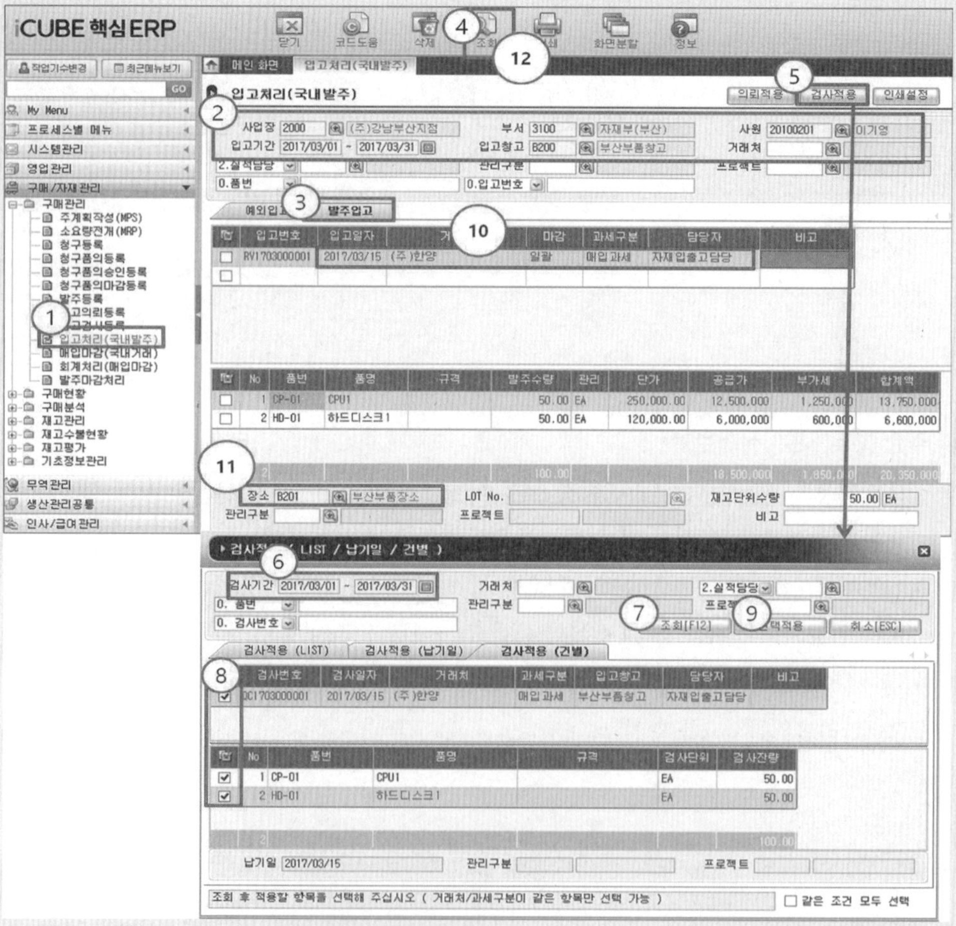

13) 매입마감(국내거래)

구매/자재관리 ⇨ 구매관리 ⇨ 매입마감(국내거래)

[매입마감(국내거래)] 메뉴에서 입고나 매입 반품에 대한 금액과 수량을 확정한다. 매입마감이 이루어져야 회계 모듈로 이관되며, 매입마감 후 회계처리를 하여 전표가 생성되면 수정, 삭제를 할 수 없다. 또한 매입마감이 이루어진 내역은 재고평가대상이 되며, 입고처리가 되었으나 매입마감을 하지 않은 재고는 재고의 증가는 있으나 재고평가대상에서 제외된다.

실습문제

2017년 3월 15일 ㈜강남부산지점에 입고된 내역을 이용하여 아래와 같이 매입마감을 처리하시오.

마감일자	거래처	과세구분	마감구분	품번	마감수량(EA)	단가(원)
2017/03/15	㈜한양	매입과세	일괄	CP-01	50	250,000
				HD-01	50	120,000

문제풀이

▶ [구매/자재관리] ⇨ [구매관리] ⇨ [매입마감(국내거래)] 메뉴를 선택한다.

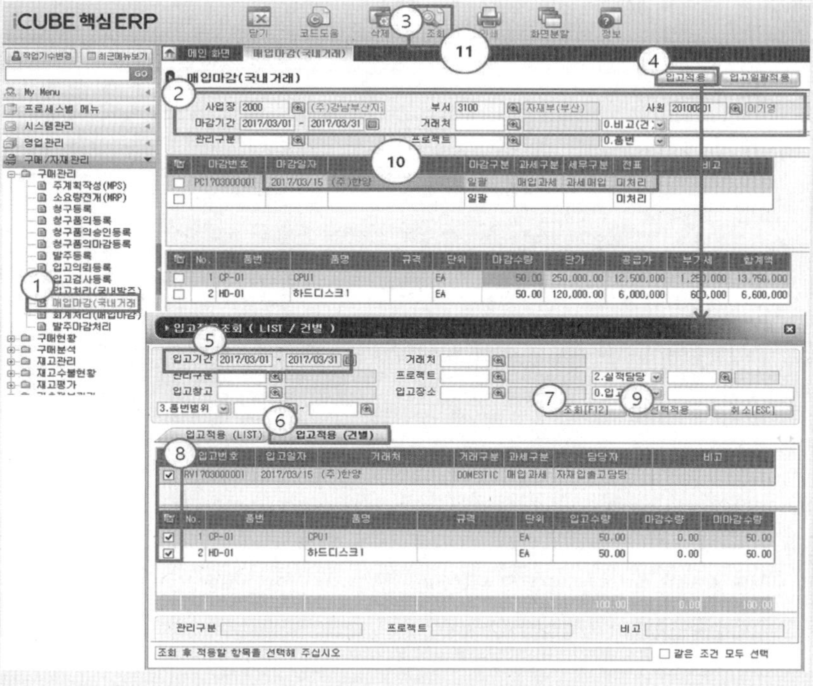

14) 회계처리(매입마감)

구매/자재관리 ⇨ 구매관리 ⇨ 회계처리(매입마감)

[회계처리(매입마감)]에서 매입마감 처리한 내역을 회계처리하여 전표를 생성한다. 그러나 회계연결계정설정이 먼저 선행되어 있어야 한다.

실습문제

2017년 3월 15일 ㈜강남부산지점의 매입마감에 대해 회계처리를 하시오.

마감일자	거래처	과세구분	품번	마감수량(EA)	단가(원)
2017/03/15	㈜한양	매입과세	CP-01	50	250,000
			HD-01	50	120,000

문제풀이

▶ [구매/자재관리] ⇨ [구매관리] ⇨ [회계처리(매입마감)] 메뉴를 선택한다.

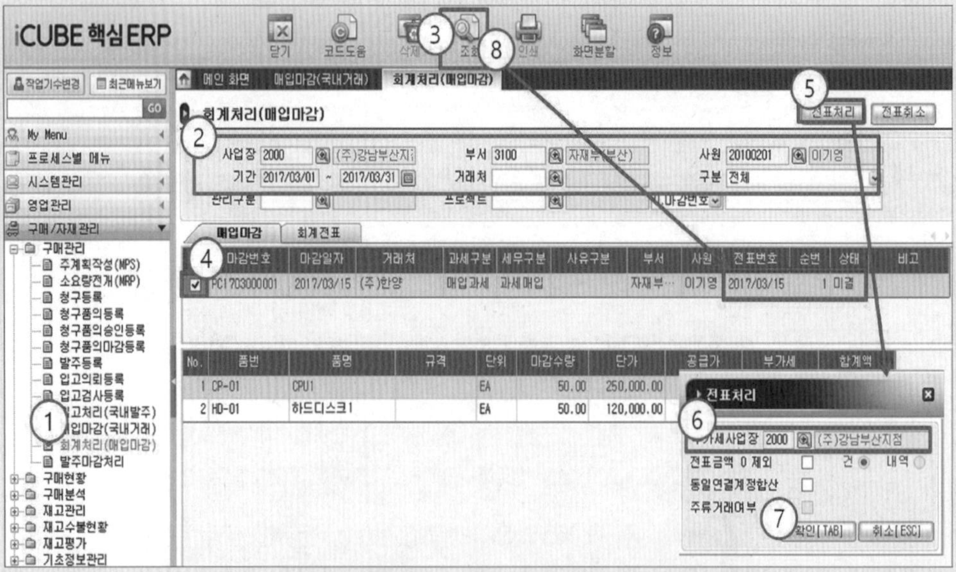

▶ [회계전표] 탭을 선택한 후 [조회] 버튼을 클릭하여 회계처리 내역을 확인한다. 전표상태는 "미결"이고 회계 모듈에서 승인처리가 가능하다.

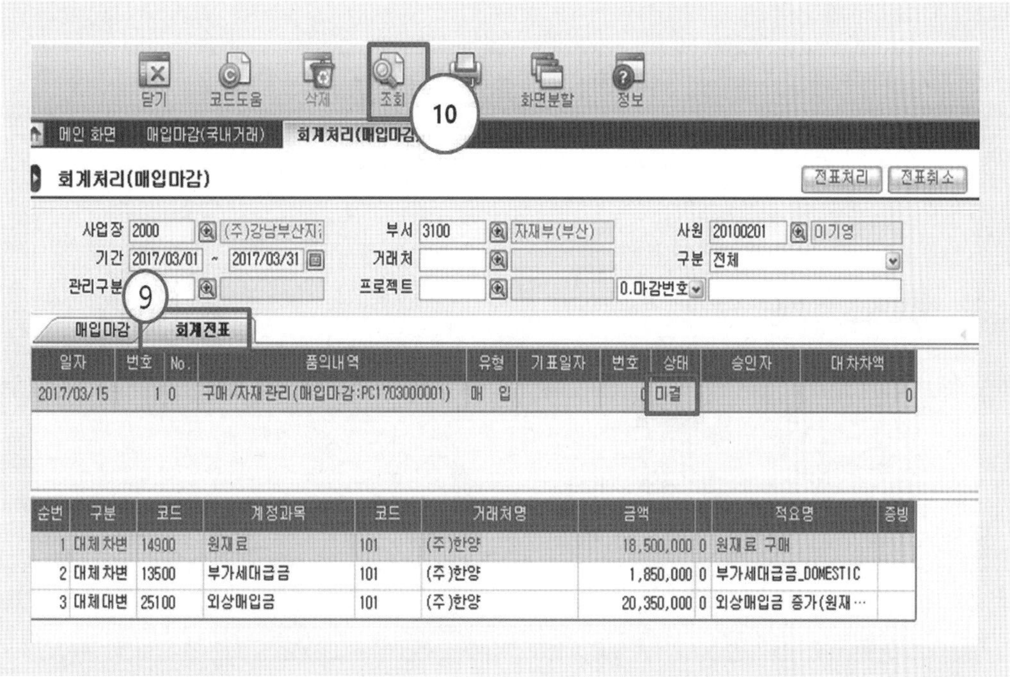

15) 발주마감처리

구매/자재관리 ⇨ 구매관리 ⇨ 발주마감처리

발주등록을 한 후 입고될 발주량이 남아 있는 상태에서 더 이상 거래처에 발주를 하지 않고 [발주마감처리] 메뉴에서 발주 건을 마감처리한다. 발주마감처리를 수행하고 나면 입고의뢰나 입고처리 대상에서 제외된다.

실습문제

다음은 ㈜강남본사의 국내영업부 한민승 사원이 삼공종합상사에 발주한 건에 대해 발주마감한 후 발주마감처리한 내역들이다. 다음을 참고하여 발주등록을 처리한 후 발주마감처리를 하시오.

① 발주등록 정보

발주일자	사업장	거래처	과세구분	품번	납기일/ 입고예정일	발주수량 (EA)	단가(원)	검사
2017/04/05	㈜강남본사	삼공종합상사	매입과세	M-BOYD1	2017/04/10	100	250,000	검사

② 발주마감처리

발주번호	마감일자	마감사유
PO1704000001	2017/04/28	재고부족 통보

문제풀이

1) 발주등록

▶ [구매/자재관리] ⇨ [구매관리] ⇨ [발주등록] 메뉴를 선택한다.

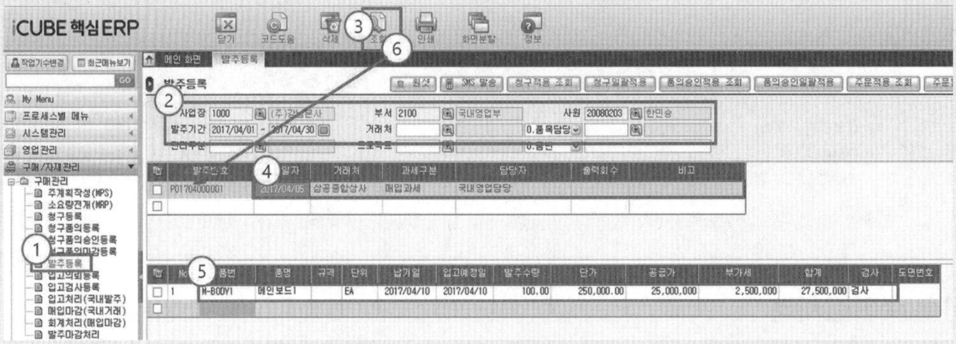

2) 발주마감처리

▶ [구매/자재관리] ⇨ [구매관리] ⇨ [발주마감처리] 메뉴를 선택한다.

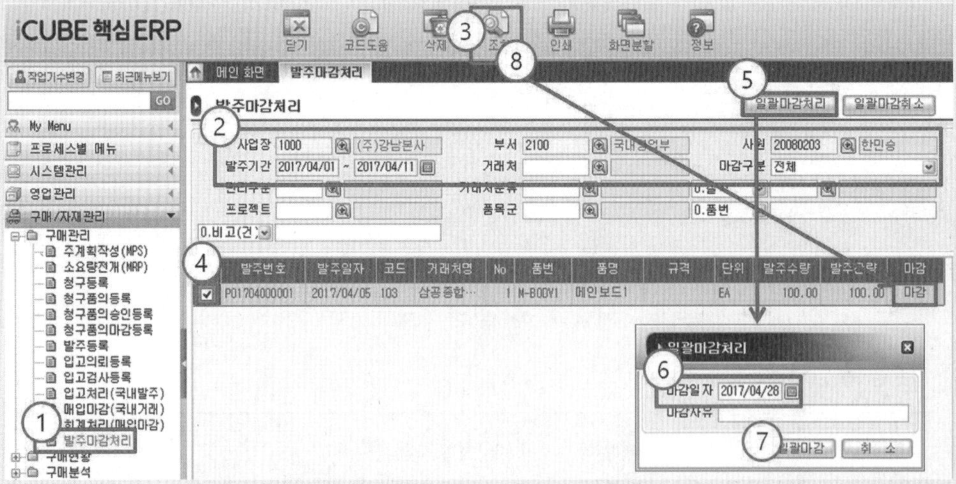

16) 매입반품처리

(1) 매입반품처리 프로세스

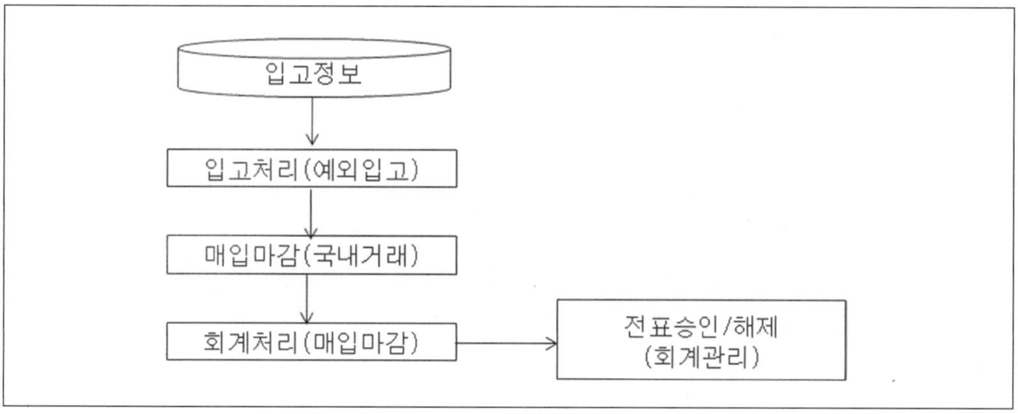

(2) 반품처리

구매/자재관리 ⇨ 구매관리 ⇨ 입고처리(국내발주)

납품받은 물품을 반품하고자 할 때 [예외입고] 탭을 이용하여 반품처리를 한다. [예외입고] 탭은 납품받은 물품을 반품하거나 발주등록하지 않고 입고처리할 때도 사용한다.

실습문제

다음은 ㈜강남부산지점에서 자재부(부산) 이기영 사원이 입고처리한 물품에 대한 반품 내역이다. 다음을 참고하여 반품처리를 하시오.

반품일자	입고창고	거래처	마감	장소	과세구분	품번	수량(개)	단가(원)
2017/03/28	부산부품창고	㈜한양	일괄	부산부품장소	매입과세	CP-01	-3	250,000

문제풀이

▶ [구매/자재관리] ⇨ [구매관리] ⇨ [입고처리(국내발주)] 메뉴를 선택한다.

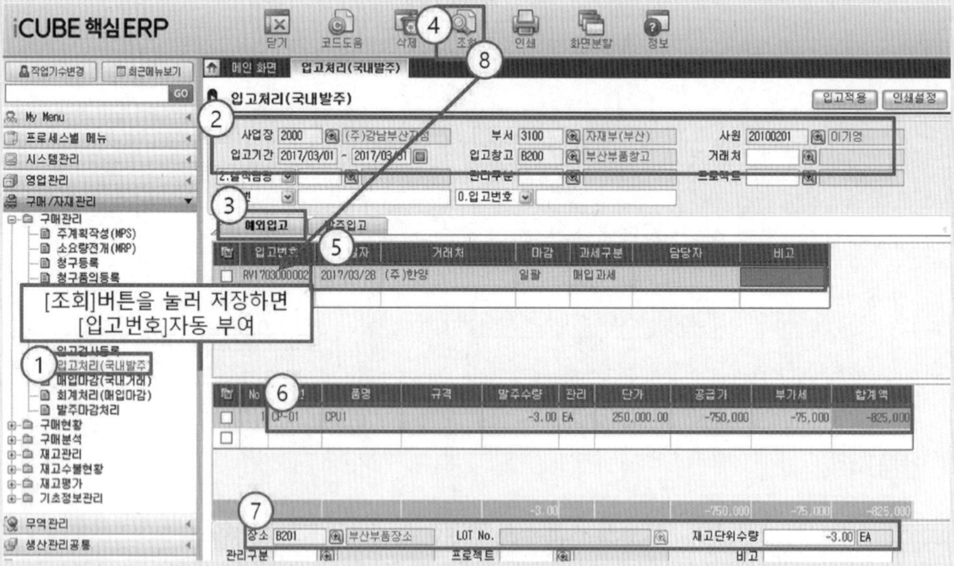

(3) 반품 매입마감(국내거래)

구매/자재관리 ⇨ 구매관리 ⇨ 매입마감(국내거래)

반품처리한 건에 대해 매임마감을 한다. 반품 매입마감 후 회계처리를 실행하여 전표가 생성된 경우에는 수정, 삭제를 할 수 없다.

실습문제

다음은 ㈜강남부산지점에서 자재부(부산) 이기영 사원이 반품처리한 내역이다. 다음을 참고하여 매입마감을 하시오.

마감일자	거래처	마감	과세구분	품번	마감수량(개)	단가(원)
2017/03/28	㈜한양	일괄	매입과세	CP-01	-3	250,000

문제풀이

▶ [구매/자재관리] ⇨ [구매관리] ⇨ [매입마감(국내거래)] 메뉴를 선택한다.

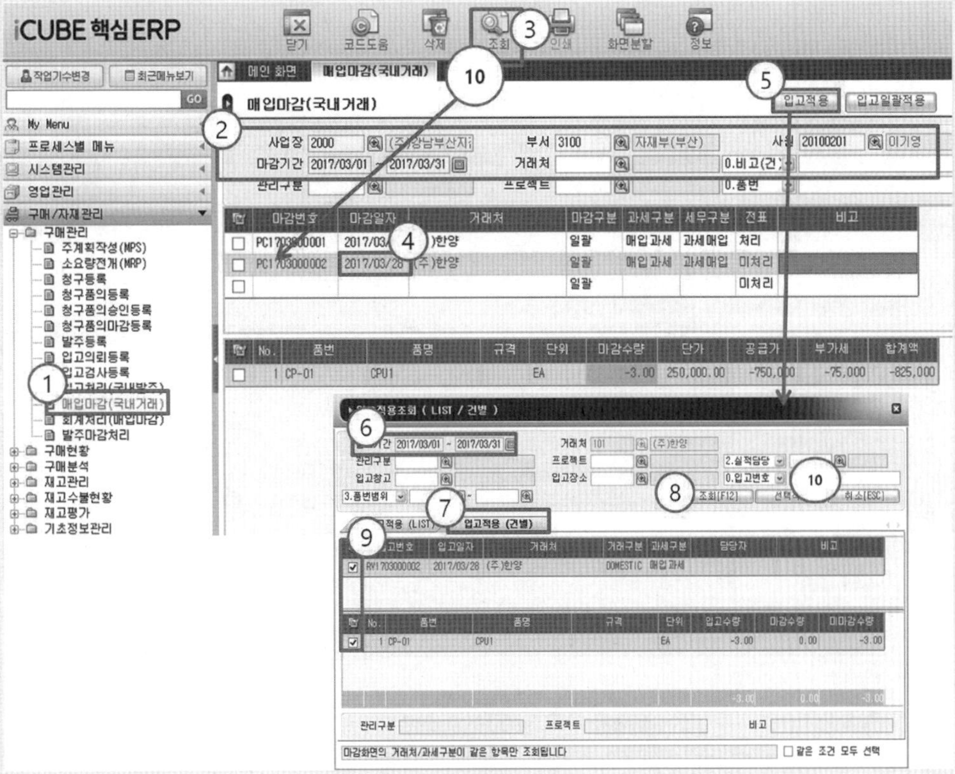

(4) 반품 회계처리(매입마감)

구매/자재관리 ⇨ 구매관리 ⇨ 회계처리(매입마감)

반품한 물품을 매입마감으로 처리한 후 전표를 생성하기 위해 회계처리를 수행한다. 또한 회계처리 전에 회계연결계정설정이 되어 있어야 한다.

실습문제

다음은 ㈜강남부산지점에서 자재부(부산) 이기영 사원이 매입마감을 처리한 내역이다. 다음을 참고하여 회계처리를 하시오.

마감일자	거래처	과세구분	품번	마감수량(개)	단가(원)
2017/03/28	㈜한양	매입과세	CP-01	-3	250,000

문제풀이

▶ [구매/자재관리] ⇨ [구매관리] ⇨ [회계처리(매입마감)] 메뉴를 선택한다.

1) [매입마감] 탭 작업

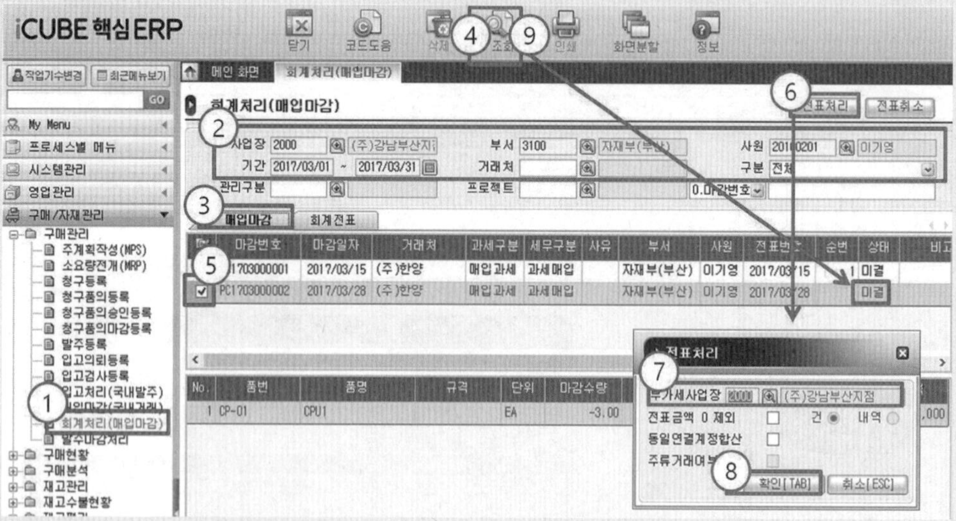

2) [회계전표] 탭

전표상태가 "미결" 상태면, 회계 모듈에서 승인처리를 해야 한다. 또한 회계 모듈에서 전표에 대한 승인이 이루어지면 [매입마감] 탭에서 [전표취소] 버튼을 사용해도 취소할 수 없다.

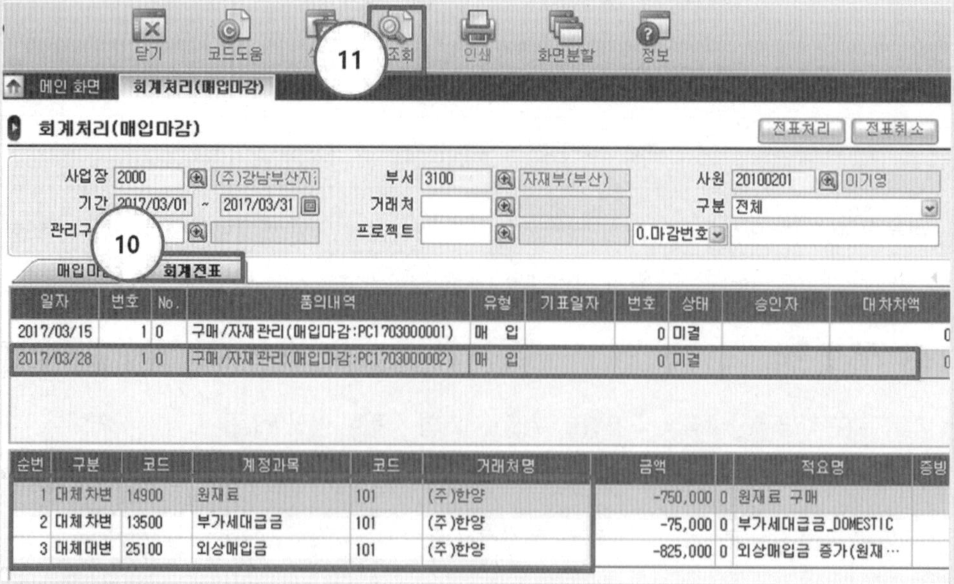

05 구매현황

1) 소요량전개현황

구매/자재관리 ⇨ 구매현황 ⇨ 소요량전개현황

[소요량전개현황] 메뉴에서 소요량전개(MRP)에 대한 소요량현황을 조회한다.

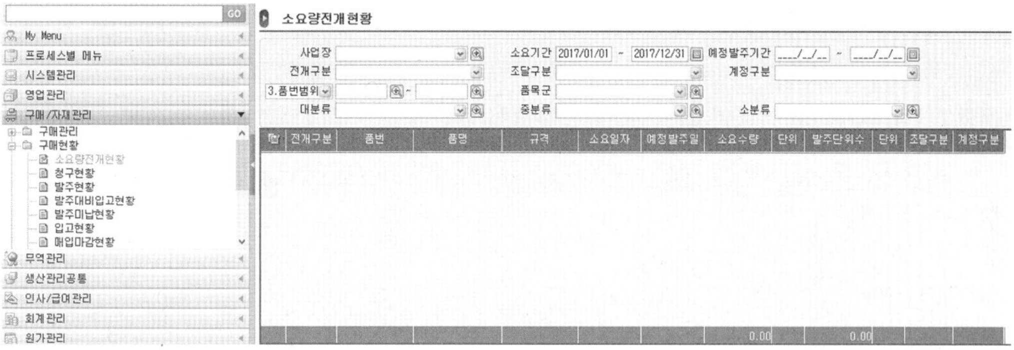

2) 청구현황

구매/자재관리 ⇨ 구매현황 ⇨ 청구현황

[청구현황] 메뉴에서는 청구등록 메뉴에서 등록한 청구구분에 따라 조회한다.

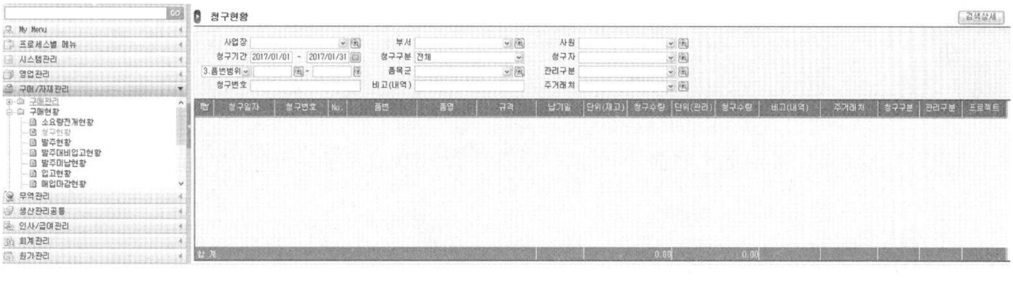

3) 발주현황

구매/자재관리 ⇨ 구매현황 ⇨ 발주현황

[발주현황] 메뉴에서 발주일별, 납기일별, 거래처별, 품목별, 거래구분별, 관리구분별, 프로젝트별로 발주현황을 조회한다.

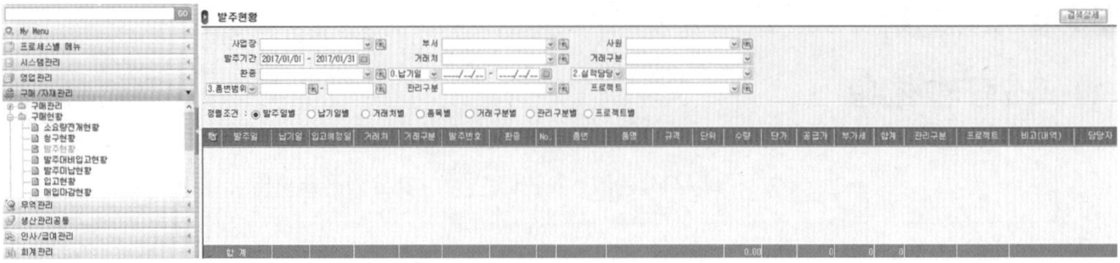

4) 발주대비입고현황

구매/자재관리 ⇨ 구매현황 ⇨ 발주대비입고현황

[발주대비입고현황] 메뉴에서 발주등록한 내역 중에서 입고처리된 발주대비입고현황을 조회한다.

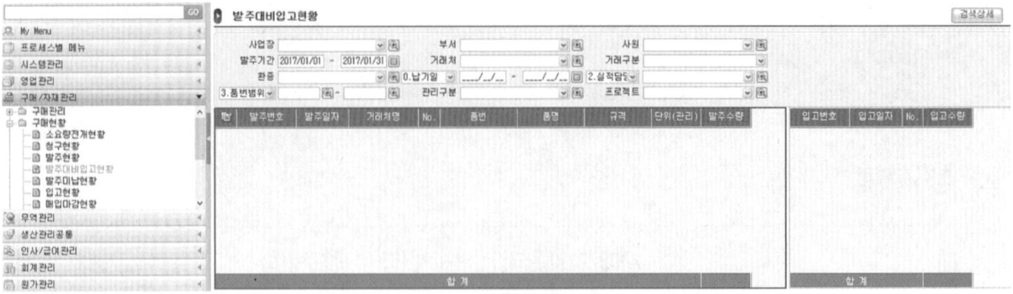

5) 발주미납현황

구매/자재관리 ⇨ 구매현황 ⇨ 발주미납현황

[발주미납현황] 메뉴에서 발주 후 입고처리되지 않고 미납으로 처리한 발주미납현황을 조회한다.

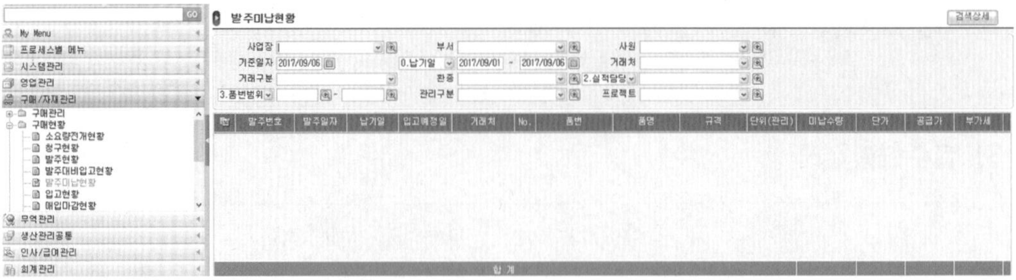

6) 입고현황

구매/자재관리 ⇨ 구매현황 ⇨ 입고현황

[입고현황] 메뉴에서 일자별, 거래처별, 품목별, 거래구분별, 관리구분별, 프로젝트별로 입고현황을 조회한다.

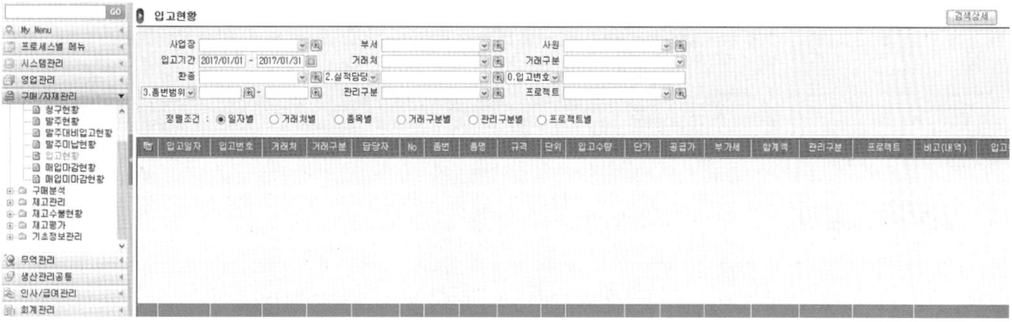

7) 매입마감현황

구매/자재관리 ⇨ 구매현황 ⇨ 매입마감현황

[매입마감현황] 메뉴에서 일자별, 거래처별, 품목별, 거래구분별, 관리구분별, 프로젝트별로 매입마감현황을 조회한다.

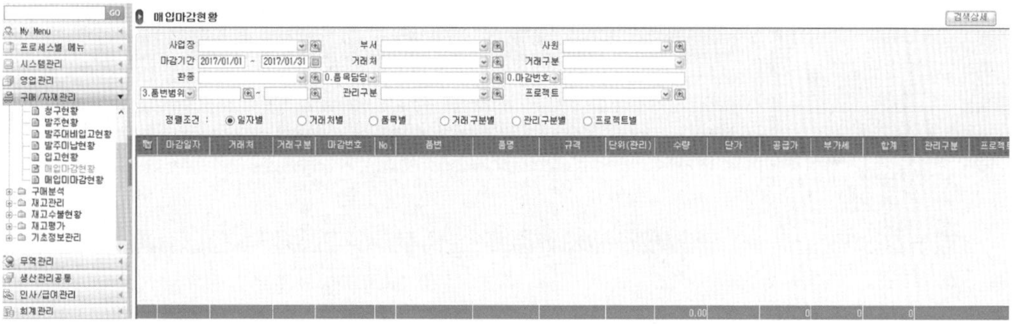

8) 매입미마감현황

구매/자재관리 ⇨ 구매현황 ⇨ 매입미마감현황

일자별, 거래처별, 품목별, 거래구분별, 관리구분별, 프로젝트별로 입고처리는 되었지만 매입마감이 되지 않은 매입미마감현황은 [매입마감현황] 메뉴에서 조회한다.

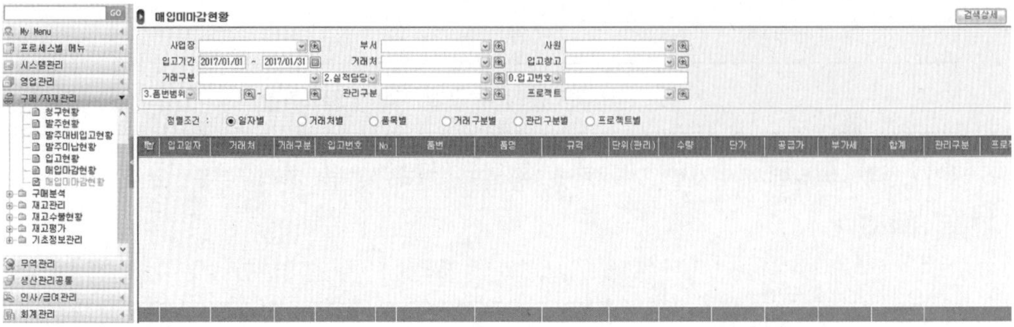

06 구매분석

1) 발주미납집계

구매/자재관리 ⇨ 구매분석 ⇨ 발주미납집계

거래처, 품목, 담당자, 관리구분, 프로젝트별로 발주를 한 후 입고처리되지 않고 미납으로 관리되고 있는 미납내역은 [발주미납집계] 메뉴에서 집계한다.

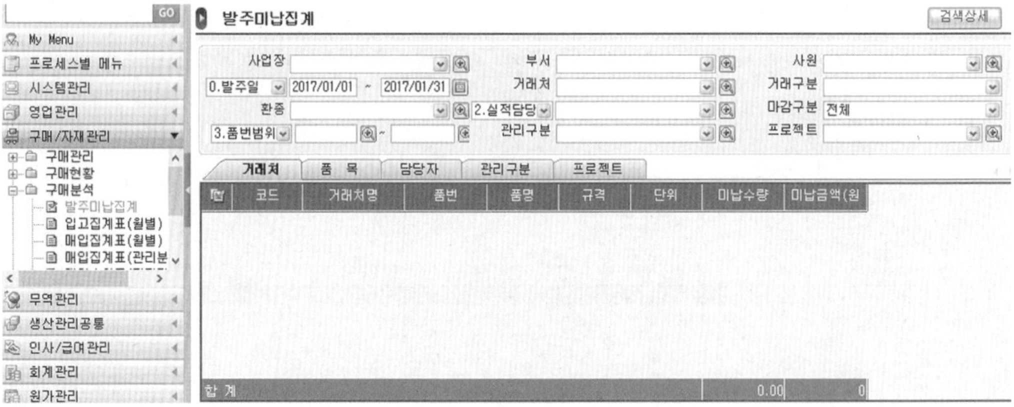

2) 입고집계표(월별)

구매/자재관리 ⇨ 구매분석 ⇨ 입고집계표(월별)

[입고집계표(월별)] 메뉴에서 거래처, 품목, 담당자, 관리구분, 프로젝트별로 입고된 내역을 월별로 집계한다.

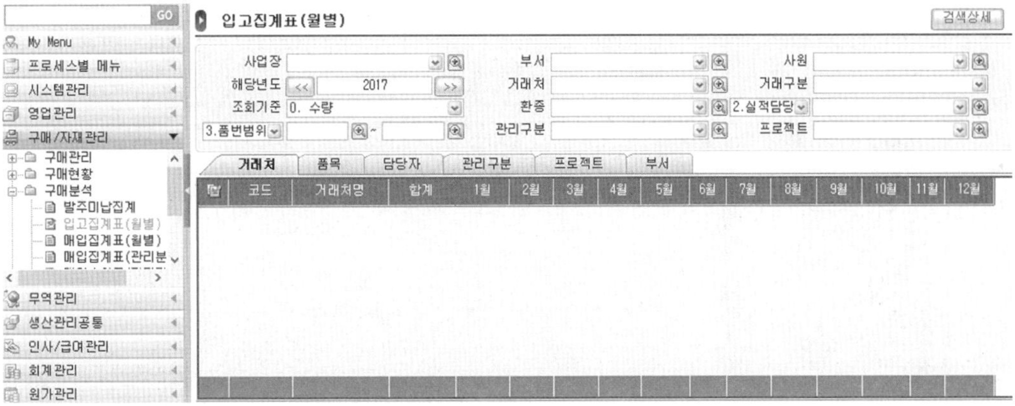

3) 매입집계표(월별)

구매/자재관리 ⇨ 구매분석 ⇨ 매입집계표(월별)

[매입집계표(월별)] 메뉴에서는 거래처, 품목, 담당자, 관리구분, 프로젝트별로 분류된 매입현황을 월단위로 집계하여 수량, 원화금액, 외화금액을 기준으로 조회한다.

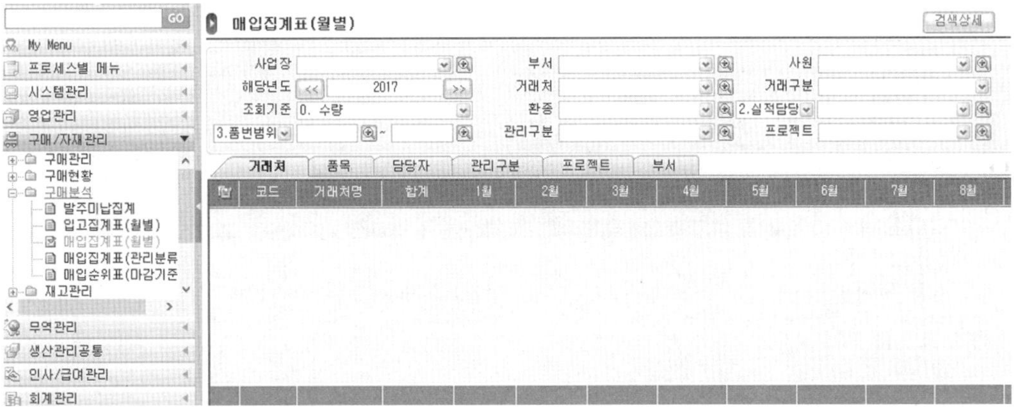

4) 매입집계표(관리분류별)

구매/자재관리 ⇨ 구매분석 ⇨ 매입집계표(관리분류별)

[매입집계표(관리분류별)] 메뉴에서는 거래처분류, 지역분류, 지역그룹, 담당그룹별로 매입집계된 현황을 수량, 원화금액, 외화금액을 기준으로 조회한다.

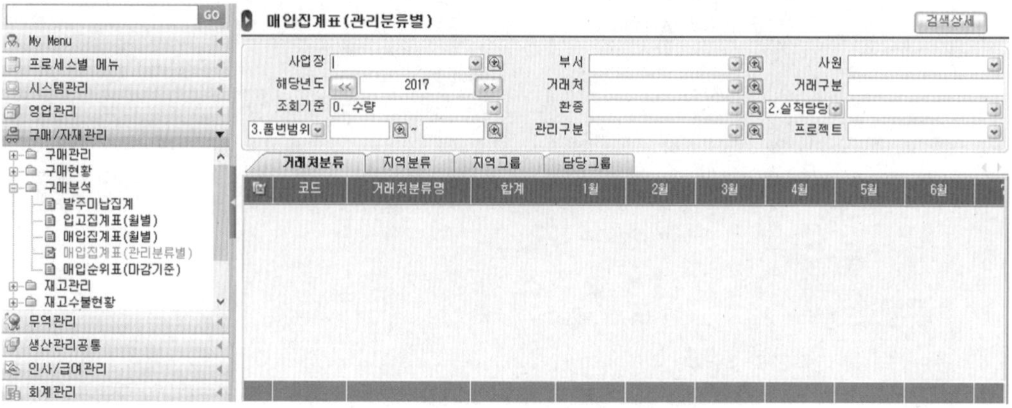

5) 매입순위표(마감기준)

구매/자재관리 ⇨ 구매분석 ⇨ 매입순위표(마감기준)

[매입순위표(마감기준)] 메뉴에서 거래처, 품목, 담당자, 관리구분, 프로젝트, 부서별로 매입마감된 자료의 매입순위를 분석한다.

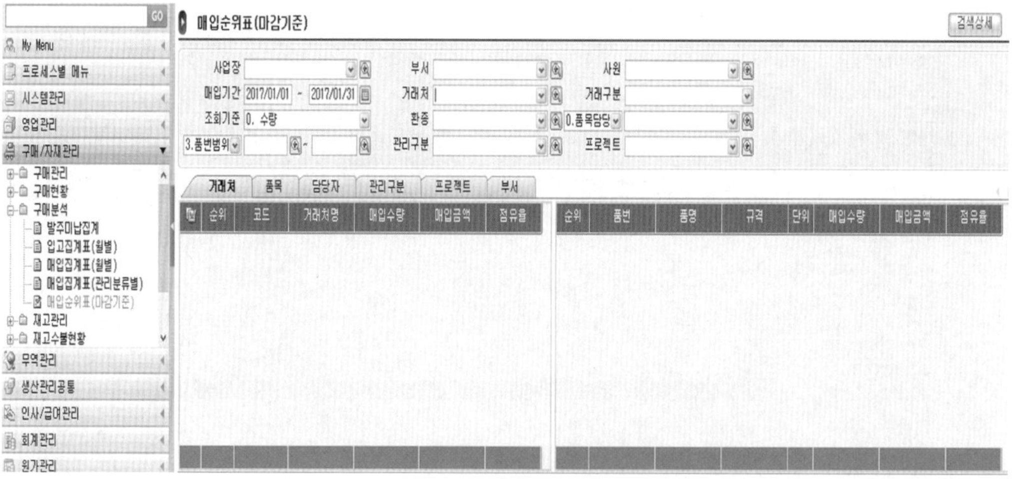

07 재고관리

1) 재고이동등록(창고)

구매/자재관리 ⇨ 재고관리 ⇨ 재고이동등록(창고)

동일한 사업장 내에서 다른 재고창고나 장소로 물품을 이동할 때 [재고이동등록(창고)] 메뉴를 사용한다. 하지만 재고이동을 등록해도 재고의 증가나 감소는 없다. 출고사업장에서는 재고의 감소가 일어나고 입고사업장에서는 재고의 증가가 일어나기 때문이다.

또한 자재마감/통제등록 마감일의 이전일자로는 재고이동을 할 수 없으며, 마감일자 이전에 입력되어 있는 이동 내역은 수정, 삭제를 할 수 없다.

실습문제

다음은 ㈜강남부산지점의 자재부 이기영 사원이 처리할 재고이동정보이다. 다음을 참고하여 재고이동등록을 하시오.

이동일자	사업장	출고창고	출고장소	입고창고	입고장소	품번	이동수량(개)
2017/04/05	㈜강남부산지점	부산부품창고	부산부품장소	부산제품창고	부산제품장소	CP-01	5

문제풀이

▶ [구매/자재관리] ⇨ [재고관리] ⇨ [재고이동등록(창고)] 메뉴를 선택한다.

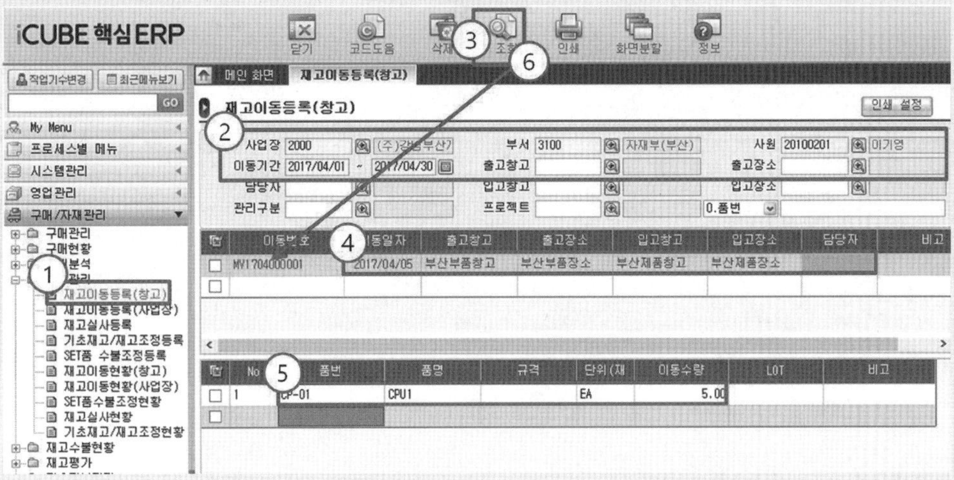

2) 재고이동등록(사업장)

구매/자재관리 ⇨ 재고관리 ⇨ 재고이동등록(사업장)

[재고이동등록(사업장)] 메뉴를 통해 다른 사업장의 창고와 장소로 재고를 이동한다.

실습문제

다음은 ㈜강남부산지점의 자재부 이기영 사원이 처리할 재고이동정보이다. 다음을 참고하여 재고이동등록을 하시오.

이동일자	출고 사업장	출고 창고	출고 장소	입고 사업장	입고 창고	입고 장소	품번	이동 수량(개)	단가(원)
2017/04/10	㈜강남 부산지점	부산부품 창고	부산부품 장소	㈜강남본사	본사부품 창고	본사부품 장소	HD-01	5	120,000

문제풀이

▶ [구매/자재관리] ⇨ [재고관리] ⇨ [재고이동등록(사업장)] 메뉴를 선택한다.

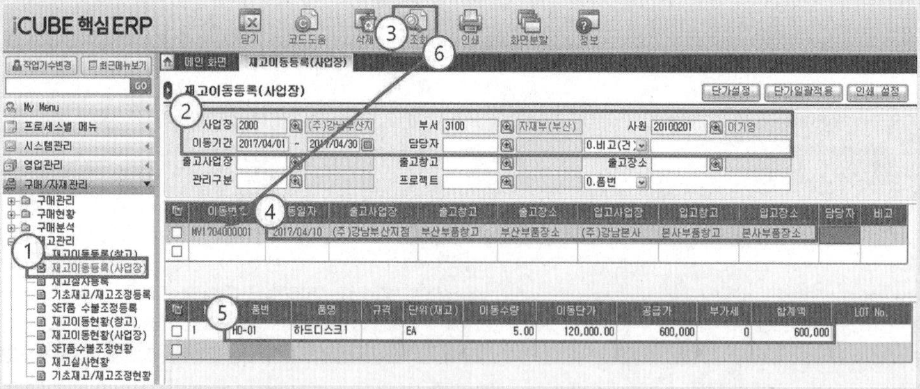

▶ 이동단가는 품목등록의 '표준원가'로 자동 반영된다. 화면 상단의 [단가설정] 아이콘을 클릭하여 단가를 '실제원가 적용', '직전단가', '재고평가출고단가', '재고평가평균단가'로 설정할 수 있다.

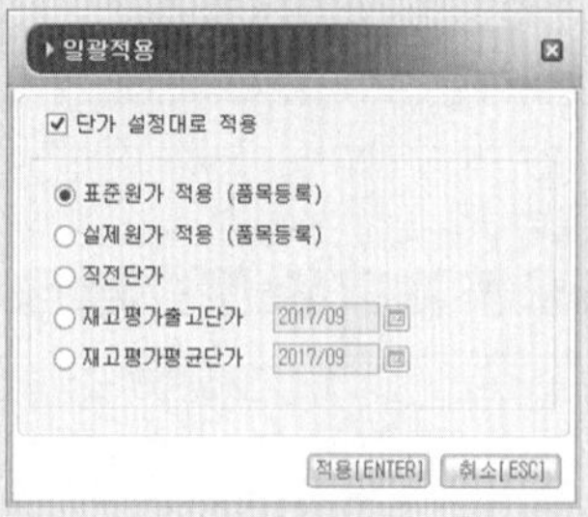

3) 재고실사등록

구매/자재관리 ⇨ 재고관리 ⇨ 재고실사등록

전산(장부)상에 입력된 재고와 실제 재고의 수량 차이를 확인하기 위해 창고에서 조사한 실재고의 수량을 [재고실사등록] 메뉴에 등록한다. 전산상 재고와 실재고의 차이는 [기초재고/재고조정등록] 메뉴에서 조정하며 전산상의 재고와 실재고를 일치시킨다.

실습문제

다음은 ㈜강남본사의 재고 조사한 내역이다. 다음을 참고하여 재고실사등록을 하시오.

실사일자	재고기준일	사업장	창고	장소	실사구분	품번	전산재고(개)	실사재고(개)
2017/07/01	2017/07/01	㈜강남본사	본사제품창고	본사제품장소	정기	OF-PC02	1,000	995

문제풀이

▶ [구매/자재관리] ⇨ [재고관리] ⇨ [재고실사등록] 메뉴를 선택한다.

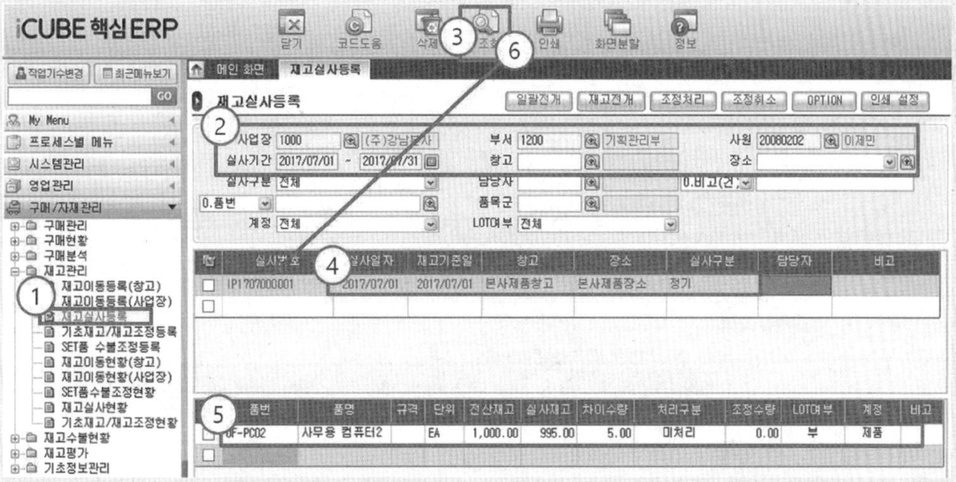

4) 기초재고/재고조정등록

구매/자재관리 ⇨ 재고관리 ⇨ 기초재고/재고조정등록

ERP 시스템을 처음 도입하여 기초수량 및 재고수량을 입력하거나 ERP 시스템을 사용하던 중 전산(장부)상 재고와 실사재고 수량의 차이가 생겼을 때, 실사재고에 수량을 맞추기 위해 [기초재고/재고조정등록)] 메뉴에서 재고조정등록을 한다. 시스템을 도입하였을 때 [기초조정] 탭에서 기초재고를 입력하며 전산재고와 실사재고의 수량차이가 발생하면 실재고에 수량을 맞추기 위해 [출고조정] 탭에서 재고조정을 한다.

실습문제

다음을 참고하여 ㈜강남본사의 전산재고와 실사재고의 수량 차이를 조정하시오.

조정일자	창고	장소	품번	조정수량(개)	단가(원)
2017/07/01	본사제품창고	본사제품장소	OF-PC02	5	950,000

문제풀이

▶ [구매/자재관리] ⇨ [재고관리] ⇨ [기초재고/재고조정등록] 메뉴를 선택한다.

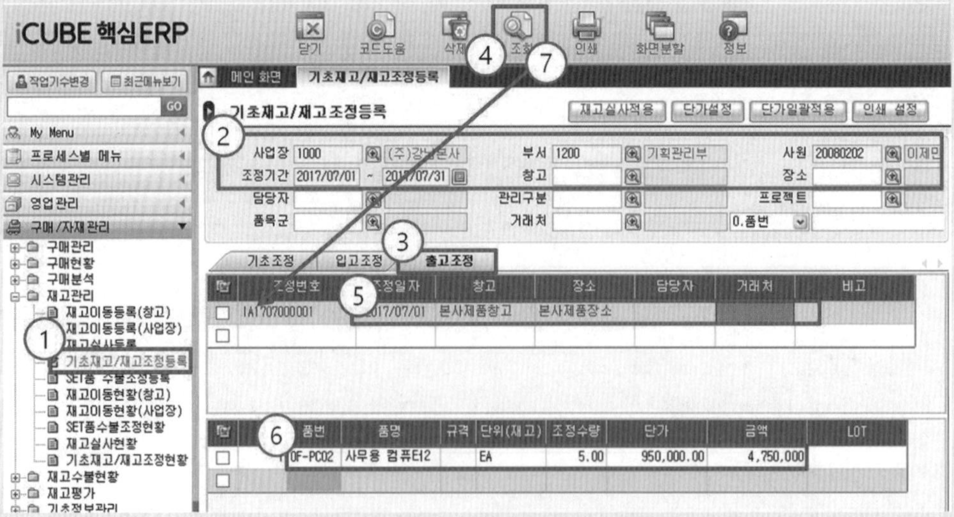

5) SET품 수불조정등록

시스템관리 ⇨ 기초정보관리 ⇨ SET품 수불조정등록

[SET품 수불조정등록] 메뉴는 수불이 일어난 SET 모품목과 자품목의 재고를 조정한다. 이때 SET모품목(SET품)의 수량은 증가하고 SET자품목(구성품)의 수량은 감소한다.

[SET품 수불조정등록]을 사용하기 위해서는 [시스템관리]-[기초정보관리]-[품목등록]에서 해당 SET품목에 대한 [SET품목] 항목은 '1. 여'로 설정하고, SET 자품목인 구성품들의 [SET품목]항목은 '0. 부'로 설정해야 한다. 그리고 [조정일자]가 [시스템관리]-[기초정보관리]-[SET구성품등록] 메뉴에 있는 [구성품등록]의 [시작일]보다 빠르면 구성품을 적용할 수 없다. SET품을 적용하려 할 때 적용이 안 되는 경우가 생기면, [SET구성품등록] 메뉴의 [구성품등록]의 [시작일]을 조정일보다 빠른 날짜로 수정하여 다시 적용한다.

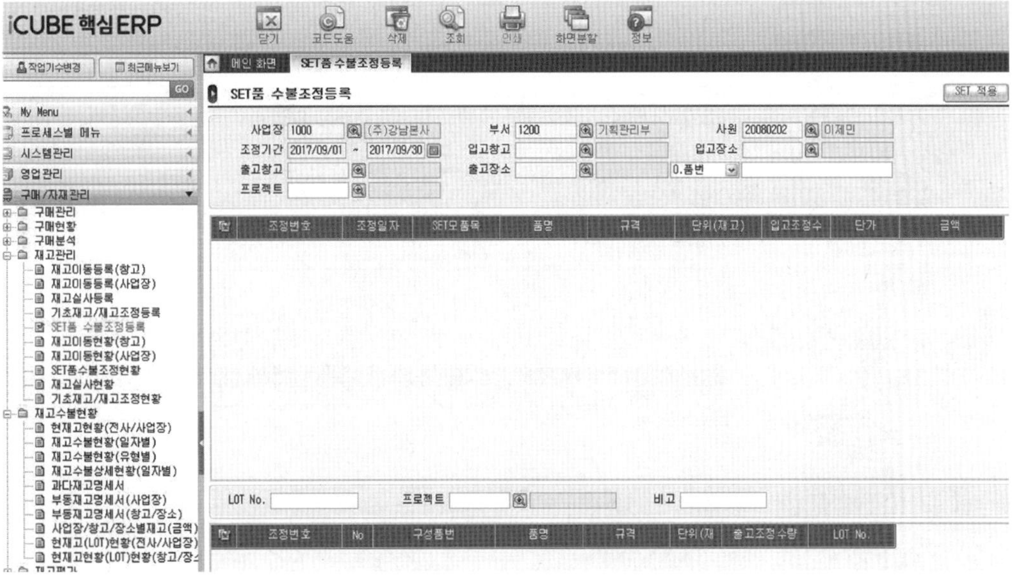

▶ 주요 항목(필드) 살펴보기

- 입고창고 : SET품인 모품목이 입고되는 창고로 모품목에 대한 수량이 증가하는 창고이다. 반드시 입력해야 하는 필수 값이다.
- 출고창고 : SET품의 구성품으로 사용할 품목인 자품목이 출고되는 창고이다. 반드시 입력해야하는 필수 값이다. 입고창고와 출고창고는 동일할 수 있다.
- 조정일자 : 실제 SET품을 구성하는 날짜를 말한다.

실습문제

㈜강남은 여름방학을 맞이하여 '여름방학 특별 이벤트 상품'을 기획하려 한다. 기획 상품은 다음과 같다. 다음을 참고하여 SET품 수불조정 등록을 하시오.

조정일자	SET 품번	SET 품명	입고창고 / 출고창고	입고장소 / 출고장소	입고 조정수량	단가(원)	구성품 품번
2017/07/01	SUM-PC01	SUMMER PC	본사 제품창고	본사 제품장소	10	900,000	CP-01
							HD-01
							M-BODY1
							RA-01

문제풀이

▶ [시스템관리] ⇨ [기초정보관리] ⇨ [SET품 수불조정등록]을 선택한다.

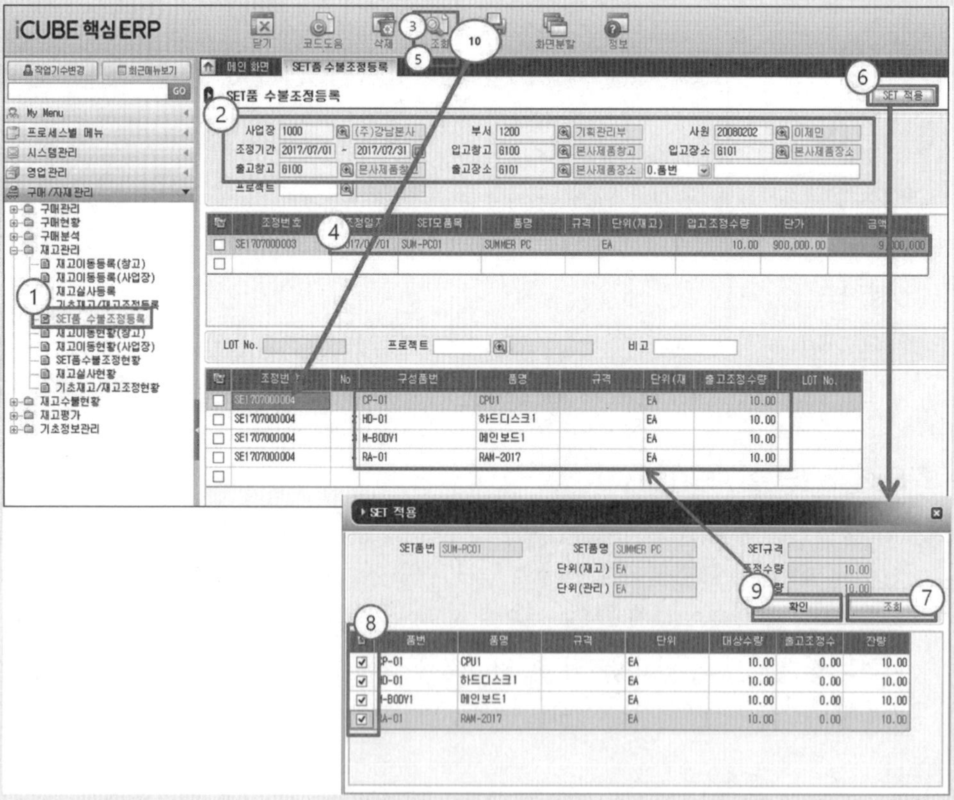

08 재고수불현황

1) 현재고현황(전사/사업장)

구매/자재관리 ⇨ 재고수불현황 ⇨ 현재고현황(전사/사업장)

[현재고현황(전사/사업장)] 메뉴에서 전사별, 사업장별로 현재 재고 현황을 파악한다.

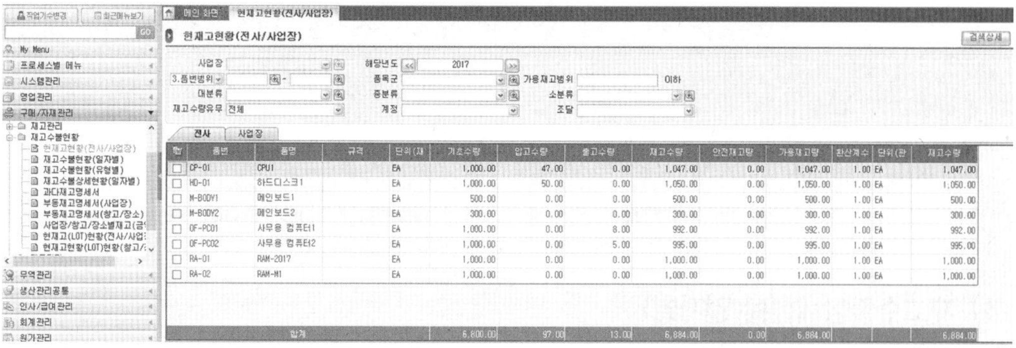

2) 재고수불현황(일자별)

구매/자재관리 ⇨ 재고수불현황 ⇨ 재고수불현황(일자별)

[재고수불현황(일자별)] 메뉴에서 창고와 장소별 품목에 대한 특정기간의 일자별 재고 수불현황을 파악한다.

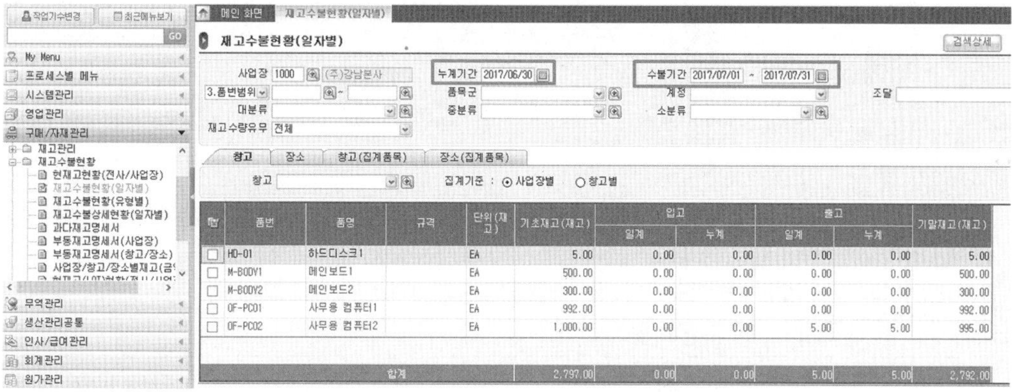

3) 재고수불현황(유형별)

구매/자재관리 ⇨ 재고수불현황 ⇨ 재고수불현황(유형별)

[재고수불현황(유형)] 메뉴에서 유형별로 사업장의 재고수불현황을 파악한다.

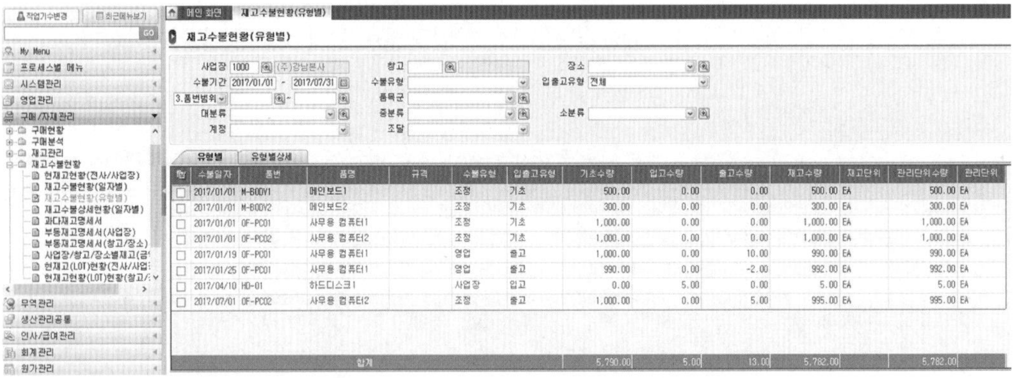

수불일자	품번	품명	규격	수불유형	입출고유형	기초수량	입고수량	출고수량	재고수량	재고단위	관리단위수량	관리단위
2017/01/01	M-BODY1	메인보드1		조정	기초	500.00	0.00	0.00	500.00	EA	500.00	EA
2017/01/01	M-BODY2	메인보드2		조정	기초	300.00	0.00	0.00	300.00	EA	300.00	EA
2017/01/01	OF-PC01	사무용 컴퓨터1		조정	기초	1,000.00	0.00	0.00	1,000.00	EA	1,000.00	EA
2017/01/01	OF-PC02	사무용 컴퓨터2		조정	기초	1,000.00	0.00	0.00	1,000.00	EA	1,000.00	EA
2017/01/19	OF-PC01	사무용 컴퓨터1		영업	출고	1,000.00	0.00	10.00	990.00	EA	990.00	EA
2017/01/25	OF-PC01	사무용 컴퓨터1		영업	출고	990.00	0.00	-2.00	992.00	EA	992.00	EA
2017/04/10	HD-01	하드디스크1		사업장	입고	0.00	5.00	0.00	5.00	EA	5.00	EA
2017/07/01	OF-PC02	사무용 컴퓨터2		조정	출고	1,000.00	0.00	5.00	995.00	EA	995.00	EA
합계						5,790.00	5.00	13.00	5,782.00		5,782.00	

4) 재고수불상세현황(일자별)

구매/자재관리 ⇨ 재고수불현황 ⇨ 재고수불상세현황(일자별)

[재고수불상세현황(일자별)] 메뉴에서 창고, 장소별 품목에 대한 일자별 재고수불현황을 조회한다.

수불일	품번	품명	규격	단위	기초재고	입고 일계	입고 누계	출고 일계	출고 누계	기말재고
2017/01/01	M-BODY1	메인보드1		EA	500.00	0.00	0.00	0.00	0.00	500.00
2017/01/01	M-BODY2	메인보드2		EA	300.00	0.00	0.00	0.00	0.00	300.00
2017/01/01	OF-PC01	사무용 컴퓨터1		EA	1,000.00	0.00	0.00	0.00	0.00	1,000.00
2017/01/01	OF-PC02	사무용 컴퓨터2		EA	1,000.00	0.00	0.00	0.00	0.00	1,000.00
2017/01/19	OF-PC01	사무용 컴퓨터1		EA	1,000.00	0.00	0.00	10.00	10.00	990.00
2017/01/25	OF-PC01	사무용 컴퓨터1		EA	990.00	0.00	0.00	-2.00	8.00	992.00
2017/04/10	HD-01	하드디스크1		EA	0.00	5.00	5.00	0.00	0.00	5.00
2017/07/01	OF-PC02	사무용 컴퓨터2		EA	1,000.00	0.00	0.00	5.00	5.00	995.00
합계					5,790.00	5.00	5.00	13.00	23.00	5,782.00

5) 과다재고명세서

구매/자재관리 ⇨ 재고수불현황 ⇨ 과다재고명세서

[과다재고명세서] 메뉴에서는 재고평가등록에서 평가한 내역을 토대로 과다재고금액을 상세하게 조회하고 출력한다.

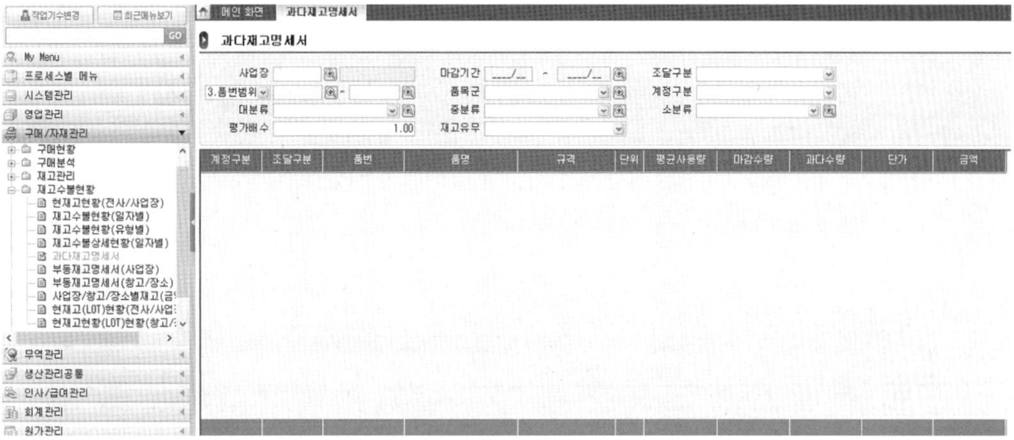

6) 부동재고명세서(사업장)

구매/자재관리 ⇨ 재고수불현황 ⇨ 부동재고명세서(사업장)

[부동재고명세서(사업장)] 메뉴에서는 사업장에 속한 품목의 부동일수를 기준일자를 따라 입출고된 시점과 비교하여 부동일을 산출한 후 조회 및 출력한다.

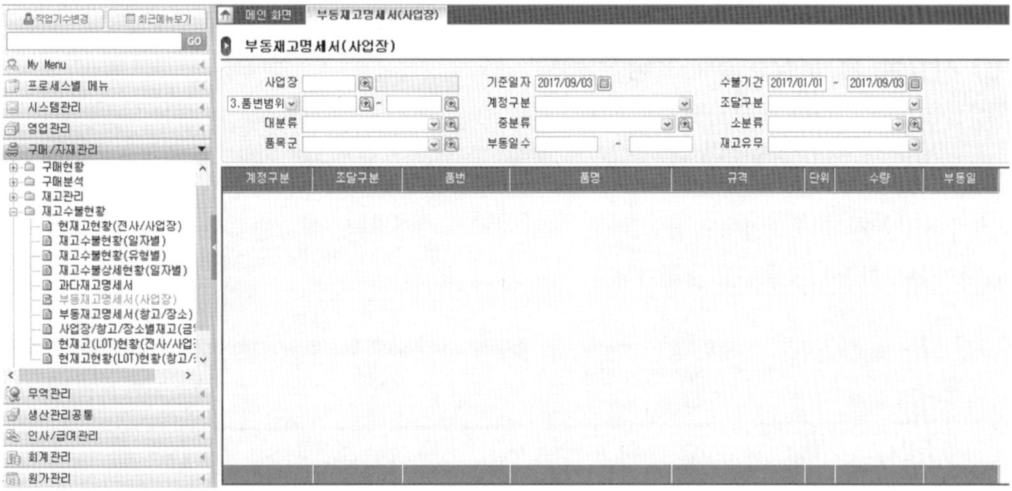

7) 부동재고명세서(창고/장소)

구매/자재관리 ⇨ 재고수불현황 ⇨ 부동재고명세서(창고/장소)

[부동재고명세서(창고/장소)] 메뉴에서 기준일자에 따른 사업장의 창고별, 장소별 품목의 부동일수를 조회하고 출력한다.

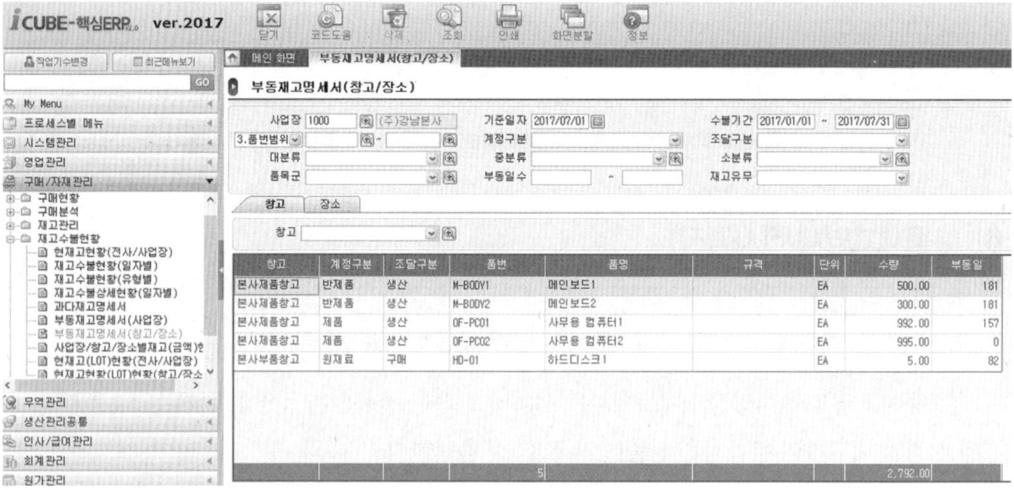

8) 사업장/창고/장소별재고(금액)현황

구매/자재관리 ⇨ 재고수불현황 ⇨ 사업장/창고/장소별재고(금액)현황

[사업장/창고/장소별재고(금액)현황] 메뉴에서는 사업장별, 창고별, 장소별로 수량이나 금액에 따라 재고현황을 조회하고 출력한다.

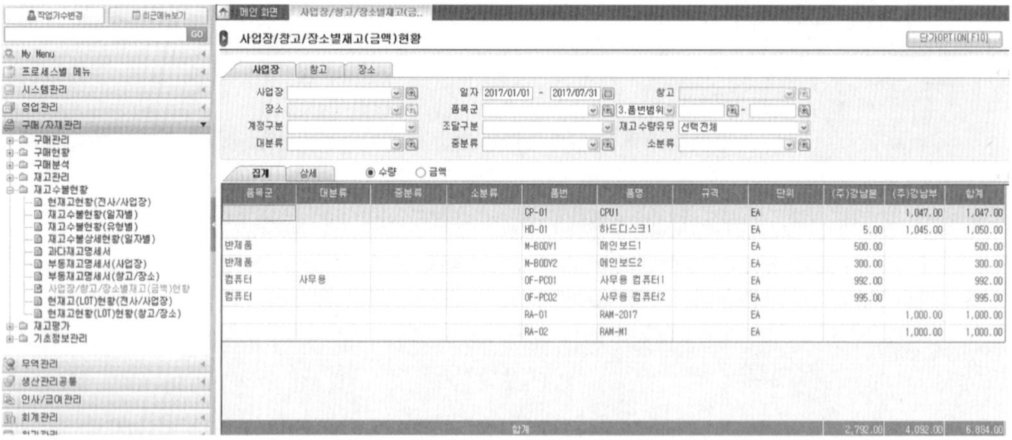

9) 현재고(LOT)현황(전사/사업장)

구매/자재관리 ⇨ 재고수불현황 ⇨ 현재고(LOT)현황(전사/사업장)

[현재고(LOT)현황(전사/사업장)] 메뉴에서 해당년도의 전사별, 사업장별 LOT품목의 재고상태를 조회하거나 출력한다.

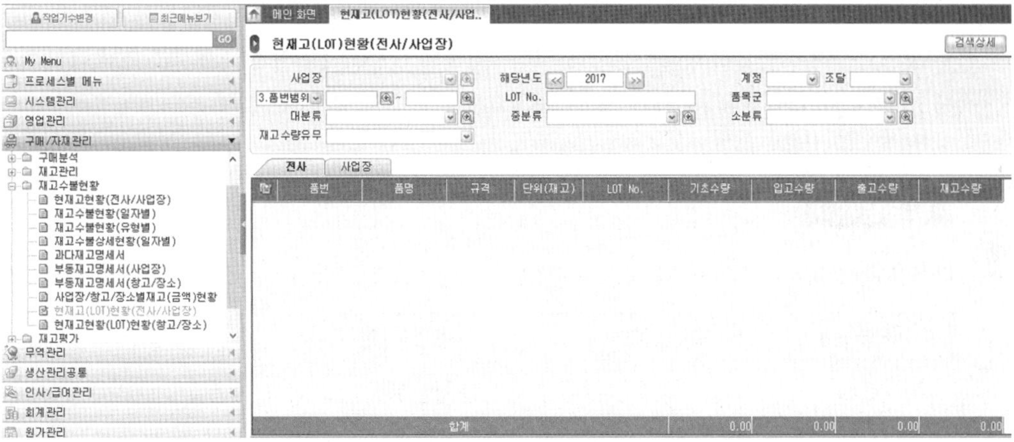

10) 현재고현황(LOT)현황(창고/장소)

구매/자재관리 ⇨ 재고수불현황 ⇨ 현재고현황(LOT)현황(창고/장소)

[현재고현황(LOT)현황(창고/장소)] 메뉴에서 해당년도의 창고별, 장소별 LOT품목의 재고상태를 조회하거나 출력한다.

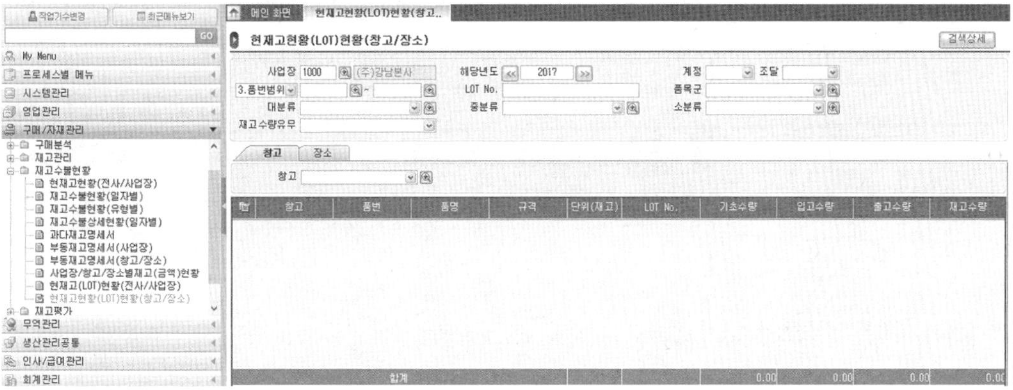

09 재고평가

1) 생산품표준원가등록

구매/자재관리 ⇨ 재고평가 ⇨ 생산품표준원가등록

[생산품표준원가등록] 메뉴에서 생산품에 대한 표준원가를 등록한다. 생산품의 경우 입고금액이 분명하지가 않다. 따라서 복수 사업장 간의 재고 이동 시 입고되는 매입원가나 재고를 평가할 때 생산품의 입고금액을 활용하여 단가를 등록한다. 등록된 생산품표준원가는 생산품의 매입원가와 재고 이동 시 각 입고 사업장의 매입원가로 사용된다.

실습문제

다음은 ㈜강남본사 제품에 대한 표준원가이다. 다음을 참고하여 생산품표준원가를 등록하시오.

해당년도	품번	표준원가(원)
2017/01	OF-PC02	900,000
	M-BODY2	280,000

문제풀이

▶ [구매/자재관리] – [재고평가] – [생산품표준원가등록] 메뉴를 선택한다.

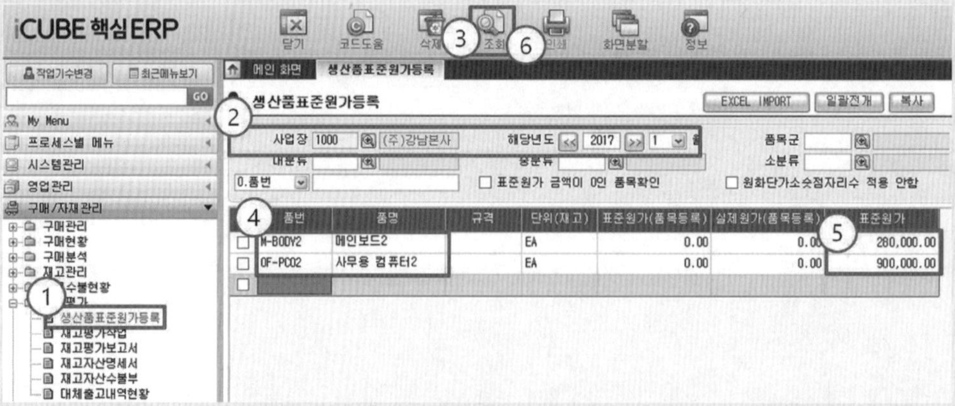

2) 재고평가작업

구매/자재관리 ⇨ 재고평가 ⇨ 재고평가작업

[재고평가작업] 메뉴에서는 재고자산에 대한 재고평가를 하고 평가방법에 따라 매출원가를 평가한다. 재고평가 작업을 수행하기 전 [시스템관리]-[마감데이터관리]-[자재마감/통제등록] 메뉴와 [재고평가항목]에서 "총평균법, 이동평균법, 선입선출법, 후입선출법" 중 한 가지 방법을 선택하는 작업을 해야 한다. 또한 평가대상은 매출마감, 매입마감을 한 품목이다.

재고평가는 평가하려는 시작년월, 종료년월 기간에 대해서만 실행할 수 있다. 또한 재고나 입고가 없는 출고 반품 건에 대해서는 그 기준원가를 알 수 없기 때문에 재고평가 시 재고금액이 산출되지 않는다. 따라서 재고평가 화면에서 직접 수정작업을 해야 한다. 또한 입고처리는 되었지만 매입마감이 이루어지지 않은 품목과 출고처리는 되었지만 매출마감이 이루어지지 않은 품목은 재고평가 대상에서 제외된다.

재고평가 작업이 완료되면 [시스템관리]-[마감데이터관리]-[영업마감/통제등록] 메뉴와 [시스템관리]-[마감데이터관리]-[자재마감/통제등록] 메뉴의 마감일자는 재고평가기간 종료년월의 마지막 일자로 자동 변경된다.

실습문제

다음을 참고하여 ㈜강남본사의 재고평가 작업을 수행하시오.

기수	구분	시작년월	종료년월
10	구매품	2017/01	2017/07
	생산품	2017/01	2017/07

문제풀이

▶ [구매/자재관리] – [재고평가] – [재고평가작업] 메뉴를 선택한다.

1) 구매품

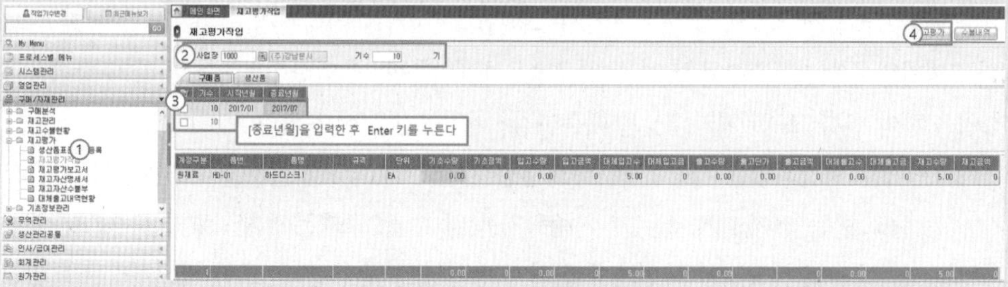

2) 생산품

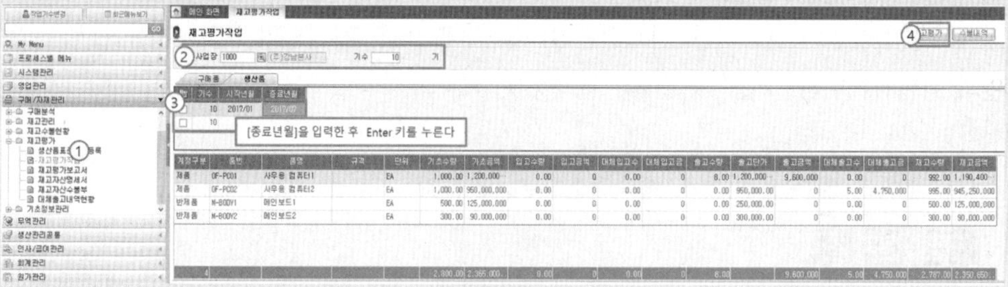

3) 재고평가보고서

구매/자재관리 ⇨ 재고평가 ⇨ 재고평가보고서

[재고평가보고서] 메뉴에서 재고평가 한 내역에 대한 평가보고서를 출력한다.

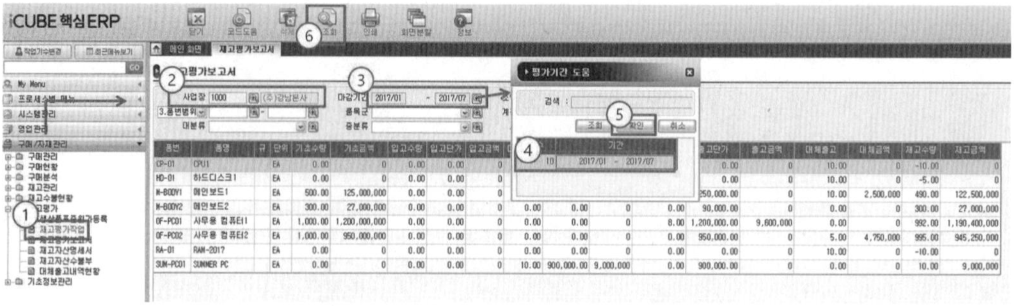

4) 재고자산명세서

구매/자재관리 ⇨ 재고평가 ⇨ 재고자산명세서

[재고평가작업]을 수행한 후 재고평가한 내역은 [재고자산명세서] 메뉴에서 조회하고 재고자산명세서로 출력한다.

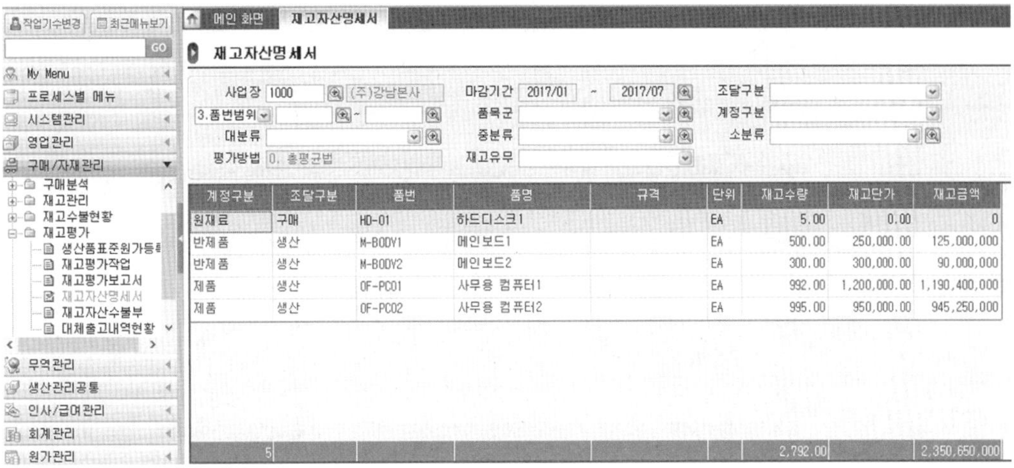

5) 재고자산수불부

구매/자재관리 ⇨ 재고평가 ⇨ 재고자산수불부

[재고자산수불부] 메뉴에서 재고평가기간 내에 발생한 품목별 수불내역을 조회하고 출력한다.

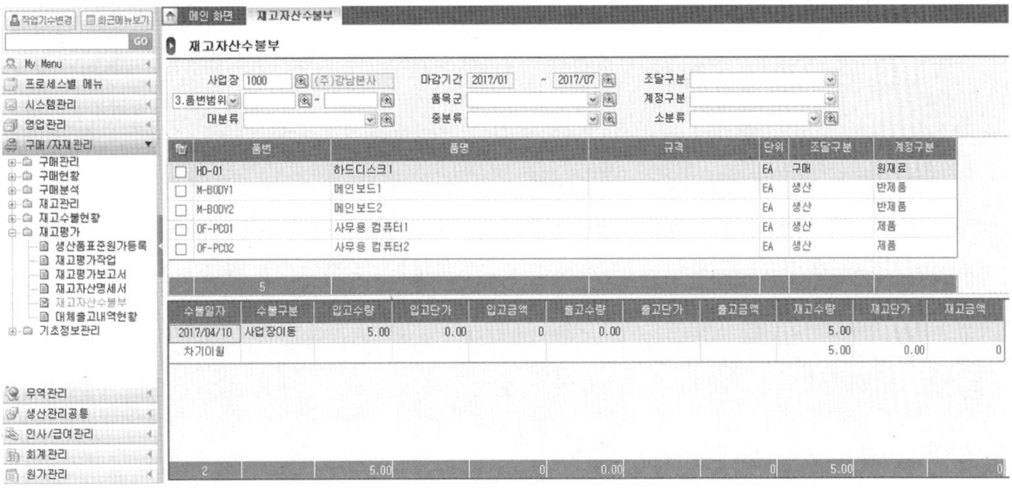

6) 대체출고내역현황

구매/자재관리 ⇨ 재고평가 ⇨ 대체출고내역현황

조정대체별, 계정대체별, 사업장대체별, SET조정대체별로 재고평가에 나타난 대체출고내역은 [대체출고내역현황] 메뉴에서 조회한다.

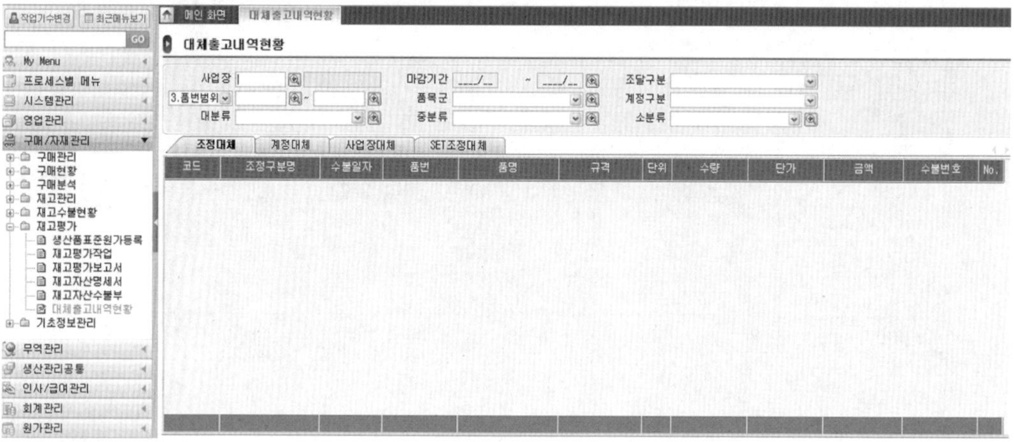

▶ 주요 항목(필드) 살펴보기

- [조정대체] 탭 : [구매/자재관리]-[재고관리]-[기초재고/재고조정등록] 메뉴에서 입고조정, 출고조정을 하였을 때 조회된다.
- [계정대체] 탭 : 본래 목적으로 사용하지 않은 내역을 조회한다. 예를 들어 제품이나 반제품을 생산하기 위해 사용해야 할 원자재를 판매하는 경우처럼, 재고자산을 판매 목적이 아닌 다른 용도로 사용하였을 때 조회된다.
- [사업장대체] 탭 : [구매/자재관리]-[재고관리]-[재고이동등록(사업장)] 메뉴에서 사업장 간 재고이동을 하였을 경우 조회된다.

Chapter 04 생산관리 공통실무

01 기초정보관리

1) BOM등록

생산관리공통 ⇨ 기초정보관리 ⇨ BOM등록

[BOM등록] 메뉴에서 특정 제품의 구성 부품정보를 확인할 수 있다. BOM(Bill Of Material, 자재명세서)은 하나의 모품목을 만들기 위해 필요한 자품목과 그 구성을 보여주는 품목 간의 관계 정보이다. 이는 MRP(소요량전개)의 가장 중요한 입력 항목 중 하나이다.

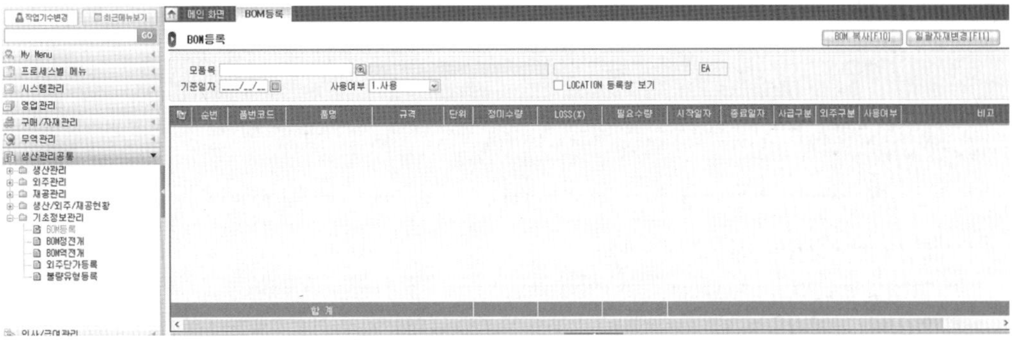

▶ 주요 항목(필드) 살펴보기

- 모품목 : 제품, 반제품으로 하위 Level을 가지고 있는 품목
- 자품목 : 모품목 한 단위를 생산하기 위해 필요한 원자재, 부자재, 반제품
- 정미수량 : LOSS율을 감안하지 않은 수량
- LOSS(%) : 자품목 한 단위를 투입했을 때 모품목에 반영되지 않고 유실되는 비율(%)
- 필요수량 : LOSS율을 감안한 실제 필요한 수량

  필요수량 = 정미수량 × (100 + LOSS율) / 100
- 사급구분 : 해당 품목이 사내재고인지 아니면 다른 회사에서 무상 제공받은 품목인지에 대한 구분으로 일반적으로 '0. 자재'로 입력
- 외주구분 : 모품목을 외주처리할 때 무상사급인지 유상사급인지를 구분

  무상사급 : 자재를 무상으로 외주처에 공급

  유상사급 : 자재를 돈을 받고 외주처에 공급

- BOM 복사(BOM 복사[F10]) : 등록되어 있는 BOM을 복사할 때 사용
- 일괄자재변경(일괄자재변경[F11]) : 등록된 BOM의 자재를 일괄적으로 변경하고자 할 때 사용

실습문제

다음은 ㈜강남본사의 사무용 컴퓨터2(OF-PC02)에 대한 BOM이다. 다음을 참고하여 OF-PC02의 BOM을 등록하시오. 단, 기준일자는 2017/01/01이다.

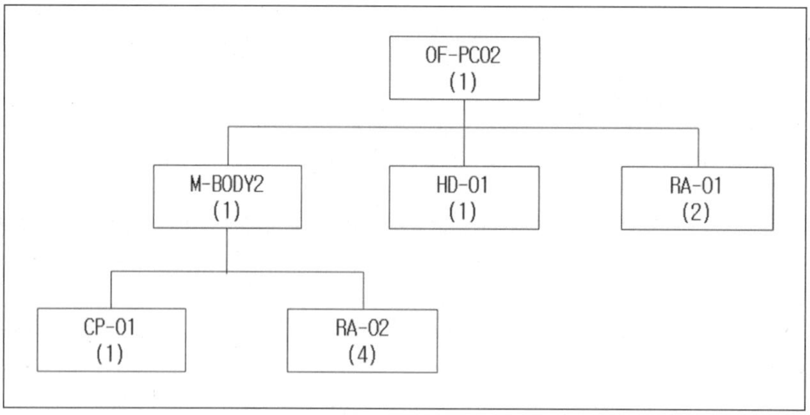

① 제품 OF-PC02의 BOM

품목	정미수량	LOSS(%)	필요수량	사급구분	외주구분	사용여부
M-BODY2	1	0	1	자재	무상	사용
HD-01	1	2	1.02	자재	무상	사용
RA-01	2	5	2.1	자재	무상	사용

② 반제품 M-BODY2의 BOM

품목	정미수량	LOSS(%)	필요수량	사급구분	외주구분	사용여부
CP-01	1	0	1	자재	무상	사용
RA-02	4	2	4.08	자재	무상	사용

문제풀이

▶ [생산관리공통] – [기초정보관리] – [BOM등록] 메뉴를 선택한다.

1) 제품 OF–PC02의 BOM

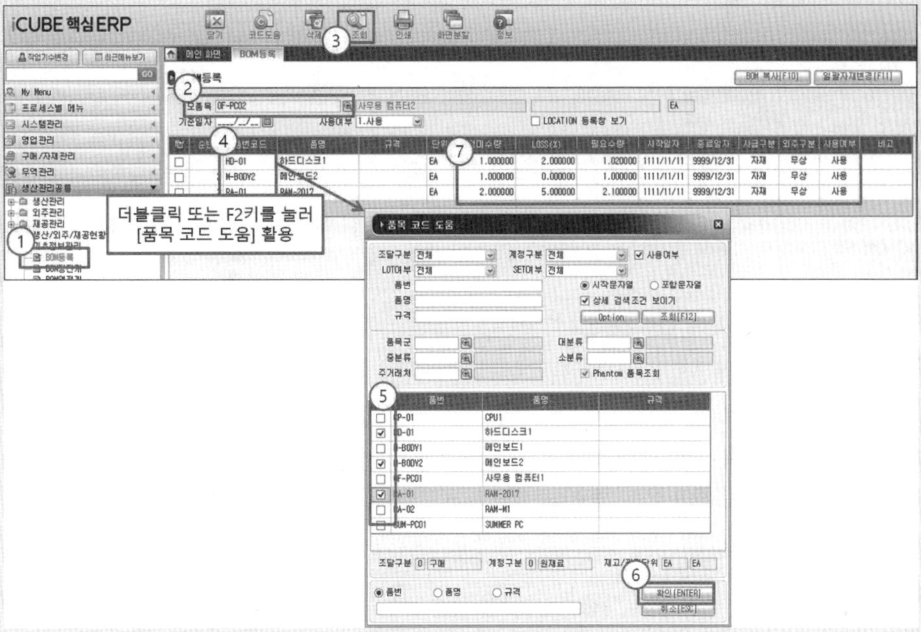

2) 반제품 M–BODY2의 BOM

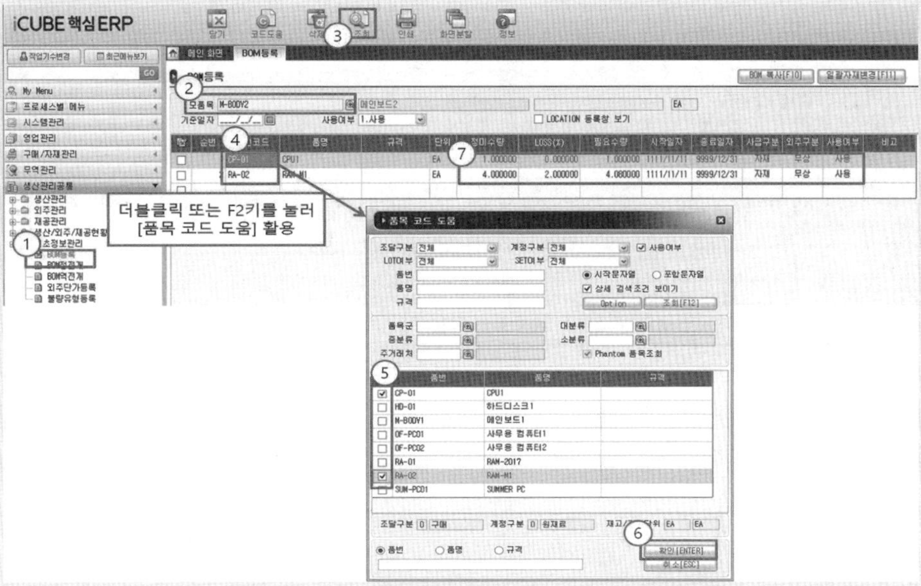

2) BOM정전개

생산관리공통 ⇨ 기초정보관리 ⇨ BOM정전개

[BOM정전개] 메뉴에는 입력되어 있는 모품목에 대한 모든 자품목이 계층적으로 전개되어 있어, 전체적인 BOM의 계층구조를 한 눈에 조회할 수 있다.

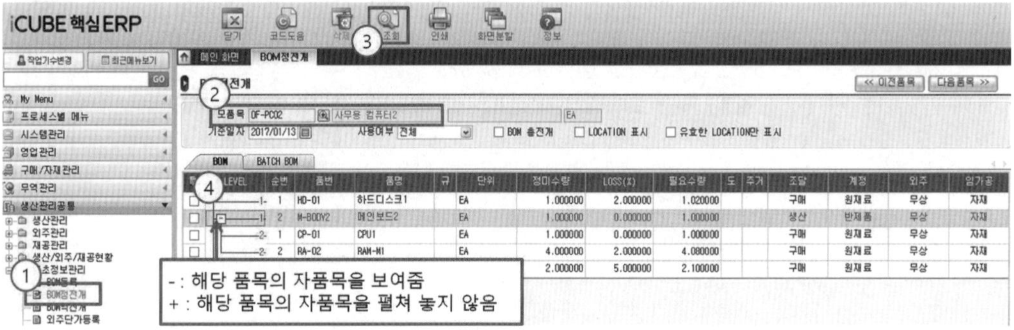

3) BOM역전개

생산관리공통 ⇨ 기초정보관리 ⇨ BOM역전개

[BOM역전개] 메뉴에서 해당 자품목을 사용하는 모품목에 대한 현황 계층적 구조를 파악할 수 있다. 또한 자품목에 대한 조달과 생산에 문제가 발생하였을 때 영향을 받는 모품목을 파악하기 위해 이 메뉴를 사용한다.

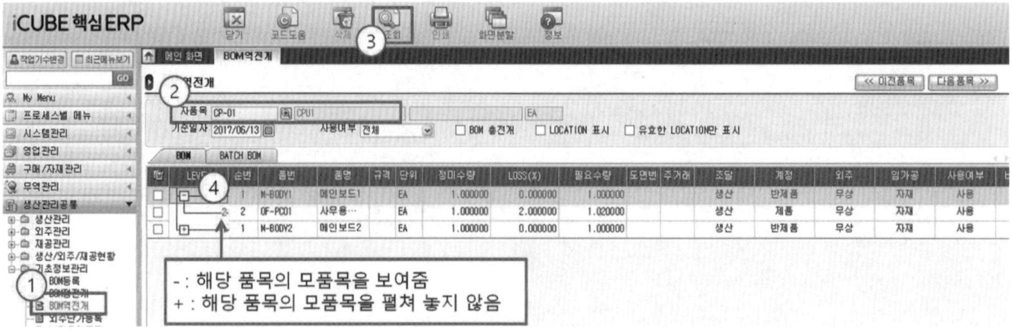

02 생산관리

1) 생산관리 프로세스

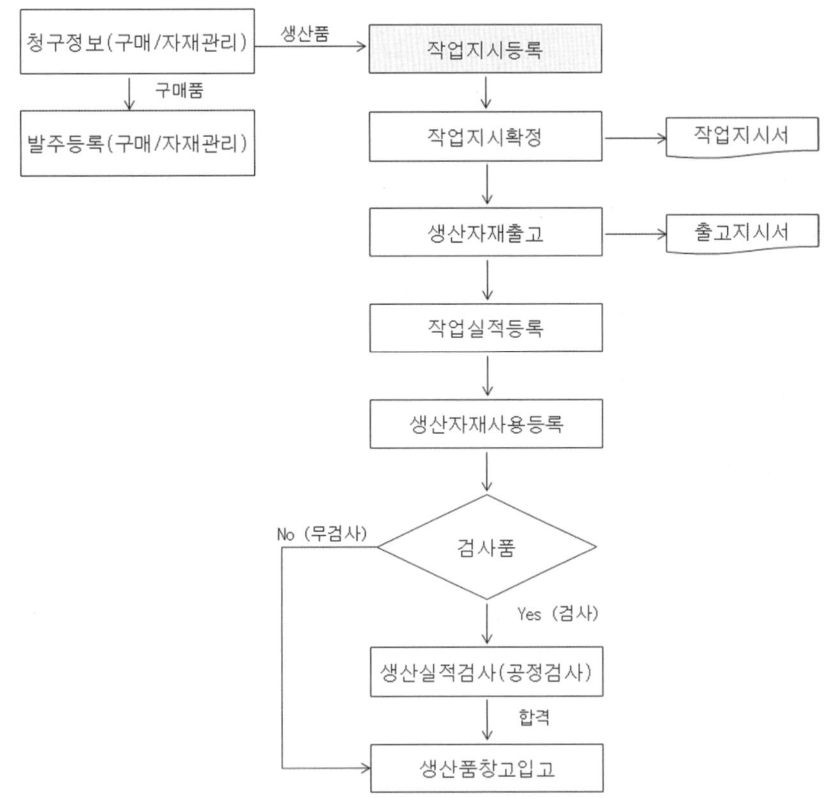

2) 생산관리 모듈 진행을 위한 기초재고등록

(1) 기초재고/재조조정등록

구매/자재관리 ⇨ 재고관리 ⇨ 기초재고/재고조정등록

ERP 시스템을 처음 도입하여 전 품목을 ERP에 입력할 때 재고수량 등을 [기초재고/재고조정등록] 메뉴에 기초재고수량으로 입력한다. 또한 실재고와 전산상의 재고 차이가 발생하였을 경우 재고수량을 맞추기 위해서 재고조정을 한다.

실습문제

다음을 참고하여 ㈜강남본사와 ㈜강남부산지점의 기초재고를 등록하시오.

조정일자	사업장	창고명	장소명	품번	조정수량	단가(원)
2017/08/21	㈜강남본사	본사부품창고	본사부품장소	CP-01	100	250,000
				HD-01	100	120,000
				RA-01	200	80,000
				RA-02	400	50,000
	㈜강남부산지점	부산제품창고	부산제품장소	OF-PC01	100	1,200,000
				OF-PC02	150	950,000
				M-BODY1	100	250,000
				M-BODY2	150	90,000

문제풀이

▶ [구매/자재관리] – [재고관리] – [기초재고/재고조정등록] 메뉴를 선택한다.

A. ㈜강남본사

B. ㈜강남부산지점

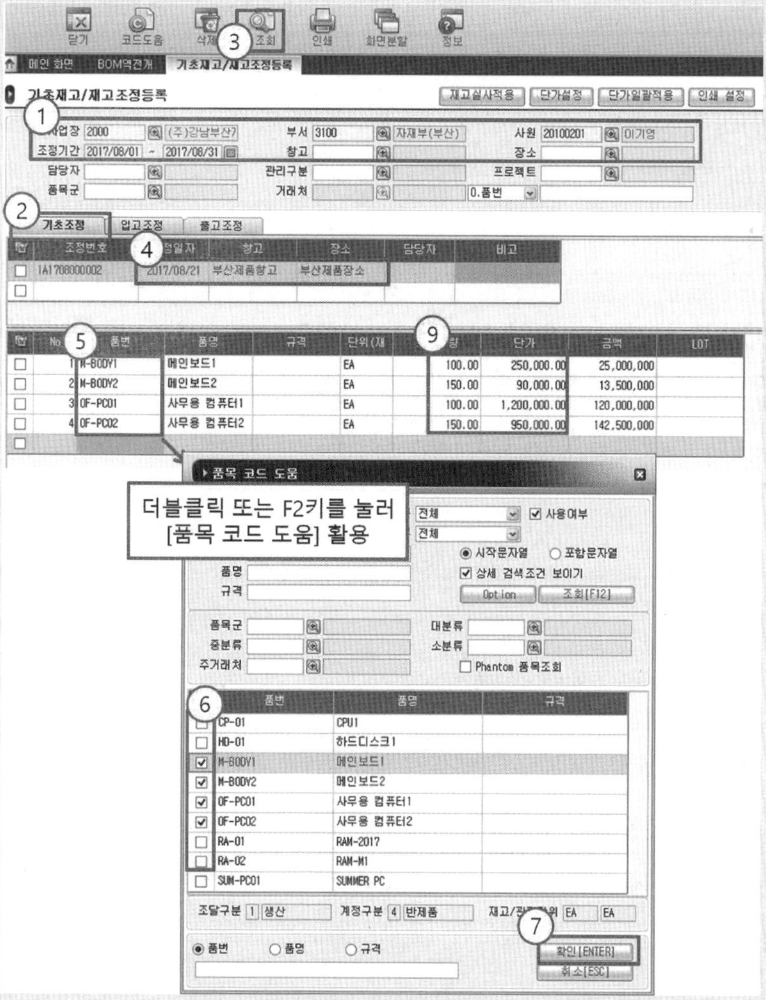

3) 생산계획등록

생산관리공통 ⇨ 생산관리 ⇨ 생산계획등록

[생산계획등록] 메뉴는 소요량전개(MRP)에 따라 일자별로 생산할 제품, 반제품 등에 대한 계획을 등록할 때 사용한다. 생산계획은 수주량 또는 자체 생산계획에 따라 수립하며, 생산계획을 등록한 이후에 작업지시등록에서 생산계획적용을 수행하고 나면 생산계획등록 내역을 삭제할 수 없다. [시스템관리]-[기초정보관리]-[품목등록] 메뉴에서는 조달구분을 "생산"으로 설정한 품목이 조회되며 [ORDER/COST] 탭의 일별생산량이 자동으로 반영된다.

실습문제

다음은 ㈜강남부산지점의 생산부 박호율 사원이 작성한 생산계획이다. 다음을 참고하여 생산계획등록을 하시오.

(1) OF-PC02 20대 생산계획

작업예정일	품번	수량
2017/08/25	OF-PC02	20

(2) OF-PC02 20대를 생산하기 위한 자품목 M-BODY2 20개의 생산계획

작업예정일	품번	수량
2017/08/22	M-BODY2	20

문제풀이

▶ [생산관리공통]-[생산관리]-[생산계획등록] 메뉴를 선택한다.

1) OF-PC02 20대 생산계획

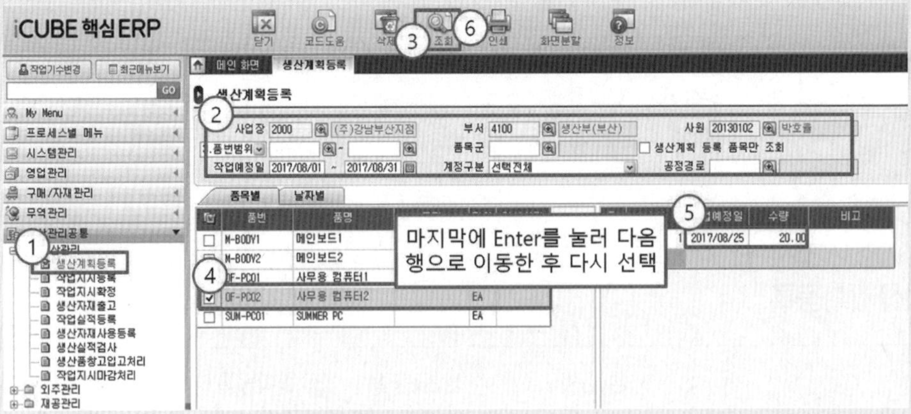

2) OF-PC02 20대를 생산하기 위한 자품목 M-BODY2 20개의 생산계획

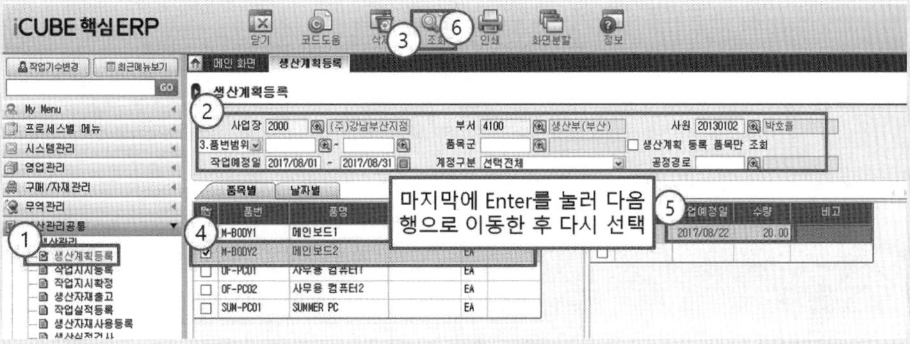

4) 작업지시등록

생산관리공통 ⇨ 생산관리 ⇨ 작업지시등록

[작업지시등록] 메뉴에서 생산을 위한 작업지시 내역을 등록한다. 작업지시등록은 직접 입력하거나 [생산관리공통]-[생산계획등록], [구매/자재관리]-[구매관리]-[청구등록], [영업관리]-[영업관리]-[수주등록] 메뉴 등으로 작업지시가 전달되면 작업지시등록을 할 수 있다.

실습문제

다음을 참고하여 작업지시등록을 하시오.

지시일	납기일	공정	작업장	품번	지시수량	상태	검사
2017/08/25	2017/08/26	작업공정	부산제품작업장	OF-PC02	20	계획	검사
2017/08/22	2017/08/24	작업공정	부산반제품작업장	M-BODY2	20	계획	검사

문제풀이

▶ [생산관리공통]–[생산관리]–[작업지시등록] 메뉴를 선택한다.

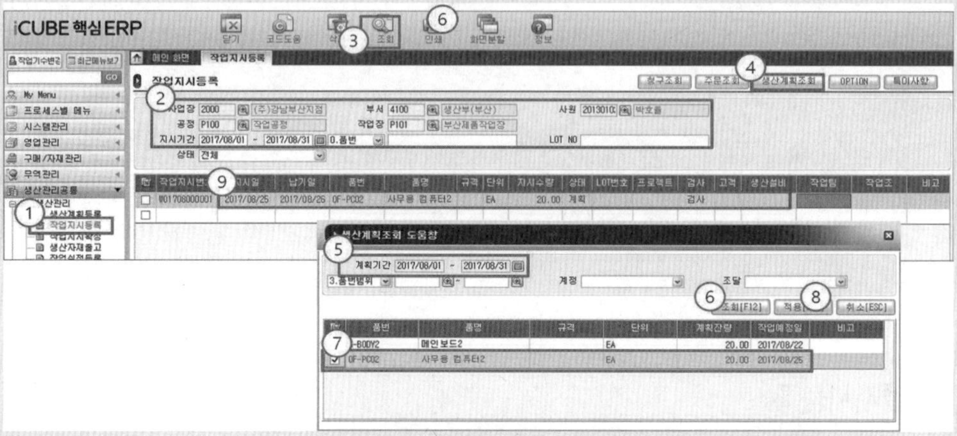

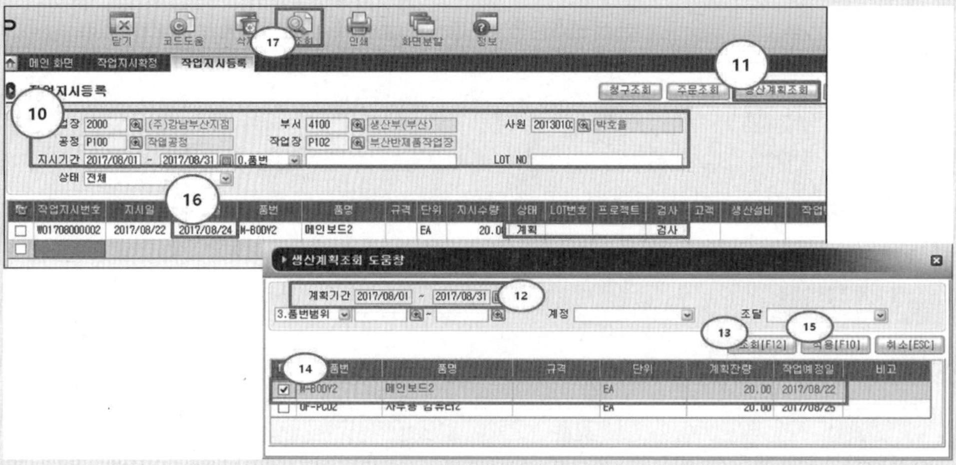

5) 작업지시확정

생산관리공통 ⇨ 생산관리 ⇨ 작업지시확정

[작업지시확정] 메뉴는 [작업지시등록] 메뉴에서 상태가 "계획"인 작업지시를 "확정"으로 처리할 때 사용한다. 작업지시 상태를 확정으로 처리하면 BOM에 의해 자품목과 필요수량이 자재 소요량에 따라 적용된다.

실습문제

다음 자료를 참고하여 작업지시확정을 처리하시오.

지시일	납기일	청구일	공정	작업장	품번	지시수량	상태	검사
2017/08/25	2017/08/26	2017/08/25	작업공정	부산제품작업장	OF-PC02	20	확정	검사
2017/08/22	2017/08/24	2017/08/22	작업공정	부산반제품작업장	M-BODY2	20	확정	검사

문제풀이

▶ [생산관리공통]-[생산관리]-[작업지시확정] 메뉴를 선택한다.

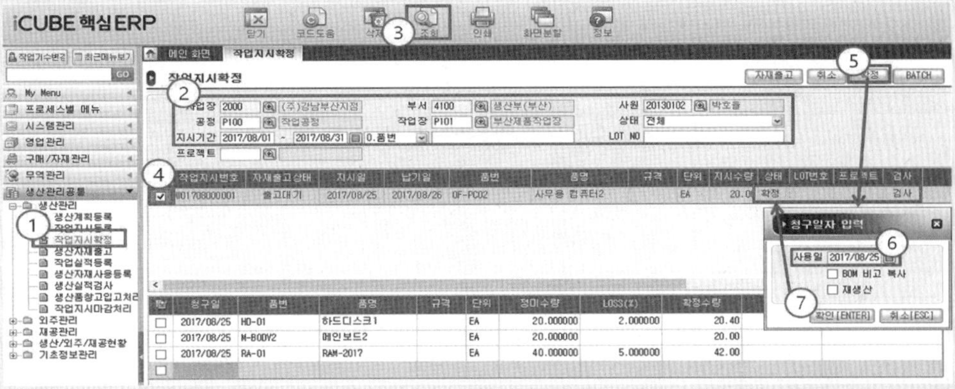

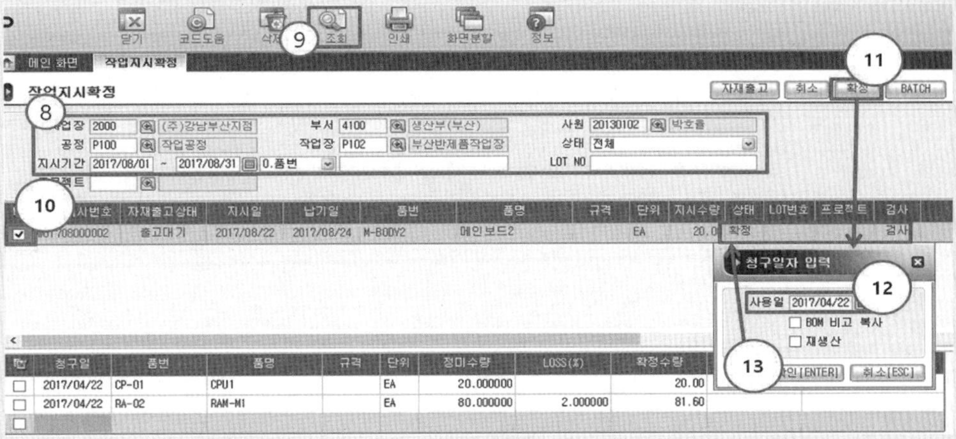

6) 생산자재출고

생산관리공통 ⇨ 생산관리 ⇨ 생산자재출고

[생산자재출고] 메뉴는 제품, 반제품을 생산하기 위한 자재를 공정으로 출고시킬 때 사용한다. 출고처리가 일어나면 창고재고는 감소하고 공정의 재공은 증가한다. [재고확인] 버튼을 활용하여 해당 자재의 재고확인이 가능하다.

실습문제

다음 자료를 참고하여 반제품 M-BODY2 20개를 생산하기 위해 필요한 원재료를 출고하시오.

출고일자	출고장고	공정	작업장	모품목	자품목	요청수량	출고수량
2017/08/22	부산부품창고	작업공정	부산반제품작업장	M-BODY2	CP-01	20	20
					RA-02	81.6	81.6

※ RA-02의 요청수량과 출고수량은 LOSS(%)를 적용한 수량이다.

문제풀이

▶ [생산관리공통]-[생산관리]-[생산자재출고] 메뉴를 선택한다.

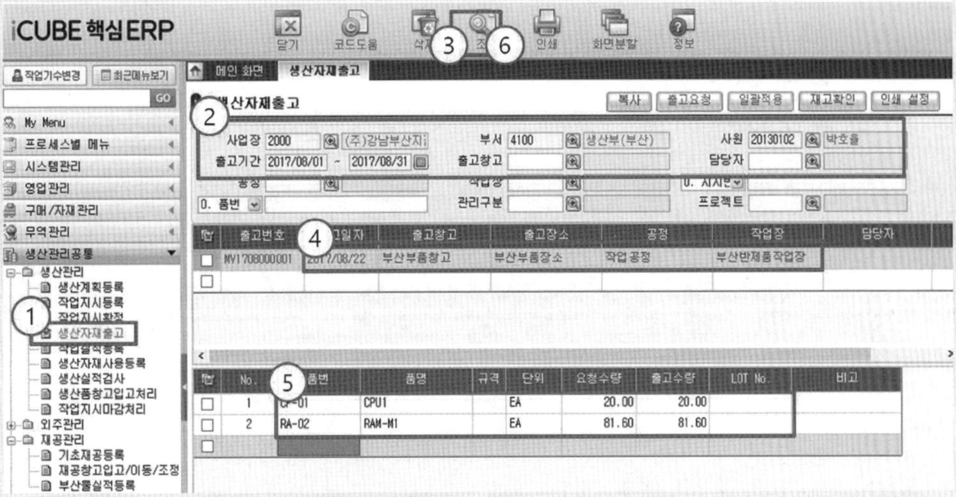

7) 작업실적등록

생산관리공통 ⇨ 생산관리 ⇨ 작업실적등록

작업지시가 확정된 내용은 [작업실적등록] 메뉴에서 실적처리한다. 작업실적등록이 되면 지시한 작업처리가 완료되고 재공이 증가한다. 또한 생산된 반제품은 창고에 입고처리되기 전이므로 재공으로 처리되나, 생산품창고에 입고처리가 되면 재고는 증가하고 재공은 감소한다.

재공은 제품, 반제품이 공정 중에 미완성상태로 있는 것을 말한다.

실습문제

다음은 ㈜강남부산지점의 생산부 박호율 사원이 처리한 생산이 완료된 반제품 M-BODY2 20개에 대한 자료이다. 다음 자료를 참고하여 작업실적등록을 하시오.

품번	지시공정	실적일	작업장	구분	실적구분	실적수량(개)	검사	입고창고	입고장소
M-BODY2	작업공정	2017/08/24	부산반제품작업장	입고	적합	20	검사	부산부품창고	부산부품장소

문제풀이

▶ [생산관리공통]-[생산관리]-[작업실적등록] 메뉴를 선택한다.

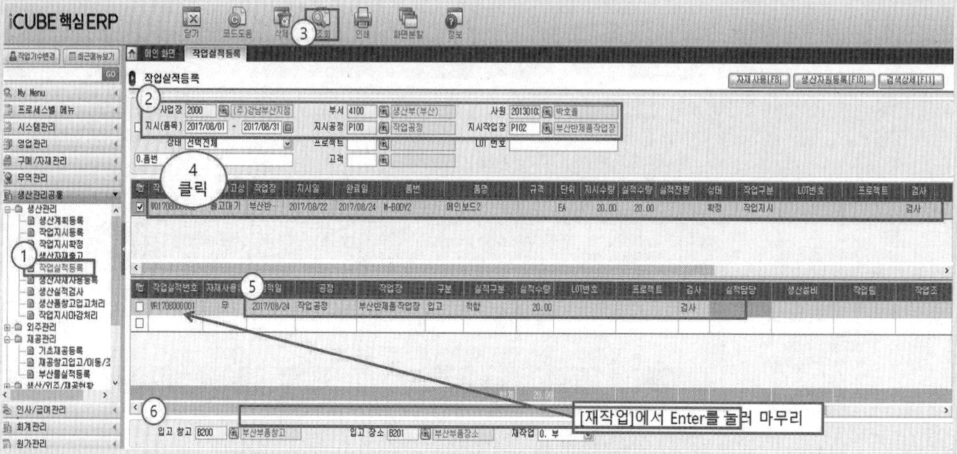

8) 생산자재사용등록

생산관리공통 ⇨ 생산관리 ⇨ 생산자재사용등록

[생산자재출고]를 통해 출고된 자재들은 아직 공정에서 재공으로 남아있으므로 이 재공은 [생산자재사용등록] 메뉴에서 재공을 사용한 것으로 처리하여 감소시킨다. 즉, 창고에서 자재를 출고하여 발생한 재공을 [생산자재사용등록]을 통해 사용된 수량만큼 감소시키는 것이다. 단, 생산을 통하여 사용된 자재는 반제품이나 완제품을 만드는 데 사용된다. 따라서 반제품, 완제품이 생산품입고를 통해 창고에 입고되지 전까지는 재공으로 남아 있게 된다.

실습문제

다음을 참고하여 반제품 M-BODY2 생산에 사용된 자품목을 생산자재사용등록하시오.
(사업장 : ㈜강남부산지점, 부서 : 생산부(부산), 사원 : 박호율)

실적일	공정	작업장	품번	실적 수량	사용일자	출고창고	출고장소	자품목	사용수량
2017/08/24	작업 공정	부산반제품 작업장	M-BODY2	20	2017/08/24	부산 부품창고	부산 부품장소	CP-01	20
								RA-02	81.60

문제풀이

▶ [생산관리공통]-[생산관리]-[생산자재사용등록] 메뉴를 선택한다.

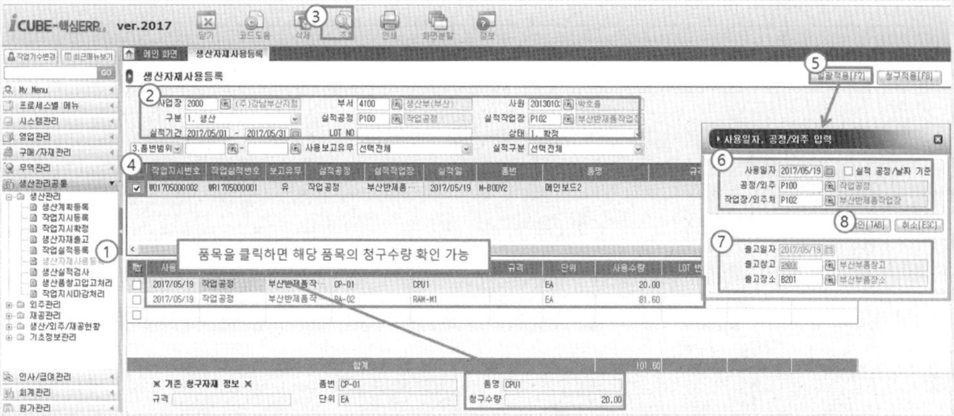

9) 생산실적검사

생산관리공통 ⇨ 생산관리 ⇨ 생산실적검사

[생산실적검사] 메뉴에서 생산품에 대한 실적검사를 입력하고, [검사유형등록] 메뉴에서 검사유형을 등록하면 그 내용이 [생산실적검사] 메뉴의 검사구분에 반영된다. [생산실적검사]를 진행하기 위해선 [시스템환경설정]의 〈실적검사 운영여부〉가 "1.운영함"으로 설정되어 있어야 한다. 또한 검사여부는 [작업실적등록] 시 '무검사'로 변경하여 적용하고, [작업실적검사] 메뉴에서 자재의 검사여부를 반드시 검사로 선택해야만 [생산실적검사]에서 조회된다.

검사유형이 전수검사이면 시료수를 입력할 수 없다. 합격수량은 생산품창고입고처리 대상이 되는 수량이다.

실습문제

다음 자료를 참고하여 생산실적이 등록된 반제품 M-BODY2의 실적검사결과를 입력하시오.
(사업장 : ㈜강남부산지점, 부서 : 생산부(부산), 사원 : 박호율)

공정	작업장	품번	검사일	검사담당자	검사구분	검사유형	합격 여부	합격 수량(개)
작업공정	부산반제품작업장	M-BODY2	2017/08/24	생산담당	성능검사	전수검사	합격	20

검사유형

설명	판정여부
부품이 작업지시서대로 사용되었나?	합격
부품 성능은 양호한가?	합격

문제풀이

▶ [생산관리공통]–[생산관리]–[생산실적검사] 메뉴를 선택한다.

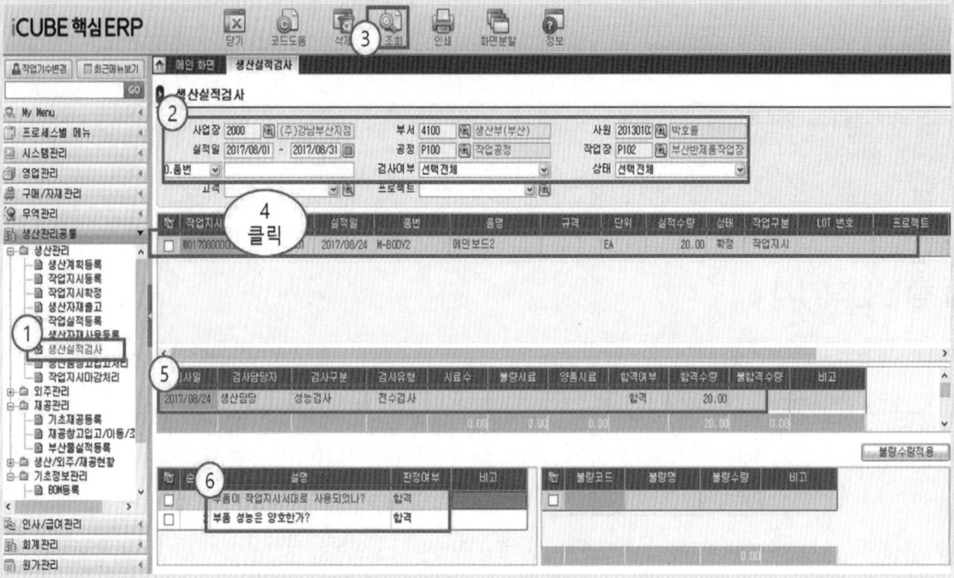

10) 생산품창고입고처리

생산관리공통 ⇨ 생산관리 ⇨ 생산품창고입고처리

재공을 운영하는 경우 생산실적의 입고처리는 [생산품창고입고처리] 메뉴에서 한다. 또한 실적은 바로 창고로 입고처리되며, 재공으로 인식된 반제품, 완제품은 창고에 입고됨으로써 재고로 바뀌게 된다. 생산품창고입고를 처리하게 되면 재고는 증가하고 재공은 감소한다.

실습문제

다음 자료를 참고하여 검사가 완료된 반제품 M-BODY2를 입고처리하시오.
(사업장 : ㈜강남부산지점, 부서 : 생산부(부산), 사원 : 박호율)

공정	작업장	품번	입고일	입고창고	입고장소	입고수량(개)
작업공정	부산반제품작업장	M-BODY2	2017/08/24	부산부품창고	부산부품장소	20

문제풀이

▶ [생산관리공통]-[생산관리]-[생산품창고입고처리] 메뉴를 선택한다.

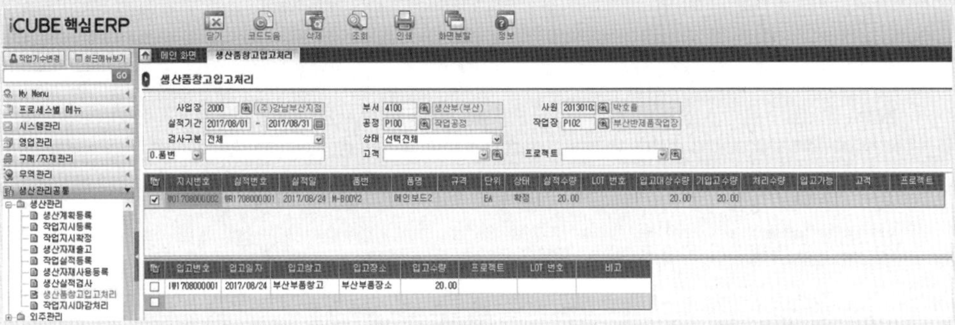

11) 작업지시마감처리

생산관리공통 ⇨ 생산관리 ⇨ 작업지시마감처리

작업지시등록을 처리한 후 작업지시 잔량이 남아 있는 상태에서 작업을 더이상 진행하지 않게 되었을 경우 [작업지시마감처리] 메뉴에서 작업지시를 마감한다. 작업지시마감철 작업을 실행하면 작업지시 잔량이 남아 있어도 더 이상 작업대상으로 관리되지 않는다. [작업지시마감처리]는 반드시 수행해야 하는 작업은 아니다.

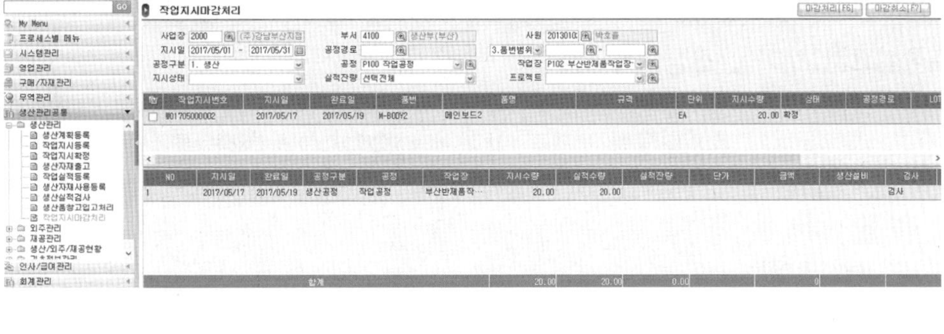

03 재공관리

1) 기초재공등록

생산관리공통 ⇨ 재공관리 ⇨ 기초재공등록

[기초재공등록] 메뉴는 시스템 도입 초기나 기말에 차기연도로 기초를 넘어가는 시기에 공정 내부에 남아 있는 재공 또는 외주처에 남아 있는 재공의 기초수량을 입력할 때 사용한다.

실습문제

다음 자료를 참고하여 반제품 M-BODY1을 기초재공으로 등록하시오.
(사업장 : ㈜강남부산지점, 부서 : 생산부(부산), 사원 : 박호율)

등록일자	공정/외주	장소/외주처	기초수량(개)	금액
2017/01/01	작업공정	부산반제품작업장	10	250,000

문제풀이

▶ [생산관리공통]-[재공관리]-[기초재공등록] 메뉴를 선택한다.

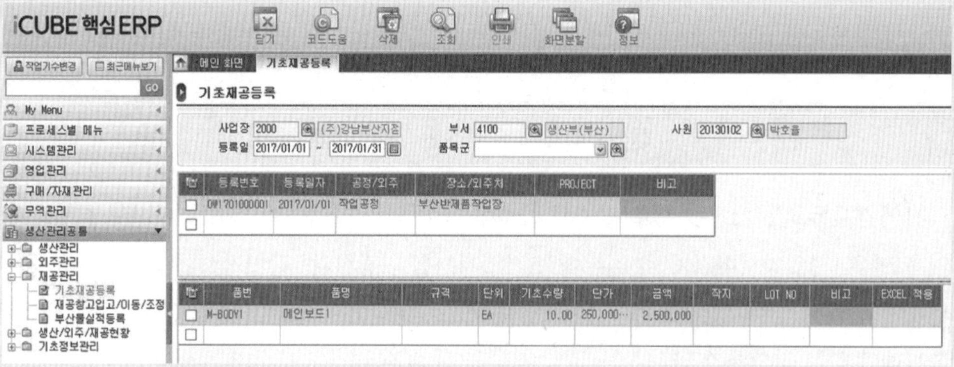

2) 재공창고입고/이동/조정등록

생산관리공통 ⇨ 재공관리 ⇨ 재공창고입고/이동/조정등록

공정에 남아 있는 재공은 [재공창고입고/이동/조정등록] 메뉴를 통해 창고로 입고, 이동, 조정한다. [재공창고입고] 메뉴는 출고공정에서 다른 장소나 창고로 입고할 때 사용하며 [생산공정] 메뉴는

사용할 재공수량을 공정에서 창고로 입고할 때 사용한다.

[재공이동]은 사업장 내에서 재공을 다른 공정 또는 작업장으로 옮기는 데 활용하는 메뉴이다.

실사를 통해 확인한 실제 재공 수량과 전산재고 간에 차이가 있을 경우, 차이수량만큼의 재공수량을 [재공조정]에 입력한다.

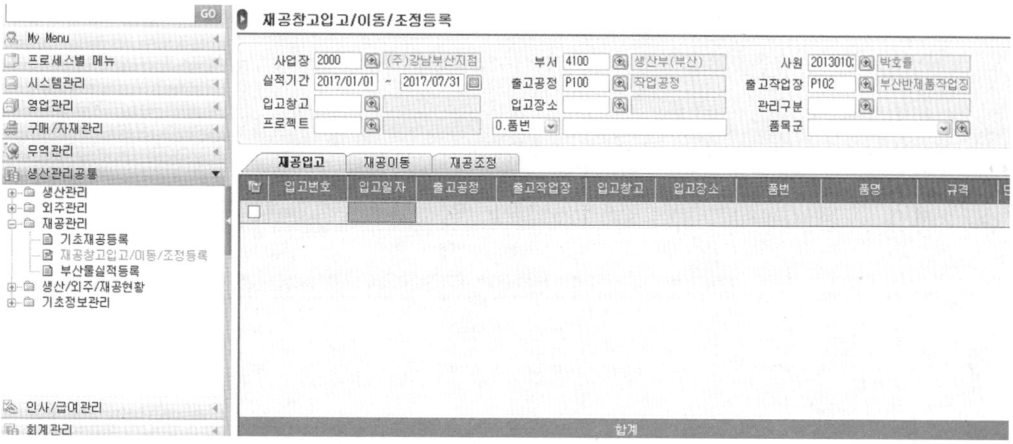

3) 부산물실적등록

생산관리공통 ⇨ 재공관리 ⇨ 부산물실적등록

[공부산물실적등록] 메뉴는 제조하거나 가공하여 제품을 완성하는 과정에서 생산물의 실적과 더불어 부산물을 얻었을 때, 부산물 실적을 입력한다. '부산물실적번호'는 '작업실적번호'와 동일하게 부여되기 때문에 부산물도 다른 제품이나 가공품과 입고되는 형식이 같다.

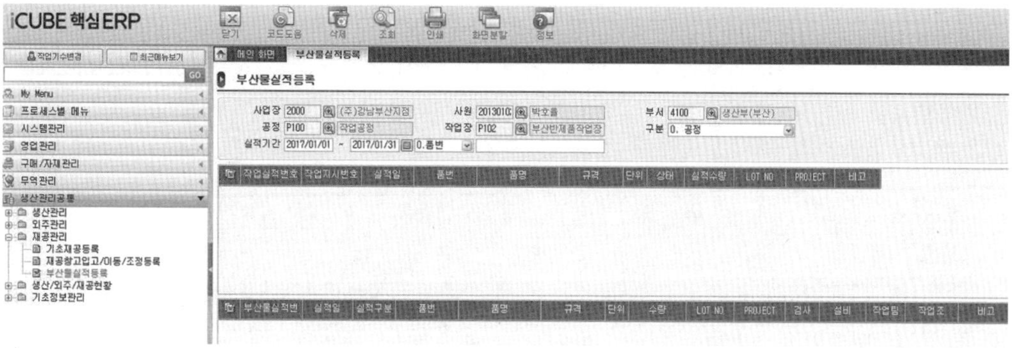

04 생산/외주/재공현황

1) 작업지시/외주발주 현황

생산관리공통 ⇨ 생산/외주/재공현황 ⇨ 작업지시/외주발주 현황

[작업지시/외주발주 현황] 메뉴에서 작업지시등록, 외주발주등록한 내역을 조회한다.

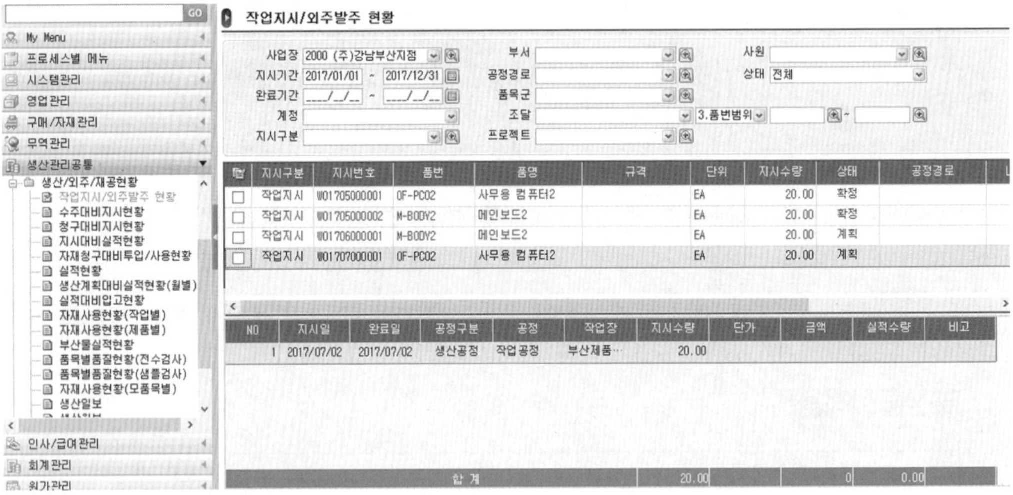

2) 수주대비지시현황

생산관리공통 ⇨ 생산/외주/재공현황 ⇨ 수주대비지시현황

[수주대비지시현황] 메뉴는 영업관리 모듈에서 수주등록한 수주대비 작업지시 현황을 조회할 때 사용한다.

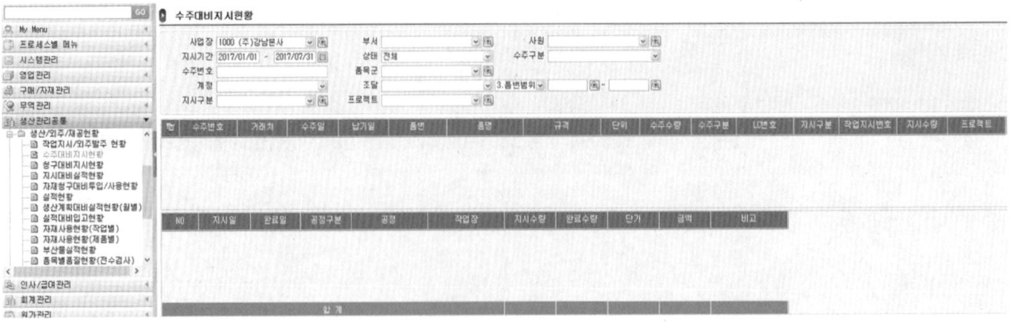

3) 청구대비지시현황

생산관리공통 ⇨ 생산/외주/재공현황 ⇨ 청구대비지시현황

[청구대비지시현황] 메뉴는 [구매/자재관리]-[구매관리]-[청구조회]를 적용하여 작업지시, 외주 발주 현황을 조회할 때 사용한다.

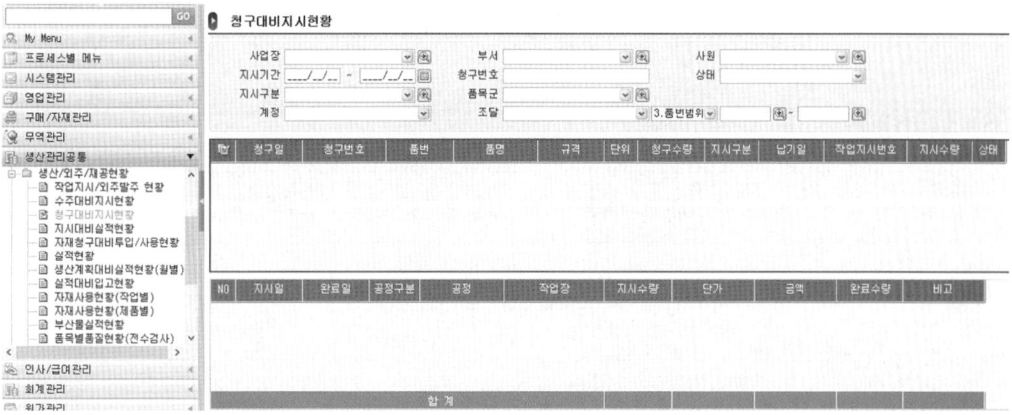

4) 지시대비실적현황

생산관리공통 ⇨ 생산/외주/재공현황 ⇨ 지시대비실적현황

[지시대비실적현황] 메뉴는 작업지시등록한 내역을 기준으로 지시일, 완료일, 실적일, 실적구분, 검사진행, 지시수량, 실적수량, 잔량, LOT NO, 프로젝트 등을 조회할 때 사용한다.

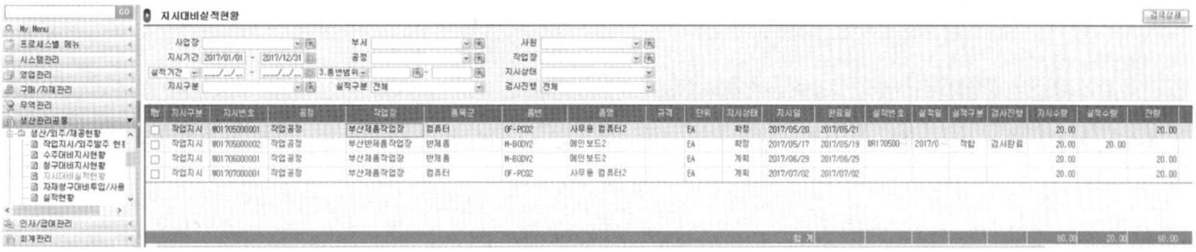

5) 자재청구대비투입/사용현황

생산관리공통 ⇨ 생산/외주/재공현황 ⇨ 자재청구대비투입/사용현황

[자재청구대비투입/사용현황] 메뉴는 지시확정을 통해 등록된 자재청구 자료를 이용하여 자재청구별로 자재출고, 자재사용 내역 등을 확인할 때 사용한다.

6) 실적현황

산관리공통 ⇨ 생산/외주/재공현황 ⇨ 실적현황

[실적현황] 메뉴에서 작업실적, 외주실적 현황을 조회한다.

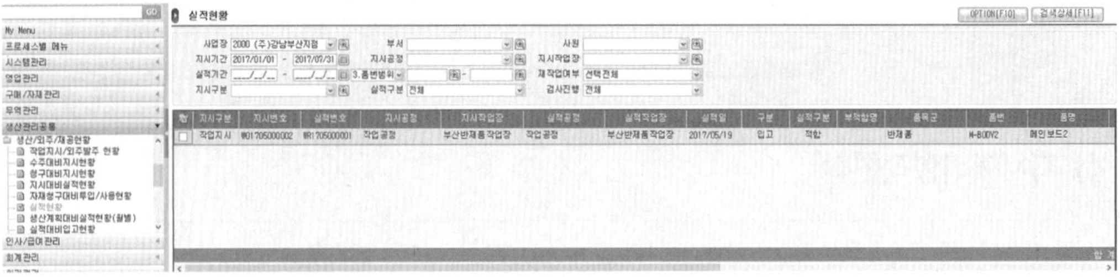

7) 생산계획대비실적현황(월별)

산관리공통 ⇨ 생산/외주/재공현황 ⇨ 실적현황

[생산계획대비실적현황(월별)] 메뉴에서 실적기준, 실적검사기준 별로 등록된 생산계획 대비 월별 실적을 조회한다.

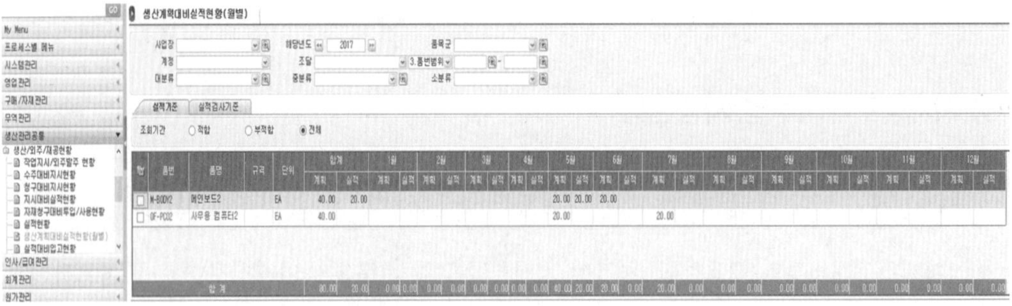

8) 실적대비입고현황

생산관리공통 ⇨ 생산/외주/재공현황 ⇨ 실적대비입고현황

[실적대비입고현황] 메뉴는 입고일자별, 입고창고별, 출고공정별, 작업실적별로 작업실적등록을 한 후 생산품에 대한 실적대비입고현황을 조회한다.

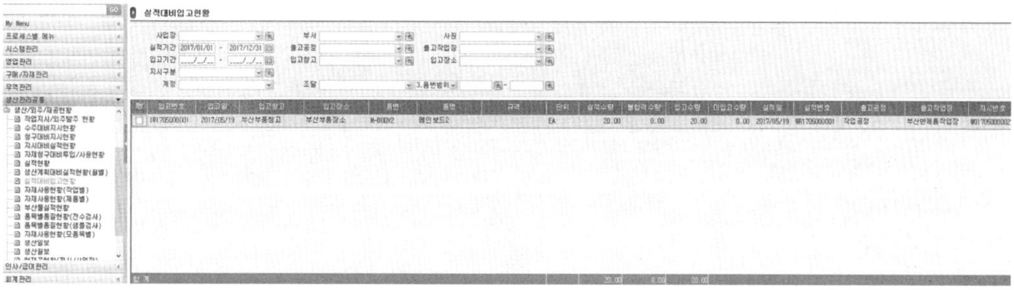

9) 자재사용현황(작업별)

생산관리공통 ⇨ 생산/외주/재공현황 ⇨ 자재사용현황(작업별)

[자재사용현황(작업별)] 메뉴에서 작업지시별로 생산자재사용현황을 조회한다.

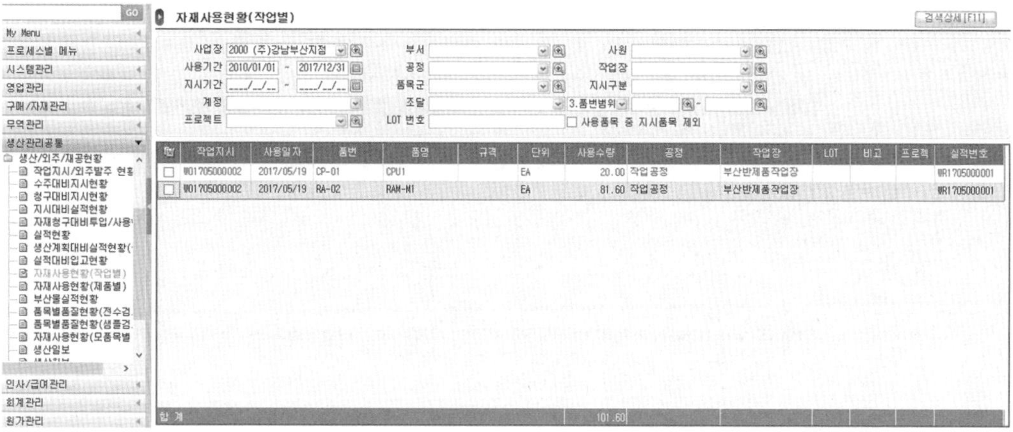

10) 자재사용현황(제품별)

생산관리공통 ⇨ 생산/외주/재공현황 ⇨ 자재사용현황(제품별)

[자재사용현황(제품별)] 메뉴는 제품, 반제품별로 생산에 사용한 자재의 사용내역을 조회할 때 사용한다.

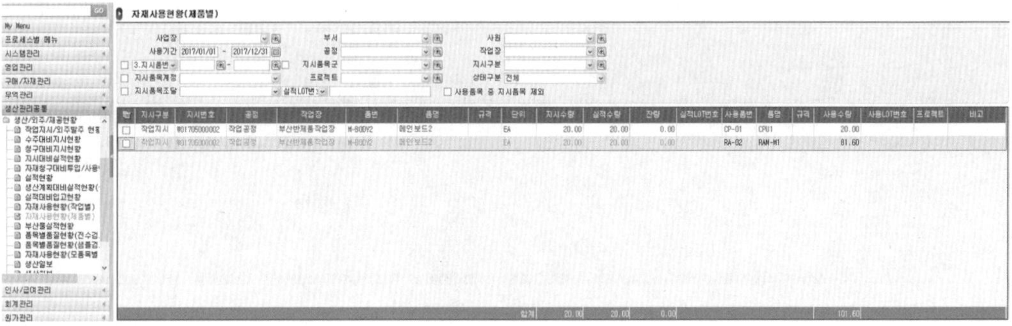

11) 부산물실적현황

생산관리공통 ⇨ 생산/외주/재공현황 ⇨ 부산물실적현황

[부산물실적현황] 메뉴에서 부산물실적등록 자료를 기준으로 실적 현황을 확인한다.

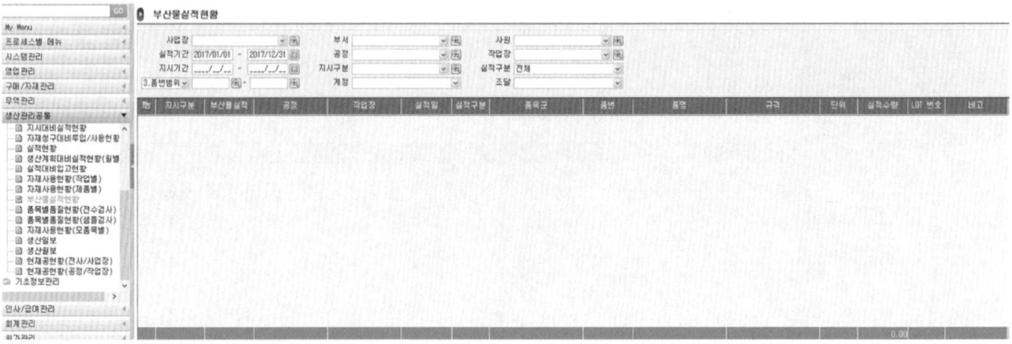

12) 품목별품질현황(전수검사)

생산관리공통 ⇨ 생산/외주/재공현황 ⇨ 품목별품질현황(전수검사)

[품목별품질현황(전수검사)] 메뉴는 생산실적, 외주실적 검사 자료 중 검사유형을 전수검사로 등록한 자료의 품목별품질현황을 조회할 때 사용한다.

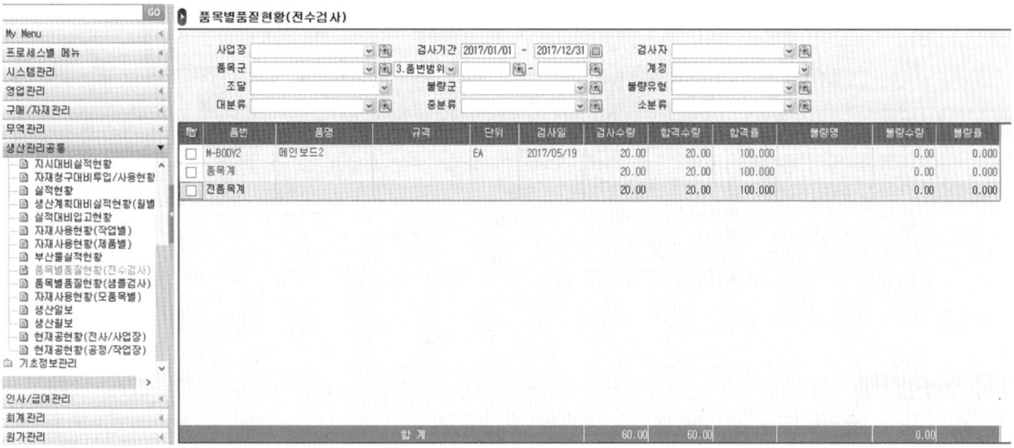

13) 품목별품질현황(샘플검사)

생산관리공통 ⇨ 생산/외주/재공현황 ⇨ 품목별품질현황(샘플검사)

[품목별품질현황(샘플검사)] 메뉴는 생산실적검사, 외주실적검사 자료 중에서 검사유형이 샘플검사인 자료를 기준으로 품목별품질현황을 조회할 때 사용한다.

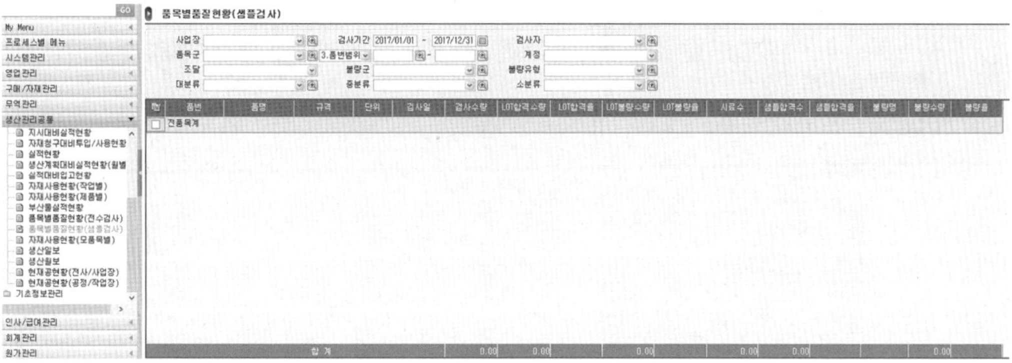

14) 자재사용현황(모품목별)

생산관리공통 ⇨ 생산/외주/재공현황 ⇨ 자재사용현황(모품목별)

[자재사용현황(모품목별)] 메뉴에서 모품목별로 자재사용현황을 확인한다.

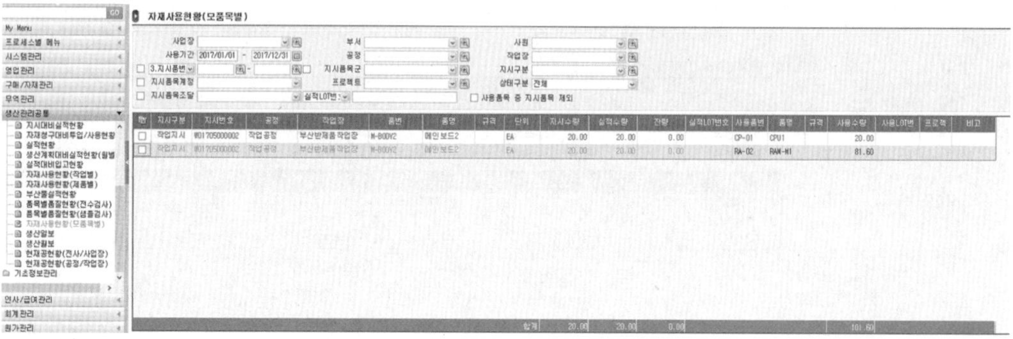

15) 생산일보

생산관리공통 ⇨ 생산/외주/재공현황 ⇨ 생산일보

[생산일보] 메뉴는 특정기간 동안 생산 완료된 품목에 대해 작업실적등록 내역을 실적기준별, 실적검사기준별로 조회할 때 사용한다.

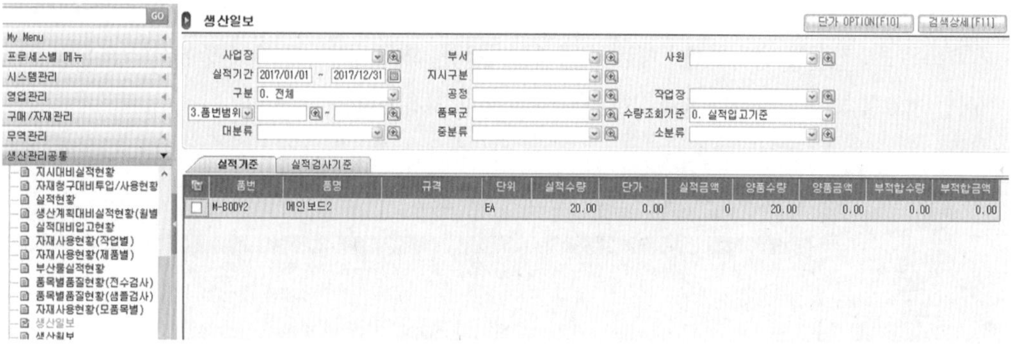

16) 생산월보

생산관리공통 ⇨ 생산/외주/재공현황 ⇨ 생산월보

생산 완료된 품목에 대한 작업지시별 생산월보는 [생산월보] 메뉴에서 실적기준별, 실적검사기준별로 조회한다. 조회기준은 "전체, 적합, 부적합"이며, 집계기준은 입고별, 공정별 실적이 있다.

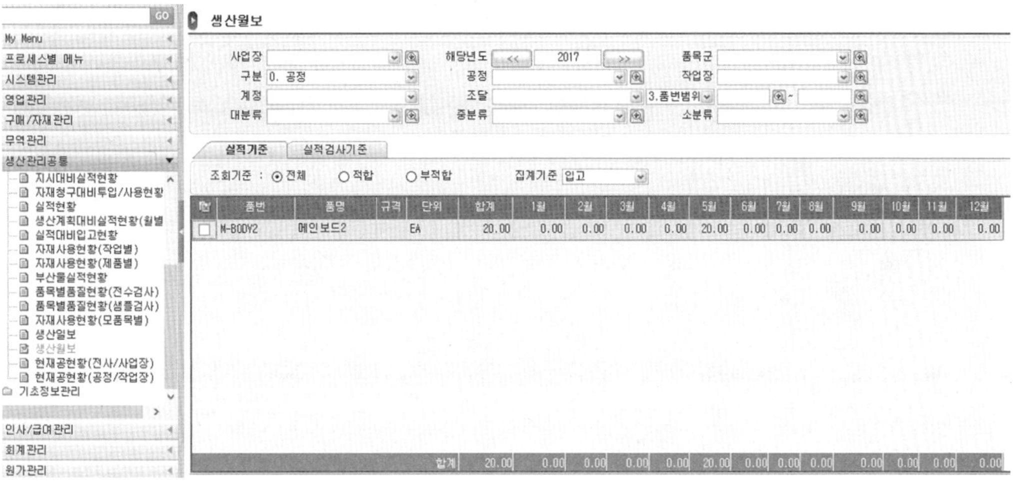

17) 현재공현황(전사/사업장)

생산관리공통 ⇨ 생산/외주/재공현황 ⇨ 현재공현황(전사/사업장)

[현재공현황(전사/사업장)] 메뉴에서 전사, 사업장별로 현재공현황을 조회한다.

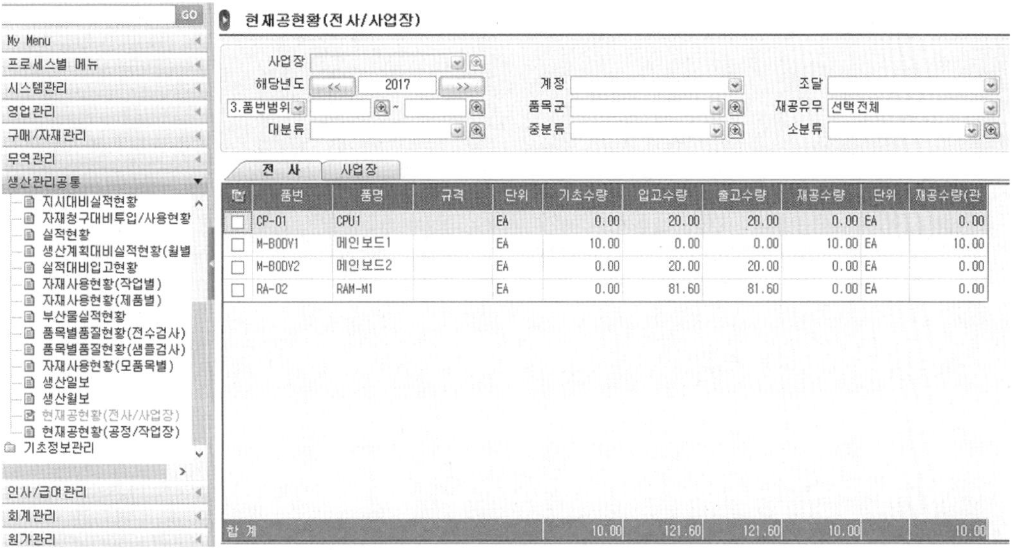

18) 현재공현황(공정/작업장)

생산관리공통 ⇨ 생산/외주/재공현황 ⇨ 현재공현황(공정/작업장)

[현재공현황(공정/작업장)] 메뉴는 남아 있는 현재공현황을 공정, 작업장별로 조회할 때 사용한다.

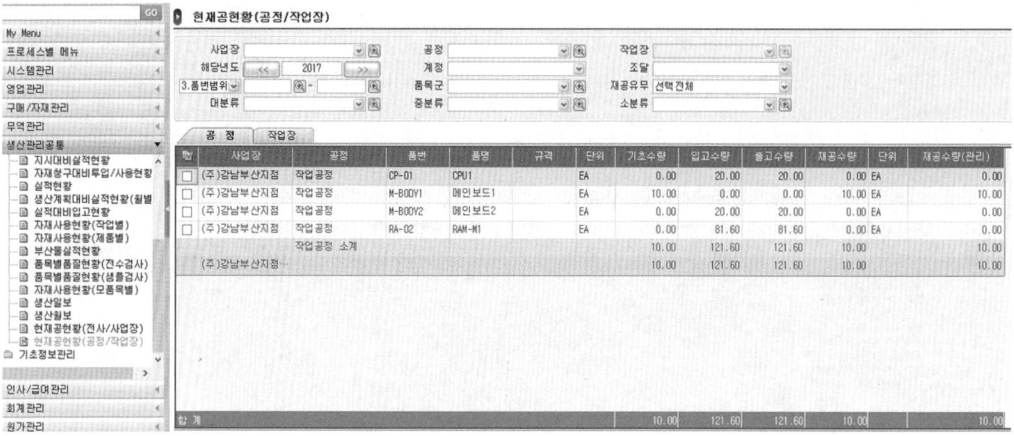

Part 3

기출문제

ERP 2016 프로그램 설치방법
ERP 2017 프로그램 설치방법

2017년 1회 생산 2급 기출문제
2017년 2회 생산 2급 기출문제
2017년 3회 생산 2급 기출문제
2017년 1회 물류 2급 기출문제
2017년 2회 물류 2급 기출문제
2017년 3회 물류 2급 기출문제

2016년 기출문제 DB 설치

1) 핵심ERP 로그인 창에서 [DB TOOL] 버튼을 클릭하면 DB TOOL이 실행된다.

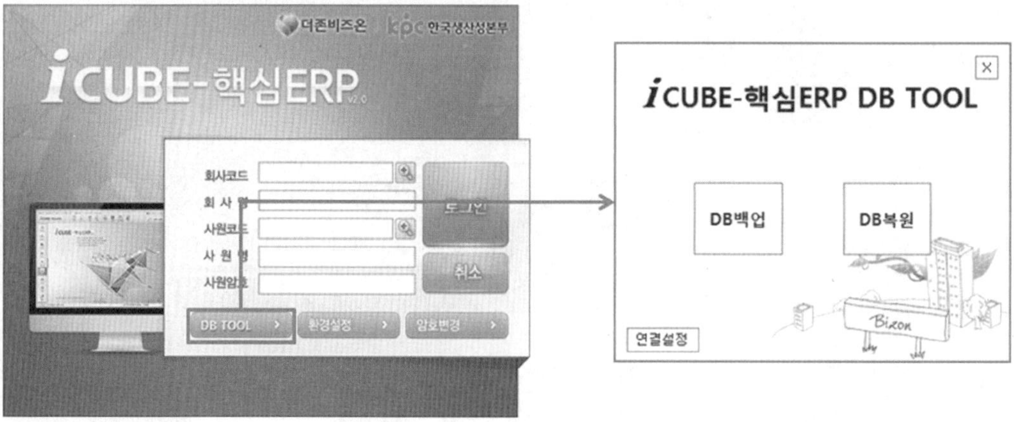

2) DB백업

(1) [DB백업] 버튼을 클릭하면, DB를 백업할 폴더명 지정창이 열린다.

(2) 폴더명을 입력한 후, [확인]을 클릭하면 백업이 진행된다.

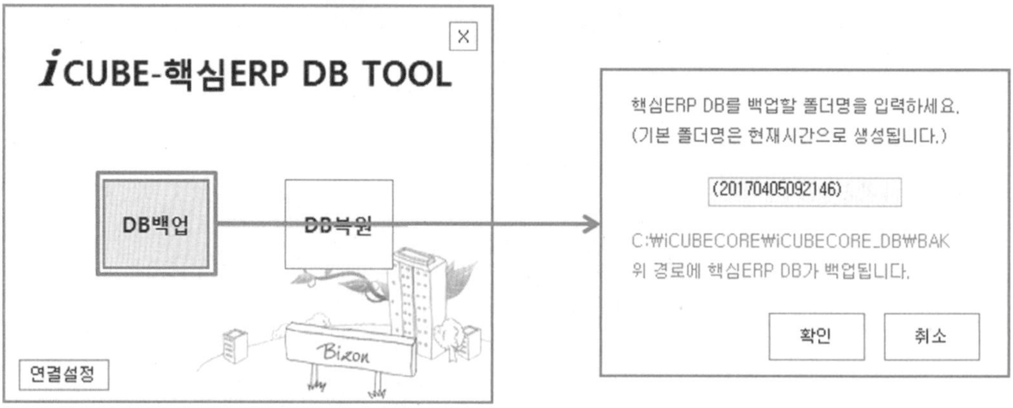

(3) 백업이 완료되면 기본백업경로에 DB백업이 생성된다.
기본백업경로 : C:\iCUBECORE\iCUBECORE_DB\BAK

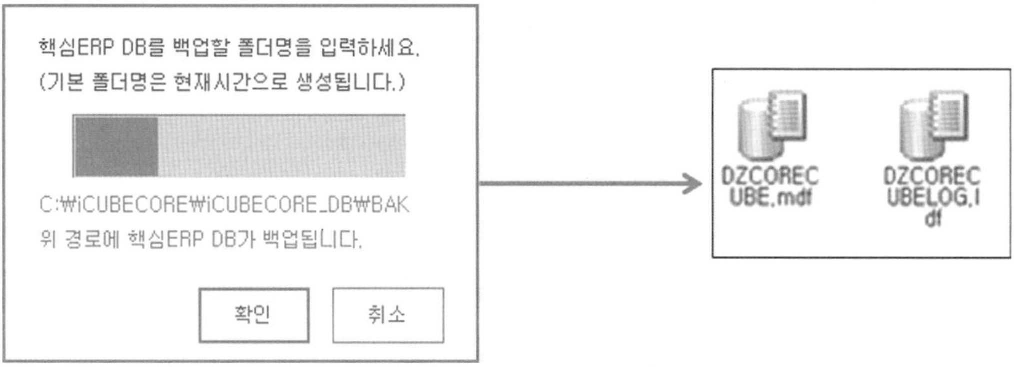

3) DB복원

(1) [DB복원] 버튼을 클릭하면, 백업DB 선택창이 열린다.

(2) '기본백업폴더 복원'의 경우 기본백업 경로에 백업된 DB를 선택하여 복원할 수 있다.

① 바탕화면에 압축을 풀어 [ERP 기출 시뮬레이션 DB]를 옮겨 놓는다.

② [DB복원] 버튼을 클릭하면, 백업DB 선택창이 열린다.

③ [다른백업폴더 복원] 옵션을 선택한다.

④ 메시지 창이 나오면 [예] 버튼을 클릭한다. 폴더찾아보기 창에서 ERP 기출 시뮬레이션 DB를 선택한 후 [확인] 버튼을 클릭한다.

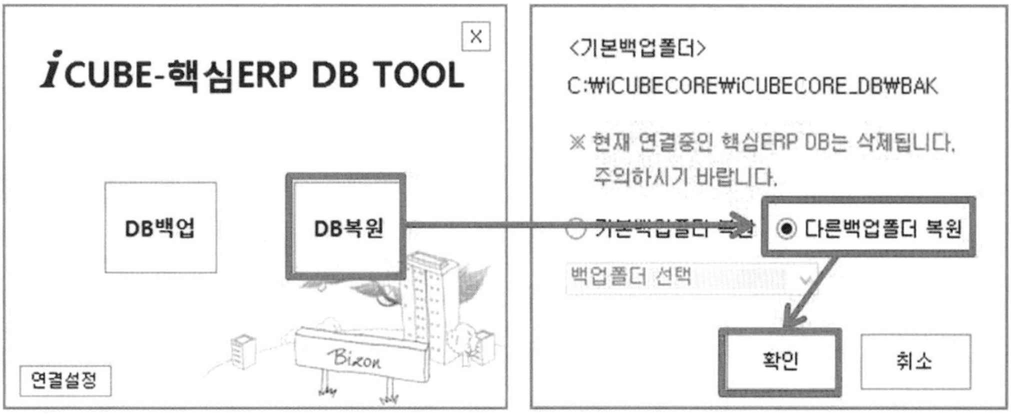

⑤ ERP 기출 시뮬레이션 DB 복원이 진행된다. 진행이 완료되면 [확인]을 클릭한다.

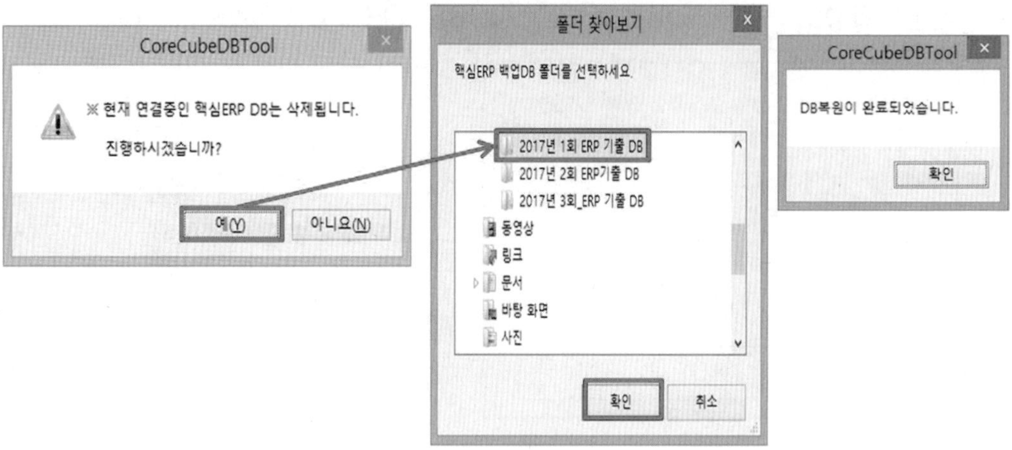

⑥ 바탕화면의 iCUBE 핵심ERP 2016 아이콘을 더블클릭해서 프로그램을 실행한다.

2017년 기출문제 DB 설치

1) 프로그램 설치 방법

(1) CoreCubeSetup.exe 파일을 더블클릭하여 실행시킨다.

(2) iCUBE-핵심ERP 설치 전 사양체크 [핵심ERP 인스톨] 클릭

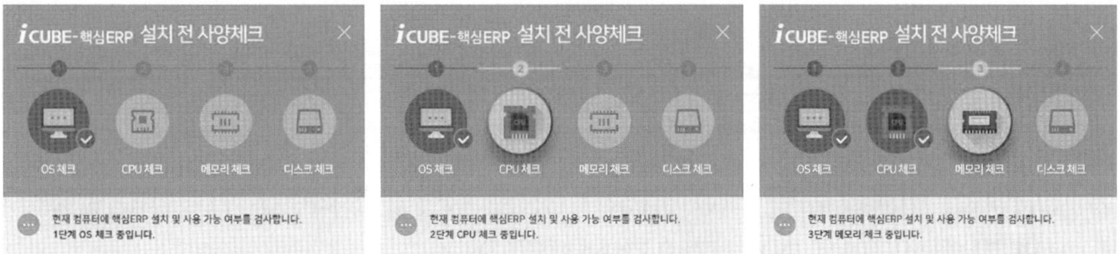

(3) [핵심ERP 인스톨] 클릭 ⇨ [iCUBE 핵심ERP 사용권]에서 [예] 버튼 클릭

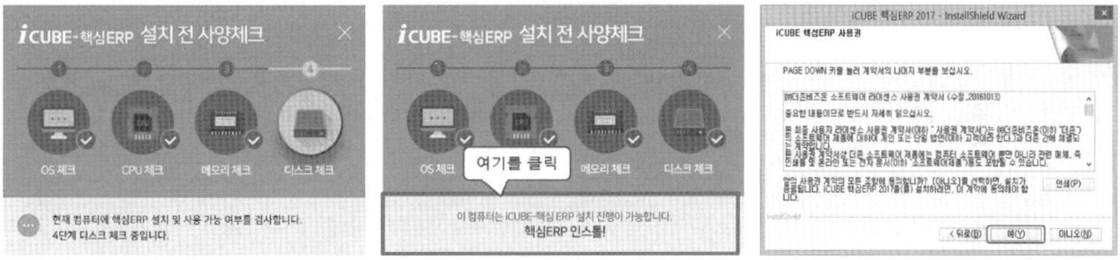

(4) 설치 상태가 끝나면 [완료] 버튼을 클릭

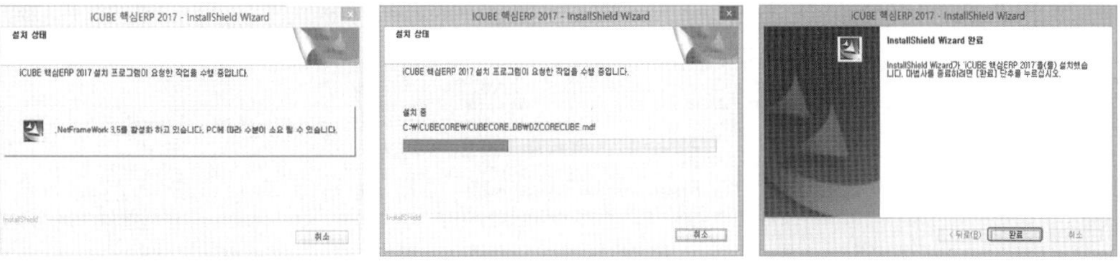

(5) 설치 후 로그인 화면

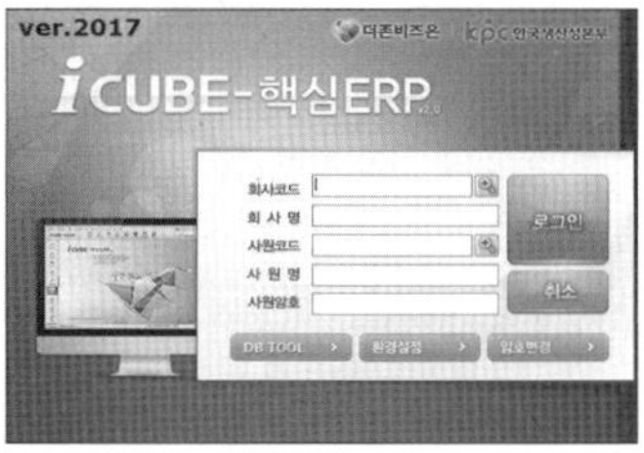

2) DB백업

(1) 핵심ERP 로그인 창에서 [DB TOOL] 버튼을 클릭하면 [iCUBE-핵심ERP DB TOOL] 창이 실행된다.

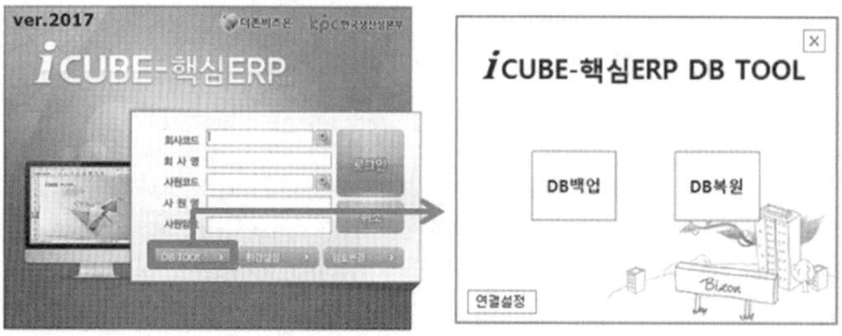

(2) [DB백업] 버튼을 클릭 ⇨ 핵심ERP DB를 백업할 폴더명을 입력한다(입력하지 않으면 기본 폴더명은 현재시간으로 생성된다).

(3) [C:₩iCUBECORE₩iCUBECORE_DB₩BAK] 경로에 핵심ERP DB가 백업된다.

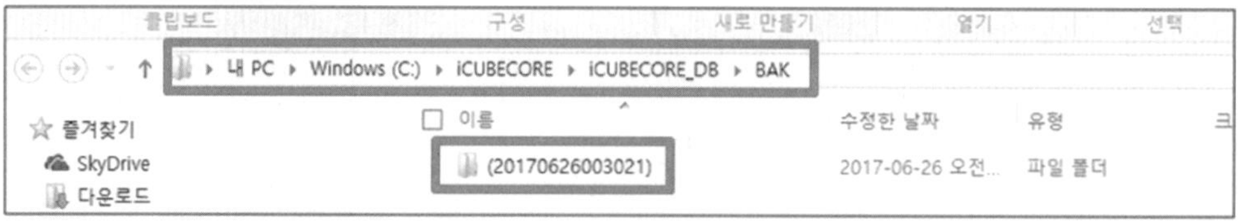

3) DB복원

p.305 2016년 기출문제 DB복원 방법과 동일합니다.
DB복원은 p.305를 참고하세요.

※ 2017년 1회와 2017년 2회는 iCUBE-핵심ERP 2016버전을 사용하고, 2017년 3회부터는 iCUBE-핵심ERP 2017버전을 사용한다.

㉠ [물류관리]

2017년 물류관리 1회, 3회 ⇨ [회사코드] : 물류2급 회사A

2017년 물류관리 2회 ⇨ [회사코드] : 물류2급 회사B

㉡ [생산관리]

2017년 생산관리 1회, 3회 ⇨ [회사코드] : 생산2급 회사A

2017년 생산관리 2회 ⇨ [회사코드] : 생산2급 회사B

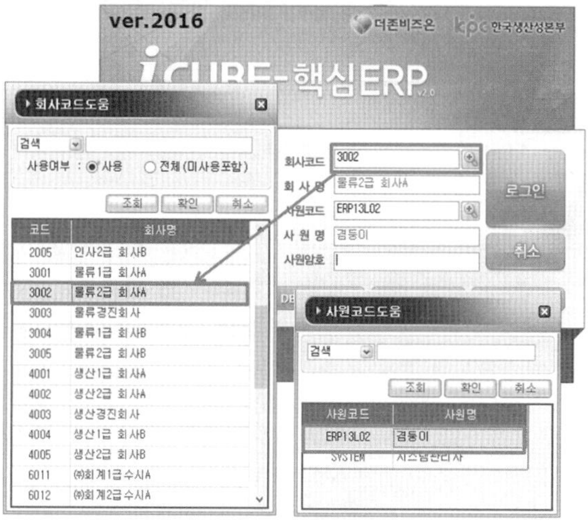

프로그램 실행화면

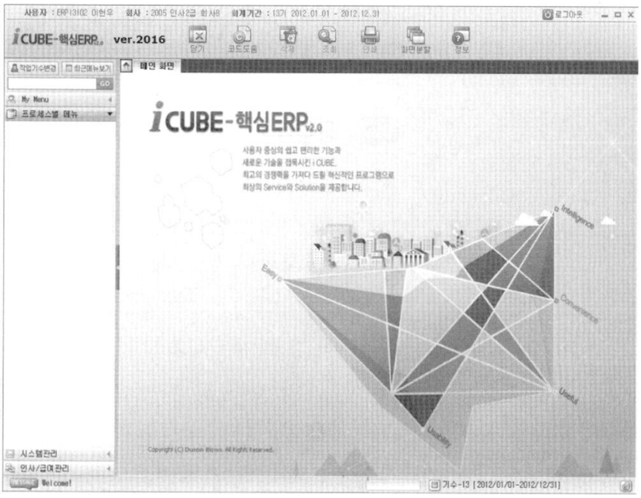

기출문제

경영혁신과 ERP

01 ERP 도입 시 고려해야 할 사항으로 가장 적절하지 않은 것은?

① 경영진의 강력한 의지
② 임직원의 전사적인 참여
③ 자사에 맞는 패키지 선정
④ 경영진 중심의 프로젝트 진행

해설
ERP 도입이 성공하기 위해서는 경영자의 관심과 기업 전원이 참여하는 분위기를 조성해야 한다.

02 다음 중 e-Business 지원 시스템을 구성하는 단위 시스템에 해당되지 않는 것은 무엇인가?

① 성과측정관리(BSC)
② 전자상거래(EC) 시스템
③ 의사결정지원시스템(DSS)
④ 고객관계관리(CRM) 시스템

해설
성과측정관리(BSC), 부가가치경영(VBM), 활동기준경영(ABM), 전략계획 및 시뮬레이션(SFS)은 전략적기업경영(SEM) 시스템에 속한다.

03 ERP의 특징 중 기술적 특징에 해당하지 않는 것은 무엇인가?

① 4세대 언어(4GL) 활용
② 다국적, 다통화, 다언어 지원
③ 관계형 데이터베이스(RDBMS) 채택
④ 객체지향기술(Object Oriented Technology) 사용

해설
다국적, 다통화, 다언어 지원은 ERP 시스템의 기능적 특징에 해당한다.

04 다음 중 ERP 선택 및 사용 시 유의점으로 가장 옳지 않은 것은 무엇인가?

① 기업의 상황에 맞는 패키지를 선택해야 한다.
② 데이터의 신뢰도를 높이기 위해 관리를 철저히 해야 한다.
③ 지속적인 교육 및 워크숍 등 원활한 사용을 위한 노력이 필요하다.
④ 현 시점의 기업 비즈니스 프로세스를 유지할 수 있는 패키지를 선택해야 한다.

해설
ERP 시스템을 성공적으로 도입하기 위해서는 자사 환경에 맞는 패키지를 선정하여 현업 중심의 프로젝트를 진행하는 것이 중요하다.

생산계획/통제

05 작업배정 방법인 작업우선순위 규칙에 대해 잘못 설명한 것은?

① 선입선출규칙은 작업장에 먼저 도착한 작업을 나중에 처리하도록 배정하는 것이다.
② 최대가공시간우선 규칙은 가공시간이 제일 긴 작업부터 처리하는 것이다.
③ 최소납기우선규칙은 납기가 가장 빠른 작업부터 처리하는 것이다.

정답 01 ④ 02 ① 03 ② 04 ④

④ 최소가공시간우선 규칙은 가공시간이 제일 짧은 작업부터 처리하는 것이다.

해설

선입선출규칙은 작업장에 먼저 도착한 작업을 먼저 처리하도록 배정한다.

06 **자재명세서(BOM : Bill Of Material)에 대해 잘못 설명한 것은?**

① 설계자의 시각에서 본 제품의 형상으로 설계의 편의성이 반영된 것이 설계BOM이다.

② 생산의 편의성을 위주로 생산의 순서를 담고 있는 것이 제조BOM이다.

③ 제조BOM을 근거로 MRP의 모품목과 자품목 간의 구성원수를 중심으로 전개하는 것이 오더BOM이다.

④ BOM의 용도는 특정품목을 만드는 데 필요한 부품정보, 자재불출 목록표를 생성할 때 활용된다. BOM은 재고기록철과 같이 MRP 시스템의 출력요소다.

해설

MRP 시스템의 투입요소로 MPS, IRF, BOM이 있다.

07 **단속생산과 연속생산에 대해 잘못 설명한 것은?**

		단속생산	연속생산
①	생산시기	사전생산	주문생산
②	생산속도	느림	빠름
③	생산량	소량	대량
④	품종	다품종	소품종

해설

단속생산은 주문생산과, 연속생산은 사전생산과 연결된다.

08 **지수평활법(exponential smoothing)은 현시점에서 가까운 실적치에는 큰 비중을 주고 과거로 거슬러 올라갈수록 비중을 지수적으로 적게 주어 수요를 예측하는 방법이다. 만일, 지난달의 수요예측치가 100개, 실제 수요치가 110개이고, 이번 달의 수요 예측치가 103개라면 평활상수(a)는 얼마인가?**

① 0.1　　② 0.2

③ 0.3　　④ 0.4

해설

103 = 100+(110−100)×a, 따라서 a = 0.3

09 **다음은 프로젝트 일정계획 수립방법인 PERT/CPM에 대한 설명이다. 가장 옳지 않은 것은?**

① PERT/CPM의 3점 시간견적은 활동시간이 확정적일 때 사용한다.

② 주경로(critical path)는 자원의 최적배분으로 영여유의 상태를 말한다.

③ 주경로를 결정할 때 부(負) 여유는 없는 것으로 가정한다.

④ 최조예정시간(TE)과 최지허용단계시간(TL)의 차이가 없는 경우가 영여유의 상태이다.

해설

PERT/CPM의 3점 시간견적은 활동시간이 확률적일 때 사용한다.

정답 05 ① 06 ④ 07 ① 08 ③ 09 ①

공정관리

10 **〈보기〉의 작업순서에 맞게 공정분석기호를 설명한 그림은?**

작업순서	작업활동
1	완제품을 운반
2	품질검사를 우선하면서 수량검사도 실시
3	완제품 창고에 저장

	작업순서		
	1	2	3
①	⇨	◈	○
②	⇨	◇	D
③	○	D	◇
④	⇨	◈	▽

해설

완제품을 운반 : ⇨	품질검사를 우선하면서 수량검사도 실시 : ◈	완제품 창고에 저장 : ▽

11 **JIT(Just In Time)의 7가지 낭비가 아닌 것은?**

① 과잉생산의 낭비　② 불량의 낭비
③ 시간의 낭비　④ 동작의 낭비

해설

JIT의 7가지 낭비란 과잉생산의 낭비(낭비의 뿌리), 재고의 낭비, 운반의 낭비, 불량의 낭비, 가공 그 자체의 낭비, 동작의 낭비, 대기의 낭비를 말한다.

12 **다음은 간트차트(Gantt chart)에 대한 설명이다. 가장 옳지 않은 것은?**

① 계획된 작업량과 실제로 달성한 작업량을 동일도표 상에 표시하여 계획과 통제 기능을 아울러 수행할 수 있다.
② 작업자별 · 부문별 업무성과의 객관적인 상호비교가 가능하다.
③ 일정계획변동에 대해 신축대응이 가능하며, 일정을 중점적으로 관리할 수 있다.
④ 작업상호 간의 유기적 관련성 파악이 어려워 사전예측과 사후통제가 곤란하다.

해설

일정계획에 있어서 정밀성을 기대하기 어렵기 때문에 복잡하거나 대규모인 공사에 적용하기 힘들다.

13 **다음은 공수계획(loading)에 대한 설명이다. 가장 옳지 않은 것은?**

① 공수계획은 부하(load)와 작업능력을 비교하여 조정하는 것이다.
② 공수계획에는 부하계획과 능력소요계획(CRP)이 있다.
③ 부하와 능력의 비교척도에 기계시간(Man-Hour)이 대표적으로 이용된다.
④ 공수체감곡선은 작업이 반복될수록 작업소요시간이 체감하는 현상으로 자본집약적 산업에서 두드러진 현상이다.

해설

공수체감곡선은 작업이 반복될수록 작업소요시간이 체감하는 현상으로 노동집약적 산업에서 두드러진다.

14 **〈보기〉에서 설명하는 생산관리 관련 용어는?**

생산라인에서는 이것으로 인해 작업시간이 가장 많이 소요된다. 또한 이것으로 인해 공정능력이 떨어져 공정 유휴율이 증가하고 작업의 능률이 떨어진다.

① 라인밸런싱　② 작업공정
③ 애로공정　④ 유휴공정

해설

애로공정이란 작업장에 능력 이상의 부하가 적용되어 전체 공정의 흐름을 막고 있는 것을 말한다.

정답　10 ④　11 ③　12 ③　13 ④　14 ③

자재소요/생산능력계획

15 **자동차 부품 A의 연간 수요량이 1,000개, 주문비용은 매 주문마다 2,000원, 단위당 재고유지비용은 연간 16원이라 할 때 경제적 발주량(EOQ)은?**

① 550개 ② 530개
③ 528개 ④ 500개

해설
EOQ = $\sqrt{(2\times1,000\times2,000/16)}$ = 500

16 **〈보기〉에서 설명하는 생산관련 용어로 옳은 것은?**

자재소요계획 활동 중에서 기준생산계획(MPS)이 주어진 제조 자원의 용량을 넘어서는지 아닌지를 계산하는 모듈이다.

① 자원배분계획(DRP : Distribution Resource Planning)
② 능력소요계획(CRP : Capacity Requirement Planning)
③ 개략능력계획(RCCP : Rough Cut Capacity Planning)
④ 공급사슬망관리(SCM : Supply Chain Management)

해설
개략능력요구계획(RCCP)이란 자재소요계획 활동 중 기준생산계획(MPS)이 주어진 제조 자원의 용량을 넘어서는지 않는지를 계산하는 모듈이다.

17 **공급사슬망관리(SCM : Supply Chain Management)에 포함될 사항이 아닌 것은?**

① 경영정보시스템 ② 생산계획
③ 공급 및 조달 ④ 판촉계획

해설
SCM에 포함되는 사항으로는 경영정보시스템, 공급 및 조달, 생산계획, 주문처리, 현금흐름, 재고관리, 창고관리, 고객관리가 있다.

18 **공급사슬망관리(SCM : Supply Chain Management)의 추진 효과가 아닌 것은?**

① 물류비용이 절감된다.
② 제품의 불량률이 감소된다.
③ 고객 만족과 시장변화에 대한 대응력이 향상된다.
④ 통합적으로 정보시스템을 운영할 수 있다.

해설
SCM을 통해 제품 불량률의 감소화가 아니라 생산의 효율화를 이룰 수 있다.

19 **다음은 재고자산의 관리에 대한 설명이다. 가장 적절하지 않은 것은?**

① 재고보유량이 가장 적은 재고자산관리기법은 JIT시스템이다.
② EOQ, EPQ모형은 재고관련비용의 최소화를 목적으로 하는 고정주문량모형에 속한다.
③ ABC관리법은 재고자산의 부피로 구분하여 관리하는 기법이다.
④ MRP기법은 독립수요품의 재고가 확장되어 있을 때 종속수요품의 재고자산의 관리 및 통제를 위한 기법이다.

해설
ABC관리법은 재고자산의 품목이 다양한 경우 재고관리의 효율성 제고를 위해 재고품목을 사용한 금액과 품목수가 차지하는 비중에 따라 3개 그룹(A, B, C)으로 구분하여 관리하는 방식이다.

정답 15 ④ 16 ③ 17 ④ 18 ② 19 ③

20 **다음은 능력소요계획(CRP)과 개략적능력소요계획(Rough Cut Capacity Planning)에 대한 설명이다. 가장 옳지 않은 것은?**

① CRP는 기업의 현실적 생산능력을 맞추기 위해 자재소요계획과 공정생산능력을 조화시켜 작업장의 시간대별 능력소요량을 예측하는 기법이다.

② CRP의 입력자료는 MRP에서 산출된 발주계획, 작업공정표, 작업장 상태 정보가 있다.

③ RCCP는 Bottleneck Machine을 중심으로 자원요구량을 계산한다.

④ RCCP는 일정계획(scheduling)을 수립할 때 사용된다.

해설

CRP는 일정계획(scheduling)을 수립할 때 사용된다.

정답 20 ④

생산 실무이론

※ 실무문제는 기출문제의 내용을 그대로 반영하고 있습니다.

01 **핵심ERP 기초정보관리의 검사유형등록에 대한 설명으로 옳은 것은?**

① 생산자재출고 시 필요한 검사는 출하검사이다.
② 검사유형명의 검사유형질문은 필수입력사항이다.
③ 생산모듈에서 사용할 검사구분은 외주검사와 공정검사이다.
④ 검사유형등록은 생산실적검사 프로세스를 활용하기 위한 선택사항으로 반드시 등록하지 않아도 된다.

해설

▶ [시스템관리] – [기초정보관리] – [검사유형등록] 메뉴의 '11. 구매검사, 21. 외주검사, 41. 공정검사, 51. 출하검사'에 검사해야 할 항목을 등록한다. 입고검사/출고검사 등의 등록 메뉴는 각 품목별 검사내역을 관리하기 위해 등록하는 메뉴이다.

▶ [검사유형등록] 메뉴에 등록된 검사유형은 다음과 같이 적용된다.
구매검사 : [구매/자재관리] – [구매관리] – [입고검사등록] 메뉴에 적용된다.
외주검사 : [생산관리공통] – [외주관리] – [외주실적검사] 메뉴에 적용된다.
공정검사 : [생산관리공통] – [생산관리] – [생산실적검사] 메뉴에 적용된다.
출하검사 : [영업관리] – [영업관리] – [출고검사등록] 메뉴에 적용된다.

▶ ① 필요한 검사는 생산자재출고 · 생산실적검사나 공정검사이다

▶ ② 검사유형명의 검사유형질문은 필수입력사항이 아니다.

▶ ④ 검사유형등록은 생산실적검사 프로세스를 활용하기 위한 선택사항으로 반드시 등록하지 않아도 된다. ⇨ 단, 생산실적검사를 하기 위해서는 반드시 등록해야 한다.

02 **다음 중 조달구분이 다른 계정과목을 고르시오.**

① 상품　　② 원재료
③ 저장품　　④ 반제품

해설

▶ [시스템관리] – [기초정보관리] – [품목등록] 메뉴는 회사에서 관리하고 있는 품목 전체를 등록하는 메뉴이다. 물류관리와 생산관리 모듈을 운영하기 위해서는 반드시 입력해야 하는 중요한 정보이며, 품목등록은 회사단위로 관리하고 적용하는 Master Data이다.

▶ 조달구분 : 품목을 마련하는 조달 기준이며 구매, 생산, Phantom 으로 구성된다.
- 구매 : 발주를 계획하고, 발주 등록을 통해서 구입한다.
- 생산 : 직접 원재료(원료와 재료)를 이용하여 제품이나 반제품을 만든다.
- Phantom : 가출고, 가발주 처리에서 사용한다.

▶ 상품, 원재료, 저장품 – 구매
반제품 – 생산

정답 **01** ③ **02** ④

03 핵심ERP [자재마감/통제등록] 메뉴에서 설정할 수 없는 것을 고르시오.

① 재고평가방법
② 주문(유통) 여신통제 기준
③ 재고(−) 통제여부
④ 사업장이동평가

해설

▶ [시스템관리] – [마감데이터관리] – [자재마감/통제등록]

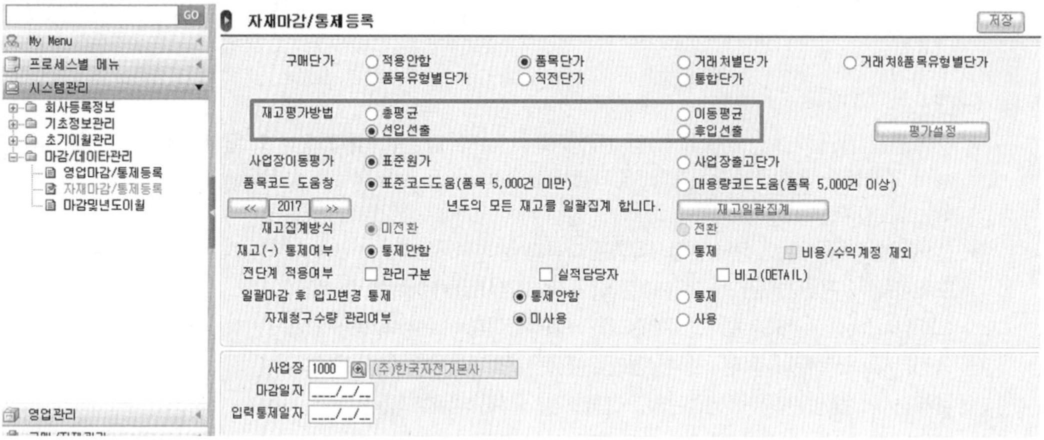

재고평가방법 – 총평균, 이동평균, 선입선출, 후입선출

▶ [시스템관리] – [마감데이터관리] – [영업마감/통제등록]

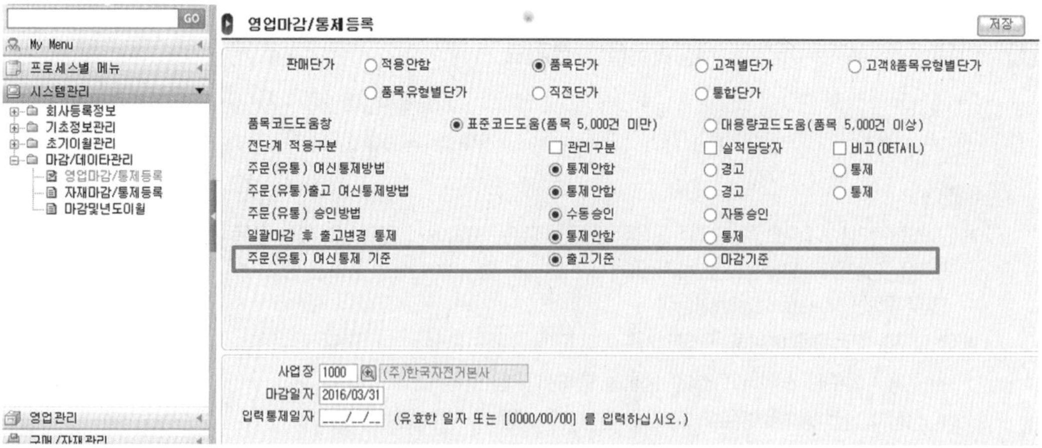

정답 03 ②

04 핵심ERP의 시스템환경설정 화면에 대한 설명으로 적절하지 않은 것은?

시스템환경설정

조회구분 4. 물류

구분	코드	환경요소명	유형구분	유형설정	선택범위	비고
물류	41	출고의뢰운영여부	여부	0	0.운영안함 1.운영함	
물류	42	입고의뢰운영여부	여부	0	0.운영안함 1.운영함	
물류	44	품의등록운영여부	여부	0	0.운영안함 1.운영함	
물류	45	출고전검사운영여부	여부	0	0.운영안함 1.운영함	
물류	46	입고전검사운영여부	여부	0	0.운영안함 1.운영함	
물류	51	실적검사 운영여부	여부	1	0.운영안함 1.운영함	
물류	52	외주검사 운영여부	여부	0	0.운영안함 1.운영함	
물류	53	실적별 자재사용보고 기준	유형	2	1.자재청구기준 2.실적기준 3.지시기준	
물류	55	사원별 창고및단가입력 통제…	여부	0	0.부 1.여	
물류	59	청구요청등록(주문별) 전개…	유형	1	1.품목개별 2.품목합산	
물류	60	미수금원장 집계기준	유형	1	1.품목개별 2.품목군별	
물류	61	회계전표처리시 부가세 소수…	여부	0	0. 부(권장사항) 1. 여	
물류	62	생산운영여부	여부	1	0.운영안함 1.운영함	
물류	63	외주운영여부	여부	0	0.운영안함 1.운영함	
물류	65	외화채권/채무관리기준	유형	0	0.환종별 1.B/L번호별	
물류	66	구매포장단위수량적용여부	여부	0	0.부 1.여	
물류	67	판매포장단위수량적용여부	여부	0	0.부 1.여	
물류	68	생산에서 자재출고 권한체크…	여부	0	0.부 1.여	
물류	71	공사관리회계연동	여부	1	0.부 1.여	
물류	72	건설자재관리 회계연동	여부	1	0.부 1.여	
물류	73	건설자재관리 구매/자재관리…	여부	0	0.부 1.여	
물류	81	생산수량 단수처리 유형	유형	0	0.반올림, 1.절사, 2 절상	
물류	85	수정세금계산서 수정재발행	여부	0	0.부 1.여	

① 외주생산은 이용하지 않는다.
② 자체생산에 대한 품질검사만 사용 중이다.
③ 사용자재수량은 지시확정자재수량과 동일하게 적용된다.
④ 창고 및 단가는 권한만 있다면 누구나 입력할 수 있다.

해설

▶ [시스템관리] – [회사등록정보] – [시스템환경설정]
▶ ① 63. 외주운영여부 – 0. 운영안함
▶ ② 51. 실적검삼 운영여부 – 1. 운영함
▶ ③ 53. 실적별 자재사용보고 기준 – 2. 실적기준
사용자재수량은 지시확정자재수량과 동일하게 적용 ⇒ 1. 자재청구기준
▶ ④ 55. 사원별 창고및단가입력 통제 적용 여부 – 0. 부
(사원별창고및단가통제 – 0. 미사용)

정답 04 ③

05 다음은 시스템환경설정 화면이다. 설정에 맞게 프로세스를 나열한 것은 무엇인가?

시스템환경설정

조회구분 4. 물류

구분	코드	환경요소명	유형구분	유형설정	선택범위	비고
물류	41	출고의뢰운영여부	여부	0	0.운영안함 1.운영함	
물류	42	입고의뢰운영여부	여부	0	0.운영안함 1.운영함	
물류	44	품의등록운영여부	여부	0	0.운영안함 1.운영함	
물류	45	출고전검사운영여부	여부	1	0.운영안함 1.운영함	
물류	46	입고전검사운영여부	여부	0	0.운영안함 1.운영함	
물류	51	실적검사 운영여부	여부	1	0.운영안함 1.운영함	
물류	52	외주검사 운영여부	여부	0	0.운영안함 1.운영함	
물류	53	실적별 자재사용보고 기준	유형	1	1.자재청구기준 2.실적기준 3.지시기준	
물류	55	사원별 창고및단가입력 통제 ···	여부	0	0.부 1.여	
물류	59	청구요청등록(주문별) 전개···	유형	1	1.품목개별 2.품목합산	
물류	60	미수금원장 집계기준	유형	1	1.품목개별 2.품목군별	
물류	61	회계전표처리시 부가세 소수···	여부	0	0. 부(권장사항) 1. 여	
물류	62	생산운영여부	여부	1	0.운영안함 1.운영함	
물류	63	외주운영여부	여부	0	0.운영안함 1.운영함	
물류	65	외화채권/채무관리기준	유형	0	0.환종별 1.B/L번호별	
물류	66	구매포장단위수량적용여부	여부	0	0.부 1.여	
물류	67	판매포장단위수량적용여부	여부	0	0.부 1.여	
물류	68	생산에서 자재출고 권한체크···	여부	0	0.부 1.여	
물류	71	공사관리회계연동	여부	1	0.부 1.여	
물류	72	건설자재관리 회계연동	여부	1	0.부 1.여	
물류	73	건설자재관리 구매/자재관리···	여부	0	0.부 1.여	
물류	81	생산수량 단수처리 유형	유형	0	0.반올림, 1.절사, 2 절상	
물류	85	수정세금계산서 수정재발행	여부	0	0.부 1.여	

[보기]

ㄱ. 생산계획등록　　ㄴ. 작업지시등록　　ㄷ. 작업지시확정
ㄹ. 생산자재출고　　ㅁ. 작업실적등록　　ㅂ. 생산자재사용등록
ㅅ. 생산실적검사　　ㅇ. 생산품창고입고처리

① ㄱ－ㄴ－ㄷ－ㄹ－ㅂ－ㅅ

② ㄱ－ㄷ－ㅁ－ㅂ－ㅅ－ㅇ

③ ㄴ－ㄹ－ㅁ－ㅂ－ㅅ－ㅇ

④ ㄴ－ㄷ－ㄹ－ㅂ－ㅅ－ㅇ

해설

▶ [시스템관리] – [회사등록정보] – [시스템환경설정]

▶ ㄴ(작업지시등록) – ㄷ(작업지시확정) – ㄹ(생산자재출고) – ㅁ(작업실적등록) – ㅂ(생산자재사용등록) – ㅅ(생산실적검사) – ㅇ(생산품창고입고처리)

정답 05 ④

06 [생산계획등록] 메뉴 중 등록한 계획이 적용되는 메뉴로 옳은 것은 무엇인가?

① 주계획작성(MPS) ② 작업지시등록
③ 작업지시확정 ④ 판매계획등록

해설

▶ [생산관리공통] – [생산관리] – [생산계획등록] 메뉴는 소요량전개(MRP)에 따라 일자별로 생산할 제품, 반제품 등에 대한 생산계획을 등록할 때 사용한다. 생산계획은 수주량 또는 자체 생산계획에 따라 수립되며, 생산계획을 등록하고 작업지시등록에서 생산계획적용을 수행하면 생산계획등록 내역은 삭제할 수 없다. [시스템관리] – [기초정보관리] – [품목등록] 메뉴에서는 조달구분을 "생산"으로 설정한 품목이 조회되며 [ORDER/COST] 탭의 일별생산량은 자동으로 반영된다.

▶ [생산계획등록] 메뉴에 등록한 계획이 적용되는 메뉴 – 작업지시등록, MRP

07 다음 작업지시확정을 보고 옳지 않은 것을 고르시오.

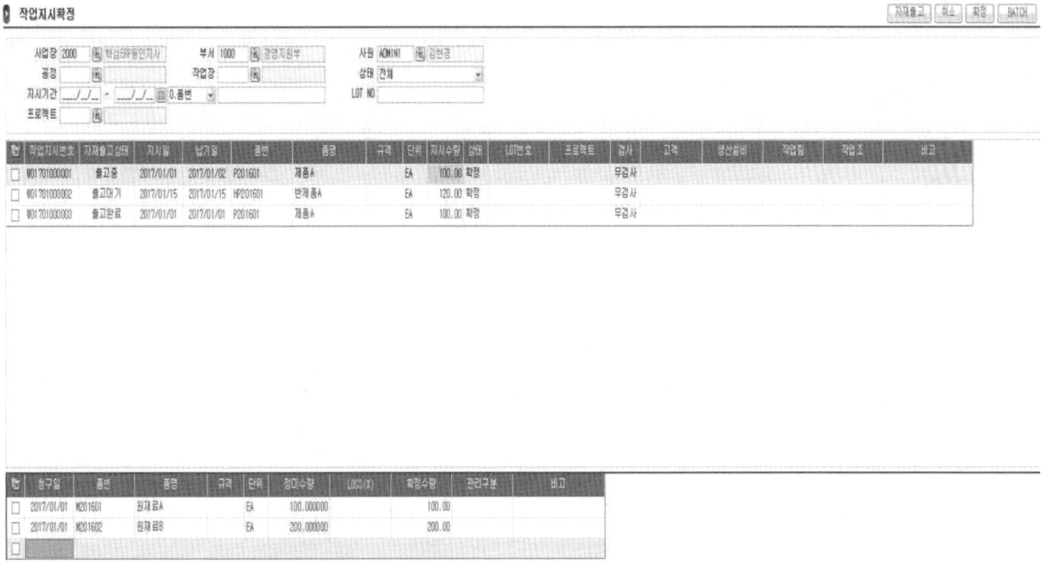
작업지시확정

자재출고 | 취소 | 확정 | BATCH

사업장 2000 핵심ERP용인지사 부서 1000 경영지원부 사원 ADMIN1 김현경
공정 작업장 상태 전체
지시기간 ___/_/_ ~ ___/_/_ 0.품번 LOT NO
프로젝트

작업지시번호	자재출고상태	지시일	납기일	품번	품명	규격	단위	지시수량	상태	LOT번호	프로젝트	검사	고객	생산설비	작업팀	작업조	비고
WO1701000001	출고중	2017/01/01	2017/01/02	P201601	제품A		EA	100.00	확정			무검사					
WO1701000002	출고대기	2017/01/15	2017/01/15	HP201601	반제품A		EA	120.00	확정			무검사					
WO1701000003	출고완료	2017/01/01	2017/01/01	P201601	제품A		EA	100.00	확정			무검사					

청구일	품번	품명	규격	단위	정미수량	LOSS(%)	확정수량	관리구분	비고
2017/01/01	M201601	원재료A		EA	100.000000		100.00		
2017/01/01	M201602	원재료B		EA	200.000000		200.00		

① 지시번호WO1701000001의 자재는 일부 출고되었다.
② 세 건 모두 확정 상태로 지시를 수정할 수 없다.
③ 확정인 경우 하단 청구 자재 수정이 불가능하다.
④ 자재 중 LOT품은 [자재출고] 버튼을 활용해 출고할 수 없다

해설

▶ [생산관리공통] – [생산관리] – [작업지시확정] 메뉴는 [작업지시등록] 메뉴에서 상태가 "계획"인 작업지시를 "확정"으로 처리할 때 사용한다. 작업지시 상태를 확정으로 처리하면 BOM에 의해 자재 소요량에 따라 자품목과 필요수량이 적용된다.

▶ ① 출고중 : 출고중이라는 것은 일부는 출고가 되었다는 뜻이다.

정답 06 ② 07 ③

▶ ② 확정 : 작업지시를 수정할 수 없다. 수정하려면 화면 상단 [취소] 버튼을 눌러 상태를 "계획"으로 만든 후 [작업지시등록] 메뉴에서 수정한다.

▶ ③ 하단의 자품목은 수정이 가능하다.

	청구일	품번	품명	규격	단위	정미수량	LOSS(%)	확정수량	관리구분	비고
☐	2017/01/01	M201601	원재료A		EA	100.000000		100.00		
☐	2017/01/01	M201602	원재료B		EA	200.000000		200.00		
☐										

08 [생산자재출고] 메뉴에 대한 설명을 올바르게 한 직원은 누구인가?

① 김주임 : [생산자재출고]는 생산에서 사용된 자재를 처리하는 메뉴입니다.

② 이대리 : LOT를 사용하는 자재가 있는 경우 창고와 장소를 지정해야만 LOT번호를 등록할 수 있습니다.

③ 한과장 : [출고요청] 버튼은 작업지시등록에서 등록된 건을 조회하여 자재출고로 적용할 수 있습니다.

④ 양차장 : 생산품의 작업지시 없이는 [생산자재출고]는 작성할 수 없습니다.

해설

▶ [생산관리공통] – [생산관리] – [생산자재출고] 메뉴는 제품, 반제품을 생산하기 위해 자재를 공정으로 출고시킬 때 사용한다. 출고처리가 일어나면 창고재고는 감소하고 공정의 재공은 증가한다. [재고확인] 버튼을 활용하면 해당 자재의 재고확인이 가능하다.

▶ ① [생산자재출고]는 생산에 투입되는 자재를 출고하는 메뉴이다.

▶ ③ [출고요청] 버튼을 활용하면 [작업지시확정] 메뉴에서 등록된 건을 조회하여 자재출고로 적용할 수 있다.

▶ ④ [생산자재출고]를 활용하면 작업지시 없이도 직접 입력해서 출고 가능하다.

09 [작업실적등록] 메뉴에 대한 설명으로 옳지 않은 것은?

① 실적등록 시 실적수량은 지시수량을 초과할 수 없다.

② 실적처리 후 [자재사용]을 이용하여 자재사용처리 및 자재출고를 동시에 진행할 수 있다.

③ 구분을 이동으로 처리한 경우, 창고/장소의 재고로 저장되지 않는다.

④ [자재사용] 처리된 경우 작업실적은 삭제할 수 없다.

해설

▶ [생산관리공통] – [생산관리] – [작업실적등록] 메뉴는 작업지시가 확정된 내용에 대하여 실적 처리를 할 때 사용한다. 작업실적등록이 되면 지시한 작업처리가 완료되고 재공이 증가한다. 또한 생산된 반제품은 창고에 입고처리 되기 전이므로 재공으로 처리되지만, 생산품창고에 입고처리가 되면 재고는 증가하고 재공은 감소한다.

▶ 재공은 제품, 반제품이 공정 중의 미완성상태로 있는 것을 말한다.

▶ ① 실적등록 시 실적수량은 지시수량을 초과할 수 있다.

정답 08 ② 09 ①

10 다음은 [생산실적검사] 메뉴이다. 해당 단계를 진행할 경우 선행해야 하는 작업으로 옳지 않은 것은 무엇인가?

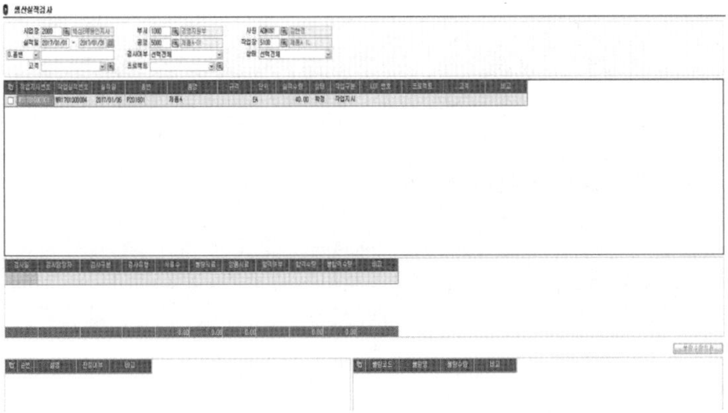

① 검사유형등록에서 검사유형을 등록하면 생산실적검사의 검사구분에 반영된다.
② 생산실적검사를 진행하기 위해선 시스템환경설정의 실적검사 운영여부를 운영함으로 설정하여야 한다.
③ 검사여부는 작업실적등록 시 무검사로 변경하여 적용하면 생산실적검사에서 조회되지 않는다.
④ 작업지시확정에서 자재의 검사여부를 반드시 검사로 선택하여야 생산실적검사에서 조회된다.

해설
▶ [생산관리공통] – [생산관리] – [생산실적검사] 메뉴에서 생산품에 대한 실적검사를 입력한다.
▶ ④ [작업실적검사] 메뉴에서 자재의 검사여부를 반드시 검사로 선택해야 한다.

11 다음 보기의 빈칸에 들어갈 메뉴를 고르시오.

[　　]은 구매/자재관리 모듈의 청구등록 메뉴에서 생산으로 처리하여 적용받은 반제품, 제품에 대한 생산 프로세스를 확인할 수 있는 메뉴로 작업실적등록까지 진행된 경우 하단 완료수량에 완성품의 실적수량이 반영된다.

① 수주대비지시현황
② 청구대비지시현황
③ 실적현황
④ 실적대비입고현황

해설
▶ [생산관리공통] – [생산/외주/재공현황] – [청구대비지시현황] 메뉴는 [구매/자재관리] – [구매관리] – [청구조회]를 적용하여 작업지시, 외주발주 현황을 조회한다.

정답 10 ④ 11 ②

12 다음 중 생산관리 프로세스 상 가장 마지막에 활용되는 메뉴는?

① 작업실적등록
② 작업지시등록
③ 작업지시등록
④ 생산자재사용등록

해설

▶ 작업지시등록 → 작업지시확정 → 작업지시등록 → 생산자재사용등록

생산 시뮬레이션

2017년 1회와 2회 문제는 i-CUBE 핵심ERP 2016 버전을 설치한 후 2017년 1회 DB를 백업해서 문제를 풉니다. 문제유형 – 생산2급 회사A
[13 ~ 20번 문제는 시뮬레이션 문제로서 [실기메뉴]를 활용하여 문제에 답하시오.]

13 다음은 핵심ERP의 기초정보 메뉴에 대한 질문이다. 아래의 [보기]의 조건으로 데이터를 조회한 후 물음에 답하시오.

품목군 : P100, PEDAL

다음 중 [보기]의 품목군에 속하는 품목으로 옳은 것은?

① 21-1030600, FRONT FORK(S)
② 21-1060850, WHEEL FRONT-MTB
③ 21-3001500, PEDAL(S)
④ 21-3065700, GEAR REAR C

해설

▶ [시스템관리] – [기초정보관리] – [품목등록]

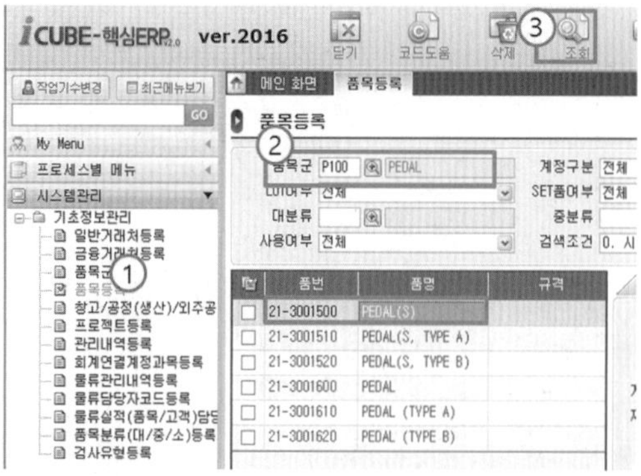

정답 12 ④ 13 ③

14 다음은 핵심ERP의 기초정보 메뉴에 대한 질문이다. 아래의 [보기]의 조건으로 데이터를 조회한 후 물음에 답하시오.

모품목 : 85-1020400, POWER TRAIN ASS'Y(MTB) 기준일자 : 2017. 01. 01일

다음 중 [보기]의 품목군에 속하는 품목으로 옳은 것은?

① 21-1030600, FRONT FORK(S)
② 21-1060850, WHEEL FRONT-MTB
③ 21-3001500, PEDAL(S)
④ 21-3065700, GEAR REAR C

해설

▶ [생산관리공통] – [기초정보관리] – [BOM등록]

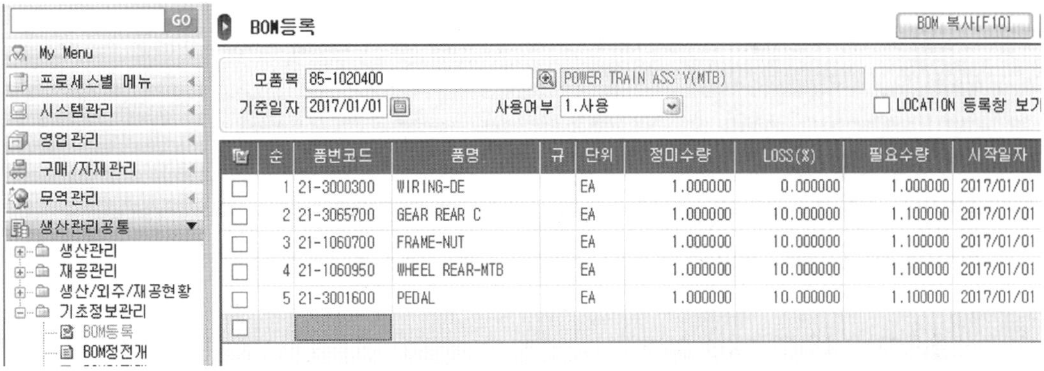

▶ [생산관리공통] – [기초정보관리] – [BOM정전개]

정답 **14** ②

	LEVEL	순번	품번	품명	규격	단위	정미수량	LOSS(%)	필요수량
□	1-	1	21-3000300	WIRING-DE		EA	1.000000	0.000000	1.000000
□	1-	2	21-3065700	GEAR REAR C		EA	1.000000	10.000000	1.100000
□	1-	3	21-1060700	FRAME-NUT		EA	1.000000	10.000000	1.100000
□	1-	4	21-1060950	WHEEL REAR-MTB		EA	1.000000	10.000000	1.100000
□	1-	5	21-3001600	PEDAL		EA	1.000000	10.000000	1.100000

▶ ①,③,④ – LOSS(%) 변경
② 정미수량 변경

15 다음은 핵심ERP의 입력 메뉴에 대한 질문이다. 아래 [보기]의 조건으로 데이터를 조회한 후 물음에 답하시오.

> 사업장 : 2000, ㈜한국자전거지사
> 작업예정기간 : 2017. 01. 01. ~ 2017. 01. 05.

다음 중 일생산량을 초과하지 않고 생산계획을 수립한 제조 품목은?

① 81-1001000, BODY-알미늄(GRAY-WHITE)
② 83-2000100, 전장품 ASS'Y
③ 85-1020400, POWER TRAIN ASS'Y(MTB)
④ 87-1002001, BREAK SYSTEM

해설

▶ [생산관리공통] – [생산관리] – [생산계획등록]

정답 15 ②

16 다음은 핵심ERP의 현황 메뉴에 대한 질문이다. 아래 [보기]의 조건으로 데이터를 조회한 후 물음에 답하시오.

> 사업장 : 2000, ㈜한국자전거지사
> 공정 : L200, 작업공정 작업장 : L202, 반제품작업장
> 지시기간: 2017. 01. 01. ~ 2017. 01. 05.

다음 중 수주 정보를 적용한 작업지시 중 수주구분이 다른 것은?

① WO1701000001

② WO1701000002

③ WO1701000003

④ WO1701000004

해설

▶ [생산관리공통] – [생산/외주/재공현황] – [수주대비지시현황]

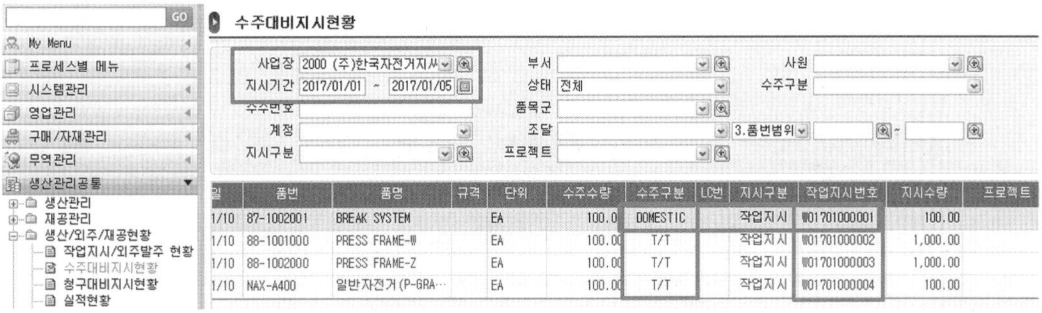

정답 16 ①

17 다음은 핵심ERP의 입력, 현황 메뉴에 대한 질문이다. 아래의 [보기]의 조건으로 데이터를 조회한 후 물음에 답하시오.

> 사업장 : 2000, ㈜한국자전거지사
> 공정 : L200, 작업공정　　　　　　　　작업장 : L202, 반제품작업장
> 지시기간 : 2017. 01. 11. ~ 2017. 01. 15.

다음 중 지시수량을 초과한 실적수량이 가장 많은 작업지시는?(단, 부적합 실적을 제외하고, 적합인 실적 수량을 대상으로 한다)

① WO1701000001
② WO1701000002
③ WO1701000003
④ WO1701000004

해설

▶ [생산관리공통] – [생산관리] – [작업실적등록]

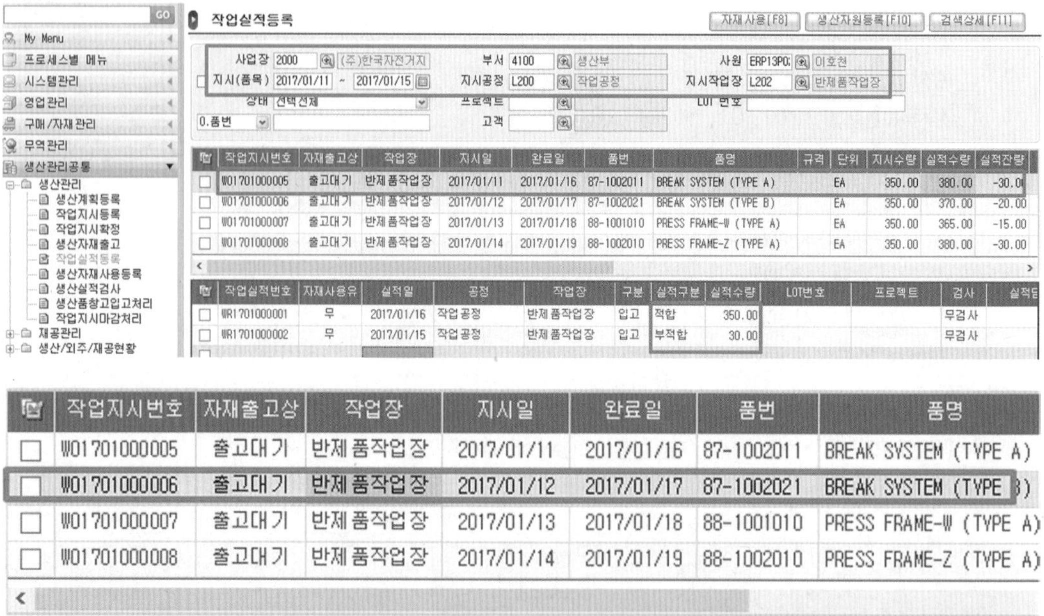

작업지시번호	자재출고상	작업장	지시일	완료일	품번	품명
WO1701000005	출고대기	반제품작업장	2017/01/11	2017/01/16	87-1002011	BREAK SYSTEM (TYPE A)
WO1701000006	출고대기	반제품작업장	2017/01/12	2017/01/17	87-1002021	BREAK SYSTEM (TYPE B)
WO1701000007	출고대기	반제품작업장	2017/01/13	2017/01/18	88-1001010	PRESS FRAME-W (TYPE A)
WO1701000008	출고대기	반제품작업장	2017/01/14	2017/01/19	88-1002010	PRESS FRAME-Z (TYPE A)

작업실적번호	자재사용유	실적일	공정	작업장	구분	실적구분	실적수량
WR1701000006	무	2017/01/15	작업공정	반제품작업장	입고	적합	300.00
WR1701000007	무	2017/01/16	작업공정	반제품작업장	입고	부적합	20.00
WR1701000008	무	2017/01/17	작업공정	반제품작업장	입고	적합	50.00

정답 17 ④

	작업지시번호	자재출고상	작업장	지시일	완료일	품번	품명	규
☐	W01701000005	출고대기	반제품작업장	2017/01/11	2017/01/16	87-1002011	BREAK SYSTEM (TYPE A)	
☐	W01701000006	출고대기	반제품작업장	2017/01/12	2017/01/17	87-1002021	BREAK SYSTEM (TYPE B)	
☐	W01701000007	출고대기	반제품작업장	2017/01/13	2017/01/18	88-1001010	PRESS FRAME-W (TYPE A)	
☐	W01701000008	출고대기	반제품작업장	2017/01/14	2017/01/19	88-1002010	PRESS FRAME-Z (TYPE A)	

	작업실적번호	자재사용유	실적일	공정	작업장	구분	실적구분	실적수량	LOT번
☐	WR1701000009	무	2017/01/15	작업공정	반제품작업장	입고	부적합	20.00	
☐	WR1701000010	무	2017/01/16	작업공정	반제품작업장	입고	적합	330.00	
☐	WR1701000011	무	2017/01/17	작업공정	반제품작업장	입고	적합	15.00	

	작업지시번호	자재출고상	작업장	지시일	완료일	품번	품명	규격
☐	W01701000005	출고대기	반제품작업장	2017/01/11	2017/01/16	87-1002011	BREAK SYSTEM (TYPE A)	
☐	W01701000006	출고대기	반제품작업장	2017/01/12	2017/01/17	87-1002021	BREAK SYSTEM (TYPE B)	
☐	W01701000007	출고대기	반제품작업장	2017/01/13	2017/01/18	88-1001010	PRESS FRAME-W (TYPE A)	
☐	W01701000008	출고대기	반제품작업장	2017/01/14	2017/01/19	88-1002010	PRESS FRAME-Z (TYPE A)	

	작업실적번호	자재사용유	실적일	공정	작업장	구분	실적구분	실적수량	LOT번호
☐	WR1701000003	무	2017/01/17	작업공정	반제품작업장	입고	적합	300.00	
☐	WR1701000004	무	2017/01/18	작업공정	반제품작업장	입고	적합	50.00	
☐	WR1701000005	무	2017/01/19	작업공정	반제품작업장	입고	적합	30.00	

18 다음은 핵심ERP의 입력 메뉴에 대한 질문이다. 아래의 [보기]의 조건으로 데이터를 조회한 후 물음에 답하시오.

> 사업장 : 2000, ㈜한국자전거지사
> 공정 : L200, 작업공정　　　　작업장 : L202, 반제품작업장
> 실적기간 : 2017. 02. 06. ~ 2017. 02. 10.
> 불량명 : E10, 도색불량

다음 중 가장 많은 불량이 발생한 실적번호는?

① WR1702000001
② WR1702000002
③ WR1702000003
④ WR1702000004

해설

▶ [생산관리공통] – [생산관리] – [생산실적검사]

정답 **18** ④

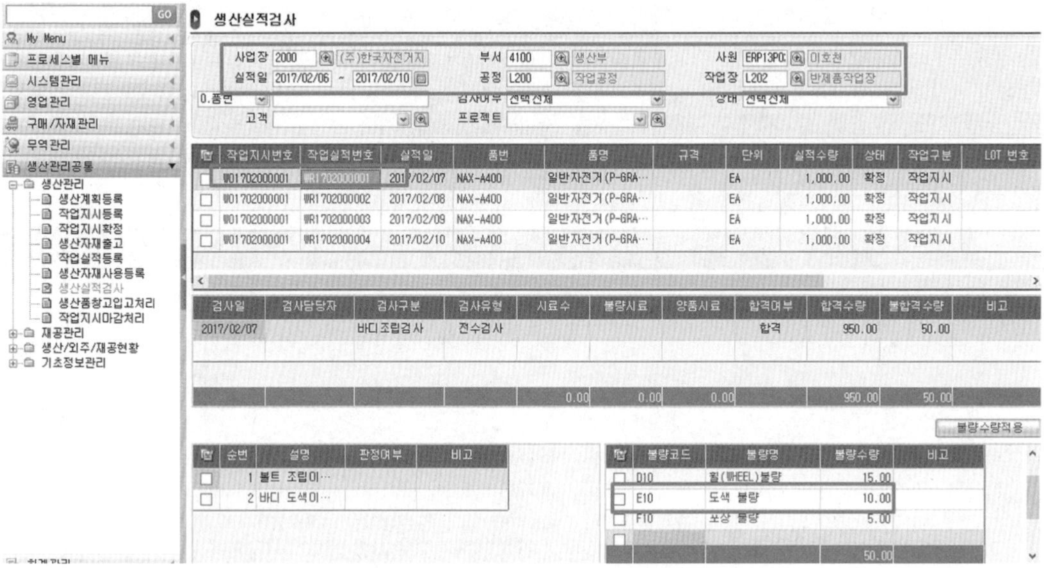

▶ 위와 같은 방법으로 해당 [작업실적번호]를 클릭하면 하단에 [불량명]과 [불량수량]이 표시된다.

① WR1702000001 ⇒ 10
② WR1702000002 ⇒ 15
③ WR1702000003 ⇒ 15
④ WR1702000004 ⇒ 20

19 다음은 핵심ERP의 입력, 현황 메뉴에 대한 질문이다. 아래의 [보기]의 조건으로 데이터를 조회한 후 물음에 답하시오.

사업장 : 2000, ㈜한국자전거지사 공정 : L200, 작업공정　　　작업장 : L201, 제품작업장 지시기간 : 2017. 02. 11. ~ 2017. 02. 15. 실적기간 : 2017. 02. 11. ~ 2017. 02. 15. 작업지시번호 : WO1702000002

다음 제조 시 투입한 자재 중 사용자재 보고 시 누락한 자재는?

① 21-9000200, HEAD LAMP
② 83-2000100, 전장품 ASS'Y
③ 85-1020400, POWER TRAIN ASS'Y(MTB)
④ 87-1002001, BREAK SYSTEM

해설

▶ [생산관리공통] – [생산관리] – [생산자재사용등록]

정답 19 ①

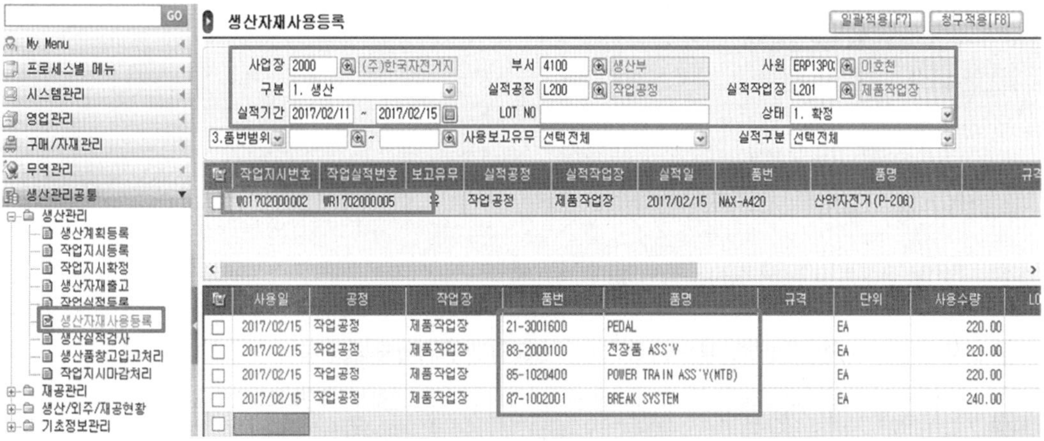

20 다음은 핵심ERP의 현황 메뉴에 대한 질문이다. 아래의 [보기]의 조건으로 데이터를 조회한 후 물음에 답하시오.

> 사업장 : 2000, ㈜한국자전거지사
> 실적기간 : 2017. 01. 11. ~ 2017. 01. 20.
> 조회기준 : 실적기준　　　수량조회기준 : 0. 실적입고기준

다음 중 부적합 수량이 발생하지 않은 실적 품목은?

① 87-1002011, BREAK SYSTEM (TYPE A)
② 87-1002021, BREAK SYSTEM (TYPE B)
③ 88-1001010, PRESS FRAME-W (TYPE A)
④ 88-1002010, PRESS FRAME-Z (TYPE A)

해설

▶ [생산관리공통] – [생산관리] – [생산/외주/재공현황] – [생산일보]

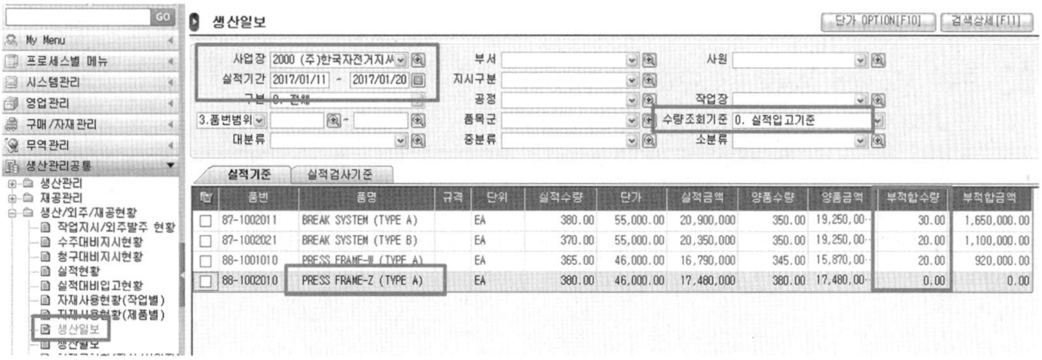

정답 **20** ④

기출문제

경영혁신과 ERP

01 다음 중 정보시스템의 역할이라고 볼 수 없는 것은?

① 기업의 다양한 업무지원
② 고객만족 및 서비스 증진 효과
③ 조직원의 관리, 감독, 통제 기능 강화
④ 효율적 의사결정을 위한 지원기능

해설
조직원의 관리, 감독, 통제 기능 강화가 정보시스템의 역할인 것은 아니다.

02 다음 중 ERP의 기능적 특징으로 볼 수 없는 것은 무엇인가?

① 투명 경영의 수단으로 활용
② 단일국적, 단일통화, 단일언어 지원
③ 경영정보제공 및 경영조기경보 체계구축
④ 중복 업무의 배제 및 실시간 정보처리체계

해설
ERP 시스템의 기능적 특징으로 다국적, 다통화, 다언어 지원이 있다.

03 ERP 시스템을 성공적으로 구축하기 위한 여러 가지 성공 요인들이 있다. 다음 중 ERP 구축의 성공적인 요인이라 볼 수 없는 것은 무엇인가?

① IT 중심의 프로젝트로 추진하지 않도록 한다.
② 최고경영층이 프로젝트에 적극적 관심을 갖도록 유도한다.
③ 회사 전체적인 입장에서 통합적 개념으로 접근하도록 한다.
④ 기업이 수행하고 있는 현재 업무방식을 그대로 시스템에 반영하도록 한다.

해설
기업이 수행하고 있는 현재의 업무방식을 그대로 고수하지 말아야 한다.

04 다음 중 ERP 구축 절차를 바르게 나타낸 것은 무엇인가?

① 분석 → 설계 → 구현 → 구축
② 설계 → 분석 → 구축 → 구현
③ 설계 → 구현 → 분석 → 구축
④ 분석 → 설계 → 구축 → 구현

해설
ERP 시스템 구축 절차로는 '분석 → 설계 → 구축 → 구현'의 단계를 거치는 것이 일반적이다.

생산계획/통제

05 다음 [보기]에서 설명하는 기준생산계획 수립 시 주문정책으로 알맞은 것은?

해당 기간에 X개의 수요가 있다면 X개를 만들어서 공급받을 수 있도록 계획하는 것으로 기말재고를 가지고 가지 않는 주문정책이다.

① Lot For Lot
② Reorder Point System
③ FOQ(Fixed Order Quantity)
④ EOQ(Economic Order Quantity)

정답 01 ③ 02 ② 03 ④ 04 ④ 05 ①

해설

Lot For Lot(LFL)이란 각 기간 동안 필요한 소요량과 같은 양을 주문하는 방식으로 주문량과 순소요량이 일치한다.

06 다음 그림을 이용하여 PERT/CPM에서 주경로(Critical Path)를 결정했을 때 프로젝트 완료기간은?

활동	착수단계	완료단계	활동시간
1-2	1	2	3
2-3	2	3	3
2-4	2	4	1
3-5	3	5	2
4-5	4	5	5
5-6	5	6	5

① 12일 ② 13일
③ 14일 ④ 15일

해설

주경로 = 1-2-4-5-6 = 3+1+5+5 = 14

07 다음 [보기] 속 (A)의 각 단계별로 사용되는 수요예측기법에 대해 잘못 설명한 것은?

> (A)란 어떤 제품이 시장에 도입되고 보급, 발전되어 성숙기에 들어갔다가 다른 제품의 개발 등에 따라 판매량이 줄어들게 되는 일련의 과정을 말한다. 이 과정은 (가) → (나) → (다) → (라)와 같이 네 단계로 구성된다.

① (가) 단계에서는 정성적기법이 주로 사용된다.
② (나) 단계에서는 추세분석법이 주로 사용된다.
③ (다) 단계에서는 지수평활법이 주로 사용된다.
④ (라) 단계에서는 정량적기법이 주로 사용된다.

해설

쇠퇴기에는 정성적 기법과 추세분석이 모두 사용된다.

08 다음 [보기]에서 설명하는 제조전략에 적합한 생산시스템은 무엇인가?

> 대부분의 공산품이 해당되며, 이러한 전략으로 생산되는 제품들은 대개 저가이다. 또한 다양한 옵션을 가지고 있지 않은 소품종 대량생산 전략이다.

① Make-To-Order
② Make-To-Stock
③ Engineer-To-Order
④ Assemble-To-Order

해설

Make-To-Stock(재고형 생산)은 완제품을 재고로 가지고 있다가 고객의 주문에 맞추어 공급하는 전략을 말한다. 이는 소품종 대량생산에 적합하다.

09 다음 [보기]에서 설명하는 자재명세서(BOM : Bill Of Material)는?

> 제품 또는 제품군에 공통적으로 사용되는 부품들을 모아 놓은 BOM을 말한다.

① Percentage BOM
② Modular BOM
③ Engineering BOM
④ Common Parts BOM

해설

Common Parts BOM은 제품 또는 제품군에 공통적으로 사용되는 부품들을 모아 놓은 BOM을 말하는 것이며, 이러한 BOM의 최상위 아이템은 가상의 아이템 넘버를 갖는다.

정답 06 ③ 07 ④ 08 ② 09 ④

공정관리

10 A작업장 작업원의 출근율이 90%이고 작업에 소요되는 간접작업율이 20%이면 이 작업장의 가동률은 얼마인가?

① 18%
② 20%
③ 72%
④ 90%

해설
가동률 = 90%*(1−20%) = 72%

11 간트차트를 사용목적에 따라 분류할 경우 [보기]에서 설명하는 간트차트의 유형으로 적합한 것은?

각 작업의 현재 상태를 보여주는 도표로 작업의 실제 상황을 기록함과 동시에 신규 작업계획을 작업자와 기계설비에 배치할 수 있게 하는 도표이다.

① 작업부하도표
② 작업할당도표
③ 작업진도도표
④ 작업자 및 기계기록도표

해설
작업할당도표는 각 작업의 현재 상태를 보여주는 도표로 작업의 실제 상황을 기록함과 동시에 신규 작업계획을 작업자와 기계설비에 배치할 수 있게 하는 도표를 말한다.

12 각 작업장의 작업시간이 아래와 같을 때 라인밸런싱의 효율은? (단, 각 작업장의 작업자는 1명이다)

작업장	1	2	3	4
작업시간	24분	28분	26분	30분

① 85%
② 87.5%
③ 90%
④ 92.5%

해설
라인밸런싱의 효율 = (24+28+26+30)/(30*4) = 90%

13 다음 작업의 순서를 공정기호로 표시했을 때 옳은 것은?

작업순서	작업내용
1	결합한다.
2	수량을 검사한다.
3	품질검사를 실시한다.
4	완제품 창고로 이동한다.

번호	작업순서			
	1	2	3	4
①	○	□	◇	⇨
②	◇	□	⇨	○
③	□	⇨	◇	○
④	◇	○	□	⇨

해설

결합(가공) : ○	수량검사 : □	품질검사 : ◇	이동(운반) : ⇨

14 다음 중 5S가 아닌 것은?

① 정리
② 정돈
③ 습관화
④ 정비

해설
5S란 JIT 생산방식을 달성하기 위한 현장개선의 기초로서 정리, 정돈, 청소, 청결 및 마음가짐을 말한다.

정답 10 ③ 11 ② 12 ③ 13 ① 14 ④

자재소요/생산능력계획

15 **다음은 자재소요계획(MRP)에 대한 설명이다. 가장 옳지 않은 것은?**

① MRP는 최종제품 중심 방식이다.
② 총괄생산계획이 전제가 되어야 한다.
③ 원자재 재고계획을 일정계획에 통합하여 효과적으로 관리할 수 있다.
④ 자재수요의 연속성, 균일성을 가정하므로 원자재의 적정량, 적정공급을 할 수 있다.

해설
MRP시스템은 주일정계획으로부터 최종품목소요량을 구하고 그 품목과 부품의 자재명세서와 재고상황 파일의 정보를 얻는다.

16 **공급사슬망관리(SCM : Supply Chain Management)의 추진 효과가 아닌 것은?**

① 물류비용이 절감된다.
② 재고의 L/T(Lead Time)이 증가된다.
③ 통합적으로 정보시스템을 운영할 수 있다.
④ 고객 만족과 시장변화에 대한 대응력이 강화된다.

해설
SCM을 통해 재고의 L/T(Lead Time)이 감소된다.

17 **능력소요계획(CRP : Capacity Requirement Planning)과 개략적능력요구계획(RCCP : Rough Cut Capacity Planning)에 대한 설명으로 가장 옳지 않은 것은?**

① CRP의 입력자료는 MRP Record이다.
② RCCP는 일정계획(scheduling)을 수립할 때 사용된다.
③ RCCP는Bottleneck Machine을 중심으로 자원요구량을 계산한다.
④ CRP는 기업의 현실적 생산능력을 맞추기 위해 자재소요계획과 공정생산능력을 조화시켜 작업장의 시간대별 능력소요량을 예측하는 기법이다.

해설
CRP는 일정계획(scheduling)을 수립할 때 사용한다.

18 **재고의 종류를 올바르게 설명한 것은?**

① 수요가 불확실한 경우를 대비하기 위한 재고는 예상재고이다.
② 계절적인 수요나 파업 등을 대비하고 변동의 폭을 줄이기 위해 유지되는 재고가 안전재고이다.
③ 유통시스템에서 운반 중인 제품 또는 공장에서 가공하기 위하여 이동 중에 있는 재공품이 파이프라인재고이다.
④ 주문량 전체가 필요하지는 않지만 주문비용이나 할인혜택을 받기 위해 많은 양을 1회에 주문하여 생기는 재고가 비축재고이다.

해설
수요가 불확실한 경우를 대비한 재고가 안전재고이다. 계절적인 수요나 파업 등을 대비하여 변동의 폭을 줄이기 위해 유지되는 재고가 예상재고이다.
주문량 전체가 필요하지는 않지만 주문비용이나 할인혜택을 받기 위해 많은 양을 1회에 주문하여 생기는 재고가 순환재고이다.

19 **다음 중 자재소요계획(Material Requirement Planning)의 투입 요소가 아닌 것은?**

① 판매계획(Sales Planning)
② 자재명세서(Bill Of Materials)
③ 재고기록파일(Inventory Records File)
④ 기준생산계획(Master Production Scheduling)

정답 15 ④ 16 ② 17 ② 18 ③ 19 ①

해설

MRP 시스템의 투입요소로는 MPS, IRF, BOM이 있다.

20 **다음 중 경제적 주문량(EOQ)에 적용되는 항목이 아닌 것은?**

① 1회 주문비용
② 연간 총수요량
③ 단위당 재고 유지비율
④ 연간 총생산량

해설

EOQ 계산 시 연간 총생산량은 불필요하다.

정답 20 ④

생산 실무이론

01 다음 중 품목등록에 대한 설명으로 옳지 않은 것은?

① 생산 및 구매/자재, 영업 등의 물류 모듈에서 사용하는 전체 품목을 등록하는 메뉴이다.
② 조달구분은 반드시 선택해야 하며 제품은 생산 조달로 이용해야 한다.
③ LEAD TIME은 반드시 필수 입력 값으로 등록한다.
④ 검사여부를 검사로 설정하더라도 추후 작업 진행 시 변경이 가능하다.

해설

▶ [시스템관리] – [기초정보관리] – [품목등록] 메뉴는 회사에서 관리하고 있는 품목 전체를 등록하는 메뉴이다. 물류관리와 생산관리 모듈을 운영하기 위해서는 반드시 입력해야 하는 중요한 정보이며, 품목등록은 회사단위로 관리하고 적용하는 Master Data역할을 한다.

▶ 조달구분 : 품목을 마련하는 조달 기준으로 구매, 생산, Phantom으로 구성된다.
- 구매 : 발주 계획을 하고 난 후, 발주 등록을 통해서 구입한다.
- 생산 : 직접 원재료(원료와 재료)를 이용하여 제품 또는 반제품을 만든다.
- Phantom : 가출고, 가발주 처리에서 사용한다.

▶ ③ LEAD TIME(품목의 조달 시 소요되는 기간을 의미)은 필수 입력 값이 아니다. 따라서 반드시 등록하지 않아도 된다.

02 핵심ERP 생산관리 프로세스를 진행하기 위해 반드시 입력해야 할 메뉴가 아닌 것은?

① 품목등록
② 창고/공정(생산)/외주공정등록
③ 시스템환경설정
④ 물류실적(품목/고객)담당자등록

해설

▶ [시스템관리] – [기초정보관리] – [품목등록] 메뉴는 회사에서 관리하고 있는 품목 전체를 등록하는 메뉴이다. 물류관리와 생산관리 모듈을 운영하기 위해서는 반드시 입력해야 하는 중요한 정보이며, 품목등록은 회사단위로 관리하고 적용하는 Master Data이다.

▶ [시스템관리] – [기초정보관리] – [창고/공정(생산)/외주공정등록] 메뉴는 사업장별로 관리하는 창고, 공정(생산), 외주공정에 관한 기준정보를 등록하고 관리하는 메뉴이다. [창고/공정(생산)/외주공정등록] 메뉴에 입력할 때에는 재고수불이 발생하는 창고, 생산공정, 외주공정을 사업장 단위로 관리하기 때문에 반드시 사업장을 선택한 후 입력한다. 또한 물류관리와 생산관리 프로세스를 운영하기 위해서는 필요한 모듈이라 반드시 입력되어야 한다.

▶ [시스템관리] – [회사등록정보] – [시스템환경설정] 메뉴에서 ERP프로그램을 사용하기 전 시스템 환경을 설정한다. [시스템 환경설정]은 회사 전체에서 사용할 공통 항목들에 대한 설정과 각각 모듈별 설정으로 구성되어 있다. 자주 사용하는 메뉴와 항목에 대한 설정으로 자동설정되어 있으나, 회사 환경에 따라 시스템 환경을 재설정을 한다. 그러나 한 번 설정된 내용은 데이터의 일관성을 위해 가급적 변경하지 않는 것이 좋다.

▶ [시스템관리] – [기초정보관리] – [물류실적(품목/고객)담당자등록] 메뉴는 [물류담당자코드등록] 메뉴에서 등록한 코드를 조회하여 거래처별, 품목별로 담당자코드를 등록한다.

정답 01 ③ 02 ④

03 다음 화면과 같이 조회되는 경우일 때, 확인하여야 하는 메뉴는 무엇인가?

① 품목등록
② 창고/공정(생산)/외주공정등록
③ BOM등록
④ 물류관리내역등록

해설

제시된 그림 [공정코드도움]에는 자료가 없다. 따라서 공정코드와 공정명을 입력해야 한다. 공정코드와 공정명은 [시스템관리] – [기초정보관리] – [창고/공정(생산)/외주공정등록] 메뉴에서 입력한다.

정답 03 ②

04 다음은 핵심ERP BOM정전개 메뉴이다. 설명 중 옳은 것은?

BOM정전개

모품목 6201701 제품1 EA
기준일자 2017/02/16 사용여부 전체 □ BOM 총전개 □ LOCATION 표시 □ 유효한 LOCATION만 표시

BOM | BATCH BOM

	LEVEL	순번	품번	품명	규격	단위	정미수량	LOSS(%)	필요수량	도면번호	주거래처	조달	계정	외주	임가공	사용여부
□	1	1	H6201701	반제품1		EA	1.000000	0.000000	1.000000			생산	반제품	유상	자재	사용
□	2	1	M201701	원재료1		EA	1.000000	0.000000	1.000000			구매	원재료	무상	자재	사용
□	2	2	M201702	원재료2		EA	1.000000	0.000000	1.000000			구매	원재료	무상	자재	사용
□	2	3	SM201701	부재료1		EA	1.000000	0.000000	1.000000			구매	부재료	무상	자재	사용
□	1	2	H6201702	반제품2		EA	1.000000	0.000000	1.000000			Phantom	반제품	무상	자재	사용
□	2	1	SM201702	부재료2		EA	3.000000	50.000000	4.500000			구매	부재료	무상	자재	사용
□	2	2	M201703	원재료3		EA	1.000000	0.000000	1.000000			구매	원재료	무상	자재	사용

① 원재료2는 제품1의 BOM의 최하위 LEVEL이다.
② 반제품2는 자재로 되어있으므로 재고(재공)수불관리가 가능하다.
③ 제품1 1EA당 자품목은 1EA씩 소요된다.
④ 반제품은 모두 자체 생산이다.

해설

▶ [생산관리공통] – [기초정보관리] – [BOM정전개] 메뉴는 입력되어 있는 모품목에 대한 모든 자품목을 계층적으로 전개시켜, 전체적인 BOM의 계층구조를 한 눈에 조회할 수 있다.

- 모품목 : 제품, 반제품으로 하위 Level를 가지고 있는 품목
- 자품목 : 모품목 한 단위를 생산하기 위해 필요한 원자재, 부자재, 반제품
- 정미수량 : LOSS율을 감안하지 않은 수량
- LOSS(%) : 자품목 한 단위를 투입했을 때 모품목에 반영되지 않고 유실되는 비율(%)
- 필요수량 : LOSS율을 감안한 실제 필요한 수량
  필요수량 = 정미수량 × (100 + LOSS율) / 100
- 사급구분 : 해당 품목이 사내재고인지 아니면 다른 회사에서 무상 제공받은 품목인지에 대한 구분으로 일반적으로 '0. 자재'로 입력
- 외주구분 : 모품목을 외주처리할 때 무상사급인지 유상사급인지를 구분
  무상사급 : 자재를 무상으로 외주처에 공급
  유상사급 : 자재를 돈을 받고 외주처에 공급

▶ 반제품2는 재고(재공)수불관리가 불가능하다.

▶ 제품1 1EA당 자품목 소요수량은 정미수량으로 확인한다. 부재료2는 3EA가 소요된다.

▶ 반제품 · 외주가 "유상"과 "무상" 있으므로 모두 자체 생산이 아니다.

정답 04 ①

05 다음 생산관리에 대한 설명으로 옳지 않은 것은?

① 생산관리 Process를 할 때 작업지시등록 〉 작업지시확정 〉 생산자재출고 〉 작업실적등록 〉 생산자재사용등록 순으로 이미 재공에 자재가 있는 경우 생산자재출고는 생략가능하다.

② [작업지시확정]에 확정 상태로 등록된 지시건을 수정하여야 할 경우 [작업지시등록]에서 한다.

③ [작업실적등록] 메뉴에서 완성된 생산품을 재공으로 이동하거나 창고 재고로 입고할 수 있다.

④ 작업실적등록 시 실적수량은 [작업지시등록]의 지시수량과 다르게 등록할 수 있다.

해설

▶ [작업지시등록] 메뉴에서 상태가 "계획"인 작업지시는 [생산관리공통] – [생산관리] – [작업지시확정] 메뉴에서 "확정"으로 처리한다. 작업지시 상태를 "확정"으로 처리하면 BOM의 자재 소요량에 따라 자품목과 필요수량이 적용된다.

▶ ② [작업지시확정]에 확정 상태로 등록된 지시건을 수정해야 할 경우 화면상단의 [취소] 버튼을 눌러 확정을 취소하고 상태를 "계획"으로 만든 후 작업지시등록을 한다.

06 다음은 작업지시등록 화면이다. 설명 중 옳지 않은 것은?

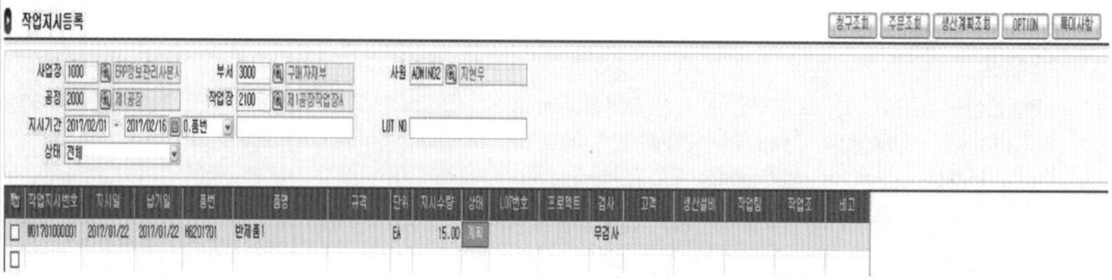

① 반제품1을 생산하기 위한 [지시등록]으로 검사여부는 변경 가능하다.

② [작업지시등록]은 [생산계획등록]에 등록된 생산품을 불러와 적용할 수 있다.

③ [수주등록]에서 적용받아 지시처리를 할 경우 주문조회로 등록하며 적용된 내용은 수주대비지시현황에서 확인한다.

④ 계획으로 처리된 작업지시 건은 더블클릭하여 "확정"으로 변경한다.

해설

▶ [생산관리공통] – [생산관리] – [작업지시등록] 메뉴에서 생산을 위한 작업지시 내역을 등록한다. 작업지시등록은 직접 입력하거나 [생산관리공통] – [생산계획등록], [구매/자재관리] – [구매관리] – [청구등록], [영업관리] – [영업관리] – [수주등록] 메뉴 등에서 작업지시가 전달되면 작업지시등록을 할 수 있다.

▶ [생산관리공통] – [생산관리] – [작업지시확정] 메뉴에서 "확정" 처리를 해야 "계획"이 "확정"으로 변경된다.

정답 05 ② 06 ④

07 다음은 [작업지시확정] 메뉴이다. 설명 중 옳은 것은?

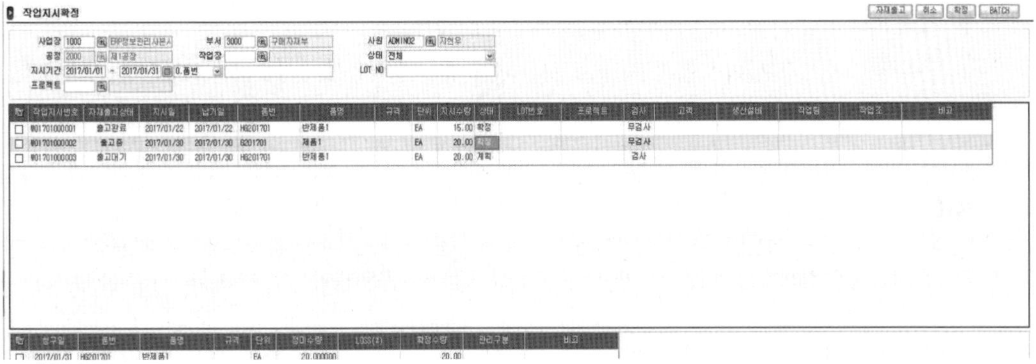

① 조회된 3건의 작업지시 모두 확정처리하였다.
② 1월 30일 제품1의 자재는 일부만 창고에서 출고되었다.
③ BOM등록이 되어 있지 않은 지시품목은 확정할 수 없다.
④ 자재출고상태가 "출고대기"일 경우 "확정"으로 상태를 변경할 수 없다.

해설

▶ [작업지시등록] 메뉴에서 상태가 "계획"인 작업지시는 [생산관리공통] - [생산관리] - [작업지시확정] 메뉴에서 "확정"으로 처리한다. 작업지시 상태를 "확정"으로 처리하면 BOM의 자재 소요량에 따라 자품목과 필요수량이 적용된다.

▶ W01901000103은 '계획' 상태이다.

	작업지시번호	자재출고상태	지시일	납기일	품번	품명	규격	단위	지시수량	상태	LOT번호	프로젝트	검사
☐	W01701000001	출고완료	2017/01/22	2017/01/22	H6201701	반제품1		EA	15.00	확정			무검사
☐	W01701000002	출고중	2017/01/30	2017/01/30	6201701	제품1		EA	20.00	확정			무검사
☐	W01701000003	출고대기	2017/01/30	2017/01/30	H6201701	반제품1		EA	20.00	계획			검사

▶ ③ BOM등록이 되어 있지 않아도 된다. 직접입력 가능하다.

▶ ④ 자재출고상태가 "출고대기"일 경우 "확정"으로 상태를 변경할 수 있다.

정답 07 ②

08 **창고(장소)에 보관되어 있는 자재를 생산을 위해 공정(작업장)으로 출고하려 한다. 다음 중 생산자재 출고를 가장 바르게 설명한 사원은?**

① 김 대리 : 재고가 없으면 생산자재를 출고할 수 없어.

② 신 대리 : 작업지시확정에서 자재출고를 하면 생산자재출고에서 다시 출고요청을 해야 해.

③ 이 대리 : LOT품은 생산자재출고에서만 출고처리할 수 있어.

④ 박 대리 : LOT품은 사업장기준 재고로 조회해서 적용할 수 있어.

해설

▶ [생산관리공통] – [생산관리] – [생산자재출고] 메뉴는 제품, 반제품을 생산하기 위해 자재를 공정으로 출고시킬 때 사용한다. 출고처리가 일어나면 창고재고는 감소하고 공정의 재공은 증가한다. [재고확인] 버튼을 활용하면 해당 자재의 재고확인이 가능하다.

▶ ① 재고가 없어도 생산자재를 출고할 수 있다. [시스템관리] – [마감/데이터관리] – [자재마감/통제등록]에서 [재고(–)통제여부]를 '통제안함'으로 처리하면 재고 없이도 출고처리가 가능하다. [재고 (–)통제여부]에서 〈통제안함〉은 재고가 없어도 출고처리가 가능하게 하며, 〈통제〉는 재고가 없을 시 출고를 할 수 없도록 마이너스(–) 재고를 허용하지 않는다.

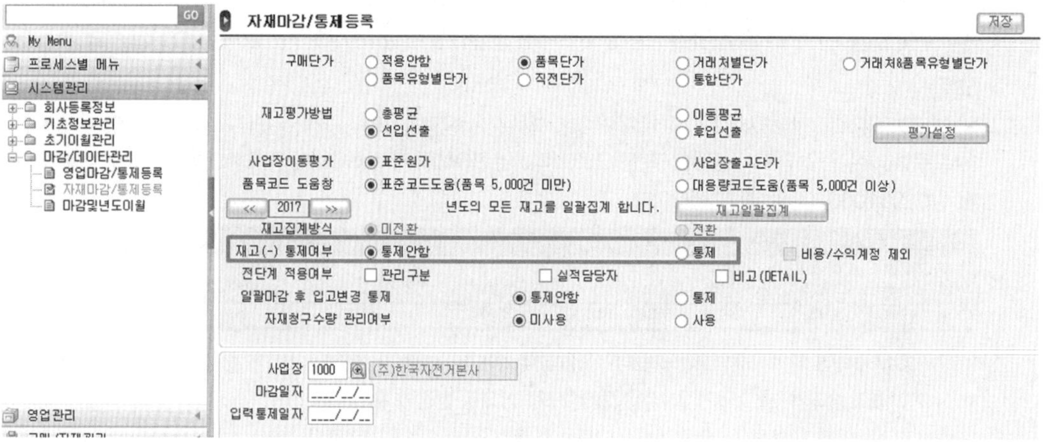

▶ ② 작업지시확정에서 자재출고를 하면 출고요청은 필요하지 않다.

▶ ④ LOT품은 '회사기준' 재고로 조회해서 적용한다.

정답 08 ③

09 [작업실적등록] 메뉴를 보고 옳지 않은 것을 고르시오.

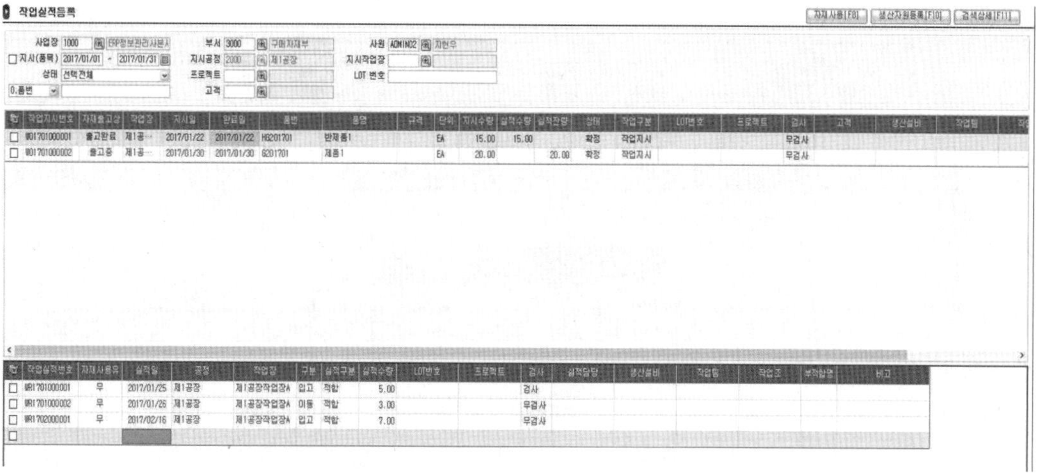

작업지시번호	자재출고상태	작업장	지시일	완료일	품번	품명	규격	단위	지시수량	실적수량	실적잔량	상태	작업구분	LOT번호	프로젝트	검사	고객	생산설비	작업팀
W01701000001	출고완료	제1공…	2017/01/22	2017/01/22	H6201701	반제품1		EA	15.00	15.00		확정	작업지시			무검사			
W01701000002	출고중	제1공…	2017/01/30	2017/01/30	6201701	제품1		EA	20.00		20.00	확정	작업지시			무검사			

작업실적번호	자재사용유무	실적일	공정	작업장	구분	실적구분	실적수량	LOT번호	프로젝트	검사	실적담당	생산설비	작업팀	작업조	부적합명	비고
WR1701000001	무	2017/01/25	제1공장	제1공장작업장A	입고	적합	5.00			검사						
WR1701000002	무	2017/01/26	제1공장	제1공장작업장A	이동	적합	3.00			무검사						
WR1702000001	무	2017/02/16	제1공장	제1공장작업장A	입고	적합	7.00			무검사						

① 반제품1의 모든 지시수량은 실적처리하였다.
② 1월 25일 실적은 생산실적검사에서 합격 시 창고 입고가 가능하다.
③ 1월 26일 실적은 "이동" 처리하였으므로 현재공현황(전사/사업장)에서 출고로 조회된다.
④ 2월 16일 실적은 현재고 현황(전사/사업장)에서 입고수량으로 조회된다.

해설

▶ [생산관리공통] – [생산관리] – [작업실적등록] 메뉴는 작업지시가 확정된 내용에 대하여 실적처리를 할 때 사용한다. 작업실적등록이 되면 지시한 작업처리가 완료되고 재공이 증가한다. 또한 생산된 반제품은 창고에 입고처리되기 전이므로 재공으로 처리되나 생산품창고에 입고처리가 되면 재고는 증가하고 재공은 감소한다.

▶ ① 반제품1의 모든 지시수량은 실적처리하였다.

작업지시번호	자재출고상태	작업장	지시일	완료일	품번	품명	규격	단위	지시수량	실적수량	실적잔량	상태
W01701000001	출고완료	제1공…	2017/01/22	2017/01/22	H6201701	반제품1		EA	15.00	15.00		확정

▶ ③ 1월 26일 실적은 이동 처리하였으므로 현재공현황(전사/사업장)에서 출고가 안 된다.
[생산관리공통] – [생산/외주/재공현황] – [현재공현황(공정/작업장)] 메뉴는 공정, 작업장별로 남아 있는 현재공 현황을 조회할 때 사용한다.

정답 09 ③

10 다음 생산실적검사와 같이 검사구분이 조회되지 않는 경우 확인하여야 할 메뉴는?

① 물류관리내역등록
② 검사유형등록
③ 불량유형등록
④ 시스템환경설정

해설

▶ [검사구분]을 보고 확인한다.

▶ [시스템관리] – [기초정보관리] – [물류관리내역등록] 메뉴는 물류모듈인 '영업관리, 구매/자재관리', 무역관리와 생산모듈인 '생산관리, 외주관리' 등을 운영하기 위해 필요한 관리항목을 등록한다. 물류관리항목은 시스템에서 자동으로 제공하며 수정, 추가, 삭제를 할 수 없다. 항목별 관리내역은 입력, 수정, 삭제가 가능하다. 다만 이미 등록된 관리내역명은 삭제나 변경을 하지 않는다.

정답 10 ②

▶ [시스템관리] – [기초정보관리] – [검사유형등록] 메뉴는 '11. 구매검사, 21. 외주검사, 41. 공정검사, 51. 출하검사'에서 검사해야 할 항목을 등록한다. [입고검사/출고검사] 등의 등록 메뉴에서 각 품목별 검사내역을 관리하기 위해 등록하는 메뉴이다.

[검사유형등록] 메뉴에서 등록된 검사유형은 다음과 같이 적용된다.

구매검사 : [구매/자재관리] – [구매관리] – [입고검사등록] 메뉴에 적용된다.

외주검사 : [생산관리공통] – [외주관리] – [외주실적검사] 메뉴에 적용된다.

공정검사 : [생산관리공통] – [생산관리] – [생산실적검사] 메뉴에 적용된다.

출하검사 : [영업관리] – [영업관리] – [출고검사등록] 메뉴에 적용된다.

▶ [시스템관리] – [회사등록정보] – [시스템환경설정] 메뉴에서 ERP프로그램을 사용하기 전 시스템 환경을 설정한다. 회사 전체에서 사용할 공통 항목들에 대한 설정과 각각 모듈별 설정으로 구성되어 있다. 시스템 환경설정은 자주 사용하는 메뉴와 항목에 대한 설정으로 자동설정되어 있으나, 회사 환경에 따라 시스템 환경을 재설정하기도 한다. 그러나 한 번 설정된 내용은 데이터의 일관성을 위해 가급적 변경하지 않는 것이 좋다.

▶ [생산관리공통] – [기초정보관리] – [불량유형등록] 메뉴는 품질관리 시 발생하는 다양한 형태의 불량유형을 등록할 때 사용한다. 등록된 불량유형은 생산실적검사와 외주실적검사를 할 때 품질검사의 기준정보로 사용된다.

11 다음 생산자재사용등록에 대한 설명으로 가장 옳은 것은?

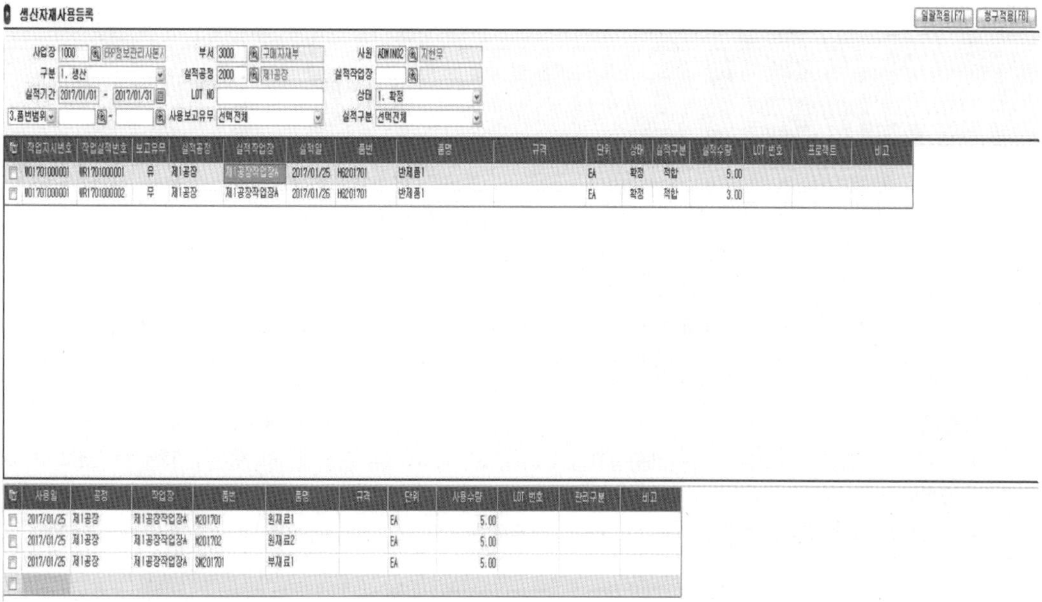

① 1월 25일 반제품1은 실적 완료되어 자품목이 창고에서 출고처리되었다.

② 반제품1의 현재공현황의 입고수량은 15이다.

③ 1월 25일 원재료1의 재고는 5만큼 감소한다.

④ 자재사용등록은 [적용] 버튼을 사용하지 않고 직접 등록할 수 있다.

정답 11 ④

해설

▶ [생산자재출고]를 통해 출고된 자재들은 아직 공정에서 재공으로 남아 있으므로 [생산관리공통] - [생산관리] - [생산자재사용등록] 메뉴를 활용하여 재공을 사용한 것으로 처리함으로써 감소시킨다. [생산자재사용등록] 메뉴를 통해 창고로부터 자재를 출고하기 때문에 발생한 재공은 사용된 수량만큼 감소시킨다. 단, 생산을 통하여 사용된 자재는 반제품이나 완제품을 만드는 데 사용된다. 따라서 반제품, 완제품이 생산품입고를 통해 창고에 입고되기 전까지는 반제품, 완제품은 재공으로 남아 있게 된다.

▶ ① 반제품1을 실적등록하면 반제품1을 만들기 위한 원재료1, 원재료2, 부재료1이 공정상에 재공으로 남아있기 때문에 생산자재사용등록을 하여 자품목들의 재공을 감소시킨다.

▶ ② 반제품1은 실적수량이 5개로 재공이 5개가 증가하고 자품목들의 재공은 감소하게 된다.

▶ ③ 1월 25일 원재료1의 재공 5개가 감소한다.

12 [재공창고입고/이동/조정등록] 메뉴의 설명 중 옳지 않은 것은?

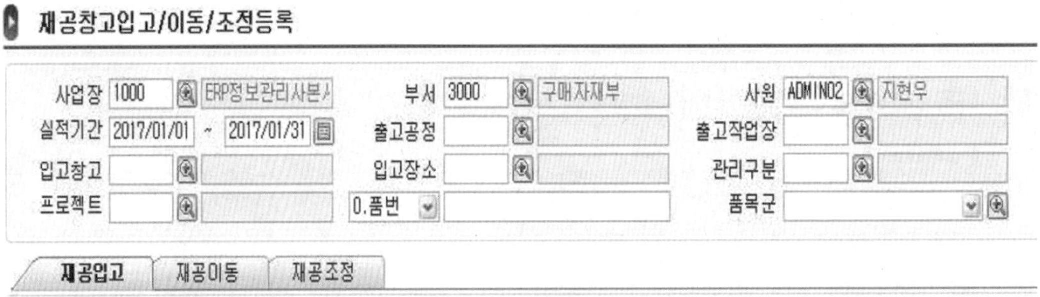

① 재공입고는 공정(작업장)에 보관된 품목을 창고(장소)로 입고처리할 때 사용한다.

② 재공창고입고/이동/조정등록을 할 때에는 사업장를 반드시 선택하여 사업장에 속한 창고(장소) 또는 공정(작업장)에서 진행한다.

③ [재공이동]은 동일 사업장의 다른 창고(또는 장소)로 품목을 이동처리할 때 사용한다.

④ 공정(작업장)상의 실제수량에 맞게 전산수량을 조정한다.

해설

▶ [생산관리공통] - [재공관리] - [재공창고입고/이동/조정등록] 메뉴 공정에 남아 있는 재공을 창고로 입고, 이동, 조정한다.

▶ ③ 재공이동은 동일 사업장의 다른 작업장으로 품목을 이동처리할 때 사용한다.

정답 12 ③

생산 시뮬레이션

2017년 1회와 2회 문제는 i-CUBE 핵심ERP 2016 버전을 설치한 후 2017년 1회 DB를 백업해서 문제를 풉니다. 문제유형 – 생산2급 회사B
[13 ~ 20번 문제는 시뮬레이션 문제로서 [실기메뉴] 메뉴를 활용하여 문제에 답하시오]

13 **다음은 핵심ERP의 기초정보 메뉴에 대한 질문이다. 아래 [보기]의 조건으로 데이터를 조회한 후 물음에 답하시오.**

> 기준일자 : 2017. 03. 01.
> 자품목 : 21-1070710, FRAME-티타늄 (TYPE A)

다음 중 기초정보에 보기의 품목을 자재로 등록한 모품목은? (단, 모품목은 LEVEL 1 수준의 품목이 기준임)

① 83-2000110, 전장품 ASS'Y (TYPE A)
② 81-1001010, BODY-알미늄 (GRAY-WHITE, TYPE A)
③ 87-1002021, BREAK SYSTEM (TYPE B)
④ NAX-A401, 일반자전거(P-GRAY RED)

해설

▶ [생산관리공통] – [기초정보관리] – [BOM역전개]

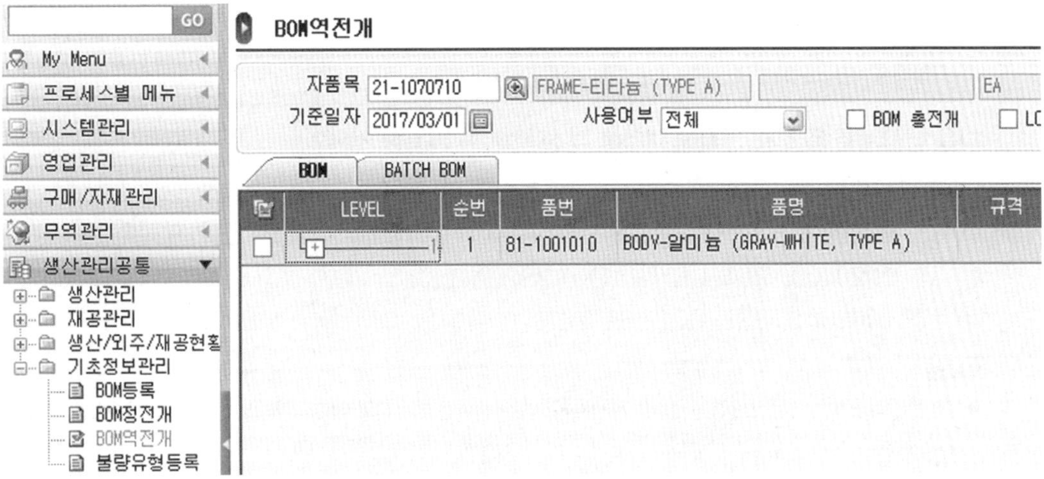

정답 13 ②

14 다음은 핵심ERP에 대한 질문이다. 다음 중 생산실적 검사 시 불량이 발생하더라도 등록할 수 없는 불량유형은?

① B10, 브레이크(BREAK)불량　　② D10, 휠(WHEEL)불량
③ W10, 핸들조립너트 불량　　④ Y10, 포장불량

해설
- ▶ [생산관리공통] – [기초정보관리] – [불량유형등록]
- ▶ ① B10, 브레이크(BREAK)불량 ⇒ [사용여부]가 "미사용"이다.

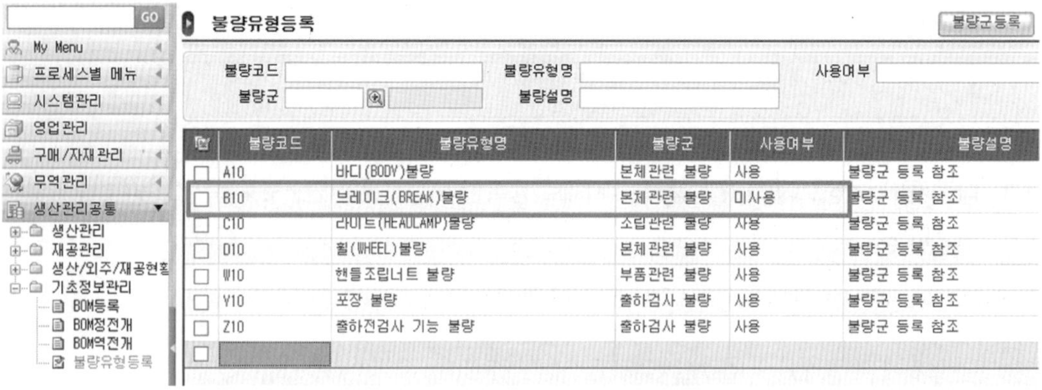

불량코드	불량유형명	불량군	사용여부	불량설명
A10	바디(BODY)불량	본체관련 불량	사용	불량군 등록 참조
B10	브레이크(BREAK)불량	본체관련 불량	미사용	불량군 등록 참조
C10	라이트(HEADLAMP)불량	조립관련 불량	사용	불량군 등록 참조
D10	휠(WHEEL)불량	본체관련 불량	사용	불량군 등록 참조
W10	핸들조립너트 불량	부품관련 불량	사용	불량군 등록 참조
Y10	포장 불량	출하검사 불량	사용	불량군 등록 참조
Z10	출하전검사 기능 불량	출하검사 불량	사용	불량군 등록 참조

15 다음은 핵심ERP의 입력 메뉴에 대한 질문이다. 아래 [보기]의 조건으로 데이터를 조회한 후 물음에 답하시오.

> 사업장 : 2000, ㈜한국자전거지사
> 작업예정기간 : 2017. 03. 01. ~ 2017. 03. 01.

다음 생산계획 품목 중 계획에 대하여 취소(삭제)가 가능한 것은?

① 81-1001000, BODY-알미늄(GRAY-WHITE)
② 83-2000100, 전장품 ASS'Y
③ 85-1020400, POWER TRAIN ASS'Y(MTB)
④ 87-1002001, BREAK SYSTEM

해설
- ▶ [생산관리공통] – [생산관리] – [작업지시등록] 메뉴에서 생산계획에 대한 내역을 [생산계획조회]로 적용하고 작업지시등록을 하게 되면 [생산계획등록] 메뉴에서는 해당 계획 건은 삭제할 수 없다.
- ▶ [생산관리공통] – [생산관리] – [생산계획등록] 메뉴에서 해당 품목 하나하나를 선택해서 [삭제] 버튼을 눌러 메시지를 확인해 본다. 삭제가 되는 건은 작업지시가 안된 것이므로 삭제가 되는 건을 찾는다.

정답 14 ① 15 ④

아래 그림의 3~6번까지를 반복하면서 삭제되는 것을 찾는다.

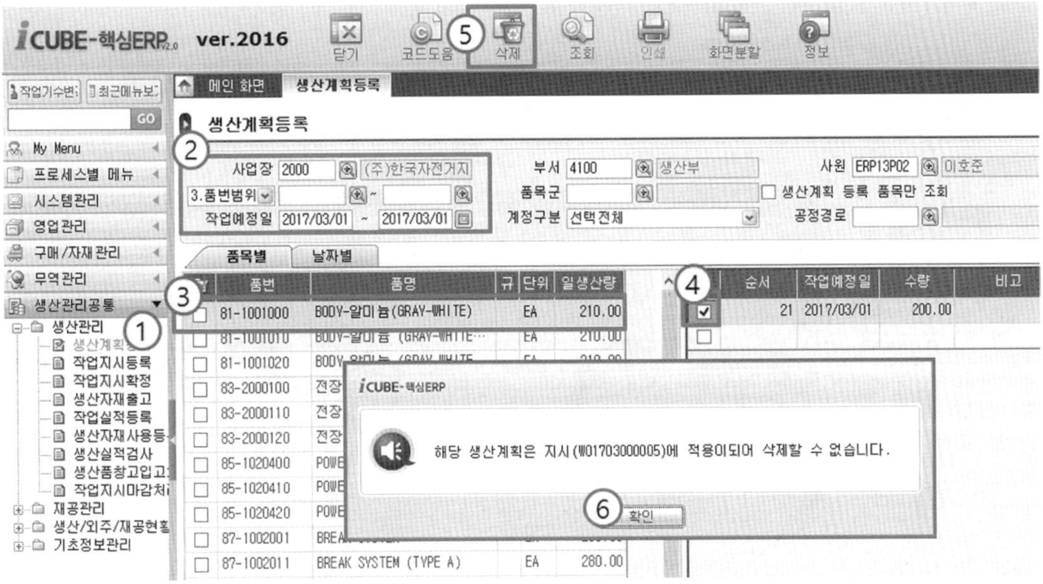

16 다음은 핵심ERP의 입력 메뉴에 대한 질문이다. 아래 [보기]의 조건으로 데이터를 조회한 후 물음에 답하시오.

> 사업장 : 2000, ㈜한국자전거지사
> 공정 : L200작업공정　　　작업장 : L202, 반제품작업장
> 지시기간 : 2017. 03. 06. ~ 2017. 03. 10.

다음 작업지시는 확정 취소가 불가능하다. 이 중 그 사유가 다른 작업지시는?

① WO1703000009
② WO1703000010
③ WO1703000011
④ WO1703000012

정답 16 ③

해설

▶ [생산관리공통] – [생산관리] – [작업지시확정]

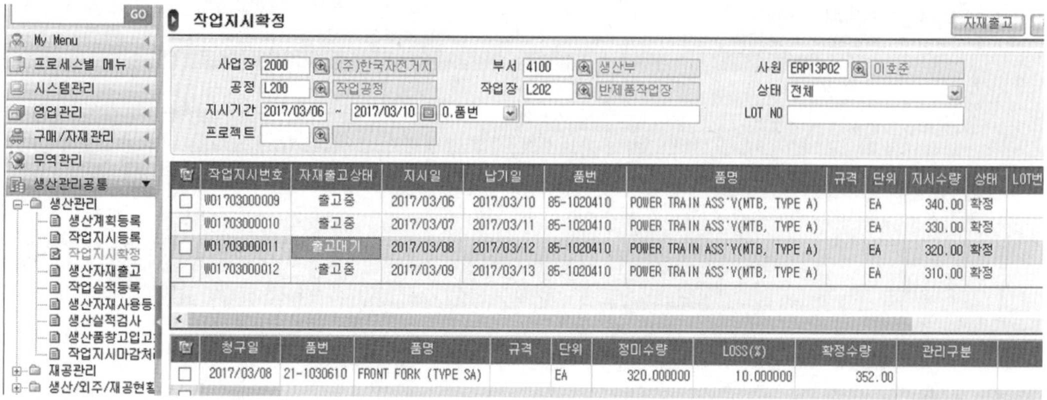

[자재출고상태]가 다른 것은 '출고중'으로 일부는 출고처리가 되었지만, WO1703000011은 '출고대기중'으로 출고처리가 안된 것이다.

17 **다음은 핵심ERP의 입력 메뉴에 대한 질문이다. 아래 [보기]의 조건으로 데이터를 조회한 후 물음에 답하시오.**

> 사업장 : 2000, ㈜한국자전거지사
> 공정 : L200 작업공정　　　　작업장 : L202반제품작업장
> 지시기간 : 2017. 03. 21. ~ 2017. 03. 24.

다음 중 납기일을 초과하지 않고 제조가 완료된 작업지시는? (단, 완료 기준 : 지시 수량 =< 실적수량('적합'만))

① WO1703000013
② WO1703000014
③ WO1703000015
④ WO1703000016

해설

▶ [생산관리공통] – [생산관리] – [작업실적등록]

정답 17 ④

▶ ① WO1703000013

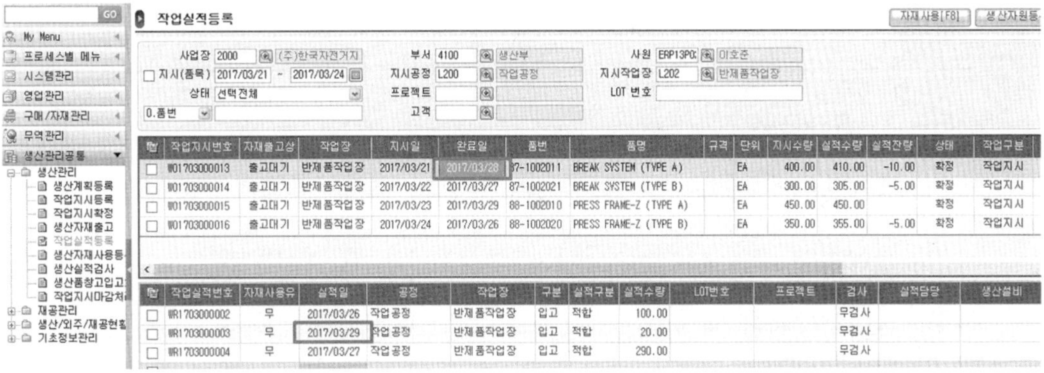

작업지시번호	자재출고상	작업장	지시일	완료일	품번	품명	규격	단위	지시수량	실적수량	실적잔량	상태	작업구분
WO1703000013	출고대기	반제품작업장	2017/03/21	2017/03/28	7-1002011	BREAK SYSTEM (TYPE A)		EA	400.00	410.00	-10.00	확정	작업지시
WO1703000014	출고대기	반제품작업장	2017/03/22	2017/03/27	87-1002021	BREAK SYSTEM (TYPE B)		EA	300.00	305.00	-5.00	확정	작업지시
WO1703000015	출고대기	반제품작업장	2017/03/23	2017/03/29	88-1002010	PRESS FRAME-Z (TYPE A)		EA	450.00	450.00		확정	작업지시
WO1703000016	출고대기	반제품작업장	2017/03/24	2017/03/26	88-1002020	PRESS FRAME-Z (TYPE B)		EA	350.00	355.00	-5.00	확정	작업지시

작업실적번호	자재사용유	실적일	공정	작업장	구분	실적구분	실적수량	LOT번호	프로젝트	검사	실적담당	생산설비
WR1703000002	무	2017/03/26	작업공정	반제품작업장	입고	적합	100.00			무검사		
WR1703000003	무	2017/03/29	작업공정	반제품작업장	입고	적합	20.00			무검사		
WR1703000004	무	2017/03/27	작업공정	반제품작업장	입고	적합	290.00			무검사		

▶ ② WO1703000014

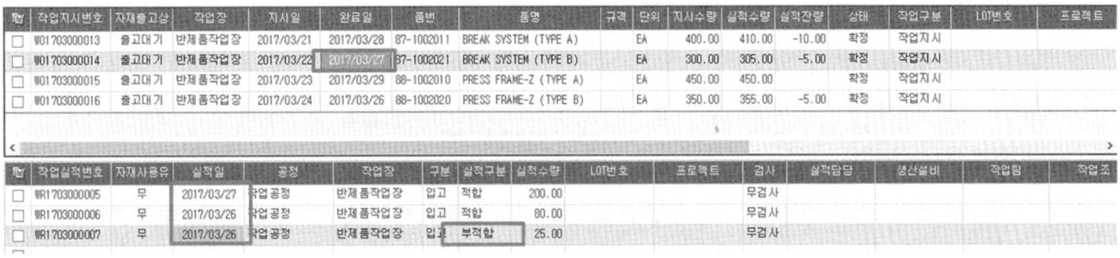

작업지시번호	자재출고상	작업장	지시일	완료일	품번	품명	규격	단위	지시수량	실적수량	실적잔량	상태	작업구분	LOT번호	프로젝트
WO1703000013	출고대기	반제품작업장	2017/03/21	2017/03/28	87-1002011	BREAK SYSTEM (TYPE A)		EA	400.00	410.00	-10.00	확정	작업지시		
WO1703000014	출고대기	반제품작업장	2017/03/22	2017/03/27	87-1002021	BREAK SYSTEM (TYPE B)		EA	300.00	305.00	-5.00	확정	작업지시		
WO1703000015	출고대기	반제품작업장	2017/03/23	2017/03/29	88-1002010	PRESS FRAME-Z (TYPE A)		EA	450.00	450.00		확정	작업지시		
WO1703000016	출고대기	반제품작업장	2017/03/24	2017/03/26	88-1002020	PRESS FRAME-Z (TYPE B)		EA	350.00	355.00	-5.00	확정	작업지시		

작업실적번호	자재사용유	실적일	공정	작업장	구분	실적구분	실적수량	LOT번호	프로젝트	검사	실적담당	생산설비	작업팀	작업조
WR1703000005	무	2017/03/27	작업공정	반제품작업장	입고	적합	200.00			무검사				
WR1703000006	무	2017/03/26	작업공정	반제품작업장	입고	적합	80.00			무검사				
WR1703000007	무	2017/03/26	작업공정	반제품작업장	입고	부적합	25.00			무검사				

▶ ③ WO1703000015

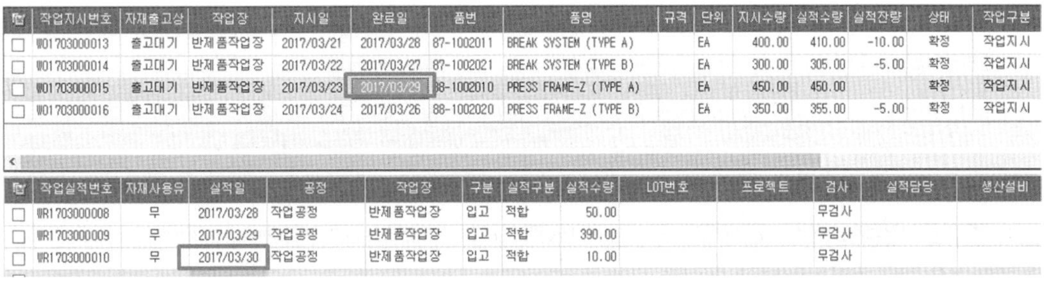

작업지시번호	자재출고상	작업장	지시일	완료일	품번	품명	규격	단위	지시수량	실적수량	실적잔량	상태	작업구분
WO1703000013	출고대기	반제품작업장	2017/03/21	2017/03/28	87-1002011	BREAK SYSTEM (TYPE A)		EA	400.00	410.00	-10.00	확정	작업지시
WO1703000014	출고대기	반제품작업장	2017/03/22	2017/03/27	87-1002021	BREAK SYSTEM (TYPE B)		EA	300.00	305.00	-5.00	확정	작업지시
WO1703000015	출고대기	반제품작업장	2017/03/23	2017/03/29	88-1002010	PRESS FRAME-Z (TYPE A)		EA	450.00	450.00		확정	작업지시
WO1703000016	출고대기	반제품작업장	2017/03/24	2017/03/26	88-1002020	PRESS FRAME-Z (TYPE B)		EA	350.00	355.00	-5.00	확정	작업지시

작업실적번호	자재사용유	실적일	공정	작업장	구분	실적구분	실적수량	LOT번호	프로젝트	검사	실적담당	생산설비
WR1703000008	무	2017/03/28	작업공정	반제품작업장	입고	적합	50.00			무검사		
WR1703000009	무	2017/03/29	작업공정	반제품작업장	입고	적합	390.00			무검사		
WR1703000010	무	2017/03/30	작업공정	반제품작업장	입고	적합	10.00			무검사		

▶④ WO1703000016

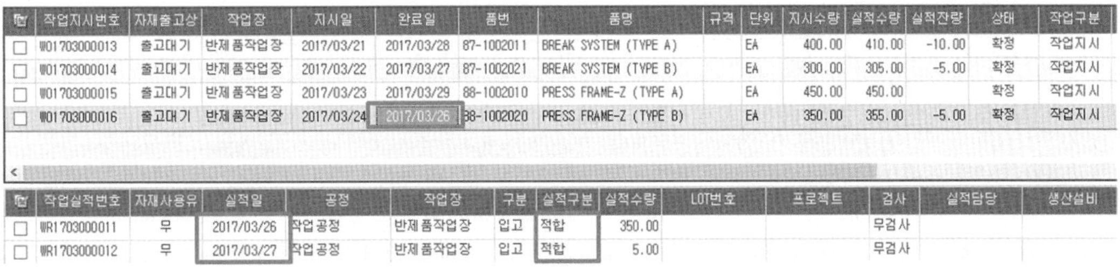

작업지시번호	자재출고상	작업장	지시일	완료일	품번	품명	규격	단위	지시수량	실적수량	실적잔량	상태	작업구분
WO1703000013	출고대기	반제품작업장	2017/03/21	2017/03/28	87-1002011	BREAK SYSTEM (TYPE A)		EA	400.00	410.00	-10.00	확정	작업지시
WO1703000014	출고대기	반제품작업장	2017/03/22	2017/03/27	87-1002021	BREAK SYSTEM (TYPE B)		EA	300.00	305.00	-5.00	확정	작업지시
WO1703000015	출고대기	반제품작업장	2017/03/23	2017/03/29	88-1002010	PRESS FRAME-Z (TYPE A)		EA	450.00	450.00		확정	작업지시
WO1703000016	출고대기	반제품작업장	2017/03/24	2017/03/26	88-1002020	PRESS FRAME-Z (TYPE B)		EA	350.00	355.00	-5.00	확정	작업지시

작업실적번호	자재사용유	실적일	공정	작업장	구분	실적구분	실적수량	LOT번호	프로젝트	검사	실적담당	생산설비
WR1703000011	무	2017/03/26	작업공정	반제품작업장	입고	적합	350.00			무검사		
WR1703000012	무	2017/03/27	작업공정	반제품작업장	입고	적합	5.00			무검사		

18 다음은 핵심ERP의 입력 메뉴에 대한 질문이다. 아래 [보기]의 조건으로 데이터를 조회한 후 물음에 답하시오.

> 사업장 : 2000, ㈜한국자전거지사
> 공정 : L200 작업공정　　　　작업장 : L202 반제품작업장
> 실적기간 : 2017. 04. 07. ~ 2017. 04. 10.
> 실적품목 : NAX-A400, 일반자전거(P-GRAY WHITE)

다음 중 생산실적검사 시 불량수량의 합과 불합격수량이 일치하지 않은 작업실적은?

① WR1704000001　　② WR1704000002
③ WR1704000003　　④ WR1704000004

해설

▶ [생산관리공통] – [생산관리] – [생산실적검사]

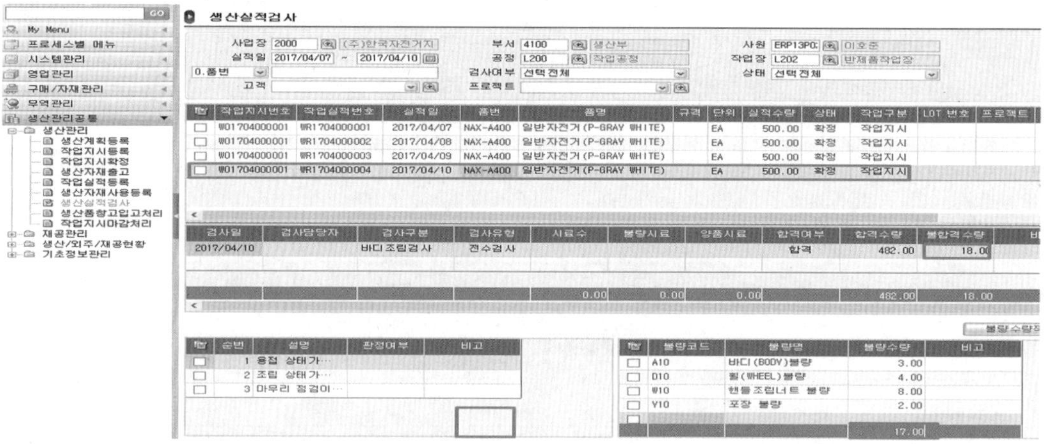

▶ WR1704000004 : 불합격수량 – 18, 불량수량 – 17

19 다음은 핵심ERP에 대한 질문이다. 아래 [보기]의 조건으로 데이터를 조회한 후 물음에 답하시오.

> 사업장 : 2000, ㈜한국자전거지사
> 실적(조정)기간 : 2017. 04. 01. ~ 2017. 04. 04.

다음 중 공정의 재고에 대한 조정사유(구분)가 다른 조정번호는?

① WA1704000001　　② WA1704000002
③ WA1704000003　　④ WA1704000004

정답 18 ④ 19 ②

해설

▶ [생산관리공통] – [재공관리] – [재공창고입고/이동/조정등록] – [재공조정] 탭

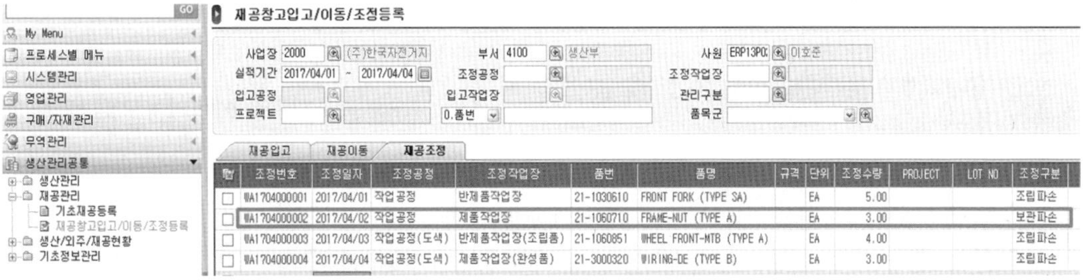

▶ WA1704000001, WA1704000003, WA1704000004 ⇒ 조립파손
WA1704000002 ⇒ 보관파손

20 다음은 핵심ERP의 현황 메뉴에 대한 질문이다. 아래 [보기]의 조건으로 데이터를 조회한 후 물음에 답하시오.

사업장 : 2000, ㈜한국자전거지사 실적기간 : 2017. 03. 21. ~ 2017. 03. 30. 수량조회기준 : 0. 실적입고기준 조회(탭)기준 : 실적기준

다음 중 부적합 실적이 발생한 제조 품목은?

① 87-1002011, BREAK SYSTEM (TYPE A)
② 87-1002021, BREAK SYSTEM (TYPE B)
③ 88-1002010, PRESS FRAME-Z (TYPE A)
④ 88-1002020, PRESS FRAME-Z (TYPE B)

해설

▶ [생산관리공통] – [생산/외주/재공현황] – [생산일보]

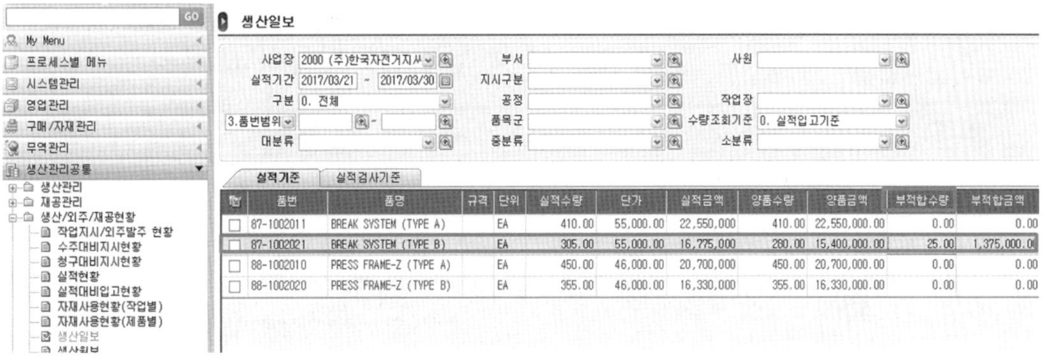

정답 20 ②

기출문제

경영혁신과 ERP

01 다음 ERP에 대한 설명 중 가장 맞지 않는 것은?

① 신속한 의사결정을 지원하는 경영정보시스템이다.
② 기능 최적화에서 전체 최적화를 목표로 한 시스템이다.
③ 인사, 영업, 구매, 생산, 회계 등 기업의 업무가 통합된 시스템이다.
④ 모든 사용자들은 사용권한 없이도 쉽게 기업 정보에 접근할 수 있다.

해설
모든 사용자들은 사용권한이 없으면 쉽게 기업정보에 접근할 수 없다.

02 다음 [보기] 내용은 ERP 구축절차 4단계 중 어느 단계에 해당하는가?

데이터 전환 및 시험가동

① 구현단계
② 구축단계
③ 설계단계
④ 분석단계

해설
데이터 전환 및 시험가동은 구현단계이다.

03 다음 중 ERP의 선택기준으로 볼 수 없는 것은?

① 커스터마이징의 최대화
② 자사에 맞는 패키지 선정
③ 현업 중심의 프로젝트 진행
④ TFT는 최고의 엘리트 사원으로 구성

해설
ERP 시스템은 커스터마이징을 최소화한다.

04 ERP의 특징으로 가장 바르지 않은 것은?

① 기능형 데이터베이스 채택
② 실시간 정보처리 체계 구축
③ 다국적, 다통화, 다언어 지원
④ 파라미터 지정에 의한 프로세스의 정의

해설
ERP 시스템의 기술적 특징으로는 관계형 데이터베이스 관리시스템이 있다.

생산계획/통제

05 합리적인 일정계획을 수립하기 위한 주요 방침으로 적합하지 않은 것은?

① 공정계열의 병렬화
② 가공로트수를 작게 할 것
③ 이동로트수를 크게 할 것
④ 전 공정의 작업기간 동기화

해설
합리적인 일정계획을 수립하기 위해 이동로트수를 작게 해야 한다.

정답 01 ④ 02 ① 03 ① 04 ① 05 ③

06 **단속생산과 연속생산에 특징별 설명에 대한 것으로 적절하지 않은 것은?**

	구분	단속생산	연속생산
①	생산량	소량	대량
②	생산시기	사전생산	주문생산
③	제품다양성	높음	낮음
④	노동숙련도	높음	낮음

해설

단속생산은 주문생산과 연결되고, 연속생산은 사전생산과 연결된다.

07 **다음은 긴급률(CR : Critical Ratio)을 이용한 작업순위 결정에 대한 설명이다. 가장 적절하지 않은 것은?**

① 긴급률은 동태적인 우선순위규칙이다.
② 긴급률은 작업상황이 변동될 경우 일정 조정이 쉽다.
③ 긴급률은 주문생산과 재고생산을 같은 방식으로 취급한다.
④ 긴급률은 잔여납기일수에 대한 잔여작업일수의 비율에 의해 작업을 배정한다.

해설

긴급률은 잔여납기일수를 잔여작업일수로 나누어서 구하며, 긴급률이 가장 작은 순서로 작업을 진행한다.

08 **다음 중 생산시스템의 분류로 적절한 것은?**

① 주문생산은 일반적으로 공정이 불연속적이다.
② 주문생산은 소품종대량생산 시스템을 적용한다.
③ 계획생산은 다품종소량생산 시스템을 적용한다.
④ 계획생산은 고객주문이 Pull System 방식으로 들어온다.

해설

주문생산은 다품종소량생산 시스템에 적용되고, 계획생산은 소품종대량생산 시스템에 적용된다.

09 **수요 예측 방법의 분류상 다른 예측 기법은?**

① 델파이법
② 최소자승법
③ 이동평균법
④ 지수평활법

해설

델파이법은 정성적 수요예측기법이다.

공정관리

10 **JIT 생산방식의 특징으로 가장 적합하지 않은 것은?**

① 생산에 필요한 자재는 완벽한 품질수준이 요구된다.
② 생산이 시장수요만을 따라가기 때문에 High-speed의 자동화가 필요 하다.
③ 현재 필요한 것만 만들고 더 이상은 생산하지 않으므로 큰 로트 규모가 필요 없다.
④ 마지막으로 완성되어 출고되어지는 제품의 양에 따라 필요한 모든 재료들이 결정되므로 생산통제는 당기기 방식(Pull system)이다.

해설

JIT 생산방식은 High-speed의 자동화를 요구하지 않는다.

정답 06 ② 07 ④ 08 ① 09 ① 10 ②

11 다음 [보기]에서 설명하는 공정 (가), (나)에 대한 공정기호로 옳은 것은?

수량, 중량을 측정하여 기준과 비교하는 공정은 (가)이고, 설정된 품질표준에 대해서 가공 부품의 가공 정도를 확인하는 것은 (나)이다.

	(가)	(나)
①	○	□
②	◇	⇨
③	D	◇
④	□	◇

해설
수량, 중량을 측정하여 기준과 비교하는 공정은 수량검사이고, 설정된 품질표준에 대해서 가공 부품의 가공 정도를 확인하는 것은 품질검사이다.

12 다음 중 5S의 개념에 대해 설명한 것으로 적절하지 않은 것은?

① 청결이란 정리, 정돈, 청소 상태의 3S를 유지하는 것을 말한다.
② 청소란 필요한 것을 쉽게 사용할 수 있도록 가지런히 놓는 것을 말한다.
③ 정리란 필요한 것과 불필요한 것을 구분하여 불필요한 물품은 처분하는 것을 말한다.
④ 습관화란 깨끗하고 쾌적한 상태를 유지하도록 생활화하여 몸에 익히는 것을 말한다.

해설
정돈이란 필요한 것을 쉽게 사용할 수 있도록 가지런히 놓는 것을 말한다.

13 공정관리의 일반적인 목표로 가장 적합하지 않은 것은?

① 재공품의 최소화
② 납기의 이행과 단축
③ 기계 가동률 및 인력 이용률의 최소화
④ 작업자의 대기 및 설비의 유휴시간 최소화

해설
공정관리는 대내적 목표(①, ④)와 대외적 목표(②)가 있는데, 기계 가동률 및 인력 이용률의 최소화는 어디에도 속하지 않는다.

14 핸드폰의 제조라인이 10개의 공정이고 사이클 타임은 10분, 라인의 총 공정별 소요시간의 총합이 40.2분이라 할 때 라인의 능률은 얼마인가?

① 40.2%　② 44.6%
③ 45.5%　④ 46.5%

해설
라인의 능률 = 40.2/(10*10) = 40.2%

자재소요계획

15 다음 [보기]에서 설명하는 재고는 무엇인가?

기업을 운영함에 있어서 발생할 수 있는 여러 가지 불확실한 상황에 대처하기 위해 미리 확보해 놓는 재고를 말한다.

① 순환재고　② 파이프라인 재고
③ 예상재고　④ 안전재고

해설
안전재고란 기업을 운영함에 있어서 발생할 수 있는 여러 가지 불확실한 상황에 대처하기 위해 미리 확보해 놓는 재고를 말한다.

정답 11 ④ 12 ② 13 ③ 14 ① 15 ④

16 MRP 시스템에서 투입요소와 출력요소가 모두 옳은 것은?

	투입요소	출력요소
①	자재명세서	능력소요계획
②	재고기록철	자재명세서
③	대일정계획	자재명세서
④	능력소요계획	재고기록철

해설
MRP 시스템의 투입요소로 MPS, IRF, BOM이 있고, 출력요소로 CRP가 있다.

17 다음 [보기]가 설명하는 용어는 무엇인가?

> 생산계획 활동 중에서 MRP 전개에 의해 생성된 계획이 얼마만큼의 제조자원을 요구하는지를 계산하는 모듈. 기업의 현실적인 생산능력을 맞추기 위해 자재소요계획과 공정생산 능력을 조화시켜 작업장의 시간대별 능력 소요량을 예측하는 기법

① 개략능력요구계획(Rough Cut Capacity Planning)
② 능력소요계획(Capacity Resource Planning)
③ 수요예측계획(forecasting)
④ 일정계획(schduling)

해설
능력소요계획(CRP)이란 생산계획 활동 중에서 MRP 전개에 의해 생성된 계획이 얼마만큼의 제조자원을 요구하는지를 계산하는 모듈이다.

18 공급사슬망관리(SCM : Supply Chain Management)의 추진 효과로 옳은 것은?

① 효율적 품질관리
② 구매비용 절감
③ Lead Time 증가
④ 분산형 정보시스템의 운영

해설
SCM을 통해 구매비용이 절감된다.

19 자동차 부품 A의 연간 수요량이 1,000개, 주문비용은 매 주문마다 2,000원, 단위당 재고유지비용은 연간 단위당 가격의 10%이라 할 때 경제적 주문량(EOQ)은? (단, 연간 단위당 가격은 160원이다)

① 500개
② 528개
③ 530개
④ 550개

해설
$EOQ = \sqrt{[2\times1,000\times2,000/(160\times10\%)]}$
$= 500$

20 공급사슬망관리(SCM : Supply Chain Management)에 대한 설명으로 적절하지 않은 것은?

① 원재료의 수급부터 고객에게 제품을 전달하는 자원과 정보의 일련의 흐름 전체를 경쟁력 있는 업무 흐름으로 관리하는 시스템을 말한다.
② 기업 내 또는 기업 간의 다양한 사업 활동의 프로세스를 부문 간, 부서 간에 존재하는 벽을 넘어서 통합적으로 관리하는 것을 의미한다.
③ 수주에서부터 고객 납품에 이르기까지 조달, 생산, 유통 등의 공급의 흐름을 효율적으로 잘 관리하는 것을 말한다.
④ SCM의 3가지 흐름은 제품과 서비스 흐름, 정보 흐름, 물류 흐름이다.

해설
SCM의 3가지 흐름은 제품과 서비스 흐름, 정보 흐름, 재정 흐름이다.

정답 16 ① 17 ② 18 ② 19 ① 20 ④

생산 실무이론

01 다음 화면을 보고 사용자권한설정에 대한 설명으로 옳은 것을 고르시오.

사용가능한메뉴	조회권한	변경	삭제	출력
[생산관리]	회사	☐	☐	☐
생산계획등록	회사	☑	☑	☑
작업지시등록	회사	☑	☑	☑
작업지시확정	회사	☑	☑	☑
생산자재출고	회사	☑	☑	☑
작업실적등록	회사	☑	☑	☑
생산자재사용등록	회사	☑	☑	☑
생산실적검사	회사	☑	☑	☑
생산품창고입고처리	회사	☑	☑	☑
작업지시마감처리	회사	☑	☐	☑
[외주관리]	회사	☐	☐	☐
[재공관리]	사업장	☐	☐	☐
기초재공등록	사업장	☑	☑	☑
재공창고입고/이동/조…	사업장	☑	☑	☑
부산물실적등록	사업장	☑	☑	☑
[생산/외주/재공현황]	회사	☐	☐	☐
작업지시/외주발주 현황	회사	☐	☐	☑
수주대비지시현황	회사	☐	☐	☑
청구대비지시현황	회사	☐	☐	☑
지시대비실적현황	회사	☐	☐	☑
자재청구대비투입/사용…	회사	☐	☐	☑
실적현황	회사	☐	☐	☑
생산계획대비실적현황(…	회사	☐	☐	☑
실적대비입고현황	회사	☐	☐	☑
자재사용현황(작업별)	회사	☐	☑	☑
자재사용현황(제품별)	회사	☐	☐	☑
부산물실적현황	회사	☐	☐	☑
품목별품질현황(전수검…	회사	☐	☐	☑
품목별품질현황(샘플검…	회사	☐	☐	☑
자재사용현황(모품목별)	회사	☐	☐	☑
생산일보	회사	☐	☐	☑
생산월보	회사	☐	☐	☑
현재공현황(전사/사업장)	사업장	☐	☐	☑
현재공현황(공정/작업장)	사업장	☐	☐	☑
[기초정보관리]	회사	☐	☐	☐
BOM등록	회사	☑	☑	☑

① 조회권한은 [사원등록]에서 설정하며 수정할 수 없다.
② 오대리는 생산관리 모든 메뉴에 대한 권한을 모두 가지고 있다.
③ 오대리의 권한을 김과장에게 동일하게 적용할 수 없다.

정답 01 ④

④ 오대리는 본인이 속한 사업장의 재공만 관리할 수 있다.

해설

▶ [시스템관리] – [회사등록정보] – [사용자권한설정] 메뉴에서 사용자별로 프로그램 사용 권한을 설정한다. 사용자별로 로그인하기 위해서는 권한이 설정되어 있어야 한다. 권한이 같으면 복사해서 사용할 수 있으며, 권한설정과 권한해제를 실행한 후에는 '재로그인'을 한다.

▶ [시스템관리] – [회사등록정보] – [사원등록] 메뉴에서 각 모듈에 사용할 회사의 사원을 등록한다. 등록한 내용은 [인사정보등록]과 연동이 된다. [사원등록]에서는 사용자여부, 입력방식, 권한 등을 설정할 수 있다. [사원등록]에 입력된 퇴사일은 [인사/급여관리] – [인사관리] – [인사정보등록] 등에서 중도퇴사자에 관한 기초데이터가 된다.

▶ ① 조회권한은 [사원등록]에서 설정하며 수정할 수 있다.

▶ ② 오대리는 [외주관리], [재공관리], [생산/외주/재공현황], [기초정보관리]에 대한 권한이 없다.

▶ ③ 오대리의 권한을 동일하게 복사하여 김과장에게 적용할 수 있다.

02 [품목등록]에 대한 설명으로 옳지 않은 것은?

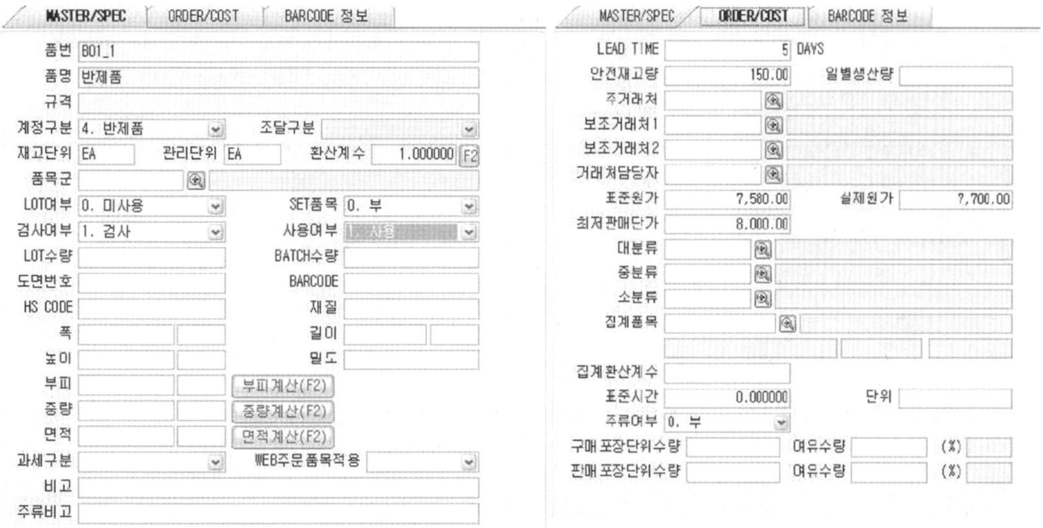

① 반제품 계정에 대한 [품목등록] 화면이다.

② 해당 품목은 반드시 검사과정을 진행해야 한다.

③ 반제품의 판매단가 설정 시 최저판매단가를 기준으로 적용할 수 있다.

④ 반제품 계정의 조달구분은 구매를 제외하고 선택한다.

해설

▶ [품목등록] 메뉴는 회사에서 관리하고 있는 품목 전체를 등록하는 메뉴이다. 물류관리와 생산관리 모듈을 운영하기 위해서는 반드시 입력해야 하는 중요한 정보이며, 품목등록은 회사단위로 관리하고 적용하는 Master Data이다.

▶ ② [검사여부]에 "1. 검사"로 설정되어 있다고 해서 반드시 검사과정을 진행해야 하는 것은 아니다. [품목등록]에서 "검사"로 등록하고 [작업지시등록] 메뉴에서 해당 품목의 작업지시를 등록하였을 때 [검사여부]는 "검사"로 자동등록된다. 그러나 [검사여부]는 [작업실적등록] 메뉴에서 "무검사"로 변경이 가능하다.

정답 02 ②

03 BOM등록에 대한 설명으로 옳은 것을 고르시오.

① BOM등록은 생산품을 모품목으로 선택한 후 작성한다.
② 0 Level은 가장 하위의 자품목이고 가장 상위 Level은 최종 생산품인 모품목을 뜻한다.
③ 자재소요 시 실제 적용되는 수량은 정미수량이다.
④ 외주구분이 "유상", 사급구분이 "자재"인 품목은 자사가 관리할 수 없는 자재이다.

해설

▶ [생산관리공통] – [기초정보관리] – [BOM등록]
BOM(Bill Of Material, 자재명세서)은 특정제품이 어떤 부품으로 구성되어 있는가에 대한 정보이다. 완제품 한 단위(모품목)를 생산하기 위해 필요한 자품목(재료, 부품, 반제품 등의 품목, 규격, 소요량) 간의 관계정보 대한 명세서이다. MRP(Material Requirement Planning, 자재소요계획 또는 소요량전개)의 가장 중요한 항목 중 하나이다.
- 모품목 : 제품, 반제품으로 하위 Level을 가지고 있는 품목으로 상위 0 Level이다.
- 자품목 : 모품목 한 단위를 생산하기 위해 필요한 원자재, 부자재, 반제품이다.
- 정미수량 : LOSS율을 감안하지 않은 수량이다.
- LOSS(%) : 자품목 한 단위를 투입했을 때 모품목에 반영되지 않고 유실되는 비율(%)이다.
- 필요수량 : LOSS율을 감안한 실제 필요한 수량으로, 자재소요 시 실제 적용되는 수량이다.

▶ 자재소요 시 실제 적용되는 수량은 필요수량이다.
▶ 외주구분이 "유상", 사급구분이 "사급"인 품목은 자사가 관리할 수 없는 자재이다.

04 [자재마감/통제등록] 메뉴에서 적용할 수 있는 설정이 아닌 것은?

① 재고의 통제를 설정할 수 있다.
② 구매단가를 설정할 수 있다.
③ 전단계 적용여부는 영업관리와 함께 적용된다.
④ 마감일자를 설정하여 구매/생산의 재고수불을 마감할 수 있다.

해설

▶ [시스템관리] – [마감/데이타관리] – [자재마감/통제등록] 메뉴에서 자재정보에 대한 '구매단가 유형, 재고평가방법, 사업장이동평가, 품목코드 도움창' 등의 정보를 설정한다.

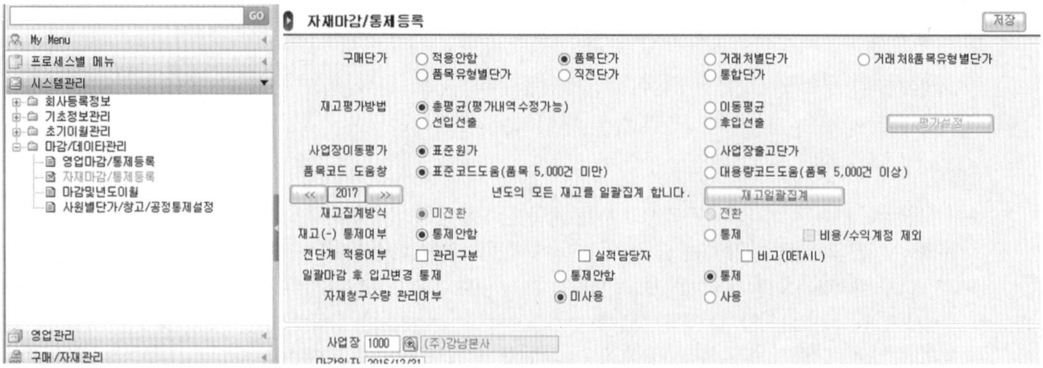

▶ ③ 전 단계 적용여부는 영업관리와 함께 적용되지 않는다.

정답 03 ① 04 ③

05 다음 중 생산관리 프로세스를 올바르게 나열한 것을 고르시오.

① 생산계획등록 〉 작업지시확정 〉 작업실적등록 〉 생산품창고입고처리 〉 생산자재사용등록
② 작업지시등록 〉 작업지시확정 〉 생산자재출고 〉 작업실적등록 〉 생산자재사용등록
③ 생산계획등록 〉 작업지시등록 〉 생산자재출고 〉 작업실적등록 〉 생산품창고입고처리
④ 작업지시등록 〉 작업지시확정 〉 생산실적검사 〉 작업실적등록 〉 생산품창고입고처리

해설

▶ 작업지시등록 〉 작업지시확정 〉 생산자재출고 〉 작업실적등록 〉 생산자재사용등록

06 다음과 같이 시스템 환경설정을 설정하는 경우 재공수불이 잘못 적용되는 메뉴는 무엇인가?

구분 코드	환경요소명	유형설정
물류 62	생산운영여부	0.운영안함

① 작업지시등록 ② 작업지시확정
③ 생산자재출고 ④ 작업실적등록

해설

▶ [생산관리공통] – [생산관리] – [작업지시등록] 메뉴에서 생산을 위한 작업지시 내역을 등록한다. 작업지시등록은 직접 입력하거나 [생산관리공통] – [생산계획등록], [구매/자재관리] – [구매관리] – [청구등록], [영업관리] – [영업관리] – [수주등록] 메뉴 등에서 작업지시가 전달되면 작업지시등록을 할 수 있다.

▶ [작업지시등록] 메뉴에서 상태가 "계획"인 작업지시는 [생산관리공통] – [생산관리] – [작업지시확정] 메뉴에서 "확정"으로 처리한다. 작업지시 상태를 "확정"으로 처리하면 BOM에 의해 자재 소요량에 따라 자품목과 필요수량이 적용된다.

▶ [생산관리공통] – [생산관리] – [생산자재출고] 메뉴는 제품, 반제품을 생산하기 위해 자재를 공정으로 출고시킨다. 출고처리가 일어나면 창고재고는 감소하고 공정의 재공은 증가한다. [재고확인] 버튼을 활용하여 해당 자재의 재고를 확인할 수 있다.

▶ [생산관리공통] – [생산관리] – [작업실적등록] 메뉴는 작업지시가 확정된 내용에 대하여 실적처리를 할 때 사용한다. 작업실적등록이 되면 지시한 작업처리가 완료되고 재공이 증가한다. 또한 생산된 반제품은 창고에 입고처리되기 전이므로 재공으로 처리되나 생산품창고에 입고처리가 되면 재고는 증가하고 재공은 감소한다.

▶ [작업지시등록], [작업지시확정] 메뉴는 재공에 영향을 미치지 않는다.

▶ [생산자재출고]에서 [생산운영여부]를 '0.운영안함'으로 하고 자재를 출고하게 되면 재공이 "–"가 된다. [생산자재출고] 메뉴를 적용하면 재고는 감소하고 재공은 증가되어야 한다.

정답 05 ② 06 ③

07 작업지시확정 메뉴를 보고 가장 바르게 설명한 사원은 누구인가?

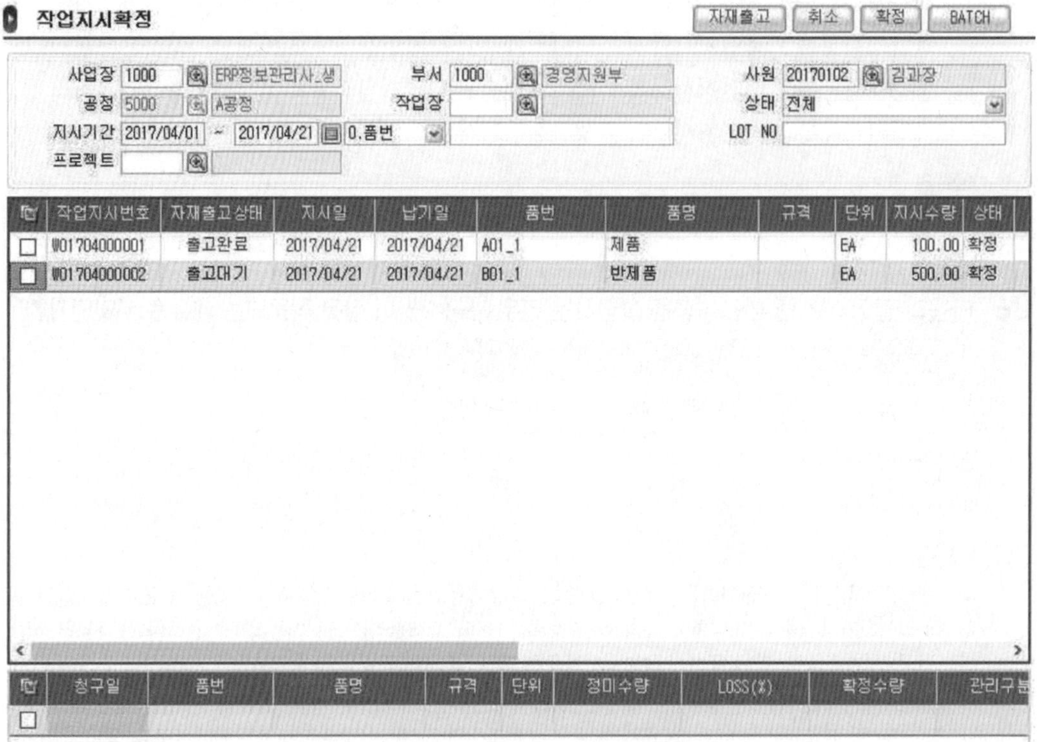

① 윤사원 : B01_1은 아직 출고대기 상태니 지시일 변경이 가능합니다.

② 한대리 : A01_1은 자품목이 일부만 출고되었습니다.

③ 김과장 : B01_1은 BOM등록이 되지 않은 경우 하단자재에 직접 입력이 가능합니다.

④ 유인턴 : B01_1은 작업실적등록을 진행할 수 없습니다.

해설

- [생산관리공통] – [생산관리] – [작업지시확정] 메뉴는 [작업지시등록] 메뉴에서 상태가 "계획"인 작업지시를 "확정"으로 처리할 때 사용한다. 작업지시 상태를 "확정"으로 처리하면 BOM의 자재 소요량에 따라 자품목과 필요수량이 적용된다.
- ① B01_1은 아직 출고대기 상태라도 지시일 변경을 할 수 있다.
- ② A01_1은 자품목이 "출고완료"이므로 모두(100%) 출고되었다.
- ④ B01_1은 상태가 "확정" 상태이므로 작업실적등록을 할 수 있다.

정답 07 ③

08 다음은 [생산자재출고] 화면이다. 설명 중 옳은 것은?

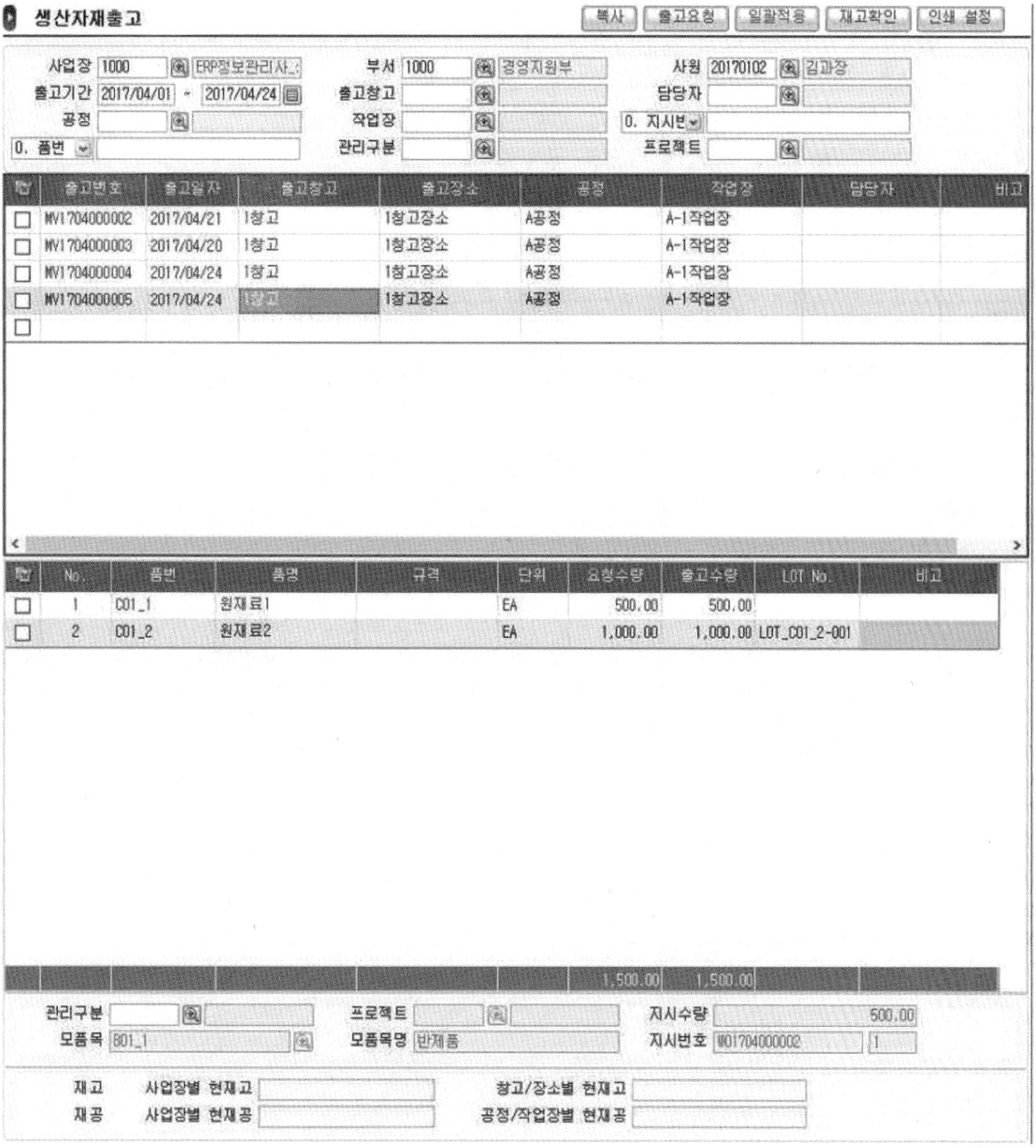

① 생산품을 생산하기 위해 창고에서 자재를 출고하는 메뉴이다.

② [출고요청] 버튼을 활용하여 등록할 때는 자재를 선택 출고할 수 없다.

③ LOT품의 경우 디테일 부분의 LOT No.입력을 생략할 수 있다.

④ MY1704000005는 A01_1를 생산하기 위한 자재 출고이다.

정답 08 ①

해설

▶ [생산관리공통] – [생산관리] – [생산자재출고] 메뉴는 제품, 반제품을 생산하기 위해 자재를 공정으로 출고시킬 때 사용한다. 출고처리가 일어나면 창고재고는 감소하고 공정의 재공은 증가한다. [재고확인] 버튼을 활용하면 해당 자재의 재고확인이 가능하다.

▶ ② [출고요청] 버튼을 활용하면 등록할 때 자재를 선택 출고할 수 있다.

▶ ③ LOT품의 경우 디테일 부분의 LOT No. 입력을 생략할 수 없다.

▶ ④ MY1704000005는 B01_1를 생산하기 위한 자재 출고이다.

09 다음 생산실적검사에 대한 설명 중 옳지 않은 것은?

① 생산실적검사를 진행할 경우 반드시 시스템 환경설정의 실적검사 운영여부를 "운영함"으로 설정해야 한다.

② 생산실적검사를 진행하기 위해선 생산품의 검사여부를 "검사"로 선택하여야 한다.

③ 검사구분은 자동으로 설정되며 검사유형은 [검사유형등록]에서 등록한 후 사용한다.

④ 검사진행 후 합격한 수량은 생산품창고입고처리에서 창고입고 한다.

해설

▶ [생산관리공통] – [생산관리] – [생산실적검사] 메뉴는 생산품에 대한 실적검사를 입력할 때 사용한다. [검사유형등록] 메뉴에서 검사유형을 등록하면 [생산실적검사] 메뉴의 검사구분에 반영된다. [생산실적검사]를 진행하기 위해선 [시스템환경설정]의 〈실적검사 운영여부〉를 "1.운영함"으로 설정해야 한다. 또한 검사여부는 [작업실적등록] 시 "무검사"로 변경하여 적용하고, [작업실적검사] 메뉴에서 자재의 검사여부를 반드시 "검사"로 선택해야 [생산실적검사]에서 조회된다. 검사유형이 전수검사이면 시료수를 입력할 수 없으며, 합격수량은 생산품창고입고처리 대상이 되는 수량이다.

▶ ③ 검사구분은 직접 설정한다.

정답 09 ③

10 다음 작업실적등록에 대한 설명으로 옳지 않은 것은?

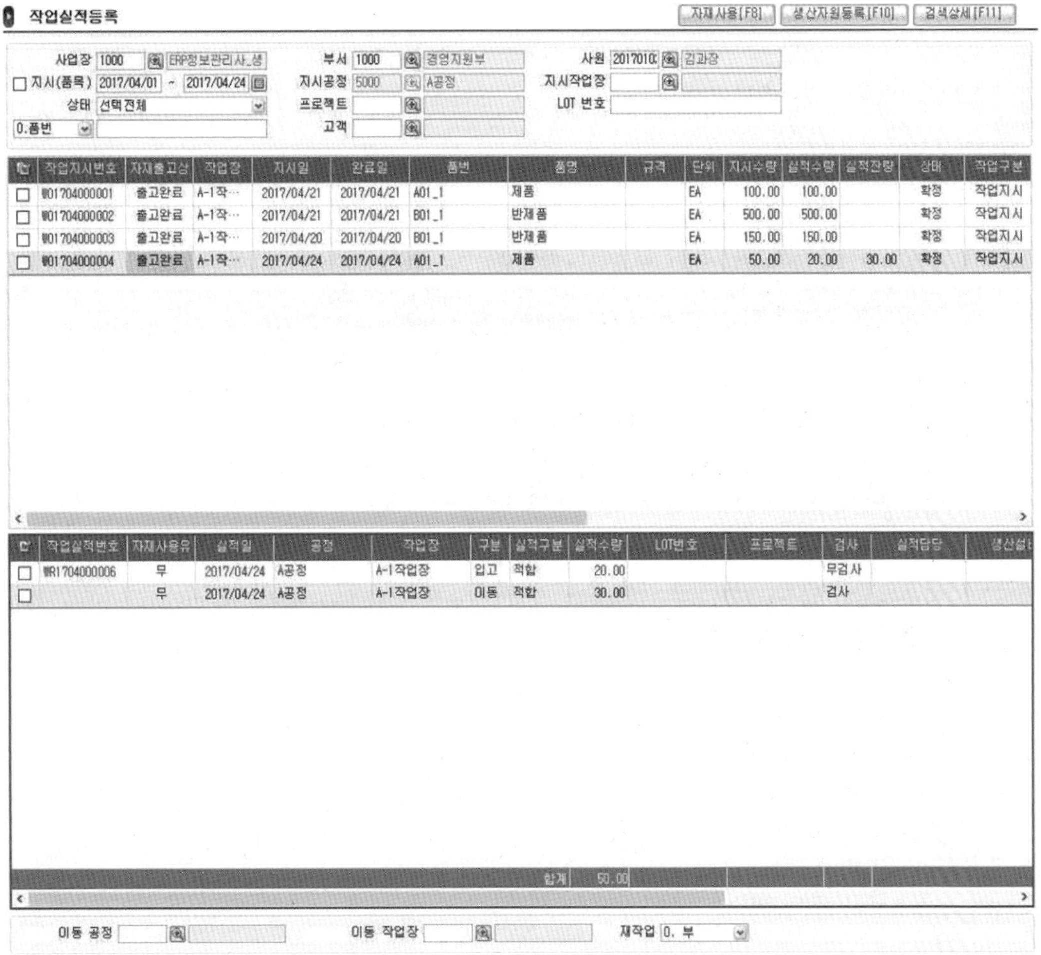

① A공정의 4개의 작업실적 중 3개의 실적이 완료된 상태이다.

② 실적의 구분을 입고로 설정할 경우 창고(장소)로 생산품이 입고된다.

③ 지시번호 WO1704000004의 실적은 진행 중이며 일부 실적은 등록되지 않았다.

④ 실적수량은 지시수량을 초과하여 등록할 수 없다.

해설

▶ [생산관리공통] – [생산관리] – [작업실적등록] 메뉴는 작업지시가 확정된 내용에 대하여 실적처리를 할 때 사용한다. 작업실적 등록이 되면 지시한 작업처리가 완료되고 재공이 증가한다. 또한 생산된 반제품은 창고에 입고처리되기 전이므로 재공으로 처리되나 생산품창고에 입고처리가 되면 재고는 증가하고 재공은 감소한다.

재공은 제품, 반제품이 공정 중에 미완성상태로 있는 것을 말한다.

▶ ④ 실적수량은 지시수량을 초과하여 등록할 수 있다.

정답 10 ④

11 지시대비실적현황에서 조회 가능한 항목이 아닌 것을 고르시오.

① 지시일 / 자재출고여부

② 실적수량 / 잔량

③ 실적번호 / 검사진행상황

④ LOT No./ 프로젝트

해설

▶ [생산관리공통] – [생산/외주/재공현황] – [지시대비실적현황] 메뉴에서 작업지시 등록한 내역을 기준으로 지시일, 완료일, 실적일, 실적구분, 검사진행, 지시수량, 실적수량, 잔량, LOT NO, 프로젝트 등을 조회한다.

지시구분	지시번호	공정	작업장	품목군	품번	품명	규격	단위	지시상태	지시일	완료일	실적번호	실적일	실적구분	검사진행	지시수량	실적수량	잔량	LOT NO	프로젝트	비고(지시 건)

12 [재공관리] 메뉴에 대한 설명으로 옳지 않은 것을 고르시오.

① 기초재공등록 : 프로그램을 처음 사용하는 경우 실제 공정의 재공수량을 입력한다.

② 재공창고입고 : 생산공정에 사용할 재공수량을 창고에서 공정으로 입고하는 작업에 활용한다.

③ 재공이동 : 사업장 내에서 재공을 다른 공정 또는 작업장으로 옮기는 데 활용하는 메뉴이다.

④ 재공조정 : 실사를 통해 확인한 실제 재공 수량과 전산재고 간에 차이가 있는 경우 차이수량만큼의 재공수량을 입력한다.

해설

▶ [생산관리공통] – [재공관리] – [기초재공등록] 메뉴는 시스템 도입 초기나 기말, 차기연도로 기초를 넘어가는 시기에 공정 내부에 남아 있는 재공 또는 외주처에 남아 있는 재공의 기초수량을 입력한다.

▶ [생산관리공통] – [재공관리] – [재공창고입고/이동/조정등록] 메뉴에서 공정에 남아 있는 재공을 창고로 입고, 이동, 조정한다.

▶ ② 재공창고입고는 출고공정에서 다른 장소나 창고로 입고를 하는 것이다. 따라서 생산공정에 사용할 재공수량을 공정에서 창고로 입고한다.

정답 11 ① 12 ②

생산 시뮬레이션

3회 문제를 풀기 위해서는 iCUBE-핵심ERP 2017버전을 설치한 후 2017년 3회 기출문제 DB를 복원. 문제 유형 - 생산2급 회사A
[13 ~ 20번 문제는 시뮬레이션 문제로서 [실기메뉴]를 활용하여 문제에 답하시오.]

13 **다음은 핵심ERP의 기초정보 메뉴에 대한 질문이다. 다음 중 품목 정보를 올바르게 등록한 것은?**

① 21-1030620, FRONT FORK (TYPE SB)
② 21-1060720, FRAME-NUT (TYPE B)
③ 21-1060852, WHEEL FRONT-MTB (TYPE B)
④ 21-1060952, WHEEL REAL-MTB (TYPE B)

해설

▶ 품번 : 회사에서 품목을 구분하는 기초정보 코드로 사용되며, 코드는 중복하여 사용할 수 없다. 즉 코드는 유일해야 하며 숫자, 영문, 한글 모두 입력 가능하다.
▶ 계정구분 : 품목의 계정인 원재료, 부재료, 제품, 반제품, 상품, 저장품, 비용, 수익 중 하나를 입력하며 회계처리 시 해당 계정을 기준으로 분개된다. (계정구분은 용어를 정확하게 이해하고, 서로 구분할 수 있어야 한다)
- 재료 : 제품의 제조에 필요한 구성물질로 원재료를 통칭하여 부른다. 원재료는 제품이나 반제품을 생산하는 데 투입되는 주요 자재이다.
- 부재료 : 제품이나 반제품을 생산하는 데 투입되는 부수적인 자재이다.
- 재공품 : 공정에서 가공 중인 자재이다. 제품완성 이전 단계의 상태로 판매할 수 없다.
- 반제품 : 재공품의 성격을 가지나 동시에 판매가 가능한 품목이다.
- 제품 : 제조활동을 통하여 생산이 완료된 판매가 가능한 상태의 완성품으로, 기업이 판매를 목적으로 생산하는 품목이다.
- 상품 : 판매업자가 판매를 목적으로 제조업자로부터 구매하는 품목이다.

▶ 조달구분 : 품목을 마련하는 조달 기준으로 구매, 생산, Phantom으로 구성된다.
- 구매 : 발주 계획을 세우고 발주 등록을 통해서 구입한다.
- 생산 : 직접 원재료(원료와 재료)를 이용하여 제품이나 반제품을 만든다.
- Phantom : 가출고, 가발주 처리에서 사용한다.

▶ 재고단위 : 입·출고, 재고관리, 생산·외주 시 사용되는 품목의 재고 기준단위이다.
▶ 관리단위 : 영업 수주(주문)나 구매 발주 시 사용되는 기준단위이다.
▶ 환산계수 : 재고단위와 관리단위가 다른 경우, 동일한 정보로 활용할 수 있게 하는 기초 정보이다.
▶ 21-1030620, FRONT FORK (TYPE SB) ⇒ 원재료, 상품은 조달 구분이 '구매'이다.
▶ 21-1060720, FRAME-NUT (TYPE B) ⇒ 재고단위와 관리단위가 EA로 동일하지만, 환산계수가 1,000이라 틀리다.
▶ 21-1060952, WHEEL REAL-MTB (TYPE B) ⇒ 제품, 반제품은 조달구분이 "생산"이다.

정답 13 ③

14 다음은 핵심ERP의 기초정보 메뉴에 대한 질문이다. 아래 [보기]의 조건으로 데이터를 조회한 후 물음에 답하시오.

사업장 : 2000, ㈜한국자전거지사

다음 중 작업지시를 등록할 수 없는 작업장은?

① L201, 제품작업장
② L202, 반제품작업장
③ L301, 제품작업장(완성품)
④ L302, 반제품작업장(조립품)

해설

▶ [시스템관리] – [기초정보관리] – [창고/공정(생산)/외주공정등록]

창고/장소 | **생산공정/작업장** | 외주공정/작업장

생산공정코드	생산공정명	입고기본위치	출고기본위치	공정설명	사용여부
L200	작업공정				사용
L300	작업공정(도색)				사용

작업장코드	작업장명	작업장설명	적합여부	사용여부
L201	제품작업장		적합	사용
L202	반제품작업장		적합	사용

창고/장소 | **생산공정/작업장** | 외주공정/작업장

생산공정코드	생산공정명	입고기본위치	출고기본위치	공정설명	사용여부
L200	작업공정				사용
L300	작업공정(도색)				사용

작업장코드	작업장명	작업장설명	적합여부	사용여부
L301	제품작업장(완성품)		적합	미사용
L302	반제품작업장(조립품)		적합	사용
L303	반제품작업장(조립품 PART 2)		적합	사용

▶ ③ L301, 제품작업장(완성품) ⇒ 사용여부 "미사용"

정답 **14 ③**

15 다음은 핵심ERP에 대한 질문이다. 아래 [보기]의 조건으로 데이터를 조회한 후 물음에 답하시오.

사업장 : 2000, ㈜한국자전거지사 공정 : L200, 작업공정작업장 : L202, 반제품작업장 지시기간 : 2017. 04. 01. ~ 2017. 04. 05.

다음 중 전 단계의 정보를 적용하지 않고 직접 등록한 지시번호는?

① WO1704000001
② WO1704000002
③ WO1704000003
④ WO1704000004

해설

▶ [생산관리공통] – [생산관리] – [작업지시등록]

▶ 각 작업지시등록에서 마우스 오른쪽 버튼을 클릭 – [작업지시등록] 이력정보를 통해 확인 가능하다.

a. 전 단계의 정보를 적용하지 않고 직접 등록한 메시지

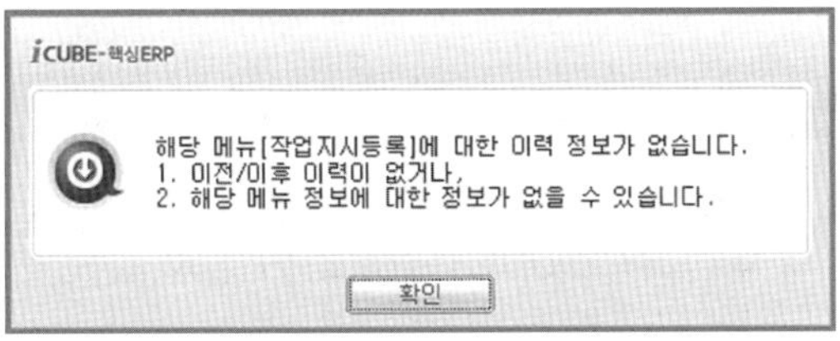

b. 전 단계 정보를 적용한 메시지

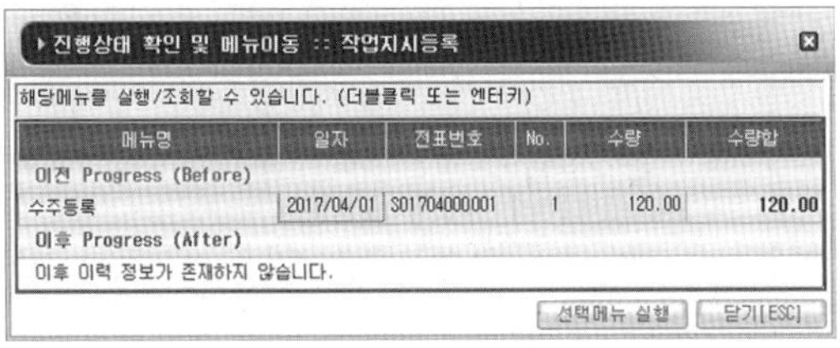

정답 15 ①

16 다음은 핵심ERP에 대한 질문이다. 아래 [보기]의 조건으로 데이터를 조회한 후 물음에 답하시오.

> 사업장 : 2000, ㈜한국자전거지사
> 공정 : L200, 작업공정작업장 : L202, 반제품작업장
> 지시기간 : 2017. 04. 06. ~ 2017. 04. 10.
> 지시번호 : WO1704000005 ~ WO1704000008

다음 중 작업지시와 다르게 이후 프로세스가 변경된 작업실적번호는?

① WR1704000001 ② WR1704000002
③ WR1704000003 ④ WR1704000004

해설

▶ [생산관리공통] – [생산관리] – [작업지시등록], [생산관리공통] – [생산관리] – [작업실적등록]
▶ 작업지시등록 내역과 작업실적등록 내역을 비교한다.

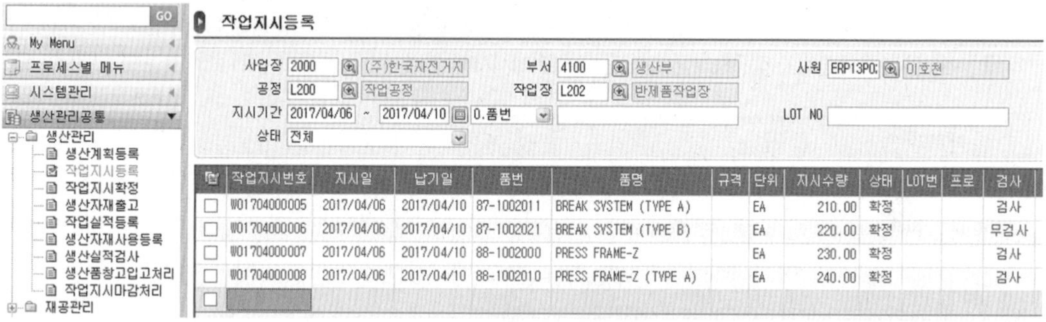

작업지시번호	지시일	납기일	품번	품명	규격	단위	지시수량	상태	LOT번	프로	검사
WO1704000005	2017/04/06	2017/04/10	87-1002011	BREAK SYSTEM (TYPE A)		EA	210.00	확정			검사
WO1704000006	2017/04/06	2017/04/10	87-1002021	BREAK SYSTEM (TYPE B)		EA	220.00	확정			무검사
WO1704000007	2017/04/06	2017/04/10	88-1002000	PRESS FRAME-Z		EA	230.00	확정			검사
WO1704000008	2017/04/06	2017/04/10	88-1002010	PRESS FRAME-Z (TYPE A)		EA	240.00	확정			검사

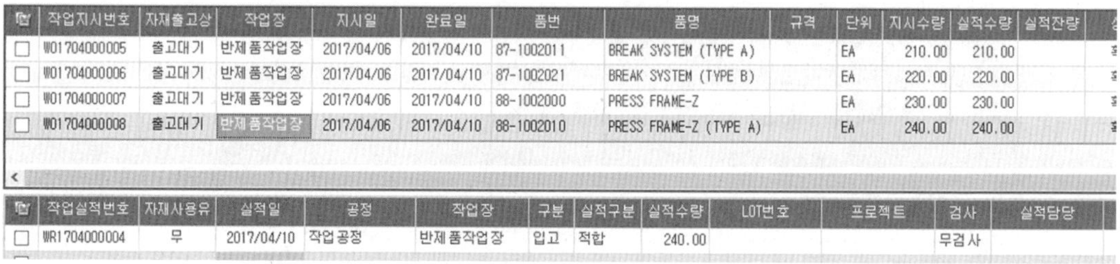

작업지시번호	자재출고상	작업장	지시일	완료일	품번	품명	규격	단위	지시수량	실적수량	실적잔량
WO1704000005	출고대기	반제품작업장	2017/04/06	2017/04/10	87-1002011	BREAK SYSTEM (TYPE A)		EA	210.00	210.00	
WO1704000006	출고대기	반제품작업장	2017/04/06	2017/04/10	87-1002021	BREAK SYSTEM (TYPE B)		EA	220.00	220.00	
WO1704000007	출고대기	반제품작업장	2017/04/06	2017/04/10	88-1002000	PRESS FRAME-Z		EA	230.00	230.00	
WO1704000008	출고대기	반제품작업장	2017/04/06	2017/04/10	88-1002010	PRESS FRAME-Z (TYPE A)		EA	240.00	240.00	

작업실적번호	자재사용유	실적일	공정	작업장	구분	실적구분	실적수량	LOT번호	프로젝트	검사	실적담당
WR1704000004	무	2017/04/10	작업공정	반제품작업장	입고	적합	240.00			무검사	

▶ WO1704000006은 [작업지시등록]과 [작업실적등록]의 검사가 모두 "무검사"이다.
▶ WO1704000008은 [작업지시등록]에서 검사가 "무검사", [작업실적등록]에서 검사는 "무검사"이다.

정답 16 ④

17 다음은 핵심ERP에 대한 질문이다. 아래 [보기]의 조건으로 데이터를 조회한 후 물음에 답하시오.

> 사업장 : 2000, ㈜한국자전거지사
> 공정 : L200, 작업공정작업장 : L202, 반제품작업장
> 실적기간 : 2017. 04. 21. ~ 2017. 04. 25.

다음 중 다른 검사유형으로 실적검사를 진행한 실적번호는?

① WR1704000005 ② WR1704000006
③ WR1704000007 ④ WR1704000008

해설

▶ [생산관리공통] – [생산관리] – [생산실적검사]
▶ ①, ②, ③, – 샘플검사, ④ – 전수검사

18 다음은 핵심ERP에 대한 질문이다. 아래 [보기]의 조건으로 데이터를 조회한 후 물음에 답하시오.

> 사업장 : 2000, ㈜한국자전거지사
> 공정 : L200, 작업공정작업장 : L202.반제품작업장
> 지시기간 : 2017. 05. 01. ~ 2017. 05. 05.

다음 중 작업지시와 다르게 생산작업(작업실적)을 진행한 작업팀은?

① P2A, 작업 A팀
② P2B, 작업 B팀
③ P2C, 작업 C팀
④ P2D, 작업 D팀

해설

▶ [생산관리공통] – [생산관리] – [작업지시등록]과 [생산관리공통] – [생산관리] – [작업실적등록] 비교

작업지시번호	지시일	납기일	품번	품명	규격	단위	지시수량	상태	LOT번	프로	검사	고객	생산설비	작업팀	작업조	비고
W01705000001	2017/05/01	2017/05/05	81-1001000	BODY-알미늄(GRAY-WHITE)		EA	510.00	확정			무검사			작업 A팀		
W01705000002	2017/05/01	2017/05/05	81-1001010	BODY-알미늄 (GRAY-WHITE, TYPE A)		EA	520.00	확정			무검사			작업 B팀		
W01705000003	2017/05/01	2017/05/05	83-2000100	전장품 ASS'Y		EA	530.00	확정			무검사			작업 C팀		
W01705000004	2017/05/01	2017/05/05	83-2000110	전장품 ASS'Y (TYPE A)		EA	540.00	확정			무검사			작업 D팀		

작업지시번호	자재출고상	작업장	지시일	완료일	품번	품명	규격	단위	지시수량	실적수량	실적	상태	작업구분	LOT번	프	검사	고객	생	작업팀
W01705000001	출고대기	반제품작업장	2017/05/01	2017/05/05	81-1001000	BODY-알미늄(GRAY-WHITE)		EA	510.00	510.00		확정	작업지시			무검사			작업 A팀
W01705000002	출고대기	반제품작업장	2017/05/01	2017/05/05	81-1001010	BODY-알미늄 (GRAY-WHITE, TYPE A)		EA	520.00	520.00		확정	작업지시			무검사			작업 B팀
W01705000003	출고대기	반제품작업장	2017/05/01	2017/05/05	83-2000100	전장품 ASS'Y		EA	530.00	530.00		확정	작업지시			무검사			작업 C팀
W01705000004	출고대기	반제품작업장	2017/05/01	2017/05/05	83-2000110	전장품 ASS'Y (TYPE A)		EA	540.00	540.00		확정	작업지시			무검사			작업 D팀

작업실적번호	자재사용유	실적일	공정	작업장	구분	실적구분	실적수량	LOT번호	프로젝트	검사	실적담당	생산설비	작업팀	작업조	부적합명
WR1705000005	무	2017/05/03	작업공정	반제품작업장	입고	적합	150.00			무검사			작업 C팀		
WR1705000006	무	2017/05/04	작업공정	반제품작업장	입고	적합	380.00			무검사			작업 B팀		

▶ 작업 B팀은 작업지시와 다르게 작업 B팀, 작업 C팀 작업을 하였다.

정답 17 ④ 18 ②

19 다음은 핵심ERP에 대한 질문이다. 아래 [보기]의 조건으로 데이터를 조회한 후 물음에 답하시오.

> 사업장 : 2000, ㈜한국자전거지사
> 지시기간 : 2017. 04. 01. ~ 2017. 04. 05.

공정상의 재공을 조정한 사유가 다른 작업장은?

① L201, 제품작업장
② L202, 반제품작업장
③ L302, 반제품작업장(조립품)
④ L303, 반제품작업장(조립품 PART 2)

해설

[생산관리공통] – [재공관리] – [재공창고입고/이동/조정등록]

	조정번호	조정일자	조정공정	조정작업장	품번	품명	규격	단위	조정수량	PROJECT	LOT NO	조정구분	비고
□	WA1704000001	2017/04/01	작업공정	반제품작…	21-3000320	WIRING-DE (TYPE B)		EA	5.00			재공수량차이(임의실사)	
□	WA1704000002	2017/04/01	작업공정	제품작업장	21-3065720	GEAR REAR C (TYPE B)		EA	4.00			재공수량차이(정기실사)	
□	WA1704000003	2017/04/01	작업공정(…	반제품작…	21-9000202	HEAD LAMP (TYPE B)		EA	5.00			재공수량차이(정기실사)	
□	WA1704000004	2017/04/01	작업공정(…	반제품작…	21-9000212	HEAD LAMP (LED TYPE B)		EA	5.00			재공수량차이(정기실사)	

20 다음은 핵심ERP에 대한 질문이다. 아래 [보기]의 조건으로 데이터를 조회한 후 물음에 답하시오.

> 사업장 : 2000, ㈜한국자전거지사
> 공정 : L200, 작업공정작업장 : L201, 제품작업장
> 실적기간 : 2017. 05. 11. ~ 2017. 05. 20.
> 구분 : 1. 공정
> 수량조회기준 : 0. 실적입고기준
> 조회 탭(Tab) : 실적기준

다음 실적품목 중에서 적합(양품)수량보다 부적합수량이 많은 것은?

① NAX-A400, 일반자전거(P-GRAY WHITE)
② NAX-A401, 일반자전거(P-GRAY RED)
③ NAX-A420, 산악자전거(P-20G)
④ NAX-A421, 산악자전거(P-21G,A421)

정답 19 ② 20 ②

해설

▶ [생산관리공통] – [생산/외주/재공현황] – [생산일보]

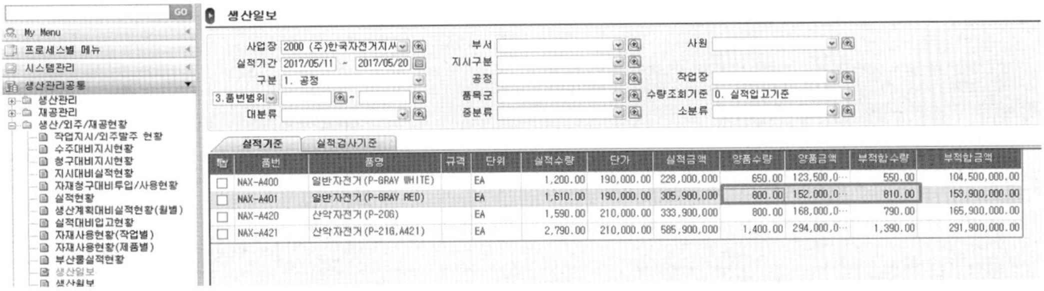

품번/품번	양품수량	부적합수량
NAX-A400, 일반자전거(P-GRAY WHITE)	650	550
NAX-A401, 일반자전거(P-GRAY RED)	800	810
NAX-A420, 산악자전거(P-20G)	800	730
NAX-A421, 산악자전거(P-21G,A421)	1,400	1,390

기출문제

경영혁신과 ERP

01 ERP 도입 시 예상효과로 적절하지 않은 것은?

① 원가절감
② 고객서비스 개선
③ 사이클 타임 증가
④ 통합 업무시스템 구축

해설
ERP 도입 시 사이클 타임이 감소한다.

02 ERP 구축의 성공요인으로 가장 적절하지 않은 것은?

① 지속적인 ERP 교육 실시
② IT 중심으로만 프로젝트 추진
③ 경험과 지식을 겸비한 인력으로 구성
④ 경영자와 전체 임직원의 높은 관심 및 참여

해설
ERP 구축이 성공하기 위해서는 IT 중심의 프로젝트로 추진하지 말아야 한다.

ERP 구축 시 성공/실패요인

03 다음은 ERP의 특징을 설명한 것이다. 특징과 설명을 연결한 것으로 적절하지 않은 것은 무엇인가?

① Open Multi-vendor : 특정 H/W 업체에만 의존하는 open 형태를 채용, C/S형의 시스템 구축이 가능하다.
② 통합업무시스템 : 세계유수기업이 채용하고 있는 Best Practice Business Process를 공통화, 표준화시킨다.
③ Parameter 설정에 의한 단기간의 도입과 개발이 가능 : Parameter 설정에 의해 각 기업과 부문의 특수성을 고려할 수 있다.
④ 다국적, 다통화, 다언어 : 각 나라의 법률과 대표적인 상거래 습관, 생산방식이 시스템에 입력되어 있어서 사용자는 이 가운데 필요한 것을 선택하여 설정할 수 있다.

해설
Open Multi-vendor는 특정 H/W 업체에 의존하지 않고 다양한 하드웨어 업체의 컴퓨터와 소프트웨어를 조합하여 사용할 수 있도록 지원한다.

04 ERP 시스템 구축 절차 중 구현 단계에서 수행할 내용으로 가장 적절하지 않은 것은 무엇인가?

① 시스템 평가
② 시험가동(Prototyping)
③ 커스터마이징(Customizing)
④ 데이터 전환(Data Conversion)

해설
커스터마이징(Customizing)은 설계단계에 해당한다.

정답 01 ③ 02 ② 03 ① 04 ③

영업관리

05 다음 [보기]의 공식으로 산출되는 결과값과 가장 관련있는 영업활동은 무엇인가?

> • 당해업계 총수요 예측액 × 자사 목표시장점유율

① 수요예측　　② 판매예측
③ 판매할당　　④ 수주관리

해설

판매예측 = 당해업계 총수요 예측액 × 자사 목표시장점유율

06 수익성지표를 활용하여 [보기]의 상품들에 대한 목표매출액을 설정하고자 한다. 다음 중 가장 높은 목표매출액을 할당하게 될 상품은 무엇인가?

상품	목표한계이익	목표한계이익률
A	10억 원	40%
B	20억 원	20%
C	30억 원	10%
D	40억 원	10%

① A　　② B
③ C　　④ D

해설

상품	목표한계이익	목표한계이익률	목표매출액
A	10억 원	40%	10/0.4 = 25
B	20억 원	20%	20/0.2 = 100
C	30억 원	10%	30/0.1= 300
D	40억 원	10%	40/0.1 = 400

07 다음은 기업의 여신활동에 관한 설명이다. 다음 중 그 내용이 가장 적합하지 않은 것은?

① 신용한도는 거래처마다 외상매출을 허용할 수 있는 금액의 한도를 의미한다.
② 매출채권이 과대해질 경우에는 자금조달이 악화될 위험이 있으므로 자금관리에 유의할 필요가 있다.
③ 매출채권 회전율이 낮아질 경우에는 대손발생의 위험이 증가하고 수익 감소의 원인이 된다.
④ 순운전자본은 자금의 유동성을 나타내며, 유동자산의 총액을 유동부채의 총액으로 나눈 값이다.

해설

순운전자본은 자금의 유동성을 나타내며, 유동자산의 총액에서 유동부채의 총액을 차감한 값이다.

08 거래처로부터 제품 A를 80개 주문받아 수주등록한 후, 납품가능일을 산출하여 거래처에 통보하고자 한다. 다음 [보기]의 내용만을 토대로, 12/24까지 거래처에 납품가능한 약속가능재고(ATP, Available To Promise)를 산출하면 몇 개인가?

> 제품 A 현황
> • 생산리드 타임 : 5일
> • 12/15에 수주등록 수량 : 80개
> • 12/15에 ERP 시스템의 현재고 수량 : 20개
> • 12/18에 생산완료되어 입고예정인 수량 : 20개
> • 12/21에 생산계획에 따라 공정에서 생산에 착수할 수량 : 20개
> • 12/24까지 거래처에 납품가능한 약속가능재고 수량 : (　)개

① 40　　② 60
③ 80　　④ 100

해설

약속가능재고 = 80−20−20 = 40개

정답 05 ② 06 ④ 07 ④ 08 ①

09 과거 총이익액의 실적을 이용하여 거래처의 여신한도를 설정하려고 한다. 거래처에 대하여 과거 3년간의 총매출액이 30억, 외상매출채권 잔액이 10억, 평균 총 이익률이 5%일 때, 이 거래처에 적절한 여신한도액은?

① 0.5억 ② 1억
③ 1.5억 ④ 2억

해설
여신한도액 = (30−10)×5% = 1억 원

10 다음 [보기]에서 공통적으로 설명하는 고객 중점화 전략은 무엇인가?

• 대상 고객의 가치를 종합적으로 검토하여 핵심 고객 분류 • 3개 이상의 요인을 가중치를 이용해 결합하고 다면적으로 분석하여 일정한 기준에 따라 범주화함으로써 범주별로 최적의 전략 적용

① 파레토 분석
② 델파이 분석
③ 매트릭스 분석
④ 거래처 포트폴리오 분석

해설
거래처 포트폴리오 분석이란 거래처·고객의 중점화 전략을 설정하기 위하여 현재의 거래처·고객과의 거래상황을 종합적으로 수정·총점검하고 중요 거래처·고객을 효과적으로 분류하여 최적의 공략방법을 도출하기 위한 분석방법이다.

11 다음 중 재고관리의 기본모형인 절충형시스템(s,S system)과 고정주문량모형(Q system)의 특징적 유사점에 대한 설명으로 가장 적합한 것은?

① 재고수준의 점검은 발주 시에만 진행된다.
② 수요가 변동하면 발주시기마다 발주량은 달라진다.
③ 재고수준이 사전에 결정된 발주점까지 감소하면 발주한다.
④ 최대재고수준까지 도달하기 위한 현재고의 부족량을 발주한다.

해설
절충형시스템(s,S system)과 고정주문량모형(Q system) 모두 재고수준이 사전에 결정된 발주점까지 감소하면 발주한다.

12 다음 [보기]는 맞춤양복을 생산하여 판매하는 기업의 자재분류에 대한 설명이다. 다음 중 자재분류가 적합한 것끼리만 연결된 것은?

A. 제조공정에서 재단작업을 기다리는 중간제작품 : 재공품 B. 국내거래처에서 구매하며, 맞춤양복에 부착되는 단추 : MRO 자재 C. 해외거래처에서 구매하며, 맞춤양복생산에 사용되는 가위 : 부품 D. 생산완료되어 공정에서 창고입고를 기다리는 맞춤양복 : 재공품

① A, B ② B, C
③ C, D ④ A, D

해설
국내거래처에서 구매하며, 맞춤양복에 부착되는 단추 : 부품
해외거래처에서 구매하며, 맞춤양복생산에 사용되는 가위 : MRO 자재

13 다음 중 보관구역을 구획별로 적당히 구분하여 월간 또는 주간마다 날짜를 정하여 재고를 조사하는 재고조사 방법으로 가장 적합한 것은?

① 일제재고조사
② 구역재고조사
③ 순환재고조사
④ 부정기적조사

정답 09 ② 10 ④ 11 ③ 12 ④ 13 ③

해설

순환재고조사란 보관구역을 적당히 구분하여 월간정기나 주간정기 식으로 날짜를 정하고 순환적으로 재고조사를 하는 방법이다.

14 **[보기]는 재고관련비용에 대한 설명이다. 다음 중 재고유지비용에 대한 설명끼리 짝지어진 것은?**

A. 창고 임대료, 보관료, 재고관련 보험료 등 B. 발주물품의 수송, 검사, 입고 등에 소요되는 비용 C. 재고보관 중에 도난, 변질, 진부화 등으로 인한 손실비용 D. 수량에 관계 없이 발주마다 일정하게 발생되는 고정적인 비용 E. 재고부족으로 인해 발생되는 납기지연이나 판매기회 상실 비용 F. 생산 공정의 변경이나 기계·공구의 교환 등으로 공정이 지연됨으로써 발생하는 비용

① A, B
② A, C
③ C, D
④ E, F

해설

재고관련 총비용은 주문비용(생산준비비용 : B, D, F), 재고유지비용(A, C), 재고부족비용(E)의 합으로 구성된다.

15 **A사는 호빵제품군을 생산하여 판매하는 기업으로, 제품으로는 '야채호빵', '팥호빵' 등이 있다. 다음 A사의 업무활동에 대한 설명 중에서 그 내용이 가장 적합하지 않은 것은?**

① '야채호빵'에 대해 주별로 주생산계획(MPS)을 수립했다.
② '호빵제품군'에 대해 6~18개월간의 총괄생산계획을 수립했다.
③ '팥호빵'에 대한 자재소요계획(MRP)을 수행하기 위하여 자재명세서(BOM)를 사전에 등록했다.
④ '호빵제품군'에 대해 자재소요계획을 수행하여 월별 '야채호빵'과 '팥호빵'의 생산수량을 산출했다.

해설

'호빵제품군'에 대해 총괄생산계획을 수행하여 월별 '야채호빵'과 '팥호빵'의 생산수량을 산출했다.

구매관리

16 **A기업은 공급업체 선정을 입찰방식으로 진행하고자 한다. [보기]의 입찰 안내문에 의하면 다음 중 A기업의 공급업체 선정방법으로 가장 적합한 것은?**

공급업체 선정을 위한 입찰 안내문 • 입찰 참가자격은 자본금이 5,000만 원 미만의 소기업 또는 소상공인 기업임. • 참가자격을 갖춘 모든 기업은 다른 제약조건 없이 입찰에 참가할 수 있음.

① 평점방식
② 수의계약
③ 제한경쟁방식
④ 지명경쟁방식

해설

제한경쟁방식이란 입찰참가자의 자격을 제한하지만 자격을 갖춘 대상자는 모두 입찰참가자에 포함시키는 방법을 말한다.

정답 14 ② 15 ④ 16 ③

17 다음 [보기]는 본사집중구매방식의 장점에 대한 설명이다. 다음 중 적합하지 않은 것끼리 묶인 것은?

A. 구매비용이 줄어든다. B. 구입거래 조건이 유리하다. C. 구매절차를 통일하기에 유리하다. D. 긴급 수용에 즉각 대처할 수 있다. E. 지역구매가 많아 수송비가 줄어든다. F. 구매가격 조사, 공급자 조사, 구매효과 측정이 용이하다.

① A, B
② C, D
③ D, E
④ E, F

해설
D와 E는 사업장별 분산구매 방식의 장점이다.

18 구매방침에서 자체생산과 외주생산 결정에 대한 설명으로 옳은 것은?

① 기술적 권리측면에서 특허권을 취득할 때까지는 외부전문 제작팀에 맡기는 게 더 나을 수 있다.
② 자체 생산능력을 초과하는 수용에 대해서는 외주생산을 고려할 수 있다.
③ 생산제품 모델변경이 잦은 경우, 기술진부화가 예측되는 경우 등은 외주보다 자체생산이 바람직하다.
④ 원가적인 측면에서 중요기술이 포함되지 않았다 하더라도 다품종소량생산인 경우는 외주보다 자체생산이 더 바람직하다.

해설
생산제품 모델변경이 잦은 경우나 기술 진부화가 예측되는 경우 등은 자체생산보다 외주생산이 바람직하다.

19 다음 중 구매가격의 유형과 그에 대한 예시로 가장 적합하지 않은 것은 무엇인가?

① 시중가격 : 배춧값, 꽃값
② 협정가격 : 이발비, 목욕비
③ 정가가격 : 참고서, 화장품
④ 개정가격 : 광고료, 공사비

해설
광고료나 공사비는 교섭가격으로 정하는 것이 바람직하다.

20 다음 중 현금할인 방식의 결제조건과 각 결제조건에 따른 설명내용으로 가장 적합하지 않은 것은?

① "5/10 EOM" : 거래일로부터 5일 이내에 10% 현금할인
② "5/10 ROG" : 선적화물수취일로부터 10일 이내에 5% 현금할인
③ "3/10-60 days extra" : 거래일로부터 총 70일간 3% 현금할인
④ "3/10 advanced" : 할인기산일로부터 10일 이내에 3% 현금할인

해설
"5/10 EOM"은 5%의 할인을 받으려면 익월 10일까지 대금을 지불하면 된다.

정답 17 ③ 18 ② 19 ④ 20 ①

물류 실무이론

※ 실무 문제는 기출문제의 내용을 그대로 반영하고 있습니다.

01 다음 채권기초/이월/조정(출고기준) 메뉴에 대한 설명으로 가장 올바르지 않은 것은?

① 회사전체 거래처별 채권을 월별로 이월하고 관리하는 메뉴이다.

② [채권기초] 탭은 시스템 도입초기 채권을 입력할 때 사용하는 탭이다.

③ [채권이월] 탭은 해당년도의 채권 잔액을 차기 년도로 이월할 때 잔액을 자동으로 보여주는 탭이다.

④ [채권조정] 탭은 채권이 불일치할 때 채권을 조정하는 탭이다.

해설

▶ 사업장별로 채권에 대한 기초, 조정 값을 등록하고, 거래처별 채권을 월별로 이월하고 관리하는 메뉴이다.

▶ [영업관리] – [기초정보관리] – [채권기초/이월/조정(출고기준)]

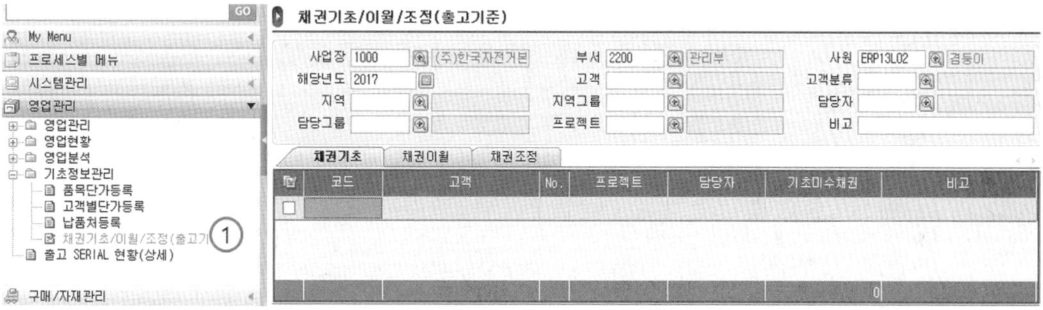

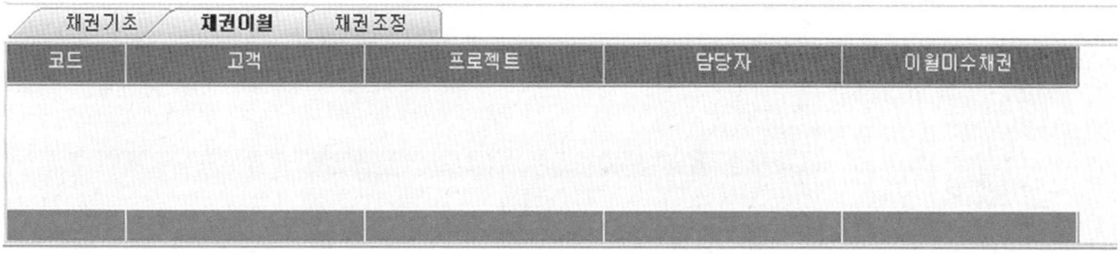

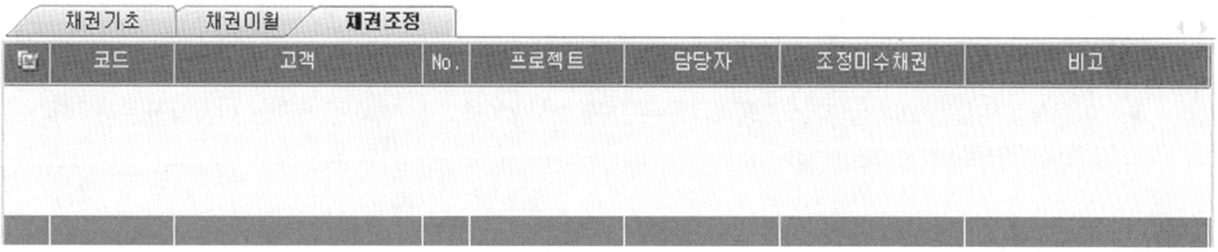

정답 01 ①

02 **다음 물류실적(품목/고객) 담당자코드 등록 메뉴에 대한 설명으로 가장 올바른 것은?**

① [물류실적(품목/고객)담당자코드등록] 메뉴는 시스템에 큰 영향을 주기 때문에 반드시 등록하여 사용한다.

② 거래처별로 영업담당자, 구매담당자, 생산담당자 코드를 등록할 수 있다.

③ 품목별로 영업담당자, 구매담당자, 자재담당자, 외주담당자를 등록할 수 있다.

④ [물류담당자코드등록] 메뉴는 등록한 물류담당자를 조회하여 거래처별, 품목별로 담당자 코드를 등록하는 메뉴이다.

해설

▶ [시스템관리] – [기초정보관리] – [물류담당자코드등록]

▶ [물류담당자코드등록] 메뉴는 영업, 자재, 생산 등의 업무를 효율적으로 관리하기 위해 담당자를 등록한다. 사원의 업무는 부서 이동이나 기타 업무변동으로 인해 변할 수 있기 때문에 효율적인 업무 관리를 위해 담당자를 등록해 관리한다. 또한 사원 한 명이 1개 이상의 물류담당자가 될 수 있다.

▶ [시스템관리] – [기초정보관리] – [물류실적(품목/고객)담당자등록] 메뉴는 [물류담당자코드등록] 메뉴에서 등록한 코드를 조회하여 거래처별, 품목별로 담당자코드를 등록할 때 사용한다.

▶ ① [물류실적(품목/고객)담당자코드등록] 메뉴는 사용하지 않아도 시스템에 큰 영향을 미치지 않는다. 따라서 반드시 할 필요는 없다.

정답 02 ④

▶ ② 거래처별로 영업담당자, 구매담당자, 외주담당자 코드를 등록할 수 있다. (생산담당자가 아닌 외주담당자임)

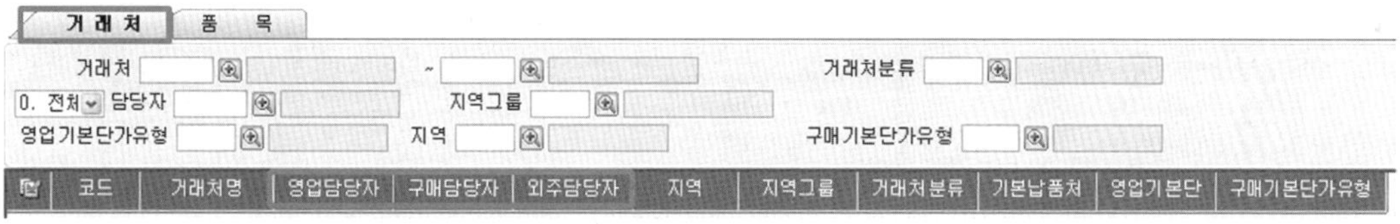

▶ ③ 품목별로 영업담당자, 구매담당자, 자재담당자, 생산담당자를 등록할 수 있다. (외주담당자가 아닌 생산담당자임)

03 다음 사용자권한 설정 메뉴에 대한 설명으로 가장 올바르지 않은 것은?

① 사용자의 모듈별 메뉴에 대한 사용권한을 설정하는 메뉴로서 시스템 구축 초기에 등록하게 된다.

② 권한설정 시 조회권한은 변경가능하다.

③ 사용자의 프로그램 사용여부와 입력방식, 조회권한을 설정하는 메뉴이다.

④ 해당 사원의 프로그램 사용여부가 '여'인 사원만 사용권한을 설정할 수 있다.

해설

▶ ERP프로그램을 사용하기 전 [시스템관리] – [회사등록정보] – [사용자권한설정] 메뉴에서 시스템 환경을 설정한다. 회사 전체에서 사용할 공통 항목들에 대한 설정과 각 모듈별 설정으로 구성되어 있다. 시스템 환경설정은 자주 사용하는 메뉴와 항목에 대한 설정으로 자동설정되어 있으나, 회사 환경에 따라 시스템 환경을 재설정을 하기도 한다. 그러나 한 번 설정된 내용은 데이터의 일관성을 위해 가급적 변경하지 않는 것이 좋다.

▶ 시스템 환경설정을 변경한 후에는 반드시 '재로그인'해야 시스템에 변경 내용들이 반영된다.

▶ [사원등록] 메뉴는 사용자의 프로그램 사용여부와 입력방식, 조회권한을 설정하는 메뉴이다.

정답 03 ③

⇒ [시스템관리] – [회사등록정보] – [사원등록] 메뉴에 대한 설명

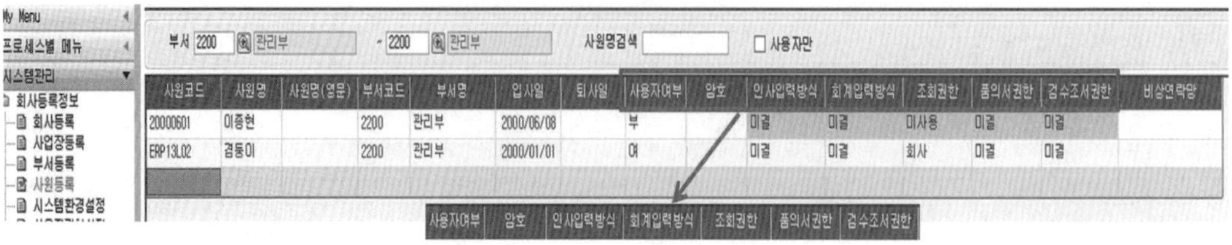

04 다음 출고처리(국내수주) 메뉴에 대한 설명으로 가장 올바르지 않은 것은?

① 수주등록 이후 출고처리를 수행하는 경우 [주문출고] 탭에서 등록한다.

② 출고처리된 내역 중 일부 반품이 발생한 경우는 [주문출고] 탭에서 음수(–)로 표기하여 등록한다.

③ 출고처리된 내역 중 일부 반품이 발생한 경우는 [예외출고] 탭에서 음수(–)로 표기하여 등록한다.

④ 수주등록하지 않고 긴급출고 건은 [예외출고] 탭에서 등록한다.

해설

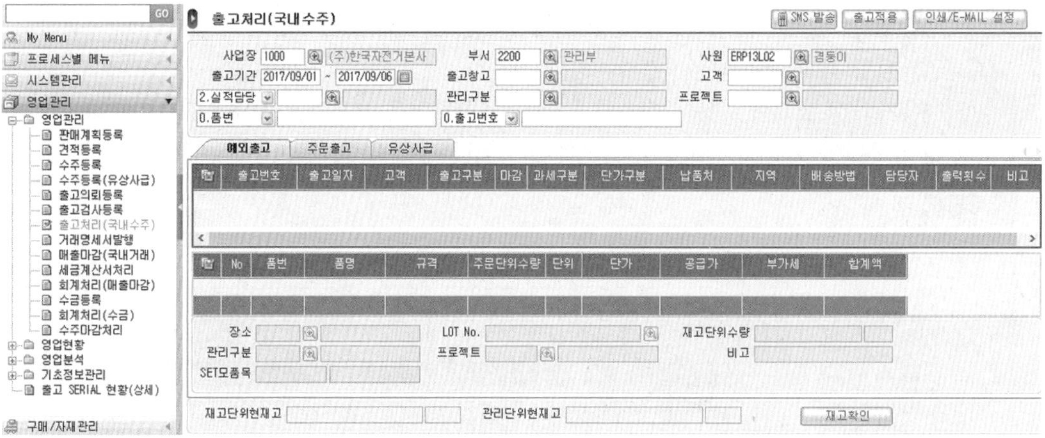

▶ [영업관리] – [영업관리] – [출고처리(국내수주)] 메뉴는 수주등록한 자료를 적용받아 출고처리할 때 사용한다. 창고에서 물품이 출고되거나 반품되는 시점의 재고에 실질적인 영향을 미친다. 반드시 수행해야 하는 메뉴이며 출고처리를 하지 않으면 매출마감을 처리할 수 없다.

a. [주문출고] 탭은 수주등록을 한 내역을 적용하여 출고처리를 할 때 사용하며 이때 재고는 감소된다.

b. [예외출고] 탭은 수주등록 없이 출고처리를 하거나 반품처리를 할 때 사용한다. 출고처리를 하는 경우에는 재고가 감소하고, 반품일 경우에는 재고가 증가한다. 예외출고는 샘플, 견본품, 물품에 하자가 생겨 반품할 경우에 사용할 수 있다.

c. [유상사급] 탭은 수주등록한 내역을 가지고 유상사급자재(돈을 받고 판매하는 경우)를 출고처리할 경우에 사용한다.

▶ 출고처리된 내역 중 일부 반품이 발생한 경우에는 주문출고 탭에서 음수(–)로 표기하여 등록한다.

⇒ [주문출고] 탭이 아니라 [예외출고] 탭

정답 04 ②

05 다음은 수주등록 [메뉴]의 화면 일부이다. 다음 설명 중 가장 올바른 것은?

	주문번호	주문일자	고객	과세구분	단가구분	납품처	담당자	관리번호
☐	S01601000008	2017/01/15	(주)대흥정공	매출과세	부가세미포함		김종욱	
☐								

	No.	품번	품명	규격	단위	납기일	출하예정일	주문수량	단가	공급가	부가세	합계액	검사
☐	1	31-1010002	의자		EA	2017/01/20	2017/01/20	100.00	10,000.00	1,000,000	100,000	1,100,000	검사

① 수주등록은 견적등록 내역을 적용받을 경우에만 등록이 가능하다.

② [재고확인] 아이콘을 사용하여 의자품목의 회사 전체 관리단위 수량과 재고단위 수량을 확인할 수 있다.

③ 수주등록 내역을 적용받아서 주계획작성(MPS)을 수행할 수 있다.

④ 수주등록 이후 의자품목의 재고는 100EA가 감소하게 된다.

해설

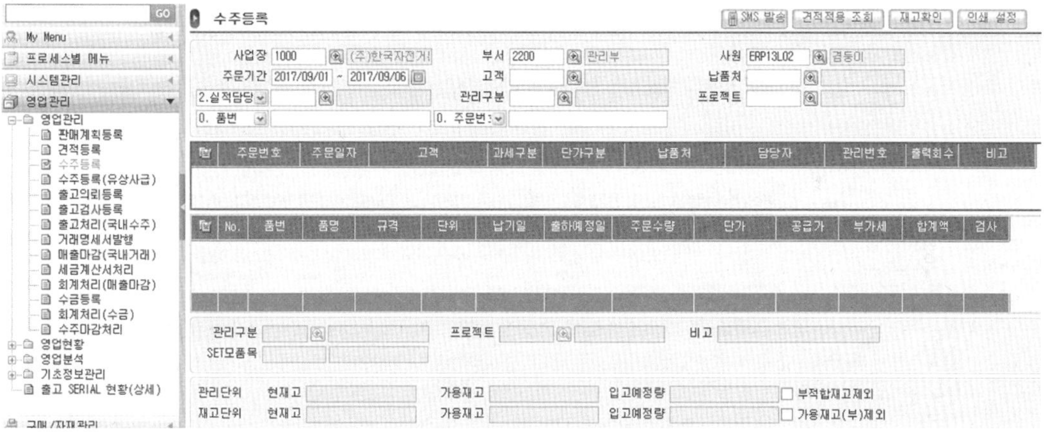

▶ [영업관리] – [영업관리] – [수주등록] 메뉴에서 고객으로부터 주문을 받은 내역을 등록한다. 수주 내역이 견적을 바탕으로 하였을 경우에는 [견적적용 조회] 버튼을 활용하여 견적내역을 적용받아 처리할 수 있으며, 견적 없이 수주하였다면 직접 등록한다. [재고확인] 버튼을 눌러 현재고, 가용재고, 입고예정량 등을 확인할 수 있다.

▶ ① 수주등록은 견적등록 내역을 적용받은 경우에만 등록이 가능하다. ⇒ 수주등록은 견적등록 내역을 적용받아 등록하거나 직접입력하여 등록할 수 있다.

▶ ② [재고확인] 아이콘을 사용하여 의자품목의 회사 전체 관리단위 수량과 재고단위 수량을 확인할 수 있다.
⇒ 회사 전체가 아니라 해당 품목의 사업장 단위

▶ ④ 수주등록 이후 의자품목의 재고는 100EA가 감소하게 된다. ⇒ 감소가 아님, 수주등록은 재고에 영향을 주지 않음

정답 05 ③

06 다음은 수금등록 화면의 일부이다. 다음 설명 중 가장 올바르지 않은 것은?

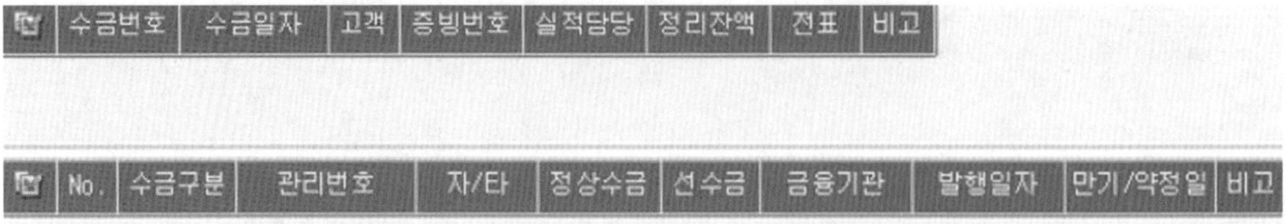

① 수금등록 이후 회계처리(수금)를 수행하면 전표의 상태는 “처리”로 표기가 된다.

② 정리 잔액은 수금 건에 대한 정상수금의 총계 금액에서 선수금정리의 총계 금액이다.

③ 실적담당은 [물류담당자코드등록]에 등록된 담당자가 조회된다.

④ 매출 대금을 회수한 경우 [정상수금]에 입력하고 매출대금의 일부를 계약금으로 회수한 경우는 [선수금]에 입력한다.

해설

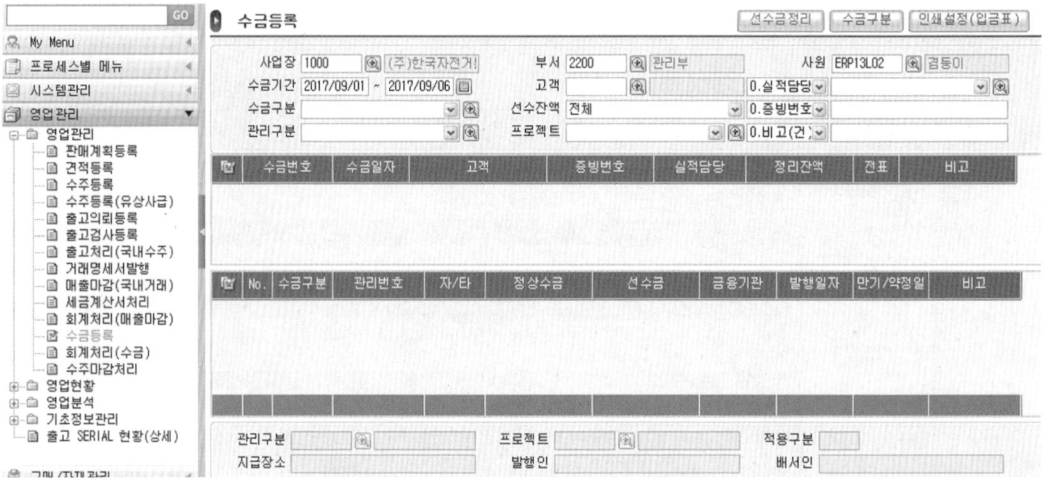

▶ [영업관리] – [영업관리] – [수금등록] 메뉴는 거래처로부터 수금된 매출대금을 등록할 때 사용한다. 수금은 매출 후 매출대금을 수금하는 정상수금과 매출 전 미리 계약금 형식으로 받는 선수금으로 분류한다. 선수금은 매출이 발생하면 매출대금으로 정리된다.

▶ ② 정리 잔액은 수금 건에 대한 정상수금의 총계 금액에서 선수금정리의 총계 금액이다. ⇒ 정상수금이 아니라 선수금

07 다음 [판매계획등록] 메뉴에 대한 설명으로 가장 올바른 것은?

① 품목을 기준으로 연도별 판매계획과 관련한 계획수량, 예상단가를 등록하는 메뉴이다.

② 판매계획 수립 시 기준이 되는 단위는 재고단위이다.

③ [주계획작성(MPS)] 메뉴에서 판매계획을 적용할 때 기준이 되는 수량은 수정계획수량이다.

④ 견적등록 내역을 적용받아서 판매계획등록을 할 수 있다.

정답 **06** ② **07** ③

해설

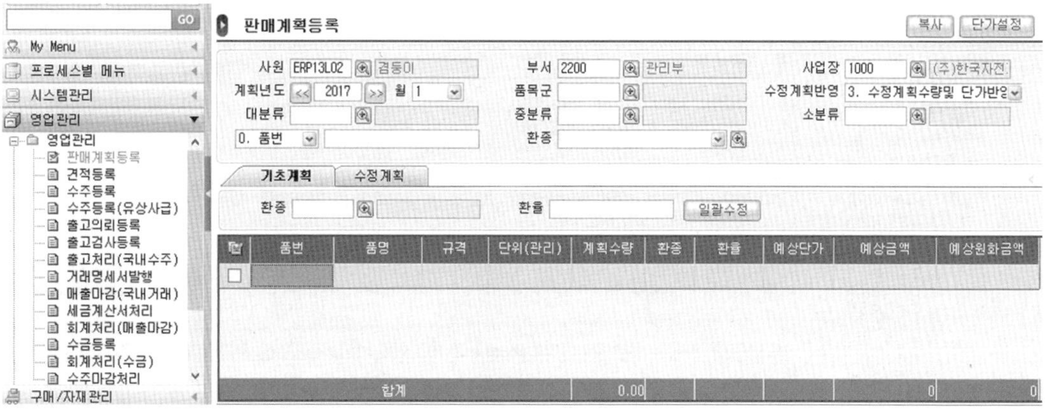

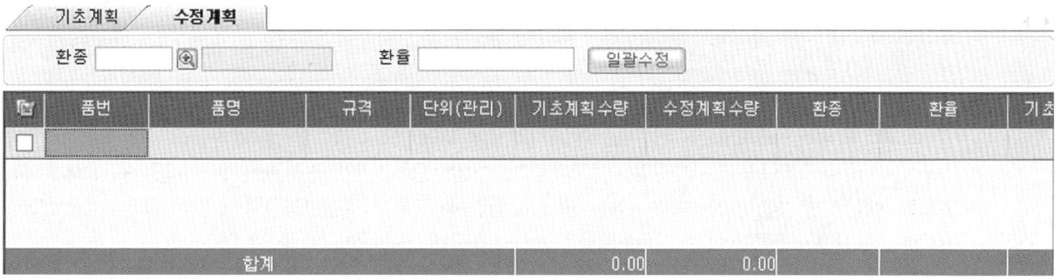

▶ [영업관리] – [영업관리] – [판매계획등록] 메뉴에서 품목에 대한 월별 판매계획을 등록한다. 최초의 판매계획을 수립한 내역은 [기초계획] 탭에 등록하고, 판매계획에 대한 수량이나 단가를 변경하였을 경우 [수정계획] 탭에 수정된 사항을 등록한다.

▶ [수정계획] 탭에서 〈수정계획수량〉, 〈수정계획단가〉, 〈수정계획금액〉을 입력한 품목은 [기초계획] 탭에서는 삭제할 수 없다. 삭제하려면 먼저 [수정계획] 탭에서 해당 품목에 대한 삭제가 이루어져야 [기초계획] 탭에서도 삭제할 수 있다. 현황메뉴에서는 [수정계획] 탭에 등록된 내역이 조회의 기준이 된다. 또한 주계획작성(MPS) 중 [판매계획] 탭에 적용되는 기준 수량은 수정계획수량이다.

▶ ① 품목을 기준으로 연도별 판매계획과 관련한 계획수량, 예상단가를 등록하는 메뉴이다.
⇒ 연도별이 아님 월별로 등록

▶ ② 판매계획 수립 시 기준이 되는 단위는 재고단위이다. ⇒ 재고단위가 아니라 관리단위이다.

▶ ④ 견적등록 내역을 적용받아서 판매계획등록을 할 수 있다. ⇒ 판매계획등록은 적용받아서 처리할 수 없다. 직접 입력할 수만 있음.

08 다음 [청구등록] 메뉴에 대한 설명으로 가장 올바르지 않은 것은?

① 주거래처는 해당 품목의 [품목등록]에 등록된 주거래처가 자동반영되며 변경 불가능하다.
② 청구구분이 구매인 경우 [발주등록]과 [해외발주등록] 메뉴에서 청구내역을 적용받을 수 있다.
③ 청구구분이 생산인 경우 [작업지시등록]과 [외주발주등록] 메뉴에서 청구내역을 적용받을 수 있다.
④ 소요량을 적용하여 등록할 수 있으며 직접등록도 가능하다.

정답 08 ①

해설

▶ [구매/자재관리] – [구매관리] – [청구등록]

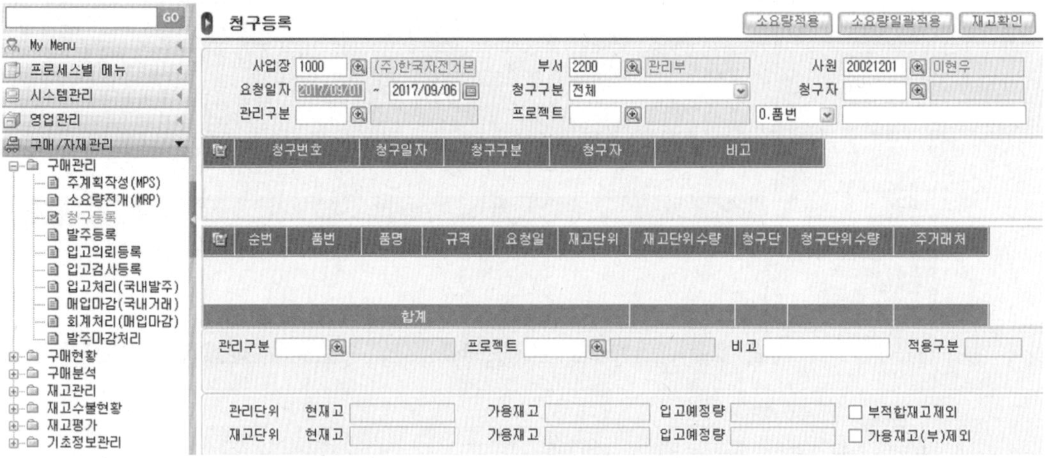

▶ [청구등록] 메뉴는 생산에 필요한 품목들인 반제품, 원자재, 부품 등을 자재담당자에게 청구한다. 소요량전개(MRP)를 통해 생성된 정보를 적용 받을 수도 있고 직접 입력할 수도 있다.
청구구분이 "구매"이면 [구매/자재관리] – [구매관리] – [발주등록], [무역관리] – [기타(수입)] – [해외발주등록]과 연결되고, "생산"이면 [생산관리공통] – [생산관리] – [작업지시등록], [생산관리공통] – [외주관리] – [외주발주등록]과 연결된다. 또한 청구등록을 한 후 발주등록을 수행하면 청구내역을 수정, 삭제할 수 없다.

▶ ① 변경이 가능하다.

09 재고이동등록(사업장)화면의 일부이다. 다음 설명한 것 중 가장 올바른 것은?

	이동번호	이동일자	출고사업장	출고창고	출고장소	입고사업장	입고창고	입고장소
□	MV1701000001	2017/01/30	(주)한국자전거본사	부품창고	부품장소	(주)한국자전거지사	부품창고_인천지점	부품/반제품_부품장소
□								

	No	품번	품명	규격	단위(재고)	이동수량	이동단가	공급가	부가세	합계액	LOT No.
□	1	21-3001600	PEDAL		EA	300.00	2,000.00	600,000	0	600,000	

① ㈜한국자전거본사 부품창고_인천지점에서 재고를 출고하여 ㈜한국자전거지사 부품창고로 입고 처리하였다.

② ㈜한국자전거지사 부품창고_인천지점의 품목 PEDAL의 재고가 300EA 감소하였다.

③ ㈜한국자전거본사와 ㈜한국자전거지사의 재고의 증감변화에 아무런 영향을 미치지 않는다.

④ ㈜한국자전거본사 부품창고의 품목 PEDAL의 재고가 300EA 감소하였다.

해설

▶ [구매/자재관리] – [재고관리] – [재고이동등록(사업장)] 메뉴는 다른 사업장의 창고와 장소로 재고를 이동할 때 사용한다. 즉 [재고이동등록(사업장)]은 재고이동이 사업장에서 사업장으로 이동할 때 사용한다.

정답 09 ④

▶ 출고사업장 : ㈜한국자전거본사, 출고창고 : 부품창고, 출고장소 : 부품장소
입고사업장 : ㈜한국자전거지사, 입고창고 : 부품창고_인천지점, 입고장소 : 부품/반제품_부품장소

	이동번호	이동일자	출고사업장	출고창고	출고장소	입고사업장	입고창고	입고장소
□	MV1701000001	2017/01/30	(주)한국자전거본사	부품창고	부품장소	(주)한국자전거지사	부품창고_인천지점	부품/반제품_부품장소

▶

품번	품명	규격	단위(재고)	이동수량
21-3001600	PEDAL		EA	300.00

⇒ ㈜한국자전거본사는 재고가 감소, ㈜한국자전거지사는 재고가 증가
⇒ ㈜한국자전거지사 부품창고_인천지점의 품목 PEDAL의 재고가 300EA 증가

10 다음 입고처리 화면 일부를 참고하여 품번 11555의 환산계수로 가장 올바른 것은?

① 215
② 2,150
③ 10
④ 21,500

해설

	입고번호	입고일자	거래처	마감	과세구분	담당자	비고
□	RV1701000001	2017/01/30	(주)대흥정공	건별	매입과세	김종욱	
□							

	No	품번	품명	규격	발주수량	관리	단가	공급가	부가세	합계액
□	1	11555	POWER1		10.00	BOX	1,000,000.00	10,000,000	1,000,000	11,000,000
□										
	1				10.00			10,000,000	1,000,000	11,000,000

장소 M101 부품장소 LOT No. 재고단위수량 2,150.00 EA

▶ 재고단위 : 품목의 입고, 출고, 재고관리, 생산, 외주에 사용되는 재고 기준단위이다.
관리단위 : 영업에서 품목을 주문하거나 구매에서 품목 발주에 사용되는 기준단위이다.
환산계수 : 재고단위와 관리단위가 서로 다를 경우, 같은 정보를 사용하기 위한 기초 정보이다.
▶ 관리 단위 : BOX (10 BOX), 재고단위 수량 : 2,150 EA
▶ 환산계수 = 재고단위 / 관리단위
= 2,150 EA / 10 BOX
= 215

정답 10 ①

11 다음 대체출고내역현황에 대한 설명으로 가장 올바르지 않은 것은?

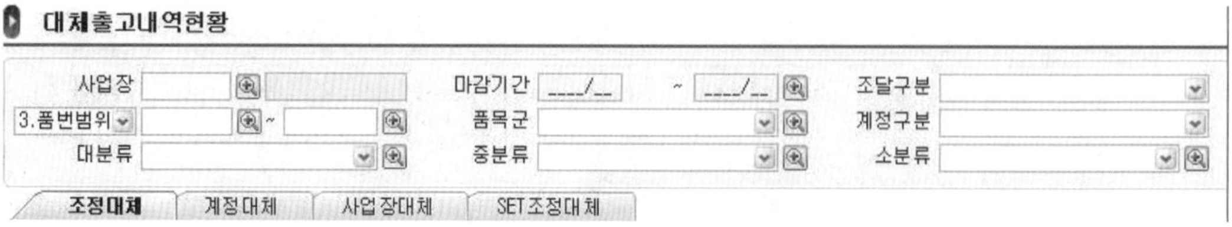

① [대체출고내역현황]은 재고평가작업을 수행한 이후에만 조회가 가능하다.
② [조정대체]는 입고반품, 출고반품 내역을 조회할 때 사용한다.
③ [계정대체]는 계정의 본래 목적으로 사용하지 않은 경우의 내역을 조회할 때 사용한다.
④ [사업장대체]는 재고이동등록(사업장) 내역을 조회할 수 있다.

해설

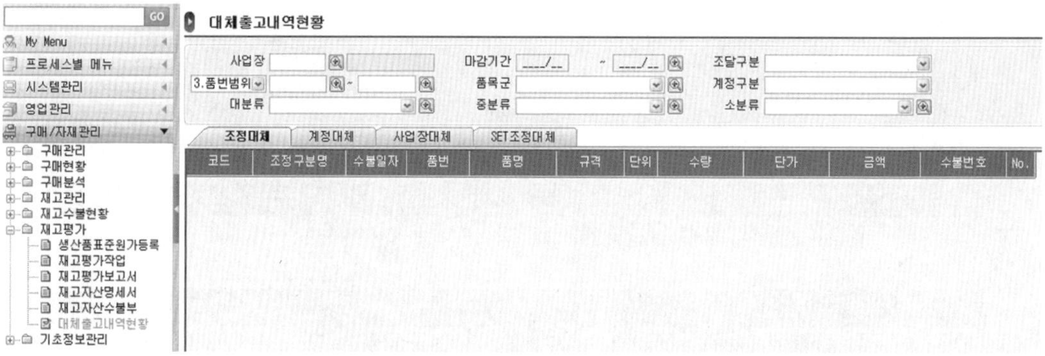

▶ [구매/자재관리] – [재고평가] – [대체출고내역현황] 메뉴에서는 조정대체, 계정대제, 사업장대제, SET조정대체 별로 재고평가에 나타난 대체출고내역에 대한 현황을 조회한다.

▶ [조정대체] 탭 : [구매/자재관리] – [재고관리] – [기초재고/재고조정등록] 메뉴에서 입고조정, 출고조정을 하였을 때 조회된다.

▶ [계정대체] 탭 : 계정에 대한 본래 목적으로 사용하지 않은 내역을 조회한다. 예를 들어 제품이나 반제품을 생산하기 위해 사용해야 할 원자재를 판매하는 경우처럼, 재고자산을 판매 목적이 아닌 다른 용도로 사용하였을 때 조회된다.

▶ [사업장대체] 탭 : [구매/자재관리] – [재고관리] – [재고이동등록(사업장)] 메뉴에서 사업장 간 재고이동을 하였을 경우 조회된다.

정답 11 ②

12 다음 [현재고현황(전사/사업장)]에 대한 설명 중 가장 올바르지 않은 것은?

① 가용재고량은 재고수량(재고단위)에서 안전재고량을 가산한 수량이다.

② 해당년도, 전사, 사업장 기준으로 재고를 조회할 수 있는 메뉴이다.

③ 재고수량(관리단위)은 재고수량(재고단위)을 환산계수로 나눈 값이다.

④ 해당년도는 필수입력 항목이다.

해설

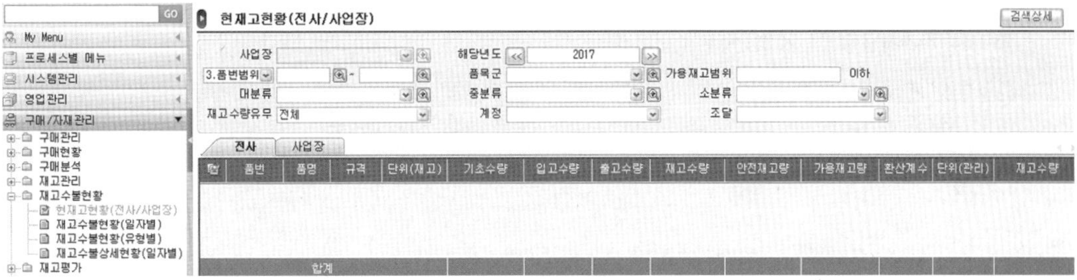

▶ [구매/자재관리] - [재고수불현황] - [현재고현황(전사/사업장)] 메뉴는 전사별, 사업장별로 현재 재고 현황을 파악할 때 사용한다.

▶ ① 가용재고량은 재고수량(재고단위)에서 안전재고량을 가산한 수량이다. ⇒ 가산 아님 차감임

정답 12 ①

물류 시뮬레이션

i-CUBE-핵심ERP 2016프로그램을 설치한 후, 2017년 1회 기출문제를 백업한다.
문제유형은 물류2급 회사A이다.
[13 ~ 20번 문제는 시뮬레이션 문제로서 [실기메뉴]를 활용하여 문제에 답하시오]

13 **다음은 핵심ERP [자재마감/통제등록]에 대한 질문이다. 다음 중 핵심ERP에서 제공되는 재고평가 방법으로 옳지 않은 것은?**

① 총평균 ② 개별법
③ 선입선출 ④ 이동평균

해설

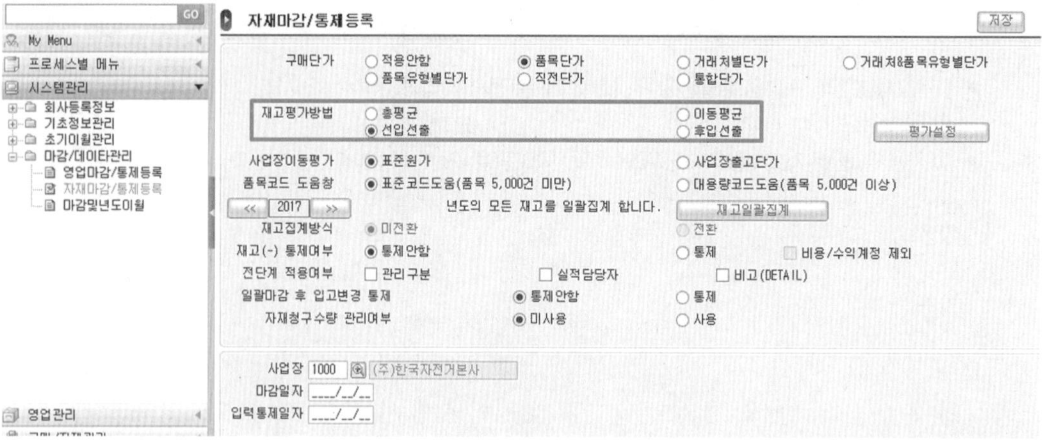

▶ [시스템관리] – [마감/데이터관리] – [자재마감/통제등록] 메뉴에서 자재정보에 대한 '구매단가 유형, 재고평가방법, 사업장이동평가, 품목코드 도움창' 등의 정보를 설정한다.

▶ 재고평가방법 : 총평균, 이동평균, 선입선출, 후입선출 등이 있다. [구매/자재관리] – [재고평가] 메뉴에서 재고평가 시 사용된다.

▶ 구매단가 : 발주할 때 적용할 단가의 유형을 선택한다. 품목단가는 [구매/자재관리] – [기초정보관리] 메뉴에서 해당 정보인 '품목단가'와 '거래처별단가'가 등록되어 있어야 적용할 수 있다. 구매단가 항목을 품목단가로 설정하더라도 품목단가에 품목별로 구매단가가 등록되어 있지 않으면 단가를 반영할 수 없다.

▶ 재고(–)통제여부 : 재고에 따른 출고처리 여부를 설정한다. 〈통제안함〉은 재고가 없어도 출고처리가 가능하게 하며, 〈통제〉는 재고가 없을 시 출고를 할 수 없도록 마이너스(–) 재고를 허용하지 않는다.

▶ 일괄마감 후 입고변경 통제 : 입고처리를 할 때 마감구분은 '일괄'과 '건별'로 구분된다. '일괄' 마감처리된 내역은 전단계인 '입고처리'에서 입고수량과 금액을 매입마감의 금액, 수량과 별도로 변경 가능한지 여부를 결정한다.

ㄱ. 일괄마감(수동으로 매입마감) : 입고를 처리할 때 매입마감을 별도로 해야 한다. 매입마감은 여러 건의 입고를 1건으로 묶어서 마감하거나 1건의 입고를 여러 건으로 마감할 수 있다.

정답 13 ②

ㄴ. 건별마감(자동으로 매입마감) : [건별마감]은 입고를 처리할 때 “자동”으로 매입마감이 되고 입고를 처리한 내역 그대로 변경 없이 매입마감을 할 때 사용한다. [매입마감]에서는 “삭제”와 “변경작업”이 처리되지 않으므로 [입고처리]에서 한다.

▶ 마감일자 : 마감일자 이전으로 매입이나 매입반품에 대한 수불(이동)을 통제한다. 재고평가를 하였을 때에는 마감일자가 자동으로 설정되며 사용자가 직접 마감일자를 입력할 수 있다.

▶ 입력통제일자 : 재고수불과 관련 없는 메뉴인 [청구등록]이나 [발주등록] 등에 대한 입력통제일을 설정한다. 입력통제일자에 입력된 일자와 같거나 그 이전일자로는 데이터의 등록, 삭제, 변경 할 수 없도록 입력에 대한 제한을 받는다.

14 다음은 핵심ERP 품목분류(대/중/소)등록에 대한 질문이다. 다음 중 중분류가 PFO가 아닌 품목으로 옳은 것은?

① 일반자전거
② LEAD FRAME
③ BREAK SYSTEM
④ POWER TRAIN ASS'Y(MTB)

해설

▶ [시스템관리] – [기초정보관리] – [품목분류(대/중/소)등록]

정답 14 ④

15 다음은 핵심ERP 회계처리(수금)에 대한 질문이다. 다음 조건에 해당하는 데이터 중 미결전표 금액의 합으로 옳은 것은?

> 사업장 : ㈜한국자전거본사
> 기간 : 2017/01/01 ~ 2017/01/31

① 7,016,000
② 7,061,000
③ 7,450,000
④ 7,540,000

해설

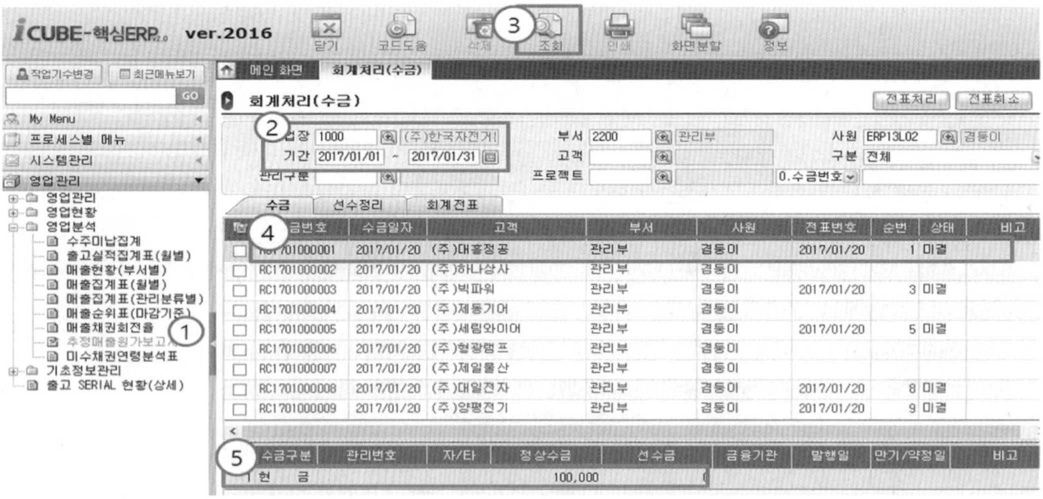

정답 15 ①

수금 | 선수정리 | 회계전표

	수금번호	수금일자	고객	부서	사원	전표번호	순번	상태	비고
☐	RC1701000001	2017/01/20	(주)대흥정공	관리부	겸둥이	2017/01/20	1	미결	
☐	RC1701000002	2017/01/20	(주)하나상사	관리부	겸둥이				
☐	RC1701000003	2017/01/20	(주)빅파워	관리부	겸둥이	2017/01/20	3	미결	
☐	RC1701000004	2017/01/20	(주)제동기어	관리부	겸둥이				
☐	RC1701000005	2017/01/20	(주)세림와이어	관리부	겸둥이	2017/01/20	5	미결	
☐	RC1701000006	2017/01/20	(주)형광램프	관리부	겸둥이				
☐	RC1701000007	2017/01/20	(주)제일물산	관리부	겸둥이				
☐	RC1701000008	2017/01/20	(주)대일전자	관리부	겸둥이	2017/01/20	8	미결	
☐	RC1701000009	2017/01/20	(주)양평전기	관리부	겸둥이	2017/01/20	9	미결	

No.	수금구분	관리번호	자/타	정상수금	선수금	금융기관	발행일	만기/약정일	비고
1	카 드			351,000	0				

수금 | 선수정리 | 회계전표

	수금번호	수금일자	고객	부서	사원	전표번호	순번	상태	비고
☐	RC1701000001	2017/01/20	(주)대흥정공	관리부	겸둥이	2017/01/20	1	미결	
☐	RC1701000002	2017/01/20	(주)하나상사	관리부	겸둥이				
☐	RC1701000003	2017/01/20	(주)빅파워	관리부	겸둥이	2017/01/20	3	미결	
☐	RC1701000004	2017/01/20	(주)제동기어	관리부	겸둥이				
☐	RC1701000005	2017/01/20	(주)세림와이어	관리부	겸둥이	2017/01/20	5	미결	
☐	RC1701000006	2017/01/20	(주)형광램프	관리부	겸둥이				
☐	RC1701000007	2017/01/20	(주)제일물산	관리부	겸둥이				
☐	RC1701000008	2017/01/20	(주)대일전자	관리부	겸둥이	2017/01/20	8	미결	
☐	RC1701000009	2017/01/20	(주)양평전기	관리부	겸둥이	2017/01/20	9	미결	

No.	수금구분	관리번호	자/타	정상수금	선수금	금융기관	발행일	만기/약정일	비고
1	제 예 금	0231-12-2111-44		1,500,000	0				

수금 | 선수정리 | 회계전표

	수금번호	수금일자	고객	부서	사원	전표번호	순번	상태	비고
☐	RC1701000001	2017/01/20	(주)대흥정공	관리부	겸둥이	2017/01/20	1	미결	
☐	RC1701000002	2017/01/20	(주)하나상사	관리부	겸둥이				
☐	RC1701000003	2017/01/20	(주)빅파워	관리부	겸둥이	2017/01/20	3	미결	
☐	RC1701000004	2017/01/20	(주)제동기어	관리부	겸둥이				
☐	RC1701000005	2017/01/20	(주)세림와이어	관리부	겸둥이	2017/01/20	5	미결	
☐	RC1701000006	2017/01/20	(주)형광램프	관리부	겸둥이				
☐	RC1701000007	2017/01/20	(주)제일물산	관리부	겸둥이				
☐	RC1701000008	2017/01/20	(주)대일전자	관리부	겸둥이	2017/01/20	8	미결	
☐	RC1701000009	2017/01/20	(주)양평전기	관리부	겸둥이	2017/01/20	9	미결	

No.	수금구분	관리번호	자/타	정상수금	선수금	금융기관	발행일	만기/약정일	비고
1	제 예 금	234-87-18873		4,200,000	0	신한			
2	현 금			130,000	0				
2				4,330,000	0				

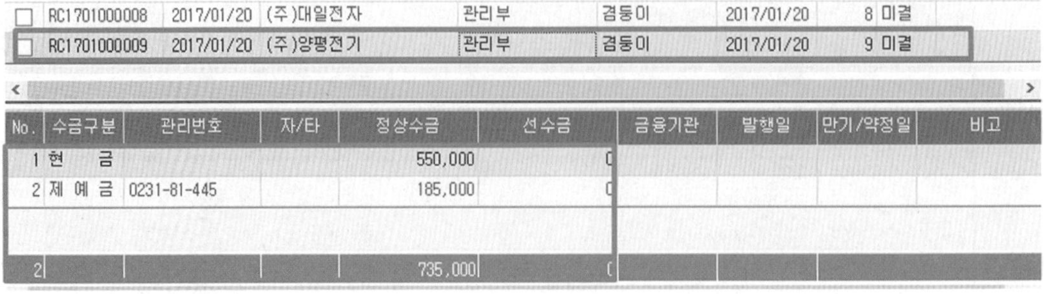

▶ [영업관리] – [영업관리] – [회계처리(수금)] 메뉴의 [수금] 탭에서 〈상태〉가 미결인 제품
100,000 + 351,000 + 1,500,000 + (4,200,000 +130,000) + (550,000 + 185,000)
= 7,016,000

16 **다음은 핵심ERP 추정매출원가보고서에 대한 질문이다. 다음 조건에 해당하는 데이터 중 고객명과 이익률을 연결한 것으로 옳지 않은 것은?**

사업장 : ㈜한국자전거본사 매출기간 : 2017/01/01 ~ 2017/01/31 조회기준 : 0. 매출액 단가 OPTION : 표준원가 [품목등록]

① ㈜빅파워 – 57.113
② ㈜테크폴리 – 60.723
③ ㈜대광주철 – 29.111
④ ㈜태성메탈 – 26.313

해설

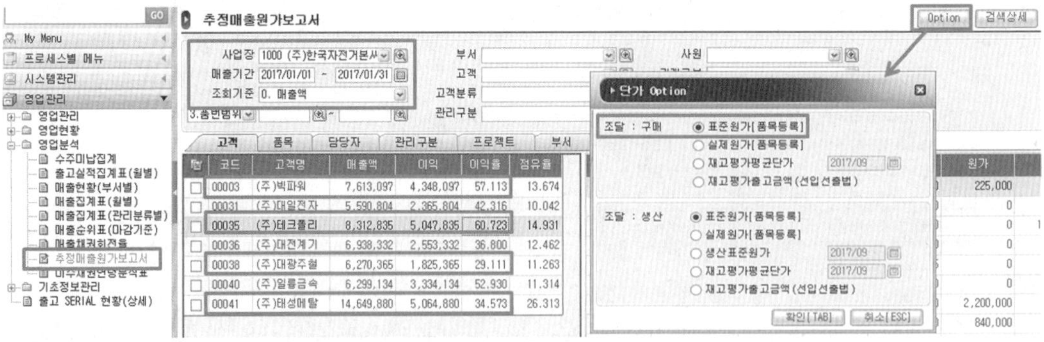

▶ [영업관리] – [영업분석] – [추정매출원가보고서] 메뉴의 [고객] 탭
▶ ㈜태성메탈 – 34,573

정답 16 ④

17 다음은 핵심ERP 소요량전개(MRP)에 대한 질문이다. 다음 조건을 참조하여 소요량전개 후 소요량 취합 시, FRONT FORK(S)의 예정발주일로 옳은 것은?

사업장 : ㈜한국자전거본사 전개구분 : 1. 주문전개 전개기준 : 선택항목 없음 계획기간 : 2017/02/01 ~ 2017/02/28

① 2017/02/05 ② 2017/02/12
③ 2017/02/15 ④ 2017/02/22

해설

▶ [구매/자재관리] – [구매관리] – [소요량전개(MRP)]
▶ [소요량전개] 버튼을 클릭 → [소요량취합] 버튼을 클릭

18 다음은 핵심ERP 매입마감(국내거래)에 대한 질문이다. [보기]의 조건으로 입고적용하여 매입마감 처리를 할 때, 거래처/품목별 미마감수량의 합으로 옳지 않은 것은?

사업장 : ㈜한국자전거본사 마감일자 : 2017/01/14 입고기간 : 2017/01/01 ~ 2017/01/14

① ㈜하나상사 – PEDAL – 18 EA
② ㈜제일물산 – 유아용자전거 – 69 EA
③ ㈜중앙전자 – WHEEL FRONT–MTB – 30EA
④ ㈜형광램프 – ASSY MOTOR LEADFRAME (RH) – 34 EA

정답 17 ③ 18 ①

해설

▶ [구매/자재관리] – [구매관리] – [매입마감(국내거래)]

▶ [입고적용] 버튼을 클릭 → [입고기간], [거래처]에 해당 거래처 입력 후 [조회] 버튼을 클릭한 후 해당 거래처를 선택 ⇒ 화면 상단의 [입고적용] 버튼을 클릭

▶ ㈜하나상사 – PEDAL – 17 EA

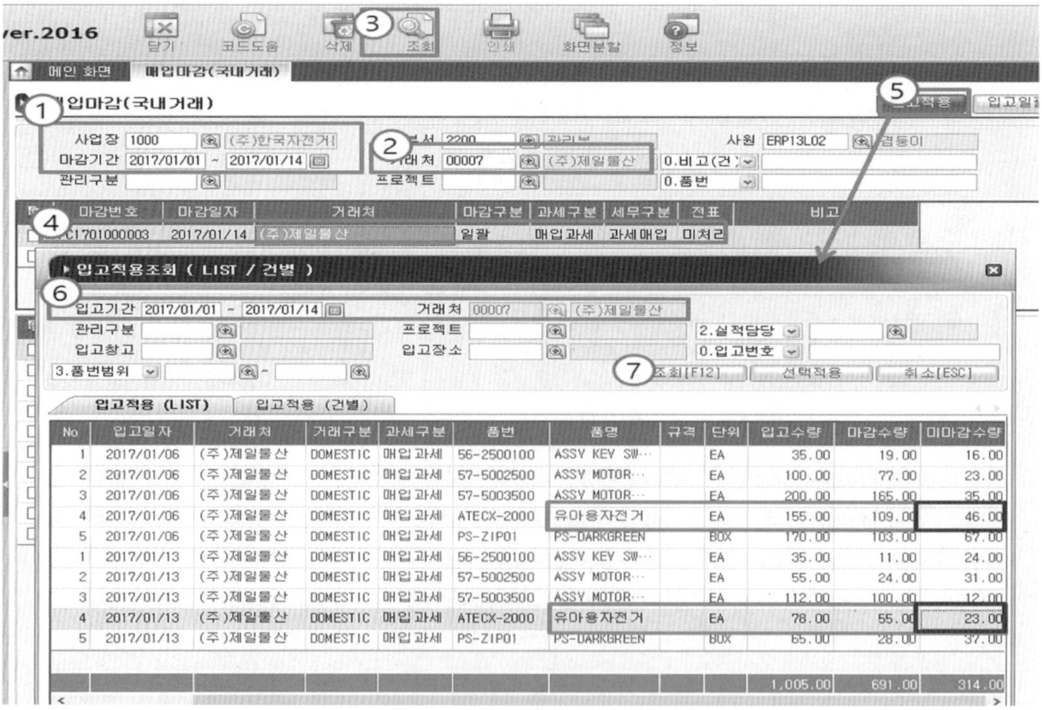

▶ ㈜제일물산 – 유아용자전거 – 69 EA (46 + 23)

No	입고일자	거래처	거래구분	과세구분	품번	품명	규격	단위	입고수량	마감수량	미마감수량
1	2017/01/06	(주)중앙전자	DOMESTIC	매입과세	21-…	FRONT FORK(S)		EA	51.00	29.00	22.00
2	2017/01/06	(주)중앙전자	DOMESTIC	매입과세	21-…	FRAME-NUT		EA	25.00	18.00	7.00
3	2017/01/06	(주)중앙전자	DOMESTIC	매입과세	21-…	WHEEL FRONT-MTB		EA	60.00	49.00	11.00
4	2017/01/06	(주)중앙전자	DOMESTIC	매입과세	21-…	FRAME-티타늄		EA	112.00	101.00	11.00
5	2017/01/06	(주)중앙전자	DOMESTIC	매입과세	21-…	FRAME-알미늄		EA	255.00	241.00	14.00
1	2017/01/13	(주)중앙전자	DOMESTIC	매입과세	21-…	FRONT FORK(S)		EA	65.00	29.00	36.00
2	2017/01/13	(주)중앙전자	DOMESTIC	매입과세	21-…	FRAME-NUT		EA	40.00	33.00	7.00
3	2017/01/13	(주)중앙전자	DOMESTIC	매입과세	21-…	WHEEL FRONT-MTB		EA	80.00	61.00	19.00
4	2017/01/13	(주)중앙전자	DOMESTIC	매입과세	21-…	FRAME-티타늄		EA	125.00	77.00	48.00
5	2017/01/13	(주)중앙전자	DOMESTIC	매입과세	21-…	FRAME-알미늄		EA	35.00	19.00	16.00

▶ ㈜중앙전자 – WHEEL FRONT–MTB – 30EA (11 + 19)

고일자	거래처	거래구분	과세구분	품번	품명	규격	단위	입고수량	마감수량	미마감수량
7/01/13	(주)형광램프	DOMESTIC	매입과세	40-…	LEAD FRAME		EA	151.00	128.00	23.00
7/01/13	(주)형광램프	DOMESTIC	매입과세	45-…	BATTERY TS-50		BOX	35.00	19.00	16.00
7/01/13	(주)형광램프	DOMESTIC	매입과세	56-…	ASSY KEY SWITCH LEADFRAME		EA	49.00	28.00	21.00
7/01/13	(주)형광램프	DOMESTIC	매입과세	56-…	ASSY KEY SWITCH LEADFRAME LH		EA	25.00	11.00	14.00
7/01/13	(주)형광램프	DOMESTIC	매입과세	57-…	ASSY MOTOR LEADFRAME (LH)		EA	33.00	28.00	5.00
7/01/13	(주)형광램프	DOMESTIC	매입과세	57-…	ASSY MOTOR LEADFRAME (RH)		EA	149.00	115.00	34.00
7/01/13	(주)형광램프	DOMESTIC	매입과세	ATE…	일반자전거		EA	77.00	43.00	34.00

▶ ㈜형광램프 – ASSY MOTOR LEADFRAME (RH) – 34 EA

19 다음은 핵심ERP [재고이동현황(창고)]에 대한 질문이다. 다음 조건에 해당하는 출고창고와 가장 많이 이동된 품목을 연결한 것으로 옳지 않은 것은?

> 사업장 : ㈜한국자전거본사
> 이동기간 : 2016/12/01 ~ 2016/12/31

① 부품창고 – FRAME GRAY
② 제품창고 – 일반자전거(P–GRAY WHITE)
③ 반제품창고 – POWER TRAIN ASS'Y(MTB)
④ 상품창고 – ASSY KEY SWITCH LEADFRAME

정답 19 ①

해설

▶ [구매/자재관리] - [재고관리] - [재고이동현황(창고)]

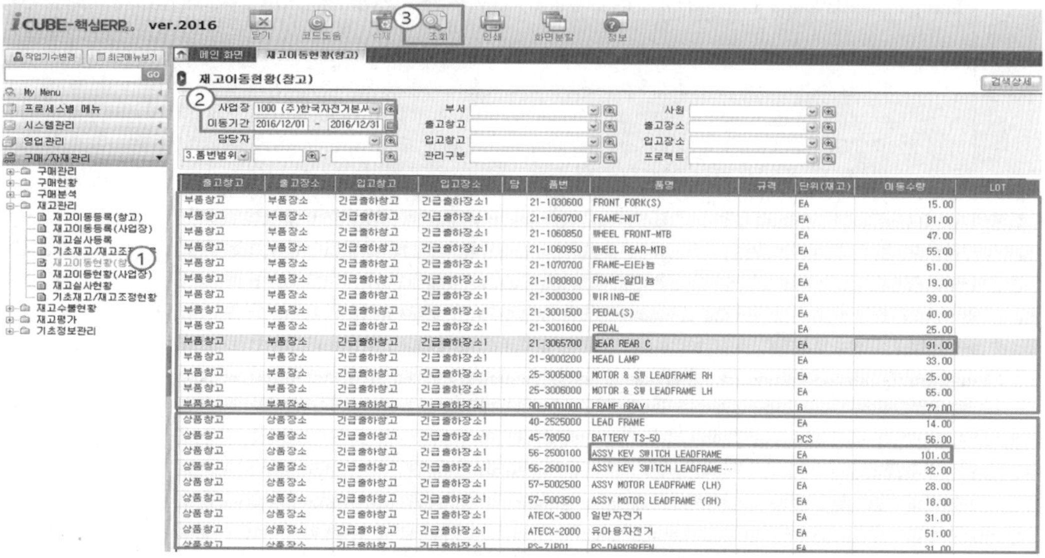

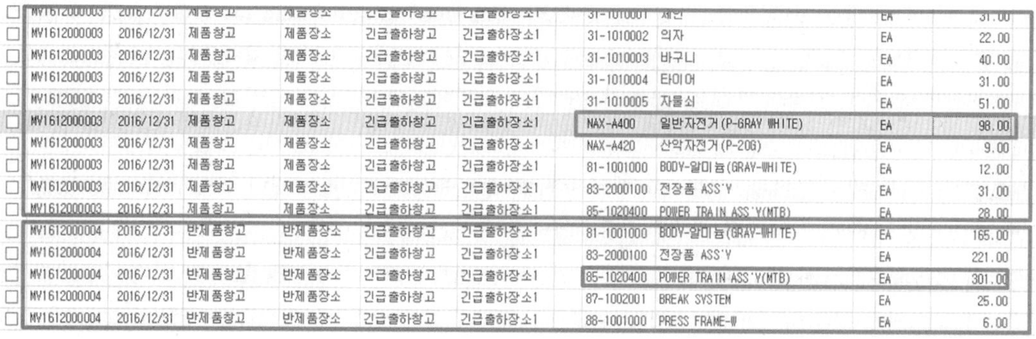

▶ 부품창고 - GEAR REAR C ⇒ 91

상품창고 - ASSY KEY SWITCH LEADFRAME ⇒101

제품창고 - 일반자전거(P-GRAY WHITE) ⇒ 98

반제품창고 - POWER TRAIN ASS'Y(MTB) ⇒ 301

20 다음은 핵심ERP [재고실사현황]에 대한 질문이다. 다음 조건에 해당하는 품목과 차이수량을 연결한 것으로 옳은 것은?

사업장 : ㈜한국자전거본사 실사기간 : 2016/12/01 ~ 2016/12/31 창고 : 제품창고 장소 : 제품장소 실사구분 : 정기

① FRAME-NUT - 25 EA
② FRAME-티타늄 - 48 EA
③ HEAD LAMP - 14 EA
④ 전장품 ASS'Y - 13 EA

해설

▶ [구매/자재관리] - [재고관리] - [재고실사현황]

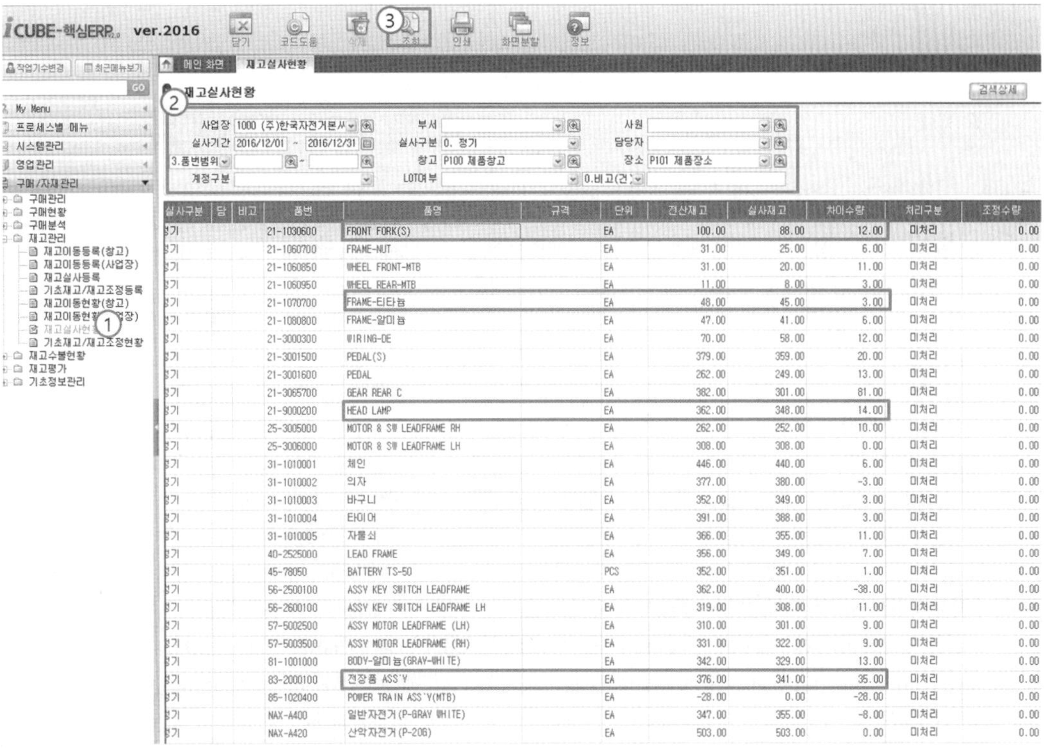

실사구분	담	비고	품번	품명	규격	단위	전산재고	실사재고	차이수량	처리구분	조정수량
정기			21-1030600	FRONT FORK(S)		EA	100.00	88.00	12.00	미처리	0.00
정기			21-1060700	FRAME-NUT		EA	31.00	25.00	6.00	미처리	0.00
정기			21-1060850	WHEEL FRONT-MTB		EA	31.00	20.00	11.00	미처리	0.00
정기			21-1060950	WHEEL REAR-MTB		EA	11.00	8.00	3.00	미처리	0.00
정기			21-1070700	FRAME-티타늄		EA	48.00	45.00	3.00	미처리	0.00
정기			21-1080800	FRAME-알미늄		EA	47.00	41.00	6.00	미처리	0.00
정기			21-3000300	WIRING-DE		EA	70.00	58.00	12.00	미처리	0.00
정기			21-3001500	PEDAL(S)		EA	379.00	359.00	20.00	미처리	0.00
정기			21-3001600	PEDAL		EA	262.00	249.00	13.00	미처리	0.00
정기			21-3065700	GEAR REAR C		EA	382.00	301.00	81.00	미처리	0.00
정기			21-9000200	HEAD LAMP		EA	362.00	348.00	14.00	미처리	0.00
정기			25-3005000	MOTOR & SW LEADFRAME RH		EA	262.00	252.00	10.00	미처리	0.00
정기			25-3006000	MOTOR & SW LEADFRAME LH		EA	308.00	308.00	0.00	미처리	0.00
정기			31-1010001	체인		EA	446.00	440.00	6.00	미처리	0.00
정기			31-1010002	의자		EA	377.00	380.00	-3.00	미처리	0.00
정기			31-1010003	바구니		EA	352.00	349.00	3.00	미처리	0.00
정기			31-1010004	타이어		EA	391.00	388.00	3.00	미처리	0.00
정기			31-1010005	자물쇠		EA	366.00	355.00	11.00	미처리	0.00
정기			40-2525000	LEAD FRAME		EA	356.00	349.00	7.00	미처리	0.00
정기			45-78050	BATTERY TS-50		PCS	352.00	351.00	1.00	미처리	0.00
정기			56-2500100	ASSY KEY SWITCH LEADFRAME		EA	362.00	400.00	-38.00	미처리	0.00
정기			56-2600100	ASSY KEY SWITCH LEADFRAME LH		EA	319.00	308.00	11.00	미처리	0.00
정기			57-5002500	ASSY MOTOR LEADFRAME (LH)		EA	310.00	301.00	9.00	미처리	0.00
정기			57-5003500	ASSY MOTOR LEADFRAME (RH)		EA	331.00	322.00	9.00	미처리	0.00
정기			81-1001000	BODY-알미늄(GRAY-WHITE)		EA	342.00	329.00	13.00	미처리	0.00
정기			83-2000100	전장품 ASS'Y		EA	376.00	341.00	35.00	미처리	0.00
정기			85-1020400	POWER TRAIN ASS'Y(MTB)		EA	-28.00	0.00	-28.00	미처리	0.00
정기			NAX-A400	일반자전거(P-GRAY WHITE)		EA	347.00	355.00	-8.00	미처리	0.00
정기			NAX-A420	산악자전거(P-206)		EA	503.00	503.00	0.00	미처리	0.00

▶ FRAME-NUT - 6 EA
FRAME-티타늄 - 3 EA
전장품 ASS'Y - 35 EA

정답 20 ③

기출문제

경영혁신과 ERP

01 다음 중 ERP 도입의 예상 효과로 가장 적절하지 않은 것은?

① 투명한 경영
② 결산작업의 단축
③ 사이클 타임(Cycle Time) 감소
④ 개별업무시스템 효율적 운영

해설
ERP 도입의 예상 효과로 통합업무시스템 구축을 들 수 있다.

02 ERP를 구축할 때, 설계단계에 해당하지 않는 것은?

① To-BE 프로세스 도출
② GAP 분석
③ 인터페이스 문제 논의
④ TFT 구성

해설
TFT 구성은 분석단계에 해당한다.

03 다음 중 BPR의 필요성이라고 볼 수 없는 것은?

① 경영 환경 변화에의 대응방안 모색
② 정보기술을 통한 새로운 기회의 모색
③ 기존 업무 방식 고수를 위한 방안 모색
④ 조직의 복잡성 증대와 효율성 저하에 대한 대처방안 모색

해설
BPR은 경영혁신운동 또는 업무프로세스 재설계로 정의된다.

04 다음 중 ERP 도입의 최종 목적으로 가장 적합한 것은?

① 조직문화 혁신
② 경영혁신의 수단
③ 고객만족과 이윤 극대화
④ 기업내부의 정보인프라 구축

해설
ERP 도입의 목적은 고객만족과 이윤 극대화에 있다.

영업관리

05 다음 판매할당 방법 중 교차비율에 대한 설명으로 적합하지 않은 것은?

① 매출액과 교차비율은 반비례한다.
② 매출이익과 교차비율은 비례한다.
③ 상품회전율과 교차비율은 비례한다.
④ 평균재고액과 교차비율은 반비례한다.

해설
교차비율은 한계이익/평균재고액으로 구하며, 매출액과는 무관하다.

06 [보기]에서 제시된 상품 A, B, C, D에 대해 수익성지표를 활용하여 목표매출액을 설정할 경우, 목표매출액이 가장 높게 할당되는 상품은?

정답 01 ④ 02 ④ 03 ③ 04 ③ 05 ①

상품	목표한계이익	목표한계이익률
A	1억 원	20%
B	2억 원	20%
C	4억 원	10%
D	8억 원	10%

① A
② B
③ C
④ D

해설

상품	목표한계이익	목표한계이익률	목표매출액
A	1억 원	20%	1/0.2 = 5
B	2억 원	20%	2/0.2 = 10
C	4억 원	10%	4/0.1= 40
D	8억 원	10%	8/0.1 = 80

07 다음 [보기]에 제시된 내용만을 토대로, 3/24일까지 K고객사에 납품 가능한 제품A의 약속가능재고(ATP, Available To Promise)는?

> 제품A의 재고관련 현황
> - 생산리드타임 : 4일
> - 3/15, ERP에서 확인한 현재고 : 20개
> - 3/15, K고객사로부터 수주접수 : 80개
> - 3/18, 외주업체로부터 입고예정량 : 20개
> - 3/22, 생산계획에 따라 자사공정에서 생산에 착수할 수량 : 20개

① 40개
② 60개
③ 80개
④ 100개

해설

약속가능재고 = 80−20−20 = 40개

08 다음은 기업의 여신활동에 관한 설명이다. 다음 중 그 내용이 가장 적합한 것은?

① 신용한도는 거래처마다 외상매출을 허용할 수 있는 금액의 한도를 의미한다.
② 매출채권이 과소해질 경우에는 자금조달이 악화될 위험이 있으므로 자금관리에 유의할 필요가 있다.
③ 매출채권 회전율이 높아질 경우에는 대손발생의 위험이 증가하고 수익 감소의 원인이 된다.
④ 순운전자본은 자금의 유동성을 나타내며, 유동자산의 총액을 유동부채의 총액으로 나눈 값이다.

해설

순운전자본은 자금의 유동성을 나타내며, 유동자산의 총액에서 유동부채의 총액을 차감한 값이다.

09 과거 총 이익액의 실적을 이용하여 거래처의 여신한도를 설정하려고 한다. 거래처의 과거 3년간 총매출액이 50억 원, 외상매출채권 잔액이 10억 원, 평균 총 이익률이 5%일 때, 이 거래처에 적절한 여신 한도액은 얼마인가?

① 0.5억 원
② 1억 원
③ 1.5억 원
④ 2억 원

해설

여신 한도액 = (50−10)*5% = 2억 원

정답 06 ④ 07 ① 08 ① 09 ④

10 수요예측기법 중 시계열분석기법에 대한 설명으로 적합하지 않은 것은?

① 시계열분석기법으로는 이동평균법, 지수평활법, 추세분석법 등이 있다.
② 시계열분석기법에서 주로 고려되는 구성요소는 추세변동과 우연변동이다.
③ 시계열분석기법의 분석모형은 구성요소가 어떻게 결합되어 있느냐에 따라 승법모형과 가법모형으로 구분된다.
④ 과거의 자료에 근거하여 시계열 구성요소의 크기와 형태를 파악한 다음, 이를 미래에 투영하여 수요를 예측한다.

해설
시계열분석기법에서 주로 고려되는 구성요소는 추세(경향)변동, 순환변동, 계절변동, 불규칙변동이다.

11 아래의 [보기]에 대한 설명은 무엇에 관한 내용인가?

• 제품 완성 이전 단계 상태의 품목 • 제조 공정이 완료되었으나 판매가 불가능한 품목

① 제품 ② 원재료
③ 재공품 ④ 소모성자재

해설
재공품은 공정에서 가공 중인 자재를 말한다.

12 다음 중 자재소요량계획(MRP)에 대한 설명으로 가장 적합한 것은 무엇인가?

① MRP를 수립하기 위해서는 기간별수요량, 현재고량, 자재명세서 등이 필요하다.
② MRP에서 수립된 결과값으로는 각 부품에 대한 주문 시점과 주문량을 결정할 수 없다.
③ MRP를 계산하기 위해서는 BOM이 반드시 필요하고 현재고를 나타내는 재고기록철은 필요 없다.
④ MPS 자료의 근거로서 모든 중간부품 및 하위부품에 대한 수급계획만을 세워주는 역할을 한다.

해설
MRP 시스템의 투입요소로 MPS, IRF, BOM이 있고, 출력요소로 CRP가 있다.

13 아래 [보기]의 자료를 활용하여 MRP계획을 수립하려고 한다. 구입해야 하는 품목의 순소요량은 얼마인가?

• 입고예정재고 : 70개 • 안전재고 : 20개 • 총소요량 : 100개 • 할당된 재고 : 30개 • 현재고 : 50개

① 30개 ② 40개
③ 50개 ④ 60개

해설
순소요량 = 100−50−70+30+20 = 30개

14 다음 중 [보기]에서 공통적으로 설명하는 재고조사 방법은?

• 구역에 따른 재고조사 방법으로, 정기적으로 재고조사 시행 • 모든 보관구역에 대해 동시에 재고조사하는 방법

① 일제재고조사
② 구역재고조사
③ 순환재고조사
④ 상시순환재고조사

정답 10 ② 11 ③ 12 ① 13 ① 14 ①

해설

일제재고조사란 모든 보관구역에 대해 일제히 동시적으로 실시하는 재고조사 방법을 말한다.

15 **재고관리의 기본모형 중 고정주문량모형에 대한 설명으로 틀린 것은?**

① 주문시기는 변동적이다.
② 주문량은 일정하게 유지된다.
③ 주문시기에만 재고수준을 점검한다.
④ 조달이 용이하고, 재고파악이 쉬운 경우에 적용된다.

해설

주문시기에만 재고수준을 점검하는 것은 고정주문기간모형이다.

구매관리

16 **다음 중 가격유형에 대한 설명으로 적합하지 않은 것은?**

① 시중가격 – 시장에서 수요와 공급의 균형에 따라 변동하는 가격
② 정가가격 – 전국적으로 시장성을 가진 상품에 주로 적용되는 가격
③ 교섭가격 – 판매자 다수가 서로 협의하여 일정한 기준에 따라 결정하는 가격
④ 개정가격 – 업계 특수성이나 지역성 등으로 자연히 일정한 범위가 정해져 있는 가격

해설

판매자 다수가 서로 협의하여 일정한 기준에 따라 결정하는 가격은 협정가격에 해당한다.

17 **다음 공급업체 선정방법 중 평점방식에 대한 설명은?**

① 불특정 다수를 입찰에 참여시켜 가장 유리한 조건을 제시한 공급자를 선정하는 방식
② 경쟁입찰방법에 의하지 않고 특정 기업을 공급자로 선정하여 구매계약을 체결하는 방식
③ 공급자로서 적합한 자격을 갖추었다고 인정되는 다수의 특정 업체를 지명해 입찰에 참가하도록 하는 방식
④ 여러 가지 평가항목 및 평가기준이 포함된 평가표로 평가대상 기업을 평가한 후, 최고 점수를 받은 기업을 공급자로 선정하는 방식

해설

경쟁방식에는 일반경쟁방식, 지명경쟁방식, 제한경쟁방식, 수의계약방식이 있다.

18 **다음 [보기]에 주어진 정보와 같이 구매계약을 체결하였을 경우, 현금할인을 적용 받을 수 있는 최종결제일은 언제인가?**

- 구매 계약일 : 4월 15일
- 송장 수취일 : 5월 2일
- 결제조건 : "3/10 ROG dating"

① 4월 18일
② 4월 25일
③ 5월 5일
④ 5월 12일

해설

5월 2일 + 10일 = 5월 12일

정답 15 ③ 16 ③ 17 ④ 18 ④

19 다음 [보기]의 원가구성을 사용하여 산출한 "직접경비"의 값은?

• 직접경비 = (　　)원 • 직접재료비 = 700원 • 직접노무비 = 500원 • 제조간접비 = 300원 • 판매 및 일반관리비 = 200원 • 제조원가 = 2,000원 • 매출가 = 4,500원

① 200원
② 300원
③ 500원
④ 800원

해설
직접경비 = 2,000−700−500−300 = 500원

20 다음 중 계절품목과 같이 일시적으로 수요가 발생하는 품목을 구매할 때, 가장 유리한 구매방법은?

① 수시구매
② 투기구매
③ 시장구매
④ 일괄구매

해설
수시구매란 구매청구가 있을 때마다 구매하여 공급하는 방식이며, 과잉구매를 방지하고 설계변경 등에 대응하기가 용이하다는 장점이 있다.

정답 19 ③ 20 ①

물류 실무이론

※ 실무문제는 기출문제의 내용을 그대로 반영하고 있습니다.

01 핵심ERP 검사유형등록 메뉴에 대한 다음 설명으로 옳지 않은 것은?

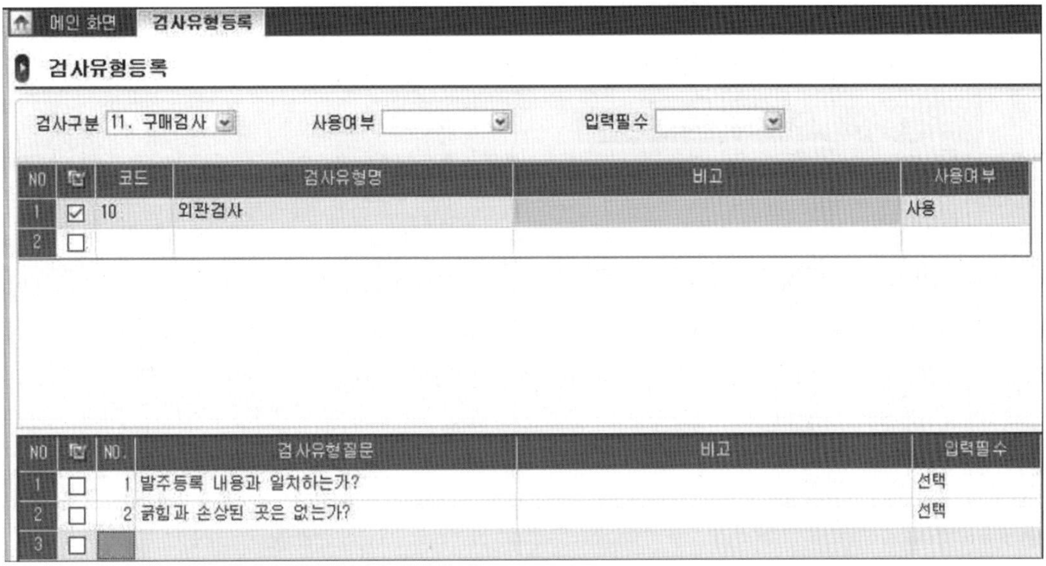

① 삭제를 원하는 경우 디테일(상세 내역) 부분을 먼저 삭제하고 헤더를 삭제한다.

② 입력한 내용은 별도의 [저장] 버튼 없이 수정 후 다음 행으로 이동하면 저장된다.

③ 물류 모듈의 [입고검사/출고검사] 등의 등록 메뉴에서 각 품목별에 대한 검사내역을 관리하기 위해 등록하는 메뉴이다.

④ 입력시 코드, 검사유형명 사용여부는 필수 입력 값이며 입력필수를 "선택"으로 입력한 경우에는 해당 검사유형 질문은 삭제가 불가능하다.

해설

▶ [시스템관리] – [기초정보관리] – [검사유형등록]

▶ 필수나 선택 모두 삭제가 가능

▶ [검사유형등록] 메뉴에서 등록된 검사유형은 다음과 같이 적용된다.

구매검사 : [구매/자재관리] – [구매관리] – [입고검사등록] 메뉴에 적용

외주검사 : [생산관리공통] – [외주관리] – [외주실적검사] 메뉴에 적용

공정검사 : [생산관리공통] – [생산관리] – [생산실적검사] 메뉴에 적용

출하검사 : [영업관리] – [영업관리] – [출고검사등록] 메뉴에 적용

정답 01 ④

02 핵심ERP [품목등록] 메뉴에서 필수 입력사항이 아닌 것은?

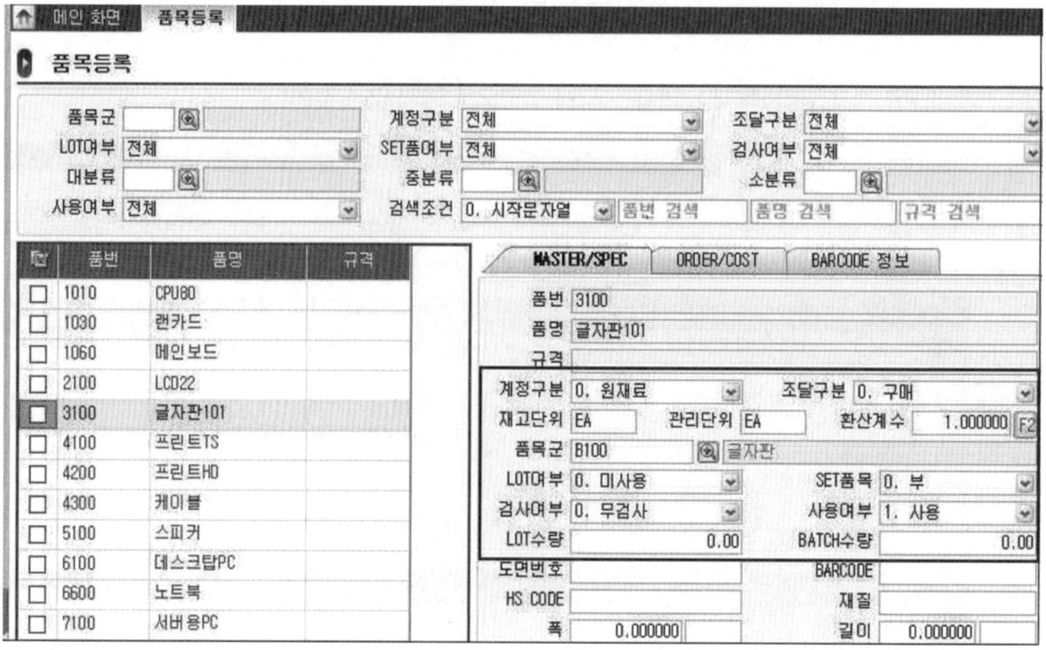

① 품목군

② 계정구분

③ 조달구분

④ 재고단위

해설

▶ 필드 색이 노랑이면 필수, 흰색이면 선택
필수 입력 항목 : 계정구분, 조달구분, 재고단위, 관리단위, 환산계수, LOT여부, SET품목, 검사여부, 사용여부

▶ [시스템관리] – [기초정보관리] – [품목등록] 메뉴는 회사에서 관리하고 있는 품목 전체를 등록하는 메뉴이다. 물류관리와 생산관리 모듈을 운영하기 위해서는 반드시 입력해야 하는 중요한 정보이며, 품목등록은 회사단위로 관리하고 적용하는 Master Data이다.

정답 02 ①

03 ㈜대한본사는 품목별로 등록한 판매 단가를 모든 거래처(고객)에게 동일한 판매단가를 사용하려고 한다. 핵심ERP [영업마감/통제등록] 메뉴에서 적용하여야 할 단가로 가장 적합한 것은?

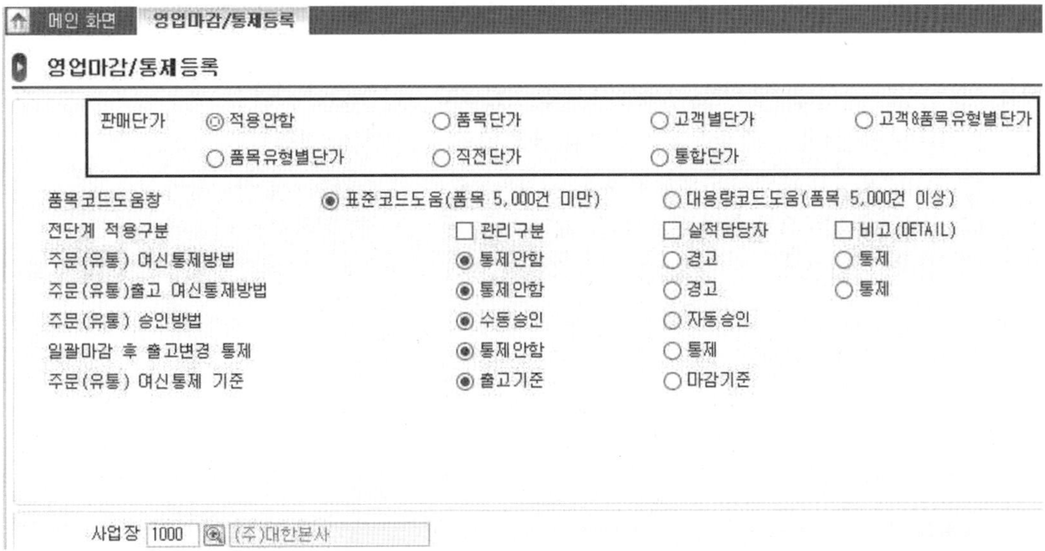

① 통합단가
② 품목단가
③ 고객별단가
④ 고객&품목유형별 단가

해설

▶ 판매단가 : 견적이나 수주등록을 할 때 필요한 단가의 유형을 선택한다. [영업관리] – [기초정보관리] 메뉴에 선택하려는 항목(품목단가, 고객별단가)이 등록되어 있어야 견적이나 수주등록 시 해당 단가를 적용할 수 있다. 〈품목단가〉는 모든 거래처에 동일 단가를 적용할 때, 〈고객별단가〉는 거래처별로 단가를 달리 설정할 때 사용한다.

▶ 품목코드도움창 : [대용량코드도움]은 품목이 5,000건 이상이라 품목 조회에 시간이 많이 소요되는 경우에 사용한다.

▶ 전 단계 적용구분 : 전 단계에서 등록한 데이터를 관리구분, 실적담당자, 비고(DETAIL)에 입력된 내역 그대로 가져오도록 설정하거나 복사하여 적용할 때 선택한다.

▶ 일괄마감 후 출고변경 통제 : 출고처리를 할 때 마감구분은 "일괄"과 "건별"로 구분된다. 출고처리 시 일괄 마감처리된 내역은 이전 단계인 [출고처리]에서 출고수량과 금액을 매출마감의 금액, 수량과는 별도로 변경할 수 있는지에 대한 여부를 결정한다.

ㄱ. 일괄마감(수동으로 매출마감) : 출고를 처리할 때 매출마감을 별도로 해야 한다. 매출마감은 여러 건의 출고를 1건으로 묶어서 마감하거나 1건의 출고를 여러 건으로 나누어 마감할 수 있다.

ㄴ. 건별마감(자동으로 매출마감) : 건별마감은 출고를 처리할 때 "자동"으로 매출마감이 되고, 출고 처리한 내역 그대로 변경 없이 매출마감을 할 때 사용한다. 매출마감에서는 "삭제"와 "변경작업"이 처리되지 않으므로 출고처리에서 한다.

정답 03 ②

▶ 마감일자 : 마감일자 이전으로 매출이나 매출반품에 대한 수불(이동)을 통제한다. 재고평가를 하였을 때에는 마감일자가 자동으로 설정되며 사용자가 직접 마감일자를 입력할 수 있다.

▶ 입력통제일자 : 재고수불과 관련 없는 메뉴인 견적등록이나 수주등록 등에 대한 입력통제일을 설정한다. 입력통제일자에 입력된 일자와 같거나 그 이전 일자로는 데이터를 등록, 삭제, 변경할 수 없도록 입력에 대한 제한을 받는다.

04 다음 핵심ERP [판매계획등록] 메뉴에 대한 설명으로 가장 적합한 것은?

① [판매계획등록]은 수주등록을 하기 이전에 반드시 등록해야 한다.

② 판매계획등록 내역은 영업현황의 [판매계획현황]에서 조회가 가능하다.

③ 품목군을 기준으로 일별 판매계획, 계획수량, 예상단가를 등록하는 메뉴이다.

④ [복사] 아이콘으로 기존에 등록되어 있는 판매계획 내용을 일(날짜) 단위로 조회하여 복사할 수 있다.

해설

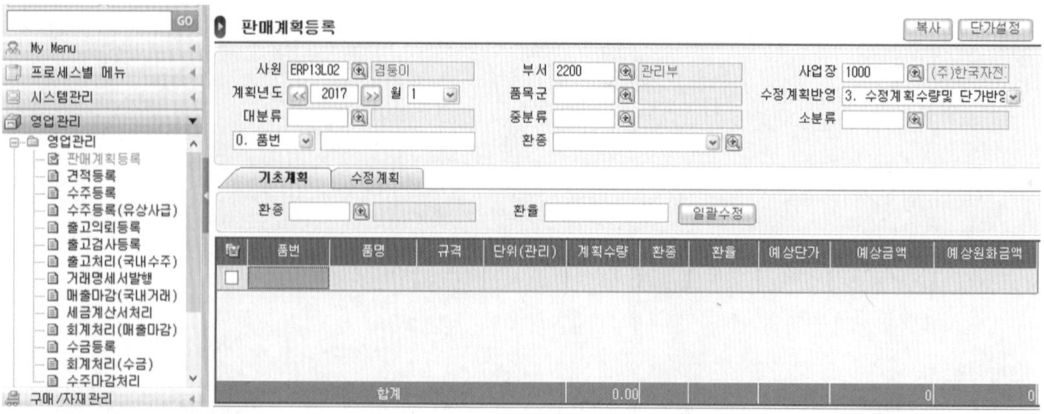

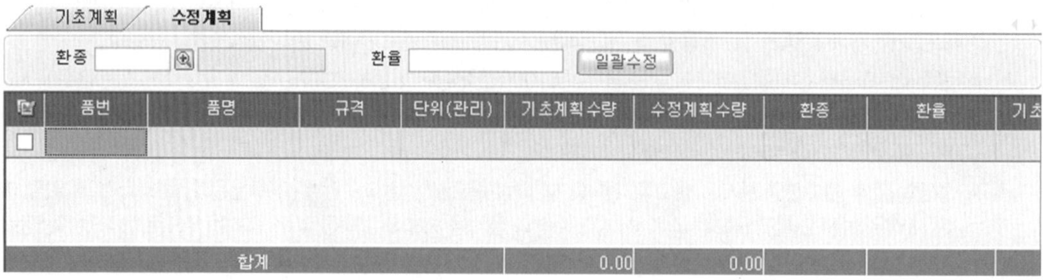

▶ [영업관리] – [영업관리] – [판매계획등록] 메뉴에서 품목에 대한 월별 판매계획을 등록한다. 최초의 판매계획을 수립한 내역은 [기초계획] 탭에 등록하고, 판매계획에 대한 수량이나 단가가 변경되었을 경우 [수정계획] 탭에서 수정된 사항을 등록한다.

정답 04 ②

▶ [수정계획] 탭에서 수정계획수량, 수정계획단가, 수정계획금액을 입력한 품목은 [기초계획] 탭에서는 삭제할 수 없다. 삭제하려면 먼저 [수정계획] 탭에서 해당 품목에 대한 삭제가 이루어져야 [기초계획] 탭에서도 삭제할 수 있다. 현황메뉴에서는 [수정계획] 탭에 등록된 내역이 조회의 기준이 된다. 또한 주계획작성(MPS) 중 [판매계획] 탭에 적용되는 기준 수량은 수정계획수량이다.

▶ 수주등록은 반드시 하지 않아도 된다.

▶ ③ 품목군 → 품목, 일별 → 월별로

▶ ④ 일(날짜) 단위 → 월별

05 **출고처리된 제품 중 일부가 불량이 있어 반품이 되었다. 핵심ERP 영업관리의 반품작업 프로세스로 가장 적합한 것은?**

① 회계처리(매출마감) → 세금계산서처리 → 매출마감(국내거래) → 출고처리(국내수주)/예외출고

② 출고처리(국내수주/주문출고) → 매출마감(국내거래) → 세금계산서처리 → 회계처리(매출마감)

③ 수주등록 → 출고검사등록 → 매출마감(국내거래) → 세금계산서처리 → 회계처리(매출마감)

④ 출고처리(국내수주)/예외출고 → 매출마감(국내거래) → 세금계산서처리 → 회계처리(매출마감)

해설

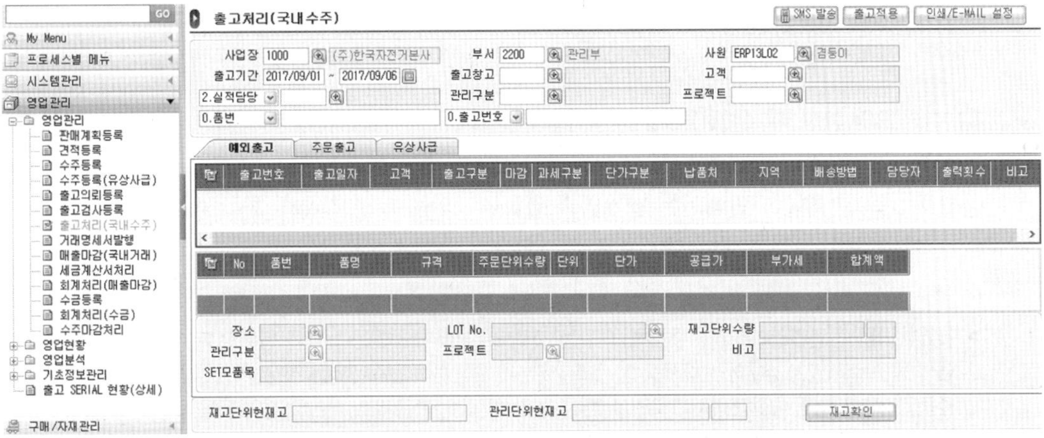

▶ [영업관리] – [영업관리] – [출고처리(국내수주)] 메뉴는 수주등록한 자료를 적용받아 출고처리할 때 사용한다. 창고에서 물품이 출고되거나 반품 시점의 재고에 실질적인 영향을 미친다. 반드시 수행하여야 하는 메뉴이며 출고처리를 하지 않으면 매출마감을 처리할 수 없다.

a. [주문출고] 탭은 수주등록을 한 내역을 적용하여 출고처리를 할 때 사용하며, 이때 재고는 감소된다.

b. [예외출고] 탭은 수주등록 없이 출고처리를 하거나 반품처리를 할 때 사용한다. 출고처리를 하는 경우에는 재고가 감소하고, 반품일 경우에는 재고가 증가한다. 예외출고는 샘플, 견본품, 물품에 하자가 생겨 반품할 경우에 사용할 수 있다.

c. [유상사급] 탭은 유상사급자재(돈을 받고 판매하는 경우)를 수주등록 한 내역을 가지고 출고처리할 경우에 사용한다.

정답 05 ④

06 핵심ERP [수주등록] 화면에 대한 다음 설명 중 가장 적합한 것은? (단, 시스템환경설정의 출고의뢰 운영여부는 '1.여'로 설정되어 있다)

① 랜카드의 환산계수는 100이다.
② "검사"로 설정되어 있어 반드시 출고검사등록을 해야 한다.
③ [수주등록] 메뉴 화면에서는 납기일과 출하예정일이 항상 같은 날짜는 아니다.
④ 단가구분에서 "부가세미포함"으로 설정되어 전자세금계산서를 발급하지 않는다.

해설

▶ [영업관리] – [영업관리] – [수주등록] 메뉴는 고객으로부터 주문받은 내역을 등록할 때 사용한다. 수주 내역이 견적을 바탕으로 하였을 경우에는 [견적적용 조회] 버튼을 활용하여 견적내역을 적용받아 처리할 수 있으며, 견적 없이 수주하였다면 직접 등록한다. [재고확인] 버튼을 눌러 현재고, 가용재고, 입고예정량 등을 확인할 수 있다.

▶ 출고의뢰운영여부에서 "1.여" (핵심ERP-2017버전에서는 "1. 운영함"으로 변경됨)

▶ 재고단위 : 품목의 입고, 출고, 재고관리, 생산, 외주에 사용되는 재고 기준단위이다.
관리단위 : 영업에서 품목을 주문하거나 구매에서 품목 발주에 사용되는 기준단위이다.
환산계수 : 재고단위와 관리단위가 서로 다를 경우, 같은 정보를 사용하기 위한 기초 정보이다.
환산계수 = 재고단위 / 관리단위
= 100/10
= 10

▶ 검사는 무검사로 변경 가능

▶ 과세구분이 "매출과세"이므로 전자세금계산서 발급

정답 06 ③

07 다음은 핵심ERP 수금등록 화면이다. 다음 설명 중 옳은 것은?

① 제품 판매 후 매출대금을 수금하는 경우 정상수금으로 등록한다.
② 제품을 판매하기 이전에 계약금으로 현금 7,000,000원을 받아 신한은행에 예금을 하였다.
③ 2017년 3월 27일에 ㈜대동전자에서 수금한 내용 중 20,000,000원은 약속어음을 배서양도 받았다.
④ 2017년 3월 27일에 ㈜대동전자에서 수금등록한 내역은 회계전표가 발생되었다.

해설

▶ [영업관리] – [영업관리] – [수금등록] 메뉴에서 거래처로부터 수금된 매출대금을 등록한다. 수금은 매출 후 매출대금을 수금하는 정상수금과 매출 전 미리 계약금 형식으로 받는 선수금으로 분류한다. 선수금은 매출이 발생하면 매출대금으로 정리된다.
▶ ② 정상수금
▶ ③ 이미지 하단의 [자/타]가 "자수"이므로 약속어음을 바로 ㈜대한본사에 입금, 2017년 3월 27일에 ㈜대동전자에서 수금한 내용 중 20,000,000원은 약속어음을 배서 양도 받았다.⇒ "타수"일 경우
▶ ④ [전표]가 "미처리"이므로 회계처리 안 됨, "처리"일 경우 회계전표 발행

08 다음 핵심ERP의 [재고관리] 메뉴 중에서 사업장 재고 증감 변화에는 영향을 미치지 않지만, 해당 창고의 재고 증감 변화에는 영향을 미치는 메뉴로서 가장 적합한 것은?

① 재고실사현황
② 재고평가보고서
③ 재고이동등록(창고)
④ 재고이동등록(사업장)

정답 07 ① 08 ③

해설

- ▶ [구매/자재관리] – [재고관리] – [재고이동등록(창고)] 메뉴는 동일한 사업장 내에서 다른 재고창고나 장소로 물품을 이동할 때 사용한다. 재고의 증가나 감소는 없다. 이는 출고사업장에서는 재고의 감소가 일어나고 입고사업장에서는 재고의 증가가 일어나기 때문이며, 재고의 증가나 감소에는 영향을 미치지 않는다.
  또한 자재마감/통제등록의 마감일 이전 일자로는 재고이동을 할 수 없으며, 마감일자 이전에 입력되어 있는 이동 내역은 수정, 삭제를 할 수 없다.
- ▶ [구매/자재관리] – [재고관리] – [재고이동등록(사업장)] 메뉴는 다른 사업장의 창고와 장소로 재고를 이동한다.

09 핵심ERP의 발주등록 메뉴 화면에 대한 다음 설명 중 가장 적합한 것은?

발주번호	발주일자	거래처	과세구분	담당자	출력회수	비고
P01703000001	2017/03/21	(주)무학전자	매입과세			

No	품번	품명	규격	단위	납기일	입고예정일	발주수량	단가	공급가	부가세	합계	검사	도면번호
1	1010	CPU80		EA	2017/03/25	2017/03/25	100.00	30,000.00	3,000,000	300,000	3,300,000	검사	
2	1060	메인보드		EA	2017/03/25	2017/03/25	200.00	15,000.00	3,000,000	300,000	3,300,000	무검사	
3	5100	스피커		EA	2017/03/26	2017/03/26	100.00	40,000.00	4,000,000	400,000	4,400,000	무검사	

① ㈜무학전자에 발주한 발주 품목은 모두 검사가 필요하다.
② ㈜무학전자에 발주한 발주 품목은 모두 같은 날에 입고될 예정이다.
③ ㈜무학전자에 발주한 발주 품목의 재고단위와 관리단위는 현재의 이 화면을 보고는 알 수 없다.
④ ㈜대한본사의 발주등록은 반드시 [청구등록] 정보나 [수주등록] 정보를 적용받아야만 등록할 수 있다.

해설

- ▶ [구매/자재관리] – [구매관리] – [발주등록]
- ▶ ① 메인보드, 스피커 – 무검사
- ▶ ② 입고예정일 CPU80, 메인보드 – 2017/03/25, 스피커 – 2017/03/26
- ▶ ④ 직접 입력할 수도 있다.

10 핵심ERP 메뉴 중 [재고수불현황]에 대한 내용에 대해 '연도별'로 조회가 가능한 것은?

① 재고수불현황(일자별)　② 재고수불현황(유형별)
③ 현재고현황(전사/사업장)　④ 재고수불상세현황(일자별)

해설

- ▶ [구매/자재관리] – [재고수불현황]
- ▶ [현재고현황(전사/사업장)] 메뉴는 전사별, 사업장별로 현재 재고 현황을 파악할 때 사용한다.

정답 09 ③　10 ③

▶ [재고수불현황(유형)] 메뉴는 유형별로 사업장의 재고수불현황을 파악할 때 사용한다.
▶ [재고수불현황(일자별)] 메뉴는 특정기간 동안 창고와 장소별 품목에 대한 일자별 재고 수불현황을 파악할 때 사용한다.
▶ [재고수불상세현황(일자별)] 메뉴는 창고나 장소별로 품목에 대한 일자별 재고수불현황을 조회할 때 사용한다.
▶ 재고수불현황(일자별),재고수불현황(유형별), 재고수불상세현황(일자별) ⇒ 일자별 중 재고수불현황(일자별)

11 **㈜대한본사는 (갑)제품을 생산하기 위하여 재고조사를 실시한 결과, 부족한 원재료를 거래처에 발주하려고 한다. 구매발주서 발행을 위해 선행되어야 하는 구매관리 메뉴는 무엇인가?**

① 발주등록 ② 입고처리(국내발주)
③ 수주등록 ④ 재고실사등록

해설
▶ [구매/자재관리] – [구매관리] – [발주등록] 메뉴에서 거래처에 상품, 원재료, 부재료 등을 주문한다. [발주등록] 메뉴에서는 [청구등록] 메뉴에 등록한 청구내역을 이용하여 발주등록을 하거나 직접 등록할 수 있다. 청구내역을 이용하여 발주등록을 하면 청구건에 대한 잔량관리를 할 수 있다.
▶ [영업관리] – [영업관리] – [수주등록] 메뉴는 고객으로부터 주문을 받은 내역을 등록할 때 사용한다. 수주 내역이 견적을 바탕으로 하였을 경우에는 [견적적용 조회] 버튼을 활용하여 견적내역을 적용받아 처리할 수 있으며, 견적 없이 수주하였다면 직접 등록한다. [재고확인] 버튼을 눌러 현재고, 가용재고, 입고예정량 등을 확인할 수 있다.
▶ [구매/자재관리] – [구매관리] – [입고처리(국내발주)] 메뉴는 거래처로부터 물품을 입고하거나 반품처리할 때 사용한다. 물품이 창고에 입고되는 시점, 입고 처리한 물품을 거래처에 반품하는 시점에 사용하며 재고수불에 영향을 미친다. [입고처리(국내발주)]에는 [예외입고] 탭과 [발주입고] 탭으로 구성되어있다. [예외입고] 탭은 구매품목에 대한 반품처리나 발주없이(견본품, 사은품 등을) 입고처리를 할 경우 사용한다. 발주없이 입고처리한 경우 재고가 증가한다. 반품처리는 수량을 "–"로 표기하며 재고가 감소한다. [발주입고] 탭은 발주내역에 따라 입고 처리할 때 사용하며, 이때 재고는 증가한다.
▶ 전산(장부)상에 입력된 재고와 실제 재고의 수량 차이를 확인하기 위해 창고에서 조사한 실재고의 수량을 [구매/자재관리] – [재고관리] – [재고실사등록] 메뉴에 등록한다. 전산상 재고와 실재고의 차이는 [기초재고/재고조정등록] 메뉴에서 조정하며 전산상재고와 실재고를 일치시킨다.

12 **다음 [보기]는 재고실사현황내용이다. 핵심ERP에서 "현재고"와 "실사수량"의 차이를 처리하고자 한다. 다음 중 가장 적절한 방법은?**

• 현재고 : 150개	• 실사수량 : 135개

① [기초재고/재고조정등록] 화면의 [출고조정] 탭에서 "15"를 입력한다.
② [기초재고/재고조정등록] 화면의 [기초재고] 탭에서 "15"를 입력한다.
③ [기초재고/재고조정등록] 화면의 [입고조정] 탭에서 "15"를 입력한다.
④ [재고실사등록] 화면에서 "실사수량"을 "150"으로 입력하여 "차이수량"이 "0"이 되도록 한다.

정답 11 ① 12 ①

해설

▶ [구매/자재관리] – [재고관리] – [기초재고/재고조정등록)] 메뉴는 시스템을 도입하여 기초수량 및 재고수량을 입력하거나 시스템을 사용하던 중 전산(장부)상 재고와 실사재고 수량의 차이가 생겼을 때 실사재고에 수량을 맞추기 위해 사용한다. [기초조정] 탭은 시스템을 도입하여 기초재고를 입력할 때 사용하며, [출고조정] 탭은 전산재고와 실사재고의 수량차이가 발생하면 실제재고에 수량을 맞추기 위해 재고조정용도로 사용한다.

▶ [구매/자재관리] – [재고관리] – [입고조정] 탭에서 "–15"를 입력

▶ [구매/자재관리] – [재고관리] – 현재고 – 실사수량 = 150 – 135 = 15

물류 시뮬레이션

2017년 2회 기출문제 DB를 백업해서 문제를 푸시오. 문제유형 – 물류2급 회사B
[13 ~ 20번 문제는 시뮬레이션 문제로서 [실기메뉴]를 활용하여 문제에 답하시오]

13 **다음은 핵심ERP [영업마감/통제등록]에 대한 질문이다. 다음 중 핵심ERP에서 제공하고 있지 않은 판매단가로 옳은 것은?**

① 품목단가
② 담당자별단가
③ 품목유형별단가
④ 고객&품목유형별단가

해설

▶ [시스템관리] – [마감/데이터관리] – [영업마감/통제등록]

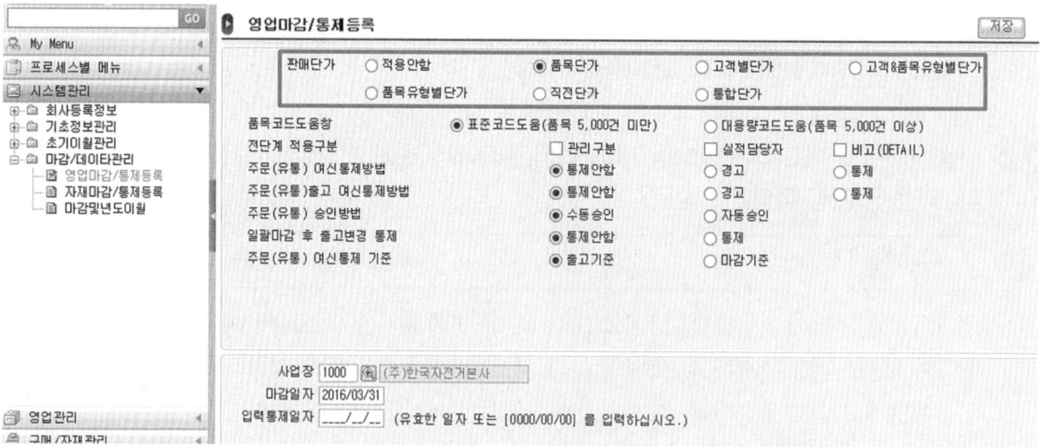

▶ 판매단가 : 품목단가, 고객별단가, 고객&품목유형별단가, 품목유형별단가, 직전단가, 통합단가

정답 13 ②

14 다음은 핵심ERP [물류관리내역등록]에 대한 질문이다. 다음 중 등록할 수 없는 관리내역은?

① 품목군
② 품목 대분류
③ 품질검사구분
④ 영업단가유형

해설

▶ [시스템관리] – [기초정보관리] – [물류관리내역등록]

물류관리내역등록 (초기설정)

	코드	관리항목명
☐	AG	지역그룹구분
☐	AM	지역관리구분
☐	LA	재고조정구분
☐	LE	수입 제비용 구분
☐	LP	구매자재구분
☐	LQ	품질검사구분
☐	LS	영업관리구분
☐	P1	생 산 설 비
☐	P2	작업팀
☐	P3	작업 SHIFT
☐	PC	결재 조건
☐	PU	구매단가유형
☐	SU	영업단가 유형
☐	TM	거래처 분류
☐	TS	배송 방법
☐	V1	고객성향구분
☐	V2	고객등급구분
☐	WD	대여 구분
☐	WE	위탁적재장소
☐	Z1	품목 대분류
☐	Z2	품목 중분류
☐	Z3	품목 소분류

코드 | 관리내역명 | 사용여부 전체 | 재조회

관리내역코드	관리항목명	비고	사용여부
10	BA		사용
20	FG		사용
30	EP		사용
40	NU		사용
50	VQ		사용

정답 14 ①

15 다음은 핵심ERP 출고처리(국내거래)에 대한 질문이다. 다음 조건을 참고하여 주문일괄적용한 후 고객별 합계액의 합을 연결한 것으로 옳은 것은?

> 사업장 : ㈜한국자전거본사
> 출고창고 : 제품창고
> 출고일자 : 2017/03/25
> 주문기간 : 2017/03/01 ~ 2017/03/10
> 조건 : 고객일괄
> 출고장소 : 제품장소
> 마감구분 : 일괄

① ㈜대일전자 - 2,982,500
② ㈜제동기어 - 4,820,981
③ ㈜제일물산 - 3,416,600
④ ㈜한라상사 - 4,171,300

해설

▶ [영업관리] - [영업관리] - [출고처리(국내수주)]

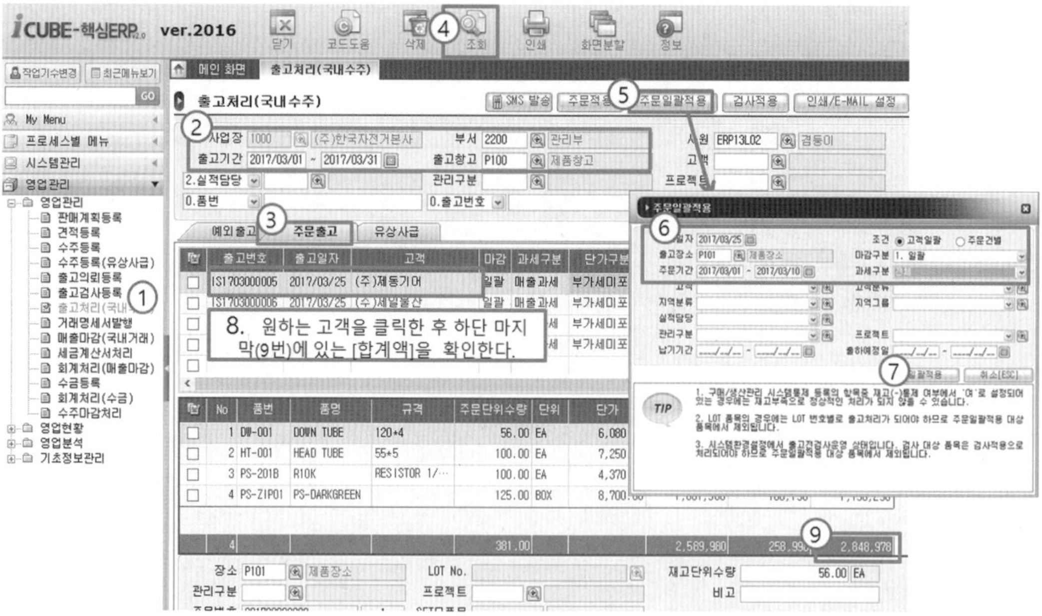

▶ ㈜대일전자 - 3,280,750
▶ ㈜제동기어 - 2,848,978
▶ ㈜한라상사 - 2,734,380

정답 **15** ③

16 다음은 핵심ERP 미수채권연령분석표에 대한 질문이다. 다음 조건에 해당되는 데이터 중 고객과 고객별 총미수채권을 잘못 연결한 것은?

> 사업장 : ㈜한국자전거본사
> 기준일자 : 2016/12/31
> 조회기준 : 마감기준
> 잔액보유 : 전체

① ㈜대일전자 - 20,575,740
② ㈜제동기어 - 27,387,800
③ ㈜중앙전자 - 13,338,720
④ ㈜한라상사 - 13,700,280

해설

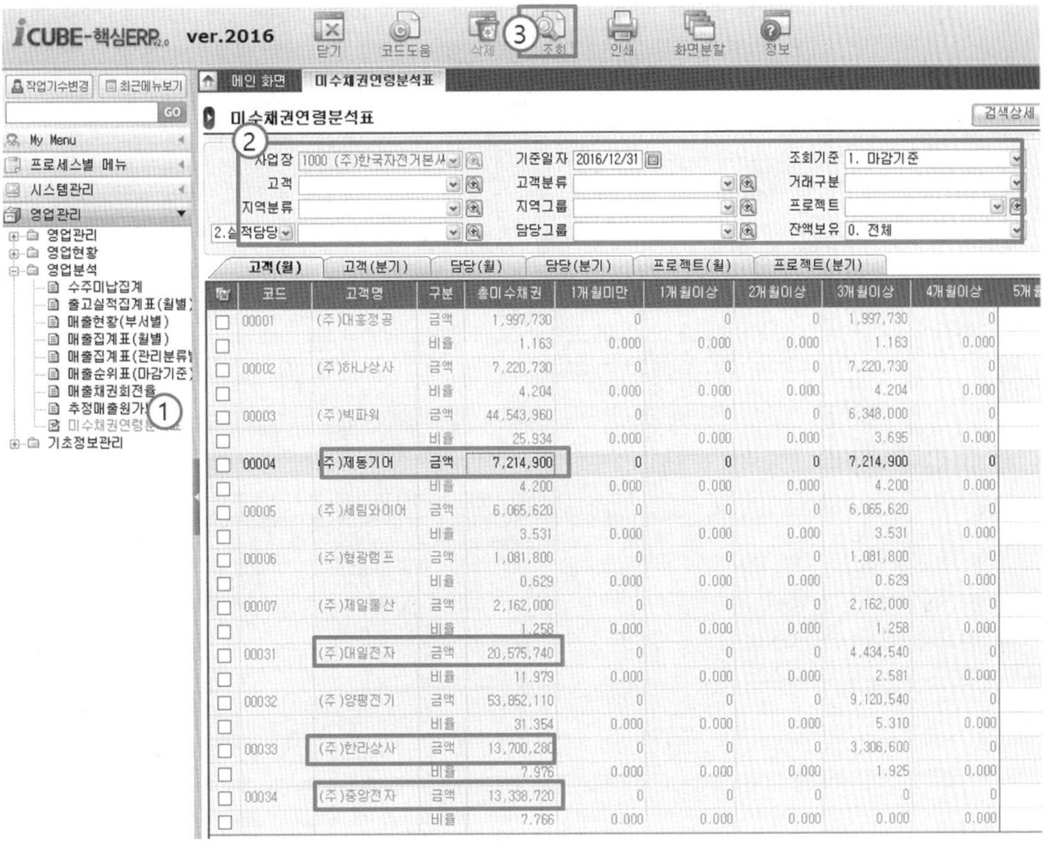

코드	고객명	구분	총미수채권	1개월미만	1개월이상	2개월이상	3개월이상	4개월이상
00001	(주)대홍정공	금액	1,997,730	0	0	0	1,997,730	0
		비율	1.163	0.000	0.000	0.000	1.163	0.000
00002	(주)하나상사	금액	7,220,730	0	0	0	7,220,730	0
		비율	4.204	0.000	0.000	0.000	4.204	0.000
00003	(주)빅파워	금액	44,543,960	0	0	0	6,348,000	0
		비율	25.934	0.000	0.000	0.000	3.695	0.000
00004	(주)제동기어	금액	7,214,900	0	0	0	7,214,900	0
		비율	4.200	0.000	0.000	0.000	4.200	0.000
00005	(주)세림와이어	금액	6,065,620	0	0	0	6,065,620	0
		비율	3.531	0.000	0.000	0.000	3.531	0.000
00006	(주)형광램프	금액	1,081,800	0	0	0	1,081,800	0
		비율	0.629	0.000	0.000	0.000	0.629	0.000
00007	(주)제일물산	금액	2,162,000	0	0	0	2,162,000	0
		비율	1.258	0.000	0.000	0.000	1.258	0.000
00031	(주)대일전자	금액	20,575,740	0	0	0	4,434,540	0
		비율	11.979	0.000	0.000	0.000	2.581	0.000
00032	(주)양평전기	금액	53,852,110	0	0	0	9,120,540	0
		비율	31.354	0.000	0.000	0.000	5.310	0.000
00033	(주)한라상사	금액	13,700,280	0	0	0	3,306,600	0
		비율	7.976	0.000	0.000	0.000	1.925	0.000
00034	(주)중앙전자	금액	13,338,720	0	0	0	0	0
		비율	7.766	0.000	0.000	0.000	0.000	0.000

▶ [영업관리] – [영업분석] – [미수채권연령분석표]
▶ ㈜제동기어 – 7,214,900

정답 16 ②

17 다음은 핵심ERP 수금현황에 대한 질문이다. 다음 조건에 해당하는 고객과 정상수금 합계액을 바르게 연결한 것은?

사업장 : ㈜한국자전거본사 수금기간 : 2017/01/01 ~ 2017/02/28

① ㈜대일전자 - 1,450,000
② ㈜영동바이크 - 2,300,000
③ ㈜중앙전자 - 2,500,000
④ ㈜한라상사 - 3,500,000

해설

▶ [영업관리] - [영업현황] - [수금현황]

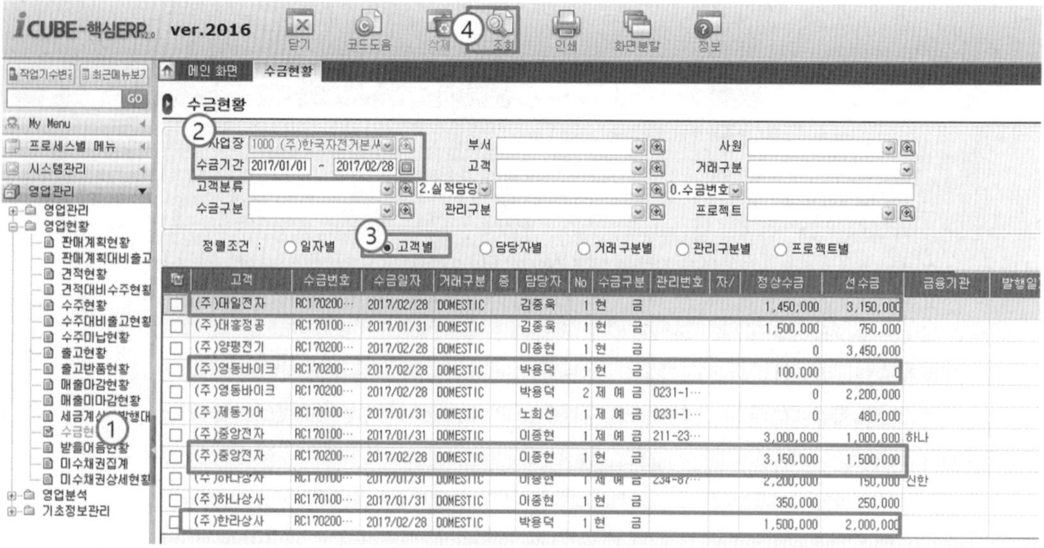

▶ ㈜영동바이크 – 100,000
▶ ㈜중앙전자 – 3,1500,000
▶ ㈜한라상사 – 1,500,000

정답 17 ①

18 다음은 핵심ERP [소요량전개현황]에 대한 질문이다. 다음 조건에 해당하는 품목과 예정발주일을 잘못 연결한 것은?

사업장 : ㈜한국자전거본사	소요기간 : 2017/03/01 ~ 2017/04/01

① PEDAL - 2017/03/28　　② HEAD LAMP - 2017/03/25
③ FRAME GRAY - 2017/03/25　　④ BREAK SYSTEM - 2017/03/28

해설

▶ [구매/자재관리] – [구매현황] – [소요량전개현황]

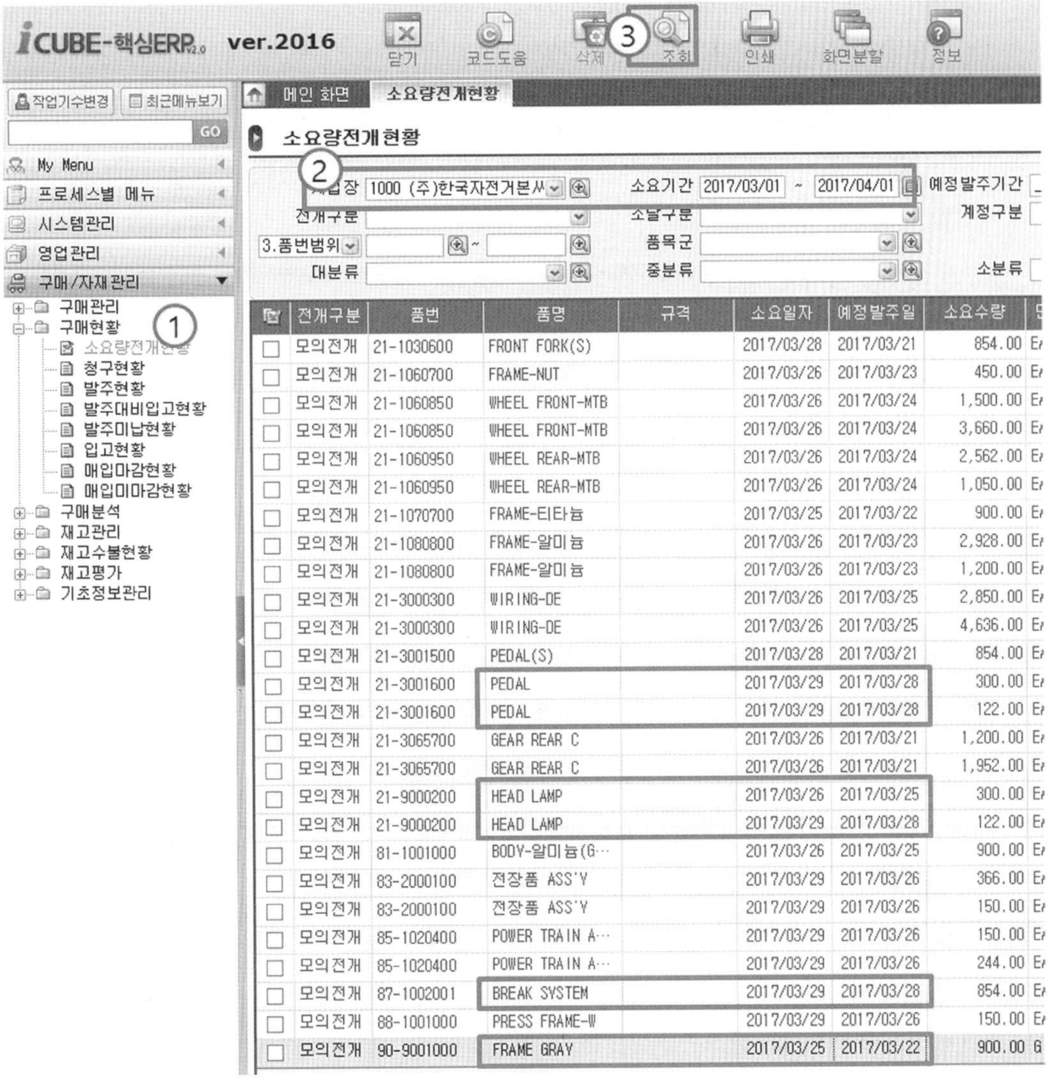

전개구분	품번	품명	규격	소요일자	예정발주일	소요수량
모의전개	21-1030600	FRONT FORK(S)		2017/03/28	2017/03/21	854.00
모의전개	21-1060700	FRAME-NUT		2017/03/26	2017/03/23	450.00
모의전개	21-1060850	WHEEL FRONT-MTB		2017/03/26	2017/03/24	1,500.00
모의전개	21-1060850	WHEEL FRONT-MTB		2017/03/26	2017/03/24	3,660.00
모의전개	21-1060950	WHEEL REAR-MTB		2017/03/26	2017/03/24	2,562.00
모의전개	21-1060950	WHEEL REAR-MTB		2017/03/26	2017/03/24	1,050.00
모의전개	21-1070700	FRAME-티타늄		2017/03/25	2017/03/22	900.00
모의전개	21-1080800	FRAME-알미늄		2017/03/26	2017/03/23	2,928.00
모의전개	21-1080800	FRAME-알미늄		2017/03/26	2017/03/23	1,200.00
모의전개	21-3000300	WIRING-DE		2017/03/26	2017/03/25	2,850.00
모의전개	21-3000300	WIRING-DE		2017/03/26	2017/03/25	4,636.00
모의전개	21-3001500	PEDAL(S)		2017/03/28	2017/03/21	854.00
모의전개	21-3001600	PEDAL		2017/03/29	2017/03/28	300.00
모의전개	21-3001600	PEDAL		2017/03/29	2017/03/28	122.00
모의전개	21-3065700	GEAR REAR C		2017/03/26	2017/03/21	1,200.00
모의전개	21-3065700	GEAR REAR C		2017/03/26	2017/03/21	1,952.00
모의전개	21-9000200	HEAD LAMP		2017/03/26	2017/03/25	300.00
모의전개	21-9000200	HEAD LAMP		2017/03/29	2017/03/28	122.00
모의전개	81-1001000	BODY-알미늄(G…		2017/03/26	2017/03/25	900.00
모의전개	83-2000100	전장품 ASS'Y		2017/03/29	2017/03/26	366.00
모의전개	83-2000100	전장품 ASS'Y		2017/03/29	2017/03/26	150.00
모의전개	85-1020400	POWER TRAIN A…		2017/03/29	2017/03/26	150.00
모의전개	85-1020400	POWER TRAIN A…		2017/03/29	2017/03/26	244.00
모의전개	87-1002001	BREAK SYSTEM		2017/03/29	2017/03/28	854.00
모의전개	88-1001000	PRESS FRAME-W		2017/03/29	2017/03/26	150.00
모의전개	90-9001000	FRAME GRAY		2017/03/25	2017/03/22	900.00

▶ FRAME GRAY – 2017/03/22

정답 **18** ③

19 다음은 핵심ERP 매입미마감현황에 대한 질문이다. 다음 조건에 해당하는 거래처와 거래처별미마감 금액의 합(합계의 합)을 바르게 연결한 것은?

사업장 : ㈜한국자전거본사	입고기간 : 2017/02/01 ~ 2017/02/28

① ㈜대일전자 - 1,172,600
② ㈜대흥정공 - 1,066,000
③ ㈜제동기어 - 385,015
④ ㈜제일물산 - 2,943,314

해설

▶ [구매/자재관리] – [구매현황] – [매입미마감현황]

거래처	입고일자	거래구분	입고번	No.	품번	품명	규격	단위(관리)	수량	단가	공급가	부가세	합계
(주)대일전자	2017/0···	DOMESTIC	RV170···	1	DW-001	DOWN TUBE	120*4	EA	24.00	4,100.00	98,400	9,840	108,240
(주)대일전자	2017/0···	DOMESTIC	RV170···	2	HT-001	HEAD TUBE	55*5	EA	13.00	5,500.00	71,500	7,150	78,650
(주)대일전자	2017/0···	DOMESTIC	RV170···	3	PS-201B	R10K	RES···	EA	48.00	1,298.00	62,304	6,230	68,534
(주)대일전자	2017/0···	DOMESTIC	RV170···	4	PS-ZIP01	PS-DARKGREEN		BOX	21.00	5,610.00	117,810	11,781	129,591
(주)대흥정공	2017/0···	DOMESTIC	RV170···	1	21-1030600	FRONT FORK(S)		EA	25.00	19,200.00	480,000	48,000	528,000
(주)대흥정공	2017/0···	DOMESTIC	RV170···	2	21-1060700	FRAME-NUT		EA	40.00	8,200.00	328,000	32,800	360,800
(주)대흥정공	2017/0···	DOMESTIC	RV170···	4	21-1060950	WHEEL REAR-MTB		EA	15.00	17,200.00	258,000	25,800	283,800
(주)제동기어	2017/0···	DOMESTIC	RV170···	2	21-3000300	WIRING-DE		EA	11.00	7,200.00	79,200	7,920	87,120
(주)제동기어	2017/0···	DOMESTIC	RV170···	4	21-3001600	PEDAL		EA	9.00	2,200.00	19,800	1,980	21,780
(주)제동기어	2017/0···	DOMESTIC	RV170···	5	21-3065700	GEAR REAR C		EA	7.00	42,200.00	295,400	29,540	324,940
(주)제일물산	2017/0···	DOMESTIC	RV170···	1	21-3001500	PEDAL(S)		EA	27.00	9,200.00	248,400	24,840	273,240
(주)제일물산	2017/0···	DOMESTIC	RV170···	2	31-1010002	의자		EA	123.00	3,500.00	430,500	43,050	473,550
(주)제일물산	2017/0···	DOMESTIC	RV170···	3	31-1010003	바구니		EA	191.00	7,250.00	1,384,750	138,475	1,523,225
(주)제일물산	2017/0···	DOMESTIC	RV170···	4	31-1010004	타이어		EA	33.00	3,350.00	110,550	11,055	121,605
(주)제일물산	2017/0···	DOMESTIC	RV170···	5	31-1010005	자물쇠		EA	44.00	6,510.00	286,440	28,644	315,084
(주)제일물산	2017/0···	DOMESTIC	RV170···	6	81-1001000	BODY-알미늄(GRAY-W···		EA	45.00	4,780.00	215,100	21,510	236,610
(주)형광램프	2017/0···	DOMESTIC	RV170···	1	21-1060850	WHEEL FRONT-MTB		EA	16.00	18,200.00	291,200	29,120	320,320
(주)형광램프	2017/0···	DOMESTIC	RV170···	2	21-1060950	WHEEL REAR-MTB		EA	100.00	17,200.00	1,720,000	172,000	1,892,000
(주)형광램프	2017/0···	DOMESTIC	RV170···	3	21-1080800	FRAME-알미늄		EA	85.00	38,200.00	3,247,000	324,700	3,571,700
(주)형광램프	2017/0···	DOMESTIC	RV170···	4	21-3001600	PEDAL		EA	75.00	2,200.00	165,000	16,500	181,500
(주)형광램프	2017/0···	DOMESTIC	RV170···	5	21-3065700	GEAR REAR C		EA	40.00	42,200.00	1,688,000	168,800	1,856,800

▶ ㈜대일전자 – 3,850,150
▶ ㈜대흥정공 – 1,172,600
▶ ㈜제동기어 – 433,840

20 다음은 핵심ERP [생산품표준원가등록]에 대한 질문이다. 다음 조건에 해당하는 표준원가 중 표준원가가 지속적으로 감소하는 추세인 품목은?

사업장 : ㈜한국자전거본사 해당년도 : 2017년 1월 ~ 2017년 3월

① 자물쇠
② PRESS FRAME-W
③ 산악자전거(P-20G)
④ POWER TRAIN ASS'Y(MTB)

정답 19 ④ 20 ②

해설

▶ [구매/자재관리] – [재고평가] – [생산품표준원가등록]

▶ 2017년 1 ~ 3월까지 비교

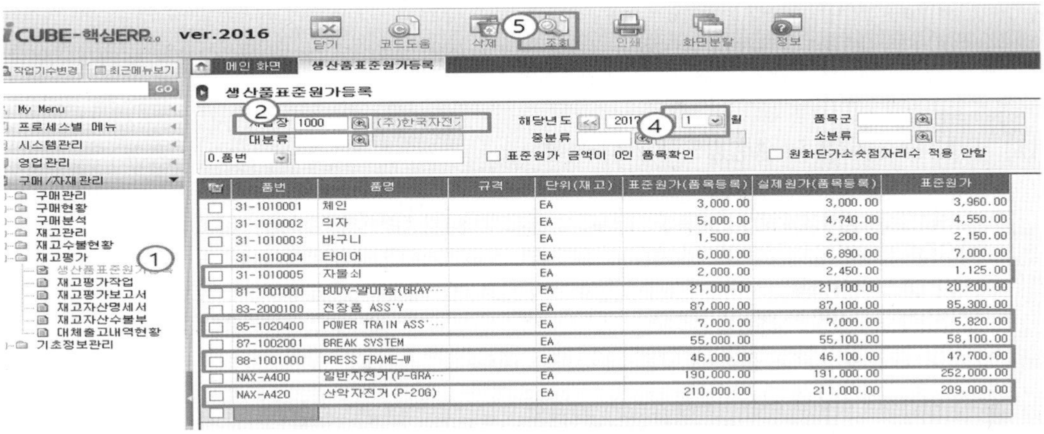

품번	품명	규격	단위(재고)	표준원가(품목등록)	실제원가(품목등록)	표준원가
31-1010001	체인		EA	3,000.00	3,000.00	3,960.00
31-1010002	의자		EA	5,000.00	4,740.00	4,550.00
31-1010003	바구니		EA	1,500.00	2,200.00	2,150.00
31-1010004	타이어		EA	6,000.00	6,890.00	7,000.00
31-1010005	자물쇠		EA	2,000.00	2,450.00	1,125.00
81-1001000	BODY-알미늄(GRAY···		EA	21,000.00	21,100.00	20,200.00
83-2000100	전장품 ASS'Y		EA	87,000.00	87,100.00	85,300.00
85-1020400	POWER TRAIN ASS'···		EA	7,000.00	7,000.00	5,820.00
87-1002001	BREAK SYSTEM		EA	55,000.00	55,100.00	58,100.00
88-1001000	PRESS FRAME-W		EA	46,000.00	46,100.00	47,700.00
NAX-A400	일반자전거(P-GRA···		EA	190,000.00	191,000.00	252,000.00
NAX-A420	산악자전거(P-20G)		EA	210,000.00	211,000.00	209,000.00

품번	품명	규격	단위(재고)	표준원가(품목등록)	실제원가(품목등록)	표준원가
31-1010001	체인		EA	3,000.00	3,000.00	3,850.00
31-1010002	의자		EA	5,000.00	4,740.00	4,150.00
31-1010003	바구니		EA	1,500.00	2,200.00	2,150.00
31-1010004	타이어		EA	6,000.00	6,890.00	7,120.00
31-1010005	자물쇠		EA	2,000.00	2,450.00	1,450.00
81-1001000	BODY-알미늄(GRAY···		EA	21,000.00	21,100.00	23,000.00
83-2000100	전장품 ASS'Y		EA	87,000.00	87,100.00	88,000.00
85-1020400	POWER TRAIN ASS'···		EA	7,000.00	7,000.00	6,150.00
87-1002001	BREAK SYSTEM		EA	55,000.00	55,100.00	59,000.00
88-1001000	PRESS FRAME-W		EA	46,000.00	46,100.00	46,500.00
NAX-A400	일반자전거(P-GRA···		EA	190,000.00	191,000.00	255,000.00
NAX-A420	산악자전거(P-20G)		EA	210,000.00	211,000.00	222,000.00

품번	품명	규격	단위(재고)	표준원가(품목등록)	실제원가(품목등록)	표준원가
31-1010001	체인		EA	3,000.00	3,000.00	3,810.00
31-1010002	의자		EA	5,000.00	4,740.00	4,230.00
31-1010003	바구니		EA	1,500.00	2,200.00	2,320.00
31-1010004	타이어		EA	6,000.00	6,890.00	6,550.00
31-1010005	자물쇠		EA	2,000.00	2,450.00	2,020.00
81-1001000	BODY-알미늄(GRAY···		EA	21,000.00	21,100.00	23,200.00
83-2000100	전장품 ASS'Y		EA	87,000.00	87,100.00	88,000.00
85-1020400	POWER TRAIN ASS'···		EA	7,000.00	7,000.00	6,350.00
87-1002001	BREAK SYSTEM		EA	55,000.00	55,100.00	59,000.00
88-1001000	PRESS FRAME-W		EA	46,000.00	46,100.00	46,100.00
NAX-A400	일반자전거(P-GRA···		EA	190,000.00	191,000.00	255,000.00
NAX-A420	산악자전거(P-20G)		EA	210,000.00	211,000.00	217,000.00

기출문제

경영혁신과 ERP

01 다음 중 ERP에 대한 설명으로 가장 적절하지 않은 것은?

① ERP는 기능 및 일 중심의 업무처리 방식을 취하고 있다.
② ERP는 개방적이고, 확장적이며, 유연한 시스템 구조를 가지고 있다.
③ ERP 패키지는 어느 한 시스템에 입력하면 전체적으로 자동 반영되어 통합 운영이 가능한 시스템이다.
④ 최신의 IT 기술을 활용하여 생산, 판매, 인사, 회계 등 기업 내 모든 업무를 통합적으로 관리하도록 도와주는 전사적 자원관리 시스템이다.

해설

ERP 도입의 예상 효과로 통합업무시스템 구축을 들 수 있고 ERP가 성공하기 위해서는 업무단위별로 추진하지 않아야 한다.

02 ERP 구축의 성공요인으로 가장 적합하지 않은 것은?

① 지속적인 ERP 교육 실시
② IT 중심으로만 프로젝트 추진
③ 경험과 지식을 겸비한 인력으로 구성
④ 경영자와 전체 임직원의 높은 관심 및 참여

해설

ERP 구축이 성공하기 위해서는 IT 중심의 프로젝트로 추진하지 말아야 한다.

03 ERP의 특징 중 기술적 특징에 해당하지 않는 것은?

① 4세대 언어(4GL) 활용
② 다국적, 다통화, 다언어 지원
③ 관계형 데이터베이스(RDBMS) 채택
④ 객체지향기술(Object Oriented Technology) 사용

해설

다국적, 다통화, 다언어 지원은 ERP 시스템의 기능적 특징에 해당한다.

04 ERP 시스템 구축 절차 중 구현 단계에서 수행할 내용으로 가장 적절하지 않은 것은?

① 시스템 평가
② 시험가동(Prototyping)
③ 커스터마이징(Customizing)
④ 데이터 전환(Data Conversion)

해설

커스터마이징(Customizing)은 설계단계에 해당한다.

정답 01 ① 02 ② 03 ② 04 ③

영업관리

05 손익분기점에 대한 설명으로 가장 적합한 것은?

① 손익분기점이란 수익과 비용이 같은 상태이다.
② 손익분기점이란 수익이 비용보다 낮은 상태이다.
③ 손익분기점이란 수익이 비용보다 높은 상태이다.
④ 손익분기점이란 수익과 비용을 곱하여 100이 되는 상태이다.

해설
손익분기점이란 총수익과 총비용이 같은 상태를 말한다.

06 다음 중 수주관리에 대한 설명으로 가장 적합한 것은?

① 수주는 구매가 확정된 고객의 견적을 관리한다.
② 출고 시 반드시 수주건별로 수금조건을 확정해야한다.
③ 견적을 작성할 때에는 품목, 수량, 가격에 대한 내용 기재는 생략한다.
④ 수주 후 일자별 가용용량, 약속가능재고 정보를 참조하여 수량과 납기에 대한 회신을 한다.

해설
수주는 구매를 결정한 고객으로부터 구체적인 주문을 받는 과정을 말한다. 수주 시 확인사항은 거래처, 물품 상세, 수량, 단가, 대금수금 조건, 납기, 납품처 등이다.

07 다음 [보기]의 내용을 활용했을 때 일반적인 경우의 외상매출금 회수율은 얼마인가?

- 전월 회수액 500만 원
- 당월 회수액 500만 원
- 전월 매출액 4,000만 원
- 당월 매출액 4,500만 원
- 전월말 외상매출금잔액 500만 원
- 당월말 외상매출금잔액 1,000만 원

① 10%
② 12%
③ 14%
④ 16%

해설
외상매출금 회수율 = 500/(500+4,500) = 10%

08 다음 중 여신한도액이 순운전자본보다 많아지는 경우에 운전자본을 확보하기 위한 방법으로 가장 적합한 것은?

① 지급어음의 기일을 단축한다.
② 어음지급을 현금지급으로 변경한다.
③ 외상매출금이나 어음의 회수기간을 연장한다.
④ 현금으로 대금회수가 가능한 거래처를 늘린다.

해설
여신한도액이 순운전자본보다 많아지는 경우에 운전자본을 확보하기 위한 방법으로는 현금으로 대금회수가 가능한 거래처를 늘리면 된다.

정답 05 ① 06 ④ 07 ① 08 ④

09 수익성지표를 활용하여 내년도 목표매출액을 결정하려고 한다. [보기]의 자료를 이용하여 내년도 목표매출액을 산출하면 얼마인가?

- 금년도 한계이익 : 300
- 금년도 한계이익율 : 30%
- 내년도 목표한계이익 : 200
- 내년도 목표한계이익율: 20%

① 100
② 400
③ 600
④ 1,000

해설
내년도 목표매출액 = 200/0.2 = 1,000

10 대한모터의 전동차에 대한 1월과 2월의 판매예측치가 각각 20,000개와 25,000개이고 2월의 실제 판매량은 30,000개이다. 그렇다면 3월의 판매예측치를 단순지수평활법으로 계산한 값은 다음 중 무엇인가?(단, 평활계수 = 0.4이다)

① 26,400개
② 27,000개
③ 28,000개
④ 29,200개

해설
3월의 판매예측치 = 25,000 + (30,000−25,000) × 0.4 = 27,000개

자재관리

11 다음 중 자재관리의 경제적, 기능적 효과로 가장 적합한 것은?

① 공정지연
② 입고손실방지
③ 창고효율 증가 감소
④ 불필요한 재고품 증가

해설
입출고 통제 및 입출고 검사를 통하여 수량과 품질을 관리한다.

12 다음 중 가격 유형에 대한 설명으로 가장 적합한 것은?

① 협정가격은 판매자 다수가 서로 협의하여 일정한 기준에 따라 결정하는 가격이다.
② 개정가격은 판매자와 구매자의 판단에 좌우되지 않고 시장에서 수요와 공급의 균형에 따라 변동되는 가격이다.
③ 교섭가격은 판매자가 자기의 판단으로 결정하는 가격이며, 화장품 · 약품 등과 같이 전국적으로 시장성을 가진 상품에 적용된다.
④ 시중가격의 가격은 명확히 결정되어 있지 않으나 업계의 특수성이나 지역성 등으로 자연히 일정한 범위의 가격이 정해져 있는 것이다.

해설
② 판매자와 구매자의 판단에 좌우되지 않고 시장에서 수요와 공급의 균형에 따라 변동하는 가격은 시장가격이다.
③ 판매자가 자기의 판단으로 결정하는 가격이며, 화장품 · 약품 등과 같이 전국적으로 시장성을 가진 상품은 정가가격이다.

정답 09 ④ 10 ② 11 ② 12 ①

④ 가격 그 자체는 명확히 결정되어 있지 않으나 업계의 특수성이나 지역성 등으로 자연히 일정한 범위의 가격이 정해져 있는 것은 개정가격의 설명이다.

13 다음 [보기]에 근거하여 자재 A, B, C, D의 재고유형을 순서대로 나열한 것은?

- 자재A : 예상 외의 소비나 재고부족 상황에 대비해 창고에 일정량을 보유하는 재고
- 자재B : 경제적 주문량 만큼 구매하게 되어, 당장 필요한 수량을 초과하는 잔량에 의해 발생하는 재고
- 자재C : 수입품목으로, 구매대금은 이미 지불하였으며 항공기로 수송 중에 있는 재고
- 자재D : 파업으로 인한 생산중단 등이 예상되어 향후 발생할 수요에 대비해 미리 생산하여 보관하는 재고

① 파이프라인재고, 비축재고, 안전재고, 순환재고
② 순환재고, 파이프라인재고, 비축재고, 안전재고
③ 안전재고, 순환재고, 파이프라인재고, 비축재고
④ 비축재고, 안전재고, 순환재고, 파이프라인재고

해설

안전재고 : 예상외의 소비나 재고부족 상황에 대비해 창고에 일정량을 보유하는 재고

순환재고 : 경제적 주문량만큼 구매하게 되어, 당장 필요한 수량을 초과하는 잔량에 의해 발생하는 재고

파이프라인재고 : 수입품목으로, 구매대금은 이미 지불하였으며 항공기로 수송 중에 있는 재고

비축재고 : 파업으로 인한 생산중단 등이 예상되어 향후 발생할 수요에 대비해 미리 생산하여 보관하는 재고

14 다음 중 완제품 1단위를 생산하기 위해 필요한 재료, 부품, 반제품 등의 품목, 규격, 소요량 등에 대한 목록은?

① 자재명세서(BOM : Bill Of Material)
② 재고기록철(IRF : Inventory Record File)
③ 기준생산계획(MPS : Master Production Schedule)
④ 자재소요계획(MRP : Material Requirement Planning)

해설

자재명세서는 모품목을 만드는 데 필요한 조립품, 부품, 원자재의 목록으로 모품목을 위해 필요한 수량을 제품구조 정보로 보여준다.

15 다음 [보기]에 제시된 자재 중에서, MRO 자재로 분류될 수 있는 것끼리 가장 적합하게 연결된 것은?

- 건설현장의 건축물에 사용되는 모래
- 분식점의 김밥에 사용되는 채소
- 정유회사의 생산설비에 사용되는 밸브 손잡이
- 자전거 생산라인에서 정비에 사용되는 공구

① A, B　　② B, C
③ C, D　　④ D, A

해설

소모성자재란 생산에 직접 사용되지는 않으나 생산활동에 필요한 시설물의 유지와 보수, 그리고 운전에 필요한 자재로서 소비자재와 설비용 자재로 구분하기도 한다.

정답 13 ③ 14 ① 15 ③

구매관리

16 다음 중 [보기]에서 주어진 설명과 가장 관련 있는 가격결정방식은?

거래처의 공급자 선정을 목적으로 하는 입찰경쟁에서 선정되기 위해 전략적으로 가격 결정 자사의 시장점유율, 이미지, 제품경쟁력 등을 고려하여 경쟁기업의 가격을 기준으로 전략적으로 가격 결정

① 비용중심적 가격결정
② 전략중심적 가격결정
③ 구매자중심적 가격결정
④ 경쟁자중심적 가격결정

해설
경쟁자중심적 가격결정이란 경쟁환경을 고려하여 시장점유율을 높이기 위해 경쟁기업의 가격을 기준으로 결정하는 방법을 말한다. 여기에는 경쟁기업 가격기준 방식과 입찰경쟁 방식이 있다.

17 [보기]의 정보로 구매계약을 체결할 때, 다음 중 현금할인이 적용되는 총 기간이 가장 긴 결제조건은?

구매계약 체결일은 3월 25일로 한다. 선일부현금할인의 기산일은 4월 15일로 한다. 수취일기준현금할인의 송장수취일은 4월 15일로 한다.

① 3/10 advanced
② 3/10-60 days extra
③ 3/10 EOM
④ 3/10 ROG

해설
3/10 advanced = 4월 15일 + 10일 = 4월 25일
3/10-60 days extra = 3월 25일 + 70일 = 6월 3일
3/10 EOM = 4월 1일 + 10일 = 4월 10일
3/10 ROG = 4월 15일 + 10일 = 4월 25일

18 다음 중 구매계약에 대한 설명으로 적절하지 않은 것은?

① 구매계약방법에는 일반경쟁, 지명경쟁, 제한경쟁, 수의계약 등이 있다.
② 총 계약금액을 기준으로 구매계약을 할 때에는 총액방식, 개별 가격방식, 희망수량 가격방식 등을 이용한다.
③ 물품의 인도장소나 하역 · 수송방법이 구매원가를 크게 좌우하는 경우가 있으므로 구매계약 과정에서 세부적인 협의가 필요하다.
④ 구매담당자가 주문서를 전달하여 매매상대방이 승낙한 경우에는 구매계약이 성립되지 아니하며, 구매계약서를 작성해야 법적인 효력이 발생한다.

해설
구매계약은 채권을 발생할 목적으로, 구매할 물건에 대한 거래의사를 합의함으로써 성립하는 법률행위이다. 구매계약의 승낙 사실을 상대방에게 통보했을 때 이를 접수한 날부터 유효하다.

19 다음 중 구매방침에서 자체생산과 외주생산 결정에 대한 설명으로 옳은 것은?

① 기술적 권리 측면에서 본다면 특허권을 취득할 때까지는 자체생산을 하는 것이 바람직하다.
② 자체 생산능력을 초과하는 수요에 대해서는 외주생산을 고려하는 것보다 자체생산을 하는 것이 바람직하다.
③ 생산제품모델의 변경이 잦은 경우나 기술진부화가 예측되는 경우에는 외주보다 자체생산이 바람직하다.

정답 16 ④ 17 ② 18 ④

④ 원가적인 측면에서 보았을 때 중요기술이 포함되지 않았다 하더라도 다품종 소량생산인 경우에는 외주생산보다 자체생산이 더 바람직하다.

해설

생산제품 모델의 변경이 잦은 경우나 기술진부화가 예측되는 경우에는 자체생산보다 외주생산이 바람직하다.

20 **다음 [보기]의 원가구성을 사용하여 산출한 판매원가는 얼마인가?**

직접재료비 = 700원
간접비경비 = 300원
노무비 = 200원
일반관리비 = 2,000원
당기순이익 = 2,500원

① 2,300원
② 2,500원
③ 3,000원
④ 3,200원

해설

판매원가 = (700 + 200 + 300) + 2,000
= 3,200원

정답 19 ① 20 ④

물류 실무이론

01 핵심ERP [품목등록] 메뉴의 계정구분과 조달구분의 연결로 옳은 것은?

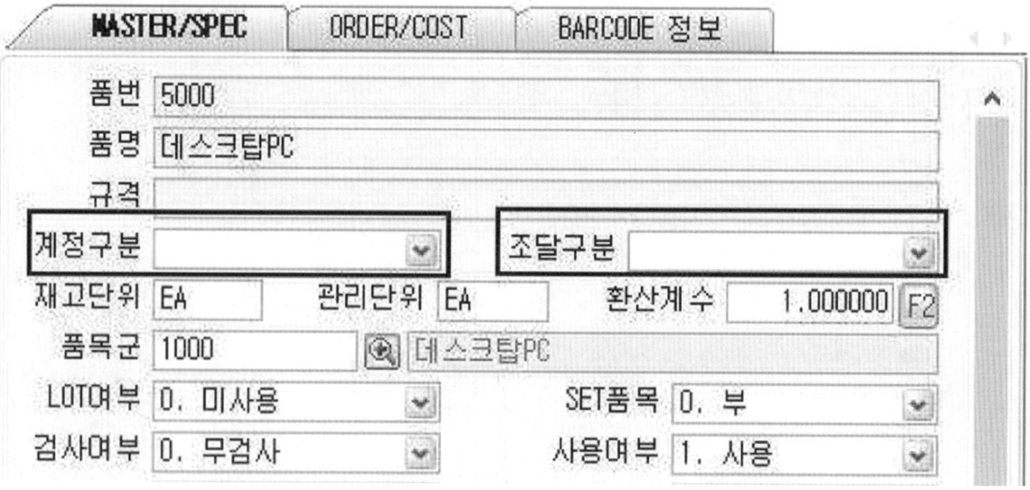

① 계정구분 : 상품, 조달구분 : 생산
② 계정구분 : 제품, 조달구분 : 구매
③ 계정구분 : 반제품, 조달구분 : 구매
④ 계정구분 : 원재료, 조달구분 : 구매

해설

▶ 계정구분과 조달구분은 필수 입력사항이다. 상품은 타사에서 만들어진 것을 구입하는 것을 말한다. 제품은 자사에서 판매를 목적으로 만드는 것을 말한다.
▶ ① 계정구분 : 상품, 조달구분 : 구매
▶ ② 계정구분 : 제품, 조달구분 : 생산
▶ ③ 계정구분 : 반제품, 조달구분 : 생산

정답 01 ④

02 ㈜대한은 품목별로 등록한 판매단가를 국내의 모든 거래처(고객)에게 똑같은 단가로 적용하려고 한다. 핵심ERP [영업마감/통제등록] 메뉴에서 적용해야 할 단가로 적합한 것은?

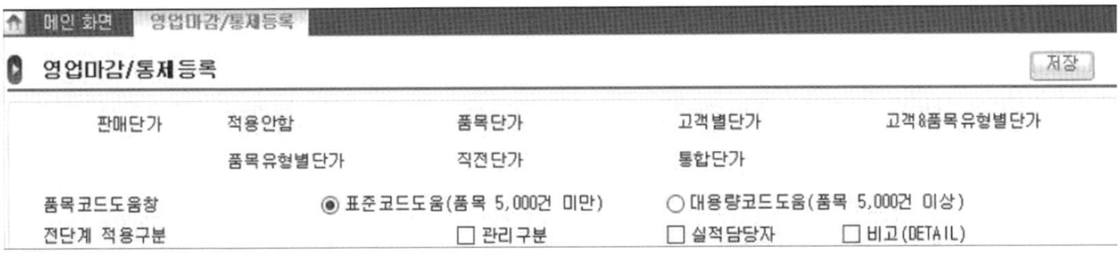

① 품목단가 ② 직전단가
③ 적용안함 ④ 고객별단가

해설

▶ 판매단가 : 견적이나 수주등록을 할 때 필요한 단가의 유형을 선택한다. 선택하려는 항목(품목단가, 고객별단가)은 [영업관리] – [기초정보관리] 메뉴에 등록되어 있어야 견적이나 수주를 등록할 때 해당 단가를 적용할 수 있다. [품목단가]는 모든 거래처에 동일 단가로 적용할 때, [고객별단가]는 거래처별로 단가를 달리 설정할 때 사용한다.

03 핵심ERP에서 재고평가방법을 변경한 후 재고평가 작업을 수행하려고 한다. 다음 중 재고평가방법을 변경하기 위한 메뉴로 옳은 것은?

① [품목군등록] 메뉴
② [자재마감/통제등록] 메뉴
③ [영업마감/통제등록] 메뉴
④ [물류실적(품목/고객)담당자등록] 메뉴

해설

▶ 재고평가방법을 변경할 수 있는 메뉴는 [시스템관리] – [마감데이터관리] – [자재마감/통제등록] 메뉴이다.

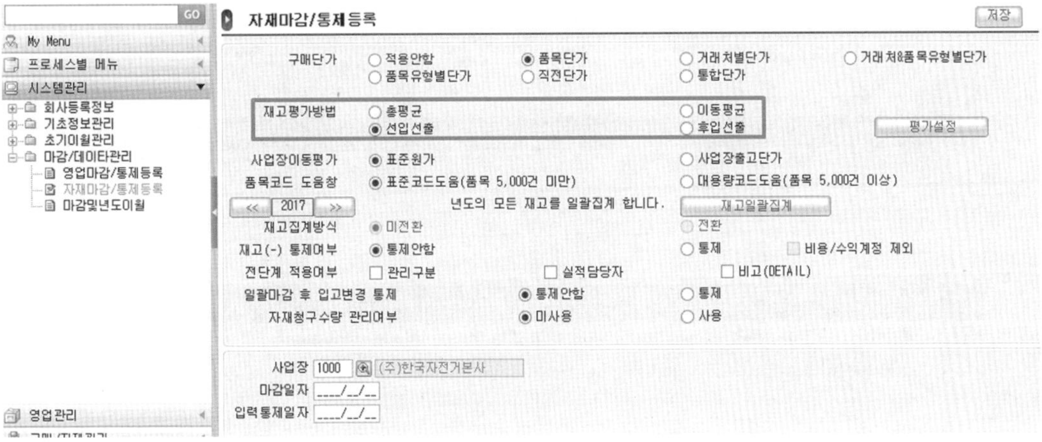

정답 02 ① 03 ②

▶ [시스템관리] – [마감/데이터관리] – [자재마감/통제등록] 메뉴는 자재정보에 대한 "구매단가 유형, 재고평가방법, 사업장이동평가, 품목코드 도움창" 등의 정보를 설정할 때 사용한다.
재고평가항목 : 총평균법, 이동평균법, 선입선출법, 후입선출법
재고평가대상은 매입마감이 이루어진 품목, 매출마감이 이루어진 품목이다.

04 핵심ERP [판매계획등록] 메뉴를 적용하여 입력할 수 있는 메뉴로 옳은 것은?

① 영업관리의 견적등록 메뉴
② 영업관리의 수주등록 메뉴
③ 구매/자재관리의 발주등록 메뉴
④ 구매/자재관리의 주계획작성(MPS) 메뉴

해설

▶ [영업관리] – [영업관리] – [판매계획등록] 메뉴는 품목에 대한 월별 판매계획을 등록할 때 사용한다. 최초로 판매계획을 수립한 내역은 [기초계획] 탭에 등록하고, 판매계획에 대한 수량이나 단가를 변경하였을 경우에는 [수정계획] 탭에 수정사항을 등록한다.

▶ [수정계획] 탭에 "수정계획수량", "수정계획단가", "수정계획금액"을 입력한 품목은 [기초계획] 탭에서는 삭제할 수 없다. 삭제하려면 먼저 [수정계획] 탭에서 해당 품목에 대한 삭제가 이루어져야 [기초계획] 탭에서도 삭제할 수 있다. 현황 메뉴에서는 [수정계획] 탭에 등록된 내역이 조회의 기준이 된다. 또한 주계획작성(MPS) 중 [판매계획] 탭에 적용되는 기준 수량은 수정계획수량이다.

▶ ① 영업관리의 견적등록 메뉴 ⇒ 직접 입력

▶ ② 영업관리의 수주등록 메뉴 ⇒ 견적 적용, 직접 입력

▶ ③ 구매/자재관리의 발주등록 메뉴 ⇒ 청구 적용, 청구일괄 적용, 직접 입력

05 다음은 핵심ERP [견적등록] 화면이다. 다음 설명 중 옳지 않은 것은?

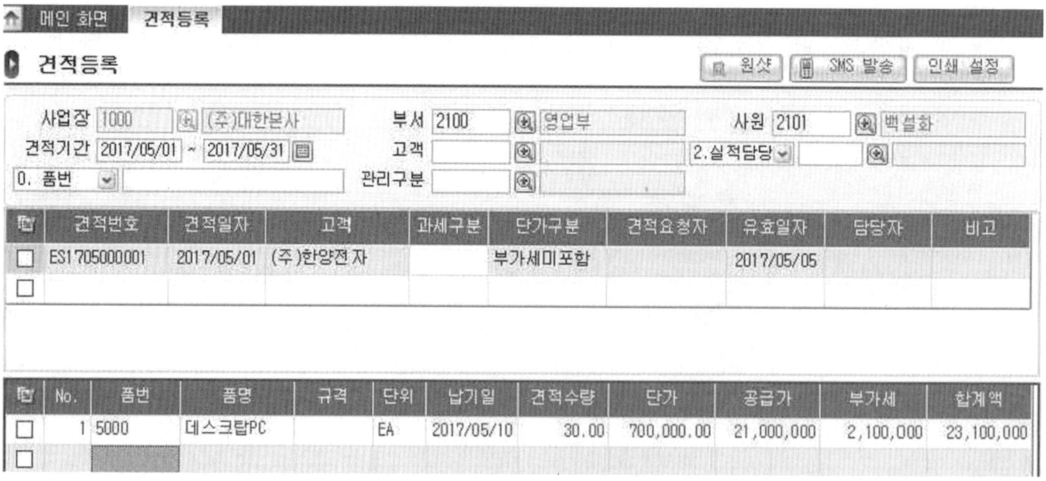

정답 04 ④

① 견적등록한 내역은 [수주등록] 메뉴에서 견적적용 조회를 적용하도록 할 수 있다.
② 제품 공급 시 부가가치세 10%의 세금계산서를 발행해야 하는 경우 과세구분은 매출과세이다.
③ 견적등록을 한 내역은 유효일자가 지났더라도 [수주등록] 메뉴에서 견적적용조회를 적용할 수 있다.
④ [견적등록]은 출고처리(국내수주)를 하기 위해서 사용하며, 모든 거래마다 영업 관리 프로세스에서 반드시 등록해야 하는 메뉴이다.

해설

▶ [영업관리] – [영업관리] – [견적등록] 메뉴는 고객으로부터 요청 받은 견적 내용을 직접 입력하여 등록할 때 사용한다. 견적내용에 따라 수주등록을 한 경우에는 견적내용을 수정, 삭제할 수 없다. 견적등록은 처음 거래를 시작하는 첫 거래처이거나 거래 내용이(단가, 품명...) 변경되었을 때 주로 등록한다. 그러나 첫거래라 하더라도 반드시 등록해야 하는 것은 아니다.

06 영업관리 프로세스에 의해 출고처리(국내수주)된 제품 중 일부가 반품되어 왔다. 이후 프로세스 처리 방법으로 가장 옳은 것은?

① [매출마감(국내거래)]에서 (–)반품 수량을 입력한 후 다음 프로세스를 진행한다.
② [출고처리(국내수주)]의 [주문출고] 탭에서(–)반품 수량을 입력한 후 다음 프로세스를 진행한다.
③ [견적등록]에서 견적수량을 (–)반품 수량으로 입력한 후 다음 프로세스를 진행한다.
④ [출고처리(국내수주)]의 [예외출고] 탭에서 출고적용을 조회한 후 (–)반품 수량을 입력하고 다음 프로세스를 진행한다.

해설

▶ [영업관리] – [영업관리] – [출고처리(국내수주)] 메뉴는 수주등록한 자료를 적용받아 출고처리할 때 사용한다. 창고에서 물품이 출고되거나 반품되는 시점의 재고에 실질적인 영향을 미친다. 반드시 수행해야 하는 메뉴이며 출고처리를 하지 않으면 매출마감을 처리할 수 없다.

a. [주문출고] 탭은 수주등록을 한 내역을 적용하여 출고처리를 할 때 사용하며 이때 재고는 감소된다.
b. [예외출고] 탭은 수주등록 없이 출고처리를 하거나 반품처리를 할 때 사용한다. 출고처리를 하는 경우에는 재고가 감소하고, 반품일 경우에는 재고가 증가한다. [예외출고]는 샘플, 견본품, 물품에 하자가 생겨 반품할 경우에 사용할 수 있다.
c. [유상사급] 탭은 유상사급자재(돈을 받고 판매하는 경우)를 수주등록한 내역을 가지고 출고처리할 경우에 사용한다.

정답 05 ④ 06 ④

07 다음은 핵심ERP 영업관리 프로세스 흐름이다. 빈칸에 들어갈 순서로 알맞은 것은?

견적등록 → 수주등록 → (　　　) → 거래명세서발행 → (　　　) → (　　　) → 회계처리(매출마감) → (　　　) → 회계처리(수금)

① 출고처리(국내수주), 매출마감(국내거래), 세금계산서처리, 수금등록
② 출고처리(국내수주), 세금계산서처리, 수금등록, 매출마감(국내거래)
③ 매출마감(국내거래), 출고처리(국내수주), 세금계산서처리, 수금등록
④ 출고처리(국내수주), 세금계산서처리, 매출마감(국내거래), 수금등록

해설

▶ 견적등록 → 수주등록 → 출고처리(국내수주) → 거래명세서발행 → 매출마감(국내거래) → 세금계산서처리 → 회계처리(매출마감) → 수금등록 → 회계처리(수금)

08 ERP 시스템을 구축하는 시점에서 모든 재고자산에 대한 현재 재고를 등록하는 메뉴의 프로세스는?

① 구매/자재관리 → 구매관리 → 재고이동현황(창고)
② 구매/자재관리 → 재고관리 → 기초재고/재고조정등록
③ 구매/자재관리 → 재고관리 → 기초재고/재고조정현황
④ 구매/자재관리 → 재고수불현황 → 현재고현황(전사/사업장)

해설

▶ [구매/자재관리] - [재고관리] - [기초재고/재고조정등록)] 메뉴는 시스템을 도입하여 기초수량 및 재고수량을 입력하거나 시스템을 사용하던 중 전산(장부)상의 재고와 실사재고의 수량이 차이가 날 때 실사재고에 수량을 맞추기 위해 재고조정등록을 한다.
[기초조정] 탭은 시스템을 도입하였을 때 기초재고를 입력하며 [출고조정] 탭은 전산재고와 실사재고의 수량이 차이가 날 때 실제재고에 수량을 맞추기 위해 재고조정을 한다.

09 핵심ERP의 입고처리(국내발주)에 대한 설명으로 옳지 않은 것은?

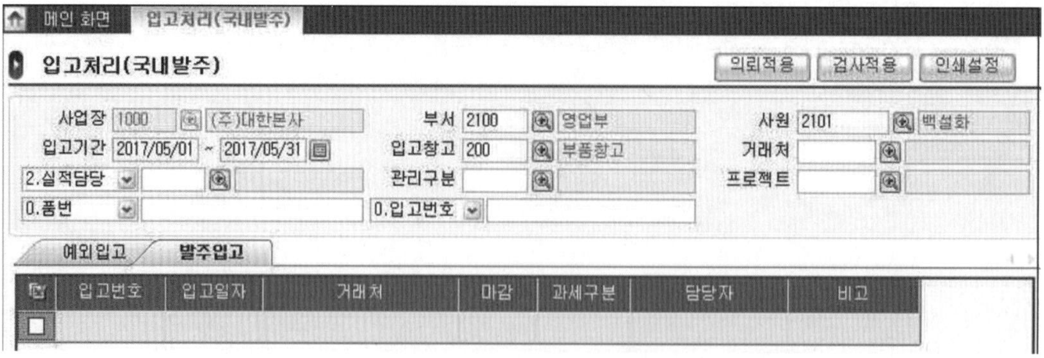

정답 07 ① 08 ②

① 발주등록을 하지 않고도 입고처리가 가능하다.
② 입고처리를 하면 입고수량만큼 재고가 증가한다.
③ 입고처리(국내발주)의 마감구분은 "개별", "일괄"이 있다.
④ 반품(환출)건이 발생하는 경우[예외입고] 탭에서 직접 수량을 등록하여 처리 가능하다.

해설

▶ [구매/자재관리] – [구매관리] – [입고처리(국내발주)] 메뉴는 거래처로부터 물품을 입고하거나 반품처리할 때 사용한다. 물품이 창고에 입고되는 시점, 입고 처리한 물품을 거래처에 반품하는 시점에 사용하며 재고수불에 영향을 미친다. [입고처리(국내발주)]는 [예외입고] 탭과 [발주입고] 탭으로 구성되어 있다. [예외입고] 탭은 구매품목에 대한 반품처리나 발주 없이(견본품, 사은품...) 입고처리를 할 경우 사용한다. 발주 없이 입고처리한 경우 재고가 증가하며 반품처리는 수량을 "–"로 표기하며 재고가 감소한다. [발주입고] 탭은 발주내역에 따라 입고 처리할 때 사용하며 재고는 증가한다.
[구매/자재관리] – [구매관리] – [입고처리(국내발주)]

▶ ③ [건별], [일괄]

10 핵심ERP의 [구매/자재관리] – [재고수불현황] 메뉴 중 재고의 입고와 출고 내용에 대해 '일자별'로 조회가 가능하지 않은 것은?

① 재고수불현황(일자별)
② 재고수불현황(유형별)
③ 재고수불상세현황(일자별)
④ 현재고현황(전사/사업장)

해설

▶ [구매/자재관리] – [재고수불현황]
① [재고수불현황(일자별)] 메뉴는 특정 기간 동안 창고별, 장소별 품목에 대한 일자별 재고 수불현황을 파악할 때 사용한다.
② [재고수불현황(유형별)] 메뉴는 유형별로 사업장의 재고수불현황을 파악할 때 사용한다.
③ [재고수불상세현황(일자별)] 메뉴는 창고나 장소별로 품목에 대한 일자별 재고수불현황을 조회할 때 사용한다.
④ [현재고현황(전사/사업장)] 메뉴는 전사별, 사업장별로 현재 재고 현황을 파악할 때 사용한다.

▶ ④ 현재고현황(전사/사업장) ⇒ 연도별

정답 09 ③ 10 ④

11 다음 핵심ERP의 [발주마감처리] 메뉴 화면에 대한 설명으로 옳지 않은 것은?

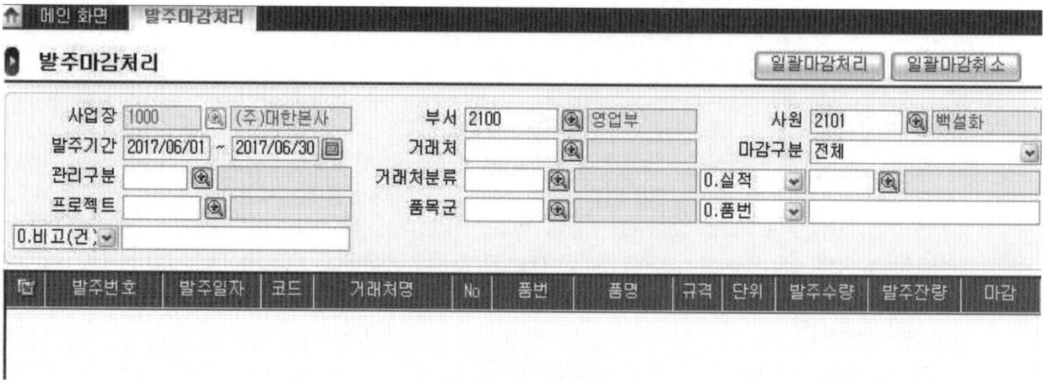

① 발주 잔량이 남아 있으면 발주마감처리의 대상이 된다.
② 발주마감처리를 하면 이후 프로세스는 진행할 수 없다.
③ 입고처리(국내발주)한 건에 대한 발주 마감처리를 할 수 있다.
④ 발주마감처리 메뉴는 선택사항으로 반드시 실행해야만 하는 메뉴는 아니다.

해설

▶ [구매/자재관리] – [구매관리] – [발주마감처리] 메뉴는 발주등록을 한 후 입고될 발주량이 남아 있는 상태에서 더 이상 거래처에 발주를 하지 않고 발주 건을 마감처리할 때 사용한다. 발주마감처리를 수행하고 나면 입고의뢰 · 입고처리 대상에서 제외된다.

▶ ③ 입고처리(국내발주)한 건에 대해서는 발주 마감처리를 할 수 없다.

12 다음 핵심ERP의 [소요량전개(MRP)] 메뉴 화면에서 전개구분에 해당되지 않은 것은?

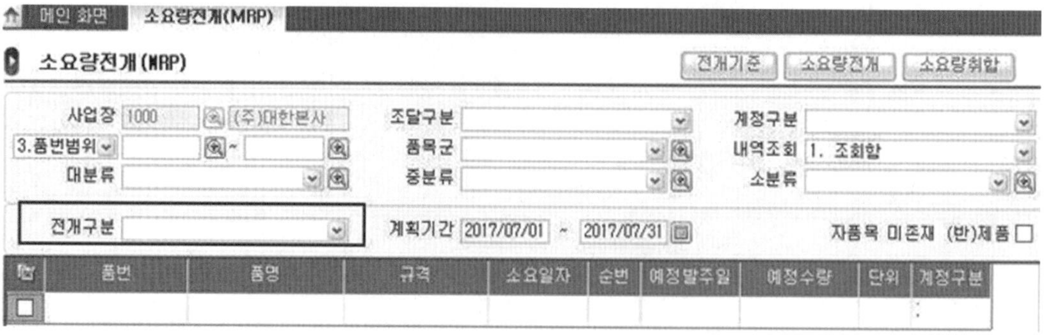

① 외주계획
② 판매계획
③ 주문전개
④ 모의전개

해설

▶ 판매계획, 주문전개, 모의전개, 생산계획

정답 11 ③ 12 ①

물류 시뮬레이션

3회 문제를 풀기 위해서는 iCUBE-핵심ERP 2017버전을 설치한 후 2017년 3회 기출문제 DB를 복원한다. 문제 유형 – 물류2급 회사A
[13 ~ 20번 문제는 시뮬레이션 문제로서 [실기메뉴]를 활용한다]

13 다음은 핵심ERP [품목군등록]에 대한 질문이다. 다음 중 성격이 다른 품목군은?

① ARK
② SMC
③ DEXIM
④ FRAME

해설

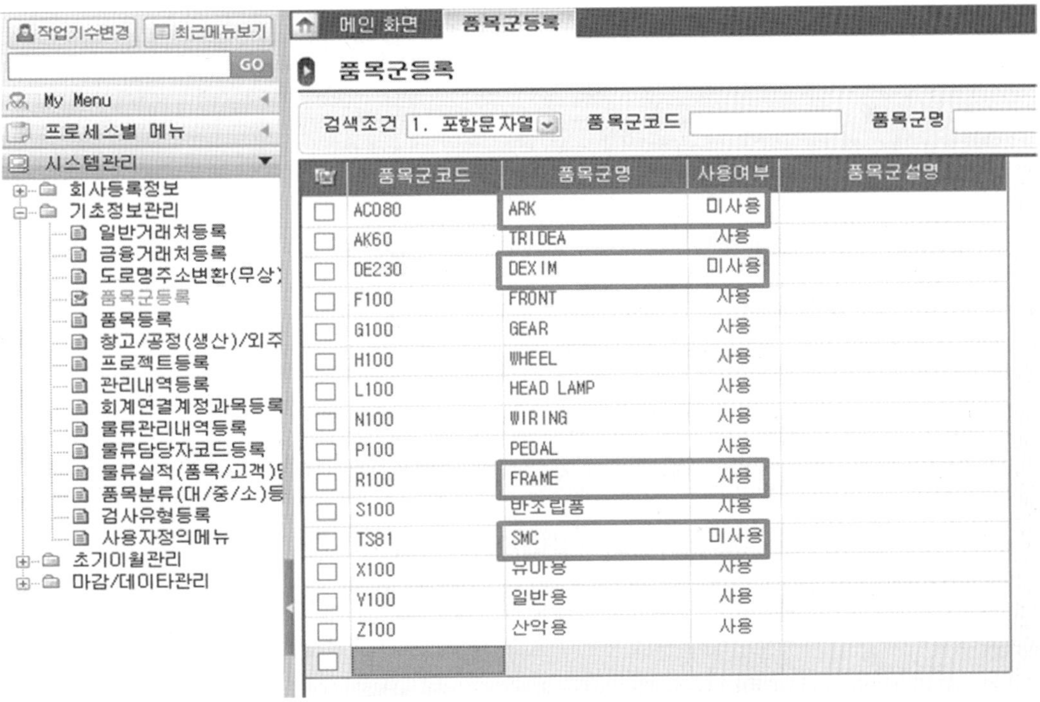

▶ [시스템관리] – [기초정보관리] – [품목군등록]
▶ ARK, SMC, DEXIM – 미사용
▶ FRAME – 사용

정답 13 ④

14 다음은 핵심ERP [창고/공정(생산)/외주공정등록]에 대한 질문이다. 다음 중 입/출고기본위치가 다르게 설정된 창고는?

사업장 : ㈜한국자전거본사

① 부품창고
② 상품창고
③ 제품창고
④ 긴급출하창고

해설

▶ [시스템관리] – [기초정보관리] – [창고/공정(생산)/외주공정등록]

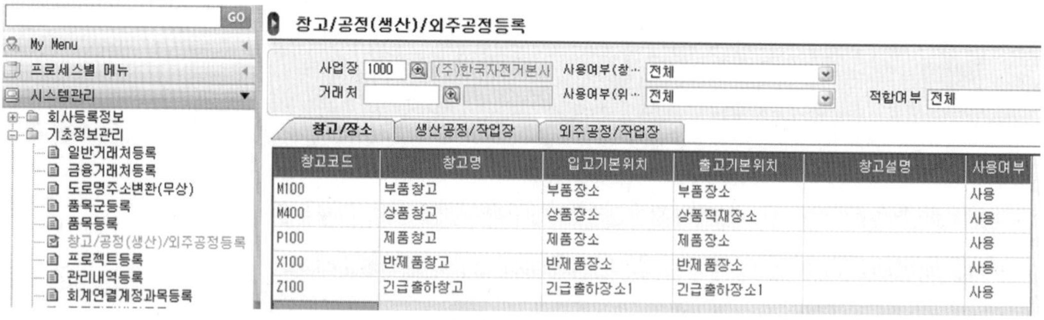

▶ 부품창고 – 부품장소 – 부품장소
▶ 상품창고 – 상품창고 – 상품적재장소
▶ 제품창고 – 제품장소 – 제품장소
▶ 긴급출하창고 – 긴급출하장소1 – 긴급출하장소1

정답 14 ②

15 다음은 핵심ERP [채권기초/이월/조정(출고기준)]에 대한 질문이다. 다음 중 채권기초에 대한 미수채권 고객과 담당자, 기초미수채권을 바르게 연결한 것은?

> 사업장 : ㈜한국자전거본사
> 해당년도 : 2017년

① ㈜대흥정공 – 김종욱 – 2,150,000
② ㈜하나상사 – 이종현 – 5,044,280
③ ㈜제동기어 – 노희선 – 5,847,270
④ ㈜대일전자 – 정영수 – 1,500,000

해설

▶ [영업관리] – [기초정보관리] – [채권기초/이월/조정(출고기준)]

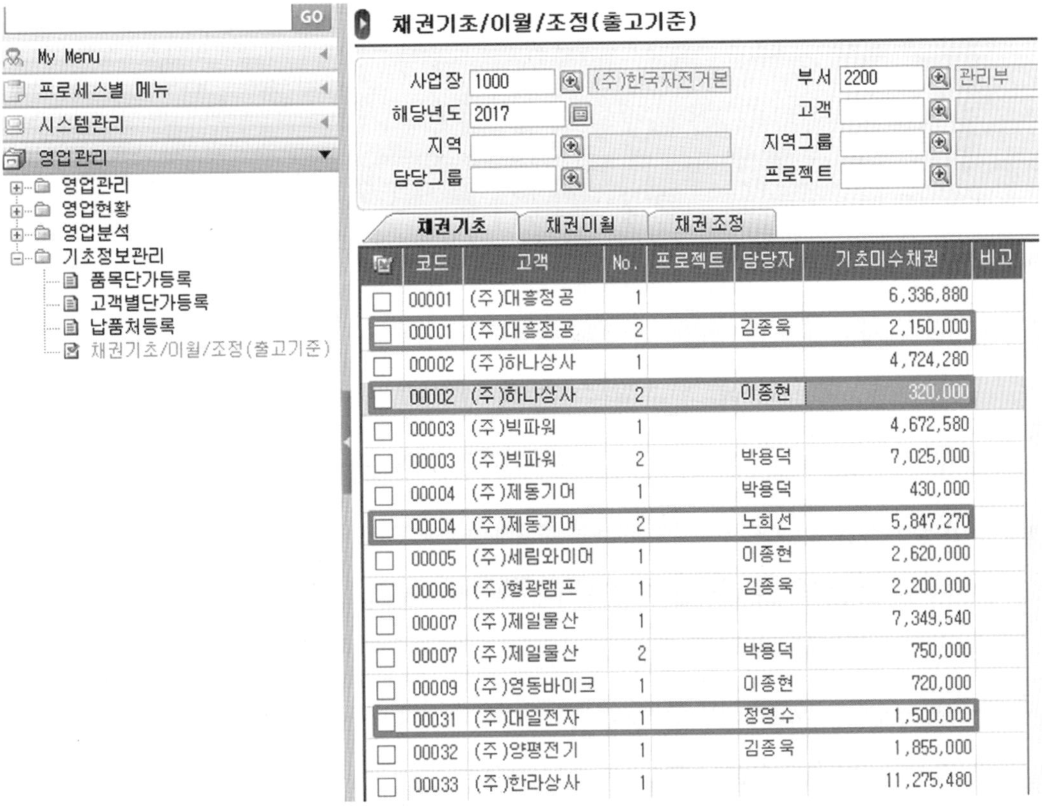

코드	고객	No.	프로젝트	담당자	기초미수채권	비고
00001	(주)대흥정공	1			6,336,880	
00001	(주)대흥정공	2		김종욱	2,150,000	
00002	(주)하나상사	1			4,724,280	
00002	(주)하나상사	2		이종현	320,000	
00003	(주)빅파워	1			4,672,580	
00003	(주)빅파워	2		박용덕	7,025,000	
00004	(주)제동기어	1		박용덕	430,000	
00004	(주)제동기어	2		노희선	5,847,270	
00005	(주)세림와이어	1		이종현	2,620,000	
00006	(주)형광램프	1		김종욱	2,200,000	
00007	(주)제일물산	1			7,349,540	
00007	(주)제일물산	2		박용덕	750,000	
00009	(주)영동바이크	1		이종현	720,000	
00031	(주)대일전자	1		정영수	1,500,000	
00032	(주)양평전기	1		김종욱	1,855,000	
00033	(주)한라상사	1			11,275,480	

▶ ㈜하나상사 – 이종현 – 320,000

정답 15 ②

16 다음은 핵심ERP [받을어음현황]에 대한 질문이다. 다음 조건에 해당하는 데이터 중 만기/약정일이 다른 고객은?

> 사업장 : ㈜한국자전거본사
> 수금기간 : 2017/05/01 ~2017/05/31

① ㈜하나상사
② ㈜대일전자
③ ㈜형광램프
④ ㈜일륭금속

해설

▶ [영업관리] – [영업현황] – [받을어음현황]

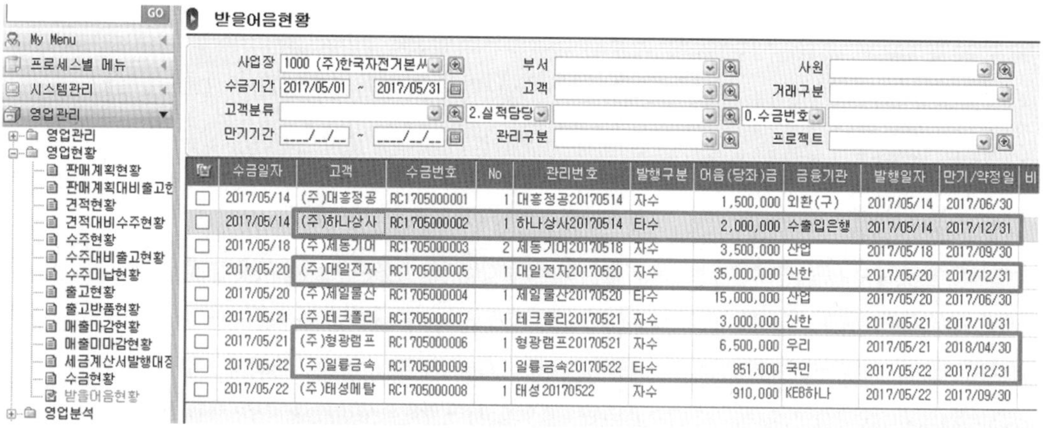

수금일자	고객	수금번호	No	관리번호	발행구분	어음(당좌)금	금융기관	발행일자	만기/약정일
2017/05/14	(주)대흥정공	RC1705000001	1	대흥정공20170514	자수	1,500,000	외환(구)	2017/05/14	2017/06/30
2017/05/14	(주)하나상사	RC1705000002	1	하나상사20170514	타수	2,000,000	수출입은행	2017/05/14	2017/12/31
2017/05/18	(주)제동기어	RC1705000003	2	제동기어20170518	자수	3,500,000	산업	2017/05/18	2017/09/30
2017/05/20	(주)대일전자	RC1705000005	1	대일전자20170520	자수	35,000,000	신한	2017/05/20	2017/12/31
2017/05/20	(주)제일물산	RC1705000004	1	제일물산20170520	타수	15,000,000	산업	2017/05/20	2017/06/30
2017/05/21	(주)테크폴리	RC1705000007	1	테크폴리20170521	자수	3,000,000	신한	2017/05/21	2017/10/31
2017/05/21	(주)형광램프	RC1705000006	1	형광램프20170521	자수	6,500,000	우리	2017/05/21	2018/04/30
2017/05/22	(주)일륭금속	RC1705000009	1	일륭금속20170522	타수	851,000	국민	2017/05/22	2017/12/31
2017/05/22	(주)태성메탈	RC1705000008	1	태성20170522	자수	910,000	KEB하나	2017/05/22	2017/09/30

▶ ㈜하나상사 – 2017/12/31, ㈜대일전자 – 2017/12/31, ㈜형광램프 – 2018/04/30, ㈜일륭금속 – 2017/12/31

17 다음은 핵심ERP [소요량전개(MRP)]에 대한 질문이다. 다음 조건을 참조하여 소요량전개를 수행한 후, 품목과 예정발주일, 예정수량을 연결한 것은?

> 사업장 : ㈜한국자전거본사
> 전개구분 : 0. 판매계획
> 계획기간 : 2017/06/15 ~ 2017/06/15
> 전개기준 : 체크안함

① HEAD LAMP – 2017/06/07 – 62 EA
② PRESS FRAME–W – 2017/05/29 – 150 EA
③ BREAK SYSTEM – 2017/05/31 – 1,036 EA
④ FRAME 티타늄 – 2017/06/04 – 175 EA

정답 16 ③ 17 ④

해설

▶ 컴퓨터 시스템의 [날짜 및 시간]에서 날짜를 2017년 1월 1일로 변경한 후 이 문제를 푼다. 문제풀이가 끝나면 본래의 날짜로 다시 변경한다.

▶ [구매/자재관리] – [구매관리] – [소요량전개(MRP)]

품번	품명	규격	소요일자	순번	예정발주일	예정수량	단위	계정구분
21-1060850	WHEEL FRONT-MTB		2017/06/08	1	2017/06/06	175.00	EA	원재료
21-1060850	WHEEL FRONT-MTB		2017/06/08	2	2017/06/06	186.00	EA	원재료
21-1060950	WHEEL REAR-MTB		2017/06/08	1	2017/06/06	186.00	EA	원재료
21-1060950	WHEEL REAR-MTB		2017/06/08	2	2017/06/06	175.00	EA	원재료
21-1070700	FRAME-티타늄		2017/06/07	1	2017/06/04	175.00	EA	원재료
21-1080800	FRAME-알미늄		2017/06/08	1	2017/06/05	186.00	EA	원재료
21-1080800	FRAME-알미늄		2017/06/08	2	2017/06/05	175.00	EA	원재료
21-3000300	WIRING-DE		2017/06/08	1	2017/06/07	175.00	EA	원재료
21-3000300	WIRING-DE		2017/06/08	2	2017/06/07	124.00	EA	원재료
21-3001500	PEDAL(S)		2017/06/10	1	2017/06/03	434.00	EA	원재료
21-3001600	PEDAL		2017/06/11	1	2017/06/10	175.00	EA	원재료
21-3001600	PEDAL		2017/06/11	2	2017/06/10	62.00	EA	원재료
21-3065700	GEAR REAR C		2017/06/08	1	2017/06/03	175.00	EA	원재료
21-3065700	GEAR REAR C		2017/06/08	2	2017/06/03	124.00	EA	원재료
21-9000200	HEAD LAMP		2017/06/08	1	2017/06/07	175.00	EA	원재료
21-9000200	HEAD LAMP		2017/06/11	1	2017/06/10	62.00	EA	원재료
81-1001000	BODY-알미늄(GRAY-WHITE)		2017/06/08	1	2017/06/07	175.00	EA	반제품
83-2000100	전장품 ASS'Y		2017/06/11	1	2017/06/08	186.00	EA	반제품
83-2000100	전장품 ASS'Y		2017/06/11	2	2017/06/08	175.00	EA	반제품
85-1020400	POWER TRAIN ASS'Y(MTB)		2017/06/11	1	2017/06/08	175.00	EA	반제품
85-1020400	POWER TRAIN ASS'Y(MTB)		2017/06/11	2	2017/06/08	124.00	EA	반제품
87-1002001	BREAK SYSTEM		2017/06/11	1	2017/06/10	434.00	EA	반제품
88-1001000	PRESS FRAME-W		2017/06/11	1	2017/06/08	175.00	EA	반제품
90-9001000	FRAME GRAY		2017/06/07	1	2017/06/04	175.00	G	원재료
NAX-A400	일반자전거(P-GRAY WHITE)		2017/06/15	1	2017/06/11	175.00	EA	제품
NAX-A420	산악자전거(P-20G)		2017/06/15	1	2017/06/11	62.00	EA	제품

▶ HEAD LAMP – 2017/06/07 –175 EA

▶ PRESS FRAME – W – 2017/06/08 – 175 EA

▶ BREAK SYSTEM – 2017/06/10 – 434 EA

18 다음은 핵심ERP [발주마감처리]에 대한 질문이다. 다음 조건에 해당하는 데이터 중 마감사유가 나머지와 다른 발주번호와 NO.을 연결한 것은?

> 사업장 : ㈜한국자전거본사
> 발주기간 : 2017/04/01 ~ 2017/04/15
> 마감구분 : 0. 마감

① PO1704000002 – 3
② PO1704000003 – 3
③ PO1704000004 – 1
④ PO1704000006 – 2

해설

▶ [구매/자재관리] – [구매관리] – [발주마감처리] 메뉴의 [마감구분] : "마감" 선택, [마감사유]는 화면 하단에 위치한다.

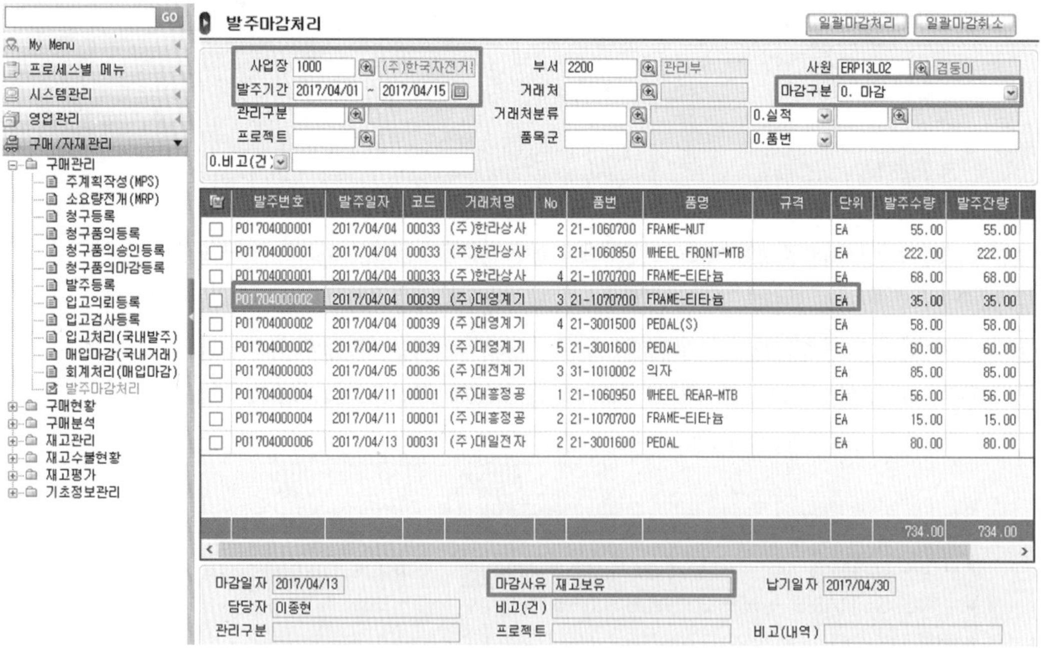

발주번호	발주일자	코드	거래처명	No	품번	품명	규격	단위	발주수량	발주잔량
PO1704000001	2017/04/04	00033	(주)한라상사	2	21-1060700	FRAME-NUT		EA	55.00	55.00
PO1704000001	2017/04/04	00033	(주)한라상사	3	21-1060850	WHEEL FRONT-MTB		EA	222.00	222.00
PO1704000001	2017/04/04	00033	(주)한라상사	4	21-1070700	FRAME-티타늄		EA	68.00	68.00
PO1704000002	2017/04/04	00039	(주)대영계기	3	21-1070700	FRAME-티타늄		EA	35.00	35.00
PO1704000002	2017/04/04	00039	(주)대영계기	4	21-3001500	PEDAL(S)		EA	58.00	58.00
PO1704000002	2017/04/04	00039	(주)대영계기	5	21-3001600	PEDAL		EA	60.00	60.00
PO1704000003	2017/04/05	00036	(주)대전계기	3	31-1010002	의자		EA	85.00	85.00
PO1704000004	2017/04/11	00001	(주)대흥정공	1	21-1060950	WHEEL REAR-MTB		EA	56.00	56.00
PO1704000004	2017/04/11	00001	(주)대흥정공	2	21-1070700	FRAME-티타늄		EA	15.00	15.00
PO1704000006	2017/04/13	00031	(주)대일전자	2	21-3001600	PEDAL		EA	80.00	80.00
									734.00	734.00

▶ ① PO1704000002 – 3 (재고보유)
▶ ② PO1704000003 – 3 (재고보유)
▶ ③ PO1704000004 – 1 (작업자오류)
▶ ④ PO1704000006 – 2 (재고보유)

정답 18 ③

19 다음은 핵심ERP [생산품표준원가등록]에 대한 질문이다. 다음 조건에 해당하는 데이터 중 품목등록의 표준원가와 표준원가의 차이가 가장 큰 품목은?

> 사업장 : ㈜한국자전거본사
> 해당년도/월 : 2017년 4월

① 의자
② 체인
③ 자물쇠
④ 타이어

해설

▶ [구매/자재관리] – [재고평가] – [생산품표준원가등록]

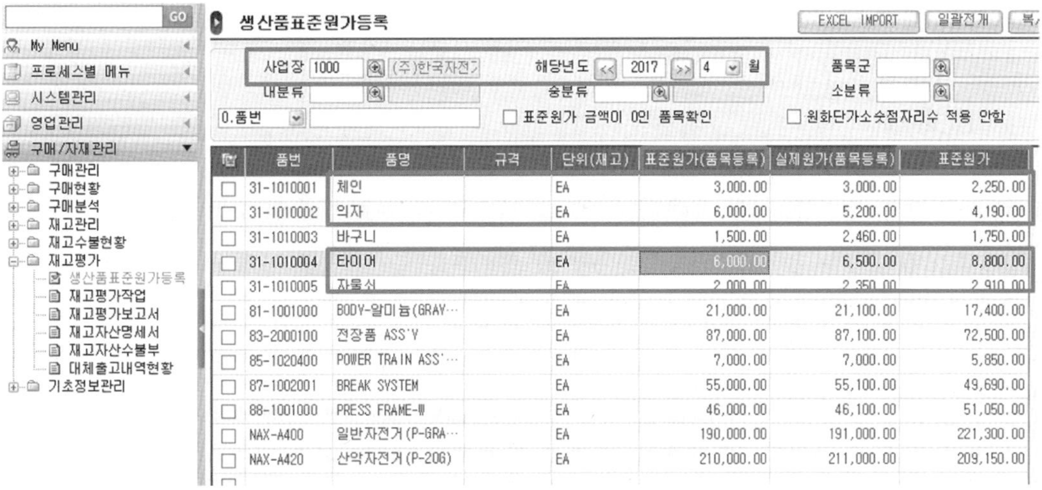

품번	품명	규격	단위(재고)	표준원가(품목등록)	실제원가(품목등록)	표준원가
31-1010001	체인		EA	3,000.00	3,000.00	2,250.00
31-1010002	의자		EA	6,000.00	5,200.00	4,190.00
31-1010003	바구니		EA	1,500.00	2,460.00	1,750.00
31-1010004	타이어		EA	6,000.00	6,500.00	8,800.00
31-1010005	자물쇠		EA	2,000.00	2,350.00	2,910.00
81-1001000	BODY-알미늄(GRAY···		EA	21,000.00	21,100.00	17,400.00
83-2000100	전장품 ASS'Y		EA	87,000.00	87,100.00	72,500.00
85-1020400	POWER TRAIN ASS'···		EA	7,000.00	7,000.00	5,850.00
87-1002001	BREAK SYSTEM		EA	55,000.00	55,100.00	49,690.00
88-1001000	PRESS FRAME-W		EA	46,000.00	46,100.00	51,050.00
NAX-A400	일반자전거(P-GRA···		EA	190,000.00	191,000.00	221,300.00
NAX-A420	산악자전거(P-20G)		EA	210,000.00	211,000.00	209,150.00

20 다음은 핵심ERP [현재고현황(전사/사업장)]에 대한 질문이다. 다음 조건에 해당하는 데이터 중 안전재고량보다 가용재고량이 큰 품목은?

> 사업장 : ㈜한국자전거본사
> 해당년도 : 2017년

① FRONT FORK(S)
② BATTERY TS-50
③ ASSY MOTOR LEADFRAME (LH)
④ MOTOR & SW LEADFRAME RH

정답 **19** ④ **20** ②

해설

▶ [구매/자재관리] – [재고수불현황] – [현재고현황(전사/사업장)]

품명	안전재고량	가용재고량
FRONT FORK(S)	34	5
BATTERY TS-50	55	57
ASSY MOTOR LEADFRAME (LH)	28	6
MOTOR & SW LEADFRAME RH	80	70

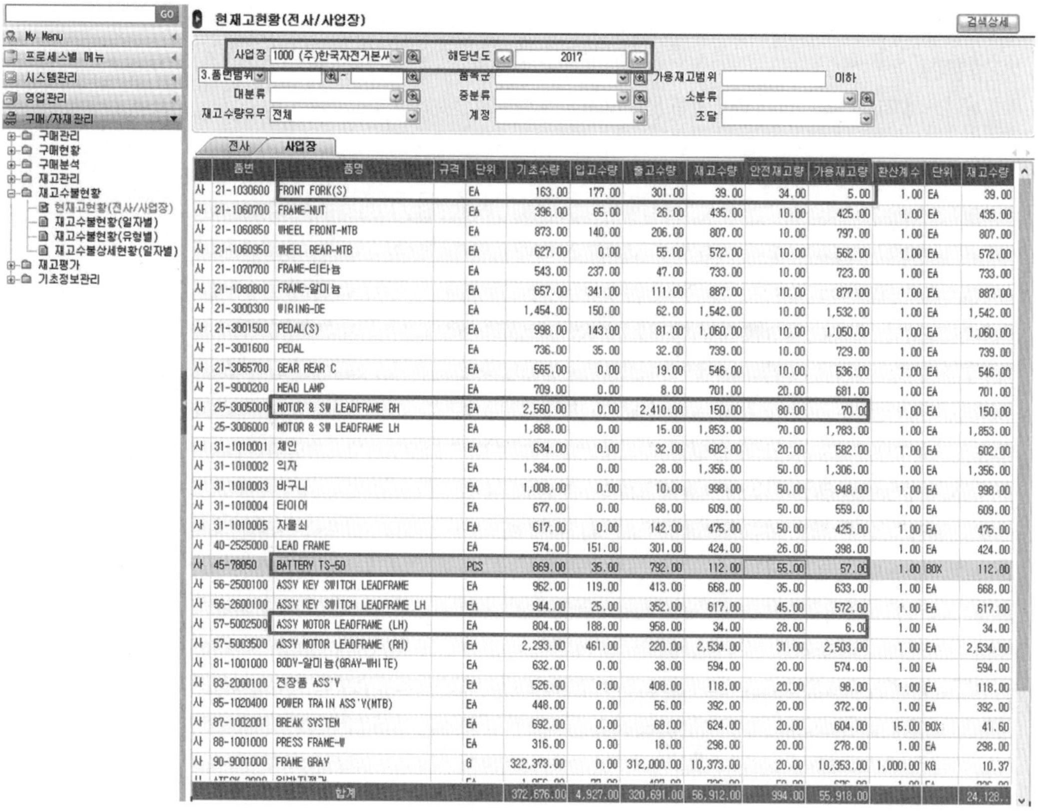

부록

원가계산준칙

원가계산준칙

제 정 1998. 4. 1.
개 정 1999.12. 8.

제1장 총칙

제1조(목적) 이 준칙은 기업회계기준 제90조의 규정에 의하여 회사가 재무제표를 작성하기 위하여 제품의 원가를 산정함에 있어 준거해야 할 세부사항에 관하여 정함을 목적으로 한다.(개정 1999.12.8)

제2조(적용범위) 이 준칙은 회사가 제품의 생산과 관련하여 발생한 원가(이하 "제조원가"라 한다)를 산정하는 데 적용한다.

제3조(원가계산제도의 확립등) ① 회사는 제조원가를 계속적으로 수집 · 측정 · 배분 · 보고하기 위한 계산절차로서 실제원가계산제도 또는 표준원가계산제도를 확립하여야 한다.

② 회사가 채택한 원가계산제도는 매기 계속하여 적용하여야 하며, 정당한 이유없이 이를 변경하여서는 아니된다.

제4조(제조원가의 범위) ① 제조원가는 제품의 생산과 관련하여 소비된 경제적 자원의 가치만을 포함한다.

② 비정상적으로 발생한 경제적 자원의 소비는 제조원가에 포함하지 아니한다.

제5조(원가계산기간) 원가계산기간은 회사의 회계연도와 일치하여야 한다. 다만, 필요한 경우에는 월별 또는 분기별 등으로 세분하여 원가계산을 실시할 수 있다.

제6조(원가계산의 일반원칙) 제조원가의 계산은 다음 각호에 따른다.

1. 제조원가는 일정한 제품의 생산량과 관련시켜 집계하고 계산한다.
2. 제조원가는 신뢰할 수 있는 객관적인 자료와 증거에 의하여 계산한다.
3. 제조원가는 제품의 생산과 관련하여 발생한 원가에 의하여 계산한다.
4. 제조원가는 그 발생의 경제적 효익 또는 인과관계에 비례하여 관련제품 또는 원가부문에 직접부과하고, 직접부과가 곤란한 경우에는 합리적인 배부기준을 설정하여 배부한다.

제7조(제조원가요소의 분류) ① 제조원가요소는 재료비, 노무비 및 경비로 분류하거나, 회사가 채택하고 있는 원가계산방법에 따라 직접재료비, 직접노무비 및 제조간접비 등으로 분류할 수 있다.

② 제조원가요소와 판매비와 일반관리비요소는 구분하여 집계한다. 다만, 그 구분이 명확하지 아니한 경우에는 발생원가를 비목별로 집계한 후, 일정한 기준에 따라 제조원가와 판매비와 일반관리비로 구분하여 배부할 수 있다.

제2장 실제원가계산제도

제8조(실제원가계산의 절차) 실제원가계산은 원가요소의 실제발생액을 비목별 계산을 거쳐 원가부문별로 계산한 후 제품별로 제조원가를 집계한다.

제9조(재료비의 계산) ① 재료비는 기초재료재고액에 당기재료매입액을 가산하고 기말재료재고액을 차감하여 계산한다.

② 재료의 소비수량은 계속기록법에 의하여 계산하며 필요한 경우에는 실지재고조사법 또는 역산법에 의하여 계산할 수 있고, 2 이상의 방법을 병행하여 적용할 수 있다.

③ 재료의 소비가격은 취득원가에 의하여 계산하며, 동일재료의 취득원가가 다를 경우에는 개별법 · 선입선출법 · 후입선출법 · 이동평균법 또는 총평균법 등의 방법을 적용하여 계산한다.

제10조(노무비의 계산) ① 노무비는 그 지급기준에 기초하여 당해기간에 실제로 발생한 비용을 집계하여 계산한다.

② 작업시간 또는 작업량에 비례하여 발생하는 노무비는 실제작업시간 또는 실제작업량에 임율을 곱하여 계산한다. 이 경우 임율은 개별임율 또는 평균임율에 의한다.

③ 상여금 또는 특별수당 등과 같이 월별 · 분기별로 지급금액 또는 지급시기가 일정하지 아니한 노무비는 회계연도중의 원가계산기간에 안분하여 계산한다.

제11조(경비의 계산) ① 경비는 제조원가 중 재료비와 노무비를 제외한 모든 비용을 포함하고 그 내용을 표시하는 적절한 세부과목으로 구분하여 기재한다.

② 경비는 당해기간에 실제로 발생한 비용을 집계하여 계산한다.

③ 시간 또는 수량에 비례하여 발생하는 경비는 실제시간 또는 실제수량에 단가를 곱하여 계산한다.

제12조(외주가공비의 계산) ① 당기제품제조와 관련하여 발생한 외주가공비는 당해기간에 실제로 발생한 비용을 집계하여 계산한다.

② 외주가공비는 그 성격에 따라 재료비 또는 경비에 포함하여 계상할 수 있으며, 그 금액이 중요한 경우에는 별도의 과목으로 기재할 수 있다.

제13조(예정가격등의 적용 특례) 제8조의 규정에 불구하고 제조원가는 재료의 가격, 임율 및 경비를 예정가격 또는 예정액으로 계산할 수 있으며, 제조간접비는 예정배부율을 적용하여 계산할 수 있다.

제14조(원가부문별 계산) ① 원가계산은 원가의 발생을 관리하고 제품원가의 계산을 정확히 하기 위하여 부문별로 계산할 수 있다. 이 경우 원가의 비목별 계산에서 집계된 원가요소는 그 전부 또는 일부를 다시 원가부문별로 집계한 후, 이를 다시 제품별로 배분할 수 있다.

② 원가부문은 원가요소를 분류 · 집계하는 계산상의 구분으로서 제조부문과 보조부문으로 구분한다.

③ 제조부문은 직접 제조작업을 수행하는 부문을 말하며 제조활동 등에 따라 세분할 수 있다.

④ 보조부문은 직접 생산활동을 수행하지 아니하고 제조부문을 지원 · 보조하는 부문으로서 그 수행하는 내용에 따라 세분할 수 있다.

제15조(부문비 계산의 절차) ① 원가의 부문별 계산은 원가요소를 제조부문과 보조부문에 배부하고, 보조부문비는 직접배부법 · 단계배부법 또는 상호배부법 등을 적용하여 각 제조부문에 합리적으로 배부한다.

② 제조부문에 집계된 원가요소는 필요에 따라 그 부문의 소공정 또는 작업단위별로 집계할 수 있다.

제16조(부문개별비와 부문공통비) ① 원가요소는 발생한 원가의 직접적인 집계가능성 여부에 따라 부문개별비와 부문공통비로 구분한다.

② 부문개별비는 원가발생액을 당해 발생부문에 직접부과하고, 부문공통비는 인과관계 또는 효익관계 등을 감안한 합리적인 배부기준에 의하여 관련부문에 배부한다.

제17조(원가의 제품별 계산방법) 원가의 제품별 계산은 원가요소를 제품단위에 집계하여 단위 제품의 제조원가를 산정하는 절차를 말하며, 이는 생산형태에 따라 개별원가계산방식과 종합원가계산방식 등으로 분류한다.

제18조(개별원가계산) ① 개별원가계산은 다른 종류의 제품을 개별적으로 생산하는 생산형태에 적용하며, 각 제조지시서별로 원가를 산정한다.

② 제조간접비의 제품별 배부액은 각 제조부문별 · 소공정별 또는 작업단위별로 예정배부율 또는 실제배부기준에 의하여 배부한다. 다만, 필요한 경우에는 제조부문에 배부하지 않고 직접 제품에 부과할 수 있다.

제19조(종합원가계산) ① 종합원가계산은 동일 종류 또는 다른 종류의 제품을 연속하여 반복적으로 생산하는 생산형태에 적용한다.

② 종합원가계산의 단위당 원가는 발생한 모든 원가요소를 집계한 당기총제조비용에 기초재공품원가를 가산한 후 그 합계액을 완성품과 기말재공품에 안분계산함으로써 완성품총원가를 계산하고, 이를 제품단위에 배분하여 산정한다.

③ 종합원가계산에 있어서 완성품원가와 기말재공품원가는 완성품환산량에 의하여 선입선출법 · 후입선출법 또는 총평균법 등 기타 합리적인 방법을 적용하여 계산한다.

④ 기말재공품의 완성품환산량은 재료의 투입정도 또는 가공정도 등을 고려하여 직접재료비와 가공비로 구분하여 산정할 수 있다.

⑤ 종합원가계산은 생산되는 제품의 형태 및 공정에 따라 공정별원가계산, 조별원가계산, 등급별원가계산 및 연산품원가계산 등으로 분류한다.

제20조(공정별원가계산) ① 공정별원가계산은 제조공정이 2 이상의 연속되는 공정으로 구분되고 각 공정별로 당해 공정제품의 제조원가를 계산할 경우에 적용한다.

② 전공정에서 다음 공정으로 대체되는 제조원가는 전공정대체원가로 하여 다음 공정의 제조원가에 가산한다.

③ 재료가 최초 공정에 전량 투입되고 다음 공정 이후에는 단순히 가공비만이 발생하는 경우 완성품총원가는 각 공정별로 가공비를 집계하고 여기에 재료비를 가산하여 계산할 수 있다.

제21조(조별원가계산) ① 조별원가계산은 다른 종류의 제품을 조별로 연속하여 생산하는 생산형태에 적용한다.

② 조별원가계산에서는 당해기간의 제조원가를 조직접비와 조간접비로 구분하여 조직접비는 각 조에 직접부과하고, 조간접비는 일정한 배부기준에 의하여 각 조별로 배부하여 조별총제조원가를 산출한다.

제22조(등급별원가계산) ① 등급별원가계산은 동일 종류의 제품이 동일공정에서 연속적으로 생산되나 그 제품의 품질 등이 다른 경우에 적용한다.

② 등급품별단위당원가는 각 등급품에 대하여 합리적인 배부기준을 정하고, 당해 기간의 완성품총원가를 동 배부기준에 따라 안분하여 계산한다.

③ 등급품별로 직접원가를 구분하는 것이 가능할 경우 직접원가는 당해 제품에 직접부과하고 간접원가는 제2항의 배부기준에 따라 배부할 수 있다.

제23조(연산품원가계산) ① 연산품원가계산은 동일재료로 동일공정에서 생산되는 다른 종류의 제품으로서 주산물과 부산물을 명확히 구분하기 곤란한 경우에 적용한다.

② 연산품원가계산은 제22조 제2항 및 제3항의 규정을 준용한다.

제24조(부산물과 작업폐물의 평가) ① 부산물은 제22조의 규정을 준용하여 평가하거나, 다음 각호의 방법에 의하여 그 가액을 산정하여 이를 발생부문의 주산물 총원가에서 안분하여 차감한다.

1. 부산물을 그대로 외부에 매각할 수 있는 경우에는 추정매각가격에서 판매비와 일반관리비 및 정상이윤을 공제한 가액
2. 부산물로서 추가가공 후 매각하는 경우에는 가공제품의 추정매각가격에서 추가가공비, 판매비와 일반관리비 및 정상이윤을 공제한 가액
3. 부산물을 그대로 자가소비하는 경우에는 그 추정매입가격
4. 부산물로서 추가가공 후 자가소비하는 것은 그 추정매입가격에서 추가가공비 발생액을 공제한 가액

② 부산물의 추정매각가격 또는 추정매입가격은 최근의 거래가격 또는 권위있는 물가조사기관의 물가조사표에 의한 시가를 적용한다.

③ 판매비와 일반관리비 및 정상이윤은 유사제품의 최근 평균매출원가율을 적용하여 계산한다.

④ 작업폐물은 제1항 내지 제3항의 규정을 준용하여 평가하고, 이를 발생부문의 제조원가에서 차감하거나 필요에 따라 당해 제품의 제조원가에서 차감할 수 있다.

제25조(공손비의 계산) ① 공손비는 다음 각호에 따라 계산하여 당해 제품의 제조원가에 부과하거나 원가발생부문의 간접비용으로 한다. 다만, 비정상적인 공손비는 영업외비용으로 한다.

1. 공손이 보수에 의하여 회복될 경우 공손비는 그 보수비용으로 한다.
2. 공손이 보수로서 회복되지 않고 그 전부를 다시 생산할 경우 공손비는 기발생된 공손품 제조원가에서 공손품의 평가액을 차감한 가액으로 한다.
3. 공손이 보수로서 완전 회복되지 않고 그 일부를 다시 생산할 경우 공손비는 추가적으로 발생하는 제조원가에서 공손품의 평가액을 차감한 가액으로 한다.

② 제1항 제2호 및 제3호의 규정에 의한 공손품의 평가는 제24조의 규정을 준용한다.

제3장 표준원가계산제도

제26조(표준원가계산의 적용) ① 표준원가계산은 사전에 객관적이고 합리적인 방법에 의하여 산정한 원가(이하 "표준원가"라 한다)를 이용하여 제조원가를 계산하는 경우에 적용한다.

② 표준원가는 회사의 제반사정을 고려하여 현실적으로 달성 가능하도록 설정한다.

제27조(표준원가의 산정) ① 표준원가는 직접재료비, 직접노무비 및 제조간접비에 대하여 산정하고, 다시 제품원가에 대하여 설정한다.

② 원가요소의 표준은 수량과 가격에 대하여 각각 설정한다.

제28조(표준직접재료비) ① 표준직접재료비는 직접재료의 종류별로 재품단위당 표준소비수량과 표준소비가격을 설정하고, 이 양자를 곱하여 산정한다.

② 표준소비수량은 과학적 · 통계적 조사에 의하여 제품의 생산에 필요한 각종 재료의 종류, 품질, 가공방법 등을 고려하여 정한다. 이 경우 표준소비수량에는 정상적인 공손 및 감손을 포함한다.

③ 동일한 기능을 수행하는 여러 종류의 재료가 대체적으로 사용되는 경우 표준직접재료비는 각 재료의 표준배합비율을 설정하고, 이에 각 재료의 표준소비수량과 표준소비가격을 곱하여 산정한다.

④ 표준소비가격은 과거 및 현재의 시장가격과 장래에 예측되는 가격동향이나 거래관습 등 제반 경제적 여건을 고려하여 정한다.

제29조(표준직접노무비) ① 표준직접노무비는 직접작업의 구분마다 제품단위당 표준작업시간과 표준임율을 설정하고, 이 양자를 곱하여 산정한다.

② 표준작업시간은 과학적 · 통계적 조사에 의하여 작업의 종류, 사용기계공구, 작업방식, 노동의 등급 등을 고려하여 정한다.

③ 표준임율은 과거 및 현재의 임율과 장래에 예측되는 변동 등 제반 여건을 고려하여 정한다.

제30조(제조간접비의 표준) ① 제조간접비의 표준은 부문별 또는 작업단위별로 일정기간에 발생할 제조간접비의 예정액으로 산정한다.

② 부문별 제조간접비 표준의 산정방법은 제14조 내지 제16조의 규정을 준용한다.

제31조(표준원가의 수정) 표준원가는 생산의 조건 등에 변화가 있는 경우 이를 적절히 수정한다.

제32조(원가차이의 산정) 표준원가와 실제발생원가와의 차액(이하 "원가차이"라 한다)은 원가계산기간별로 산정한다. 이 경우 실제발생원가의 산정은 제8조 내지 제16조의 규정에 의한다.

제33조(원가차이의 회계처리) ① 원가차이는 일정한 기준에 따라 회계연도의 매출원가와 기말재고자산에 배부하며, 원가차이의 배부를 보다 정확히 하기 위하여 원가요소별로 다른 배부기준을 적용할 수 있다.

② 비정상적으로 발생한 원가차이는 영업외수익 또는 영업외비용으로 한다.

③ 실제원가계산제도에 있어서 원가의 일부를 예정가격등으로 계산할 경우 발생한 원가차이는 제1항 및 제2항의 규정을 준용하여 처리한다.

제4장 보칙

제34조(준용규정) 이 준칙은 제조업 이외의 업종을 영위하는 회사가 원가계산을 함에 있어서도 이를 준용할 수 있다.

부칙

제1조(시행일) 이 준칙은 1998년 4월 1일부터 시행한다.

제2조(종전준칙의 폐지 및 이에 따른 경과조치) ① 종전 증권관리위원회의 원가계산준칙(이하 "종전준칙"이라 한다)은 이 준칙 시행일부터 이를 폐지한다.

② 이 준칙 시행전에 종전준칙에 의하여 회계처리한 경우에는 이 준칙을 적용한 것으로 본다.

제3조(다른 규정과의 관계) 이 준칙 시행당시 다른 규정에서 종전준칙을 인용하고 있는 경우에 이 준칙중 그에 해당하는 규정이 있는 경우에는 종전준칙에 갈음하여 이 준칙 또는 이 준칙의 해당규정을 인용한 것으로 본다.

부칙

이 준칙은 1999년 12월 9일부터 시행한다.

ERP 정보관리사
생산 · 물류 2급

발 행 일 2019년 1월 5일 초판 1쇄 인쇄
2019년 1월 10일 초판 1쇄 발행

저 자 유준수 · 이경희 공저

저자협의 인지생략

발 행 처 크라운출판사 http://www.crownbook.com

발 행 인 이상원
신고번호 제 300-2007-143호
주 소 서울시 종로구 율곡로13길 21
대표전화 02) 745-0311~3
팩 스 02) 766-3000
홈페이지 www.crownbook.com

I S B N 978-89-406-3567-4 / 13320

특별판매정가 25,000원

이 도서의 문의를 편집부(02-6430-7009)로 연락주시면
친절하게 응답해 드립니다.